W0056492

Herausgeber
F. Jürgen Herrmann

Autoren
Studiendirektor, Dipl.-Gwl. F. Jürgen Herrmann, Dresden und Lörrach/Baden
Küchenmeisterin Thea Nothnagel, Berlin
Küchenmeister Dieter Nothnagel, Berlin

ISBN 3.582.**40055**.7

Verlag Handwerk und Technik G.m.b.H.,
Lademannbogen 135, 22339 Hamburg;
Postfach 63 05 00, 22331 Hamburg – 2005
E-Mail: info@handwerk-technik.de
Internet: www.handwerk-technik.de

Umschlaggestaltung: alias GmbH, 10961 Berlin
Lithos, Satz und Layout: alias GmbH, 10961 Berlin
Gesamtherstellung: Stürtz GmbH, 97080 Würzburg

Vorwort

Das Lehrbuch für Köche umfasst die gesamte berufliche Köche-Fachbildung (Fachstufen 1 und 2) und berücksichtigt dabei die im Lehrplan angegebenen Lernfelder. Inhaltlich und methodisch baut das Buch auf der bewährten **„Grundstufe Gastronomie"** auf.

Die Speisenherstellung wird in Arbeitsschritten detailliert durch Rezepturen vertieft und durch zahlreiche Abbildungen anschaulich dargestellt. Dabei wurde sowohl auf klassische als auch auf moderne Verfahren eingegangen. Neben der konventionellen Herstellung wird auch die Speisenherstellung unter Verwendung von **Convenience-Erzeugnissen** systematisch und in gesonderten Abschnitten behandelt.

Der Lehrplanintension folgend wurde eine fächerübergreifende komplexe Darstellung gewählt: Zutaten – soweit erforderlich –, Nährwerte, rechtliche und ökonomische Gesichtspunkte sowie das notwendige Fachrechnen.
Das Lehrbuch ist inhaltlich und methodisch mit der **CD-ROM Küchenprofi** abgestimmt.

Auf die regionalen Besonderheiten des Speisenangebots in den unterschiedlichen deutschen Landesteilen wurde Wert gelegt.
Die Gastgeberrolle der Köche und Bezüge zum **gastorientierten Handeln** bilden fachliche und erzieherische Schwerpunkte. Die Formen des **Speiseangebots** werden in diesem Sinne ausführlich behandelt.

Französisch und **Englisch** ist mit Blick auf die Internationalität des Kochberufs besondere Beachtung geschenkt worden.

Als Wissenspeicher vermittelt das „Lehrbuch für Köche" Fachwissen fundiert, leicht verständlich und anschaulich.
Die grafische Gestaltung unterstreicht die besonderen ästhetischen Ansprüche an den Kochberuf.

Handlungsorientierte Ansätze sind insbesondere durch projektorientierte Aufgaben gegeben.

Vorschläge und konstruktive Kritik werden gern entgegengenommen.

Herausgeber und Verlag

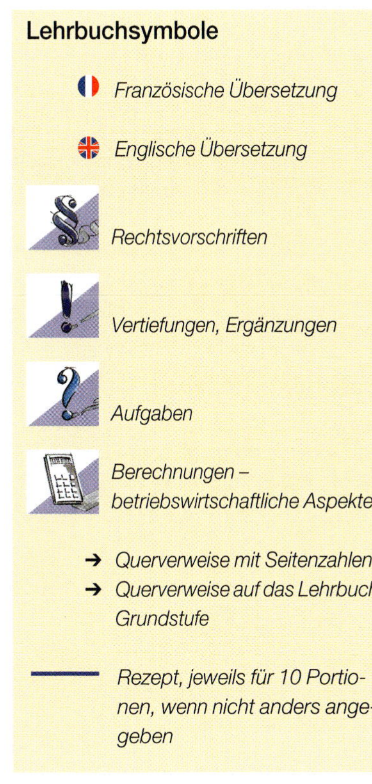

KOCHKUNST UND GÄSTEBETREUUNG

SPEISEN

SPEISENANGEBOTE

LERNFELDER		LEHRBUCHKAPITEL	SEITE
2. Ausbildungsjahr			
Speisen aus pflanzlichen Rohstoffen	6	Gemüsespeisen, Pilzspeisen	22–52
	7	Kartoffelspeisen	53–60
	8	Klöße, Nocken, Teigwaren, Reis, Hülsenfrüchte, Getreidebeilagen	61–71
	9	Speisen aus Blüten und Blättern	72–74
Zwischenmahlzeiten	22.3	Kaffee, Vesper, Imbiss, andere Zwischenmahlzeiten	384–391
	25	Vorspeisen und Zwischengerichte	398–402
Kalte und warme Büfetts	28	Kalte und warme Büfetts	412–419
Nachspeisen	26	Nachspeisen	403–404
A-la-carte-Geschäft*	24	Speisen im à-la-carte-Geschäft	396–397
	22	Mahlzeitengestaltung	377–391
3. Ausbildungsjahr			
Bankett*	27	Banketts	405–411
Aktionswoche*	29	Aktionen	420–421
Speisenfolgen	23	Speisenfolgen	392–395
	25	Vorspeisen und Zwischengerichte	398–402
	23.3	Harmonie von Speisen und Getränk	394–395
	21	Getränke zum Speisenangebot	338–376
Regionale und ausländische Küche	31	Regionale inländische und ausländische Küche	423–432
	14.5	Regionalsuppen, Nationalsuppen	161–165
*** Fakultativ:**	15	Schlachtfleischspeisen	175–222
	16	Geflügel-, Wildgeflügelspeisen	223–241
	17	Wildspeisen	242–249
	18	Speisen aus Krustentieren, Weichtieren, andere Feinkost	250–261
	19	Kalte Speisen	262–303

KOCHKUNST UND GÄSTEBETREUUNG

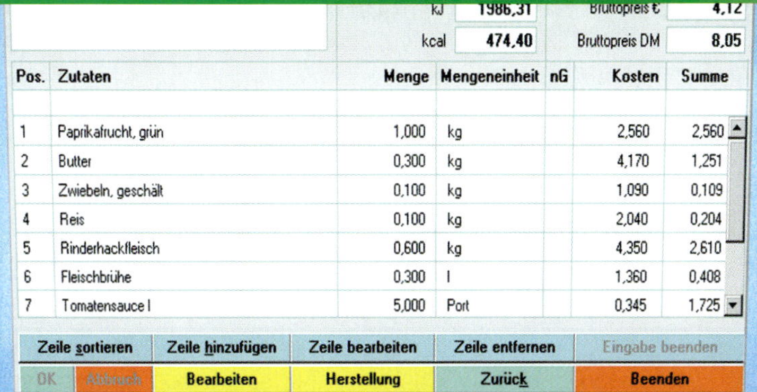

An der Gästeberatung mitwirken und sich dabei der Gastgeberrolle bewusst werden. Kulturelle Bedeutung von Essen und Trinken erkennen. Auf veränderte Verzehrgewohnheiten reagieren. Arbeitsschritte nach ökonomischen und ökologischen Gesichtspunkten planen. Berechnungen zu Mengen, Kosten und Erträgen durchführen. Die EDV anwenden.

(nach dem Bundesrahmenlehrplan)

1 Entwicklungen in der Kochkunst und Speisenproduktion

développement de l'art culinaire et production des mets
development in cuisine and production of dishes

Medici: Kalbsbraten mit gebundenem Jus, dazu abwechselnd mit Erbsen und Vichy-Kartoffeln gefüllte Törtchen, gebackene Becher mit Herzoginkartoffeln und Sauerampfermus

Entwicklungen in der Kochkunst wurden stets von **gesellschaftlichen Verhältnissen** und dem **wissenschaftlich-technischen Fortschritt** geprägt. Bei der Beurteilung gilt es, die bäuerlich-bürgerliche Küche von der höfischen Küche zu unterscheiden, wobei es zwischen beiden Wechselbeziehungen gibt.

Die **bäuerlich-bürgerliche Küche** stellt die bodenständige Familienküche dar. Speisenzusammenstellungen und Essgewohnheiten entwickelten sich im Rahmen der Lebensweise aus den regionalen Besonderheiten des Landbaus und der Viehzucht sowie des Fischfangs. Die Essgewohnheiten waren aber auch vom Handel (z. B. Gewürzhandel) abhängig. Die entstandenen nationalen und regionalen Spezialitäten sind heute Bestandteil moderner Speisenpläne. Es hat sich gezeigt, dass die regionale Familienküche beständiger und in ihrer Ursprünglichkeit gesünder ist als manche Modetendenzen der Speisenzubereitung.

Carême: Mit Fischklößchen in weißer Sahnesauce und Trüffelscheiben sowie Blätterteighalbmonden garnierte Seezunge

Mittelalterliche Kochkunst

l'art culinaire au Moyen Age
medieval cuisine

Die **feudalistische Küchen- und Tafelkultur** hatte bereits im 15. Jahrhundert in der italienischen Hofküche einen Glanzpunkt erreicht. Durch die Heirat von **Katharina de Medici** (1519–1589) mit dem angehenden König Heinrich II. gelangte diese Tisch- und Tafelkultur von Italien nach Frankreich. Die höfische französische Küche war von der Kultur des Barock und von der Regierungsform des Absolutismus geprägt. Durch die Lebenshaltung der Herrschenden erhielt die Ernährung zunehmend Unterhaltungscharakter, was sich in unnatürlichen, lebensfremden Kreationen der höfischen Küche äußerte.

Escoffier: Pfirsich Melba von Escoffier, für die australische Opernsängerin Nelly Melba (1861–1931) erstmals hergestellt: In Vanillesirup pochierter frischer Pfirsich, auf Vanilleeis angerichtet und mit frischem Himbeerpüree übergossen

Klassische Küche

cuisine classique
classical cuisine

Die **klassische französische Küche** wurde eingeleitet und symbolisiert durch die Persönlichkeit von **Marie-Antoine Carême** (1784–1833), der als der beste Koch des 19. Jahrhunderts galt. Er schrieb seine Auffassungen in mehreren berühmten Fachbüchern nieder.

Bereits in dieser Zeit löste sich – getragen von der ökonomischen Entwicklung des Bürgertums – die Kochkunst aus der höfischen Kultur, und es entstand die eigenständige **bürgerliche Hotel- und Restaurationsgastronomie.** Für diese Entwicklung steht der Name von **Auguste Escoffier** (1847–1935): Er reformierte die Kochkunst entsprechend den neuen Bedürfnissen. Als Verfasser des Buches **Der Kochkunstführer** ***(Le Guide culinaire)*** stellte er die kulinarische und dabei vernünftige Ernährung wieder in den Mittelpunkt, führte neue technologische Verfahren in der Speisenherstellung ein und verbannte das nicht essbare Beiwerk aus dem Speisenangebot.

Paradediner bei König Albert, 1898

Menü 1900

Schon im 18. und 19. Jahrhundert gab es in Preußen bei der Armee, in Militärwaisenhäusern, später in den Krankenhäusern Anfänge der Gemeinschaftsverpflegung.
Besonders in den Zwanzigerjahren unseres Jahrhunderts entwickelte sich diese weiter, die ursprünglich mit der Schaffung industrieller Großbetriebe einherging. Die Schülerspeisung wurde eingeführt. In der Zeit von Inflation und Weltwirtschaftskrise wurden Volksküchen für die Armen eingerichtet. Schließlich entwickelte sich die Gemeinschaftsverpflegung zu einem wichtigen Bestandteil der Volksernährung und begann damit die Familienküche zurückzudrängen. Diese Entwicklung erreichte in der DDR einen Höhepunkt. Zuletzt nahmen täglich 7,6 Millionen Menschen, das war fast jeder Zweite, in irgend einer Form daran teil. Für alle Verpflegungsgruppen standen ernährungsphysiologisch und ökonomisch begründete Musterspeisepläne zur Verfügung.

Neuzeitliche Küche

cuisine moderne *modern cuisine*

Im 20. Jahrhundert ergaben sich weitere Strömungen in der Küchen- und Esskultur. Die **neuzeitliche Küche** wurde ergänzt durch die ***Nouvelle cuisine*** und durch die Vollwertküche (➔ Grundstufe, Vollwert-Ernährung).
Geprägt wurden diese Strömungen in der Kochkunst insbesondere durch moderne technische Entwicklungen (➔ Grundstufe) sowie durch weltweiten Handel und den internationalen Tourismus.
Es entstanden die ***Cuisine du marché,*** die ***Cuisine naturelle*** oder die **neue deutsche Küche.** Diese Strömungen sind möglicherweise nur vorübergehend wirksam, verschiedentlich bilden sie eher ein Mittel zur Umsatzsteigerung durch Schaffung neuer Bedürfnisse als eine neue, begründete Esskultur. Gemeinsam ist diesen Richtungen jedoch das Bestreben, die ernährungswissenschaftlichen Erkenntnisse in der Küchenpraxis stärker umzusetzen. Genuss und Gesundheit werden zum Maßstab in der Ernährung.

- Küche des Marktes (*cuisine du marché*): frische Erzeugnisse, zum Beispiel Obst und Gemüse unmittelbar vom Erzeuger in die Küche
- Natürliche Küche (*cuisine naturelle*): alles frisch, wenig Butter oder Sahne, keinen Alkohol, keine Zusatzstoffe, keine Konservierung usw.

Forderungen der letztgenannten Strömung in der modernen Esskultur zeigen deutlich, dass eine solche Ernährung bestenfalls für elitäre Feinschmecker Bedeutung hat.

Zwei-Wochen-Speisenplan für Nachtschichtarbeiter (mittelschwere Arbeit)
Warme Hauptmahlzeiten
-EDV-optimiert, für das III. und IV. Quartal-
(Auszüge)

Rindsherz geschmort
mit Gemüsesoße
Kartoffelschnee
Kopfsalat
Erdbeerschaumspeise 2720 kJ (650 kcal)

Broiler
Kartoffelbrei
Feldsalat
Erdbeerschaumspeise 2970 kJ (710 kcal)

Kartoffelsuppentopf mit Ei
Zitronenquark 3000 kJ (715 kcal)

Fischgulasch
Kartoffelschnee
Möhren-Apfel-Salat 2620 kJ (625 kcal)

Rindfleisch, gekocht,
mit Kräutersoße
Brühkartoffeln
Bohnensalat
Kürbiskompott 2760 kJ (660 kcal)

Gemüsebrühe
Karpfen mit Spreewälder
Soße
Petersilienkartoffeln
Birnen 2760 kJ (660 kcal)

Rindsgulasch
Kartoffelschnee
Vanillespeise 2970 kJ (710 kcal)

Gemüsesuppe
Paprikaschnitzel
Kartoffelschnee
Blumenkohlsalat 3000 kJ (715 kcal)

Zwischenmahlzeiten
1 Tasse Honigmilch, 1 Scheibe Grahambrot mit Butter, Paprikaquark, Tomate

Rezeptur

E-Milch	1500 ml
Honig	200 g
Grahambrot	600 g
Quark	400 g
E-Milch	100 ml
Schnittlauch	10 g
Butter	60 g
Tomaten	500 g

1 Glas Milch, 50 g Vollkornkekse, 1 Scheibe Vollkornbrot mit Butter und Kräuterquark, Radieschen, 1 Glas Buttermilch

Rezeptur

Vollkornbrot	500 g
Butter	80 g
Quark	400 g
Kräuter	20 g
Radieschen	1 Bd.
Buttermilch	1500 ml

Chinesisches Menü für europäische Gaumen

1 *Beweisen Sie an Beispielen, dass die gastronomische Entwicklung stets ein Spiegelbild der gesellschaftlichen Verhältnisse war.*
2 *Nennen Sie zwei berühmte Köche der Vergangenheit und ihre Leistungen für die Entwicklung der Kochkunst.*
3 *Beurteilen Sie die neuesten Entwicklungstendenzen in der Kochkunst nach ihrer Umsetzbarkeit in der allgemeinen Volksernährung.*
4 *Nennen Sie die gegenwärtig bestehenden Probleme der Welternährung. Beurteilen Sie unter diesem Gesichtspunkt die* **Cuisine naturelle.**
5 *Erläutern Sie Trends in der Kochkunst.*
6 *Diskutieren Sie mit Pro und Kontra Notwendigkeiten und Grenzen beim Einsatz von Convenience-Erzeugnissen.*
7 *Beurteilen Sie die Bedeutung von regionalen Spezialitäten im Angebot des Gastgewerbes, und stellen Sie in Arbeitsgruppen Beispiele zusammen.*
8 *Urteilen Sie über Notwendigkeit und Bedeutung von* **Novel Food** *bei der Herstellung von Speisen.*

In der **modernen Küche** achtet man in den letzten Jahren auf kürzeres, möglichst schonendes Garen und gleichzeitig auf angemessene Energieverwendung. Dabei werden neue technische und technologische Entwicklungen, insbesondere das entkoppelte Zubereiten (➔ Grundstufe) genutzt. Zunehmend halten Convenience-Erzeugnisse Einzug in die Gastronomie.
Superfrische Erzeugnisse betreffen nicht nur Obst- und Gemüsespeisen, sondern beispielsweise auch das Backwaren- („ofenfrisch" durch Selbstbacken) sowie das Imbissangebot. Bei Hauptmahlzeiten muss die Küche den Erwartungen der Gäste nach frischer Herstellung in kurzer Zeit gerecht werden. Beim Angebot ist zu berücksichtigen, dass Gäste für ihre Ernährungsbedürfnisse „maßgeschneiderte", vorzugsweise kleinere Mahlzeiten ausgedehnten Hauptmahlzeiten vorziehen. Auch auf wachsenden Bevölkerungsanteil älterer Menschen müssen sich die gastronomischen Angebote einstellen.
Vermehrt Zuspruch finden regionale und internationale Spezialitäten, die aus heimischen Zutaten nach ernährungswissenschaftlichen Grundsätzen hergestellt sind.

Trends in der Kochkunst

Cuisine d'assemblage

Bequemlichkeit und weniger Arbeitsaufwand sind die Vorteile bei der Verarbeitung von Convenience-Erzeugnissen. Die Gefahr besteht in der Uniformierung des Speisenangebots. Eine Alternative dazu wird durch die „cuisine d'assemblage" geboten. Die individuelle Vielfalt wird durch die Kombination von frischen Zutaten und Convenience-Erzeugnissen erreicht.

Deftiges und Exquisites

Regionale Spezialitäten und deftige Hausmannskost erhalten wieder ihren Stellenwert. Dazu gehören Eintöpfe, Suppeneinlagen, Schmorspeisen, Schinkenspezialitäten usw. Deftige Hausmannskost aus den Regionen Deutschlands (➔ 428 ff) und aus verschiedenen Teilen Europas (➔ 423 ff) gewinnt zunehmend Liebhaber. Erlesene Spezialitäten aus aller Welt haben dabei ebenso ihren Platz. Üblich ist auch die Umsetzung alter Hausrezepte nach modernen Ernährungsrichtlinien.

Ethnic Food

Dieser Trend entspringt dem Wunsch nach ständiger Abwechslung und Naturverbundenheit, die wachsendes Gesundheitsbewusstsein einschließt. Speisen sollen aus reinen und gesunden Lebensmitteln hergestellt werden. Frisch- und Tiefgefriererzeugnisse erfüllen diese Anforderungen. Durch die Internationalisierung des Geschmacks werden internationale Spezialitäten immer beliebter.

Novel Food

Darunter sind biotechnologisch hergestellte Lebensmittel zu verstehen. Die Gefahrlosigkeit für Mensch und Tier soll von den Herstellern garantiert sein (➔ Grundstufe, Gentechnologie).

Fingerfood

Darunter sind frische und Convenience-Erzeugnisse zu verstehen, die ohne Besteck bequem verzehrt werden können.

Slow Food

Die Slow Food-Anhänger lehnen gentechnische Veränderungen von Lebensmitteln, Tieren und Pflanzen und den Einsatz von sogenannten Aromen ab. Slow Food steht für Genuss, der sich mit einem Engagement für Produktionsbedingungen der Lebensmittel verbindet.

2 EDV-Einsatz bei der Speisenherstellung

production des mets assistée par ordinateur
computer-assisted meal production

PC-Programme für den Bereich der Gastronomie unterscheiden sich hinsichtlich Umfang, Aufbau und Bedienung. Die Entscheidung über den Einsatz eines bestimmten Programms muss jedes Unternehmen in Abhängigkeit von seinen Unternehmensstrukturen und Unternehmenszielen treffen.

Module und Funktionen von gastronomischen PC-Programmen:

Modul	Funktionen
Kalkulationen	Rezept- und Menükarteien, Aktualisieren und Umrechnen von Rezepturen, Berechnen der Energie- und Nährwerte, Planen des Nährstoff- und Energiebedarfs für bestimmte Zeiträume, Wareneinsatz (engl. *foodcast*) Einkaufslisten, Ermitteln von Preisen und Rentabilität, Aufstellen von Kennzahlen
Speisenplanung	Vor- und Nachkalkulationen, Erstellung, Bearbeitung und Auswahl von Rezepten und Menüvorschlägen nach besonderen Gesichtspunkten
Bedarfsermittlung/ Einkauf	Lebensmittelbedarf, sonstiger Bedarf, Bestelldisposition, Lieferantenauswahl, Bestellung, Terminüberwachung
Lagerhaltung	Wareneingang, Warenausgabe, Bestandskontrollen Arbeitsmittel-, Personal-, Zeiteinsatz Anweisungen und Hinweise für Arbeitsabläufe
Ausgabe/Verteilung	Portioniermengen, Portionieranweisungen, Geschirrplan für Festlichkeiten
Kasse	Kassenabrechnung
Statistik	Küchen-, Sonderveranstaltungs-, Lagerbestands-, Lieferanten- und Verbrauchsstatistiken, Kostenrechnung, Controlling
Angebotsgestaltung	Werbekorrespondenz, Bildverwaltung, Schreiben von Angebotskarten und Übersetzung in fremde Sprachen

1 Beurteilen Sie Einsatzmöglichkeiten der EDV bei der Speisenherstellung und beim Speisenabsatz.

2 Informieren Sie sich über den EDV-Einsatz in Ihrem Ausbildungsbetrieb. Stellen Sie die Ergebnisse in einem Bericht zusammen.

In der Küche können **EDV-Programme** zur Rezept- und Menüverwaltung, zum Kalkulieren, sowie zur Angebotsgestaltung eingesetzt werden. Darüber hinaus ist auch die EDV-Steuerung von Produktionsprozessen möglich.

Rezepturverwaltung:
Eine **Artikeldatei** bildet häufig die **Grundlage des gesamten Systems.** Die Artikelverwaltung erfasst zunächst grundlegende Informationen wie z. B. Artikelbezeichnung, Artikelkürzel, Zugehörigkeit zu einzelnen Warengruppen, Verpackungseinheit, Abgabeeinheit, Lagerort, Lagervorschriften, Lieferanten, Liefer- und Zahlungsbedingungen sowie Nähr- und Energiewertangaben.

Der Bereich **Speisenplanung und Kalkulation** ermöglicht die Auswahl von Rezepten und Menüvorschlägen, die vorgegeben, selbst erstellt oder selbst bearbeitet sein können. Selbstverständlich können Nährwertberechnungen nach verschiedenen Vorgaben und Kalkulationen vorgenommen werden. Viele Programme geben Hinweise für die Herstellung der Küchenerzeugnisse; es werden Arbeitsmittel, Zeiten, Besonderheiten, Komplettierungsmöglichkeiten durch andere Speisenteile u.v.a. angegeben.

Für die **Rezeptverwaltung** in der Großverpflegung, in der mittelständischen Gastronomie und in der Diätetik eignen sich Computer besonders gut. Fertige Rezepturprogramme können nach den Bedürfnissen des Gastronomiebetriebes erweitert oder verändert werden.

Bei der **Bedarfsermittlung** werden in Abhängigkeit von den zu produzierenden Speisen und Getränken die benötigten Zutaten errechnet. Das System erteilt Auskunft, welche Artikel im Lager vorhanden sind und welche zu welchem Zeitpunkt bestellt werden müssen.

Masken aus Küchenprofi-Rezepturverwaltung zum Lehrbuch für Köche

Beispiel für Kennziffern und Daten

Tages-, Wochen-, Jahresumsatz je Abteilung; Rezept- und Menüwiederholungen, Speisekartenanalyse, Abweichungen von Plan- und Sollzahlen, Zeitkontrollen, Energieverbrauch, Kostendeckungsbeiträge u.a.

Einrichtung eines Controllingsystems mit Programmen für Kostenrechnung und Statistik. Nur dann können Vorgaben und Abweichungen hinreichend bekannt gemacht, analysiert und Gegenmaßnahmen eingeleitet werden.

Im Modul **Einkauf** erfolgt die Disposition von Bestellungen und Bestellungsterminen. Lieferanten werden ausgewählt, Bestellungen erteilt und Termine überwacht.

Informationen der **Lagerhaltung** beziehen sich auf Anfangsbestände, Wareneingänge und den Warenverbrauch. Das Anfertigen von Buchinventuren und sekundenschnelle Auskunft über Lagerbestände sind möglich.

Das **Statistikmodul** erlaubt die Aufbereitung von Daten zur Verbesserung der Transparenz im Unternehmen.

Planung und Steuerung von Produktionsprozessen

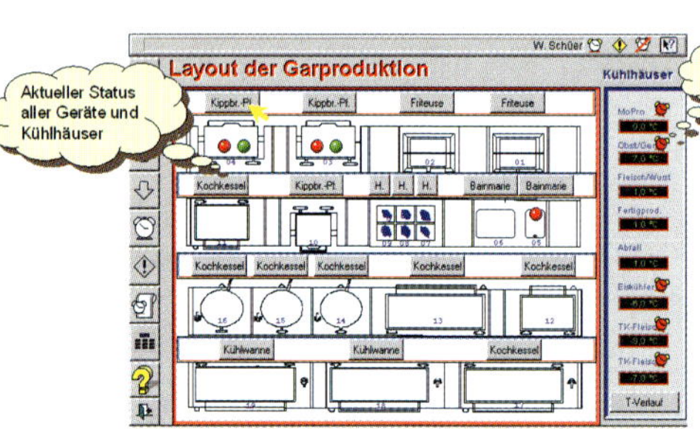

Grafischer Produktionsleitstand mit Anzeigen aller Produktionskennziffern

Die Planung von Produktionsprozessen mit dem Element Verfahrenssteuerung schließt alle Produktionsfaktoren ein und erlaubt jederzeit einen Überblick über den Ressourceneinsatz. Nicht nur der Einsatz von Waren, auch der Personaleinsatz und der Arbeitsmitteleinsatz nach Art, Menge und zeitlicher Beanspruchung für bestimmt Aufgaben (z. B. Menüherstellung) ist mit diesem Teil von PC-Programmen zu leisten.

Bei Verfahren wie „Cook and chill" und „Cook and freeze" (➔ Grundstufe) läuft die Erstellung des Produktionsplanes Rechner unterstützt ab, damit nur Speisen produziert werden, für die innerhalb der vorgeschriebenen Zeitspanne freie Kühlkapazität vorhanden ist.

Gerätesteuerung

Herstellungsprozesse lassen sich elektronisch steuern. Die EDV ermöglicht durch Küchenleitsysteme darüber hinaus die Qualitätssicherung.
Durch ein zentrales Leitsystem lassen sich alle angeschlossenen Geräte und Anlagen, auch in Filialbetrieben fernsteuern.

Beispiel Verbindliche Rezepte können für alle Filialbetriebe zentral ausgearbeitet und dann per Leittechnik vorgegeben werden. Die Verfahrensparameter (Temperaturen, Zeiten u. a.) lassen sich auf diese Art ebenfalls zentral vorgeben.

Die strengen **EU-Hygiene-Richtlinien** können mittels rechnergesteuerter Systeme gut umgesetzt werden. Die automatische HACCP-Dokumentation und Archivierung von Daten sind problemlos möglich.
Für die **Produkthaftung** ist eine Beweispflicht gefordert. Diese ist ebenfalls mit einer elektronischen Dokumentation zu erfüllen.

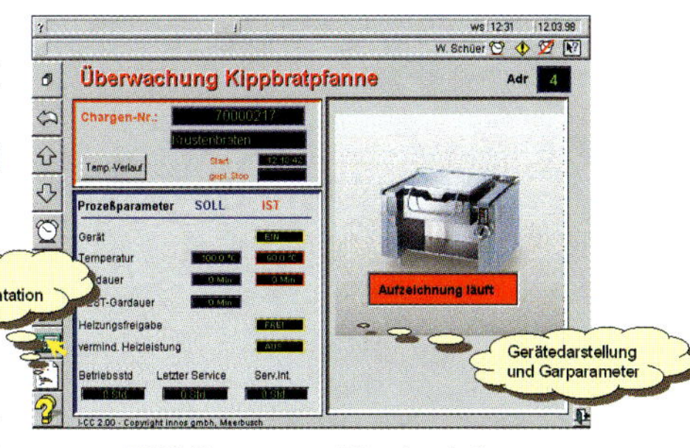

EDV-Steuerung: Kippbratpfanne

Energieoptimierung

Durch elektronische Leitsysteme kann eine Energie-Optimierung erreicht werden, indem die Regelung der Garprozessdaten Energieverbrauchsspitzen ausschließt.

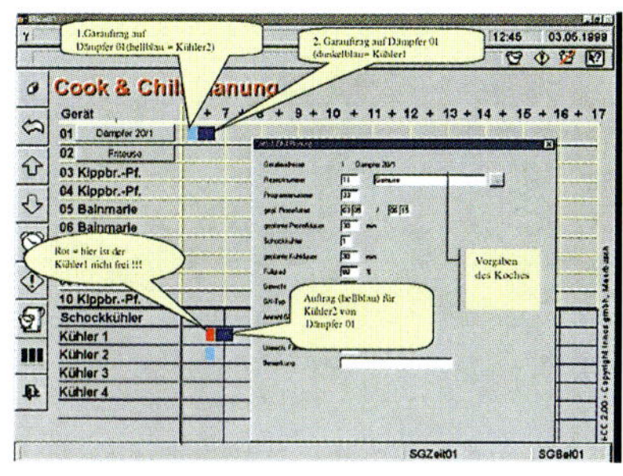

Belegung der Schockkühler in Abhängigkeit der Garprozesse (z. B. für Cook and Chill)

Programme zur Durchführung gastronomischer Veranstaltungen

Durch PC-Programme z. B. von Bankettverwaltungsprogrammen ist es möglich, die Vorbereitung, Durchführung und Abrechnung von gastronomischen Veranstaltungen, wie **Festbanketts** oder **Büfetts** wesentlich einfacher, akkurater und effektiver durchzuführen.

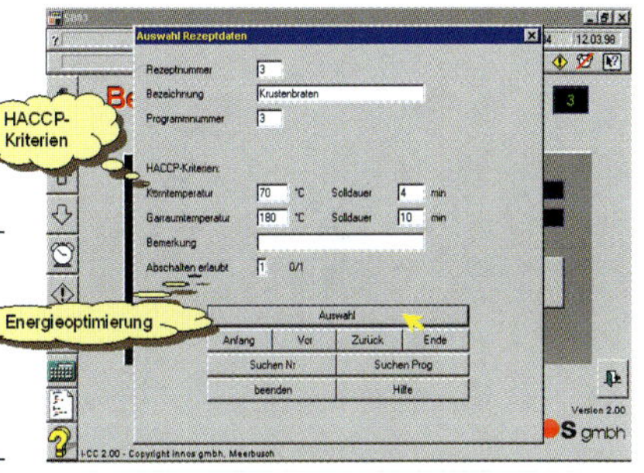

Speicherung von HACCP-Daten

Beispiel: Ausrichtung einer Bankettveranstaltung

- Ein **Terminplaner** ermöglicht die übersichtliche Darstellung von Veranstaltungsterminen und die Buchung von benötigten Räumlichkeiten. EDV-gestützt werden **Angebote** und **vereinbarte Leistungen** festgeschrieben.
- Eine selbst erstellte, stets aktualisierte **Bankettmappe** mit den Leistungsangeboten steht abrufbereit zur Verfügung.
  Die Bankettmappe mit Menü- und Getränkevorschlägen ist nicht nur ein gutes Aushängeschild für den Gastronomiebetrieb, sondern auch eine Erleichterung für Gäste und Personal.
  Artikelgruppen, die ständig aktualisiert werden müssen, erleichtern die Zusammenstellung der **Speisen und Getränke** für das Angebot.
  Menüvorschläge sind im EDV-Programm nach unterschiedlichen Gesichtspunkten aufgenommen, beispielsweise Menüs für Vegetarier, und können den Gästen übermittelt werden. **Dekorationen** können ebenfalls aus dem Programm ausgewählt, vorgeschlagen und zugeordnet werden.
- Bei Vertragsabschluss können Speisen, Getränke, Personal, Dekorationen, Räumlichkeiten usw. mit Hilfe eines Programms geplant werden.
- **Geschäftsbriefe** werden als Muster für Angebote, Bestellungen und Rechnungen vorgegeben. Menükarten können ausgedruckt werden.
- Ein wichtiges Feld stellt die **Abrechnung** dar. Die detailgenaue Abrechnung aller Leistungen ist als Geschäftsbrief, einschließlich ausgewiesener Mehrwertsteuer, möglich. Schließlich ist die Kontrolle der **Bezahlung** per Computer möglich.
- In einer Statistik können alle Veranstaltungen ausgewertet werden.

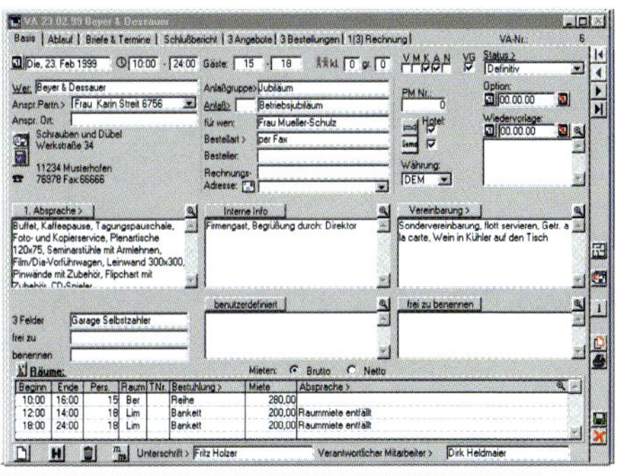

Die **Vorteile** einer EDV-gestützten Organsiation liegen im hohen Informationsstand bezüglich der Kostentransparenz (z. B: Personal, Wareneinsatz, Getränkeeinsatz, Raumnutzung), der Möglichkeit präziser Vor- und Nachkalkulationen und der übersichtlichen Termin- und Ablaufgestaltung.

classement des produits culinaires
classification of the culinary products

3 Einteilung der Küchenerzeugnisse

Der namensgebende Speisenteil, also der Hauptbestandteil, wird zuerst angerichtet. Dann werden gegen den Uhrzeigersinn zunächst die Gemüsebeilagen, dann die Sättigungsbeilagen um den Hauptbestandteil geordnet.

1 **Kalbskoteletts vom Grill**
2 gedünsteter Blattspinat
3 Röstkartoffeln
4 Tomatenbutter

Was sind Convenience-Erzeugnisse?

Darunter sind vorgefertigte Erzeugnisse mit unterschiedlichem Bearbeitungsgrad zu verstehen, die in der Küche zu Zeiteinsparungen führen (➔ Grundstufe).

Beurteilen Sie den Unterschied zwischen Pilzspeise und Pilzgericht.

In der Umgangssprache werden die Bezeichnungen Gericht und Speise gleichbedeutend verwendet.

Küchenerzeugnisse lassen sich in Speisenteile, Speisen und Gerichte unterteilen. Hinzu kommen die Küchengetränke (➔ Grundstufe).

Speisenteile ➔ Speisen ➔ Gerichte ➔ Speisenfolgen

Speisenteile sind die Küchenerzeugnisse, die in den verschiedenen Arbeitsbereichen der Küche hergestellt werden.
Beispiele
Mayonnaise, Dressing, Suppeneinlage

Speisen stellen dagegen selbstständige Speisenteile dar, die dem Gast separat, beispielsweise als Imbiss, serviert werden können.
Beispiele
Kraftbrühe, Suppe, Tafelobst

Gerichte sind Kombinationen von verschiedenen Speisenteilen zu möglichst sättigenden, bekömmlichen und vollwertigen Mahlzeiten.
Beispiel
Gebratene Kalbsleber mit Zwiebelringen, Apfelrotkohl und Kartoffelpüree

Speisenfolgen/Menüs sind gastronomisch aufeinander abgestimmte Zusammenstellungen von Speisen oder Speisenteilen, die dem Gast nacheinander serviert werden und insgesamt eine kulinarische Einheit bilden. Insgesamt sollen Speisenfolgen sättigende und vollwertige Mahlzeiten ergeben, wobei der kulinarische Genuss im Vordergrund steht.

Beispiel

Melonencocktail ☆ Kalbskoteletts vom Grill mit Tomatenbutter gedünsteter Blattspinat Röstkartoffeln ☆ Vanille-Eisparfait mit Schokoladenspänen Löffelbiskuit	Cocktail de melon ☆ Côtelettes de veau grillées au beurre de tomate Feuilles d'épinards étuvées pommes de terre rissolées ☆ Parfait glacé à la vanille aux copeaux de chocolat Biscuit à la cuillère	Melon cocktail ☆ Grilled veal rib chops with tomato butter Stewed leaf spinach roasted potatoes ☆ Vanilla ice-parfait with chocolate shavings Finger biscuit

4 Rezepturen, Mengen, Kosten und Erträge

Berechnungen dienen der Ermittlung **kostendeckender** und **konkurrenzfähiger Preise.** Eine **praxisnahe Küchenkalkulation** schließt zweckmäßigen Einkauf, Überwachung des Verbrauchs, Berechnung der Verkaufspreise, Überwachung der Verluste, Berechnung der Herstellungsverluste und Ermittlung der Erträge ein. (Einkauf, Anlieferung, Lagerhaltung, Warenumschlag ➔ Grundstufe).
Ziel der Berechnungen ist, gut und gleichzeitig ökonomisch zu kochen.

4.1 Einkauf und Lagerung

achat et stockage
purchase and storage

Einkauf bfn

Mitunter ist es üblich, Rohstoffe, insbesondere Obst und Gemüse, mit der Verpackung zu wiegen. Der angegebene Preis kann sich dann auf die Ware (netto) mit der Verpackung beziehen. Das Bruttogewicht wird als Nettogewicht gerechnet.

Bfn heißt **b**rutto **f**ür **n**etto. Der Einkaufspreis für eine Einheit (meist kg) bezieht sich auf die Ware **mit** der Verpackung.

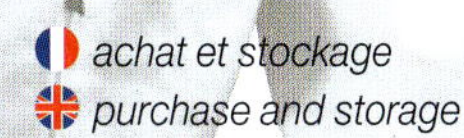

Brutto oder netto?

Einzelpreis: *Der Einzelpreis bezieht sich stets auf die Mengeneinheit. Das können sein: kg, l, Stück, Dose usw.*

Bruttogewicht: *Gewicht der Ware mit der Verpackung.*

Nettogewicht: *Reines Warengewicht, Gewicht der Ware ohne Verpackung.*

Taragewicht: *Gewicht der Verpackung.*

Beispiel
10 kg Bodenseeäpfel werden mit Karton bfn für 11,50 € angeboten. Der Karton wiegt 0,7 kg. Ermitteln Sie den Nettopreis für 1 kg Äpfel.

Lösungsweg

Karton mit Äpfeln:	10	kg	≙	11,50 €
Leerer Karton	0,7	kg	≙	0 €
Gewicht der Äpfel	9,3	kg	≙	11,50 €
	1	kg	≙	1,24 €

1 kg Äpfel kostet 1,24 €.

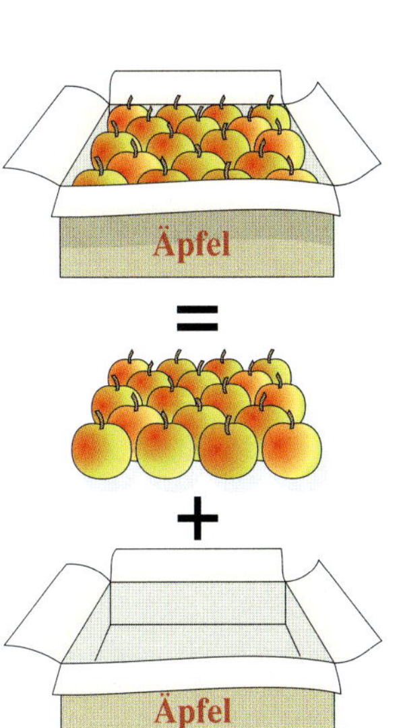

Preisvergleiche

Benötigte Zutaten werden in unterschiedlichen **Handelspackungen** angeboten. Mit **Qualitäts-** und **Preisvergleichen** lassen sich die günstigsten Angebote ermitteln.

Zum Preisvergleich müssen jeweils **gleiche Einheiten** herangezogen werden.

Beispiel
Von zwei Feinkostfirmen werden jeweils 10 kg Pfifferlinge bezogen. Bei Firma Müller beträgt der Nettopreis 16,00 €/kg. Bei der Firma Meier werden für eine Lieferung von 5 kg netto 89,00 € bezahlt.

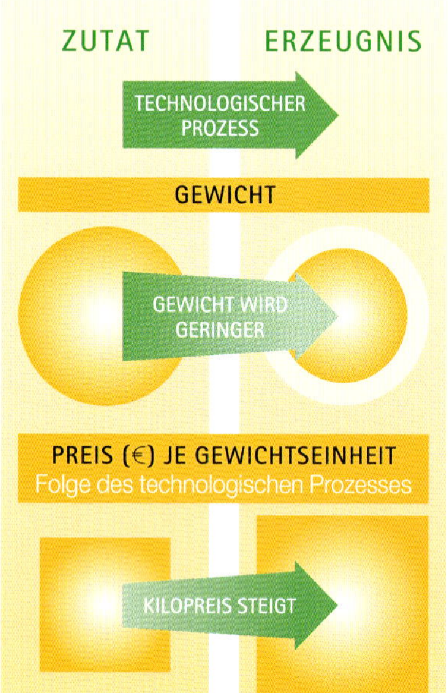

Während der Vorbereitung ergibt sich bei der Ware der Firma Müller ein Putzverlust von 50%, bei der Ware der Firma Meier nur 35%.
Ermitteln Sie von jeder Lieferung den Materialwert für 100 g geputzte Pfifferlinge. Für welchen Lieferanten würden Sie sich künftig entscheiden?

Lösungsweg

Firma Müller	Firma Meier
Nettogesamtpreis	Nettogesamtpreis
1 kg = 16,00 €	5 kg = 89,00 €
100% ≙ 1 kg	100% ≙ 5 kg
50% ≙ 0,5 kg geputzte Pilze	65% ≙ 3,25 kg geputzte Pilze
0,5 kg ≙ 16,00 €	3,25 kg ≙ 89,00 €
0,1 kg ≙ 3,20 €	**0,1 kg ≙ 2,74 €**

Künftig sollte man die Pfifferlinge von der Firma Meier beziehen, zumal diese Pfifferlinge preiswerter sind und auch weniger Putzzeit erfordern.

Lagerung

Beim Lagern treten Veränderungen der Zutaten auf, meist Verluste durch Schwund und Verderb. Die dadurch entstehenden Kosten müssen in die Warenpreise einkalkuliert werden.

Beispiel
Eine Lieferung Rinderfilet zum Kilopreis von 17,60 € wiegt bei der Warenannahme 24,23 kg. Nach dem Abhängen werden bei der Übergabe an die Küche nur noch 22,85 kg gewogen.
Ermitteln Sie den Schwund in % und den neuen Warenpreis.

Lösungsweg

24,23 kg – 22,85 kg = 1,38 kg
24,23 kg ≙ 100%
1,38 kg ≙ 5,7% Schwund

24,23 kg × 17,60 €/kg = 426,45 €
22,85 kg ≙ 426,45 €
1 kg ≙ 18,66 €

Der Kilopreis des gereiften Rinderfilets beträgt 18,66 €.

1 Eine Kiste Winterbirnen wiegt brutto 20 kg und kostet im Einkauf 27,50 €. Ermitteln Sie den Kilopreis netto, wenn die Tara 1,2 kg beträgt.
2 Erdbeeren werden vom Erzeuger körbchenweise für 8 €/Körbchen angeboten. Das gefüllte Körbchen wiegt 3 kg, das leere Körbchen 380 g. Bei Rückgabe des Körbchens wird 1 € erstattet. Ermitteln Sie den Kilopreis der Erdbeeren.
3 Vom Gesamtgewicht einer Lieferung sind 1,8% oder 5,4 kg Tara. Wie schwer war die Warenlieferung?
4 Aprikosenkonfitüre wird in Eimern zu 5 kg eingekauft. Der Nettoinhalt soll 96% betragen. Ermitteln Sie die Konfitüremenge in kg.

4.2 Wareneinsatz und Rezepturberechnung

Wareneinsatz und Ausbeute

Unter Wareneinsatz ist die Rezepturmenge der Zutaten zu verstehen. Der verwertbare Anteil des Wareneinsatzes wird als Ausbeute bezeichnet.

Wareneinsatz – Verlust = **Ausbeute**

Beispiel
Beim Putzen von 14 kg Rosenkohl fallen 2,66 kg Abfall an. Ermitteln Sie die Ausbeute prozentual und in kg.

Lösungsweg
14 kg ungeputzte Ware – 2,66 kg Abfall = **11,34 kg Ausbeute**

14,00 kg ≙ 100%
11,34 kg ≙ 81%

Die Ausbeute an Rosenkohl beträgt 11,34 kg, das sind 81%.

Rezepturberechnung

Rezepturen werden allgemein, wie in diesem Lehrbuch, für **10 Portionen** aufgestellt. 1 Liter wird als 1 kg gerechnet.
Rezepturen lassen sich außerdem mit einer **Umrechnungszahl**, dem **Umrechnungsfaktor,** berechnen.

$$\text{Umrechnungsfaktor} = \frac{\text{benötigte Menge}}{\text{Rezepturmenge}}$$

Beispiel
Stellen Sie die Rezeptur Kartoffelgratin für 18 und 7 Portionen auf.
Rezeptur für 10 Portionen

Kartoffelgratin *(gratin dauphinois / gratin dauphinois)*

1,5	kg	ungeschälte Kartoffeln
0,6	l	Schlagsahne
0,2	kg	Reibkäse
0,07	kg	Butter
0,001	kg	Knoblauch

Lösungsweg

$$\frac{\text{Portionen}}{\text{Rezepturmenge}} = \frac{18}{10} = 1{,}8$$

Die Rezepturbestandteile müssen mit 1,8 multipliziert werden.

$$\frac{\text{Portionen}}{\text{Rezepturmenge}} = \frac{7}{10} = 0{,}7$$

Die Rezepturbestandteile müssen mit 0,7 multipliziert werden.

Rezepturbestandteile	Rezepturmenge 10 Portionen	18 Portionen	7 Portionen
ungeschälte Kartoffeln	1,5 kg	2,7 kg	1,05 kg
Schlagsahne	0,6 l	1,08 l	0,42 l
Reibkäse	0,2 kg	0,36 kg	0,14 kg
Butter	0,07 kg	0,126 kg	0,049 kg
Knoblauch	0,001 kg	0,002 kg	0,001 kg
Probe	2,371 kg		
	x 1,8	4,268 kg	
	x 0,7		1,66 kg

1 Wiegen Sie 2 oder 3 kg Äpfel, und ermitteln Sie danach das Durchschnittsgewicht eines Apfels.

2 Wiegen Sie „eine Hand" Bananen, und ermitteln Sie danach das Durchschnittsgewicht einer Frucht.

3 Berechnen Sie die folgende Rezeptur (10 Portionen) für 3, 12, und 18 Portionen:

Sauerkraut

1,5	*kg*	*frisches Sauerkraut*
0,3	*kg*	*Zwiebeln*
0,1	*kg*	*Schmalz*
0,1	*kg*	*Speck*
0,5	*l*	*Fleischbrühe*

4 Berechnen Sie die Rezeptur (10 Portionen) für 1 Portion, für 8 und 43 Portionen.

Rote Grütze

0,5	*kg*	*rote Johannisbeeren*
0,5	*kg*	*Himbeeren*
0,3	*kg*	*Erdbeeren*
0,7	*l*	*Wasser*
0,15	*kg*	*Zucker*
0,085	*kg*	*Stärke*
0,2	*l*	*Schlagsahne*

5 ***Kartoffelsalat***

1,5	*kg*	*geschälte Pellkartoffeln*
0,04	*l*	*Essig (5%)*
0,08	*kg*	*Speiseöl*
0,25	*l*	*Brühe oder Fond*
0,15	*kg*	*Zwiebeln*

5.1 Berechnen Sie die Rezeptur (10 Portionen) für 4 und 21 Portionen.

5.2 Ermitteln Sie die übrigen Rezepturmengen bei Verwendung von 5 kg Pellkartoffeln.

Warenanforderung

Auf der Grundlage der umgerechneten Rezepturen werden Warenmengen angefordert, die für die Erfüllung der Produktionsaufgabe erforderlich sind.

Beispiel
Die Kalte Küche benötigt 60 Portionen Roastbeef rosa zu je 80 g tafelfertig. Wie viel Roastbeef muss angefordert werden, wenn mit 9% Parierverlust, 18% Garverlust und 3% Aufschneideverlust gerechnet wird. Angeforderte Menge auf 100 g aufrunden.

Lösungsweg

Fertigungsstufe	Arbeitsverfahren	Lösungsweg	Menge
tafelfertig		**Verzehrmenge** 0,08 kg × 60 Portionen	4,8 kg
anrichtefertig	schneiden Schneideverlust 3%	**Anrichtemenge** 97% ≙ 4,8 kg 100% ≙ x	4,948 kg
garfertig	garen Garverlust 18%	**Garmenge** 82% ≙ 4,948 kg 100% ≙ x	6,034 kg
vorbereitungsfertig	parieren Parierverlust 9%	**Vorbereitungsmenge** 91% ≙ 6,034 kg 100% ≙ x	6,631 kg

RÜCKRECHNUNG

Es müssen 6,7 kg Roastbeef angefordert werden.

Probe

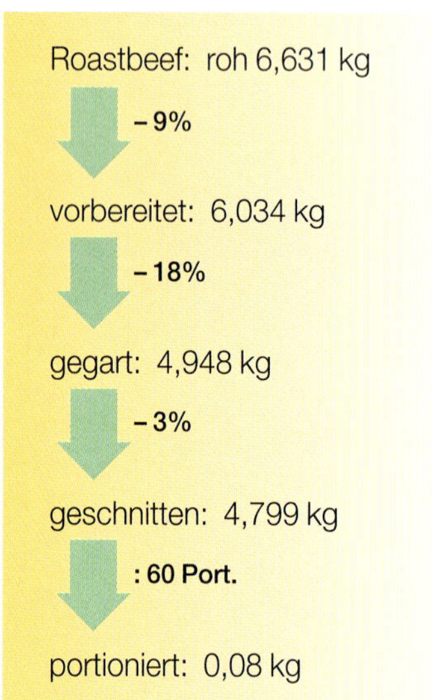

4.3 Preisberechnung

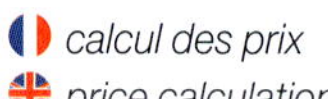

Preisberechnungen für Speisen, Getränke und Dienstleistungen werden als Kalkulationen bezeichnet.
Die Preisberechnungen werden mittels Prozentrechnung durchgeführt. Zu unterscheiden sind:

- Zuschlagskalkulation, ausführlich
- Kalkulation mit dem Gesamtzuschlag
- Kalkulation mit dem Kalkulationsfaktor
- Rückwärtskalkulation
- Deckungsbeitragskalkulation

Die **Erträge** können ermittelt werden, indem der Verkaufspreis zu den Warenkosten ins Verhältnis gesetzt wird.

1 Erklären Sie den Zusammenhang von Brutto, Netto und Tara an einem selbstgewählten Beispiel.

2 Der Küchenchef meint, bei den vom Erzeuger direkt bezogenen Erdbeeren wäre die Ausbeute gering. Was bedeutet diese Feststellung?

Zuschlagskalkulation

Die ausführliche Zuschlagskalkulation ist durch **vier Stufen** gekennzeichnet:

	Waren**k**osten
+	**G**emein**k**osten
=	Selbstkosten
+	**G**ewinn
=	kalkulierter Preis
+	**U**msatz**b**eteiligung
=	Nettoverkaufspreis
+	**M**ehr**w**ert**st**euer
=	**Inklusivpreis**

1 SELBSTKOSTEN

2 KALKULIERTER PREIS

3 NETTOVERKAUFSPREIS

4 INKLUSIVPREIS

Beispiel

Hefeklöße (➔ 63) sollen kalkuliert werden. Ermitteln Sie den Inklusivpreis für eine Portion. Zu berücksichtigen sind 140% Gemeinkosten, 20% Gewinn, 13% Umsatzbeteiligung und die gesetzliche Mehrwertsteuer.

Rezeptur für 10 Portionen, mit den aktuellen Einkaufspreisen, wie angegeben.

Lösungsweg

Menge		Zutaten	Einzelpreis	Gesamtpreis
1	kg	Weizenmehl	0,45 €/kg	0,45 €
0,06	kg	Hefe	0,18 €/Packung (42g)	0,26 €
0,4	l	Vollmilch	0,70 €/l	0,28 €
0,03	kg	Butter	3,25 €/kg	0,10 €
2		Eier	0,12 €/Stück	0,24 €
				1,33 €

	Warenkosten	1,33 €
+	Gemeinkosten 140%	1,86 €
=	Selbstkosten	3,19 €
+	Gewinn 20%	0,64 €
=	kalkulierter Preis	3,83 €
+	Umsatzbeteiligung 13%	0,50 €
=	Nettoverkaufspreis	4,33 €
+	Mehrwertsteuer 16%	0,69 €
=	Inklusivpreis	5,02 € : 10 = 0,50 €/Portion

Eine Portion Hefeklöße kostet 0,50 €.

Gesamtzuschlag

Inklusivpreis = Warenkosten + Gesamtzuschlag

Warenkosten (Materialkosten) gehören zu den direkten Kosten. Sie errechnen sich aus den Rezepturmengen und den vorgegebenen Einkaufspreisen. Nebenkosten und Preisnachlässe werden einbezogen.
Gemeinkosten, auch Betriebskosten genannt, sind indirekte Kosten, also allgemein anfallende Kosten für Personal, Energie, Reparaturen, Mieten, Abschreibungen, Steuern usw. Innerhalb der Kostenrechnung werden sie den Materialkosten als prozentualer Durchschnittswert zugeschlagen.
Selbstkosten sind alle Kosten, die dem Betrieb entstehen. Sie sind die Summe aus Materialkosten und Gemeinkosten.
Gewinn ist der prozentuale Aufschlag auf die Selbstkosten. Dadurch werden Unternehmerleistung und Risiko der Kapitaleinlage abgegolten.
Kalkulierter Preis, auch vorläufiger Verkaufspreis genannt, ergibt sich aus Materialkosten zuzüglich Gemeinkosten und Gewinn.
Umsatzbeteiligung, auch Service-Aufschlag oder Bedienungsgeld genannt. Wird als Zuschlag auf den kalkulierten Verkaufspreis berücksichtigt. Das Personal ist durch diesen prozentualen Zuschlag am Umsatz beteiligt.
Mehrwertsteuer, auch als **Umsatzsteuer** bezeichnet, ist eine allgemeine Verbrauchssteuer, die den Endverbraucher belastet. Der Unternehmer weist die Mehrwertsteuer als Preisbestandteil aus und führt sie ans Finanzamt ab. Zu unterscheiden sind zwei Steuersätze:

- **allgemeiner Steuersatz von derzeit 16%** für Speisen und Getränke in Gaststätten, für Quell- und Tafelwasser, Bier, Spirituosen, Zigaretten und Tabakerzeugnisse.
- **ermäßigter Steuersatz von derzeit 7%** für Lebensmittel (Ausnahmen oben), Bücher, Druckerzeugnisse.

Inklusivpreis, auch als **Bruttoverkaufspreis** bezeichnet, ist ein Preis mit allen Kalkulationszuschlägen. Er entsteht aus dem Nettoverkaufspreis durch Aufschlagen der Mehrwertsteuer.
Kartenpreis: Der Soll-Preis ist der gerundete Inklusivpreis. Der Ist-Preis kann aus Gründen vom gerundeten Inklusivpreis abweichen (z. B. Aktionspreise).

Beispiel
Berechnen Sie den Inklusivpreis eines Menüs, bei dem die Warenkosten 8,25 € betragen und ein Gesamtzuschlag von 220% zu Grunde gelegt wird.

Lösungsweg
220% von 8,25 € = 18,15 €
8,25 € + 18,15 € = 26,40 €
Der Inklusivpreis beträgt 26,40 €.

> **Gesamtzuschlag** = Inklusivpreis – Warenkosten

> **Gesamtzuschlag%** $= \dfrac{\text{Inklusivpreis} - \text{Warenkosten}}{\text{Materialkosten}} \times 100$

Beispiel
Der Gesamtzuschlag für die kalkulierten Hefeklöße (➔14) soll ermittelt werden.

Gesamtzuschlag beträgt 5,02 € – 1,33 € = 3,69 €

Kalkulationsfaktor

> Inklusivpreis = Kalkulationsfaktor × Warenkosten

Beispiel
Ein Gastgewerbebetrieb kalkuliert mit folgenden Zuschlagsätzen:
Gemeinkosten 185%, Gewinn 30%, Umsatzbeteiligung 15%.
Berechnen Sie den Inklusivpreis eines Tagesmenüs, für das die Warenkosten 10,00 € betragen und ermitteln Sie den Kalkulationsfaktor.

Lösungsweg

	Warenkosten	10,00 €
+	Gemeinkosten 185 %	18,50 €
=	Selbstkosten	28,50 €
+	Gewinn 30 %	8,55 €
=	Kalkulierter Preis	37,05 €
+	Umsatzbeteiligung 15%	5,56 €
=	Nettoverkaufspreis	42,61 €
+	Mehrwertsteuer 16 %	6,82 €
=	**Inklusivpreis**	**49,43 €**

49,43 € : 10,00 € = 4,9
Der Inklusivpreis beträgt 49,43 €, der Kalkulationsfaktor 4,9.

> Kalkulationsfaktor = Inklusivpreis : Warenkosten

Beispiel
Der Kalkulationsfaktor für die auf Seite 13 kalkulierten Hefeklöße soll ermittelt werden:

Lösungsweg
Kalkulationsfaktor = 5,02 : 1,33 = 3,77
Der Kalkulationsfaktor beträgt 3,7.

1 *Die Warenkosten für ein Gericht betragen 6,80 €. Ermitteln Sie die Selbstkosten, wenn der Betrieb mit 155% Gemeinkosten rechnet.*

2 *Ein Gastwirt rechnet mit einem Kalkulationsfaktor von 4,2. Für ein Gericht ergeben sich Warenkosten von 7,20 €. Ermitteln Sie den Inklusivpreis.*

3 *Ein Berliner Spezialitätenbüfett wird zum Inklusivpreis von 2 150,00 € gefertigt.*

3.1 *Berechnen Sie den Wareneinsatz bei einem Kalkulationsfaktor von 3,7.*

3.2 *Ermitteln Sie den abgeführten Mehrwertsteuersatz.*

4 *Amanda erhält ein Bedienungsgeld von 136 € ohne Trinkgeld.*

4.1 *Ermitteln Sie den Tagesumsatz bei 13% Bedienungsgeld.*

4.2 *Errechnen Sie die anteiligen Warenkosten bei einem Kalkulationszuschlag von 310%.*

4.3 *Wie hoch ist der prozentuale Gewinn bei einem Gemeinkostensatz von 195%?*

Rückwärtskalkulation

Bei der Rückwärtskalkulation wird vom Verkaufspreis auf die Warenkosten zurück gerechnet. Danach können nach Vorgabe eines Inklusivpreises, der nicht überschritten werden darf, die Warenkosten ermittelt werden.

Beispiel
Einer Gesellschaft stehen für ein Menü 30 €/Person zur Verfügung. Die Warenkosten sollen ermittelt werden, wenn mit 160% Gemeinkosten, 10% Gewinn, 13% Umsatzbeteiligung und der gesetzlichen MwSt zu rechnen ist.

Lösungsweg				Probe	
= 100%	= 8,00 €	Warenkosten	(100%)	8,00 €	100%
– 160%	– **12,00 €**	+ Gemeinkosten	(160%)	12,00 €	**+ 160%**
= 100% ▸ 260%	= 20,80 €	= Selbstkosten		20,80 €	= 260% ▸ = 100%
– 10%	– **2,08 €**	+ Gewinn	(10%)	2,08 €	**+ 10%**
= 100% ▸ 110%	= 22,88 €	= kalkulierter Preis		22,88 €	= 110% ▸ 100%
– 13%	– 2,98 €	+ Umsatzbeteiligung	(13%)	2,98 €	**+ 13%**
= 100% ▸ 113%	= **25,86 €**	= Nettoverkaufspreis		25,86 €	= 113% ▸ 100%
– 16%	– 4,14 €	+ Mehrwertsteuer	(16%)	4,14 €	**+ 16%**
116%	**30,00 €**	= **Inklusivpreis**	**30 €**	**29,99 €**	Abweichung durch Rundung 1Cent **= 116%**

Deckungsbeitragskalkulation

Bei den vorangegangenen Kalkulationsarten wurde mit einem prozentualen Zuschlag auf den Warenpreis gerechnet. Die **Deckungsbeitragskalkulation** stellt eine **Ergänzung** zur Preisbildung auf Vollkostenbasis dar. Dabei wird von einem Nettopreis ausgegangen, von dem die variablen Kosten abgezogen werden. Die Erlöse werden danach beurteilt, ob nach Abzug der variablen Kosten ein Beitrag zur **Deckung der Fixkosten** und zur Erwirtschaftung von Gewinn bleibt. Dieser Betrag wird als Deckungsbeitrag bezeichnet. Die Höhe des Deckungsbeitrages ist entscheidend dafür, ob eine Leistung übernommen oder abgelehnt wird. Zunächst ist demzufolge die rechnerische Aufteilung in variable und fixe Kosten notwendig.

  Variable Kosten (Warenkosten)
\+ Deckungsbeitrag
= Nettopreis
\+ 16% Mehrwertsteuer
= Inklusivpreis
  (aufgerundeter Kartenpreis)

Nettoerlös Speisen

Variable Kosten
Fixe Kosten
Gewinn
NETTOERLÖS
DECKUNGSBEITRAG

2 Kostenarten:

Fixkosten *(feste Kosten): Kosten für die Betriebsbereitschaft, die leistungsunabhängig in gleichbleibender Höhe anfallen.*
Beispiele: *Pacht, Versicherungen, Gehälter.*

Variable Kosten *(veränderliche Kosten): hängen von der erbrachten Leistung ab. Sie erhöhen sich mit einer Leistungssteigerung.*
Beispiele: *Warenkosten, Reinigung, Energie.*

1 Ein Gedeck wird für 15,25 € verkauft. Die Gemeinkosten betragen 150%, der Gewinn beträgt 12%, das Bedienungsgeld 14%. Hinzu kommt die MwSt.
1.1 Ermitteln Sie die Warenkosten.
1.2 Ermitteln Sie den Kalkuationsfaktor.
2 Für ein Kalbsragout mit Reis und jungen Erbsen wurde ein Selbstkostenpreis von 5,40 € ermittelt.
Wie hoch ist der kalkulierte Preis, wenn der Betrieb mit 20% Gewinn rechnet?

Deckungsbeitrag = Nettoerlös – Variable Kosten (veränderliche Kosten)

Gewinn = Deckungsbeitrag – Fixkosten (feste Kosten)

Kosten-Nutzen-Schwelle beim Speisenabsatz

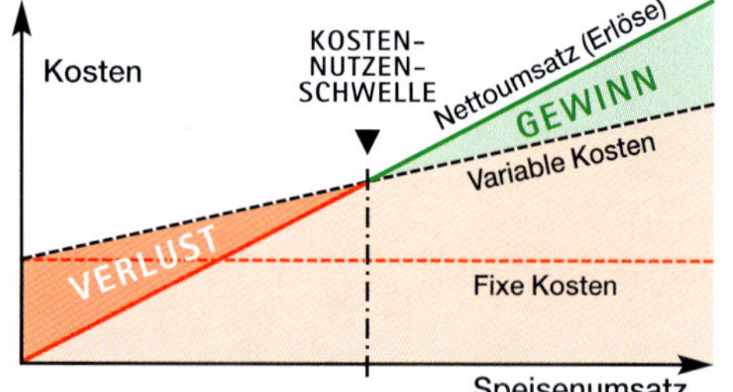

Break-Even-Point

Das ist die Kosten-Nutzen-Schwelle. In diesem Punkt werden die Gesamtkosten durch die Erlöse gedeckt. Ein Gewinn wird nicht erzielt.

Beispiel

Ein Menü soll netto bei einem Wareneinsatz von 5,00 € einen Nettopreis von 16,00 € haben.

1 Wie hoch ist das Bedienungsgeld bei einem Bedienungszuschlag von 12%?
2 Errechnen Sie die variablen Kosten je Menü, wenn darunter nur die Warenkosten und das Bedienungsgeld verstanden werden sollen.
3 Ermitteln Sie den Deckungsbeitrag.
4 Berechnen Sie den Inklusivpreis.
5 Welchem Kalkulationsfaktor entspricht der Preis?

Lösungsweg

1 Bedienungsgeld: Nettoverkaufspreis 112% 16,00 €
Bedienungsgeld 12% 1,71 €
Das Bedienungsgeld beträgt 1,71 €.

2 Variable Kosten: Warenkosten + Bedienungsgeld
6,71 € = 5,00 € + 1,71 €
Die variablen Kosten belaufen sich auf 6,71 €.

3 Deckungsbeitrag: 16,00 € – 6,71 = 9,29 €
Der Deckungsbeitrag macht 9,29 € aus.

4 100% = 16,00 €
116% = 18,56 €

5 **Inklusivpreis 18,56 €**
18,56 : 5,00 € = 3,7
Die Kalkulation entspricht dem Kalkulationsfaktor 3,7.

4.4 Inventur

inventaires
stock-takings

Zu den wichtigen Buchführungsarbeiten in der Küche zählen Inventur, Inventar und Bilanz.

Inventur	Inventar	Bilanz
Bestandsaufnahme	Bestandsverzeichnis Aufstellung der Vermögenswerte und Schulden	Kontenmäßige Gegenüberstellung von Vermögen (Aktiva) und Kapital (Passiva)

Gesetzlich sind Inventuren vorgeschrieben
- *am Schluss des Geschäftsjahres*
- *bei Gründung, Übernahme, Auflösung oder Verkauf eines Unternehmens.*

Die **Inventur** ist die mengen- und wertmäßige Bestandsaufnahme aller Vermögenswerte und Schulden eines Unternehmens zu einem bestimmten Zeitpunkt.

Bei der Inventur müssen **Vermögenswerte** und **Schulden** erfasst werden. Dabei unterscheidet man die **körperliche** und die **buchmäßige** Inventur.

Körperliche Inventur

Hierbei wird der aktuelle Warenbestand durch **Zählen, Messen, Wiegen, ausnahmsweise Schätzen**, festgestellt. Dieser Bestand wird dann mit dem auf der Lagerkarteikarte festgeschriebenen Bestand verglichen und gegebenenfalls korrigiert.

Buchmäßige Inventur

Dabei handelt es sich um eine wertmäßige Bestandsaufnahme durch Aufzeichnungen und Belege. Das sind Forderungen an Kunden, Guthaben, Schulden, Wertpapiere u.a..

Anfangsbestand	(= Inventurbestand des Vormonats)
+ Zugänge	(nach Eingangsrechnungen)
– Verbrauch	
= Endbestand	(Inventurbestand)

Da die **Bestandsaufnahme der Vorräte** sehr zeitaufwendig ist, erlaubt der Gesetzgeber **Inventur-Vereinfachungen (Monatsinventur, fortlaufende Inventur, verlegte Inventur)**, die auch nebeneinander angewandt werden dürfen. In Gastronomiebetrieben betrifft das die Vorräte an Lebensmitteln, einschließlich Getränke sowie Heizstoffe.

Stichtagsinventur

Gesetzlich vorgeschrieben

Bestandsaufnahme allgemein zeitnah am Ende des ablaufenden Jahres.Als zeitnah sind 10 Tage vor/nach dem Stichtag zu verstehen. Veränderungen zum Stichtag müssen mengen- und wertmäßig berücksichtigt werden.

Monatsinventur

Zusätzlich durchgeführt

Bewährt zur Auffindung von Fehlerquellen, wie Schwund, Diebstahl, Verderb. Ermittlung des Warenverbrauchs, wenn der nicht belegmäßig erfasst wird.

Fortlaufende Inventur

Moderne Inventurart

EDV-unterstützt. Der Warenverbrauch kann dadurch jederzeit ermittelt werden. Voraussetzung ist die kontinuierliche Führung der Lagerkartei nach Zu- und Abgängen.

Verlegte Inventur

Vor- oder nachverlegte körperliche Bestandsaufnahme innerhalb der letzten 3 vor oder der ersten 2 Monate nach dem Bilanzstichtag. Bestandsveränderungen werden nur wertmäßig zum Stichtag berechnet.

Beispiel Bestandsverzeichnis des Hotels Bremer Roland nach der Inventur

Im Hotel „Bremer Roland" wurden die Inventurwerte festgestellt und ein Bestandsverzeichnis (Inventar) aufgestellt. Das Eigenkapital (Reinvermögen) wurde ermittelt, indem von der Summe aller Vermögenswerte die Summe aller Schulden abgezogen worden ist.

Beispiel

1 Der Endbestand an Pfifferlingen im Monat Februar betrug 120 Dosen. Im März werden drei Lieferungen zu 45, 50 und 60 Dosen verbucht. Der Endbestand laut Monatsinventur März beträgt 95 Dosen Pfifferlinge zu je 450g.
Berechnen Sie den Verbrauch.

2 Durch zu warme Lagerung der Tafeläpfel (Gesamtgewicht bei Einlagerung 25 kg), kommt es zu einem Feuchtigkeitsverlust von 7%. Ermitteln Sie den Schwund.

3 Der Inventurbestand von Pilsner Bier beträgt zum 31. Januar 300 l.
Es werden folgende Mengen zugekauft:
4.2. 250 l Pilsner Bier
10.2. 400 l Pilsner Bier
15.2. 350 l Pilsner Bier
19.2. 300 l Pilsner Bier
Der Endbestand am 28. Februar beträgt 500l Pilsner Bier. Ermitteln Sie den Bierverbrauch im Februar.

Inventar

	I. Vermögen	
1.	Anlagevermögen	
1.1	Grundstücke	75.000 €
1.2	Gebäude	185.000 €
1.3	Fuhrpark	180.000 €
1.4	Technische Ausstattung	34.500 €
1.5	Betriebs- und Geschäftsausstattung	42.500 €
2.	Umlaufvermögen	
2.1	Warenvorräte	
2.1.1	Lebensmittel ohne Getränke	6.300 €
2.1.2	Getränke	3.600 €
2.1.3	Postkarten, Andenkenartikel	350 €
2.2	Forderungen an Kunden, Gäste	
2.2.1	Firma Nordsee-Reisen	6.450 €
2.2.2	Kongress-Service Müller	1.100 €
2.3	Kassenbestand	2.650 €
2.4	Bankguthaben	
2.4.1	Sparkasse Nord	20.000 €
2.4.2	Gastrobank	16.800 €
	Summe des Vermögens	574.250 €
	II. Schulden	
1.	Langfristige Schulden	
1.1	Hypothekenschulden	200.000 €
1.2	Darlehensschulden (LT Verzeichnis)	30.000 €
2.	Kurzfristige Schulden	
2.1	Verbindlichkeiten an Firma Nordquelle	6.000 €
2.2	Delikatessenhandel Hamburg	7.600 €
2.3	Gastronomiebedarf Berlin-Brandenburg	6.400 €
	Summe der Schulden	250.000 €
	Reinvermögen	
	Summe des Vermögens	574.250 €
	- Summe der Schulden	250.000 €
	III. Reinvermögen	324.250 €

Bremen, am 18.3.20....

5 Köche als Gastgeber

cuisiniers comme hôtes
cooks as hosts

5.1 Betreuung der Gäste

soins des clients *guest care*

Die allgemeine Gästebetreuung beginnt beim Empfang mit der **Begrüßung**, geht über das **Verkaufsgespräch** und das **Servieren** bis zum **Verabschieden** der Gäste. Darüber hinaus gibt es weitere Betreuungsformen im Sinne des gästeorientierten Handelns. Aus der Sicht der **Küche** könnten das sein:

- Besondere Angebote für besondere Gästegruppen (Kinder, Senioren, Sportler, Vegetarier, Diabetiker usw.)
- Besondere jahreszeitliche Angebote (Hitzegetränke, Warmgetränke)
- Partyservice (➔ Seite 422)
- Der Küchenchef oder der Chef vom Dienst begrüßt die Gäste und erkundigt sich nach ihren Wünschen
- Kochen vor dem Gast (Endfertigungsküche im Restaurant)
- Tag der offenen Küche
- Spezialitätenwochen, Tagesspezialitäten
- Aktionen im Gastbereich: Vorspeisen, Salatbüfetts
- Auf Wunsch werden Rezepturen ausgehändigt
- Für Gäste werden Kochkurse zu bestimmten Themen durchgeführt
- Zu Festlichkeiten kommt eine Köchebrigade ins Haus
- Beratung und Betreuung an Büfetts

Verkaufsanbahnung		Verkauf		Kaufabschluss	
Empfang	Platzeinnahme	Beratungsgespräch	Servieren	Rechnungserstellung	Verabschiedung
Begrüßung		Bedarfsermittlung Verkaufsangebote Bestellungsannahme Präsentation		Kassieren Dank	

5.2 Beratung und Verkauf

conseils et vente
counselling and selling

Köche können mitunter direkt in die Gästebetreuung einbezogen sein. Das betrifft die Arbeit in Speisebars, an Büfetts (➔ 412 ff), bei Banketten (➔ 405 ff) oder bei Aktionen (➔ 420 f).
Das Verkaufsgespräch sollte in der Regel stets ein Beratungsgespräch (➔ Grundstufe) sein.

Beratungsgespräch	
Begrüßung freundlich, in möglichst persönlicher Form	Blickkontakt (➔ Grundstufe) Auf korrekte Bekleidung, Haltung und Sprache, angemessene, nicht zu starke Gestik achten Deutlich, aber nicht zu laut sprechen Angemessene Fragestellungen (➔ Grundstufe) Garderobe abnehmen
Gäste zunächst **Platz nehmen lassen**	Für die Bestellungsaufnahme nicht aufdringlich am Tisch verweilen – eine voreilige oder unvollkommene Bestellung wäre für beide Seiten unzufrieden stimmend
Vorlegen der **Angebotskarten**	Unverbindliche Hinweise auf besondere Angebote und Dienstleistungen Noch nicht unmittelbar Getränkewünsche erfragen, eventuell Aperitif anbieten
Servicemitarbeiter befindet sich in Blicknähe	An Mimik und Gestik (➔ Grundstufe) des Gastes, an der zur Seite gelegten Karte kann festgestellt werden, dass der Gast ausgewählt hat
Bestellung entgegennehmen	Das Servicepersonal muss die Speisen, einschließlich Beilagen und Getränke, auf der Karte kennen und erläutern können Angebot fachgerecht und engagiert offerieren Kein aufdringliches Anbieten, keine anmaßende Bewertung der Bestellung Bestellungsannahme im Uhrzeigersinn- Größere Bestellungen stets deutlich wiederholen, um Hörfehler zu vermeiden
Fragen der Gäste korrekt und freundlich beantworten	Garnituren oder Zubereitungsformen erläutern Fachgerecht und verständlich beraten
Bestellungen ohne Rückfrage servieren	Guten Appetit wünschen Evtl. Hinweise zum Verzehr geben

1 *Beschreiben Sie die äußere Erscheinung eines guten Gastronomen.*
2 *Nennen Sie Besonderheiten in der Berufskleidung bei Köchen, die direkt vor dem Gast arbeiten.*
3 *Wie verhalten Sie sich bei Meinungsverschiedenheiten mit Gästen?*
4 *Beurteilen Sie die beiden Fragen des Servicepersonals:*
„Hat es Ihnen geschmeckt?"
„Waren Sie zufrieden?"
5 *Übersetzen und erweitern Sie das folgende Gespräch im Rollenspiel.*

5.3 Reklamationen

 *réclamations*  *complaints*

Jede Reklamation ist **gastorientiert** zu bearbeiten und sollte Anlass für eine **Qualitätsverbesserung** sein. Reklamationen informieren über Fehler, durch Reklamationen können Fehlerquellen beseitigt und Missverständnisse von vornherein vermieden werden. Damit können Gästeerwartungen künftig besser erfüllt werden.

 Beispiele

Im Fruchteisbecher befinden sich noch unaufgetaute Früchte.
Der Salat ist welk, schlecht gewaschen, nicht oder schlecht mariniert.
Das Fleisch hat nicht den gewünschten Garegrad.

Durch die Küche verursachte Reklamationen

- Eine Bestellung ist von der Küche nicht ausgeführt worden.
- Die Zubereitung dauerte zu lange.
- Die falsche Speise oder ein falsches Getränk wurde bereit gestellt.
- Der Gast erhält nicht die erwartete Qualität oder Menge.
- Speisen haben keine angemessene Verzehrtemperatur.
- Das verwendete Geschirr ist angeschlagen oder unsauber.

Behandlung einer Reklamation

Das Management einer gastronomischen Einrichtung sollte die Mitarbeiter auch in diesen Fragen schulen. Insbesondere müssen Reklamationen ausgewertet werden.
Reklamationen sollen kein Aufsehen oder Unruhe erregen. Sie sollten möglichst nicht vor anderen Gästen geklärt werden. Reklamationen sollen fachlich überzeugend und menschlich einfühlsam behandelt werden. Dabei spielt es eine untergeordnete Rolle, ob eine Beschwerde oder ein Einwand berechtigt ist oder nicht.

Reklamationsgespräch	
Reklamationen ohne Zeitverzug klären	Wartezeiten können den Frust des Gastes verstärken, der Gast muss den Eindruck gewinnen, dass seine Reklamation bedeutungsvoll ist
Ruhig zuhören, den Gast beim Vortrag nicht unterbrechen	Ernst nehmen, durch das Reden und das aufmerksame, ernsthafte Zuhören wird Frust abgebaut
Freundlich bleiben, eigenen Widerwillen unterdrücken **Niemals laut werden, auch dann nicht, wenn der Gast provozierend laut ist**	Keine unakzeptablen Entschuldigungen vorbringen Fehler eingestehen
Stets Verständnis ausdrücken, bei berechtigter Reklamation klar und deutlich ohne Unterton entschuldigen	Bei berechtigten Reklamationen sich im Namen des Hauses und persönlich entschuldigen Ersatz, Preisminderung, eine andere Aufmerksamkeit anbieten (Getränk, Eisbecher usw.)
Geringfügige Beanstandungen stets kulant behandeln	Auch bei unberechtigten Reklamationen Verständnis und Fingerspitzengefühl zeigen In jedem Fall Bloßstellung des Gastes vermeiden

1. *Eine Familie mit zwei kleinen Kindern erhält das bestellte Mittagessen nach unverhältnismäßig langer Wartezeit und erst nach einer Nachfrage.*
   Wie verhalten Sie sich?
2. *Ein Gast bestellt ein Filetsteak ohne nähere Bezeichnung der Garstufe. Nachdem er bereits die Hälfte gegessen hat, reklamiert er, dass das Fleisch nicht richtig durchgegart sei, und will die Küchenchefin sprechen.*
   Wie sollte sich die Küchenchefin Ihrer Meinung nach verhalten?
3. *Von einem älteren Ehepaar kommen Klagen über das nach ihrer Ansicht zu kalte Mittagessen.*
   Wie wird sich der herbeigerufene Restaurantchef äußern?
4. *Ein Eisbecher wird reklamiert, da das Eis zum Teil zerlaufen ist.*
   Wie verhalten Sie sich?
5. *Zum bestellten Gericht werden anstatt Kartoffelkroketten als Beilage Spätzle verlangt.*
   Was ist zu tun?
6. *Von einer älteren Dame wird der Wunsch nach einer halben Portion geäußert.*
   Wie reagieren Sie?

SPEISEN

Zutaten beurteilen und zu Speisen verarbeiten. Warenanforderungen erstellen. Produktangemessene Lager-, Vor- und Zubereitungs- und Anrichteverfahren anwenden. Auf Werterhaltung der Speisen achten. Arbeiten nach ökonomischen, ökologischen und lebensmittelrechtlichen Gesichtspunkten durchführen. Den Einsatz von Convenience-Erzeugnissen bewerten. Gäste beraten.

(nach dem Bundesrahmenlehrplan)

6 Gemüsespeisen, Pilzspeisen

mets de légumes, mets de champignons
vegetable dishes, mushroom dishes

6.1 Zutaten, Nährwert

ingrédients, valeur nutritive
ingredients, nutritive value

Zutaten

Gemüse und Pilze können ganzjährig in guter Qualität bezogen werden. Dabei sind neue oder bisher wenig verarbeitete Sorten von besonderem kulinarischem Interesse.
Der **Einkauf** erfolgt nach EU-Güteklassen. Allgemein soll Gemüse gesund, fest, frei von Fremdgeruch und -geschmack sowie von übermäßiger Gutsfeuchte sein:

Güteklasse	Extra	1	2	3
Qualität	hervorragend	gut	mittel	einfach

Möglichst sauberes, frisches und ausgereiftes Gemüse wählen. Jedes Gemüse hat eine Saison, zu der es am günstigsten eingekauft werden kann. Deshalb sollten die Marktberichte verfolgt werden. Zunehmend wird auf die Kennzeichnung der Produktionsart geachtet: Freilandgemüse aus ökologischem oder integriertem Anbau, Foliengemüse, Treibhausgemüse usw.

légumes-tiges, légumes-pousses
stem vegetables, shoot vegetables

Stängel-, Sprossgemüse

Zu den edelsten Gemüsearten gehören die Sprosse des Spargels, die einen wichtigen Platz in der Gastronomie einnehmen. Auch der Bleich- oder Staudensellerie, der aus England kommt, wird heute international geschätzt.

Sorte	Qualität / Einkauf
Spargel *asperge* *asparagus*	Helle, grüne, auch rote Sorten; eingetrocknete Schnittflächen deuten auf mangelnde Frische hin; dicke und nicht verfärbte Stangen, bis zum 24. Juni gestochen, gelten beim Bleichspargel als beste Qualität ■ Frisch verbrauchen, kurze Zeit in Folie, kühl und feucht lagerfähig
Chicorée *endive* *chicory*	Auch Brüsseler Endivie; helle, mild bittere Triebe, geschlossen, weiße Blätter mit gelben Spitzen ■ Wintergemüse, Stauden sollen an der Spitze dicht geschlossen sein; braune oder faulige Stellen deuten auf minderwertige Qualität hin
Bleichsellerie *céleri en branches* *branch celery*	Auch Stangen- oder Staudensellerie genannt; soll unten hell bleiben ■ Zartgrüne, elastische, fleischige Stängel mit frischem Blattgrün bevorzugen; hält sich etwa eine Woche

Spargelessen im schwäbischen Landgasthof!
Alfred Walterspiel, Hotelier und Kochkünstler (1881–1960): Die Spargeln, die wir mit den mitgeführten Spargelzangen (→ 74) zum Munde führten, waren ausgezeichnet. Die Kellnerin bemerkte dazu am Büfett: „Das sind merkwürdige Leute, die müsst ihr euch anschauen, die essen Spargel mit der Beißzange.“

Blattsalate

salades à feuilles *leaf salads*

Eine Palette traditioneller und neu gezüchteter Sorten wird angeboten.

Sorte		Qualität / Einkauf
	**Bataviasalat** *batavia, laitue batavia* *web lettuce*	Verwandt mit Kopfsalat, gelbliche bis hellgrüne Blätter, je nach Jahreszeit mit mehr oder weniger roten Blatträndern, geschlossener Kopf, herzhaft bis mild. ■ 0,5–1 kg schwer, in gelochter Folie bis 2–7 Tage gekühlt lagerfähig.
	**Eichblattsalat** *laitue feuille de chêne* *salad bowl*	Pflücksalat mit eichenblattartigen, rötlichen, auch grünen Blättern; mild schmeckend, ohne Bitterstoffe ■ Nicht länger als 1 Tag kühl lagern, mit Wasser benetzt, in Folie eingeschlagen
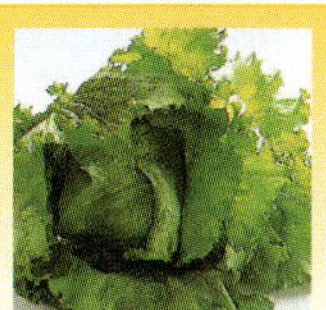	**Eissalat** *salade iceberg, laitue d'hiver* *iceberg salad*	Verwandt mit Kopfsalat, ohne Hüllblätter als Eisbergsalat bezeichnet, mit Hüllblättern als Crisp-Salat; fleischige spröde, saftige gelbe bis dunkelgrüne Blätter, mitunter auch rot ■ Bis 1 kg schwer, gekühlt gut haltbar, auch geteilt
	**Endivie** *chicorée* *endive*	Eskariol oder glatte Endivie: Sommerendivie *(scarole / escarole)*, Romana-Salat Winterendivie gelb, leicht bitter ■ Wenige braune Blattspitzen akzeptieren, bei Herzfäule (Kranzfäule) zurückweisen; Endivie mit Strunk nach oben etwa 2 Tage gekühlt lagerfähig
	**Feldsalat** *doucette, mâche, oreille-de-lièvre, valérianelle potagère* *corn salad, field salad, lamb's lettuce*	Auch Rapunzel- oder Nüsslisalat genannt; typisches Wintergemüse, schmackhaft, November–März ■ In Süddeutschland werden kleinblättrige Arten bevorzugt, teuerstes Gemüse; 70 g/Portion planen; 2 Tage gekühlt lagerfähig
	**Frisée** *chicorée frisée* *curled endive*	Krause Endivie, Form der Endivie, fein gefiederte gelbe Innen- und grüne Außenblätter; würzig bitter, knackig derb, etwas bitter schmeckend ■ 700–800 g schwer; nicht länger als 7 Tage kühl lagern, mit Wasser benetzt, in Folie eingeschlagen
	**Kopfsalat** *laitue pommée, laitue beurrée* *butterhead lettuce (USA), cabbage lettuce*	Traditionelles Salatgemüse, grüne und rote Sorten; neutral im Geschmack, kann deshalb mit anderen Salaten gemischt werden ■ Freiland: feste, dicke Köpfe, Kopfgewicht bis 600 g; Treibhaus: lockerer Kopf mit zarten, empfindlichen Blättern; 2 Tage gekühlt lagerfähig
	**Lollo rossa** *lollo rossa* *red salad bowl*	Pflücksalat mit hellgrünen Blättern und dunkelroten Rändern; die Rotfärbung ist bei schwankenden Temperaturen besonders stark; herzhaft würzig mit Bitternote ■ In Lochfolie 7 Tage kühl lagerfähig

Blattsalate bilden einen wichtigen Bestandteil der gesundheitsfördernden Ernährung. Frisch und knackig sind sie reich an Vitaminen.

1 *Einem Gasthof werden vom Gemüsefrischdienst sowohl Freilandendivien zu durchschnittlich 800 g/Stück als auch Treibhausendivien zu 400 g/Stück angeboten. Der Küchenchef rechnet bei Freilandendivien mit 55% Putzverlust, während bei der Treibhausware nur durchschnittlich 25% Putzverlust entstehen*
Wie viele Stück Endivien müsste der Küchenchef bestellen, wenn er 60 Portionen zu je 120 g geputzter Ware benötigt? Auf Stück aufrunden.

2 *Zur Ermittlung des Vorbereitungsverlustes wurden die Abfallmengen an drei aufeinanderfolgenden Tagen notiert:*
2,1 kg Feldsalat, davon 588 g Putzverlust
1,8 kg Feldsalat, davon 522 g Putzverlust
1,4 kg Feldsalat, davon 399 g Putzverlust

2.1 *Berechnen Sie den prozentualen Durchschnittsverlust.*

2.2 *Wie viel Portionen können aus dem geputzten Feldsalat hergestellt werden?*

légumes à feuilles et choux
leafy vegetables and brassicas

Blatt- und Kohlgemüse

Zum **Kohl,** dem preiswerten und Vitamin-C-haltigen Wintergemüse, gehören sowohl derbe, cellulosereiche wie auch zarte Sorten. Das typische Kohlaroma entsteht durch enzymatische Freisetzung von etherischen Senfölen. Der Celluloseanteil wirkt oft blähend.
Zum **Blattgemüse** gehören im Gegensatz zu Blattsalat Sorten, die auch oder nur gegart verzehrt werden können.

Kennen Sie Paksoi?
Auch Pak-choi oder Japankohl genannt, ist eine Chinakohlsorte, die dem Chinakohl und dem Rippenmangold ähnelt. Lange weiße Stiele mit großen runden, meist dunkelgrünen Blättern. Mitunter etwas erdiger Geschmack, deshalb überbrühen. Schlecht haltbar.

Sorte		Qualität / Einkauf
	**Chinakohl** *chou chinois* *Chinese cabbage, celery cabbage*	Zwei Sorten: Kantoneser Sorte 40–60 cm; runde Sorte mit 1–1,5 kg schweren Köpfen ■ Auf fest geschlossenen Kopf achten; braunes Strunk-Ende zeigt Qualitätsmangel; gekühlt bis 7 Tage lagerfähig
	**Grünkohl** *chou vert* *green cabbage*	Auch Braunkohl genannt; krausblättrig; Frost verbessert den Geschmack ■ Lose und küchenfertig in Folienbeutel gehandelt; welke gelbe Blätter zeigen mangelhafte Qualität
	**Rosenkohl** *choux de Bruxelles* *Brussels sprouts*	Auch Brüsseler Kohl, Kohlsprossen oder Sprossenkohl genannt; kräftig grüne, fest geschlossene Röschen; erhält durch Frost süßlich-milden Geschmack und bessere Bekömmlichkeit ■ Frühsorte ab September; wird ungeputzt und geputzt angeboten
	**Rotkohl** *chou rouge* *red cabbage*	Fest geschlossener Kopf, rötlich (Frühkohl) bis dunkelblau ■ Gilt als typisches Wintergemüse (Spätkohl)
	**Weißkohl** *chou blanc* *white cabbage*	Kugelförmiger oder spitzer Kopf, fest geschlossen mit hellgrünen (Frühkohl) oder dunkelgrünen bis blaugrünen (Spätkohl) Blättern; Frühkohl ist lockerer als Spätkohl ■ Im Winter wird Lagerware angeboten; ab April erster Frühkohl; Spätkohl ist kühl einige Wochen gut lagerfähig
	**Spinat** *épinard* *spinach*	Zu unterscheiden sind Blatt- und Wurzelspinat; Spinat sollte keine Erde enthalten ■ Im Frühjahr erstes Frischgemüse; je Portion 250–500 g; nur kurz, unter feuchter Folie lagern
	**Wirsing** *chou frisé, chou de Milan* *Savoy cabbage*	Locker gewellter dunkelgrüner bis hellgelber Kopf, je dunkler desto stärker das Aroma ■ Frühkohl ab Juni erhältlich; geschlossene Köpfe wählen

§ *Einige Salate speichern bei lichtarmem Anbau Nitrat, das in schädliches Nitrit umgewandelt werden kann. Deshalb hat der Gesetzgeber Höchstwerte für den* ***Nitritgehalt*** *je nach Erntezeit bei Blattsalaten festgelegt.*

2500 mg/kg	*Freilandsalat*	*(1.5.–31.8)*
3500 mg/kg	*Kopsalat*	*(1.4.–30.9)*
4500 mg/kg	*Kopfsalat*	*(1.10.–31.3.)*

Wurzel- und Knollengemüse

Diese derben Gemüsearten können bei geeigneten Bedingungen gut gelagert werden. Sie sind Bestandteile der bodenständigen deutschen Küche.

racines et tubercules
root vegetables and tubers

Sorte		Qualität / Einkauf
	**Kohlrabi** *chou-rave, chou-pomme* *turnip cabbage, kohlrabi*	Sorten mit hellgrüner bis blauer Schalenfarbe; Mängel: holzig, rissig, welk ■ Im Frühjahr erstes Gemüse; auf gesunde Blätter achten; junge Blätter können mit verwendet werden
	**Knollensellerie** *céleri-rave, céleri-pomme* *celeriac*	Braune Knolle mit zahlreichen Nebenwurzen, innen hell; Mängel: hohle, holzige, braun durchsetzte Knolle ■ Junge Knolle mit frischem Blattgrün bevorzugen; bei leichten Knollen sind im Inneren schwammige Stellen vorhanden
	**Möhren, Karotten** *carottes* *carrots*	Spitzkugelige oder walzenförmige Sorten; kleinere runde Sorten werden oft als Karotten bezeichnet ■ Als Lagergemüse ganzjährig verfügbar; gebündelte Sommermöhren sollen frisches Blattgrün haben
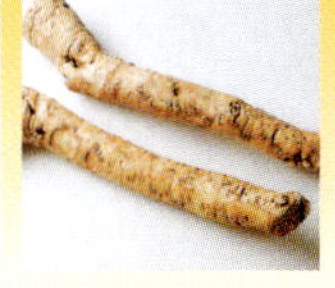	**Meerrettich** *raifort* *horseradish*	Pfahlwurzel mit festem hellem Fruchtfleisch; das scharfe Aroma entsteht durch etherische Senföle ■ Etwa 500 g schwere Wurzelstücke; dürfen nicht austrocknen
	Rettich *radis* *radish* 	Unterschiedliche Außenfarbe, milder bis scharfer Geschmack, der durch etherische Senföle hervorgerufen wird **Radieschen** *(radis roses / red radish):* kleine Rettichart mit roter Außenfarbe ■ Weißer Rettich wird bevorzugt; im Frühjahr und Frühsommer am schmackhaftesten
	**Rote Bete** *betterave rouge* *beetroot*	Runde oder längliche Wurzelknollen, die möglichst gleichmäßig ohne Beschädigungen sein sollten ■ Zur Lagerung Blätter nur abdrehen, um Fruchtsaftverluste beim Verarbeiten gering zu halten
	Schwarzwurzeln *salsifis* *black salsify, scorzonera*	Schwarzbraun gefärbte Pfahlwurzel, 1–2 cm dick und bis 30 cm lang; glatte, unverzweigte Stangen, hellfleischig und saftig ■ Wurzeln dürfen sich nicht biegen lassen
	**Speiserübe** *chou-navet* *common beet*	Als **Mairübe** *(navet / turnip),* **Kohlrübe oder Steckrübe** *(chou-navet, rutabaga, navet de Suède / rutabaga [USA], swede [GB])* und **Teltower Rübchen** *(navet Teltow / Teltow turnip)* verwendet; weiß- bis gelbfleischig ■ Gelbliche Rübe wird beim Einkauf bevorzugt

Goethes Lieblingsgemüse kam mit der Postkutsche!

Teltower Rübchen oder märkische Rüben aus den Sandböden der Mark Brandenburg stellen eine berühmte Zuchtform der weißen Rüben dar. Es sind kleine, meist braune, würzig süß schmeckende Wurzeln, die als Delikatesse gelten.

Zwiebel  *oignon*  *onion*

Küchenzwiebel *(oignon / onion)*: hellbraune Schale, innen weiß, mittlere Schärfe

- Auf feste Ware achten

Gemüsezwiebel: sehr groß, hellbraune oder weiße Schale, mild

- Dient als Gemüse

Rote oder spanische Zwiebel *(oignon rouge / Spanish onion, large red onion)*: rote Schale, innen weiß mit zart roten Rändern, meist mild

Frühlingszwiebel, Lauchzwiebel *(oignon blanc, oignon de mai / green onion, spring onion [GB], scallion [USA])*: weiß, kugelig, Verdickung an hellgrünen Röhrenblättern, fein, mild

Perlzwiebel *(petit oignon / pearl onion)*: Saatzwiebel, klein, rund

- Meist als Konserve gehandelt
- In Essig als Silberzwiebel bezeichnet

Zwiebel- und Lauchgemüse  *légumes bulbeux*  *bulbs*

Überwiegend derbes Gemüse, das durch arteigenen Geschmack, einen beachtlichen Kohlenhydratgehalt (bis 14%) sowie mikrobenhemmende Schwefelverbindungen gekennzeichnet ist. Die meisten Arten sind auf Grund der mikrobenhemmenden Inhaltsstoffe von erheblichem Gesundheitswert, gut lagerfähig und werden vielfach als Würzgemüse verwendet.

Sorte		Qualität / Einkauf
	**Lauch, Porree** *poireau* *leek*	Gehört zur Familie der Zwiebeln ohne Knolle Zu unterscheiden sind Sommer- und Winterlauch ■ Frühjahrslauch (Mai–August) hat höhere Preise; Bleichlauch ist milder und auch im Winter erhältlich
	**Schalotte** *échalote* *shallot*	Eiförmig aus mehreren Teilzwiebeln zusammengesetzt, mild und zart würzend ■ Über Wochen gut haltbar bei luftiger und trockener Lagerung
	**Knoblauch** *ail* *garlic*	Zwiebelgemüse mit stark ausgeprägtem Aroma ■ Über Wochen gut haltbar bei luftiger und trockener Lagerung

Blütengemüse  *légumes à fleurs* *flowering vegetables*

In dieser Gruppe werden empfindliche, nur wenig lagerfähige Sorten, die kulinarisch wertvoll sind, zusammengefasst.

Sorte		Qualität / Einkauf
	**Blumenkohl** *chou-fleur* *cauliflower*	Reinweiße Farbe durch Lichtausschluss; auf festen Kopf und dicht geschlossene Blätter achten ■ Frisch verwenden, etwa 3 Tage Kühllagerung ist möglich
	**Brokkoli** *brocoli* *broccoli*	Auch Spargelkohl genannt; licht-, druck- und wärmeempfindlich ■ Gute Qualitäten Juni/Juli und ab September; 2 Tage kühl lagerfähig; blühende Knospen weisen auf mindere Qualität hin; gelbliche Färbung entsteht durch falsche Lagerung
	**Artischocke** *artichaut* *artichoke*	Grün, violett-grün; günstig sind runde und hellgrüne Sorten mit fleischigem Boden (Bretagne) ■ In Folie feucht bis 3 Tage lagerfähig; wird ganzjährig angeboten

Frucht- und Samengemüse

Fruchtgemüse sind wasserreiche Sommergemüse, wobei besonders fleischige Arten bevorzugt werden. Samenreiche Arten sind weniger beliebt.

légumes-fruits et légumineuses
fruiting vegetables, pods and seeds

Sorte	Qualität / Einkauf
Aubergine *aubergine* *aubergine (GB), egg-plant (USA)*	Runde und längliche violette Frucht, mit geringem Eigengeschmack ■ 100–250 g schwer; auf glatte glänzende Schale achten; Fruchtfleisch gibt bei Fingerdruck nicht nach
 **Bohnen** *haricots* *beans*	Unreife Hülse mit den Kernen oder nur die frischen Kerne: Prinzessbohnen *(haricots nains / dwarf beans):* sehr zart, frühreif, ganz verwendet Brechbohnen *(haricots verts / haricot beans):* dickfleischig, zart Schnittbohnen *(haricot à couper / French beans):* flach, weniger zart ■ Nicht zum Rohverzehr geeignet
Erbsen *pois* *peas*  	Zu unterscheiden sind Zuckerschoten *(pois mange-tout, pois princesse, pois gourmand / sugar peas, snow peas)* und Pflückerbsen *(pois cultivés / garden peas)* Zuckererbsen, Kaiserschoten, Kefen: zart, süß, Schoten werden mitgegessen Grüne Erbsen *(petits pois / green peas):* angenehm mehlig ■ Früchte dürfen nicht überreif sein; keine Erbsen mit trockenen Hülsen kaufen
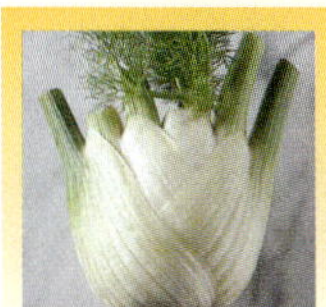 **Fenchel** *fenouil* *fennel*	Verwendet werden die verdickten Blattscheiden der fleischigen Fenchelknollen, die einen anisartigen Geschmack haben ■ Schmeckt frisch am besten, deshalb nur kurze Zeit kühl lagern
  **Gemüse-, Süßmais** *maïs (sucré)* *sweet maize (GB), sweet corn (USA)*	Unreife Getreideart, von der die gelben, saftigen, süßen Körner verwendet werden ■ Erntefrische Kolben verwenden, Körner müssen beim Einritzen weißlichen Saft abgeben
 **Gurke** *concombre* *cucumber*	Salatgurken, Schäl- oder Schmorgurken und Einleger. Salatgurke gleichmäßig, meist in Treibhäusern gewachsen; Schmorgurken haben eine derbere Schale ■ Feste Früchte ohne weiche oder faulige Stellen auswählen; nur Schälgurken dürfen gelbe Schale haben
 **Kürbis** *courge* *pumpkin, squash*	Bischofsmütze *(patisson / custard squash),* Riesenkürbis *(citrouille géante / giant pumpkin),* Flaschenkürbis *(calebasse, gourde bouteille / bottle gourd, calabash gourd),* Eierkürbis *(chayote / chayote),* Gartenkürbis *(citrouille, courge / pumpkin)* ■ Je kleiner desto aromatischer und zarter; bei Raumtemperatur 2 Wochen lagerfähig

1. *Nennen Sie einheimisches Gemüse aus Ihrer Region und die saisonalen Angebotszeiten.*
2. *Worauf achten Sie beim Einkauf von Blattsalat?*
3. *Nennen Sie Qualitätsmerkmale Spargel, Rosenkohl, Spinat.*
4. *Beurteilen Sie den ernährungsphysiologischen Wert des Spargelgemüses.*
5. *Unterscheiden Sie verschiedene Handelsarten von Zwiebeln, und ordnen Sie typische Verwendungsmöglichkeiten zu.*

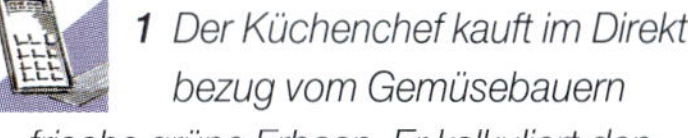

1. *Der Küchenchef kauft im Direktbezug vom Gemüsebauern frische grüne Erbsen. Er kalkuliert den Vorbereitungsverlust mit 55%.*
   Wie viele kg Ware muss er einkaufen, wenn er für ein Gesellschaftsessen 34 garfertige Portionen zu 150 g benötigt?
2. *Ein Speiserestaurant kauft 4 Kisten Stangenspargel zu je 5 kg. Jede Kiste wiegt 460 g. Ermitteln Sie das Nettogewicht des gelieferten Spargels.*
3. *Gemüsepaprika zum Kilopreis von 7,68 € wird zu Rohkostsalat verarbeitet. Dabei entsteht ein Herstellungsverlust von 24%. Ermitteln Sie den Materialwert einer Portion von 70 g in €.*

Sorte		Qualität / Einkauf
 	**Melone** 🇫🇷 *melon* 🇬🇧 *melon*	Zu unterscheiden sind **Wassermelone** *(pastèque, melon d'eau / water melon)*, **Zuckermelone** *(sucrin / sweet melon, sugar melon)*, **Honigmelone** *(melon jaune canari / honeydew)*, **Netzmelone** *(melon brodé / musk melon, netted melon)*, **Cantaloup-Melone** *(melon Cantaloup, cantaloup / cantaloupe melon)*, **Charentais-Melone** *(melon charentais / charentais melon)* ■ Feine Sorten besonders empfindlich; nur voll reife Früchte bieten guten Genuss; Stielansatz und das Gegenüber müssen sich weich anfassen und vollen Duft ausströmen
	**Paprika** 🇫🇷 *poivron, piment doux* 🇬🇧 *sweet pepper*	Faustgroße, spitz oder stumpf auslaufende rote, grüne, gelbe, violette oder orange Frucht, würzig-mild bis scharf ■ Auf straffe glänzende Oberfläche und unbeschädigte Früchte achten
	**Tomate** 🇫🇷 *tomate* 🇬🇧 *tomato*	Runde, gerippte Fleischtomaten, weiter birnen-, eier- und flaschenförmige Früchte sowie kleine Cocktail-Tomaten ■ Auf unverletzte Schalen, gleichmäßig gefärbte, nicht zu weiche Früchte achten
	Zucchini 🇫🇷 *courgette* 🇬🇧 *vegetable marrow, zucchini*	Gurkenähnliche sechskantige Form, grün ■ Bis mehrere kg schwer, bis 15 cm beste Ware; nur feste Früchte verwenden, die sich nicht eindrücken lassen

Brachte Columbus den indischen Pfeffer nach Spanien?
Der Paprika begann in Europa von Spanien aus den Weg nach Osten, allerdings als Zierpflanze. Türkische Heere brachten den Paprika schließlich nach Ungarn. Heute gilt der Paprika als Gemüse und als Gewürz, ist Merkmal der ungarischen Küche und wird in ganz Europa vielfach verwendet.

🇫🇷 *légumes sauvages*
🇬🇧 *wild vegetables*

Wildgemüse

Wildpflanzen gewinnen in der Gastronomie an Bedeutung. Sie bieten kulinarische Abwechslung und gelten darüber hinaus als gesundheitsfördernd.

Sorte		Qualität / Einkauf
	**Brennnessel** 🇫🇷 *ortie* 🇬🇧 *stinging nettle*	Vitaminreich (C, B) Verwendet werden junge Pflanzen, deren Blättchen gezupft werden ■ Roh oder wie Spinat zubereiten, Saft
	**Brunnenkresse** 🇫🇷 *cresson de fontaine* 🇬🇧 *water cress*	Kreuzblütler; verwendet werden junge Triebe und frisches Kraut; Aroma meerrettichähnlich ■ Salat, Saft, kühl und dunkel lagern
	**Löwenzahn** 🇫🇷 *dent-de-lion, pissenlit* 🇬🇧 *dandelion*	Zu unterscheiden sind wilde und kultivierte Arten; die Blätter der Kulturform haben meist gebleichte, schmale, zarte und stärker gezähnte Blätter als die des wilden Löwenzahns ■ Mild, leicht bitter, Wurzel süßlich; Salat, Gemüseergänzung
	**Sauerampfer** 🇫🇷 *oseille* 🇬🇧 *sorrel*	Knöterichgewächs; verwendet werden Blätter und frische Triebe; kräftig sauer schmeckend ■ verwendet als Küchengewürz zu Salaten, Suppen und Saucen.

Wildgemüse-Salat

Speisepilze

Speisepilze werden wegen des würzig-aromatischen Geschmacks geschätzt. Zu unterscheiden sind **Zucht- und Wildpilze.** Wildpilze werden vom Frühjahr bis in den Herbst gesammelt. Sie sollten direkt von Züchtereien, vom anerkannten Fachhandel oder von nachweislich sachkundigen Sammlern bezogen werden. **Zuchtpilze** (Champignon, Austernpilz) werden ganzjährig in gleich bleibender Qualität angeboten. Sie bieten die Gewähr, nicht mit Schadstoffen belastet zu sein. Kein Ankauf von trockenen, fleckigen und schmierigen Pilzen. Champignons und Trüffel werden auch roh verzehrt.

(FR) *champignons comestibles*
(EN) *edible mushrooms*

Zucht-/Wildpilze	Wildpilze
Austernseitling	Morchel
Braunkappe/Kulturträuschling	Pfifferling
Champignon	Steinpilz
Shiitake	Trüffel

Aufbau von Röhren- und Blätterpilzen

Sorte	Qualität / Einkauf
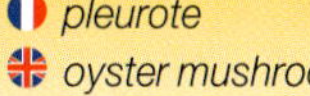 **Austernseitling** (FR) *pleurote* (EN) *oyster mushroom, oster cap*	Auch Kalbfleischpilz genannt; Hut oben samtig-mausgrau bis gelbbräunlich und dunkelblau; sehr aromatisch ■ Junger Pilz Hutrand nach unten, älterer trichterförmig, kann hartes Stielende haben
 **Braunkappe, Kulturträuschling** (FR) *cèpe de paille* (EN) *cultivated stropharia, wine cap*	Halbkugelförmiger, 8–10 cm breiter Hut; jung dem Steinpilz ähnlich; mild, rettichähnlicher Geschmack ■ Jung mit rehbraunem Hut, grau-lila Lamellen; später geringer gefärbte Hüte, dunkelviolette Lamellen
Champignon (FR) *champignon de Paris / champignon de couche* (EN) *champignon* 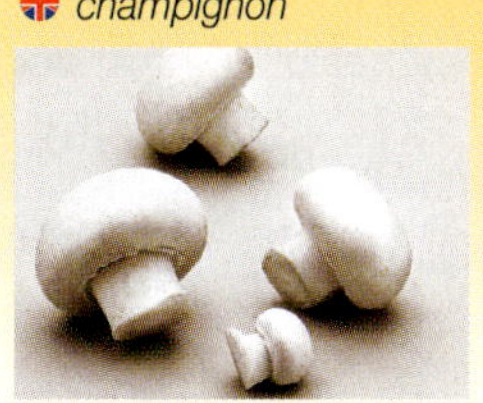	**Kulturchampignon, Wiesenchampignon** und **Egerling (brauner Champignon)** Kulturchampignon *(champignon de Paris, champignon de couche / champignon)* **Wiesenchampignon, Feldchampignon** *(psalliote champêtre / field mushroom):* **Egerling** *(agaric / agaric):* bräunlicher Hut, kräftig-aromatischer Geschmack ■ Nur der Kulturchampignon darf als „Champignon" bezeichnet werden; beste Qualität mit kleinem geschlossenem Kopf
 **Morchel** (FR) *morille* (EN) *morel*	**Speisemorchel** *(morille comestible / common morel)* und **Spitzmorchel** *(morille conique / conic morel);* Hut mit wabenartigen Vertiefungen, mit kurzem Stiel fest verwachsen, innen hohl ■ Entwickelt getrocknet volles Aroma, als Trockenware angeboten
 **Pfifferling, Eierschwamm** (FR) *chanterelle, girolle* (EN) *chanterelle, egg mushroom*	Gewölbter Hut, der sich beim Wachsen trichterförmig nach oben richtet ■ Lange haltbar, pfeffriger Geschmack, der sich bei der Zubereitung wieder verliert, geeignet zum Einlegen in Salz

1 Die Pilzzüchterei liefert 13,6 kg Egerlinge brutto für netto (bfn) zu einem Kilopreis von 4,35 €. Die Verpackung (Tara) beträgt 1340 g, der Vorbereitungsverlust 1680 g.

1.1 Wie viele vorbereitete Egerlinge lassen sich aus der gelieferten Menge herstellen?

1.2 Ermitteln Sie den Materialpreis für 120 g vorbereitete Egerlinge.

2 Berechnen Sie mit Hilfe der Nährstofftabelle, den Energiegehalt von 150 g Champignons. Vergleichen Sie den Vitamin-B_1- und -B_2-Gehalt mit demjenigen der gleichen Menge Rotkohl.

Sorte		Qualität / Einkauf
	**Shiitake** 🇫🇷 *shitaké* 🇬🇧 *shiitake*	Hut hell- bis dunkelbraun, 5–12 cm breit, weißes festes Fleisch, aromatischer Geschmack ■ Jung: glockenförmig; überreif: umgedrehte Untertasse
	**Steinpilz, Herrenpilz** 🇫🇷 *bolet, cèpe* 🇬🇧 *boletus (mushroom), cep(e)*	Röhrenpilz mit rotbraunem Hut ■ Hochwertig, auch getrocknet; aromatisches Würzmittel
	**Weiße Trüffel** 🇫🇷 *truffe* 🇬🇧 *truffle*	Nuss- bis faustgroßer knollenförmiger Pilz **Périgord-Trüffel, schwarze Trüffel** *(truffe noire / Périgord truffle):* dunkelbraun bis schwarz, stark würzig **Sommertrüffel** *(truffe d'été / summer truffle):* schwarzbraun **Weiße Trüffel, Piemont-Trüffel** *(truffe blanche / white truffle):* feste, glatte Hülle, zartes Knoblaucharoma ■ Wertvoll, wird stückweise gehandelt

Brillat-Savarin über Trüffel

In dem Augenblick, wo ich schreibe, 1825, ist der Ruhm der Trüffel auf seinem Höhepunkt angelangt. Man wagt nicht, seine Gegenwart bei einem festlichen Mahl einzugestehen, wo nicht eine Schüssel mit Trüffeln gewesen wäre. Wie gut auch eine Vorspeise sein mag, sie präsentiert sich schlecht, wenn sie nicht mit Trüffeln garniert ist … Kurz, die Trüffel ist der Diamant der Küche.

Lagerungsgrundsätze

- **Frischgemüse** sollte im Gaststättenbetrieb möglichst nicht oder nur kurzzeitig gelagert werden. Nach Bedarf wird frisch eingekauft.
- Falls unbedingt erforderlich, ist Gemüse flach, kühl bei 2–8 °C, dunkel und bei hoher Luftfeuchte aufzubewahren, gegebenenfalls abzudecken.
- Vorbereitetes Gemüse wegen Auslaugverlusten (Vitamine, Mineralstoffe) nicht im Wasser aufbewahren.
- **Lagergemüse:** In der Gastronomie eignen sich als Lagerräume kühle Keller und Kühlräume. Die Lageransprüche können sehr unterschiedlich sein, so dass auch hier die Ware nach Bedarf bezogen wird.
- **Pilze** sind so frisch wie möglich zu verarbeiten, wenn nötig trocken und bei niedriger Temperatur lagern. Zugluft und Sonneneinstrahlung vermeiden. Pilze mit Druckstellen aussortieren, großzügig putzen und sofort verwenden. Das Pilzeiweiß verdirbt leicht, beginnend an den Druckstellen.
- Convenience-Erzeugnisse erleichtern die Vorratshaltung und vermindern den Arbeitsaufwand.
  Bei der Verwendung von Konserven sollte auf den Verpackungsaufwand, den Energieeinsatz und den Preis geachtet werden. Bei Dosengemüse ist beim Preisvergleich auf das Abtropfgewicht zu achten.

1. *Untersuchen Sie das wöchentliche Gemüseangebot nach Arten, Zubereitungsverfahren und Angebotsformen in Ihrem Ausbildungsbetrieb. Beurteilen Sie den ernährungsphysiologischen Wert des Angebots.*
2. *Beurteilen Sie Anlieferungswege vom Erzeuger zu Ihrem Betrieb. Schätzungen in km.*

Samen, Keimlinge

🇫🇷 *graines et pousses (germes)*
🇬🇧 *seeds and sprouts (germs)*

Zum Keimen eignen sich Getreide, Hülsenfrüchte und andere Samen. Samen und Keime werden in der modernen Gastronomie immer häufiger verwendet. Sie ergänzen und würzen gerade im Winter Salate und eignen sich zum Garnieren. Zu jeder Jahreszeit können Keimlinge in Schalen selbst gezogen werden.

1. *Ermitteln Sie mit Hilfe der Nährwerttabelle (→ 435 ff) oder der CD-ROM **Küchenprofi** den Gehalt an Grundnährstoffen, Vitamin C sowie den Energiewert für einen Rohkostsalat, der jeweils aus 120 g vorbereiteten Chicorée, Gurken und Tomaten besteht.*

Sorte	Qualität / Einkauf
Getreide *céréales* *corn*	1 Tasse Samen ergibt 150 g Keimlinge; im Dunkeln ankeimen, ab 2. Tag ans Licht; Keimfähigkeit prüfen
Weizen *froment* *wheate*	Süßlich-milder Geschmack; 12 Stunden Einweichzeit; 2-mal täglich wässern; Ernte nach 2–4 Tagen; Keime haben Kornlänge
Roggen *seigle* *rye*	Süßlich-würziger Geschmack; 12 Stunden Einweichzeit; 2-mal täglich wässern; Keime haben Kornlänge
Hafer *avoine* *oats*	Süßlicher Geschmack; 4 Stunden Einweichzeit, 1- bis 2-mal täglich wässern; Ernte nach 2–4 Tagen; Keime haben Kornlänge
Gerste *orge* *barley*	Süßlicher Geschmack; 12 Stunden Einweichzeit; Keimfähigkeit prüfen; 2-mal täglich wässern; Ernte nach 2–4 Tagen; Keime haben Kornlänge
Hülsenfrüchte *légumineuses* *pulse*	1 Tasse Samen ergibt 200–300 g Keimlinge; 12 Stunden Einweichzeit; Ernte nach 3–6 Tagen
Sojabohnen *soja* *soya*	Frischer, knackiger, erbsenähnlicher Geschmack; 4-mal täglich wässern; Keimlänge 1 cm; nicht roh verzehren; auf Bildung von Moder achten
Mungobohnen *haricots mungo* *mungo beans*	Frischer, knackiger, süßlicher Geschmack; 2- bis 3-mal täglich wässern; Keimlänge 1–2 cm

Keimlinge von Bedeutung

In der asiatischen Küche werden Keimlinge traditionell genutzt. Eine Handvoll Keimlinge deckt den Tagesbedarf an Wirkstoffen, entschlackt dadurch den Organismus und regt die Geschmacksnerven an.

Bei zu langer Keimdauer werden Keimlinge bitter.

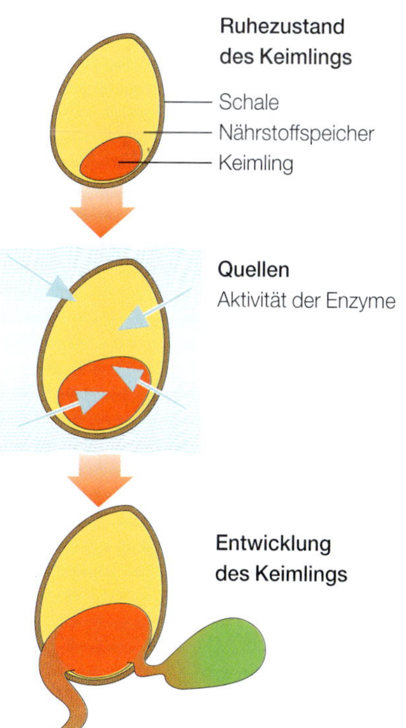

Sorte	Qualität / Einkauf
Kichererbsen *pois chiches* *chick-peas*	Frischer, nussartiger, erbsenähnlicher Geschmack; 2- bis 3-mal täglich wässern; Keimlänge 3–5 mm; wird schnell bitter; nicht roh verzehren
Linsen *lentilles* *lentils*	Leicht süßlicher, nussartiger Geschmack; 2- bis 3-mal täglich wässern; Keimlänge 2 cm
Grüne Keimlinge *pousses vertes* *green sprouts*	Einweichzeit 4–6 Stunden; 2-mal täglich wässern; Ertrag: 1 Esslöffel Samen ergibt 50 g Keimlinge
Gartenkresse *cresson du jardin* *garden cress*	Scharf würziger Geschmack; 2-mal täglich wässern; Keimlänge 3–4 cm; Ernte nach 8 Tagen
Rettich *radis* *radish*	Scharf würziger Geschmack; Ernte nach 2–6 Tagen; Keimlänge 4 mm bis 3 cm je nach Erntezeit
Weitere Keimlinge	Luzerne *(Alfalfa; lucerne cultivée / alfalfa)*, Buchweizen *(sarrasin, blé noir / buckwheat)*, Leinsamen *(graines de lin / linseeds, flaxseeds)*, Sesam *(sésame / sesame)*, Senf *(moutarde / mustard)*, Sonnenblumenkerne *(graines de tournesol / sunflower seeds)*

Nährwertvergleich von gegarten Pfifferlingen mit gegarten Möhren

	Pfifferlinge	Möhren
Kohlenhydrate	0,2 %	4,8 %
Fette	0,5 %	0,2 %
Eiweißstoffe	1,57 %	0,98 %
Vitamine		A, B_1, B_2
Mineralstoffe	Na, K, P	Na, K, Ca, P

1 Vergleichen Sie den Energiegehalt von 120 g gegarten Pfifferlingen mit dem Energiegehalt der gleichen Menge gegarter Möhren.

2 Um wie viele % liegt der Ballaststoffgehalt bei den Pilzen höher?

Nährwert

Gemüse und Pilze gehören zu den **wirkstoffreichen Lebensmitteln**. Durch schonende Verarbeitung gilt es, diese Wirkstoffe – insbesondere Vitamine und Mineralstoffe – zu erhalten. Gemüse- und Pilzspeisen eignen sich als Beilagen, Vorspeisen, Garnierungen, Garnituren, als selbstständiger Gang innerhalb eines Menüs und für Gemüseplatten. Aus ernährungsphysiologischen Gründen setzt man zunehmend Gemüserohkost als Beilage ein.

Gemüsespeisen gelten wegen der vielseitigen Verwendbarkeit und des ganzjährigen Angebots als wesentliche Grundlage unserer Speisenherstellung. Aufgrund ihres geringen Energiewertes, des Wirkstoffgehaltes und der Ballaststoffe (Nahrungsfasern) sind sie von Bedeutung für die gesundheitsfördernde Ernährung. Ihre Geruchs- und Geschmacksstoffe (Fruchtsäuren, Fruchtester, etherische Öle) wirken appetitanregend.

Gemüsespeisen sind, mit Ausnahme von Kohl- und Zwiebelgemüse, allgemein gut bekömmlich. Sie können aber durch entsprechende Zutaten, wie Butter, Sahne, Ei und Weizenmehl, einen beachtlichen Energiewert erhalten.

Pilzspeisen haben ihre Bedeutung vor allem durch den ausgeprägten Genusswert. Wie beim Gemüse ist der Gehalt an Grundnährstoffen unwesentlich. Ballaststoffe, Mineralstoffe und zum Teil Vitamine kommen in nennenswerten Mengen vor. Durch schlecht abbaubare Eiweißhüllen sind verschiedene Pilzspeisen schwer verdaulich. Wegen des erhöhten Cadmiumgehaltes und möglicher Strahlenbelastung sollten Wildpilze nur gelegentlich verzehrt werden.

6.2 Herstellung

🇫🇷 *production* 🇬🇧 *production*

Gemüse gelangt heute von der Landwirtschaft und dem Gartenbau überwiegend in geputzter Form zubereitungsfertig in die Gastronomie. Seltener werden alle Vorbereitungsarbeiten in der Küche ausgeführt, obwohl Vorbereitungsarbeiten vom Koch als Grundfertigkeit beherrscht werden müssen.
Frische **Pilze** werden kurz vor der Verarbeitung sorgfältig geputzt, gewaschen bzw. abgespült und abgetropft (Durchschlag) oder in der Salatschleuder entwässert.

❶ Artischocke, ganz und geteilt

Vorbereitung von Gemüse

Gemüse	Vorbereitung/ Bearbeitung	Verarbeitungsformen	Hinweise zur Zubereitung
Artischocke 🇫🇷 *artichaut* 🇬🇧 *artichoke*	Stiel am Boden abbrechen	Ganz, Boden aushöhlen	Böden mit Zitrone einreiben
Aubergine 🇫🇷 *aubergine* 🇬🇧 *egg-plant, aubergine*	Waschen, halbieren	Ganz, Scheiben	Füllen, überbacken, dünsten, sautieren, marinieren
Blattsalate 🇫🇷 *salades à feuilles* 🇬🇧 *leaf salads*	Welke Blätter entfernen, putzen, teilen (zupfen), waschen, abtropfen lassen	Große Blätter zum Garnieren	Rohkostsalate (Kopfsalat)
Blumenkohl 🇫🇷 *chou-fleur* 🇬🇧 *cauliflower*	Hüllblätter entfernen, intensiv waschen	Ganz, vierteln, in Portionsstücke oder Röschen teilen	Beilage, Salate, Suppen; Salzwasser vermindert den Vitamin-C-Gehalt (in 15 min etwa 40%)
Bohnen, grüne 🇫🇷 *haricots verts* 🇬🇧 *French beans*	Waschen, evtl. Fäden abziehen, Enden abschneiden	Ganz, Stücke von 2–3 cm	Beilage, Salate, Suppen
Brokkoli 🇫🇷 *brocoli* 🇬🇧 *broccoli*	Hüllblätter entfernen, waschen, dicken Strunk abschneiden, vorsichtig waschen	Ganz, Stücke, Röschen	Beilage, Püree, Salate, Suppen
Chicorée 🇫🇷 *endive* 🇬🇧 *chicory*	Außenblätter abnehmen, Strunk mit spitzem Messer keilförmig ausschneiden, als Rohkost nicht geeignet (Bitterstoffe), waschen	Ganz, Streifen	Salate, Beilage, Auflauf, geschmort, gedünstet, gedämpft

❷ Stiel und Außenblätter abschneiden, Heu entfernen

❸ Böden beschneiden

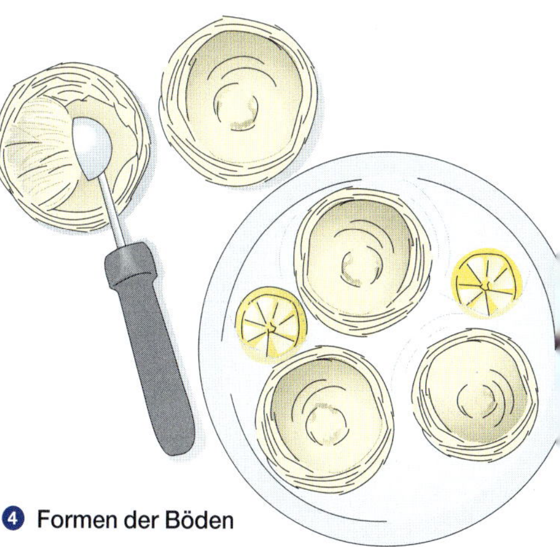

❹ Formen der Böden

Vorbereitung von Gemüse

Gemüse	Vorbereitung/ Bearbeitung	Verarbeitungsformen	Hinweise zur Zubereitung
Chinakohl 🇫🇷 *chou chinois* 🇬🇧 *Chinese cabbage*	Außenblätter abnehmen, gut brausen	Streifen	Salate, Verwendung wie Chicorée und Wirsingkohl
Endivie 🇫🇷 *chicorée* 🇬🇧 *endive*	Schmutzige und welke Blätter entfernen, waschen, brausen und gut abtropfen lassen	Entblättern	Salate, zum Garnieren
Erbsen, grüne 🇫🇷 *petits pois* 🇬🇧 *green peas*	Aushülsen	Pürieren	Beilage, Suppen, Salat
Feldsalat 🇫🇷 *doucette, mâche* 🇬🇧 *corn salad, field salad*	Wurzelende abschneiden, putzen, waschen	Ganz	Salate, zum Garnieren Als Rapünzchen oder Nüsslisalat angeboten
Fenchel 🇫🇷 *fenouil* 🇬🇧 *fennel*	Stiele an der Knolle und Wurzelansatz abschneiden, putzen, waschen und brausen	Scheiben, „Löffel" oder „Schalen", Streifen	Fenchelgrün zum Garnieren verwenden, Löffel füllen
Gemüsepaprika, Peperoni 🇫🇷 *poivron, piment doux* 🇬🇧 *sweet pepper, bell pepper*	Stiel flach abschneiden, Kerngehäuse entfernen, waschen	Ganz zum Füllen, Streifen	Salate
Grünkohl 🇫🇷 *chou vert* 🇬🇧 *green cabbage*	Putzen, Stängel entfernen, waschen, blanchieren	Hacken oder wolfen	Beilage, Suppen
Gurke 🇫🇷 *concombre* 🇬🇧 *cucumber*	Waschen, schälen, wenn nötig entkernen	Scheiben, Raspel, Streifen, Kugeln	Salate, Schmorgurke, Beilage (Gurkengemüse)
Karotten **→ Möhren**			
Knollensellerie 🇫🇷 *céleri-rave* 🇬🇧 *celeriac*	Waschen, schälen, lagern in Wasser mit Essig oder Ascorbinsäure	Scheiben 3 cm Durchmesser/ Seitenlänge, 3 mm dick Mit Buntmesser schneiden, feine Würfel, feine Streifen, Kugeln	2 Verfahrensvarianten: 1. Waschen, kochen, schälen, schneiden 2. Waschen, schälen, schneiden, kochen Es entsteht verwertbarer Selleriefond Salat, Mus, Röstgemüse

Wichtige Schnitt- und Vorbereitungsformen

Streifen *(julienne)*
Stifte/Stäbchen *(bâtonnets)*

ungleichmäßige feine Streifen *(chiffonade)*

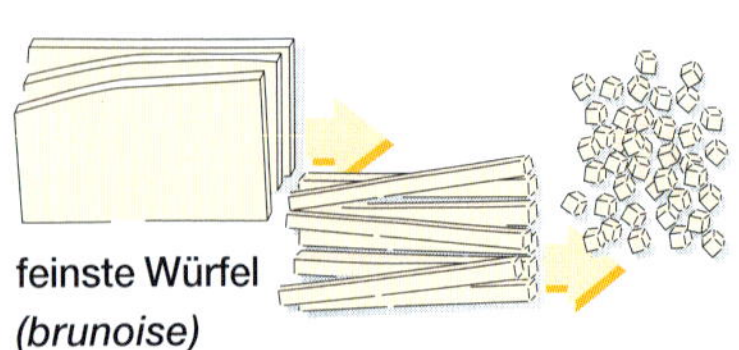

feinste Würfel *(brunoise)*

Blättchen *(paysanne)*

Scheiben *(rondelles)*

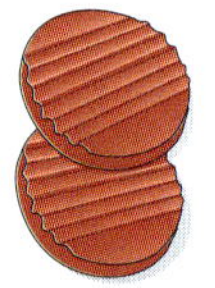

Kanneliertes Gemüse *(légumes cannelés)*

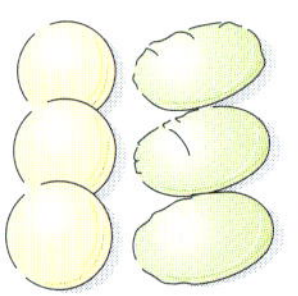

Geformtes Gemüse *(légumes tournés)*

Vorbereitung von Gemüse

Gemüse	Vorbereitung/ Bearbeitung	Verarbeitungsformen	Hinweise zur Zubereitung
Kohlrabi *chou-rave* *turnip cabbage*	Blätter entfernen, möglichst dünn schälen bzw. abziehen, holzige Stellen ausschneiden	Viertel, Scheiben, Würfel, feine Streifen, Stifte, füllen	Zarte Herzblätter weiterverarbeiten (Rohanteil für Gemüse) Salate, Gemüse, Suppen
Kürbis *courge, potiron* *pumpkin, squash*	Teilen, schälen, innen auskratzen	Würfel, Kugeln	Suppen, Gemüse, süßsauer, Kompott
Lauch, Porree *poireau* *leek*	Wurzel abschneiden, welke und schmutzige Blätter entfernen, waschen, falls nötig Stiele längs teilen, unter fließendem Wasser ausspülen	Stücke von 2–3 cm Länge	Weißer Lauchstiel gilt als besonders fein Junger Lauch kann ganz verwendet werden Beilage, Suppen, Mirepoix, Aufläufe
Mais *maïs* *maize, sweet corn (USA)*	Stiele abschneiden, Blätter und Fasern entfernen, waschen	Ganz, Maiskörner	Junge, nicht ausgereifte Maiskölbchen verwenden Gemüse, Suppen
Mangold *bette, poirée* *chard*	Stielmangold waschen, Stiel keilartig aus dem Blatt schneiden, schälen	Stiel in Stücke oder Streifen schneiden	Schnittmangold wie Spinat verwenden, umhüllen von Fisch- und Fleischspeisen
Meerrettich *raifort* *horseradish*	Waschen, schälen, reiben, schaben	Gerieben, geschabt	Würzmittel, Saucen
Möhren, Karotten *carottes* *carrots*	Grün abschneiden, schaben, waschen, abspülen, größere Möhren schälen	Ganz, Scheiben, Stäbchen, Kugeln, Raspel, Würfel	Gemüseplatten, Beilage, Salate, Rohkost, Würzgemüse, Suppen, Eintöpfe
Radieschen *radis roses* *red radish*	Blätter entfernen, putzen, waschen	Ganz, Scheiben	Zum Garnieren, für Salate, Suppen
Rettich *radis* *radish*	Schälen, abspülen	Raspel, Scheiben, Spiralen	Kalte Speisen, Salat
Romanesco *romanesco* *romanesco*	Putzen, waschen, teilen	Röschen	Beilage
Rosenkohl *choux de Bruxelles* *Brussels sprouts*	Schmutzige und welke Blätter entfernen, waschen, den Strunkansatz kreuzweise einschneiden	Ganz	In Salzwasser bissfest blanchieren, danach in Eiswasser geben (erhält Konsistenz und Farbe) Beilage, Suppen

1 Wie viele Portionen garfertige Gemüsebeilage von jeweils 150 g können aus 1 kg Frischware (Übersicht) hergestellt werden?

2 Wie viel Rohware (Übersicht) muss für jeweils 10 Portionen zu 150 g bereitgestellt werden?

Vorbereitungsverluste

Brokkoli	*45%*
Grüne Erbsen	*60%*
Blumenkohl	*35%*
Rosenkohl	*20%*

3 Blumenkohlröschen werden vorbereitet. Dabei sind 45% Putzverlust zu berücksichtigen.

3.1 Wie viele Portionen zu 120 g erhält man aus 1 kg Blumenkohl?

3.2 Ermitteln Sie den Einsatz von Rohware für eine vorbereitete Portion.

4 12 kg Spargel kosten 100,80 €. Wie viel kostet das kg geputzter Spargel, wenn mit einem Vorbereitungsverlust von 30% gerechnet werden muss?

5 Drei Köpfe Rotkohl wiegen insgesamt 6,65 kg. Nach dem Vorbereiten liegen 5,59 kg garfertig vor

5.1 Ermitteln Sie den prozentualen Vorbereitungsverlust.

5.2 Wie viel garfertige Portionen zu 160 g lassen sich aus dem geputzten Rotkohl herstellen?

*6 Chicorée hat einen Vorbereitungsverlust von 21%. Eine Portion soll 180 g wiegen.
Ermitteln Sie den Materialpreis für 1 Portion, wenn der Einkaufspreis 1,58 €/kg beträgt.*

Vorbereitung von Gemüse

Gemüse	Vorbereitung/ Bearbeitung	Verarbeitungs formen	Hinweise zur Zubereitung
Rote Rüben, Rote Bete *betteraves rouges* *beetroots*	Gründlich waschen, nach dem Garen schälen, schneiden, evtl. mit Buntmesser	Scheiben etwa 3 cm Durchmesser/ Seitenlänge, 3 mm dick	**Traditionell:** waschen, kochen, schälen Mit Salz und Kümmel kochen. Kochen in der Schale vermindert den Saftaustritt; während des Kochens nicht anstechen **Rationell:** roh schälen, schneiden, in wenig Flüssigkeit garen. Salate, Suppen
Rotkohl, Rotkraut *chou rouge* *red cabbage*	Äußere schmutzige und welke Blätter entfernen. Vierteln, Strunk keilförmig entfernen	Feine Streifen, breite Streifen, blättrig 3 cm breit	Beilage
Schoten *pois mange-tout* *sugar peas, snow peas*	Waschen	Ganz, da sehr zart	Suppeneinlage, Beilage, Mus, Gemüseplatten Auch Kaiser- oder Zuckerschoten genannt
Schwarzwurzeln *salsifis* *black salsify*	Waschen, schälen, abspülen	3 cm lange Stücke	Geschält in Mehl-Essigwasser legen, pH-Wert-Änderung inaktiviert Oxidationsenzym. Beilage, Salat
Spargel weiß, grün, violett, wild *asperge blanche, verte, violette, sauvage* *white, green, violet, wild asparagus*	Waschen, vom Spargelkopf her schälen, abspülen, bündeln, Enden abschneiden Grünen Spargel nur im unteren Teil schälen	Ganz, Stücke, Köpfe	Beilage, Salate, selbstständige Gerichte, Suppen
Speiserübe *chou-navet* *rutabaga (USA), swede (GB)*	Blätter und Wurzel abschneiden, schälen	Kleine Rüben ganz, vierteln, sechsteln	Englische Art oder mit Velouté. Eintopf, Suppe, Mus
Spinat *épinard* *spinach*	Verlesen, putzen, Wurzel und harte Stängel entfernen, intensiv waschen, blanchieren	Pürieren, hacken, ganz als Hüllmaterial	Mit Speck und Zwiebeln oder mit Sahne, mit Rohanteil Beilagen aufwerten, Suppen
Stangensellerie, Staudensellerie, Bleichsellerie *céleri en branches* *branch celery*	Blätter über den Stangen abtrennen, Wurzel glattschneiden, außen leicht schälen, waschen, Inneres ausspülen	Ganz, quer halbiert, Streifen	Blätter als Würzgemüse servieren Salat, Beilage, in Back- oder Blätterteig Füllung mit Käsecreme

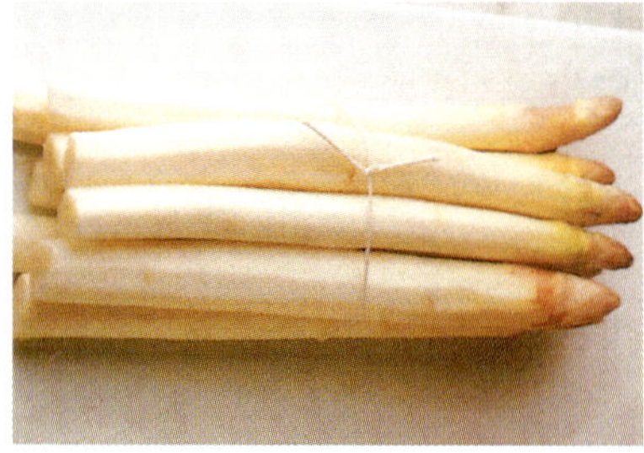

Weißer Spargel

Grüner Spargel

Vorbereitung von Gemüse

Gemüse	Vorbereitung/ Bearbeitung	Verarbeitungsformen	Hinweise zur Zubereitung
Tomaten (F) *tomates* (GB) *tomatoes*	Waschen, Tomatenauge ausschneiden	Scheiben, Ecken, ausgehöhlt	Sägemesser verwenden, Partytomaten ganz zum Garnieren, Salat, Grilltomate, Suppen, Saucen
Weißkohl (F) *chou blanc* (GB) *white cabbage*	Wie Rotkohl	Wie Rotkohl	Beilage, Kohlrouladen, Krautsalat, Eintopf, Sauerkraut
Wirsing (F) *chou de Milan* (GB) *Savoy cabbage*	Äußere Schmutz- und welke Blätter entfernen, Strunk keilförmig entfernen, waschen	Feine Streifen, breite Streifen, Würfel von 3 cm Kantenlänge	Umhüllen von Fleisch- und Fischspeisen, Eintöpfe, Beilage
Zucchini (F) *courgette* (GB) *vegetable marrow, zucchini*	Waschen, Stiel-Ende abschneiden	Stücke, Würfel, ausgehöhlt	Junge, kleine Früchte ganz verwenden, Zucchetti sind die größere Form der Zucchini, Beilagen
Zwiebeln (F) *oignons* (GB) *onions*	Dünne äußere Schale abschälen, von der Wurzel zur Blüte	Würfel, Scheiben, Ringe, Streifen, ganz zum Füllen, waschen	Würzmittel, Röstgemüse, zum Garnieren

Tomatenfleischwürfel
(tomates concassées)
Tomaten enthäuten, entkernen, fein würfeln. Für Füllungen, Suppeneinlagen usw. verwenden.

Vorbereitung von Pilzen

Pilze	Vorbereitung/ Bearbeitung	Verarbeitungsformen	Hinweise zur Zubereitung
Austernseitlinge (F) *pleurotes en huître* (GB) *oyster mushrooms, oyster caps*	Strunk entfernen, abspülen, abtropfen lassen	Ganz, Streifen, Scheiben	Schalottenwürfel in Butter glasig dünsten, mit Austernpilzen zugedeckt dünsten, ohne Deckel fertig poelieren, gehackte Küchenkräuter zugeben, mit Salz, weißem Pfeffer und Zitrone würzen
Champignons (F) *champignons de Paris* (GB) *champignons*	Putzen, waschen, abtropfen lassen, evtl. Stiele kürzen	Ganz, zum Füllen, vierteln, Scheiben	Dünsten: mit Sahne *(à la crème / with cream)* Frittieren: mit Wiener Panierung, frittieren Duxelles, Suppen, Salate
Enoci, Enoki (F) *enoci* (GB) *enoci*	Japanischer Kulturpilz, typisch lange Stiele	Ganz	Mit Butter und Zitrone dünsten, für Fleischspeisen

Duxelles
Dazu werden rohe oder gedünstete Pilze fein gehackt, mit Schalottenwürfeln und Butter gedünstet.
Dem Verwendungszweck entsprechend können auch gehackte Kräuter, fein gehackte Schinkenwürfelchen und wenig braune Kraftsauce beigegeben werden. Vielfältig als Füllung verwendet.

Vorbereitung von Pilzen

Pilze	Vorbereitung/ Bearbeitung	Verarbeitungsformen	Hinweise zur Zubereitung
Morcheln 🇫🇷 *morilles* 🇬🇧 *morrels*	Trockenware in lauwarmem Wasser quellen lassen, gründlich waschen	Ganz; Frischware von April bis Mai	Zwiebelwürfel in Butter glasig dünsten, gesalzene, gepfefferte Morcheln zugeben, dünsten. Trockenpilze: Einweichwasser ohne Bodensatz zugeben, zugedeckt etwa 25 min dünsten, Sahne zugeben, bis zur leichten Bindung reduzieren, Schnittlauch
Pfifferlinge 🇫🇷 *chanterelles, girolles* 🇬🇧 *chanterelles, egg mushrooms*	Putzen, gut waschen, abtropfen lassen	Ganz, große Pilze geschnitten	Mit Speck- und Zwiebelwürfeln sautieren (➔ 49) Beilage, Suppen, Eierspeisen, auch mit Zwiebelwürfeln in Butter dünsten, salzen, pfeffern, gehackte Petersilie
Pom-Pom, Igelstachelbart 🇫🇷 *pom-pom blanc* 🇬🇧 *coral mushroom, white pom-pom*	Weißer chinesischer Pilz, markante runde Form	Ganz, Scheiben	Mit Salz und Pfeffer würzen, in Butter kurz braten; mit Rauchspeck umwickeln, in der Röhre braten
Shiitake(-Pilze) 🇫🇷 *shitakés* 🇬🇧 *shiitakes*	Putzen, waschen, nur abtupfen, Stiel abschneiden Dosenkonserven	Ganz, Streifen, klein geschnitten	Dünsten, braten, frittieren Würzpilz für Suppen und Saucen, für asiatische Speisen Erst am Gar-Ende salzen und würzen Beispiel: Klein geschnittene Pilze mit Schalottenringen in Öl dünsten, mit Salz, Pfeffer, Knoblauch und Basilikum würzen
Steinpilze 🇫🇷 *bolets, cèpes* 🇬🇧 *boletus (mushrooms);cep(e)s*	Putzen, waschen, abtropfen lassen	Scheiben, Stücke	In Butter ausgelassenem Speck oder Olivenöl sautieren (➔ 49)
Trüffel (weiße, schwarze, Winter-, Sommertrüffel) 🇫🇷 *truffe (blanche, noire, d'hiver, d'été)* 🇬🇧 *truffle (white, Périgord, winter, summer truffle)*	Vorsichtig putzen	Ganz, Scheiben, gehobelt	Mit Butter und Weißwein dünsten (weiße Trüffel) oder in Rotwein (schwarze Trüffel), roh über Suppe oder Nudelgerichte hobeln, Einlage für hochwertige Farcen, Saucen

1 Steinpilze werden zum Kilopreis von 19,00 € bezogen. Ermitteln Sie den Materialpreis für 120 g geputzte Pilze bei einem Vorbereitungsverkust von 12%.

2 Berechnen Sie den Energiegehalt von 200 g Champignons.

Zubereitung von Gemüse- und Pilzspeisen

préparation de mets de légumes et de champignons
preparation of vegetable and mushroom dishes

Die Zubereitung von Gemüse- und Pilzbeilagen kann sowohl durch Garen als auch mechanisch für Rohkost erfolgen.

Portionsmengen

Gegarte Beilage	200 g	Salat	150 g
Rohkost	100–200 g	Grüne Salatbeilage	50– 80 g

Gemüse wird für **Rohkostspeisen** mechanisch zubereitet. Durch Schneiden, Hobeln, Raspeln und Reiben, in der anspruchsvollen Küche durch Tournieren, soll das Gemüse eine zum Verzehr günstige Größe oder Konsistenz erhalten.

Beispiel: Möhrenrohkost, Rohkostsalate

Zum Garen wird Gemüse heiß angesetzt, damit das Gemüse nicht auslaugt. Die Garzeiten müssen unbedingt eingehalten werden. Als Qualitätsmerkmal für gegartes Gemüse gilt eine bissfeste, nicht zu weiche Konsistenz.
Blanchieren ist ein kurzzeitiges Abbrühen im siedenden Wasser. Wichtig ist das anschließende Abkühlen in Eiswasser, wodurch das Nachgaren vermieden wird. Biss und Farbe bleiben gut erhalten.
Kochen in Salzwasser (gerade bedeckt!) ist das einfachste Garverfahren für cellulosereiche Gemüsearten. Es hat aber den Nachteil, dass hohe Auslaugverluste entstehen.
Zum **Dämpfen** wird ein Dämpfgefäß benötigt, in dem das Dämpfgut nicht mit der Garflüssigkeit direkt in Berührung kommt. Deshalb gilt Dämpfen auch als schonendes Garverfahren. Das Gemüse wird nach dem Dämpfen mit Butter, Sahne oder einer selbstständigen Sauce vollendet.
Zum **Dünsten** werden geringe Mengen Fett und gegebenenfalls Flüssigkeit zugegeben. Die Nährstoff- und Auslaugverluste bleiben gering. Durch das Fett werden fettlösliche Vitamine besser verwertbar. Dieses Garverfahren gilt als schonend.
Kurzbraten (Sautieren): Kurz gebratene Gemüse werden vorwiegend als Zwischenerzeugnisse für die Speisenherstellung verwendet. Bratgemüse (Aromaten) eignet sich zur Farb- und Geschmacksgebung für Brühen, Saucen und Suppen.
Schmoren: Gemüse zunächst mit Fett anbraten, dann durch Flüssigkeitszugabe die Temperatur verringern. Beim Garen entstehen Farbstoffe; der Vitamingehalt wird allerdings herabgesetzt.

Beispiel: Kohlrouladen,
geschmorte Paprikafrüchte,
bayerisches Kraut.

Frittieren: Gemüse vorher meist blanchieren, anschließend abtrocknen; oder ungegart in Portionsstücke zerlegen und würzen. Drei Herstellungsarten: mehliert, im Backteig oder paniert. Wenn möglich erst nach dem Frittieren salzen!

1 Begründen Sie wichtige Vorbereitungsgrundsätze für Gemüse.
2 Erläutern Sie Vorbereitungsarbeiten, die bei der Anlieferung von Frischgemüse durchgeführt werden müssen.
3 Erläutern Sie Möglichkeiten, Putzverluste zu vermindern.
4 Diskutieren Sie Pro und Kontra für die Verwendung von garfertig bezogenem Frischgemüse.

Vor- und Zubereitungsgrundsätze

- Möglichst vor dem Zerkleinern waschen.
- Schnittformen sollten dem Verwendungszweck entsprechen.
- Vorbereitungsarbeiten erst unmittelbar vor der Zubereitung.
- Kleine Mengen zubereiten; durch Warmhalten werden Vitamine und Aromastoffe zerstört.
- Garverfahren mit geringer Garflüssigkeit bevorzugen.
- Gemüse möglichst heiß ansetzen.
- Mechanische Zubereitung ist dem Garen vorzuziehen (Waldorf-Salat anstatt Salat von gegartem Sellerie).

Vollendung von Gemüse- und Pilzbeilagen

Der Geschmack von Gemüse- und Pilzspeisen sollte nicht durch dicke weiße Saucen vermindert werden. Die ideale Verfeinerung für Gemüsespeisen sind frische Butter oder besondere Öle (z. B. Trüffelöl, Olivenöl), Sahne, saure Sahne und Buttermischungen. Emulsionsfette geben Glanz und sind, gut dosiert, allgemein gut bekömmlich. **Aufwerten** stets mit gehackten frischen Kräutern.

Wirsing, Maiskölbchen, Möhren, Lauch, Rote Bete, Brokkoli, tournierte Kartoffeln

Verfeinerungsmöglichkeiten für Gemüsespeisen

Ungebunden	Gebunden	Füllen	Oberfläche
Butter	Velouté, Béchamel-Sauce	Hackmasse	Überglänzen
Kalbsfond	Holländische Sauce	Gemüsemus	Überbacken
Speck	Mehlbutter	Kartoffelmasse	Kräuter
Sahne	Weiße Mehlschwitze	Kräuter	Garnierung
Öl	Geriebene Kartoffeln	Reibebrot	Mandeln, Pinienkerne
Zwiebelwürfel		Feines Ragout	Semmelbutter- oder Getreidemasse
			Schinkenstreifen

In der italienischen Küche wird sehr viel bestes italienisches Olivenöl verwendet.

Vollendungsgrundsätze

- Die typischen Rohstoffeigenschaften unterstützen.
- Mit frischen Kräutern aufwerten.
- Geschirr richtig temperieren.
- Farbenspiel beachten. Gemüsespeisen wirken durch die typischen Gemüsefarben. Das natürliche Farbenspiel von Gemüse kommt auf Gemüseplatten besonders gut zur Geltung.

Blumenkohl

chou-fleur — cauliflowe

Möglichst frisch ganz oder zerteilt in reichlich Salzwasser bissfest kochen. Gut abtropfen lassen. Zum Überbacken geeignet.

englische Art

anglaise
English style
Zerlassene Butter darüber gießen oder separat reichen

Frittiert

frit
deep-fried
Gekochte Blumenkohlröschen abtropfen lassen und durch Backteig ziehen oder panieren.
Frittieren und auf Küchenkrepp abtropfen lassen

polnische Art

polonaise
Polish style
Blumenkohl mit Mischung aus Semmelbutter, fein gehacktem hart gekochtem Ei und gehackter Petersilie dick überziehen

mit weißer Sauce

velouté
with velouté
Aus Blumenkohlfond Decksauce (Velouté) herstellen, Blumenkohl damit nappieren

Überkrustet

gratiné
gratinated
Gekochte Röschen abtropfen.
Mit holländischer oder Käsesauce nappieren und mit Reibebrot bestreuen.
Mit Butter beträufeln, gratinieren

Bohnen, grüne

haricots verts
French beans, string beans

Grüne Bohnen mit wenig Bohnenkraut in Salzwasser bissfest kochen oder dämpfen, dann abgießen. Mit weißem Pfeffer und Bohnenkraut würzen.
Als Rohkost ungeeignet, da in rohem Zustand die Stickstoffverbindung Phasin giftig wirken kann.

englische Art

anglaise
English style
Mit frischer Butter belegen

mit Speck und Zwiebeln

au lard et aux oignons
with bacon and onions
Mit gebräunten Speck- und Zwiebelwürfeln sautieren

deutsche Art

allemande
German style
Brechbohnen blanchieren, in wenig deutscher Sauce bissfest garen

Bohnen, breite, Schnittbohnen

haricots à couper
French beans, runner beans

Eine Sorte der grünen Bohnen.

- Vorbereitete Bohnen in Stücke schneiden.
- 1 min blanchieren und in frischer Butter mit Bohnenkraut dünsten.

Brennnesseln, gedünstet

orties étuvées
stewed nettles

- Frisch gezupfte Brennnesseln verlesen, Stiele entfernen, waschen.
- Eine Minute in Salzwasser blanchieren, dann in Sieb abtropfen lassen.
- Brennnesseln auf in Butter goldgelb gedünstete Zwiebeln geben.
- Mit Salz, Pfeffer aus der Mühle und wenig Muskat würzen.
- Mit Sahne verfeinern; unter Umrühren einige Minuten bei geringer Hitze dünsten.

Blumenkohl, Möhren, Gemüsepaprika, Blattspinat, Zucchini, Kohlrabi

Brokkoli — *brocoli*, *broccoli*

Im Vergleich zu Blumenkohl sind kürzere Garzeiten nötig (bis 10 min). Die Verarbeitung erfolgt wie beim Blumenkohl.

- Brokkoliröschen in siedendem Salzwasser kochen. In Eiswasser legen, um Farbe und Biss zu erhalten.
- Im Dampf- oder Mikrowellengerät auf Serviertemperatur bringen.

mit Butter
au beurre
with butter
Mit Nussbutter übergießen

mit Mandeln
aux amandes
with almonds
Mandelblätter, auch Pinienkerne, in Nussbutter rösten und darüber geben

holländische Art
hollandaise
Hollandish style
Mit holländischer Sauce nappieren oder diese separat reichen

römische Art
romaine
Roman style
Röschen abtropfen lassen, durch Backteig ziehen, frittieren, mit Zitronenspalten anrichten

Chicorée — *endive*, *chicory*

Vorzugsweise roh als Salat, aber auch gegart zu verwenden. Bekannt sind sie als Auflauf und überbacken, mit Schinken und Käse.

- Chicorée putzen, waschen. Strunk keilförmig entfernen, da er die meisten Bitterstoffe enthält.
- Blanchieren, in wenig Wasser mit Butter schmoren oder dämpfen.
- Braunfärbung durch Zugabe von Zitrone vermindern.

Ardenner Art
ardennaise
Ardennese style
In wenig Wasser mit Butter, mageren Schinkenwürfeln und blanchierten Speckwürfeln schmoren

Mornay
Mornay
Mornay
Halbiert in Backplatte einlegen, mit Mornay-Sauce nappieren, mit geriebenem Parmesan bestreuen, gratinieren

mit Zwiebeln
aux oignons
with onions
Mit Zwiebelwürfeln und Kalbsfond im Ofen schmoren; zu Fleischspeisen

Chinakohl — *chou chinois*, *Chinese cabbage*

Blanchiertes Gemüse mit Sättigungsbeilage bietet sich für ein vegetarisches Gericht an.

Zubereitung frisch als Salat oder wie Wirsingkohl auch zum Umhüllen, beispielsweise von kleinen Fischfilets z. B. Zanderfilets im Chinakohlmantel).

chinesische Art
chou chinois étuvée aux crevettes
stewed chinese cabbage with shrimps

- Chinakohlstreifen mit roten Gemüsepaprikastreifen in heißem Sojaöl glasig dünsten, mit Gemüsebrühe auffüllen und fertig dünsten.
- Separat Garnelen und eingeweichte chinesische Pilze in Sojaöl anbraten.
- Mit Gemüsebrühe angießen und mit Stärke binden.
- Mit Sojasauce, Salz, Zucker und Weinessig würzen.
- Abgetropftes Gemüse zu den Garnelen und den Pilzen geben und kurz dünsten.
- Als Beilage körniger Kochreis.

Grüne Erbsen

petits pois *green peas*

Überwiegend wird Tiefgefrierware verwendet, seltener frische oder Dosenware. Mit Butter dünsten; Dosenware ist bereits gar. Mit Salz, weißem Pfeffer und einer Prise Zucker würzen. Grüne Erbsen eignen sich zum Füllen von Gemüsekörbchen, Tomaten oder Kartoffelnestern (➔ 50 f gefülltes Gemüse).

Variationen von Grünen Erbsen

Bauernart
paysan
farmer's style
Mit nudelig geschnittenem Kopfsalat mischen, mit Zwiebelwürfeln, Butter, Salz, Puderzucker und wenig Wasser dünsten, anrichten, Petersilie

deutsche Art
allemande
German style
Dünsten, abtropfen lassen, mit deutscher Sauce binden

holländische Art
hollandaise
Hollandish style
Dünsten, abtropfen lassen, mit Salz, Pfeffer und einer Prise Zucker würzen, mit holländischer Sauce binden

mit Speck
au lard
with bacon
Magerspeckwürfel anbraten, mit Erbsenfond angießen, Erbsen dazugeben, mit Salz, Pfeffer und einer Prise Zucker würzen, Petersilie

englische Art
anglaise
English style
Dünsten, abtropfen lassen, mit Salz, weißem Pfeffer und Puderzucker würzen, mit frischer Butter belegen

Grünkohl

chou vert *green cabbage*

Grünkohl gilt als **norddeutsche Spezialität** und passt zu Kasseler, Wurst oder Pökelfleisch. Er wird vorzugsweise mit Gänse- oder Schweineschmalz zubereitet. Damit der typische Geschmack zur Geltung kommt, sollte Grünkohl vor der Ernte Frost bekommen. Bei Frischware die um den Stiel gewachsenen grünen Blätter verwenden. Diese waschen, blanchieren, abtropfen lassen, hacken.

Grünkohl mit Zwiebeln und Speck

chou vert aux oignons et au lard
green cabbage with onions and bacon

2,0	kg	Grünkohlblätter, gewaschen
0,05	kg	Schweineschmalz
0,2	kg	Speck
0,2	kg	Zwiebeln, geschält
0,5	l	Brühe (Schinken-, Kasselerbrühe)
0,1	kg	Mehlschwitze (➔ 112)

- Gewaschene Grünkohlblätter im Salzwasser blanchieren, abkühlen, ausdrücken, grob hacken.
- In Schmalz ausgelassene Speckwürfeln glasig dünsten, dann Zwiebelwürfel mit dünsten
- Grünkohl ebenfalls mit dünsten, Brühe auffüllen, dann zugedeckt in der Röhre etwa 20 min garen lassen. Evtl. Brühe nachgießen.
- Gegebenenfalls Fond mit kalter Mehlschwitze vermengen und aufkochen.
- Gehackten Grünkohl zugeben, aufkochen, nachwürzen.

In der Praxis ist es auch üblich, gekochten Grünkohl mit Semmelmehl zu binden.

französische Art
française
French style
Zwiebelwürfel in Butter dünsten, gehackten Grünkohl zugeben, dann mit etwas Fond auffüllen, mit Sahne vollenden; glacierte Maronen als Garnierung

mit Gänseschmalz
à la graisse d'oie
with goose grease
Mit Gänseschmalz zubereiten, mit feiner Reibesemmel binden

Holsteiner Art
Holstein
Holstein
Hacken, mit gehacktem Lauch und gehackten Zwiebeln in Brühe garen, mit feinen Haferflocken oder Stärke binden

Gemüseauflauf

soufflé aux légumes
vegetable soufflé

- Verschiedene vorgegarte Gemüse wie Möhren, Blumenkohl, Brokkoli, Lauchherzen, Auberginen zerkleinern und in ausgebutterte Auflaufform verteilen.
- Übergießen mit Masse aus 2 Teilen Vollei, 1 Teil Eiklarschnee und 1 Teil geschlagener Sahne, weißer Pfeffer, Salz, Prise Muskat.
- Auflauf im Konvektomaten oder in der Bratröhre backen.

Gemüseauflauf

Gemüsetimbale

timbale de légumes
vegetable timbale

Gemüsepudding wird meist aus nur einer Gemüsesorte hergestellt. Dazu eignen sich Möhren, Erbsen, Blumenkohl usw.

- Gemüse blanchieren, pürieren, aufgeschlagenes Vollei und Sahne darunter mengen.
- Masse in gebutterte Portionsformen füllen und im Wasserbad pochieren, stürzen.

Kohlrabi

choux-raves *turnip cabbage*

Kohlrabi eignen sich zum Dünsten, zum Überbacken und als Rohkost. Kurzes Blanchieren in Salzwasser oder Dämpfen vor der weiteren Verarbeitung ist möglich. Die zarten und gesunden Herzblätter sollten stets mit verwendet werden, da sie die Knolle im Wirkstoffgehalt übertreffen. Salzen und pfeffern.

mit Butter
au beurre
with butter
In Streifen, blanchieren, mit Butter und feinen Zwiebelwürfeln dünsten, gehackte Petersilie darüber streuen

mit Sahne
à la crème
with cream
Vorgegart, in Butter und Sahne fertig dünsten, würzen

überkrustet
gratinés
gratinated
Scheiben, kochen oder dämpfen, gut abtropfen lassen, in gefettete Backform legen, mit Mornay-Sauce nappieren, Reibkäse, Butterflocken, gratinieren

Leipziger Allerlei

Leipziger Allerlei

macédoine de légumes Leipzig
Leipzig hotchpotch

Beilage bestehend aus Möhren, Spargel, Blumenkohl, Erbsen und Morcheln. Gilt als sächsische Spezialität.

- Alle Rohstoffe getrennt voneinander garen, abtropfen lassen.
- In Butter anschwenken, mit gefüllten Krebsnasen (➔ 254) garnieren.

Lauch / Porree

poireaux *leek*

Geeignet als Beilage (auch überbacken), für Suppen, Eintöpfe und insbesondere als Würzgemüse.

Mit Tomatenwürfelchen *(aux tomates concassées / with chopped tomatoes)*

- Feine Lauchstreifen mit Zwiebelwürfelchen in Butter dünsten.
- Mit Salz und Pfeffer würzen, Schnittlauchröllchen und am Schluss reichlich Tomatenwürfelchen *(tomates concassées)* zugeben.

Béchamel
Béchamel
Béchamel
Blanchieren, mit Béchamel-Sauce binden

mit Butter
au beurre
with butter
Blanchieren, in Butter sautieren, süß-sauer abschmecken

deutsche Art
allemande
German style
In Stücke schneiden, mit Rosinen dünsten, Mehlschwitze, süß-sauer abschmecken

Mais

🇫🇷 *maïs* 🇬🇧 *maize, sweet corn (USA)*

Gehört biologisch zum Getreide; wird besonders in der amerikanischen Küche verwendet. Maiskörner werden hauptsächlich tiefgefroren oder gegart als Dosenkonserven in bester Qualität ganzjährig angeboten. Ganze Maiskolben können auch frisch bezogen werden.

amerikanische Art

🇫🇷 *américaine*
🇬🇧 *American style*

Mais mit roten und grünen Paprikawürfeln in Sahne mit Butter dünsten, mit Salz und Pfeffer würzen

mexikanische Art

🇫🇷 *mexicaine*
🇬🇧 *Mexican style*

Mit gewürfelten, vorgegarten grünen Bohnen, gehackten grünen Paprikafrüchten und Zwiebelwürfeln in Butter dünsten, Tomatenmark zugeben, mit Salz und Tabasco würzen

Maiskolben

🇫🇷 *épi de maïs*
🇬🇧 *corn-cob, corn on the cob*

Frische Maiskolben in Salzwasser kochen, anschließend mit weißem Pfeffer und einer Prise Zucker gut würzen, in Knoblauchbutter oder Knoblauchöl (➔ 130) anbraten
Eignen sich auch zum Grillen, oder nur mit flüssiger gesalzner Butter nappieren (USA)

Maiskörner

Maryland

🇫🇷 *Maryland*
🇬🇧 *Maryland*

Tomatenwürfel in Butter dünsten, Mais zugeben, mit Salz, Pfeffer und einer Prise Zucker würzen, kurz erhitzen

Mischgemüse

🇫🇷 *légumes variés* 🇬🇧 *assorted vegetables*

Meist aus vorgegarten Möhren, Erbsen, Blumenkohl nature bestehend. Mit Butter, Salz, weißem Pfeffer und einer Prise Muskat vollenden. Garfertige Gemüsemischungen werden tiefgefroren angeboten. Gemüsemischung, tournierte Gemüse)

Garfertige Gemüsemischung

Möhren (Karotten)

🇫🇷 *carottes* 🇬🇧 *carrots*

Rundliche Möhrensorten werden als **Pariser Karotten** bezeichnet. Die rote Farbe ist durch das fettlösliche Karotin (Provitamin A) bedingt, das durch Fettzugabe beim Dünsten herausgelöst und nach dem Garen vom Menschen gut aufgenommen werden kann.

Glasierte Karotten

🇫🇷 *carottes glacées* 🇬🇧 *glazed carrots*

1,5	kg	frische Karotten
0,1	kg	Butter
0,4	l	Wasser
		Zucker, Salz

- Sauteuse ausbuttern, vorbereitete Möhren und Zucker zufügen.
- Andünsten, mit Wasser knapp bedecken, würzen und zudecken.
- Bissfest garen, dann Deckel entfernen.
- Flüssigkeit sirupartig einkochen, Möhren durch Schwingen überglänzen.

Bauernart

🇫🇷 *paysan*
🇬🇧 *farmer's style*

Mit ausgelassenen Speckwürfeln und Butter fertig dünsten, mit glasierten Zwiebelchen vermengen

flämische Art

🇫🇷 *flamande*
🇬🇧 *Flemish style*

Möhren blättrig schneiden, mit wenig Wasser, Butter und einer Prise Zucker dünsten, mit Eigelb und Sahne legieren, mit gehackter Petersilie bestreuen

Babykarotten

Ratatouille

🇫🇷 *ratatouille* 🇬🇧 *ratatouille*

- Zwiebel- und Knoblauchwürfel in Öl dünsten.
- Nacheinander Würfel von Auberginen, Zucchini, Gemüsepaprika und Tomaten zugeben und mit dünsten.
- Mit Salz, Pfeffer, Thymian und Basilikum würzen, gehackte Petersilie.

Rosenkohl

🇫🇷 *choux de Bruxelles*
🇬🇧 *Brussels sprouts*

Gewünscht ist der durch Frosteinwirkung entstehende mild-süßliche Geschmack, der auch bei Tiefgefrierware vorhanden ist.

englische Art

🇫🇷 *anglaise*
🇬🇧 *English style*

Kochen oder besser dämpfen, mit Salz und einer Prise Muskat würzen, mit frischer Butter vollenden

mit Speck und Zwiebeln

🇫🇷 *au lard et aux oignons*
🇬🇧 *with bacon and onions*

Kochen, abtropfen lassen, in reichlich ausgelassenen Speck- und gedünsteten Zwiebelwürfeln schwenken, mit Salz und einer Prise Muskat würzen

mit Schinken

🇫🇷 *au jambon*
🇬🇧 *with ham*

Kochen, abtropfen lassen, feine Kochschinkenwürfel in Butter dünsten, Rosenkohl zugeben und schwenken

Rosenkohlauflauf

🇫🇷 *soufflé aux choux de Bruxelles*
🇬🇧 *Brussels-sprout soufflé*

- Röschen in Salzwasser halb gar kochen, in Butter weich dünsten.
- Durch ein Sieb streichen oder pürieren, würzen mit Salz, Pfeffer, Muskat, Masse aus 1 Teil Vollei, Eiklarschnee und geschlagener Sahne darunter ziehen.
- Masse in gebutterte Förmchen füllen und im Wasserbad pochieren („auflaufen"), sofort servieren.

Rotkraut / Rotkohl

🇫🇷 *chou rouge* 🇬🇧 *red cabbage*

Geschätzt als typisches Wintergemüse für Wild und Gans. Vervollkommnet mit Schmalz, Äpfeln, Backpflaumen, Orangen oder Maronen. Kann am Vortag mit Pfeffer, Zucker, Rotwein, Orangensaft, Essig, Johannisbeergelee mariniert und bis zum Verarbeiten abgedeckt werden.

Apfelrotkraut

🇫🇷 *aux pommes*
🇬🇧 *with apples*

Feine Streifen, mit Zwiebelscheiben und Schmalz dünsten, Salz, Zucker, Essig, Lorbeer und Piment und kurz vor Gar-Ende Apfelspalten zugeben

Berliner Art

🇫🇷 *berlinoise*
🇬🇧 *Berlin style*

Feine Streifen, mit Apfel- und Zwiebelscheiben in Schweineschmalz dünsten, mit Salz, Pfeffer, Zucker, Zimt und Essig würzen, mit wenig Stärke binden und mit Johannisbeergelee vollenden

westfälische Art

🇫🇷 *westphalienne*
🇬🇧 *Westphalian style*

Feine Streifen, mit Schinkenstreifen und Zwiebelscheiben in Butter dünsten, mit Essig pikant würzen

Schwarzwurzeln

🇫🇷 *salsifis* 🇬🇧 *salsify*

Allgemein ähnelt die Zubereitung derjenigen des Spargels. Passt insbesondere zu Rind- und Schweinefleisch. Nach dem Kochen in Salzwasser mit Zitronensaft als Grundzubereitung können weitere Vollendungsformen (Überbacken, Frittieren) gewählt werden.

mit Butter

🇫🇷 *au beurre*
🇬🇧 *with butter*

Gekochte Stücke von 6 cm bündelförmig anrichten, mit zerlassener Butter nappieren

gebacken

🇫🇷 *frits*
🇬🇧 *deep-fried*

Gekochte Stücke von 5 cm nach Abtropfen durch Backteig ziehen, frittieren

mit Sahne

🇫🇷 *à la crème*
🇬🇧 *with cream*

Kleine halbgare Stücke in Butter schwenken, mit Salz und Muskat würzen, in Sahne fertig dünsten

Sauerkraut
choucroute · sauerkraut

Wird auch als Sauerkohl bezeichnet; gilt als typischer Bestandteil der deutschen Küche. Sauerkraut ist darüber hinaus ein preiswerter Vitamin-C-Spender und sollte deshalb vitaminschonend zubereitet werden. Zur Herstellung geeignet ist insbesondere der festere Spätkohl, der geschnitten angeboten und milchsauer vergoren wird. Gute **Qualität** zeichnet sich durch helle Farbe, gleichmäßig feinen Schnitt, knackige Konsistenz und milchsauren Geschmack aus. Heute meist in Dosen pasteurisiert angeboten. Aufwärmen des gegarten Sauerkrautes kann jedoch zur Geschmacksverbesserung führen, wie schon Wilhelm Busch wusste: „Von welchem sie (Witwe Bolte) besonders schwärmt, wenn er nochmals aufgewärmt."

Mit Sauerkraut um die Welt

Kapitän James Cook, der englische Weltumsegler (1728–1779), soll 1772 mit 50 Fässern Sauerkraut an Bord auf große Fahrt um die Welt gegangen sein.

Denken Sie über den Sinn dieser Ladung nach, und fertigen Sie schriftliche Notizen dazu an.

Sauerkraut deutsche Art
choucroute allemande · sauerkraut German style

1,5	kg	Sauerkraut
0,3	kg	Zwiebeln, geschält
0,1	kg	Gänseschmalz
0,1	kg	Speckwürfel
0,5	l	Fleischbrühe
		Salz, Pfeffer, Zucker, Lorbeerblatt, Piment

- Zwiebeln mit Gänseschmalz dünsten.
- Sauerkraut und gebratene Speckwürfel zugeben.
- Mit Fleischbrühe dünsten.
- Eventuell mit geriebener roher Kartoffel binden und mit Apfelstreifen verfeinern.

mit Ananas
à l'ananas
with pineapple
Sauerkraut waschen, ausdrücken, in Weißwein, Ananassaft mit wenig Butter garen
Vor dem Anrichten Ananaswürfel untermengen

russische Art
russe
Russian style
Zwiebelwürfel dünsten, Sauerkraut zugeben, mit Fleischbrühe und Weißwein auffüllen, bis zur Verdunstung der Flüssigkeit dünsten, am Schluss mit saurer Sahne vermengen

ungarische Art
hongroise
Hungarian style
Zwiebelscheiben goldgelb sautieren, Sauerkraut, feine Streifen von roten Paprikafrüchten, Tomatenmark und Weißwein dazugeben, Rauchspeckwürfel untermengen und fertig garen

Spargel
asperges · asparagus

Spargel (Spargelzeit von April bis 24. Juni; Johannistag: „Kirschen rot – Spargel tot") wird stets in Salzwasser gekocht. Zugabe von wenig Butter und einer Prise Zucker ist möglich (Zugabe von Zitrone bei bitteren Sorten). Verbreitete Angebotsformen sind frischer Stangenspargel nature mit zerlassener Butter, mit holländischer Sauce (➔ 116) oder Malta-Sauce (➔ 116). Spargel eignet sich als Gericht oder als Beilage. Für eine Mahlzeit werden 0,5 kg Frischware gerechnet. Spargel eignet sich auch als kalte Speise, zum Beispiel mit Vinaigrette-Sauce (➔ 124) und als Garnierung, des Weiteren als warme Vorspeise (Auflauf, Mousse).

Grüner Spargel deutsche Art

deutsche Art
allemande
German style
Spargelstangen mit reichlich Semmelbutter überziehen ➔ Bild

Mornay
Mornay
Mornay
Spargelstangen auf Backplatte anordnen, mit Mornay-Sauce nappieren, Reibkäse und Butterflocken obenauf geben, gratinieren

Orly
Orly
Orly
Spargelköpfe im Backteig frittieren, Tomatensauce separat

Weißkohl — chou blanc — white cabbage

In der deutschen Küche ist er recht geschätzt. Weißkohl und der zartere Spitzkohl sind wegen des Cellulosereichtums (Nahrungsfasern) derbes Gemüse, die intensives Garen erfordern.

bayerisches Kraut
bavaroise
Bavarian style
Magere Speckwürfel auslassen, mit Zucker überstreuen, hellgelb karamelisieren, Zwiebelstreifen zugeben, mit anschwitzen und mit Essig ablöschen. Nudelig geschnittenes Weißkraut zugeben. Mit Salz, Kümmel und Pfeffer würzen. Mit etwas Fleischbrühe aufkochen, dann dünsten. Mit Essig abschmecken (→ Bild).

mit Champagner
au champagne
with champagne
Mit jungem Weißkohl zubereiten, mit Champagner vollenden

Weinkraut
au vin blanc
with white wine
Streifen kurz blanchieren, abtropfen lassen, mit Apfelstreifen in Butter und Weißwein dünsten, mit Salz und Zucker würzen

Bayerisches Kraut

Zwiebeln — oignons — onions

Verwendet werden allgemein die großen milden Gemüsezwiebeln, zum Glasieren die kleinen Perlzwiebelchen (→ 26).

gebacken
frits
deep-fried
Ringe mehlieren, frittieren, leicht salzen

glasiert
glacés
glazed
Zwiebelchen in Butter ansetzen, mit wenig Puderzucker bestäuben, Weißwein zugießen, glasieren, bis Flüssigkeit verdampft ist und die Zwiebelchen rundherum glänzen

Lyoner Art
lyonnaise
Lyon
Scheiben in Butter hellbraun dünsten, je nach Verwendung mit entsprechender Sauce oder Glace vermischen und würzen

Mus
purée Soubise
onion puree
Scheiben in Butter, Weißwein und Reis dünsten, mit Salz und weißem Pfeffer würzen, gare Masse passieren, mit Butter und Sahne vollenden

1. *Nennen Sie Grundregeln für das Garen von Gemüse, um die Wirkstoffe bestmöglichst zu erhalten.*
2. *Teilweise wird Gemüse blanchiert. Begründen Sie diese Verfahrensweise.*
3. *Nennen Sie Gemüsearten, die sich zum Frittieren eignen.*
4. *Zur Aroma- und Konsistenzverbesserung werden Gemüsebeilagen teils gebunden. Nennen Sie 5 geeignete Bindemittel.*
5. *Beurteilen Sie die Bedeutung der natürlichen Gemüsefarben für das Angebot von ernährungsphysiologisch hochwertigen Gerichten.*
6. *Wodurch wird die sättigende Wirkung von Gemüsespeisen begründet?*
7. *Nennen und beschreiben Sie drei Zubereitungsvarianten einer selbstgewählten Gemüseart.*
8. *Ergänzen Sie drei verschiedene Gemüse mit jeweils einer passenden namengebenden Speise.*

Zucchini — courgettes — vegetable marrows

Grüne und gelbe Arten, vielseitig verwendbar. Sie können geschält oder ungeschält gedünstet, auch geschmort, sautiert, grilliert oder glasiert werden.

englische Art
anglaise
English style
Tournieren, in Salzwasser blanchieren, abtropfen lassen, mit zerlassener Butter dünsten, salzen, pfeffern

gedünstet
étuvées
stewed
Halbieren, in Scheiben schneiden, mit Knoblauch und Butter dünsten, salzen

provenzalische Art
provençale
Provence style
Ungeschält in dicke Scheiben schneiden, salzen, mehlieren, in Olivenöl beidseitig sautieren, abwechselnd mit gekochtem Reis in gefettete Backplatte einschichten, mit gehackter Petersilie betreuen, mit Tomatensauce auffüllen, Reibkäse darüber streuen, bei mittlerer Hitze gratinieren

mit Tomaten
aux tomates
with tomatoes
Scheiben mit Knoblauch, Thymian und Zwiebelwürfeln dünsten, Tomatenwürfel zugeben

Pilzspeisen

Austernseitlinge

pleurotes
oyster mushrooms

- Austernpilze putzen, waschen, in Streifen schneiden.
- In Butter dünsten, mit Salz, weißem Pfeffer und Zitrone würzen.

Champignons

champignons de Paris
champignons

Burgunder Art
bourguignonne
Burgundy style
Große offene Köpfe mit Kräuter-Knoblauch-Butter füllen, grillen (➔ Bild)

mit Kräutern
aux fines herbes
with herbs
Ganz oder vierteln, in Butter sautieren, mit Salz, weißem Pfeffer, Zitrone, Petersilie, Schnittlauch und Kerbel würzen

Champignons mit Sahne
à la crème
with cream
Scheiben in Butter und Sahne dünsten, mit Mehlbutter binden, mit Salz und weißem Pfeffer würzen, mit gehackter Petersilie bestreuen

provenzalische Art
provençale
Provençal style
Scheiben in Öl sautieren, mit gehackten Schalotten, gehackter Petersilie, Salz, weißem Pfeffer, Knoblauch und etwas Zitrone würzen

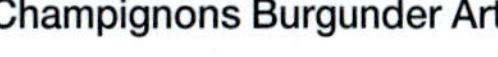
Champignons Burgunder Art

Enoci

Besonders zu hochwertigen Fleischspeisen.

- Vobereitete Pilze mit Zitrone marinieren.
- In Butter dünsten, etwas Weißwein zugeben, salzen.

Pfifferlinge

chanterelles *egg mushrooms*

Sautierte Pfifferlinge mit Speck

chanterelles sautées au lard et aux oignons
sautéd chanterelles with bacon and onions

2	kg	Pfifferlinge, geputzt
0,15	kg	Speck, durchwachsen, geräuchert
0,15	kg	Zwiebel- oder Schalottenwürfel
1	Bund	Petersilie
		Salz, Pfeffer

- Speckwürfel auslassen, Zwiebel- oder Schalottenwürfel zugeben.
- Pfifferlinge zugeben, würzen, 2–3 min sautieren.
- Mit gehackter Petersilie bestreuen.

Steinpilze

bolets, cèpes
boletus (mushrooms), cep(e)s

mit Schalotten
Pilzstücke in erhitztes Öl geben, würzen und sautieren, warm stellen.
In Pfanne Butter erhitzen, Schalottenwürfel und vorgegarte Steinpilze hineingeben, mit gerösteten Weißbrotwürfelchen und gehackter Petersilie vollenden

mit Speck und Zwiebeln
Zubereitung wie Pfifferlinge

Champignons als Rohkost
Zuchtchampignons können auch ungegart verzehrt werden, im Gegensatz zu den anderen Pilzarten, die stets gegart werden müssen (➔ Salate 263 ff).

1. *Zählen Sie Fleischspeisen auf, zu denen Pilzbeilagen passen. Begründen Sie Ihre Meinung.*
2. *Nennen Sie Beispiele für die Verarbeitung von Pilzen zu Beilagen.*
3. *Beschreiben Sie die Herstellung von zwei Pilzbeilagen, die in Ihrem Ausbildungsbetrieb angeboten werden.*

1. *Champignons werden mit Körbchen und einem Gesamtgewicht von 2,5 kg für 4,60 € bezogen. Das leere Körbchen wiegt 200 g. Ermitteln Sie den Preis für 1 kg Champignons.*
2. *Erstellen Sie eine Warenanforderung für die Herstellung von 24 Portionen Pfifferlingen mit Speck.*
3. *Verändern Sie die oben genannte Rezeptur für 4 Portionen.*

légumes et champignons farcis
stuffed vegetables and mushrooms

Gefülltes Gemüse und gefüllte Pilze

Gefüllte Artischocken
artichauts farcis
stuffed artichokes

Artischocken stets gegart verzehren. Rundköpfige Formen werden wegen des größeren Bodens bevorzugt.

- Artischocken vorkochen, Blätter und Heu entfernen (➔ 33).
- Mit feiner Fleisch-Duxelles füllen. Reibebrot und Butterflocken überstreuen, gratinieren, Madeira-Sauce separat servieren.

Gefüllte Auberginen
aubergines farcies
stuffed aubergines, egg-plants

Wohlgeschmack entsteht durch Garen (Dünsten, Schmoren, Sautieren).

- Längs halbieren, in wenig Öl sautieren, Frucht aushöhlen.
- Fruchtfleisch mit Zwiebelwürfeln, gehackten Champignons, Tomatenwürfeln, Petersilie und Knoblauch vermengen, mit Salz und Pfeffer würzen.
- Die Masse in die Fruchthälften füllen, mit Reibebrot bestreuen, mit Öl beträufeln, in der Röhre überbacken.

Gefüllte Champignons
champignons de Paris farcis
stuffed champignons

- Große Champignonköpfe waschen, Lamellen und Stiele entfernen.
- Mit Duxelles – hergestellt aus Kräutern, Champignonwürfeln, Schinkenwürfeln und Fleischfarce – füllen (➔ 214 f).
- Mit Reibebrot und Butterflocken bestreuen, gratinieren.

Gefüllte Gurken
concombres farcis
stuffed cucumbers

- Gurken schälen, in etwa 5 cm starke Rollen schneiden.
- Gurkenstücke aushöhlen, mit feiner Fleischfarce füllen.
- In gebutterte Auflaufform einordnen, mit etwas Fleischbrühe angießen.
- Mit Bratfolie abdecken und in der Bratröhre garen.

Gefüllte Kohlrabi
choux-raves farcis
stuffed kohlrabi

- Gleich große Kohlrabi schälen und in Salzwasser kochen oder dämpfen.
- Deckel abschneiden, aushöhlen, Kohlrabimasse hacken, mit Zwiebelwürfeln, gehackter Petersilie und Hackmasse vermengen.
- Mit Salz und Pfeffer kräftig würzen, in das ausgehöhlte Gemüse einfüllen, mit Reibebrot bestreuen, Butterflocken darauf geben.
- Bei mittlerer Hitze in der Bratröhre garen.

Kohlrouladen
feuilles de chou farcies
stuffed cabbage leaves

Kohlrouladen werden in Sachsen und in Bayern als **Krautwickel** bezeichnet und vorzugsweise mit Kartoffelbrei serviert.

3	kg	Weißkohl
1,5	kg	Hackmasse 2
1	l	gebundener brauner Fond
		Salz, Pfeffer, Kümmel

- Strunk des Weißkohls keilförmig ausschneiden, Weißkohl blanchieren, entblättern, für jede Roulade mehrere Blätter zusammenlegen.
- Mit gewürzter Hackmasse füllen, zusammenrollen, würzen, in ausgefetteten Bräter legen, anbraten, mit braunem Fond auffüllen.

1 Ermitteln Sie die Menge Rohware, die für 10 garfertige Gemüseportionen bereitgestellt werden muss.

Frischgemüse	Vorbereitungsverlust	Portionsgröße
Blumenkohl	35%	250 g
Brechbohnen	11%	200 g
Möhren	20%	150 g
Rosenkohl	20%	220 g
Rotkohl	16%	150 g

2 Rechnen Sie die Grünkohl-Rezeptur für 18 Portionen um.

3 Wie viel Grünkohl muss für die Herstellung von 16 Portionen angefordert werden?

4 Erstellen Sie eine Warenanforderung für die Herstellung von 34 Portionen glasierter Karotten.

5 Ermitteln sie den Materialpreis für 1 Portion glasierte Möhren, bei folgenden Einkaufspreisen:
Karotten 0,77 €/kg
Butter 4,17 €/kg
Für 10 Portionen werden für Zucker, Salz und andere Würzmittel 0,80 € gerechnet.

6 Sauerkraut wird nach angegebener Rezeptur (➔ 47) hergestellt.

6.1 Erstellen Sie eine Warenanforderung, wenn 10 kg Sauerkraut verarbeitet werden sollen.

6.2 Beschreiben Sie die Arbeitsfolge bei der Herstellung der deutschen Art.

6.3 Rechnen Sie die angegebene Rezeptur für 18 Portionen um.

7 Auf der Speisekarte werden Spargelgerichte mit 500 g Spargel angeboten. Wie viel Rohware ist erforderlich, wenn erfahrungsgemäß mit 63% Ausbeute gerechnet wird?

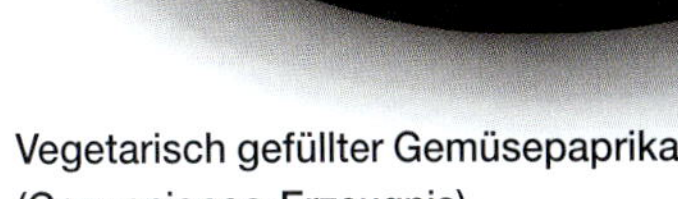

Vegetarisch gefüllter Gemüsepaprika (Convenience-Erzeugnis)

Gefüllter Gemüsepaprika

poivrons farcis de viande hachée
sweet peppers stuffed with minced meat

10		Gemüsepaprikafrüchte, gleich groß
0,3	kg	Butter
0,1	kg	Zwiebeln, geschält
0,3	kg	Reis, gegart
0,6	kg	Rinderhackfleisch
0,3	l	Fleischbrühe
0,5	l	Tomatensauce
		Salz, Pfeffer

- Von gewaschenen Früchten Deckel mit Stiel-Ende abschneiden, Samengehäuse entfernen, salzen.
- Mit Masse aus gegartem Reis, in Butter angeschwitzten Zwiebelwürfeln und gewürztem Hackfleisch füllen, nach Geschmack gehackte Champignons und Kochschinkenwürfel zugeben, Deckel aufdrücken.
- Brühe, Tomatensauce angießen, mit Folie bedecken, in der Röhre fertig garen.

Gefüllte Tomaten

tomates farcies
stuffed tomatoes

- Größere Tomaten aushöhlen, mit Duxelles füllen, mit Reibebrot und Butterflocken bedecken, in der Bratröhre garen.

Gefüllte Zucchini

courgettes farcies
stuffed vegetable marrows

- Mittelgroße Früchte halbieren, aushöhlen, Fruchtfleisch fein hacken und mit Fleischfarce vermengen.
- Gemüse damit oder mit Ratatouille (➔ 46), Fisch- oder Scampi-Ragout füllen, mit Reibebrot bestreuen, überbuttern und in der Bratröhre garen.

Gefüllte Zucchini-Blüte

Gefüllte Zucchini-Blüten

fleurs de courgettes farcies
stuffed vegetable-marrow blossoms

- Zucchini-Blüten öffnen, Blütenstempel entfernen, waschen.
- Mit bunter Hackfleischmasse (mit Gemüsepaprikawürfeln) oder auch mit Fischfarce füllen.
- Blütenblätter rundherum an die Hackmasse andrücken.
- Gefüllte Blüte salzen, mit Butterflocken in abgedeckter Kasserolle mit wenig Brühe dünsten.

Geeignet als warme Vorspeise (➔ 401 oder als Zwischengericht.

Gefüllte Zwiebeln

oignons farcis
stuffed onions

- Große Zwiebeln kochen, auskühlen lassen und aushöhlen.
- Zwiebelpulp (beim Aushöhlen ausgekratzte Zwiebelmasse) mit Bratwurstbrät vermischen, mit Reibebrot und Butterflocken bestreuen. In der Bratröhre garen.

Gefülltes Gemüse: Kohlrabi mit Gemüsesalpikon, Tomaten mit Sprossen, Zwiebeln mit Gemüsemix und Champignons mit Duxelles, gratiniert

mets de légumes et de champignons préparés de produits prêts à l'emploi
vegetable and mushroom dishes prepared of convenience products

6.3 Gemüse- und Pilzspeisen aus Convenience-Erzeugnissen

1 Beschreiben Sie Besonderheiten bei der Verarbeitung von Gefriergemüse und dehydriertem Gemüse.
2 Erläutern Sie Möglichkeiten zum Aufwerten von Gemüsespeisen.
3 Beschreiben Sie die Gemüsegarnituren englische Art, polnische Art und holländische Art.
4 Ordnen Sie mindestens 5 Regionen Deutschlands jeweils eine typische Gemüsespeise zu. Nach Möglichkeit begründen.
5 Unterbreiten Sie im Rahmen einer Gruppenarbeit eigene Vorschläge für das ernährungsphysiologisch hochwertige Gemüseangebot in Ihrem Ausbildungsbetrieb. Fertigen Sie zunächst eine Gliederung für die Aufgabenlösung an.

Vorbereitetes Gemüse kommt **gewaschen, geputzt** und **geschält** in die Küche. Meist hat es schon die gewünschten Schnittformen. Bis zur Verarbeitung muss es durchgehend kühl lagern.
Tiefgefriergemüse und **Tiefgefrierpilze** werden bereits garfertig geliefert. Neben der gesamten Vorbereitung entfällt auch das Zuschneiden. Teilweise wurde die Gefrierware vor dem Einfrieren zur Farberhaltung kurz blanchiert. Dadurch und durch die Zelllockerung beim Gefrieren verkürzt sich die Garzeit um ein Drittel. Stückiges Tiefgefriergemüse in siedendes Salzwasser geben, Gemüse in Blockform (Spinat, Grünkohl) nach Zugabe von ausgelassenem Speck, zerlassener Butter und etwas Fleischbrühe langsam garen.
Tiefgefriermenüs und tiefgefrorene Gemüsespeisen lassen sich im Kombidämpfer auf Tellern oder in Gastro-Norm-Behältern regenerieren. Tiefgefrierpilze – insbesondere Pfifferlinge, Steinpilze, Butterpilze, Champignons – oder Pilzmischungen werden gefroren oder aufgetaut weiter verarbeitet. Tiefgefrier-Steinpilze müssen noch geschnitten werden.

Beispiel Tiefgefrier-Pfifferlinge
- Speck auslassen, Zwiebelwürfel darin dünsten.
- Tiefgefrorene Pilze zugeben und würzen.
- Gargefäß abdecken, öfters rühren (dadurch ziehen die Pilze sofort Flüssigkeit).

1 40 Portionen Rosenkohl zu je 150 g sind vorzubereiten. Zur Auswahl stehen Gefrierware im 2,5-kg-Beutel für 4,38 € und Frischware für 1,73 €/kg. Der Putzverlust wird mit 20% veranschlagt.
1.1 Ermitteln Sie die jeweils erforderlichen Rezepturmengen.
1.2 Vergleichen Sie die Materialkosten je Portion.
2 Die Rezeptur für gefüllte Paprikafrüchte (→ 51) soll für 12 Portionen umgerechnet werden. Schreiben Sie die neue Rezeptur auf.
3 Die Materialkosten für eine Gemüseplatte betragen 3,75 €. Ermitteln Sie die Selbstkosten, wenn mit einem Gemeinkostensatz von 155% gerechnet wird.

Sterilkonserven sind in der benötigten Schnittform bereits fertig zubereitet. Es empfehlen sich vorsichtiges Erwärmen, eventuell Abtropfen und individuelles Vollenden. Dazu eignen sich Butterflocken, Sahne, Speck- und Zwiebelwürfel, Kraftbrühe, Saucen; in jedem Falle aber mit gehackten frischen Kräutern aufwerten.
Trockengemüse und Trockenpilzen wird mit modernen Verfahren das Wasser entzogen, weshalb sie auch Dehydriererzeugnisse (stammt aus dem Lateinischen: Dehydrierung = Wasserentzug) genannt werden. Vielfältige Sorten sind im Angebot. Durch Trinkwasserzugabe im Verhältnis zwischen 1:4,5 (Steinpilze) und 1:8 (grüne Bohnen) erhält man aus durchschnittlich 25–30 g Quellgemüse eine Portion von 150 g gegartem Gemüse. Die Garzeiten sind abhängig vom Cellulosegehalt (Nahrungsfasern) und betragen zum Beispiel für junge Erbsen oder Lauch 15 min. Der ernährungsphysiologische Wert, insbesondere an Vitaminen, soll nur unwesentlich verändert sein. Trockenpilze eignen sich zum Würzen von Saucen, als Beilage wären sie zu zähe.

Quellgemüse, -kartoffeln und -pilze

7 Kartoffelspeisen

mets de pommes de terre
potato dishes

7.1 Zutaten, Nährwert

ingrédients, valeur nutritive
ingredients, nutritive value

Einkauf

Einkauf sollte nach Sorte und Kochtyp erfolgen. Bei Großeinkauf kann man einzelne Kartoffeln probeweise anschneiden, prüfen und die angegebenen Kocheigenschaften ausprobieren. Dabei ist auf die Schalenfestigkeit zu achten.

Ernte-/Angebotszeit der Sorten

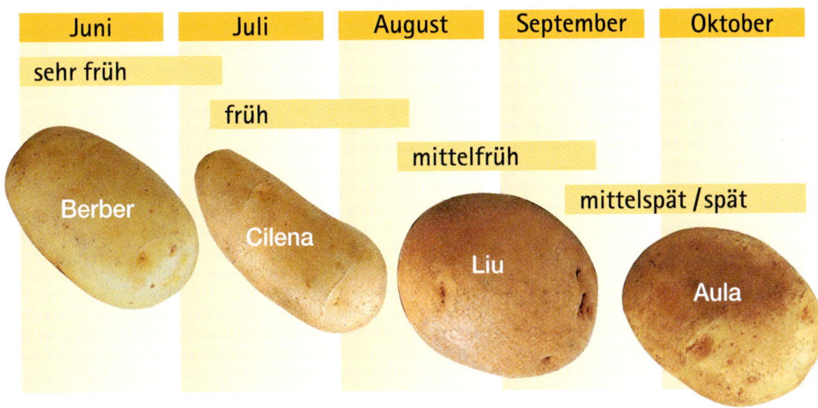

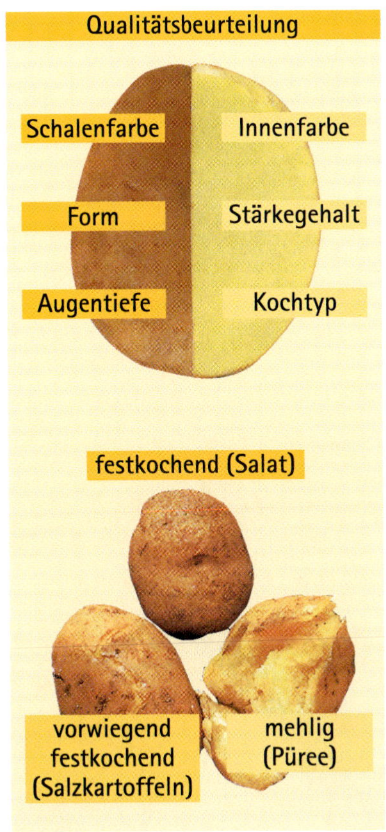

Qualitätsmerkmale

Bei den Kocheigenschaften lassen sich **fest kochende, vorwiegend fest kochende** und **mehlig kochende Typen** unterscheiden. Die besonderen Eigenschaften sind durch unterschiedliche Stärke- und Eiweißgehalte begründet.

Als **Mängel** treten Beschädigungen, Flecken, Glasigkeit, Wachstumsrisse, Hohlherzigkeit und Schorf auf.

Lagerung

Ungeschält: ausgereift, sortenrein, gesund, unbeschädigt, trocken, sauber, kühl, abgedunkelt, nicht über 40 cm Schütthöhe

Geschält: kühl in Wasser lagern und unmittelbar verwenden. Convenience-Erzeugnisse (➔ 60)

Nährwert

Kartoffeln bilden wegen des ernährungsphysiologischen Wertes, der vielseitigen Verwendbarkeit und des relativ niedrigen Preises eine wesentliche Grundlage für die Speisenzubereitung. Sie werden in vielfältiger Form als Sättigungsbeilagen, aber auch als selbstständige Gerichte hergestellt. Der Energiewert beruht im Wesentlichen auf dem Stärkegehalt. 200 g Kartoffeln decken 20 % des Tagesbedarfs an **Vitamin C**. Außerdem sind Vitamin B_1 und **Niacin** enthalten. Des Weiteren ergibt sich die Bedeutung der Kartoffeln auch aus ihrer Lagerfähigkeit, wodurch Kartoffeln ganzjährig verfügbar sind. Die vielseitige Verwendbarkeit der Kartoffeln ist im **neutralen Geschmack** und in den **guten Verarbeitungseigenschaften** begründet.

Kartoffeln anbauen

Wussten Sie, dass die gleiche landwirtschaftliche Fläche, die eine Person mit Milch ernährt, zwei Personen mit Getreide, aber 5 Personen mit Kartoffeln ernähren kann?

Ermitteln Sie mit Hilfe der Nährwerttabelle (➔ 435) den Energiewert von 100 g Pellkartoffeln.

7.2 Herstellung

production de mets de pommes de terre
production of potato dishes

80 Portionen geschälte Kartoffeln zu je 145 g werden benötigt. Wie viele ungeschälte Kartoffeln sind bei einem Schälverlust von 23% bereitzustellen?

Für die vielfältigen Kartoffelspeisen bilden rohe oder zuvor gegarte Kartoffeln (Pell- oder Salzkartoffeln) die Grundlage.

Gekochte Kartoffelspeisen

pommes de terre bouillies
boiled potatoes

Das weit verbreitete Kochen von Kartoffeln wird zunehmend vom schonenderen Dämpfen abgelöst. Dadurch lassen sich Auslaugverluste vermeiden.

Pellkartoffeln

pommes de terre en robe de chambre, pommes de terre en robe des champs
potatoes in their skin, potatoes in their jackets

Beim richtigen Namen genannt
Sprachlich richtig werden Kartoffeln als Erdäpfel bezeichnet: ***Pommes de terre.*** *In der Küchensprache wird* ***de terre*** *weggelassen, wenn dadurch keine Verwechslungen mit Äpfeln entstehen könnte.*

Pellkartoffeln bilden die Grundlage für die Herstellung von Kartoffelsalaten (➔ 268), können aber auch als Beilage – beispielsweise mit Quark ergänzt – verwendet werden.

- Ungeschälte Kartoffeln gründlich waschen, bzw. bürsten, mit Salzwasser knapp bedecken, gar kochen.
- Wasser abgießen, die Kartoffeln im offenen Topf abdämpfen.

Rahmkartoffeln *(pommes de terre à la crème / potatoes with cream)*: Pellkartoffelscheiben in Topf einlegen, salzen, pfeffern, mit heißer Sahne oder Sahnesauce übergießen, mit gehackter Petersilie bestreuen.

Salzkartoffeln

pommes de terre nature, pommes de terre anglaise
boiled potatoes

Eine besonders attraktive Form haben die tournierten Salzkartoffeln.

- Gleich große Kartoffeln aussuchen, schälen, kurz gründlich waschen, tournieren.
- Im Dämpfer oder im Dämpftopf dämpfen (*pommes de terre vapeur, stewed potatoes*), ansonsten kochen, dann nach Gar-Ende sofort abgießen, vorsichtig abdämpfen.

Geschälte Pellkartoffeln mit Zwiebel-, Kräuter-, und Tomatenquark

Petersilienkartoffeln
pommes de terre persillées
parsley potatoes
Salzkartoffeln in zerlassener Butter mit gehackter Petersilie schwenken

Dillkartoffeln
pommes de terre à l'aneth
dill potatoes
Salzkartoffeln in zerlassener Butter mit gehacktem Dill schwenken

Kartoffelbrei

purée de pommes de terre
mashed potatoes

Für Kartoffelbrei, regional Kartoffelpüree oder Kartoffelstock genannt, bilden Salzkartoffeln die Grundlage. Kartoffelbrei muss eine cremige Konsistenz haben. Durch seine Bekömmlichkeit ist Kartoffelbrei für Kinder- und leichte Vollkost geeignet. Durch das Unterheben von geschlagener Sahne wird Kartoffelbrei zu lockerem Kartoffelsahneschnee *(pommes de terre mousseline / mousseline potatoes)* verfeinert. Kartoffelschnee wird dagegen *(pommes de terre neige / potato snow)* direkt aus gewürzten heißen Salzkartoffeln hergestellt, die auf das Anrichtegeschirr gepresst und mit Butter vollendet werden.

- Frisch gekochte Salzkartoffeln heiß pürieren.
- Kartoffelmasse mit Butter glatt rühren.
- Mit Salz, nach Belieben mit geriebenem Muskat würzen.
- Unter ständigem Rühren heiße Milch zugießen, glatt rühren.

Zum Erhalt der Nährstoffe und zur Energieeinsparung ist es wichtig:

- *Kartoffeln von möglichst gleicher Größe verwenden, eventuell vor dem Garen zerschneiden*
- *Kartoffeln mit heißem Wasser ansetzen und salzen oder dämpfen*
- *Kartoffeln nur knapp mit Wasser bedecken*

Brühkartoffeln

pommes de terre au bouillon
bouillon potatoes

Brühkartoffeln werden aus rohen Kartoffeln hergestellt. Sie eignen sich zu gekochten Fleischspeisen, insbesondere zu Tafelspitz (→ 194) und gekochter Rinderbrust (→ 193).

- Würfel von Wurzelgemüse in Speiseöl glasig dünsten.
- Kartoffelwürfel hinzugeben.
- Kräftige Fleischbrühe zugießen und mit Salz und Pfeffer würzen. Regional wird gehackter Kümmel oder Selleriekraut zugegeben.
- Anrichten – meist separat – in kleiner Schüssel, mit gehackter Petersilie bestreuen.

In verschiedenen deutschen Regionen, zum Beispiel in Sachsen, werden Brühkartoffeln als Eintopf gekocht.

Brühkartoffeln

Schinkenkartoffeln

pommes de terre au jambon
ham potatoes

Schinkenkartoffeln werden aus rohen Kartoffeln zubereitet. Qualitätsmerkmal für Schinkenkartoffeln, die als Beilage verwendet werden, ist eine sämige und dickliche Konsistenz.

- Fein gehackte Zwiebeln und fein gehackten Schinken in Butter dünsten, rohe Kartoffelwürfel zugeben.
- Mit wenig kräftiger Fleischbrühe auffüllen, salzen und pfeffern.
- In der Röhre langsam garen und mit gehackter Petersilie bestreuen.

Gebratene Kartoffelspeisen

pommes de terre rôties
roasted potatoes

Gebratene Kartoffelspeisen lassen sich aus Salz- oder Pellkartoffeln herstellen. Wichtig ist, zum Braten hitzebeständige Fette zu verwenden, also keine Emulsionsfette. Qualitätsmerkmale von gebratenen Kartoffelspeisen sind eine arteigene gleichmäßig braune Bratfarbe, gute Formerhaltung und ausgewogene Geschmacksgebung.

Bratkartoffeln

pommes de terre sautées
sautéd potatoes

- Rohe oder gekochte Kartoffelscheiben in heißem Butterreinfett oder Öl oder sautiertem Speck hellbraun braten. Salzen, pfeffern.

Röstkartoffeln

pommes de terre rissolées
roasted potatoes

Die Zubereitung entspricht nicht dem genannten Garverfahren, denn es handelt sich dabei wiederum um Braten.

- Kalte gekochte Kartoffelwürfel oder ganze kleine Kartoffeln in Fett (Butterreinfett) hellbraun braten.
- Pfeffern, salzen. Regional wird gehackter Kümmel, Rosmarin oder Majoran verwendet.

Röstkartoffeln

Zwiebelkartoffeln

pommes de terre lyonnaise
onion potatoes

Zwiebelkartoffeln, auch Lyoner Kartoffeln genannt, bilden eine Variation der Bratkartoffeln und werden unter Verwendung von Butterreinfett hergestellt, mit in Butter leicht gebräunten Zwiebelscheiben vermengt und mit gehackter Petersilie bestreut.

Berner Rösti

roesti bernoise *roesti Bernese style*

Rösti kann auch aus rohen Kartoffeln hergestellt werden, Berner Rösti wird jedoch stets aus Pellkartoffeln zubereitet.

1,5	kg	Pellkartoffeln
0,15	kg	Butterreinfett
0,15	kg	Zwiebeln
0,1	kg	geräucherter Speck
		Salz, Pfeffer

- Am Vortag gekochte Pellkartoffeln schälen und grob reiben.
- Feine Speck- und Zwiebelwürfel in Butterfett dünsten.
- Geraffelte Kartoffeln mit Salz und Pfeffer würzen und zugeben.
- Gleichmäßig anbraten und zu einem Kuchen formen.
- Mehrmals wenden, beidseitig goldgelb braten und nach Fertigstellung auf vorgewärmte Platte stürzen.

Pommes de terre noisettes

Pommes de terre château

Tournierte Kartoffeln

pommes de terre tournées
shaped potatoes

Die rohen Kartoffeln tournieren und je nach Größe in Salzwasser blanchieren, Wasser abschütten, abkühlen, abtrocknen, danach in heißem Butterreinfett anbraten und würzen. Es ist auch möglich, mit Öl zu braten. In der Röhre fertig garen, dabei wiederholt schwenken. Erst nach Abschütten des Öles mit Butter nachbraten. Qualitätsmerkmal ist eine gleichmäßig goldgelbe Farbe.

Nusskartoffeln

pommes de terre noisettes
noisette potatoes

Pariser Kartoffeln

pommes de terre parisienne
potatoes Parisian style

Mit Kartoffelausstecher haselnussgroße Kugeln oder Kugeln von 1 cm Durchmesser ausstechen

Schlosskartoffeln

pommes de terre château
chateau potatoes

halbmondförmig, 3–5 cm Länge, Enden tournieren

Würfelkartoffeln

pommes de terre carrées
diced potatoes

Würfel von 1 cm Kantenlänge

Olivenkartoffeln

pommes de terre olivettes
olive potatoes

olivenförmig formen

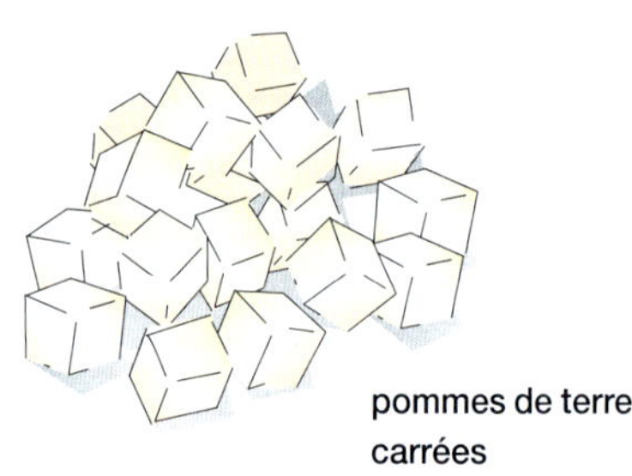

pommes de terre carrées

Kartoffelpuffer

galettes de pommes de terre crues râpées
crepes of raw grated potatoes

Aus rohen Kartoffeln oder aus Convenience-Erzeugnissen (→ 60) herstellen.

3	kg	rohe geschälte Kartoffeln
5		Eier
0,2	kg	Weizenmehl
0,4	kg	Speiseöl
		Salz, nach Belieben Muskat, geriebene Zwiebeln oder Zucker, je nach Geschmacksrichtung

- Kartoffeln reiben, Weizenmehl, Eier, Salz, eventuell weitere Gewürze zu einer Masse verarbeiten.
- Mit Kelle portionsweise in heißes Speiseöl geben, dabei auf gleichmäßige Dicke und runde Form achten. Beidseitig goldgelb braten.

Kartoffelpuffer zusammen mit Apfelmus und Zucker als ovo-vegetabiles Gericht servieren oder als herzhafte Sättigungsbeilage zu Gulasch, als Unterlage für Kasseler, Schweinekoteletts usw.

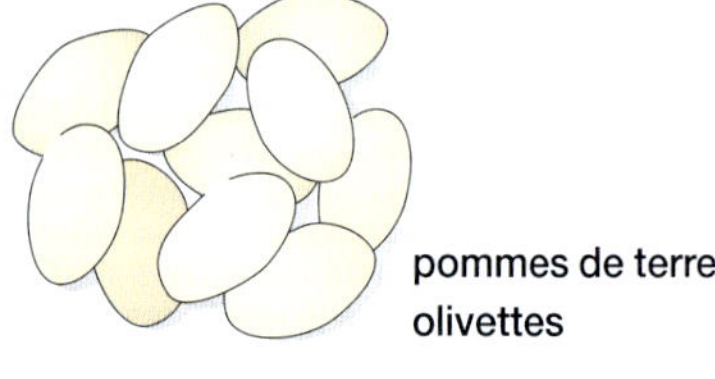

pommes de terre olivettes

Frittierte Kartoffelspeisen

Kartoffelschnittformen vor dem Frittieren abspülen, abtropfen lassen und abtrocknen. Stärkereste verkleistern bei Hitze sofort und verkleben die Schnittformen. Wasser und Stärkereste begünstigen außerdem den Fettverderb durch Fettzersetzung oder Trübstoffe.
Qualitätsmerkmale frittierter Kartoffelschnittformen sind stets eine gold- bis mittelbraune Farbe sowie eine knusprige Konsistenz. Bei größeren Kartoffelschnittformen soll das Innere weich bleiben. Frittierte Kartoffeln niemals abdecken, damit nicht Kondenswasser die Kruste aufweicht.

⚠ **Unfallgefahr:**
Anhaftendes Wasser kann spritzen oder Fett zum Schäumen bringen!

Feinere Schnittformen
in einem Arbeitsgang bei 170 °C frittieren, gut abtropfen lassen, sofort salzen.

Streichholzkartoffeln
🇫🇷 *pommes de terre allumettes*
🇬🇧 *shoestring potatoes*
2–3 mm dick, 4–5 cm lang

Strohkartoffeln
🇫🇷 *pommes de terre paille*
🇬🇧 *straw potatoes*
1 mm dick, 5 cm lang

Kartoffelscheiben
🇫🇷 *pommes de terre chips*
🇬🇧 *potato chips*
2 mm dick

Waffelkartoffeln
🇫🇷 *pommes de terre gaufrettes*
🇬🇧 *gaufrette potatoes*
mit Mandoline geschnitten

Grobe Schnittformen
zuerst bei etwa 130 °C vorfrittieren (dafür ist **blanchieren** ein irreführender Küchenausdruck). Dabei nehmen die Schnittformen noch keine Farbe an. Nach Bedarf portionsweise bei 170 °C fertig frittieren, abtropfen lassen, salzen.

Stäbchenkartoffeln
🇫🇷 *pommes de terre frites*
🇬🇧 *French fries*
1 cm dick, 5–7 cm lang

Frittierte Kartoffelstäbe
🇫🇷 *pommes de terre pont-neuf*
🇬🇧 *deep-fried potato sticks*
2 cm dick, 5–6 cm lang

Mignon-Kartoffeln
🇫🇷 *pommes de terre mignonnettes*
🇬🇧 *mignon potatoes*
Stäbchen 0,5 cm dick, 4 cm lang

Frittierte Kartoffelwürfel
🇫🇷 *pommes de terre bataille*
🇬🇧 *deep-fried potato dice*
Würfel mit 1 cm Seitenlänge

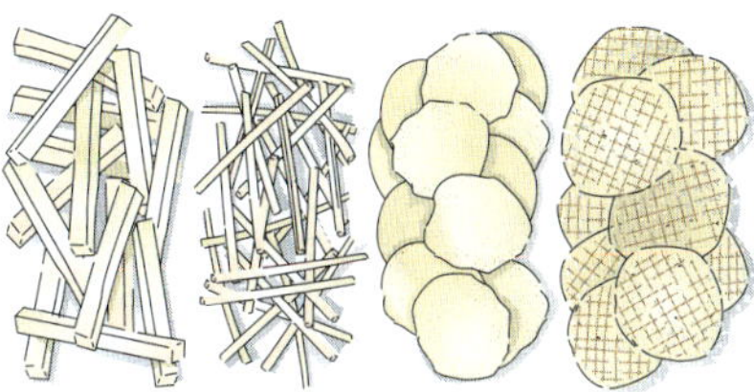

Feinere Schnittformen

Grobe Schnittformen

Kartoffelnester

🇫🇷 *nids de pommes de terre*
🇬🇧 *potato nests*

Kartoffelnester können als attraktive Angebotsform mit feinem Gemüse oder mit Pilzen gefüllt werden. Sie werden aus Strohkartoffeln mit einem Nesterlöffel hergestellt. Strohkartoffeln nicht abspülen oder im Wasser lagern, da die anhaftende Stärke verkleistern und die Nester zusammenhalten soll.

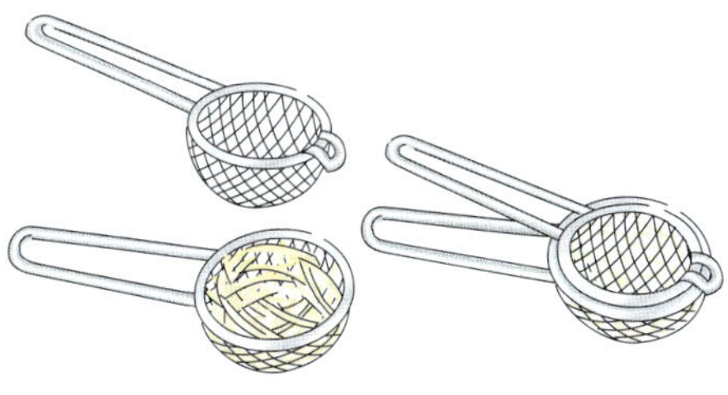

Herstellen von Kartoffelnestern

Kartoffelkroketten

🇫🇷 *croquettes de pommes de terre*
🇬🇧 *potato croquettes*

Auf 500 g heiße Kartoffelmasse sind 2 Eigelb zu rechnen.

- Gedämpfte Kartoffeln oder gut abgegossene Salzkartoffeln abdämpfen, pürieren. Abkühlen vermeiden.
- Eigelb unter die Kartoffelmasse mengen, mit Salz und eventuell wenig Muskat würzen. Je nach Stärkeanteil der Kartoffelsorte gegebenenfalls zusätzlich etwas Stärke beigeben.
- Stangen von 1,5 cm Durchmesser spritzen, diese in 4 cm lange Stücke schneiden.
- Mit Weizenmehl, geschlagenem Ei und Paniermehl panieren.
- Bei 170 °C goldgelb frittieren. Gut abtropfen lassen, auf Küchenkrepp entfetten, auf vorgewärmte Platte oder als Beilage auf Teller anrichten.

Für Spinatkroketten gibt man gehackten Spinat in die Krokettenmasse.

Mandelkartoffelkroketten,
Williams-Kartoffeln (Krokettmasse),
Kartoffel-Croissants (Kloßmasse → 61),
Macaire-Kartoffeln

Kartoffelbällchen

boulettes de pommes de terre
small potato balls

Sie unterscheiden sich von den Kroketten durch die Form.

- Wie für Kartoffelkroketten Stangen aufspritzen, davon 2–3 cm lange Stücke abschneiden und zu Bällchen mit etwa 2 cm Durchmesser rollen.

Als **Variationen** werden Mandelbällchen hergestellt, indem der Krokettenmasse und der Panierung gehackte oder geriebene Mandeln zugefügt werden. Analog werden Kokosbällchen hergestellt. Für Kräuterbällchen wird die Masse mit frisch gehackten Gartenkräutern vermengt. Für Berny-Kartoffeln (*pommes de terre Berny / Berny potatoes*) zusätzlich gehackte Trüffeln beigeben.

Dauphine-Kartoffeln

pommes de terre dauphine
dauphine potatoes

Ursprünglich als Kronprinzessinkartoffeln bezeichnet.

1	kg	Kartoffelkrokettenmasse
0,4	kg	Brandmasse (→ 312 f)
		Salz, Muskat nach Belieben

- Krokettenmasse herstellen und die Brandmasse unterziehen.
- Mit zwei geölten Esslöffeln Klöße formen und auf mit Öl eingestrichene Pergamentpapier-Streifen geben.
- Pergament mit Kartoffelformen in Fettbad (170 °C) eintauchen und die Kartoffeln hineingleiten lassen.
- 1–2 min goldgelb frittieren, abtropfen lassen, auf Küchenkrepp entfetten.

Lorette-Kartoffeln

pommes de terre Lorette
Lorette potatoes

1	kg	Kartoffelkrokettenmasse
0,2	kg	Brandmasse (→ 312 f)
0,08	kg	Reibkäse (z. B. Sbrinz)
		Salz, Muskat nach Belieben

- Krokettenmasse herstellen und die Brandmasse unterziehen.
- Mit dem Reibkäse vermischen und abschmecken.
- Mit Spritzbeutel hörnchen- oder ringförmig auf geölte Pergamentstreifen dressieren. Diese in Fettbad (170 °C) eintauchen und die Kartoffeln hineingleiten lassen.
- 1–2 min goldgelb frittieren, abtropfen, auf Küchenkrepp entfetten.

Kartoffelgratin

Im Ofen gebackene Kartoffelspeisen

pommes de terre au four
oven-baked potatoes

Diese Kartoffelspeisen in der Röhre zubereiten oder fertig stellen. Zum Backen eignen sich Pellkartoffeln, Kartoffelscheiben sowie Zubereitungen aus Kroketten- und aus Brandmasse.

Bäckerin-Kartoffeln

à la boulangère
potatoes baker's style

- Kartoffelscheiben mit in Butter angeschwitzten Zwiebelscheiben vermischen, würzen, mit Butter im Ofen backen.

Folienkartoffeln

pommes de terre en papillote
potatoes en papillote

Kartoffeln, gleichmäßig groß, mehlig kochend
Kräuter- oder Würzöl

- Gut gewaschene Kartoffeln mit der Gabel mehrfach einstechen.
- Kartoffeln jeweils auf Folienstücke von 20 x 20 cm aufsetzen, mit Würzöl bestreichen, Folie verschließen und auf Backblech setzen.
- Im auf 200 °C vorgeheizten Backofen 40–50 min backen.
- Folie öffnen, Kartoffeln kreuzweise einschneiden, wenig auseinander drücken. Dip (→ 127) darauf geben und sofort servieren.

Kartoffeln pürieren

Anna-Kartoffeln

pommes de terre Anna
Anna potatoes

- Runde geschälte Kartoffeln in gleichmäßige Scheiben schneiden und salzen. Kartoffelscheiben regelmäßig in gebutterte Form legen.
- Zwischen jede Kartoffelschicht Butterflocken geben.
- Gefüllte Form abdecken und in der Röhre backen.

Masse herstellen, würzen

Florentiner Kartoffeln

pommes de terre florentine
potatoes Florentine style

- Geschälte Pellkartoffelscheiben schichtweise in gefettete Form einlegen.
- Zwischen jede Schicht gehackte, mit etwas Sahnesauce gebundene Spinatblätter geben.
- In der Röhre backen, danach stürzen, mit Reibkäse und Butterflocken bestreuen und kurz überbacken.

Herzoginkartoffeln

pommes de terre duchesse
duchess potatoes

Sie werden allgemein auch als Spritzkartoffeln bezeichnet.

- Kartoffelkrokettenmasse (→ 57) in Spritzbeutel füllen und auf gefettetes Blech runde Törtchen dressieren.
- Kartoffelformen mit Eigelb bestreichen, in der Röhre kurz backen.

Masse spritzen

Kartoffelgratin

gratin dauphinois   gratin dauphinois

1,5	kg	geschälte Kartoffeln
0,6	l	Schlagsahne
0,2	kg	Reibkäse (Sbrinz, Greyerzer)
0,07	kg	Butter
0,001	kg	Knoblauch
		Salz, Pfeffer, Muskat

- Kartoffeln schälen, gleichmäßige Scheiben von 2–3 mm Dicke schneiden, Käse reiben.
- Gratinform mit Butter ausstreichen, mit gehacktem Knoblauch ausstreuen. Kartoffelscheiben in die Gratinform schichten.
- Gewürze und halbe Käsemenge unter die Sahne ziehen und über die Kartoffelscheiben gießen, mit dem restlichen Käse bestreuen und mit zerlassener Butter beträufeln. Etwa 40 min in der Röhre bei 160 °C backen, am Schluss bei etwa 220 °C gratinieren.

Eigelb überstreichen

Macaire-Kartoffeln

pommes de terre Macaire
Macaire potatoes

Ursprünglich wurden Kartoffeln mit Schale auf Salz gesetzt und im Ofen gebacken. Danach wurden sie ausgehöhlt, daraus eine Kartoffelmasse mit Butter hergestellt, gewürzt, zu Küchlein *(galettes)* geformt und in Butterreinfett gebraten.

Inzwischen hat sich folgende rationelle Zubereitungsform durchgesetzt:

- Aus Salzkartoffeln hergestellte abgedämpfte Kartoffelmasse mit Eigelb vermengen, mit Salz, weißem Pfeffer und Muskat würzen.
- Auf bemehlter Unterlage Walzen von 4 cm Durchmesser rollen und von diesen 1–2 cm dicke Scheiben abschneiden.
- Scheiben auf gebuttertes Blech legen, mit Eigelb bestreichen, in der Röhre backen oder ohne Eigelb in der Pfanne braten.
- Ausgelassene Speck- oder Schinkenwürfel, glasig gedünstete Zwiebeln, gehackte Petersilie oder feine Schnittlauchröllchen können als Variation in die Masse gegeben werden.

Zubereitete Herzoginkartoffeln

mets de pommes de terre préparés de produits prêts à l'emloi

potato dishes prepared from convenience products

1. *Begründen Sie die Eignung der Kartoffeln als Sättigungsbeilage. Gehen Sie auf den Ernährungswert und auf die Verwendungsmöglichkeiten ein.*
2. *Ulrike nimmt sich nur eine Salzkartoffel zum Mittagessen, denn sie möchte abnehmen. Was raten Sie Ulrike?*
3. *Obwohl Kartoffeln mit unterschiedlichen Kocheigenschaften angeboten werden, bestellen viele Betriebe nur eine Sorte. Diskutieren Sie in Pro und Kontra dieses Einkaufsverhalten.*
4. *Nehmen Sie zu Trends Stellung, Pellkartoffeln in der Gastronomie anzubieten.*
5. *Erläutern Sie wichtige Eigenschaften der Kartoffeln, die nicht in den Güteklassen festgeschrieben sind.*

1 Für eine Wandergruppe sollen 23 Portionen Kartoffelpuffer hergestellt werden.

1.1 Rechnen Sie die Rezeptur für eine entsprechende Warenanforderung um.

1.2 Errechnen Sie den Materialpreis für 1 Portion bei folgenden Einkaufspreisen:

geschälte Kartoffeln	*1,30 €/kg*
Eier	*0,14 €/Stück*
Weizenmehl	*0,43 €/kg*
Speiseöl	*3,83 €/l*
Würzmittel	*0,30 €/Portion*

1.3 Ermitteln Sie den Verkaufspreis, wenn der Materialpreis 28% des Abgabepreises betragen soll.

2 Die Materialkosten für ein Bauernfrühstück betragen 3,05 €. Ermitteln Sie den Inklusivpreis, wenn mit dem Kalkulationsfaktor 3,5 gerechnet wird.

7.3 Kartoffelspeisen aus Convenience-Erzeugnissen

Durch den Einsatz von Convenience-Erzeugnissen kann der Arbeitsaufwand merklich gesenkt und auch bei geringem Absatz ein gleich bleibender Qualitätsstandard gewährleistet werden. Das Convenience-Angebot erstreckt sich auf alle Herstellungsstufen.

Beispiel: Zeitvergleich für die Zubereitung von 100 Portionen Salzkartoffeln

Manuell geschälte Kartoffeln	120 min
Maschinell geschälte Kartoffeln	80 min
Ganze, geschält angelieferte Kartoffeln	22 min
Tiefgefrorene Kartoffeln in Mehrportionsschalen für Konvektomaten	6 min

Verarbeitungsstufe	Angebotsformen
Vorbereitet, roh oder vorgegart	Geschält, als Scheiben, Schnitzel, Stäbchen In Vakuumbeuteln
Getrocknet	Scheiben, Stücke, Schnitten, Würfel, Kartoffelpüree mit oder ohne Milchpulver, Krokettenpulver, Kartoffelpulvermehl
Tiefgefroren	Rösti, Salzkartoffeln, Pommes frites, andere Schnittformen, Kartoffelbällchen, Spritzkartoffeln usw.
Sterilisiert	Salzkartoffeln in Gläsern

Tiefgefrorene Erzeugnisse lassen sich im Salamander, im Backofen oder im Mikrowellengerät erhitzen oder überbacken. Kartoffelgratin beispielsweise kann im Konvektomaten oder in der Röhre bei 180 °C rasch aufgebacken werden.

Kartoffelspalten

Tannenzapfen-Kroketten

Kartoffelbällchen

Kartoffelpuffer

Pommes frites

8 Klöße, Nocken, Teigwaren, Reis, Hülsenfrüchte und Getreidebeilagen

🇫🇷 *boulettes, noques, garnitures de pâtes, riz, légumineuses et céréales*
🇬🇧 *dumplings, pasta, rice, pulse and cereal garnishings*

8.1 Nährwert

🇫🇷 *valeur nutritive* 🇬🇧 *nutritive value*

Teigwaren und **Reisbeilagen** stellen nährstoffmäßig relativ einseitige Lebensmittel dar, die vorwiegend Stärke und Eiweißanteile enthalten, wodurch sie sättigend wirken. Durch Verwendung von Vollkornerzeugnissen kann dieser Einseitigkeit begegnet werden. **Vollkornerzeugnisse** enthalten darüber hinaus beachtliche Mengen an Wirkstoffen (Vitamine, Mineralstoffe).
Klöße, Teigwaren und Reis eignen sich insbesondere als Sättigungsbeilagen, können aber auch als Gerichte (Pflaumenklöße mit zerlassener Butter) zubereitet werden oder Vorspeisen (Reissockel, Teigwarenspezialitäten) komplettieren.

8.2 Herstellung

🇫🇷 *préparation* 🇬🇧 *preparation*

Klöße, Nocken

🇫🇷 *boulettes, noques*
🇬🇧 *dumplings, gnocchi*

Klöße und Knödel bezeichnen eigentlich gleiche Beilagen. In Süddeutschland verwendet man allgemein die Bezeichnung Knödel. Ansonsten werden runde Formen Klöße, andere Formen Knödel genannt.

Kloßarten (nach Rohstoffen geordnet)

aus Kartoffeln
- gekocht
- roh
- roh mit Grieß

aus Semmeln

aus Grieß

aus Mehl

Klöße aus gekochten Kartoffeln

🇫🇷 *boulettes de pommes de terre cuites*
🇬🇧 *dumplings of boiled potatoes*

> $^4/_5$ gekochte Kartoffeln, $^1/_5$ Weizenmehl, Eier (1 Ei oder 0,05 kg Vollei auf 0,5 kg)

- Salzkartoffeln durch Kartoffelpresse drücken, mit Salz und wenig Muskat würzen, Kartoffelmasse kalt stellen.
- Kartoffelmasse, Weizenmehl und Gewürze gut vermischen, Eier zugeben und durchkneten. Gewünscht ist eine relativ trockene, feste Kloßmasse, die nicht lange gelagert werden darf.
- Masse auf mehlierter Arbeitsplatte zur Rolle formen. Je nach Bedarf in 100 g schwere Stücke portionieren, geröstete Semmelwürfel in das Kloßstück drücken, Klöße abdrehen, in Kartoffelstärke wälzen und im Salzwasser am Siedepunkt garen.
- Etwas Semmelbutter über die angerichteten Klöße geben.

Thüringer Klöße

boulettes du Thüringen
dumplings of Thüringen

$^2/_3$ rohe Kartoffeln, $^1/_3$ gekochte Kartoffeln

- Rohe Kartoffeln manuell oder maschinell reiben, dann mit festem Tuch auspressen.
- Gekochte Kartoffeln maschinell oder manuell pürieren und zu einem dünnen Brei verrühren. Mit Salz würzen. Kochenden Brei unter die trockenen, geriebenen Kartoffeln ziehen.
- 100 g schwere Kloßmassestücke portionieren, geröstete Semmelwürfel in die Mitte drücken. Klöße formen, in Salzwasser am Siedepunkt pochieren, anschließend sofort servieren.

Semmelklöße: Zutaten

Vogtländische Klöße

boulettes du Vogtland
dumplings of the Vogtland

$^2/_3$ rohe Kartoffeln, $^1/_3$ Grießbrei mit Milch und Butter

2	kg	rohe geschälte Kartoffeln
		Salz, Muskat
Grießbrei		
0,4	l	Milch
0,08	kg	Butter
0,15	kg	Grieß

Zubereitung wie bei den Klößen aus rohen Kartoffeln. Dünnen Grießbrei anstatt Kartoffelbrei zugeben. Stets Probekloß vorgaren. Bei zu weicher Masse Grieß zugeben, bei zu fester Masse Milch.

Fertige Semmelköße

Semmelklöße

boulettes de pain blanc
white-bread dumplings

0,8	kg	altbackenes Weißbrot oder Brötchen
0,6	l	Vollmilch
0,1	kg	Butter
3		Eier (0,15 kg Vollei)
0,05	kg	Zwiebeln
		Petersilie, Salz, Muskat

- Scheiben von Weißbrot mit heißer Milch übergießen, quellen und abkühlen lassen.
- Eier, glasig gedünstete feine Zwiebelwürfel, fein gehackte Petersilie, zerlassene Butter und Würzmittel zugeben.
- Kloßmasse zu Klößen formen, diese in siedendes Salzwasser geben.
- Nach dem Aufkochen je nach Größe 15–30 min pochieren (→ Bilder).

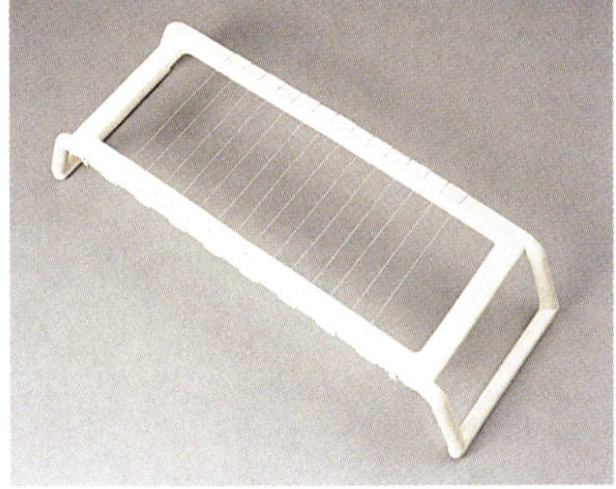

Knödelschneider

Serviettenknödel

boulettes de pain en serviette
dumplings in a napkin

Serviettenklöße aus der Masse für Semmelklöße zubereiten. Lediglich Eier getrennt zugeben.

- Eiklarschnee der Masse kurz vor dem Ausformen zugeben.
- Anstatt Klöße werden längliche Laibe geformt; diese in ein bemehltes Tuch (Passiertuch) locker einschlagen, damit sie beim Garen noch aufgehen können.
- Tuch an den Enden zusammenbinden und eingehüllten Laib im Salzwasser pochieren. Bei Gar-Ende auswickeln, mit Bindfaden oder Knödelschneider Scheiben schneiden.

Grießklöße

🇫🇷 *boulettes de semoule*
🇬🇧 *semolina dumplings*

0,3	kg	Weizengrieß
1	l	Vollmilch
0,05	kg	Butter
4		Eier (0,2 kg Vollei)
		Salz, Muskat

- Milch mit Salz und Butter aufkochen, Grieß mit dem Schneebesen schnell in die siedende Flüssigkeit rühren. Masse aufquellen lassen, bis sie sich vom Topfboden löst. Nach und nach die Eier darunter schlagen.
- Mit Suppenlöffel Grießklöße in das siedende Salzwasser abstechen, diese 10–15 min pochieren.

Grießklöße eignen sich als Sättigungsbeilage zu verschiedenen Fleischspeisen.

Thüringer Klöße, Klöße aus gekochten Kartoffeln, Semmelklöße, böhmische Knödel

Hefeklöße

🇫🇷 *boulettes de pâte à levure*
🇬🇧 *yeast-dough dumplings*

1	kg	Weizenmehl
0,06	kg	Hefe
0,4	l	Vollmilch
0,03	kg	Butter
2		Eier (0,1 kg Vollei)
		Salz

- Leichten Hefeteig (➔ 307) herstellen: Angegebene Hefemenge und ein Drittel des Mehles mit der angewärmten Flüssigkeit zu einem weichen Teig verarbeiten. Diesen Vorteig mit Mehl bestäuben und warm stellen.
- Beim Aufreißen des Vorteiges restliches Mehl und Salz zugeben.
- Nach dem Kneten bei 25 °C 20–60 min gären lassen, dann Klöße formen, diese auf einem bemehlten Brett nochmals kurz aufgehen lassen und anschließend dämpfen.
- Fertige Klöße mit zwei Gabeln aufreißen und mit schäumender Butter übergießen.

Hefeklöße mit Zucker bestreuen oder mit Heidelbeeren, auch mit Apfelmus extra als Gericht anbieten.

Böhmische Knödel

Böhmische Knödel

🇫🇷 *quenelles bohémienne*
🇬🇧 *dumplings Bohemian style*

1	kg	Weizenmehl
3		Eier (0,15 kg Vollei)
0,5	l	Vollmilch oder Wasser
0,2	kg	Weißbrot
		Backpulver (für 1 kg Mehl) oder 35 g Hefe, Salz, Muskat

- Weizenmehl mit Backpulver, Salz und Muskat vermengen, Eier, Flüssigkeit sowie in Butter gebräunte Semmelwürfel zugeben und alles verkneten.
- Aus dem Teig drei längliche Knödel ausformen. Auf glatte Oberfläche achten, um das Aufreißen während des Garens zu vermeiden.
- Knödel etwa 25 min dämpfen oder in siedendem Salzwasser pochieren. Garpunkt durch Einstechen eines dünnen Holzstäbchens ermitteln: Haftet noch feuchter Teig daran, so ist der Knödel noch nicht durchgegart.
- Statt Backpulver kann auch Hefe verwendet werden, dann aber weniger Flüssigkeit, damit der Teig etwas fester wird.

In **Böhmen** werden Knödel vorzugsweise zu Gulasch serviert.

Lagerung von Klößen und Knödeln: Falls es unumgänglich ist, werden Klöße auf Vorrat hergestellt: Nach dem Fertigstellen in Eiswasser abkühlen und in Salzwasser kühl lagern oder besser trocken vakuumieren.

Vollendung von Klößen und Knödeln: Kalte Klöße zum Durchwärmen erneut in heißes Salzwasser oder in Dämpfer ohne Druck bzw. in Mikrowellengerät geben, mit flüssiger Butter oder Semmelbutter vollenden.

1 Fertigen Sie eine Warenanforderung für 8 Portionen böhmische Knödel an.

2 Ermitteln Sie den Energiegehalt von einer Portion. Verwendet wird Vollmilch, Würzmittel und Zusatzstoffe bleiben unberechnet.

3 Berechnen Sie den Materialpreis für 10 Portionen bei folgenden Einkaufspreisen:

Weizenmehl	*0,43 €/kg*
Eier	*0,14 €/Stück*
Vollmilch	*0,65 €/l*
Weißbrot	*1,28 €/500 g*
Übrige Zutaten	*0,50 €/10 Portionen*

Nocken

  *noques*  *gnocchi*

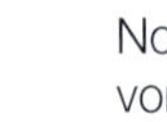

Nocken, in der **italienischen Küche** als **Gnocchi** bezeichnet, werden bei uns vorwiegend mit dem Löffel abgestochen. Italienische Nocken mit Reibkäse gratinieren. In der **Wiener Küche** ist es üblich, sie aus einem nicht abgebrannten Teig herzustellen, in Salzwasser zu garen und in Butter zu schwenken.

Nocken abstechen

Grießnocken

noques de semoule — *semolina gnocchi*

0,3	kg	Weizengrieß
1	l	Vollmilch
4		Eigelb (0,065 kg)
0,05	kg	Butter
		Salz, Pfeffer, Muskat

- Die Butter in siedende Milch geben, Grieß mit dem Schneebesen einrühren und kurz aufkochen, quellen lassen, abschmecken.
- Nach leichtem Abkühlen Eigelb unterrühren.
- Nocken mit Löffel in siedendes Salzwasser abstechen, kurz aufkochen, dann pochieren. Auf Durchschlag abtropfen lassen, in Butter schwenken.

Mehlnocken

noques de farine — *flour gnocchi*

0,8	kg	Weizenmehl
0,5	l	Vollmilch oder saure Sahne
3		Eier (0,15 kg Vollei)
0,1	kg	Butter
		Salz, Muskat

- Zerlassene Butter mit den anderen Rohstoffen zu einem Teig glatt rühren, mit Esslöffel Nocken in siedendes Salzwasser abstechen.
- Aufkochen, pochieren und in kaltem Salzwasser abschrecken.
- Bei Bedarf in Butter schwenken; als Einlage für ungarische Gulaschsuppe.

Pariser Nocken

noques parisienne — *gnocchi Parisian style*

0,2	l	Wasser
0,03	kg	Butter
0,1	kg	Weizenmehl
3		Eier (0,15 kg Vollei)
		Salz

- Brandmasse (➔ 312) herstellen, mit Spritzbeutel haselnussgroße Nocken in siedendes Salzwasser geben, langsam pochieren.

In gebutterte Gratinplatte mit Sahnesauce überziehen, mit Reibkäse und Butterflocken bestreuen. In der Röhre aufgehen lassen, leicht gratinieren.

Schupfnudeln

Schupfnudeln

pommes de terre Lafitte — *potato noodles*

Auch als Bubenspitzle – eine badische Spezialität – bezeichnet, die abweichend von der folgenden modernen Rezeptur in Fett gebacken wurden.

1,5	kg	Salzkartoffeln
5		Eier (0,25 kg Vollei)
0,075	kg	Kartoffelstärke
0,2	kg	Butter zum Schwenken
		Salz, Muskat

- Mehlige Salzkartoffeln heiß durch die Kartoffelpresse treiben, gut durchkühlen. Mit den übrigen Zutaten zu einer bindigen Masse verarbeiten.
- Rollen, wie für Kartoffel-Kroketten formen, in kleine Stücke teilen, 4–5 cm lange, kleinfingerdicke Schupfnudeln ausrollen und anschließend in siedendem Salzwasser garen, in zerlassener Butter schwenken oder braten.

Teigwarenbeilagen

pâtes alimentaires *pasta*

Teigwaren sind wichtige Sättigungsbeilagen, teilweise auch Hauptbestandteile von Gerichten. Als Spezialität bieten Küchen hausgemachte Teigwaren aus Weizenmehl, Vollkornmehlen (Dinkel, Roggen, Buchweizen) an. Durch Zugabe von Eiern werden Teigwaren ernährungsphysiologisch aufgewertet. Teigwaren bilden weiter die Grundlage für Vorspeisen und Suppeneinlagen.

Nudelmaschine

> Grundbestandteile: Mehl, Grieß, Wasser und meist Ei zu einem Teig verarbeiten und dann abtrocknen lassen.

Zubereitungsabschnitte sind **Teigbereiten, Formgeben, Garen** und **Servieren.** Auf Vorrat hergestellte Teigwaren nach der Formgebung trocknen.
Teigwaren nehmen während des Kochens bzw. Pochierens wegen der Stärkequellung eine Wassermenge auf, die 100–200% der Rohstoffmenge beträgt. Aus diesem Grund sind sie stets in reichlich sprudelnd siedendem Salzwasser ohne Deckel zu garen.

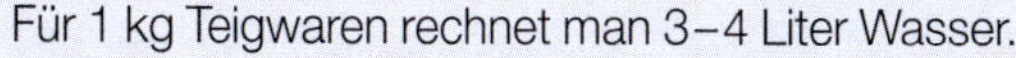

> Für 1 kg Teigwaren rechnet man 3–4 Liter Wasser.

Teigwaren möglichst frisch zubereiten. Sie dürfen nicht zu weich sein.
In Italien kocht man die Teigwaren stets „al dente", also bissfest.

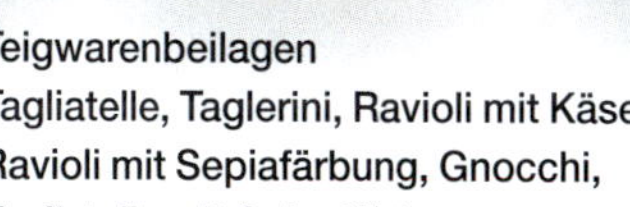

Portionsmengen

Vorspeise	30 g	Gericht	100 g
Beilage	60–80 g	Suppeneinlage	15 g

Teigwarenbeilagen
Tagliatelle, Taglerini, Ravioli mit Käse, Ravioli mit Sepiafärbung, Gnocchi, Tagliatelle mit Spinatfärbung

Lagerung

Ist es dennoch notwendig, die Teigwaren auf Vorrat herzustellen, dann werden sie bissfest gekocht, abgeschüttet, durch Abbrausen gekühlt, abgetropft und dann mit Folien abgedeckt, um das Abtrocknen der gegarten Teigwaren zu vermeiden. Wieder erwärmt wird in siedendem Salzwasser. Das anschließende Abtropfen erfolgt im Durchschlag. Zum Erzielen von Schmelz Teigwaren mit Butterflocken vollenden.

Nudeln

nouilles *noodles*

0,35	kg	Weizenmehl
2		Eier (0,1 kg Vollei)
0,02	l	Öl
		Wasser, Salz, Muskat

- Die Zutaten mit dem Handballen mit wenig Wasser (je nach Mehlqualität) zu festem Teig verarbeiten, anschließend kurze Zeit ruhen lassen.
- Durch Zugabe von Spinatsaft, Safran, Tomatenmark oder fein gehacktem Basilikum lassen sich geschmacklich und farblich Variationen herstellen.
- Nudelteig dünn ausrollen und entsprechend dem Verwendungszweck schneiden. Die Garzeit beträgt je nach Stärke der Nudeln 3–6 min.

Werden die Nudeln als Sättigungsbeilage gereicht, so sind sie nach dem Abspülen und dem Abtropfen in Butter zu schwenken. Je nach Geschmacksrichtung mit Salz und Muskat würzen. Nudeln können auch als Gerichte zubereitet werden.

Bandnudeln mit Morcheln

Beispiele
Bandnudeln mit Pesto, Parmesan, Sahnesauce mit Morcheln.

Nudeln mit Brennnesseln

nouilles aux orties *noddles with nettles*

- Nudelteig mit Eiern herstellen. Abgebrühte, gut ausgedrückte, mit Salz im Mixer pürierte Brennnesseln zugeben.

Bei Trockenware beträgt die Garzeit 8–12 min.

Maultaschen
ravioli allemande · *German ravioli*

0,3 kg Weizenmehl
4 Eier (0,2 kg Vollei)
0,3 kg Spinat
0,05 kg Reibebrot
0,15 kg durchwachsener Speck
0,1 kg Hackmasse 1 (→ 215)
Salz, schwarzer Pfeffer, Muskat

- Gesiebtes Mehl mit Salz, 2 Eiern und etwas Wasser zu einem festen Teig verarbeiten, zugedeckt 30 min ruhen lassen.
- Teig etwa 1 mm dünn ausrollen. Ausgelassenen Speck und die übrigen Zutaten zu feiner Farce verarbeiten.
- Farce auf Teigquadrate oder -rechtecke geben und diese zu Dreiecken oder Quadraten falten, Ränder zusammenkneifen.
- Maultaschen etwa 1 min in Fleischbrühe pochieren, mit Brühe anrichten.

Spätzle
spaetzle, frisettes ·  *spätzle*

0,5 kg Weizenmehl
0,2 l Wasser oder Vollmilch
5 Eier (0,25 kg Vollei)
Salz, Muskat

- Rohstoffe mit einem Kochlöffel oder mit der Hand zu einem zähflüssigen Teig verrühren und bis zur Blasenbildung aufarbeiten.
- Mit Palette dünn auf ein angefeuchtetes Holzbrett auftragen, von dort in Streifen in das siedende Salzwasser abstreichen.
- Gare Spätzle steigen an die Wasseroberfläche. Herausheben, in warmem Wasser abspülen, gut abtropfen lassen und in Butter schwenken.

Beim Herstellen auf Vorrat nach dem Abspülen und dem Abtropfen auf ein mit einem Tuch ausgeschlagenes Tablett oder in kaltes Salzwasser legen.
Bei Bedarf in Butter schwenken.

Käsespätzle
spetzli (frisettes) au fromage · *cheese spätzle*

0,25 kg Emmentaler
0,08 kg Butter
0,2 kg Zwiebeln
Salz, Muskat

- Spätzle herstellen wie oben angegeben. Heiße Spätzle in Lagen mit dem geriebenen Käse in längliche Form schichten.
- Im heißen Ofen Käse schmelzen, inzwischen gehackte Zwiebeln oder Zwiebelringe in Butter bräunen. Zum Schluss unter die Spätzle mischen und darüber geben. Zu Käsespätzle vorzugsweise grüne Salate reichen (**vegetarisches Gericht**).

Pelmeni
pelmieni ·  *pelemini*

Pelmeni sind typische Beilagen der **russischen Küche**.

0,5 kg Weizenmehl
4 Eier (0,2 kg Vollei)
0,3 kg Hackmasse 3
0,25 l Milch oder Wasser
Salz

- Rohstoffe zu Nudelteig verarbeiten und dünn ausrollen.
- Runde Teigplätzchen von etwa 3 cm Durchmesser ausstechen.
- Zum Füllen Teigplätzchen mit Hackmasse (→ 215) belegen, mit einem weiteren Teigplätzchen abdecken, Rand zusammendrücken und in siedendem Salzwasser garen. Pelmeni mit saurer Sahne vollenden.

Herstellen der Pelmeni

Nudelteig ausrollen

Teigplätzchen ausstechen

Mit Farce belegen und abdecken

Anrichtefertige Pelmeni

Reisbeilagen

 *riz* *rice*

Zutaten

Für die Verarbeitung in der Gaststättenküche sind nach den Reis**typen** zu unterscheiden: Langkornreis, Mittelkornreis, Rundkornreis und Wildreis. Nach der Reis**bearbeitung** unterscheidet man Vollkornreis und Weißreis.
Wildreis, auch als Indianerreis bezeichnet, wird als kulinarische Besonderheit zunehmend angeboten. Dabei handelt es sich um schwarze tannennadelähnliche Samen eines Wassergrases. Wildreis schmeckt kräftig, ist aber auch relativ teuer. Oft wird er deshalb mit der gleichen Menge Langkornreis gemischt.
Als wichtige Zubereitungen gelten Kochreis und Risotto

Reistypen	Eigenschaften
Langkornreis	6–8 mm lang, glasig hart, eiweißreich
Mittelkornreis	5–7 mm lang, verklebt leicht, weniger eiweißreich
Rundkornreis	4–5 mm lang, quillt und verklebt leicht, geringer Eiweißgehalt
Wildreis	Samen eines Wassergrases, nur reisähnlich, Mischung mit anderem Reis

Reistypen	Bearbeitung
Paddy-Reis	Vollkornreis mit Spelze
Vollkornreis	ungeschliffen, ohne Spelze
Weißreis	geschliffen, poliert, ohne Silberhaut
Parboiled-Reis	Wirkstoffe werden ins Innere gepresst, Außenschicht geglättet
Schnell-kochreis	vorgegart und getrocknet

Verwendung

- Beilage, Salate, Risotto
- Süßspeisen
- Eintöpfe

Nährwert

Der **geschmacksneutrale Reis** lässt sich mit entsprechenden Geschmacksträgern vielseitig verwenden. Reis wird hauptsächlich als **Beilage** verwendet, eignet sich aber auch für Vorspeisen, Suppeneinlagen, Gerichte oder Süßspeisen (Milchreis, Reis Trautmannsdorf). Reisbeilagen passen zu den unterschiedlichsten Speisenteilen. Sie werden auch für eiweißarme Kost und für Kinderkost verwendet, da Reis als kohlenhydratreiches Lebensmittel nur etwa 7% Eiweiß enthält. Vollkornreis dagegen enthält noch weitere Wirkstoffe. Reis vergrößert sein Volumen beim Garen durch **Quellung** auf das **Zwei- bis Dreifache**.

Lagerung

Reis stets kühl und trocken und nicht mit geruchsintensiven Lebensmitteln zusammen lagern. Auf diese Weise kann Reis ohne Qualitätseinbuße bis 2 Jahre, Vollkornreis 1 Jahr aufbewahrt werden. Gegarter Reis lässt sich 3–4 Tage gekühlt lagern. Wird er danach weiter verwendet, in mittlerer Hitze unter Zugabe von etwas Wasser oder ohne Wasser im Mikrowellengerät erwärmen.

Portionsmengen

Vorspeise	20–30 g	Gericht	70–100 g
Beilage	50–60 g	Suppeneinlage	10 g

.

Kochreis

 *riz au blanc* *boiled rice*

6 l Wasser
0,5 kg Reis
Salz

- Wasser mit Salz aufkochen, Reis zugeben, unter Umrühren 18 min kochen.
- Abgießen, mit kaltem Wasser abspülen, zur weiteren Verwendung kalt stellen.
- In gebuttertem flachem Gefäß erhitzen, Butterflocken darauf geben, leicht salzen.
- Als Variante kann Butterreis *(riz au beurre / rice with butter, buttered rice)* durch Schwenken in 0,05 kg Butter zubereitet werden.

1 Was versteht man unter dem Begriff Nährmittel? Welche Lagerbedingungen sind erforderlich?

2 Zählen Sie die richtige Reihenfolge der Arbeitstätigkeiten bei der Herstellung von Teigwaren auf.

Käsespätzle mit Feldsalat haben einen Selbstkostenpreis von 4,10 €. Der Betrieb rechnet mit 18% Gewinn. Ermitteln Sie den kalkulierten Preis.

Risotto

risotto (FR) *risotto* (EN)

0,6	kg	Reis (Langkornreis)
0,1	kg	Zwiebeln
1,5	l	Brühe
0,15	l	Weißwein
0,05	kg	Öl (Olivenöl)
0,05	kg	Butter
0,1	kg	Parmesan
		Salz, Lorbeerblatt, Salbei

Reis mit Bambus, Risi-Pisi, Safranreis, Curryreis, Wildreis, Tomatenrisotto

- Feine Zwiebelwürfel zusammen mit dem Reis im Öl, ohne Farbe nehmen zu lassen, in flachem Gefäß dünsten.
- Mit etwas Brühe ablöschen. Lorbeerblatt und Salbei dazugeben.
- Nach und nach mit Brühe aufgießen. 17–18 min. langsam sieden, zeitweise mit Kochlöffel umrühren.
- Weißwein, Butter und Reibkäse sorgfältig darunter ziehen und abschmecken.

> Risotto: Mengenverhältnis Reis : Fleischbrühe im Allgemeinen 1 : 2,5 (bis 3)

Naturreisrisotto

risotto de riz complet (FR) *plain-rice risotto* (EN)

0,5	kg	Rundkorn-Naturreis
0,1	kg	Zwiebeln
1,5	l	Gemüsebrühe
0,05	kg	kaltgepresstes Olivenöl
0,03	kg	Butter
0,1	l	Weißwein
0,1	kg	Sbrinz-Reibkäse
		Salz, weißer Pfeffer, Knoblauch, frische Salbei

- Zwiebelwürfel und zerkleinerten Knoblauch in Öl dünsten.
- Reis zugeben und mit dünsten, mit Gemüsebrühe ablöschen.
- Salbei zugeben, 25 min langsam kochen, möglichst nicht rühren.
- Vom Herd nehmen, weitere 15 min ruhen lassen.
- Weißwein, Butter und Reibkäse untermischen und abschmecken.

Variationen von Risotto und Butterreis

Risi-Pisi
risi-pisi (FR)
risi-pisi (EN)
grüne Erbsen

Tomatenreis
riz aux tomates (FR)
tomato rice (EN)
Tomatenfleischwürfel

Schinkenreis
riz au jambon (FR)
ham rice (EN)
Kochschinkenwürfel

Gemüsereis
riz aux légumes (FR)
vegetable rice (EN)
Schnittformen von Gemüse, auch Pilze

Curryreis
riz au curry (FR)
curry rice (EN)
Currypulver

Reis Mailänder Art
riz milanaise (FR)
rice Milanese style (EN)
Risotto mit Safran, vermischt mit Reibkäse

Pilawreis  *riz pilaf*  *pilaf rice*

Pilaw bildet zusammen mit Hammel, Lamm, Geflügel usw. ein selbstständiges Gericht.

0,6	kg	Reis
0,04	kg	Butter
0,15	kg	Zwiebeln
1	l	Brühe (Hammel-, Geflügel-, Fisch-, Gemüsebrühe)
		Salz, Lorbeer

- Zwiebelwürfel in Butter glasig dünsten, den gewaschenen Reis dazugeben und kurz mit dünsten.
- Mit Fleischbrühe auffüllen, aufkochen und in der Röhre 15–20 min zugedeckt dünsten.
- Nach dem Herausnehmen aus der Röhre 5 min ruhen lassen, dann mit der Gabel lockern und Butterflocken darunter mischen.

Variationen

Mit Einlagen
Gedünstete gehackte Tomaten, Gemüsepaprikawürfel, Pilze, Bratenwürfel, Kochfleischwürfel, Schinkenwürfel, Geflügelwürfel, einzeln oder kombiniert

Mit besonderen Würzmitteln
Curry, Safran, Ingwer, Gewürzpaprika oder Aufwerten mit gehackten Kräutern

1 *Ordnen Sie die Handelsformen des Reises typischen Zubereitungen zu.*
2 *Vergleichen Sie den ernährungsphysiologischen Wert von Speisen aus Vollkornreis mit denen aus poliertem Reis.*
3 *Beschreiben Sie die Herstellung von Risotto, und begründen Sie die einzelnen Arbeitsschritte.*
4 *Erläutern Sie die Besonderheiten des Wildreises hinsichtlich biologischer Herkunft, Zubereitung und Verwendung.*
5 *Nennen Sie drei wichtige Reisbeilagen, und beschreiben Sie die unterschiedliche Herstellung.*

1 *Für 120 Portionen Pilawreis werden 7,2 kg Patna-Reis verwendet. Nach dem Ausquellen wiegt die Rezepturmenge 26,28 kg. Ermitteln Sie die prozentuale Gewichtszunahme.*
2 *Für 10 Portionen Risotto sind 0,6 kg Reis kalkuliert. Wie viel anrichtefertiger Risotto je Portion kann bei einer Gewichtszunahme von 280% ausgegeben werden?*

Hülsenfrüchtebeilagen

Hülsenfrüchte sind die getrockneten Samen von Erbsen, Bohnen und Linsen, die im unreifen Zustand von einer Hülse umgeben sind. Die unreifen Bohnen und Erbsen zählen zum Frucht- und Samengemüse (→ 27).

Qualitätsmerkmale

Hülsenfrüchte sollen glattschalig, von typischer Farbe sowie von einheitlicher Form und Größe sein. Sie sollen einen arteigenen Geruch haben und rein sowie frei von Schädlingsbefall sein. Wichtig ist die gleichmäßige Garfähigkeit. Je größer die Hülsenfrüchte, desto so höher die Qualität. Allerdings hat die Größe auf Geschmack und Nährwert keinen Einfluss.

Bohnen: Weiße und bunte Sorten in großer Vielfalt. Die rote Kidney-Bohne wird für Chili con carne verwendet. Mungo-Bohnen eignen sich für Currys, während die sämig und weich kochenden weißen Bohnen beliebt für Eintöpfe sind.
Erbsen: Gelbe und grüne Erbsen mit unterschiedlichen Kocheigenschaften. Die cellulosereiche Außenschicht kann abgeschält werden, wodurch die Verdaulichkeit verbessert werden kann. Geschälte Erbsen sind besonders für Püree und Eintöpfe geeignet.
Linsen: Importiert, je nach Farbe (gelb, grün, braun, rot) und Größe (mittel, Riesenlinsen) verschieden, üblich ist 5–7 mm Durchmesser. Kleine Linsen sind besonders aromatisch.
Soja: Weltweit bedeutendste Hülsenfrucht, eiweiß- und fettreich. Bei uns sind nur Sojaprodukte (Tofu), Sojasauce (→ 126) und Keime (→ 31) von Bedeutung.

Nährwert

Hülsenfrüchte sind stark sättigende Beilagen, die wegen des Cellulosereichtums (Nahrungsfasern) schwer verdaulich sind. Sie eignen sich zu rustikalen Gerichten und gelten als etwas Besonderes. Linsen dienen als Beilage zu Wildspeisen, Erbsenmus zu Schweinefleischspeisen, insbesondere zu Schlachtspezialitäten, zu Eisbein oder Wellfleisch (Kesselfleisch).

Vorbereitung

Das früher übliche Verlesen der Hülsenfrüchte zum Entfernen aller unerwünschten Fremdbestandteile erübrigt sich heute bei Qualitätsware, so dass nur noch mit Wasser gründlich zu waschen ist. Erbsen und Bohnen stets ein-

Linsenarten

weichen, Linsen dagegen uneingeweicht verarbeiten. Die Einweichzeit beträgt mindestens 3 Stunden, das Quellvermögen ungefähr 50%. Das Einweichwasser enthält stets wasserlösliche Lebensmittelbestandteile wie Eiweißstoffe, Mineralstoffe und Vitamine und sollte möglichst weiter verwendet werden.

Beilagen aus Vollkornnudeln, Dinkel, Grünkern und Hafer

Portionsmengen

Portionsmenge für Beilagen: 60–80 g

Garzeiten

Linsen:	50–90 min;	Erbsen:	60–120 min;
Bohnen:	120–150 min		

Salz kann bei süß-saurem Abschmecken die Garzeit verlängern, deshalb möglichst erst bei Gar-Ende salzen.

1 Beurteilen Sie den ernährungsphysiologischen Wert von Hülsenfrüchtebeilagen.

2 Wodurch unterscheiden sich grüne Erbsen und Bohnen von den entsprechenden Hülsenfrüchten?

3 Begründen Sie die Notwendigkeit des Einweichens von Bohnen und Erbsen.

4 Welche Gerichte können durch Hülsenfrüchtebeilagen vorteilhaft komplettiert werden?

5 Beurteilen Sie die Bedeutung der Sojabohnen für die Ernährung und ihre Bedeutung als Zutat.

Linsenmus

purée de lentilles — *lentil puree*

0,8	kg	Linsen
0,2	kg	Schwarten
0,2	kg	Matignon (feingeschnittene Möhren, Zwiebeln, Lauch)
0,08	kg	Butter
		Salz, Pfeffer, Liebstöckel, Thymian

- Gewaschene Linsen mit kaltem Wasser bedeckt langsam aufkochen, abschäumen, Schwarten dazugeben, alles bei geringer Hitze garen.
- Nach etwa halber Garzeit Matignon zugeben. Bei Gar-Ende Schwarten herausnehmen.
- Linsen mit Matignon manuell durch ein Sieb oder maschinell passieren, eventuell mit Flüssigkeit ausgleichen.
- Linsenmus erwärmen, abschmecken. Butter und gehackte Petersilie.

Erbsenmus ebenso bereiten. Speck, Zwiebeln sowie Majoran zugeben.

Weiße Bohnen (amerikanische Art)

haricots blancs américaine — *white beans American style*

- Weiße Bohnen einweichen, im Einweichwasser mit gespickter Zwiebel und Räucherspeck kochen.
- Zwiebel entfernen, Räucherspeck würfeln und zu den Bohnen geben.
- Mit Tomatensauce binden.

Mus von weißen Bohnen

purée de haricots blancs — *white-bean puree*

- Weiße Trockenbohnen einweichen, mit Fleischbrühe und Gemüsebündel kochen.
- In Butter schwenken, mit Salz und Pfeffer, nach Belieben mit Majoran und Knoblauch würzen.
- Pürieren, mit in Butter gebräunten Zwiebeln oder angebratenen Speckwürfeln anrichten.

Tomatenbohnen mit Zucker und Tomatenmark abschmecken.

Grütze russische Art (Kascha)

- Trocken geröstete Buchweizenkörner mit Wasser, Butter und Salz kochen.
- Mit Buttermilch anrichten.

8.3 Klöße, Teigwaren und andere Beilagen aus Convenience-Erzeugnissen

boulettes, pâtes alimentaires et autres garnitures préparées de produits prêts à l'emploi
dumplings, pasta and other garnishings prepared from convenience products

Die Industrie bietet heute eine Vielzahl an Convenience-Erzeugnissen an. Diese gilt es nach Anweisung fertigzustellen und ihnen durch fachmännische Vollendung und Verfeinerung eine eigene Note zu geben.

Klöße und Knödel

boulettes et noques

dumplings

Grüne Klöße, Tiroler Knödel, Kartoffelklöße, Thüringer Kloßmasse

Convenience-Erzeugnisse für Klöße und Knödel lassen sich auf folgende Weise verfeinern:

- In Butter gebräunte Weißbrotwürfel als Einlage in die Kloßmasse.
- Mit Semmelbutter übergießen.
- Sautierte Kochschinkenwürfel als Einlage.
- Gehackte Kräuter unter die Kloßmasse mengen.

Teigwarenspeisen

Gastronomie und Großverpflegung greifen heute auf die große Palette der industriell hergestellten Teigwaren zu. Die in guter Qualität angebotenen Teigwaren werden auf der Grundlage von kleberreichem Hartweizengrieß erzeugt. Italien gilt als das Land der Nudelteigwaren (ital. *pasta asciutta*), die es in zahlreichen Formen und Farben (grün mit Spinat, gelb mit Safran, rot mit Tomate, schwarz mit Tintenfischtinte) gibt.

Reisspeisen

Der Vorteil der Schnellkoch-Reiserzeugnisse liegt in der kurzen Zubereitungszeit und in der bei Einhaltung der Gebrauchsanweisung, insbesondere der Garzeiten, garantierten Qualität (Körnigkeit) der Erzeugnisse. Schnellkochreis lässt sich in der Zubereitung genauso variieren wie herkömmlich zubereiteter Reis.

Kartoffelklöße

Ravioli; Pelmeni (→ 66)

Gnocchi

Eierspätzle

1. *Erläutern Sie einem Gast, welche Möglichkeiten es zum Färben von bunten Nudeln gibt.*
2. *Ein Gast möchte über die Unterschiede der auf der Speisekarte stehenden Mehl-, Grieß- und Pariser Nocken aufgeklärt werden. Was sagen Sie ihm?*
3. *Wägen Sie Vorteile und Nachteile bei der Verwendung von Kartoffel-Halbfertigerzeugnissen gegeneinander ab.*
4. *Beurteilen Sie die Möglichkeiten, bei Einsatz von Convenience-Erzeugnissen geschmacklich differenzierte Hülsenfruchtebeilagen herzustellen.*
5. *Empfehlen Sie Gästen, die keine Kartoffeln wünschen, Sättigungsbeilagen zu folgenden Speisen: Kalbsfrikassee, ungarisches Gulasch, Mailänder Schnitzel und Gänsebraten.*
6. *Unterbreiten Sie einer Reisegesellschaft einen Vorschlag zur vegetarischen Verköstigung.*

1. *Für 8 Portionen sind 560 g Teigwaren kalkuliert. Nach dem Garen wiegen diese 8 Portionen 1,5 kg. Ermitteln Sie die prozentuale Gewichtszunahme.*
2. *Bei Bandnudeln rechnet man mit einer Ausbeute von 255 %. Wie viele servierfertige Portionen zu 200 g lassen sich mit 1,5 kg Rohware herstellen? Auf ganze Portionen abrunden!*
3. *Linsen nehmen 33% Einweichwasser und 24% Kochwasser auf. Wie viel Trockenware werden für 12 Portionen gekochte Erbsen zu 130 g benötigt?*

9 Speisen mit Blüten und Blättern

mets aux fleurs et aux feuilles
dishes with blossoms and leaves

In der Gastronomie und bei der häuslichen Ernährung wird zunehmend Wert auf eine **natürliche und vielseitige Kostgestaltung** gelegt. Dazu gehören zweifellos Frischobst, Gemüse, das Würzen mit heimischen Kräutern und anderen natürlichen Würzmitteln. Daneben bieten viele wildwachsende oder kultivierte Pflanzen mit ihren **Blüten** und **Blättern** Möglichkeiten zur schöpferischen Speisenzubereitung, insbesondere zur Vollendung durch Garnieren. Dabei kann auf die Erfahrungen früherer Generationen zurückgegriffen werden. So wussten beispielsweise bereits die Römer Rosen als Aroma zum Wein oder als Tischschmuck zu schätzen. Zu Urgroßmutters Zeiten wurden Rosen gern für Honig, Gelee oder Konfekt verwendet. Ähnliches lässt sich über die Verwendung von Veilchen berichten. Auch im Morgenland schätzte man in früheren Zeiten Sorbets, die mit Veilchen oder Rosen zubereitet wurden.

Beispiel
Anlässlich der Erstaufführung von Offenbachs „Schöner Helena" im Jahre 1864 schuf ein Koch die Eisspeise „schöne Helene". In Läuterzucker pochierte gekühlte Birnen werden auf Vanilleeis dressiert und mit kandierten Veilchen bestreut. Heiße Schokoladensauce wird separat gereicht.

Blüten von Chrysanthemen, Dahlien oder Magnolien verwenden die Köche in China, Japan oder Mexiko von jeher zur Herstellung aromatischer ausgefallener Speisen.

Beispiel
Chrysanthemenblüten durch leichten Pfannkuchenteig ziehen, frittieren, zuckern und heiß servieren. In China und Japan ist es eine beliebte Süßspeise.

*Blüten und Blätter eignen sich insbesondere zum **Garnieren** und **Dekorieren** von Speisen und Getränken.*

Verwendungsbeispiele für Blüten und Blätter bei der Speisenherstellung

Blüten/Blätter		Merkmale/Verwendung
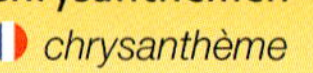	**Chrysanthemen** *chrysanthème* *chrysanthemum*	Herb-bitterer Geschmack, nur junge Blütenblätter verwenden (Spitzen) ■ Salat
	**Dahlie** *dahlia* *dahlia*	Nur gezupfte Blüten verwenden ■ Salat, Sabayon
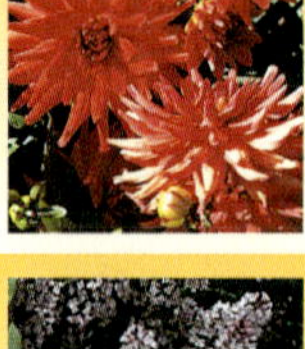	**Flieder** *lilas* *lilac*	Blüten verwenden ■ Kandiert, wie Konfekt

Schadstoffe
Umweltgifte, Düngemittel und Pflanzenschutzmittel gelangen auch auf Blüten und Blätter. Deshalb Herkunft, Art des Anbaus und Herkunft genau beurteilen, gründlich waschen. Im Zweifelsfalle bei der Verwendung ungewöhnlicher Blüten oder Blätter stets vorher Fachleute (Biologen, Botaniker, Pharmazeuten) befragen. Die in der Tabelle aufgeführten Blüten und Pflanzen gelten als ungefährlich.

Rosenbowle

Blüten/Blätter	Merkmale/Verwendung
Gänseblümchen 🇫🇷 *pâquerette* 🇬🇧 *daisy*	Junge Frühlingsblätter vermischen. Mit Brennnessel und Löwenzahn ■ Brotaufstrich, Suppe, Salate, essbare Garnierung, auch Blüten
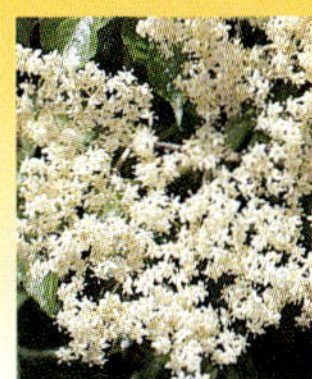 **Holunder** 🇫🇷 *sureau* 🇬🇧 *elder*	Unreife Früchte und Stängel enthalten Blausäureverbindung, deshalb erhitzen, stets filtrieren ■ Essig, Sorbet, frittiert, Likör, Konfitüre
 **Kapuzinerblüten** 🇫🇷 *fleurs du cresson d'Inde* 🇬🇧 *nasturtium flowers*	Blüten der Kapuzinerkresse. Würzig, aromatisch Kann Magen und Darm reizen (geringe Mengen) ■ Garnierungselemente Presssaft gilt als blutreinigend
 **Lavendel** 🇫🇷 *lavande* 🇬🇧 *lavender*	Vor der Blüte geerntete Blättchen. Auch Blüten, sparsam verwenden ■ Essig, Würze
 **Ringelblume** 🇫🇷 *souci* 🇬🇧 *marigold*	Sparsam verwenden. Zur Gelbfärbung. Nicht künstlich trocknen (dörren). Erhöht körperliche Widerstandsfähigkeit ■ Sauce, Fleisch, essbare Garnierung
  **Rose** 🇫🇷 *rose* 🇬🇧 *rose*	Frisch oder getrocknet ■ Konfitüre, Bowle, Fruchtsalate
 **Veilchen (Stiefmütterchen)** 🇫🇷 *violette* 🇬🇧 *violet*	Wenig scharf bis süßlich ■ Konfitüre, Essig, etherisches Öl
 **Zucchiniblüten** 🇫🇷 *fleurs de courgettes* 🇬🇧 *vegetable-marrow blossoms*	Blüte der Zucchini, italienische Delikatesse, Stempel vor dem Füllen herausbrechen ■ Füllen mit Hackmasse (➔ 51)

Allergien durch Blüten und Blätter?

Verschiedene Pflanzen können Allergien auslösen. Anzeichen dafür können leichte Magen- und Bauchschmerzen, geringe Schleimhautschwellungen oder ein leicht beißendes Gefühl im Mund sein. Deshalb sollte man Hopfen, Klatschmohn, Schafgarbe, Sauerampfer, Waldmeister und Chrysanthemen nur in geringen Mengen konsumieren.

Gefahr besteht dagegen bei rohen Vogelbeeren (Eberesche). Giftig sind Herbstzeitlose, blauer Eisenhut, Maiglöckchen, Scilla, Kaiserkrone, Schachbrettblume, Einbeere und weißer Germer.

Bei Liliengewächsen gibt es einerseits Nutzpflanzen (Knoblauch, Schnittlauch, Spargel, Küchenzwiebel), andererseits sollte man die Tulpen für Speisezwecke – also auch für Garnierungen – meiden.

Projektorientierte Aufgabe
Aktionswoche „Frischer Spargel aus deutschen Landen"

Zeitplanung

1 In welchen Monaten könnte die Spargelwoche stattfinden, damit mit frischem deutschen Spargel geworben werden kann?

Zutaten

2 Erläutern Sie die Aussage „Spargel ist der König des Gemüses".
3 Nennen und beschreiben Sie unterschiedliche Spargelsorten.
4 Begründen Sie folgende unterschiedliche Schälverluste: weißer Spargel 25%, grüner Spargel 5%.
5 Beschreiben Sie die abgebildeten Vorbereitungsarbeiten stichwortartig.

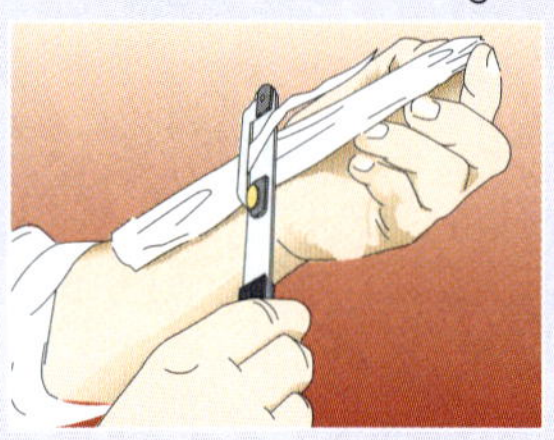
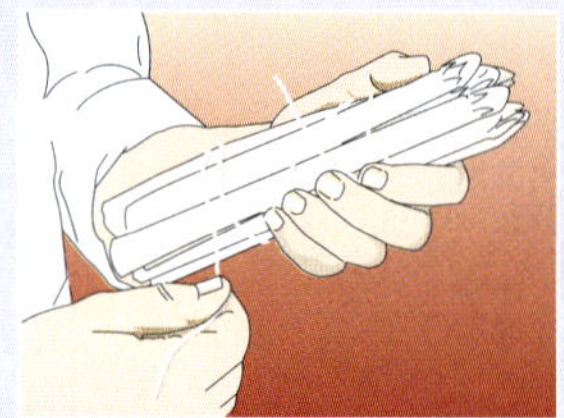
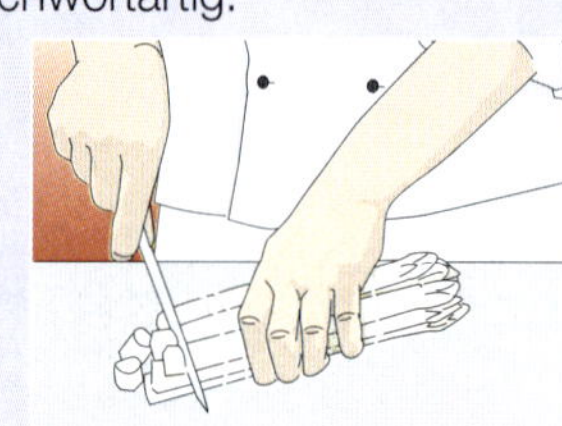

Arbeitsablauf

6 Sie sollen ein Extra-Essen „Spargel mit holländischer Sauce und Salzkartoffeln" zubereiten.
6.1 Erstellen Sie eine schriftliche Materialanforderung für 12 Portionen.
6.2 Beschreiben Sie die Vor- und Zubereitung des Spargels und der holländischen Sauce. Erstellen Sie einen Zeitplan.

Materialwert, Vorbereitungsverlust, Kalkulation

7 Vom Erzeuger werden 65 kg Spargel zum Preis von 545,00 € bezogen. Wie viel kostet das kg geputzter Spargel, wenn mit einem Putzverlust von 28% gerechnet werden muss?
8 Nach einem Wettschälen liegen 73 kg geschälter Spargel vor. Wie viel Spargel wurde geschält, wenn man mit 26% Schälverlust rechnet?
9 Die Materialkosten für „Frischen Spargel nature mit Schinken" betragen 5,45 €. Ermitteln Sie den Inklusivpreis, wenn mit dem Kalkulationsfaktor 2,9 gerechnet wird.

Service

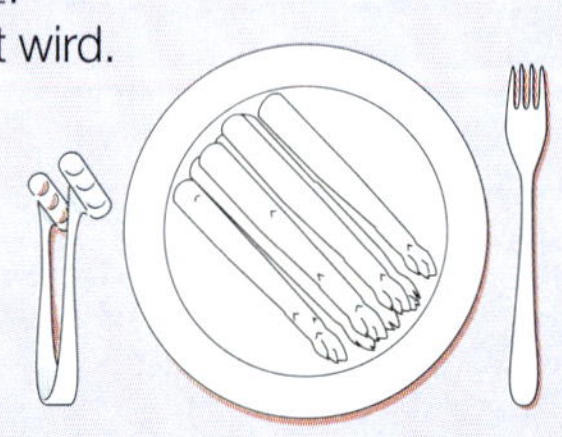

10 Geben Sie Hinweise zur speziellen Dekoration und Tischgestaltung.
11 Wie wird Stangenspargel als Gericht auf dem Teller angeordnet?
12 Erkundigen Sie sich im Sevice Ihres Ausbildungsbetriebes:
12.1 Über den richtigen Verzehr von Stangenspargel nature.
12.2 Über Spezialbesteck beim Verzehr von Spargel.
12.3 Wie sich das Besteck ändert, wenn zum Stangenspargel Schinken gereicht werden soll.

Angebotsgestaltung

13 Welche Zutaten oder Speisenteile passen zum Spargel?
14 Für italienische Gäste soll diese Aktion um passende Pastaspeisen erweitert werden. Unterbreiten Sie Vorschläge.
15 Gestalten Sie eine Spargel-Sonderkarte mit je vier kalten und warmen Gerichten.
16 Übersetzen Sie das Angebot ins Französische und Englische: **Spargelsalat mit Räucherlachs, Toast.**

Werbung

17 Erstellen Sie für die Spargelwoche einen Werbebrief an die Stammgäste aus der Gästekartei.
18 In der Aktionswoche soll ein Wissenstest angeboten werden. Auf Tischzetteln werden jeweils fünf Fragen zum Thema Spargel gestellt, die von den Gästen beantwortet werden können. Der Sieger wird zu einem Spargelschmaus eingeladen. Erarbeiten Sie fünf Fragen mit Antworten.
19 Jeder Teilnehmer am Spargelschmaus soll ein kleines Geschenk erhalten, das einen Bezug zur Aktion hat. Nennen Sie werbewirksame Präsente.

10 Eierspeisen

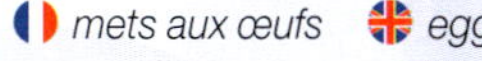

Einteilung

Warme Eierspeisen			
gekocht	**pochiert**	**aus der Pfanne**	**frittiert**
Hart Weich Wachsweich Eier im Glas	Im Näpfchen Verlorene Eier	Setz-/ Spiegeleier Rühreier Omelett Eierpfann-kuchen	Gebacken (im Fettbad)
Kalte Eierspeisen			

Größenvergleich Hühnerei–Wachtelei

10.1 Zutaten, Nährwert

ingrédients, valeur nutritive
ingredients, nutritive value

Zutaten

Eierspeisen werden stets aus **Hühnereiern** hergestellt. In der Gastronomie wird mit der Eiergröße M (→ Grundstufe) kalkuliert. Eierspeisen aus anderen Eiern müssen näher gekennzeichnet werden. Wachteleier (etwa 10 g) – aus Farmen bezogen – werden in der Küche verarbeitet. **Enteneier dürfen nicht verwendet werden.**

Salmonellen in Eiern werden bei einer Kerntemperatur von 70 °C innerhalb von mindestens 5 min zuverlässig abgetötet.

In der Gastronomie hat sich aus hygienischen Gründen auch die Verwendung von pasteurisiertem Ei durchgesetzt.

Einkaufs- und Lagerhinweise

Einkaufen

- Herkunftsland, Art der Legehennenhaltung, Farbe und Größe des Eies beachten.
- Lege- und Verbrauchsdatum kontrollieren.
- Unversehrtheit der Schale kontrollieren.
- Lagerbedingungen kontrollieren.
- Preisvergleiche an Hand der Größe durchführen. Ein Hühnerei Gewichtsklasse M wiegt 53–63 g. Davon entfallen 32–38 g auf das Eiklar und 16–19 g auf das Eigelb

Lagern

- Eier frisch verwenden, kurze Zeit kühl lagern.
- Beschädigte Eier sofort aussortieren.
- Starken Temperaturwechsel und Fremdgeruch vermeiden.

Anforderungen an Eier der Güteklasse A

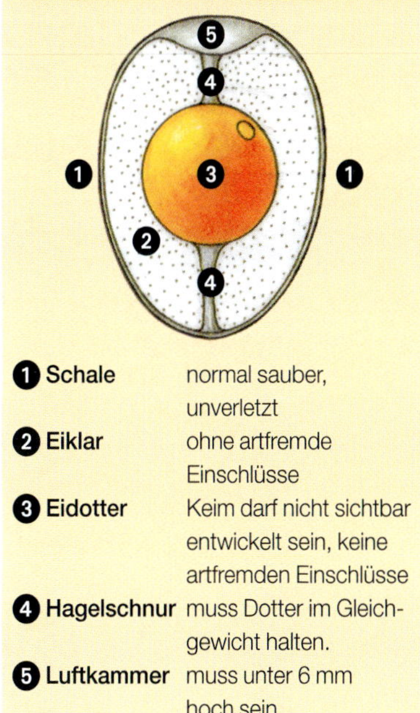

1 Schale	normal sauber, unverletzt
2 Eiklar	ohne artfremde Einschlüsse
3 Eidotter	Keim darf nicht sichtbar entwickelt sein, keine artfremden Einschlüsse
4 Hagelschnur	muss Dotter im Gleichgewicht halten.
5 Luftkammer	muss unter 6 mm hoch sein

Technologische Eigenschaften
Die Eibestandteile haben verschiedene Wirkungen bei der Speisenzubereitung. Sie können klären, binden, lockern, färben oder emulgieren.

Essen Chinesen verfaulte Eier?
Sicherlich würde jeder von uns empört die Behauptung zurückweisen, in Europa werde verfaulte Milch – gemeint ist der Käse – verzehrt. Analog kennt die chinesische Küche die tausendjährigen Eier, die allerdings nur bis etwa 10 Wochen alt werden. Diese Eier werden mit besonderen Lehm umhüllt und unter Luftabschluss enzymatisch gereift. Die Eier erhalten dadurch ein blaues bis grünes gelatiniertes Inneres.

Nährwert
Eierspeisen lassen sich wegen des **neutralen Geschmacks** vielfältig in unterschiedlichen Variationen und Geschmacksrichtungen herstellen. Damit ermöglichen sie eine abwechslungsreiche Kostgestaltung. Eierspeisen stellen ein ernährungsphysiologisch wertvolles Nahrungsmittel dar, da sie **biologisch hochwertiges Eiweiß** liefern. Bei entsprechender Zubereitung lässt sich eine leicht verdauliche Kost anbieten. Allerdings sollte wegen des Gehalts an Cholesterin der Eierverbrauch eingeschränkt werden. Die Gefahr der Salmonellenverbreitung beim Verwenden von Frischeiern ist groß, daher wird auch in der Gastronomie vorwiegend pasteurisiertes Ei verwendet.

Vorspeisen	Zwischengerichte	Gerichte	Nachspeisen
kalt warm	Imbissspeisen Snacks	Frühstück Mittagessen Abendessen	Cremes Gebäck Eis

Eier bilden des Weiteren einen bestimmenden Bestandteil von Saucen, Suppen, Beilagen, Garnituren und Garnierungen.

10.2 Herstellung

préparation des mets aux œufs
preparation of egg dishes

Verwendet werden allgemein Hühnereier der Güteklasse A (frisch) und der Gewichtsklasse M.

Portionsmengen

Vorspeise	1 Stück	Gericht	2–3 Stück

Ovo-vegetarische Speise: Blattsalate, marinierte Pilze, Wachtelsetzei

Eier im Glas *œufs en verre* *eggs in a glass*

Eier im Glas werden auch als Frühstückseier bezeichnet.

- Eier je nach Größe etwa 4 min in siedendem Wasser kochen, kurz abschrecken, halbieren und Ei mit Löffel in ein Becherglas füllen.
- Variante: unter Wasser vorsichtig schälen, ganz in gebuttertem Glas servieren.
- Garzeit kann auch auf 3 min verkürzt werden; dann muss nur das dünnflüssige Eiklar gestockt sein. Je Portion 2 Eier in vorgewärmtem Becherglas servieren.

Das Würzen übernimmt der Gast selbst. Frühstückseier werden mit frischer Butter separat oder mit Buttermischung serviert. Geeignet sind auch kalte Würzsaucen.

1 Ermitteln Sie den Energiegehalt eines Hühnereis (→ 435).

Gekochte Eier

œufs à la coque
soft-cooked eggs, soft-boiled eggs

Herstellung von gekochten Eiern	
■ **Frische, unbeschädigte Eier aussuchen**	Schadhafte Eier würden während des Kochens auslaufen
■ **Gekühlte Eier auf Zimmertemperatur oder im Wasser leicht erwärmen** **Evtl. Spritzer Essig ins Wasser geben**	Durch unterschiedliche Ausdehnung beim Kochen besteht die Gefahr, dass die Kalkschale platzt, deshalb das stumpfe Ei-Ende einstechen
■ **Eier in siedendes Wasser legen, für größere Mengen Drahtkorb verwenden. Eier müssen mit Wasser bedeckt sein**	Gleichmäßiges Garen des gesamten Eies. Kochzeit ist abhängig von der Eigröße und der gewünschten Konsistenz
■ **Kochzeit vom Wiederaufwallen des Kochwassers an genau einhalten**	Beim Übergaren bilden sich blaue Ränder („Matrosen"): Die Farbe entsteht besonders bei älteren Eiern als Schwefelwasserstoffverbindung
■ **Nach dem Kochen Eier mit kaltem Wasser abschrecken**	Das Ei trennt sich von der Eihaut durch unterschiedliches Zusammenziehen; dadurch leichteres Schälen, außerdem wird Nachgaren verhindert
■ **Eier möglichst in der Schale oder geschälte Eier in kaltem Salzwasser lagern**	Eier verformen sich nicht

Neuerdings werden im Handel ***Räuchereier*** *angeboten. Die hart gekochten, geschälten Eier zeichnen sich durch das typische Räucheraroma aus. Sie können in der kalten Küche verwendet werden.*

Die Kochzeiten sind abhängig von der gewünschten Konsistenz.

Weiche Eier
Kochzeit 4–5 min

œufs à la coque
soft-cooked eggs, soft-boiled eggs

Wachsweiche Eier
Kochzeit 5–8 min

œufs mollets
medium-cooked eggs, medium-boiled eggs

Hart gekochte Eier
Kochzeit 8–10 min

œufs durs
hard-cooked eggs, hard-boiled eggs

Gekochte Eier in der Schale werden vorrangig zum Frühstück serviert, geschält können sie auf Toast oder Blätterteig angerichtet werden. Des Weiteren werden sie für die kalte Küche, insbesondere für Salate und zum Garnieren (➔ 285) verwendet.

Rückstellproben *(Auszug aus der Hühnereier-Verordnung vom 5. Juli 1994, § 4): In Gaststätten und Einrichtungen zur Gemeinschaftsverpflegung sind von allen Lebensmitteln, die unter Verwendung von rohen Bestandteilen der Hühnereier hergestellt und anschließend nicht einem Erhitzungsverfahren nach § 2 Abs. 2 unterzogen worden sind, und die eine Menge von 30 Portionen übersteigen, Rückstellproben bei einer Temperatur von max. +4 °C für den Zeitraum von 96 Stunden vom Zeitpunkt der Abgabe an den Verbraucher an aufzubewahren. Die Proben sind mit dem Datum und der Stunde des Herstellungszeitpunktes zu kennzeichnen und der zuständigen Behörde auf Verlangen auszuhändigen.*

Wachsweiche Eier Mailänder Art

milanaise *Milanese style*

- Wachsweiche Eier anrichten auf mit Tomatenfleischwürfeln vermischten Makkaroni.
- Überziehen mit Käsesauce (➔ 115), gratinieren.

Ein jugendlicher Gast hat einen täglichen Eiweißbedarf von 60 g. Wie viel % des Tagesbedarfs wird durch ein Frühstücksei (Gew.-Kl. M) gedeckt?

Ei in siedendes Wasser geben

Mit Kochlöffeln Eiklar zusammenhalten

Mit Schaumkelle entnehmen

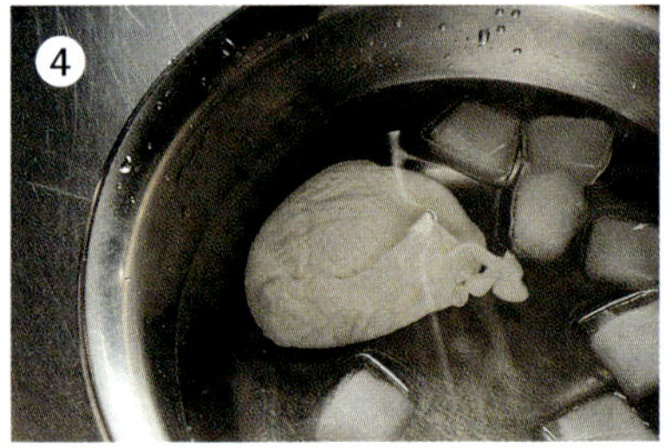

Ei in Eiswasser abschrecken

Ei parieren

Pochierte Eierspeisen

mets d'œufs pochés
poached egg dishes

Pochierte Eier, auch als verlorene Eier bezeichnet, werden ohne Schale zubereitet. Sie sind auf Grund der kürzeren Garzeit besser verdaulich als hart gekochte Eierspeisen. Das Eigelb soll beim Servieren noch weich sein.

Herstellung von pochierten Eiern	
■ **Eier einzeln in kleine Gefäße (Schälchen) aufschlagen**	Weniger frische Eier können ausgesondert werden
■ **Mit Essig angesäuertes Wasser zum Sieden bringen und das Ei mit Kelle oder Gefäß hineingeben ①**	Der Essig begünstigt das Gerinnen des Eiklars. Ei darf nicht zerlaufen, das Eiklar soll das Eigelb umschließen
■ **Ei etwa 5 min pochieren, dabei evtl. mit Kochlöffeln Eiklar zusammen halten ②**	Wasserbewegung würde Eiklar vom Eigelb wegdrücken. Eigelb darf nicht fest werden
■ **Mit einer Schaumkelle Ei aus dem Wasser nehmen ③ und in kaltem Wasser kurz abschrecken ④**	Ei gut abtropfen lassen. Das Nachgaren des Eigelbs soll verhindert werden
■ **Ei parieren ⑤ und in gesalzenes warmes Wasser geben (nicht über 50 °C)**	Verbesserung des Aussehens durch Entfernen abstehender Eiteile. Warmhalten, nicht nachgaren lassen
■ **Vor dem Anrichten auf Küchenkrepp abtropfen lassen**	Flüssigkeitsabsatz auf dem Serviergeschirr ist zu vermeiden

Pochierte Eier werden gern auf Toast, Törtchen (tartelettes) oder auf Gemüsesockel (Tomaten, Artischocken, Spinat) angerichtet, danach mit verschiedenen Saucen nappiert oder überbacken. Geeignet sind holländische Sauce und ihre Ableitungen, Geflügelrahmsauce oder Tomatensauce. Pochierte Eierspeisen werden auch zusammen mit Pilzen, Ragouts und Gemüse angeboten.

Pochierte Eier Bearner Art

œufs pochés béarnaise
poached eggs Bearnese style

20		Frischeier
10	Scheiben	Toastbrot
0,5	l	Bearner Sauce (➔ 116)
		Kopfsalat, Tomatenecken, Kresse

- Toastscheiben mit Kopfsalatblättern belegen, die pochierten Eier darauf geben.
- Mit Bearner Sauce nappieren. Mit Tomatenecke und Kressesträußchen garnieren.

Pochierte Eier Gräfinart

œufs pochés comtesse
poached eggs countess style

20		Frischeier
20		Artischockenböden
0,02	kg	Butter
0,8	l	Geflügelrahmsauce (➔ 113)
20	Scheiben	Trüffel, hauchdünn
0,5	kg	grüner Spargel

Herstellung

Eier Saxonia

- Pochierte Eier auf in Butter geschwenkte Artischockenböden legen.
- Mit Geflügelrahmsauce nappieren.
- Mit gehobelten Trüffelscheibchen dekorieren, mit Bukett von grünem Spargel anrichten.

Pochierte Eier Malakow

œufs pochés Malakov
poached eggs Malakov

- Toast mit Kaviar bestreichen, pochiertes Ei darauf setzen.
- Mit Béchamel-Sauce, vermischt mit Meerrettich, nappieren.

Pochierte Eier Saxonia

œufs pochés Saxonia
poached eggs Saxonia

20		Frischeier
0,3	kg	küchenfertig gegarte Krebsschwänze
0,5	kg	gegarte Spargelstücke
0,1	kg	Butter
0,5	l	holländische Sauce (➔ 116)
20	Scheiben	Toastbrot
0,02	kg	frische Küchenkräuter
		Salz, weißer Pfeffer

- Krebsschwänze und abgetropfte Spargelstücke in Butter schwenken und würzen.
- Holländische Sauce mit gehackten Küchenkräutern verrühren.
- Toastbrot goldgelb toasten.
- Krebs-Spargel-Mischung auf Toastscheiben verteilen.
- Pochierte Eier darauf legen, mit der Kräuter-Hollandaise überziehen, mit Dillzweig und Krebsnase garnieren.

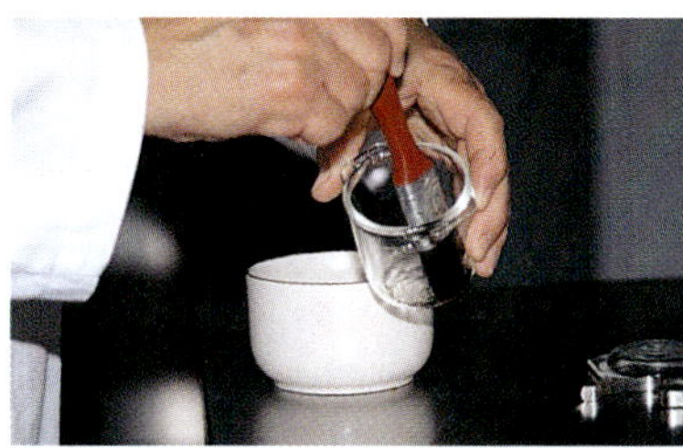

Mit Butter einfetten

Eier im Näpfchen

œufs en cocotte *eggs in cocotte*

Eier werden in kleinen gebutterten Näpfchen (als Kokotten *[cocottes]* bezeichnet) im Wasserbad indirekt pochiert und in dieser Form serviert. Durch Abdecken kann die Garzeit verkürzt werden. Das Eigelb soll nach der Fertigstellung noch weich sein. Eier im Näpfchen eignen sich als warme Vorspeisen und können auch unter Verwendung von Ragouts, Salpikons, Gänseleber, Gemüse- oder Pilzmus, Kochschinken- oder Käsewürfelchen hergestellt werden.

Zuerst Tomatenwürfelchen, dann Ei hineingeben

Herstellung von Eiern im Näpfchen	
Förmchen erhitzen, mit Butter auspinseln	Es soll möglichst wenig haften bleiben
Heiße Beigaben einfüllen	Geschmacksbildung durch Einlagen
Frischeier darauf geben	Umschließen der eingelegten Zutaten
Mit Butterstückchen belegen. Förmchen abdecken. In siedendes Wasserbad stellen	Verhindert Hautbildung. Gleichmäßiges Stocken bei relativ niedriger Hitze. Zum indirekten Pochieren kommen die Förmchen in halber Höhe ins Wasserbad
Wasserbad in vorgeheizte Röhre oder Konvektomaten stellen	Garen etwa 5 min bei 180 °C. Eiklar soll völlig stocken, das Eigelb jedoch noch weich sein

Im Wasserbad pochieren

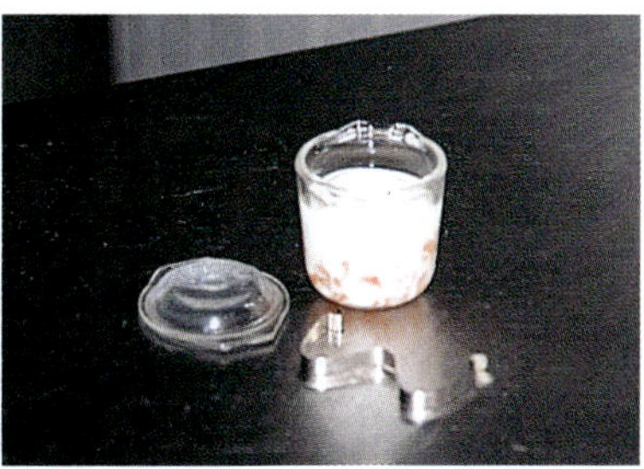

Fertige Eier im Näpfchen

Was versteht man unter einem Salpikon?
Ein Salpikon (salpicon) ist eine Mischung (ähnlich einem Ragout) aus kleinwürfelig geschnittenen Rohstoffen (vorzugsweise Fleisch), meist gebunden mit einer Sauce.

Eier im Näpfchen Florentiner Art
œufs en cocotte florentine
eggs in cocotte Florentine style

10		Frischeier
0,5	kg	blanchierter Blattspinat
0,1	kg	Butter
0,1	kg	Reibkäse

- Kokotte buttern, grob gehackten Spinat einfüllen.
- Ei darauf geben, im Wasserbad pochieren, Reibkäse darüber verteilen.

Eier im Näpfchen mit Gänseleber
œufs en cocotte au foie gras
eggs in cocotte with goose liver

10		Frischeier
0,5	kg	Gänseleber
0,1	l	Sonnenblumenöl
0,1	kg	Butter
0,5	kg	Spargelköpfe

- Gänseleberstücke in wenig heißem Öl von allen Seiten anbraten.
- Mit Salz und weißem Pfeffer würzen, danach vermischt mit gegarten Spargelköpfen in die gebutterte Kokotte einfüllen. Ei darauf geben und im Wasserbad pochieren.

Eier im Näpfchen mit Schinken
œufs en cocotte au jambon
eggs in cocotte with ham

10		Frischeier
0,1	kg	Butter
0,4	kg	Kochschinkenwürfel

- Kokotte buttern, Schinkenwürfel einlegen und Ei darauf geben.
- Form in Wasserbad stellen, 15 min zugedeckt im Wasserbad pochieren.

Kochschinkenstreifen

Tomatenwürfelchen

Champignonscheiben

Gänseleberwürfel

Räucherlachsstreifen

Eier im Näpfchen mit Spargelköpfen
œufs en cocotte aux pointes d'asperges
eggs in cocotte with asparagus tips

10		Frischeier
0,1	kg	Butter
0,5	kg	Spargelköpfe
0,05	kg	gehackte Tomaten *(tomates concassées)*
		gehackte Kräuter, Salz, weißer Pfeffer

- Kokotte buttern, gegarte Spargelköpfe mit gehackten Tomaten und gehackten Kräutern vermengen und in die Kokotte einfüllen.
- Ei darauf geben und im Wasserbad pochieren.

Setzeier und Spiegeleier

œufs sur le plat *fried eggs*

Frische Eier werden in der Pfanne gestockt. Das Eigelb soll noch nicht fest sein. Wird das Ei noch kurze Zeit der Oberhitze ausgesetzt, dann entsteht ein mattschimmernder Überzug, der den Namen **Spiegelei** rechtfertigt, heute aber kaum gewünscht ist. Setz- und Spiegeleier lassen sich mit Speck, Schinken, Meeresfrüchten (Krabben, Krebse, Hummer), Spargel, Pilzen, Käse, Kräutern, auch mit Sardellen komplettieren.

Herstellung von Setzeiern	
Emulsionsfett in einer Eierpfanne erhitzen	Emulsionsfett (Butter, auch Margarine) verfeinert Geschmack; niedriger Siedepunkt des Emulsionsfettes gewährleistet Stocken der Eierspeise bei mäßigen Temperaturen in etwa 4 min
Eier einzeln einschlagen	Frische kann nochmals überprüft werden
Eiklarfläche salzen	Gleichmäßiger Salzgeschmack; Salz würde auf dem Eigelb weiße Punkte verursachen
Eierspeisen auf Porzellan anrichten Chromstahlbesteck verwenden!	Silber verfärbt sich durch den im Eiweiß enthaltenen Schwefel

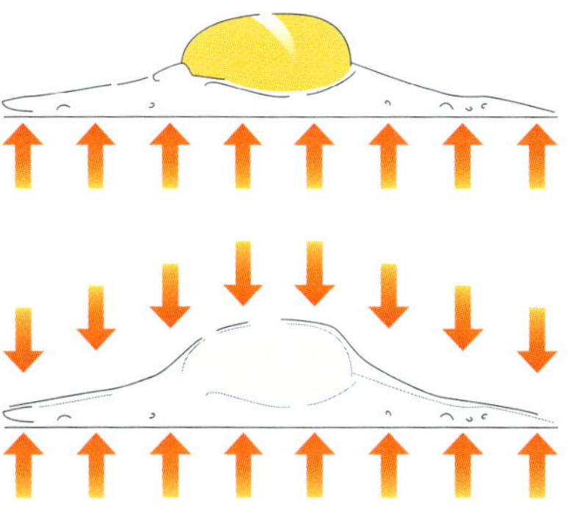

Unterschied zwischen Setz- und Spiegelei.

Setzeier und Spiegeleier können nach den gleichen Rezepturen analog hergestellt werden.

Setzeier amerikanische Art

œufs sur le plat américaine
fried eggs American style

- Schinkenspeck in der Butter beidseitig anbraten.
- Eier darauf geben und stocken lassen.
- Eier auf vorgewärmte Porzellanteller anrichten und mit Tomatensauce umkränzen, bzw. mit Grilltomate garnieren.

Setzeier Jägerart

œufs sur le plat chasseur
fried eggs hunter's style

20		Frischeier
0,8	kg	Geflügelleber
0,2	kg	Butter
0,8	kg	Champignons, ganze
0,5	l	Madeira-Sauce
		Salz, weißer Pfeffer

- Geflügelleber und Champignons getrennt in Butter sautieren.
- Setzeier wie beschrieben zubereiten und auf vorgewärmte Porzellanplatte anrichten.
- Mit sautierter Geflügelleber und Champignons garnieren und mit Madeira-Sauce umkränzen.

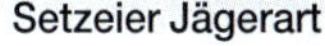

Setzeier Jägerart

Setzeier mit Sardellen

œufs sur le plat aux anchois
fried eggs with anchovies

- Setzeier wie beschrieben zubereiten und anrichten.
- Mit Sardellenfilets gitterförmig belegen.
- Mit einem Strich Tomaten-Ketchup garnieren.

Rührei herstellen

Rühreier

œufs brouillés — scrambled eggs

Rühreier zählen zu den leicht verdaulichen Eierspeisen und werden deshalb auch für die leichte Vollkost verwendet. Eigelb und Eiklar sollen im Rührei vollkommen vermischt sein. Sie werden bei geringer Hitze hergestellt und sollen eine weiche, saftige, lockere Konsistenz aufweisen. Als ergänzende Zutaten eignen sich sautiertes oder gedünstetes Gemüse, Schinken, aber auch Kalbfleisch oder Meeresfrüchte. Angeboten werden Rühreier als Einzelportionen auf Tellern oder auf Vorrat warm gehalten auf Frühstücksbüfetts (➔ 380 f).

Portionsmenge 2–3 Eier

Herstellung von Rühreiern	
Eier stets einzeln aufschlagen	Frische kann nochmals überprüft werden
Salz zugeben und gut mit einem Schneebesen rühren, evtl. Sahne zugeben	Eigelb und Eiklar müssen zusammen mit dem Salz vollkommen vermischt sein, gegebenenfalls passieren
In ausgebutterte heiße Pfanne geben und Eimasse stocken lassen	Langsames Gerinnen bei mäßiger Hitze ist ausschlaggebend für die richtige Konsistenz
Gerinnendes Ei ständig vom Pfannenboden wegrühren	Anhängende Eimasse wird trocken und könnte Farbe annehmen
Fertige Rühreier umgehend auf vorgewärmte Platte geben	Rührei ist nur mäßig heiß und darf nicht weiter abkühlen

Rühreier Admiralsart

œufs brouillés amiral
scrambled eggs admiral's style

20 Frischeier
0,3 kg Hummerfleisch
0,2 kg Butter
0,5 kg Hummersauce
Salz, weißer Pfeffer

- Hummerfleischwürfel in Butter dünsten, salzen und mit weißem Pfeffer würzen, geschlagenes Ei dazugeben.
- Unter ständigem Rühren locker stocken lassen.
- Auf Porzellanplatten anrichten und mit Hummersauce umkränzen.

Rühreier mit Krabben

œufs brouillés aux crabes
scrambled eggs with crabs

20 Frischeier
0,25 kg Krabben
0,2 kg Butter
0,1 kg Zwiebeln
Salz, weißer Pfeffer

- Krabben in zerlassener Butter dünsten, würzen.
- Geschlagenes Ei dazugeben. Unter ständigem Rühren locker stocken lassen.

Rühreier mit Schinken

œufs brouillés au jambon
scrambled eggs with ham

20 Frischeier
0,8 kg Kochschinken
0,2 kg Butter
Salz

- Kochschinken würfeln und in Butter kurz anbraten.
- Das geschlagene und gewürzte Ei dazugeben.
- Unter ständigem Rühren locker stocken lassen.

Rührei auf Vorrat

Mitunter ist es erforderlich, Rührei auf Vorrat herzustellen. Dann kann durch Zugabe von Sahne oder Milch die cremige Konsistenz länger erhalten werden.

Kalkulation Rühreier mit Schinken

1 *Berechnen Sie den Materialpreis für 4 Portionen bei folgenden Einkaufspreisen:*

Frischeier	*0,14 €/Stück*
Kochschinken	*10,74 €/kg*
Butter	*4,17 €/kg*
Würzmittel/ Garnierung	*2,50 €/10 Port.*

2 *Ermitteln Sie den Inklusivpreis, wenn mit dem Kalkulationsfaktor 3,5 gerechnet wird.*

Omeletts

omelettes *omelet(te)s*

Omeletts zeichnen sich durch eine länglich-ovale Form mit glatter Oberfläche aus. Das Innere soll eine saftig-weiche Konsistenz aufweisen. Außen darf keine Bräunung entstehen. Zur Komplettierung der Omeletts eignen sich Gemüse, Pilze, Schinkenspeck, Ragouts, Käse usw. Omeletts können auch als warme Süßspeisen (➔ 314) hergestellt werden.

Portionsmengen: 3 Eier, 15 g Butter, Salz

Herstellung von Omeletts	
■ **Je 3 Eier aufschlagen und salzen, evtl. etwas Sahne oder Milch zugeben**	Eier müssen vollkommen aufgeschlagen und mäßig gewürzt sein
■ **Butter in einer Pfanne bis zum Aufschäumen erhitzen**	Butter darf weder Farbe annehmen noch verbrennen
■ **Eimasse hineingeben, mit der Gabel bis zur Bindung rühren; dabei Pfanne bewegen, schräg halten und vom Herd zurückziehen**	Eimasse soll gleichmäßig stocken und dabei innen cremig bleiben. Stockende Eimasse soll in den unteren Pfannenteil gleiten
■ **Mit der Gabel hintere Seite nach vorn überschlagen, Pfanne leicht anheben, auf Pfannenstiel schlagen**	Omelett kommt ganz nach vorn, rollt von außen nach innen zusammen und schließt sich zur ovalen Form
■ **Omelett auf gebutterte Porzellanplatte, evtl. auch auf Teller abrollen**	Erwärmte und gefettete Porzellanplatte ermöglicht gute Anordnung und verhindert Abkühlen
■ **Mit Butter überstreichen**	Glanz vervollkommnet das Aussehen

Arten der Omelettzugaben

- Beilagen neben dem Omelett anordnen.
- Beilagen in das fertige Omelett füllen.
- Ergänzende Rohstoffe eventuell vorher dünsten und in die rohe Eimasse geben.

Omelett nature

Die richtige Pfanne

Omelettpfannen zeichnen sich durch einen vom Boden her gerundeten, relativ steileren und höheren Rand aus. Sie werden ausschließlich für die Omelettherstellung verwendet. Anhängende Reste würden die Omelettbildung beeinträchtigen und könnten zu Fremdgeschmack führen. Bei Teflonpfannen ergeben sich keine Probleme.

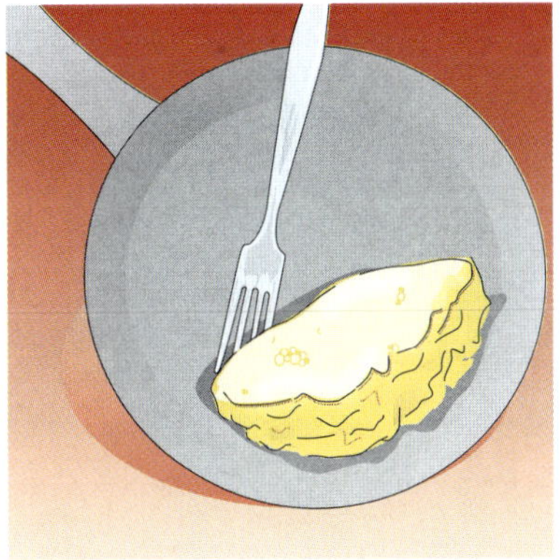

Omeletts herstellen

Bauernfrühstück

Omelett Bauernart (Bauernfrühstück)

omelette paysanne
omelet farmer's style

20		Frischeier
0,5	kg	Bauchspeckwürfel
0,3	kg	Zwiebeln
1	kg	gekochte Kartoffeln
0,1	kg	Butter
		Salz, weißer Pfeffer, regional Kümmel

- Speckwürfel sautieren, die in Würfel geschnittenen Zwiebeln hinzugeben, goldgelb fertig garen. In Butter angebratene Kartoffelscheiben zugeben.
- Die Eimasse angießen und stocken lassen.
- Omelett einschlagen und auf einer Porzellanplatte anrichten. Qualitätsmerkmal ist, im Unterschied zu den anderen herkömmlichen Omeletts, eine kräftige Farbgebung.

Omelett Opernart

omelette opéra
omelet opera (style)

- Gebratene Geflügelleber und grüne Spargelspitzen in das Omelett (➔ 83) füllen.
- Mit Madeira-Sauce (➔ 117) umgießen.

Omelett mit Würzfleisch

omelette au ragoût fin
omelet with fine stew

- Omelett (➔ 83) zubereiten und auf eine Platte stürzen.
- Mitte aufschneiden und beide Teile etwas nach außen drücken.
- Den entstandenen Hohlraum mit Würzfleisch füllen.
- Mit holländischer Sauce (➔ 116) überziehen, Zitronenecke separat.

1 Der Materialpreis für Omeletts mit Würzfleisch beträgt 1,75 €, der Inklusivpreis wurde mit 6,30 € festgesetzt. Ermitteln Sie den Kalkulationsfaktor.

Eierpfannkuchen

pannequets *pancakes*

Eierpfannkuchen sollen eine goldgelbe Farbe haben und von lockerer Konsistenz sein. Sie sind nach der Fertigstellung umgehend zu servieren.
Crêpes sind kleine dünne Eierpfannkuchen, die keine Farbe nehmen dürfen. Als **Célestine** bezeichnet man eine Suppeneinlage (➔ 139), die aus Streifen von dünnen Eierpfannkuchen besteht. Eierpfannkuchen können auch unter Verwendung von Schinkenspeckwürfeln, Reibkäse, Spargelstücken, Kräutern oder gehackten Tomaten *(tomates concassées)* hergestellt werden. Zusammen mit Früchten lassen sich zudem süße Speisen (➔ 316) herstellen.

Herstellung von Eierpfannkuchen	
Milch und **Weizenmehl** gut verrühren, **Eier** hinzufügen, zu glatter Masse schlagen, mit **Salz** würzen	Glatte Masse herstellen, evtl. zur Lockerung noch Eiklarschnee hinzufügen
Eierkuchenmasse in Pfanne mit heißer **Butter** gießen	Farbe nehmen lassen
Umdrehen und fertig backen	Eierpfannkuchen müssen locker sein und gleichmäßig fertig garen

1 Beschreiben Sie den ernährungsphysiologischen Wert von Eierspeisen. Berücksichtigen Sie dabei die Garzeit.
2 Trotz des ernährungsphysiologischen Wertes soll der Verzehr von Eierspeisen begrenzt werden. Begründen Sie diese Forderung.
3 Nennen und erläutern Sie die küchentechnischen Eigenschaften der Eier.
4 Begründen Sie, weshalb es falsch ist, von gebratenen Eierspeisen zu sprechen.
5 Erläutern Sie den Unterschied zwischen Spiegeleiern und Setzeiern.
6 Beschreiben Sie die fachgerechte Herstellung eines Omeletts.
7 Wie kann der Salmonellengefahr beim Eierverzehr begegnet werden?

Eierpfannkuchen mit Käse

pannequets au fromage
cheese pancakes

- Eierpfannkuchen-Masse mit Reibkäse und gehackter Petersilie vermengen.
- Kleine Eierpfannkuchen mit Tomatensauce anrichten.

Eier frittieren

Frittierte Eier *œufs frits* *deep-fried eggs*

Frittierte Eier eignen sich als Vorspeise. Sie werden auf Toast oder Reissockel mit Paprika- oder Tomatensauce (➔ 119) unverzüglich angerichtet.

Herstellung von frittierten Eiern	
■ **Etwa 0,25 l Frittierfett auf 180 °C erhitzen**	Kleine Stielpfanne oder kleinen Frittiertopf verwenden, Eier müssen schwimmen
■ **Eier einzeln aufschlagen** ①	Geeignet sind nur beste Frischeier
■ **Eiklar mit Kochlöffel um Eigelb schlagen** ②	Dadurch wird ein gutes Aussehen erreicht: Entstehende Blasen des Eiklars werden an das Eigelb gedrückt
■ **2–3 min frittieren**	Eigelb muss innen noch weich sein
■ **Auf saugfähige Unterlage legen, leicht salzen, sofort anrichten** ③	Fett soll gut abtropfen. Ei warm halten

Qualitätsmerkmal: Bei frittierten Eiern muss das Eigelb weich bleiben. Das Eiklar erhält eine goldbraune Farbe.

Frittierte Eier englische Art

œufs frits anglaise
deep-fried eggs English style

20 Frischeier
0,8 kg Schinken
10 Röstbrotsockel (Toastbrot)
Salz, Pfeffer

- Eier wie beschrieben frittieren, auf Küchenkrepp abtropfen lassen.
- Schinken beidseitig anbraten und auf Röstbrotsockel verteilen.
- Eier auf Schinken legen, mit Pfeffer würzen, Ketchup separat.

Frittierte Eier mexikanische Art

œufs frits mexicaine
deep-fried eggs Mexican style

- Eier wie beschrieben frittieren, auf Küchenkrepp abtropfen lassen.
- Reis, mit gehackten Tomaten (tomates concassées) vermischen und mit Knoblauch würzen. Eier auf den Reis anrichten.

Frittierte Eier auf Toast mit Choron-Sauce

Frittierte Eier spanische Art

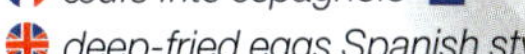

œufs frits espagnole
deep-fried eggs Spanish style

- Eier wie beschrieben frittieren, auf Küchenkrepp abtropfen lassen.
- Auf halbe gedünstete Tomaten anrichten, mit frittierten Zwiebelringen garnieren, Tomatensauce separat.

Frittiertes Ei

10.3 Convenience-Erzeugnisse

Pasteurisiertes Vollei

Durch die Verwendung von pasteurisierten Ei-Halbfertigerzeugnissen kann die Keimvermehrung, insbesondere die der Salmonellen reduziert werden. Pasteurisiertes Vollei eignet sich für die Herstellung von Rührei, Omeletts, insbesondere für Süßspeisen, wie Eiscreme, Eis-Parfait usw.

Eierkuchenmehl

Durch die Zugabe von Milch können aus Eierkuchenmehl die verschiedensten Eierpfannkuchen hergestellt werden.

11 Fischspeisen

 *poissons*  *fish*

Fischspeisen bilden als vollwertige eiweißreiche und gut verdauliche Kost einen wichtigen Bestandteil in der Ernährung. Innerhalb der Speisefolgen sind sie vielseitig einzusetzen.

Vorspeisen	Suppen	Zwischengerichte	Hauptgerichte	Kalte Speisen

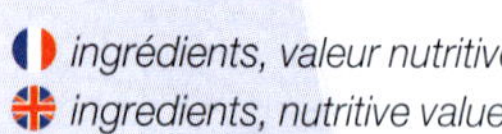

ingrédients, valeur nutritive
ingredients, nutritive value

11.1 Zutaten, Nährwert

Zutaten

Fisch als Zutat lässt sich nach unterschiedlichen Gesichtspunkten einteilen:

Plattfisch

Rundfisch

Fischaufbau

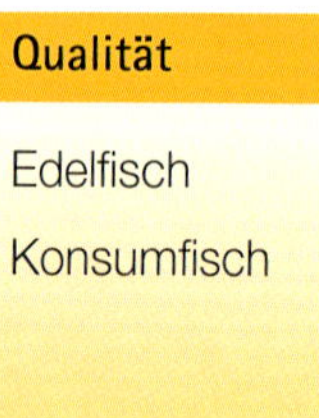

Qualität	Fettgehalt	Körperform	Herkunft
Edelfisch Konsumfisch	Magerfisch Fettfisch (Nährwerttabelle ➔ 435)	Rundfisch Plattfisch	Süßwasserfisch Salzwasserfisch

Handelsformen

Lebendfisch	Frischfisch	Tiefgefrierfisch	Fischdauerwaren

Lebendfisch

Karpfen, Forellen, Schleien, Aale, Hechte und Welse werden oft als Lebendfische bezogen. Bei der Lagerung von Lebendfisch sind Mindestbedingungen hinsichtlich Bassingröße, Temperatur (9–12 °C), Frischwasser- und Sauerstoffzufuhr einzuhalten. Als Mindestgröße für ein Schaubecken sind beispielsweise 250 l Wasser zu rechnen. Diese Beckengröße kann mehr als 12 kg Forellen aufnehmen. Durch einen Luftinjektor werden sehr sparsam ständig Luft und Frischwasser zugeführt. Ein Überlaufschutz ist ebenfalls erforderlich. Bei Haltung von Forellen in gechlortem Wasser muss außerdem ein spezieller Filter eingebaut werden. Füttern von Karpfen und Forellen kann unterbleiben, da Fische während der Haltung keine Nahrung aufnehmen. Zu unruhige Fische lassen sich durch Abkühlen des Bassinwassers beruhigen.

Trockeneis: *Darunter ist CO_2-Schnee zu verstehen, der eine Temperatur von – 80 °C hat. Bei Wärmeentzug aus dem Kühlgut vergast (sublimiert) die feste Substanz in ein CO_2-Gas. Der flüssige Aggregatzustand wird, zum Vorteil für das Lagergut, übersprungen. CO_2-Gas ist als Stoffwechselprodukt bei der Atmung bekannt, also völlig unschädlich. Allerdings darf der CO_2-Schnee nicht längere Zeit mit bloßen Fingern berührt werden, sonst kommt es zu Unterkühlungen, die Verbrennungen ähneln. Außerdem besteht die Gefahr der Sauerstoffverdrängung, was eine einschläfernde Wirkung hat.*

Frischfisch

Frischfisch wird im Restaurant nur kurze Zeit gelagert. Oft werden Seefische in Kisten mit Roheis angeliefert. Gegebenenfalls müssen die Fische kalt abgewaschen und mit frischem Roheis umgeben werden. Die Qualität bleibt erhalten, wenn sie zwischen Folien oder vakuumiert auf Eis gelagert werden.

Tiefgefrierfisch

Geschlachtete Fische und Fischfilets werden tiefgefroren geliefert (Convenience-Erzeugnisse ➔ 103). Bei der Anlieferung gilt es, die ordnungsgemäße Verpackung zu überprüfen und die Gefrierlagerkette einzuhalten.

Einkaufshinweise

Beim Einkauf auf **Frischemerkmale** bei Frischfisch achten:

1. Augen prall und glänzend
2. Kiemen hellrot leuchtend bei Süßwasserfischen, gräulich rot bei Salzwasserfischen und fest anliegend
3. Schleimhaut nicht schmierig
4. Fischfleisch elastisch
5. Geruch frisch, nicht „fischig“

Lagerung

Auf Grund seiner Zusammensetzung, insbesondere seines Eiweißgehaltes ist Fisch bei unsachgemäßer Lagerung oder bei Unterbrechung der Kühl- oder Gefrierlagerkette leicht verderblich. Durch Eiweißzersetzung können Giftstoffe entstehen. Auf sachgemäße Lagerung ist deshalb streng zu achten. Die Lagerung hat getrennt von anderen Lebensmitteln und entsprechend der Handelsform zu erfolgen.

> Die **Qualität** der Fischspeisen hängt neben der fachgerechten Zubereitung in entscheidendem Maße von der Frische und der richtigen Lagerung der Fische ab.

Prüfen von Kiemenfarbe und Elastizität

Klare Augen

Hellrot leuchtende Kiemen

Frischemerkmale bei Fisch

Nährwert

Der ernährungsphysiologische Wert der Fischspeisen ist im Gehalt an **hochwertigen, gut verwertbaren Eiweißstoffen, Vitamin D** und beachtlichen Mengen an Mineralstoffen – insbesondere Iod im Seefisch – begründet. Fischfleisch ist hell, da wenig Myoglobin (Muskelfarbstoff) im Fischfleisch enthalten ist. Damit bietet es gute Möglichkeiten für die farbliche Gestaltung der Fischspeisen. Nach dem Nährstoffgehalt sind **Fett- und Magerfische** zu unterscheiden. Magerfische gewinnen für die fettarme Kost zunehmend an Bedeutung. Fischfett enthält essentielle Fettsäuren. Hervorzuheben sind bestimmte in der Tiefsee lebende Fischarten (Sardine, Hering, Makrele, Lachs), deren Fett mehrfach ungesättigte Fettsäuren (Omega-3-, Omega-6-Fettsäuren) enthält, die der Arteriosklerose entgegenwirken.

Bei der Verarbeitung muss beachtet werden, dass Fisch im Unterschied zum Schlachtfleisch **wenig Bindegewebe** und dadurch eine lockere Zellstruktur hat. Deshalb kann Fisch bei entsprechender Zubereitung auch für leichte Vollkost und Diätspeisen verwendet werden.

11.2 Vorbereitung

 *préparation*  *preparation*

Vorbereitung von Rundfischen

Lebend- und Frischfische sind arbeitsintensive Rohstoffe, die eine Menge Vorbereitungsverfahren notwendig machen. Convenience-Erzeugnisse haben den Vorteil, dass Vorbereitungsarbeiten im Wesentlichen entfallen.

Für die Lagerung von Frischfisch sind Höchsttemperaturen von 2 °C vorgeschrieben (→ Grundstufe), während bei Frischfleisch bis 7 °C erlaubt sind. Beurteilen Sie diese Unterschiede.

Vorbereitungsverfahren

Schlachten	Schuppen	Abziehen	Bridieren	Flossen beschneiden
Ausnehmen	Ziselieren	Filetieren	Teilen	Portionieren
Füllen	Marinieren			

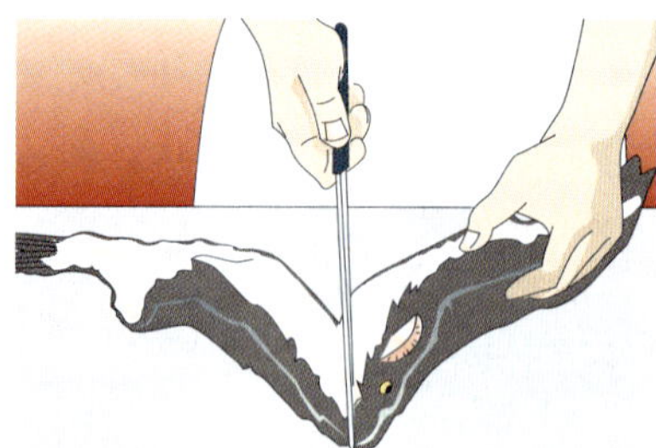

Betäuben von Karpfen und Schlachten von Rundfischen

Schlachten

Gäste bevorzugen meist fangfrische Ware, so dass Gastronomen dieser Forderung durch Haltung von Lebendfisch nachkommen. Das Schlachten lebender Fische muss deshalb vom Koch fachgerecht durchgeführt werden. Zum Schlachten gehören Betäuben, Töten und Ausnehmen. Heute wird das Betäuben durch sogenannte Tötungsbecken erleichtert, wo der Lebendfisch durch Elektroschock betäubt wird.

Schlachten von Rundfischen	
■ **Fische mit Käscher zum Abwiegen dem Becken entnehmen**	Fisch kann ohne Verletzungsgefahr und Aufregung einfach entnommen werden
■ **Fische in Kunststoffbeutel schlüpfen lassen und wiegen**	Eine tiefe Waagschale ist wegen der Fischbewegungen erforderlich
■ **Die Fische im Beutel mit Gummihammer oder Messerrücken durch einen Schlag auf den Kopf betäuben oder ins Tötungsbecken geben** **Stechen mit spitzem Messer (→ Bild)**	Beim Betäuben wird nach Meinung von Sachverständigen in den meisten Fällen das Gehirn so verletzt, dass der Tod sofort eintritt Muskelbewegungen nach dem Töten sind rein reflektorisch und treten mitunter auch bei bereits zerlegten Fischteilen auf
■ **Fische auf der Bauchseite mit dem Messer, kleinere Fische mit spitzer Schere vom After zum Kopf aufschneiden**	Galle darf nicht verletzt werden, falls doch, sofort unter fließendem Wasser gründlich ausspülen
■ **Vorsichtig ausnehmen**	Gegebenenfalls Rogen, Milch und Kiemen entfernen, Blutreste mit kaltem Wasser abspülen

Die verbreitete Bezeichnung Blaukochen ist nicht korrekt, da die Fische unterhalb des Siedepunktes garen, also pochieren.

Vorbereiten zum Blaugaren

Zum Blaugaren eignen sich Karpfen, Forellen, Aale, Saiblinge und Schleien. Bei blau zubereiteten Fischen muss die äußere Schleimhaut unbeschädigt bleiben, damit beim Garen die gleichmäßige Blaufärbung entstehen kann.

- Erst kurz nach dem Fangen und dem Töten vorbereiten, niemals schuppen.
- Fisch auf nasser Arbeitsplatte öffnen, ausnehmen und vorsichtig ausspülen, um den anhaftenden Schleim zu erhalten.
- Schleien das Rückgrat durchstechen. Durch Muskelreflexe könnten sie sonst beim Erwärmen „springen“. Forellen und Schleien eventuell bridieren; Karpfen längs spalten und portionieren.
- In Fischsud garen; um die Blaufärbung zu verstärken, angesäuertes Salzwasser (mit Lorbeer, Piment) zum Pochieren verwenden. Es besteht auch die Möglichkeit, die Fische unmittelbar vor dem Garen mit Essig zu beträufeln und dann in Salzwasser zu pochieren.
  Da die Aromastoffe in den Fisch übergehen sollen, muss der Fond relativ stark gewürzt sein.

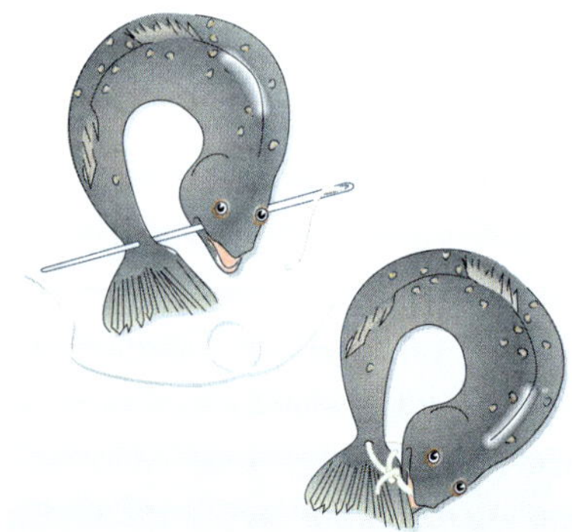

Bridieren von Fisch

Fisch, der blau gegart wird, darf während des Vorbereitens weder mit Küchenpapier noch mit Küchentüchern angefasst werden.

Bridieren
Kleinere Fische, wie Forellen oder Schleien, werden nach dem Ausnehmen und dem Ausspülen nicht zerteilt, sondern insbesondere für kalte Speisen bridiert (franz. *brider* = binden). Mit der Bridiernadel wird ein Faden durch Untermaul und Schwanz gezogen und fest gebunden. Damit erhalten sie eine ansehnliche Servierform.

> Für Blaugaren mit Bridiernadel Kopf und Schwanz zusammenbinden.

Schuppen

Flossen beschneiden
Nur bei Seefischen Rücken-, Brust- und Bauchflossen gänzlich abschneiden. Bei den übrigen Fischen werden die Flossen gefällig gestutzt.

> Mit Fischschere Flossen abtrennen.

Schuppen
Mit der Haut servierte Fische sind allgemein zu schuppen. Dagegen bleiben Fische ungeschuppt, die erst nach dem Garen abgezogen werden. Neuerdings werden Fische auch ungeschuppt gedünstet, da sich die Haut nach dem Dünsten leichter abziehen lässt.
- Bauch-, Brust und Rückenflossen stutzen.
- Mit Fischschupper oder Messerrücken vom Schwanz zum Kopf unter Wasser entschuppen, um das Umherfliegen der Schuppen zu vermeiden, dabei wegen Verletzungsgefahr Handschuhe tragen.

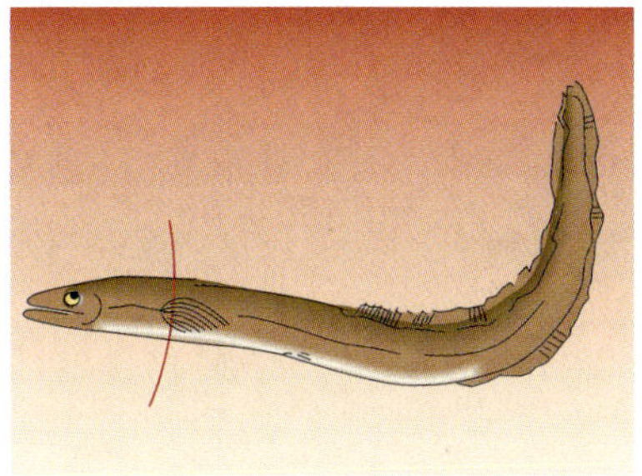

Lösen der Haut hinter den Halsflossen

Ausnehmen
Den Bauch vom After zum Kopf hin aufschneiden. Eingeweide entnehmen und den Fisch gut ausspülen.

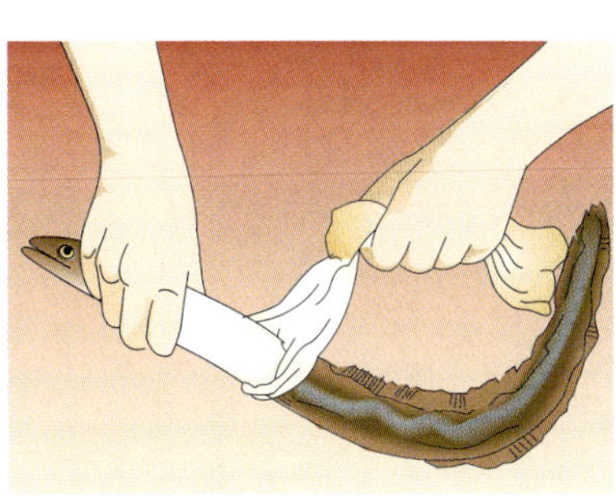

Abziehen von Aal

Abziehen von Aal
Frischer Aal wird nach dem Ausnehmen auf eine Arbeitsplatte gelegt.
- Mit feuchten, mit Salz bestreuten Handflächen oder Tuch den Aal festhalten und mit einem scharfen Messer etwa 2 cm entlang der Bauchflosse in Richtung After aufschneiden.
- Von der Bauchseite her am Kopf dicht hinter den kleinen Seitenflossen Rückgrat durchtrennen. Die Haut dabei nicht einschneiden.
- Haut hinter dem Kopf rundherum lösen. Den Kopf festhalten und mit kräftigem Ruck Aalhaut abziehen.
- Mit der Schere Rücken- und Bauchflossensaum abschneiden. Blutpfropfen mit Messer entfernen, Bauchhöhle mit Wasser reinigen, trocken tupfen.

Kleine Aale bis etwa 0,5 kg können unabgezogen bleiben.

Ziselieren
Ziselieren (franz. *ciseler*) dient dem gleichmäßigen Garen und Würzen. Damit wird vermieden, dass die schmalen Fischteile austrocknen, während die übrigen Teile noch nicht gar sind. Des Weiteren beugt es Formveränderungen durch Einreißen vor. Angewandt wird es bei ganzen Portionsfischen, aber auch bei großen Fischen, die gebraten, gegrillt oder gebacken werden.
- Flossen abschneiden, schuppen.
- Beidseitig an der dicksten Stelle des Fischkörpers leicht einschneiden.

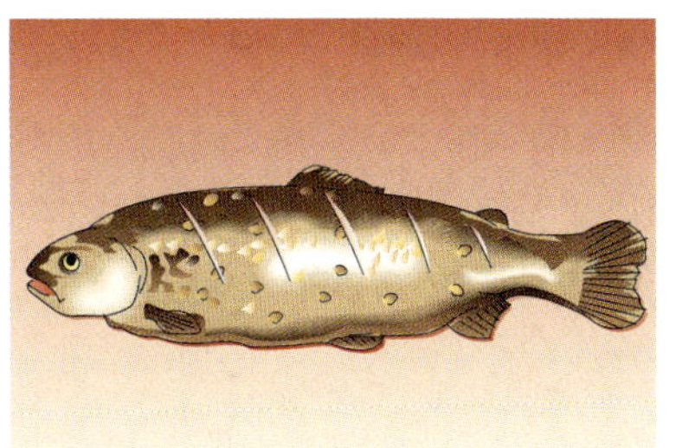

Ziselieren

Filetieren einer Forelle

Filetieren

- Rundfisch auf ein Arbeitsbrett legen und Kopf keilförmig abtrennen oder daran lassen (Bild 1).
- Mit scharfem Messer vom Rücken her bis zum Schwanz zuerst eine Seite längs der Gräten abtrennen (Bild 2).
- Fisch drehen und die zweite Seite ebenso oder in Gegenrichtung auslösen.
- Dann mit einem schrägen Schnitt die Gräten vom Bauchlappen entfernen (Bild 3).

Beispielsweise bei der Makrele und beim Flussbarsch (Egli) besteht die Möglichkeit, den Kopf vor dem Filetieren nicht abzutrennen.

Abhäuten

Nach dem Filetieren lässt sich die Fischhaut leicht entfernen. Es besteht jedoch auch die Möglichkeit, die Haut am Filet zu belassen, um später das Filetstück auf der Hautseite kross braten zu können.

- Filetstück mit der Hautseite auf Arbeitsbrett legen.
- Am Schwanz-Ende vorsichtig zwischen Fischfleisch und Haut einschneiden.
- Mit schräg geführtem Schnitt Filet abtrennen.

Bei größeren Fischen wird nur die Filetspitze abgetrennt. Das breite Filetstück wird in der Mitte geteilt und nochmals quer portioniert.

> Ein Fischfilet ist die längs der Wirbelsäule abgeschnittene zusammenhängende Fischmuskulatur ohne Gräten und meist ohne Haut.

Teilen und Portionieren

Möglich ist, den Fisch quer zu portionieren oder ihn zunächst zu halbieren und danach zu portionieren.

Portionsstücke

Schnitte (*tranche*): mit oder ohne Gräten
Schnitzel (*escalope*): ohne Gräten, schräg und dünn geschnitten
Rosette: ohne Gräten und Haut, gebundene Filetstücke, 2 cm dick geschnitten

Spicken

Größere ganze Fische, wie Hecht oder Fischmittelstücke (z. B. Lachsmittelstück = *darne de saumon*) können mit Gemüse oder Pilzen gespickt werden. Vorher wird die Rückenhaut entfernt. Die Spickrichtung verläuft von der Mittelgräte zum Bauch.

Würmer im Fisch?

Im Magen- und Darmtrakt sowie in den Bauchlappen der Seefische, aber auch von Süßwasserfischen (Karpfen), können mit der Nahrung aufgenommene Würmer auftreten. Insbesondere Nematoden sind als ***ekelerregende Parasiten*** *bekannt geworden. Durch Hitze, Kälte und Säure können diese Parasiten abgetötet werden.*
Der Koch muss Fisch ***sorgfältig ausnehmen*** *und die Bauchlappen entfernen.*

Spicken von Fisch

Lachsmittelstück

Vorbereiten zum Füllen

Zum Füllen eignen sich insbesondere Forelle, Hecht und Zander.

- Entfernen von Schuppen, Kiemen und Augen.
- Fisch vom Rücken her öffnen, mit dem Messer beidseitig der Wirbelsäule entlang schneiden und Gräten vollständig auslösen.
- Gräten nahe am Kopf und am Schwanz-Ende abtrennen.
- Eingeweide der Öffnung entnehmen.
- Waschen, trocken tupfen, Aushöhlung würzen.
- Mit Farce (➔ 94), Gemüse usw. füllen, durch Zusammendrücken formen.
- Mit Schnur umbinden, kleinere Fische mit gebutterter Garfolie oder Pergament umhüllen und auf der Seite liegend garen; größere Fische auf gebutterten Einsatz des Fischkochers setzen.

Freilegen der Mittelgräte

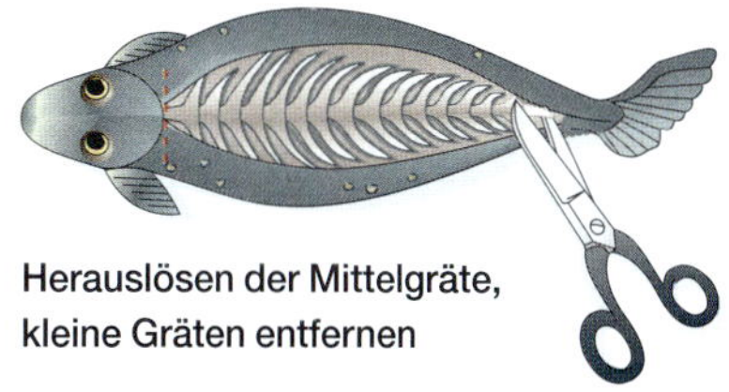

Herauslösen der Mittelgräte, kleine Gräten entfernen

Marinieren

Zu unterscheiden sind das Marinieren als Vorbereitungsverfahren (kurzzeitige Geschmacks- und Konsistenzänderung) und das Marinieren als Konservierungsverfahren (Beispiele: Rollmops, Brathering, Bismarckhering), was hier nicht beschrieben wird. Fischfilets, Fischspieße, Portionsstücke und ganze kleine Fische werden üblicherweise 20 min. mariniert. Dadurch wird der Fisch geschmacklich aufgewertet.

- Fischstücke mit der Hautseite nach unten in ein flaches Gefäß legen.
- Mit Petersilienstängeln bedecken, mit Zitrone beträufeln, eventuell mit Worcestershire-Sauce, je nach Verwendung auch mit Weißwein. Mitunter werden für einfache Fische auch Essig und Senf verwendet.
- Grundsätzlich gehört kein Salz in die Marinade, um Auslaugverluste gering zu halten. Erst kurz vor dem Garen salzen!

Arbeitsschritte beim Marinieren

Vorbereitung von Plattfischen

préparation des poissons plats
preparation of flatfish

Abziehen

Von Rotzunge, Seezunge und Glattbutt wird vor der Zubereitung die Fischhaut abgezogen. Die Haut von kleinen Schollen (Maischolle), die zart und hell ist, wird nicht abgezogen. Dadurch sind Schollen nach dem Braten oder Frittieren besonders schmackhaft. Feine Schuppen können zuvor mit dem Messer abgeschabt werden.

Rotzunge

- Haut vom Kopf zum Schwanz hin abziehen.
- Mit einem spitzen Messer zwischen Kopf und Rücken leicht einschneiden.
- Haut vorsichtig ablösen und abziehen.

Seezunge

- Fischhaut am Schwanz so weit lösen, bis man sie erfassen kann.
- Haut vom Schwanz zum Kopf hin abziehen.

Ganze Fische

Eine berühmte Zubereitung stellt die Seezunge Colbert dar, deren Besonderheiten bei der Zubereitung (➔ 101) beschrieben werden. Wenn Portionsfisch ganz zubereitet werden soll, gelten allgemein folgende Arbeitsschritte:

- Kopf mit rundem Schnitt abtrennen, Flossensäume ringsherum entfernen.
- Eingeweide entfernen.
- Fische in der Mitte längs einschneiden, um den Wirbelknochen freizulegen, damit sich nach dem Garen die Filets einfach lösen lassen.

Was bedeutet das 3-S-System?

Darunter werden die drei mit dem Buchstaben S beginnenden Arbeitsverfahren Säubern, Säuern, Salzen zusammengefasst, die bei Fischen im allgemeinen in dieser Reihenfolge angewandt werden.
Beachte: Wenig Essig auf Arbeitsbrettern verhindert Fischgeruch, kann sich aber auch negativ auf das Fischaroma auswirken.

Filetieren einer Seezunge

Fischhaut lockern.

Filetformen von Plattfischen

Vorbereiteten Fisch in der Mitte einschneiden, die Filets von den Gräten lösen. Zum Braten und zum Grillen Hautseite leicht ziselieren, da sich das Bindegewebe beim Erhitzen zusammenziehen kann.
Zum Dünsten können verschiedene Filetformen hergestellt werden: klappen, einschneiden, mit Farce bestreichen, Röllchen, Schleifen, Zöpfe. Für Zöpfe Filets bis auf etwa 3 cm in der Mitte längs durchschneiden. Die erhaltenen zwei Streifen zu einem Zopf zusammenlegen.

Seezunge abziehen.

Flossensaum mit der Schere abschneiden.

Der Mittelgräte entlang schneiden.

Filet von den Gräten abheben.

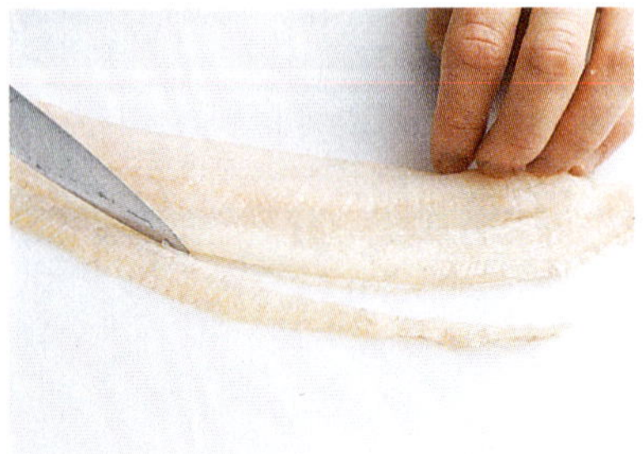

Filet beschneiden.

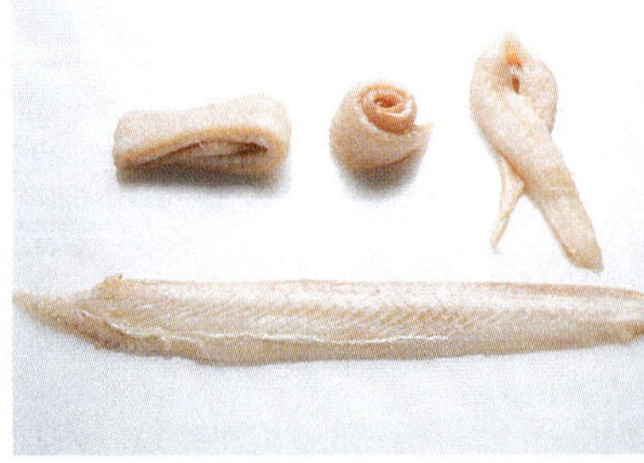

Filetformen herstellen.

Rationelle Verwendung der Fischabschnitte

Bauchlappen von Plattfischen eignen sich für Ragouts und Spießchen. Gräten größerer Fische werden für Fischbrühen rationell verwendet. Bei der Verwendung von Fischköpfen werden zuvor Augen und Kiemen entfernt.

Vorbereiten großer Plattfische

Weißer oder schwarzer Heilbutt
Die schlanke Form verlangt eine besondere Aufteilung:

- Entfernen der Flossensäume, des Kopfes mit den Bauchlappen sowie der Schwanzflosse.
- Vom Schwanz her etwa ein Viertel des Fisches quer in Scheiben teilen.
- Durch Längseinschnitte die Mitte der Wirbelsäule kennzeichnen.
- Fisch auf Schnittstelle stellen, der Markierung entlang den aufrecht stehenden Fisch spalten, beide Teile in Scheiben schneiden.

Steinbutt

Der Steinbutt ist ein Plattfisch mit einem Gewicht von 1–8 kg.

- Steinbutte entlang der Rückengräte einschneiden (Bild 1).
- Mit Filetiermesser auf den Gräten zur Außenflosse hin filetieren (Bild 2).
- Andere Filets auf gleiche Weise abtrennen. Die Innereien können im Fisch verbleiben (Bilder 3 und 4). Bei der Weiterverarbeitung der Karkasse (für Fischfond) müssen allerdings die Innereien entfernt werden.
- Auslösen der Backen am Kopf (Bild 5), die als Delikatessen gelten.
- Filets enthäuten (Bild 6 und 7).
- Flossensäume abtrennen (Bild 8), zur Farce (→ 94) verwenden.
  Es entstehen 4 Filets und 2 Backen (Bild 9).

Rohstoffmengen	Vorspeise, Zwischengericht	Gericht à la carte
Fischfilets	100 g	200 g
Fischscheiben, Fischschnitten	100 g	bis 250 g
Portionsrundfisch ohne Kopf	100 g	bis 350 g
Portionsplattfisch ohne Kopf	–	bis 600 g
Fischklöße (2 Stück je Portion)	–	60 g

Portionieren von Steinbutt

1

2

3

4

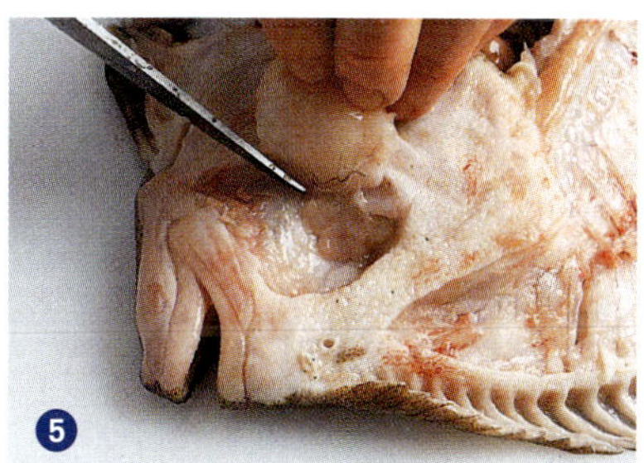
5

6

7

8

9

farces de poisson, court-bouillon
fish fillings, court-bouillon

11.3 Fischfarcen, Fischsud

Zutaten für Fischfarce

Mixen der Fischfarce

Durchstreichen durch Haarsieb

Fischfarcen
Fischfarcen bilden die Grundlage für das Herstellen von Fischklößchen, Fischnocken, Fischaufläufen, Fischgalantinen oder Fischpasteten sowie zum Füllen von ganzen Fischen und verschiedenen Fischfilets. Zum Herstellen von Fischfarcen eignet sich Fischfleisch mit fester Konsistenz. Soll eine schnittfeste Konsistenz erreicht werden, dann kann wegen der Bindefähigkeit bis 1/3 Hecht oder Zander zugegeben werden. Stets zunächst Probe pochieren! Als Lockerungsmittel können aufgeweichtes Weißbrot und Reispanade dienen. Sehr feine Farcen werden durch ein Haarsieb gestrichen.

Fischfarce 1 — *farce de poisson 1* — *fish filling 1*

1,1	kg	Lachs-, Zander- oder Hechtfilet
0,5	l	Sahne
0,03	kg	Weinbrand
0,15	kg	Eiklar
0,02	l	Pernod (➔ 375), Noilly Prat (➔ 367)
		Salz, weißer Pfeffer, Zitrone

- Fischwürfel glasig anfrieren, kurz vor Verarbeitung mit Salz, Pfeffer würzen.
- Fischwürfel und halbe Sahnemenge in Mixer geben, bei hoher Umdrehungszahl restliche Sahne und Eiklar zufügen, bindig verarbeiten, abschmecken.
- Durch ein Sieb streichen.

Fischfarce 2 — *farce de poisson 2* — *fish filling 2*

1,10	kg	Fisch, z. B. Hecht, auch Seelachsfilet
0,1	kg	Zwiebeln je nach Verwendung
0,1	kg	eingeweichtes Weißbrot
0,15	kg	Vollei (3 Eier)
0,015	kg	Petersilie
0,1	l	Milch (zum Einweichen)
0,3	l	Sahne
		Salz, weißer Pfeffer, Zitrone

- Fisch, evtl. Zwiebeln, zwei Mal zerkleinern (kuttern, mixen), dann Flüssigkeit, Eier und Weißbrot zugeben.
- Nochmals mixen oder kuttern, um Bindung herzustellen, je nach Verwendungszweck Würzmittel und gehackte Petersilie zugeben. Farce muss stets gut gekühlt werden (auf Eis bearbeiten!).

Fischsud

Seefische
Für Seefische werden einfach Salzwasser und evtl. geschälte Zitronenscheiben verwendet. Auf weitere Würzmittel kann verzichtet werden, denn der Eigengeschmack soll nicht beeinträchtigt werden.

Süßwasserfische
Zwiebeln oder Schalotten, Pfefferkörner, Lorbeerblatt, Petersilienstängel, Salz in der Flüssigkeit kurz aufkochen. Aromastoffe sollen im Sud bleiben. Passieren *(court-bouillon ordinaire)*.
Qualitätsmerkmal ist ein feiner, würziger, aromatischer Geschmack.

Seefischsud
Je Liter Wasser werden 20 g Salz zugegeben.
Süßwasserfischsud
Wasser und Weißwein im Verhältnis 2:1 mischen.
Je nach Fischgröße sind davon abweichende Zubereitungen möglich.
Je wertvoller der Fisch, desto weniger Würzmittel sind erforderlich.

11.4 Zubereitung und Vollendung

préparation et finition
preparation and finishing

Pochieren

pocher *to poach*

Durch Pochieren, auch als Garziehen bezeichnet, können alle Arten und Größen von Fischen sowie Fischklößchen zubereitet werden. Besonders geeignet sind Zander, Lachs, Hecht, Steinbutt, Heilbutt, Schellfisch, Rotbarsch (Goldbarsch) und Rochen.
Für das Pochieren ist ein Fischsud vorzubereiten. Für Blaugaren wird angesäuertes Salzwasser oder ebenfalls ein besonderer Fischsud (➔ 94) verwendet.

Fisch zart und empfindlich

Fisch ist eiweißreich, hat aber nur einen geringen Bindegewebeanteil (0,5% Kollagen). Dadurch und durch den relativ hohen Wassergehalt ist Fisch stets zart und empfindlich. Die Bezeichnung Kochfisch ist nicht zutreffend, da Fisch stets pochiert wird. Lediglich größere Fische werden vor dem Pochieren zunächst bis zum Sieden erhitzt. Pochieren nicht über 80 °C. Nachgaren vermeiden.
Gegarter Fisch zerfällt leicht oder wird trocken.

Große Fische

Steinbutt, Heilbutt, Lachs, Schellfisch
- Im kalten Fischsud ansetzen, um gleichmäßige Wärmeausbreitung zu gewährleisten.
- Beim Erreichen des Siedepunktes Hitzezufuhr drosseln, das heißt bei etwa 80 °C pochieren.

Mittelgroße Fische

Mittegroße Süßwasserfische, wie insbesondere Karpfen, Forellen, Schleien oder Lachsforellen, werden blau gegart, eine besondere Form des Pochierens. Dabei können die Fische nach dem Vorbereiten mit wenig Essig beträufelt oder besser im wenig gesäuertem Salzwasser gegart werden.
- Portionsfische in siedenden Fischsud einlegen.
- Aufkochen und anschließend pochieren.

Portionsstücke

In Fischsud: Steinbutt, Heilbutt, Lachs, Waller, St.-Peters-Fisch, Barsch, Dorade
- Portionsfische in siedenden Fischsud einlegen.
- Vorsichtig pochieren, nicht kochen, dabei Topf abdecken.

In Weißwein *(pocher au vin blanc / to poach in white wine):* Lachs, Seezunge
- Flache Kasserolle mit Butter ausstreichen und mit Schalottenwürfelchen bestreuen.
- Mit Butter bestrichene Portionsstücke einlegen, mit Weißwein und Fischsud angießen, abgedeckt im Ofen pochieren, Fond für Sauce weiter verwenden.

Zubereitungsverfahren für Fische

Thermische Zubereitung
Pochieren, dämpfen, dünsten, sautieren, braten, frittieren, grillen, in Folie und vakuumiert garen, im Teig backen
Biochemische Zubereitung
Säuern, räuchern Kalte Fischspeisen (➔ 279)

Beilagen und Garnierungen

Als Beilage für pochierte Fischspeisen eignen sich gekochte oder gedämpfte Kartoffeln, Reisvariationen und Nudeln. Als Saucen werden aufgeschlagene Saucen, Senf-, Kräuter- oder Fischsaucen bevorzugt.
Typische Garnierung sind Zitronenstücke. Außerdem wird mit frischer, zerlassener oder schäumender Butter (einschließlich braune Butter *[beurre noisette / brown butter]* für Rochen) sowie unterschiedlichen Buttermischungen vollendet.

Fischklößchen in Dillsahne

quenelles de poisson à la crème d'aneth
small fish dumplings in dill cream

- Farce (➔ 94 Fischfarce Grundrezeptur 2) mit Hecht herstellen.
- Klöße (je 60 g) abstechen, am besten im Fischsud pochieren.
- Fischsud mit Crème fraîche oder Fischsauce mit Sahne vollenden, kurz am Siedepunkt halten, mit gehacktem Dill vermengen und zur Bindung mit kalter gewürfelter Butter montieren.

Fischklößchen

Lachsschnitte schottische Art

🇫🇷 *tranche de saumon au whiskey (écossaise)*
🇬🇧 *salmon steak with whiskey sauce (Scottish style)*

2	kg	Lachsfilet ohne Haut
0,05	kg	Butter
0,06	kg	Schalotten
1		Zitrone
0,3	l	Weißwein
0,3	l	Fischfond
0,2	l	Fisch-Velouté
0,15	l	Schlagsahne
0,06	l	schottischer Whisky ➔ 376
0,2	kg	Wurzelgemüse
		0,030 kg Keta-Kaviar, 1 Bund Dill,
		0,1 kg Räucherlachs zum Garnieren

- Lachsportionsstücke würzen, mit Butter bestreichen. Zitrone, Weißwein und Fischfond zugeben, mit Alufolie abdecken.
- Kurz auf den Siedepunkt bringen, dann pochieren, den garen Fisch warm stellen. Pochierfond reduzieren.
- Mit Fisch-Velouté vermischen, auf gewünschte Konsistenz reduzieren, mit Sahne vollenden, eventuell weiter reduzieren. Mit Whiskey abschmecken, in Butter gedünstete Wurzelgemüsewürfelchen mit der Sauce vermischen.
- Lachsschnitten trocken anrichten, mit Sauce nappieren.
- Mit Räucherlachsröschen, gefüllt mit Keta-Kaviar, mit Dill garnieren.

Als Beilage eignen sich Risotto oder gemischte, in Salzwasser gekochte und in Butter geschwenkte Getreidekörner.

Pochierte Lachsschnitte mit Zitronenhollandaise, Spinat, tournierte Kartoffeln

Für eine Fischmahlzeit werden 25 Portionen tafelfertiger Lachs zu je 200 g benötigt. Der Putzverlust wird mit 35%, der Zubereitungsverlust mit 12% veranschlagt.

1. *Ermitteln Sie die Einkaufsmenge Lachs in kg.*
2. *Wie hoch ist der Materialpreis für die Fischmahlzeit, wenn 1 kg Lachs für einen Nettopreis von 10,80 € angeboten wird?*
3. *Errechnen Sie den Materialpreis für eine Fischmahlzeit, wenn für die Beilagen insgesamt 3,25 € kalkuliert wurden.*

Zanderfilets Spreewälder Art

🇫🇷 *filets de sandre pochés Spreewald*
🇬🇧 *poached pike-perch fillets Spreewald*

2	kg	Zanderfilets
0,2	kg	Schalotten
0,1	l	Weißwein
0,3	kg	Möhren
0,3	kg	frisch geriebener Meerrettich
0,3	kg	Sellerie
0,3	kg	Gurken
0,3	kg	Butter
0,2	kg	Weizenmehl
0,3	kg	Crème fraîche
		Salz, Pfeffer, Zitrone

- Zanderfilets in kräftigem Fischfond mit Schalotten und Weißwein pochieren.
- Aus Fischfond Meerrettichsauce herstellen, mit Crème fraîche verfeinern.
- Gedünstete Gemüsestreifen von Möhren, Sellerie und Gurken über den Zander anrichten.

Variationen von pochierten Fischspeisen

flämische Art
🇫🇷 *flamande*
🇬🇧 *Flemish style*
In Fischfond mit Bier pochieren, mit Mehlbutter binden; Sauce mit gehackten Kräutern

indische Art
🇫🇷 *indienne*
🇬🇧 *Indian style*
Currysauce und körnig gekochter Reis

ungarische Art
🇫🇷 *hongroise*
🇬🇧 *Hungarian style*
Fischfond oder heller Kalbsfond, Zugabe von kräftiger Paprikasauce und saurer Sahne

Dämpfen

cuire à la vapeur
to steam

Alle Fische, die sich zum Pochieren eignen, lassen sich auch dämpfen. Im Unterschied dazu ist die Garzeit nur wenig länger, Auslaugverluste allerdings um so geringer. Die Nährstoffe und das Eigenaroma bleiben besser erhalten. Mit dieser schonenden Zubereitung werden sowohl leichte Vollkost (Schonkost) als auch Diätspeisen hergestellt.

- Fische vorher marinieren und wenig salzen.
- In speziellen Gargefäßen mit Siebeinsatz und gut schließendem Deckel im Dampf des Fischsuds oder -fonds garen.

Beim Dämpfen kommen die Zubereitungs- und die Garniturformen sowie die Beilagen in Betracht, die schon beim Pochieren aufgeführt worden sind.

1 Begründen Sie, warum Dämpfen von Fisch technologisch und ernährungsphysiologisch zu empfehlen ist.
2 Schlagen Sie Beilagen und Saucen für gedämpfte Fischspeisen vor.

Dünsten

étuver
to stew

Eigentlich handelt es sich um Pochieren in wenig Fond. Dafür eignen sich zarte, kleine Fische, Portionsstücke und Filets.

- Dünstgefäß ausfetten und mit Zwiebel- oder Schalottenwürfelchen bestreuen.
- Marinierten, gesalzenen Fisch auflegen, heißen Fischfond darüber gießen, aber nicht bedecken, eventuell mit Geschmacksträgern (Champignonfond, Zitrone, Weißwein) vervollständigen, dünsten.

Gedünstete Fischspeisen werden gern gratiniert oder überbacken. Dazu werden die gedünsteten Fischspeisen mit Sauce (Käsesauce, holländische Sauce, mit Schlagsahne) nappiert oder mit Reibkäse und Butterflocken bestreut und gratiniert.

Das **Garen in Folie** ist ein dem Dünsten (im eigenen Saft) ähnliches, schonendes Garverfahren. Dazu eignen sich Portionsfische oder Fischfilets (Forelle, Renke, Saibling, Seezunge, Scholle), die wenig gewürzt und mit Butter oder Öl bestrichen zusammen mit Gemüsestreifen oder Champignons gegart werden.

Gedünstete Hechtschnitten

escalopes de brochet étuvées
stewed pike escalopes

- Hechtschnitten zu 0,06 kg wie beschrieben garen.
- Holländische Sauce mit etwas Safran vermengen.
- Fischschnitten auf Saucenspiegel anrichten.
- Mit Linsen-, Soja- und Radieschensprossen garnieren.

Gedünstete Hechtschnitten auf holländischer Sauce mit Safran und Sprossen

Seeteufel im Reisblatt

Seeteufel in Weißburgunder-Schaum

lotte de mer (baudroie) à la mousse au bourgogne blanc

anglerfish with white-Burgundy mousse

2	kg	Seeteufelfilet
0,3	kg	Butter
0,5	l	Weißburgunder → 350 f
1		Zitrone
0,3	l	Sahne
		Salz, weißer Pfeffer

- Seeteufelfilet portionieren und garen.
- Fond würzen, mit Schlagsahne und gekühlten Butterstücken mit dem Mixstab aufschäumen.
- Fisch sofort anrichten und mit der Sauce überziehen.

Vorbereitung des Seeteufels

Unvorbereiteter Seeteufel

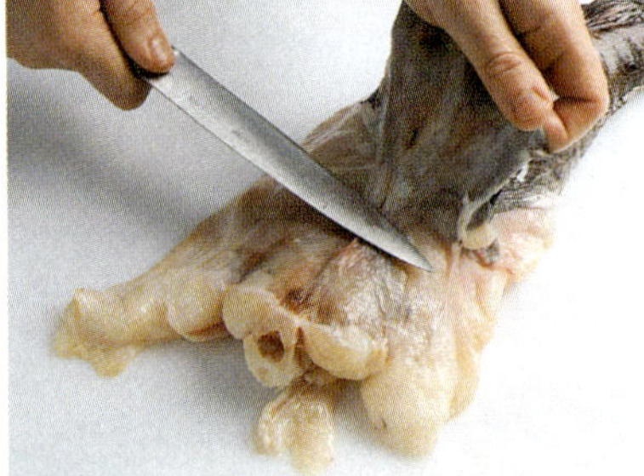

Haut abziehen

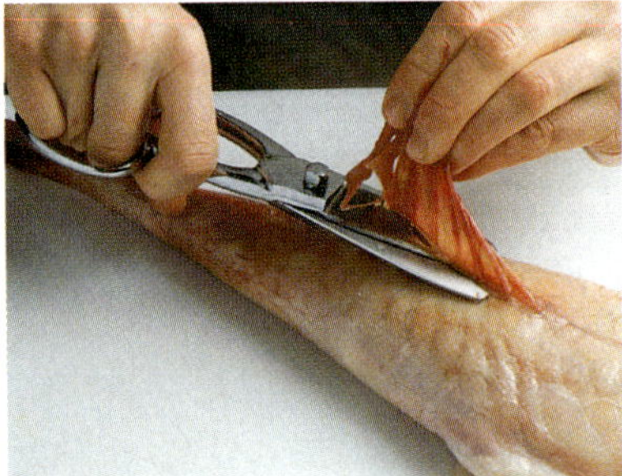

Flossen entfernen

Mittelgräte (Knorpel) auslösen

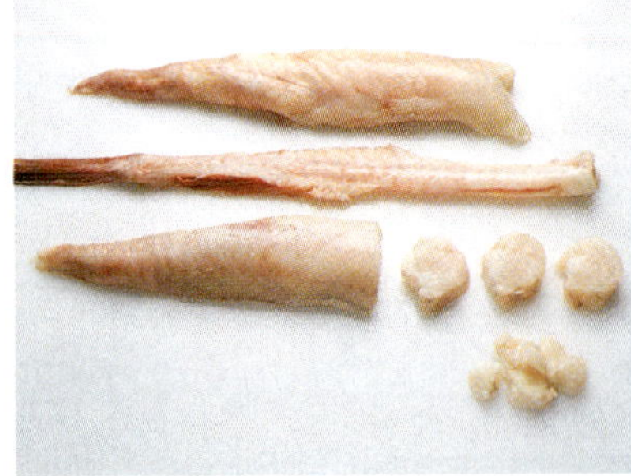

Ausgelöste Filets

Variationen für gedünstete Fischspeisen

Florentiner Art

florentine

Florentine style

Auf gedünstete Spinatblätter anrichten, mit Käsesauce nappieren, gratinieren

mit Kräutern

aux fines herbes

with herbs

Mit Weißweinsauce vermischt mit gehackten Kräutern (Petersilie, Dill, Kerbel) nappieren

überbacken

gratiné

gratinated

Mit Champignonköpfen belegen, mit weißer Fischsauce nappieren, Reibesemmel darüber streuen, zerlassene Butter, gratinieren

Zanderfilet mit Champignons in Weißwein

filets de sandre aux champignons et au vin blanc

pike-perch fillets with champignons in white wine

2	kg	Zanderfilets
0,2	l	Weißwein
0,2	kg	Möhren
0,2	kg	Sellerie
0,3	kg	Butter
0,2	kg	Weizenmehl
1,5	kg	Champignons
		Salz, weißer Pfeffer aus der Mühle, Zitrone

- Zanderfilets mit Gemüse und Weißwein garen.
- Champignons vierteln, in Butter separat dünsten.
- Aus Fischfond helle Weißweinsauce herstellen.
- Champignons in die Weißweinsauce geben und kurz am Siedepunkt halten.
- Filets anrichten und mit der Sauce überziehen.

Der Zander ist ein 40-50 cm langer Süßwasserfisch aus der Familie der Barsche. Er hat eine silbrige Grundfarbe mit grünlichgrauen und dunklen Schattierungen auf dem Rücken. Sein weißes Fleisch ist sehr geschätzt.

Filetieren des Zanders

Flossen entfernen

Mittelgräte hinter dem Kopf einschneiden

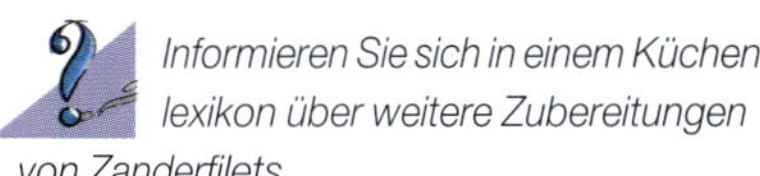

Informieren Sie sich in einem Küchenlexikon über weitere Zubereitungen von Zanderfilets.

1. *Ordnen Sie die gefundenen Zanderspeisen nach den angewandten Garverfahren.*
2. *Beschreiben Sie drei ausgewählte Zanderspeisen stichwortartig.*
3. *Tragen Sie eine wichtige Zander-Rezeptur in die Rezepturdatei der CD-ROM zum Lehrbuch für Köche, soweit vorhanden, ein.*

Vom Kopf zum Schwanz auf der Mittelgräte schneiden. Herauslösen der Mittelgräte

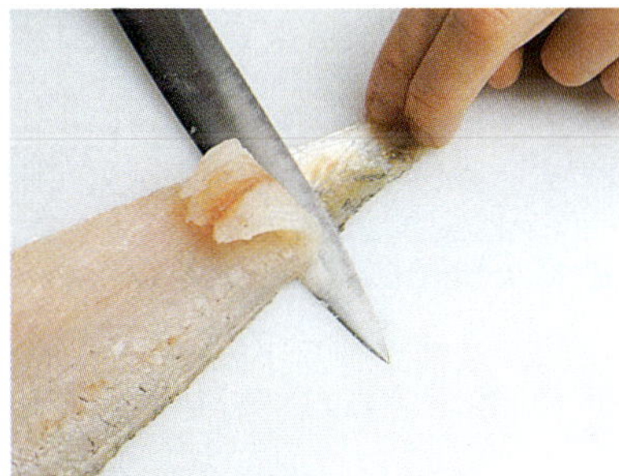

Haut vom Schwanz zum Kopf entfernen

Zwei Filetstücke sowie Haut

Braten

rôtir, sauter — to fry, to sauté

Fischspeisen werden lang(zeit)gebraten, meist jedoch kurzgebraten (sautieren, franz. *sauter*). Langgebraten werden beispielsweise große Stücke von Haifisch oder Schwertfisch, die erst nach dem Garen portioniert werden.
Zum Kurzbraten eignen sich sowohl ganze kleine Fische als auch Fischschnitten und Portionsstücke von größeren Fischen. Fischpanierungen führen zu einem höheren Nähr- und Genusswert. Sie schützen vor Zerfall und führen zu geringeren Garverlusten. Geeignet sind: Forelle, Renke, Saibling, Seezunge, Lachs, Zander, Scholle, Flunder, Rotzunge, Meerbarbe, Kabeljau.

- Fisch marinieren, mehlieren, beidseitig unter ständigem Begießen in Öl braten.
- Bratfett abgießen, mit Butter nachbraten.

In der **modernen Küche** hat sich folgendes Zubereitungsverfahren für Fischfilets durchgesetzt:

- Fischfilets auf der Hautseite kurz anbraten.
- Oberfläche mit Butter bestreichen.
- Im Salamander mit Oberhitze auf den Punkt garen.

Gebratene Zanderschnitte

Gebratene Zanderschnitte mit Spargel

tranche de sandre sautée aux asperges
sauteed pike-perch slice with asparagus

10		Zanderschnitten zu 180 g
0,15	kg	Butter
1,5	kg	grüner Spargel, gegart
0,05	kg	Mehl
10	Port.	Tomatensauce
		Salz, Pfeffer

- Grünen Spargel auf Spiegel von Tomatensauce anrichten.
- Gebratenes Zanderfilet auflegen.
- Mit gebackenen Zwiebeln garnieren.

Gebratene Meerbarbe auf Rahmlinsen mit frittierten Kartoffelscheiben

Meerbarbe auf Rahmlinsen

rouget-barbet sur lentilles à la crème
red mullet on lentils with cream

- Portionsstück wie beschrieben kurzbraten.
- Eingeweichte grüne Linsen mit Brühe kochen, abgießen, mit Sahne vermengen, kurz am Siedepunkt halten, mit Salz, weißem Pfeffer, Zucker und Essig abschmecken.
- Meerbarbe auf Linsenbett anrichten, mit Kartoffel-Chips garnieren.

Variationen

Müllerinart
meunière
meuniere
In Weizenmehl wenden, in Butter sautieren, Zitronenscheiben, Worcestershire-Sauce, gehackte Petersilie, mit Bratbutter übergießen

englische Art
anglaise
English style
Fisch panieren, in Butter sautieren, Kräuterbutter separat

Saint-Germain
Saint-Germain
Saint-Germain
Panieren, in Butter sautieren, Nusskartoffeln, Bearner Sauce

spanische Art
espagnole
Spanish style
In Öl sautieren, gehackte Tomaten *(tomates concassées),* frittierte Paprikastreifen und Zwiebelringe obenauf

Tiroler Art
tyrolienne
Tyrolean style
In Butter sautieren, auf gehackte Tomaten (tomates concasseés) dressieren, frittierte Zwiebelringe

türkische Art
turque
Turkish style
In Butter sautieren, auf Pilawreis mit Safran dressieren, gebratene Auberginenscheiben; schäumende Butter darüber geben

Frittieren

(FR) *frire*
(EN) *to deep-fry*

Zum Frittieren eignen sich kleinere ganze Fische, Portionsstücke, Filets und Fischspießchen.

- Mit Zitrone benetzen und würzen, eventuell ziselieren oder panieren.
- Je nach Größe 3–10 min bei Temperaturen zwischen 150 und 175 °C frittieren. Garen Fisch mit Drahtlöffel entnehmen.
- Auf saugfähigem Küchenkrepp entfetten, nicht abdecken und sofort servieren.

Vor dem Frittieren wird Fisch häufig paniert (➔ Grundstufe). Dadurch werden ein höherer Nähr- und Genusswert sowie ein geringerer Garverlust erreicht, und der Fisch wird vor dem Zerfallen geschützt.

Fischpanierungen

Mehlieren	(FR) *frire nature*	(EN) *deep-fry nature*
Backteig	(FR) *en fritot*	(EN) *in frying batter*
Wiener Panierung	(FR) *viennoise*	(EN) *Viennese style*
englische Panierung	(FR) *anglaise*	(EN) *English style*

Rotbarschfilet Orly

(FR) *filet de sébaste Orly*
(EN) *redfish fillet Orly*

2	kg	Rotbarschfilet
1	kg	Backteig ➔ 310
0,4	kg	Frittierfett
10	Port.	Tomatensauce
0,3	kg	Zitronen
0,05	kg	Vollei (1 Stück Ei)
1	Bund	Petersilie

- Filet abspülen, abtrocknen, säuern, würzen, salzen und in Weizenmehl wenden, durch Backteig ziehen, goldgelb frittieren.
- Nach dem Herausnehmen aus der Fritteuse entfetten, dann sofort auf Papiermanschette anrichten, mit Zitronenecke und frittierter Petersilie garnieren.
- 10 kleine Bündel Petersilie durch zerquirltes Ei ziehen und frittieren, Tomatensauce separat.

Seezunge Colbert

(FR) *sole Colbert* (EN) *sole Colbert*

10		Seezungen zu 0,45 kg
2		Zitronen
0,08	kg	Weizenmehl
0,15	kg	Vollei (3 Eier)
0,3	kg	geriebenes Weißbrot
0,4	kg	Frittierfett
		Salz, weißer Pfeffer, Zitrone, Petersilie zum Garnieren
0,2	kg	Colbert-Butter

- Seezunge abziehen, Flossensaum rundherum von hinten nach vorn abschneiden, Kopf abschneiden, Eingeweide herausnehmen.
- Filets auf einer (am besten der dicken) Seite von der Mitte beidseitig von der Mittelgräte lösen und zurückschlagen.
- Mittelgräte am Kopf und am Schwanzende einschneiden, säuern, würzen, salzen.
- Mit Weizenmehl, aufgeschlagenem Ei und geriebenem Weißbrot panieren.
- Im Fettbad oder in Butterreinfett frittieren.
- Auf Küchenkrepp legen, Mittelgräte herausheben.
- Öffnung mit auf Zitronenscheibe aufgespritzter Colbert-Butter (➔ 130) füllen, mit Petersilie garnieren.

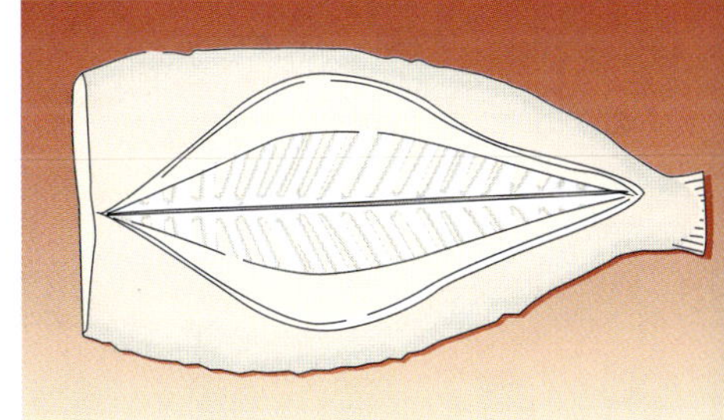

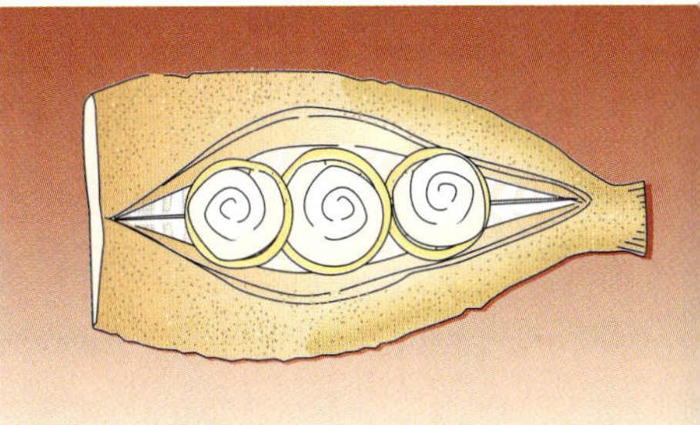

Füllen der Seezunge

Verwenden Sie Surimi?

Unter Surimi sind Krebsfleisch-Imitate zu verstehen. Eiweißbestandteile werden aus zerkleinertem Fischfleisch herausgelöst. Die entsehnte Fischpaste wird in Blöcken tiefgefroren. Nach dem Auftauen werden Gewürze, Stärke und Geschmacksstoffe hinzugefügt. Maschinell werden muskelfaserähnliche Strukturen erzeugt und ausgeformt. Handelsformen: tiefgefroren, pasteurisiert, sterilisiert.

Lachsschnitte

Grillen

griller · *to grill, to barbecue (USA)*

Gegrillt werden kleine Fische, Fischschnitten, Portionsstücke und Fischspießchen. Geeignet sind besonders kleine, festfleischige Fische. Größere Fische können als Scheiben mit Gräten und Haut gegrillt werden. Verwendet werden Sardine, Bonito, Hering, Steinbutt, Heilbutt, Lachs, Thunfisch, Karpfen, Forelle.

- Marinieren, salzen, dünn mit Öl bepinseln.
- Auf vorgeheiztem Grill garen, zum Wenden Grillzange verwenden.

Komplettieren mit → Buttermischungen, kalten Saucen, gekochten, gedämpften Kartoffelbeilagen, auch Kartoffelsalat.

Grillierte Lachsschnitte mit Tomaten-Basilikum-Creme

tranche de saumon à la crème aux tomates et au basilic
salmon escalope and cream with tomatoes and basil

10		Lachsschnitten zu 0,18 kg
1		Zitrone
0,2	kg	Sonnenblumenöl
0,6	kg	Tomaten
0,01	kg	Basilikum
0,3	l	Sahne
		Salz, weißer Pfeffer

- Lachsschnitte mit Öl bepinseln. Auf heißen eingeölten Grillrost legen, beidseitig auf den Punkt garen, würzen.
- Gehackte Tomaten (tomates concassées), Basilikum und Sahne mit Mixer zu einer Creme schlagen und separat anrichten.

Heilbuttschnitte vom Rost mit Kräuterbutter

tranche de flétan grillée au beurre aux fines herbes
grilled halibut escalope with herb butter

10		Heilbuttschnitten zu 0,2 kg
0,2	kg	Speiseöl
0,25	kg	Kräuterbutter
		Salz, weißer Pfeffer, Zitrone

- Heilbuttschnitte säuern, würzen, salzen und mit Öl bestreichen.
- Auf heißen eingeölten Grillrost legen.
- Nach einigen Minuten um 30° drehen, um Muster zu erzielen.
- Oberseite mit Öl bestreichen, Schnitte mit Grillzange oder Palette wenden.
- Auf vorgewärmte Platte anrichten, Kräuterbutter auf Zitrone oder Salatblatt auflegen.

Variationen

Mephisto
diable
devilled
Grillen, Teufelsauce (→ 119) separat

Colbert
Colbert
Colbert
Grillen, Colbert-Butter (→ 130) separat

Triester Art
triestine
Trieste style
Grillen, auf in Butter gedünsteten geschnittenen Kopfsalat anrichten, dazu Eiviertel, Pariser Kartoffeln und schäumende Butter

spanische Art
espagnole
Spanish style
Grillen, gehackte Tomaten *(tomates concassées)*, frittierte Paprika- und Zwiebelringe

Drei Lachse mit einem durchschnittlichen Gewicht von 2,5 kg je Lachs sollen filetiert werden. Es ist mit einem Vorbereitungsverlust von 32% zu rechnen. Ermitteln Sie das durchschnittliche Gewicht eines Filets.

11.5 Fischspeisen aus Convenience-Erzeugnissen

mets de poissons préparés de produits prêts à l'emploi
fish dishes prepared of convenience products

Convenience-Erzeugnisse aus Fisch und Meerestieren werden unter der Bezeichnung **Seafood** teils hochveredelt gehandelt.

Garfertige Fische

Fischfilets werden in großem Umfang als Frischware angeboten, zumeist portionierte Fischfilets, auch paniert oder gefüllt. Sie werden nach dem Auftauen gebraten, grilliert, frittiert, gedünstet, gedämpft und pochiert. Tiefgefrorene Forellen werden noch gefrostet in den siedenden Fischsud gegeben. Besser braten, da die Blaufärbung nicht mehr in gewünschtem Maße erreicht wird.

Tischfertige Fischspeisen

Tischfertige Fischspeisen werden von der Industrie in meist guter Qualität angeboten: Lachs-Gratin mit Spinat, Fischpfanne, Fischstäbchen usw.

Fischdauererzeugnisse

Unter Fischdauererzeugnissen sind Räucherfisch, Fischpräserven und Fischvollkonserven zu verstehen. Räucherfisch und Fischpräserven sind kühl zu lagern. Fischdauerwaren sind innerhalb der Verbrauchsfristen zu verarbeiten.

1 Erläutern Sie das Schlachten von Lebendfisch. Beurteilen Sie besondere Maßnahmen für Tierschutz und Arbeitssicherheit.

2 Beschreiben Sie die fachgerechte Aufbewahrung von Fisch in den unterschiedlichen Handelsformen.

3 Beschreiben Sie wichtige Vorbereitungsarbeiten bei Frischfisch.

4 Erläutern Sie die Arbeitsschritte von der lebenden Forelle bis zum Forellenfilet.

5 Erläutern Sie das 3-S-System. Welche Folgen hätte Salzen von Fischfleisch lange vor der Zubereitung?

6 Beschreiben Sie die Herstellung eines Fischsuds.

7 Für ein Zwischengericht wird Lachsschnitte in Whiskeysauce bestellt.

7.1 Erarbeiten Sie eine Warenanforderung für 4 Portionen.

7.2 Beschreiben Sie Vor- und Zubereitung.

7.3 Erläutern Sie weitere Zubereitungsmöglichkeiten für Lachs.

8 Untersuchen Sie in einer Gruppenarbeit traditionelle Garnituren für gedünstete, gebratene und gegrillte Fischspeisen hinsichtlich rationeller Herstellung und Ernährungswert.

9 Beurteilen Sie Vor- und Nachteile für Fisch-Convenience-Erzeugnisse in Ihrem Ausbildungsbetrieb.

1 Für das Tagesmenü werden 25 Portionen servierfertiger Lachs zu je 180 g geplant. Der Putzverlust beträgt 35%, der Zubereitungsverlust 12%.

1.1 Ermitteln Sie die Menge Lachs, die bestellt werden muss.

1.2 Welcher Einkaufspreis ist zu bezahlen, wenn 1 kg Lachs 5,55 € ohne MwSt kostet?

1.3 Errechnen Sie den Materialpreis für das gesamte Fischgericht, wenn die Beilagen einen Wert von jeweils 1,40 € haben.

2 In der Gemeinschaftsverpflegung werden 55 Portionen Seehecht geplant. Wie viel Seehecht muss eingekauft werden, wenn der Dünstverlust 14% und der Vorbereitungsverlust 42% beträgt und eine verzehrfertige Fischportion 170 g wiegen soll?

12 Fonds

fonds · stocks

Fonds (franz. *fond* = Grund, Grundlage) bilden die **geschmackliche Grundlage** für die Herstellung insbesondere von **Kraftbrühen, Suppen, Eintöpfen, Dünstspeisen** und **Saucen**. Sie eignen sich des Weiteren zum **Auffüllen** anderer Speisen (Kartoffelspeisen, Kohlspeisen usw.). Deshalb werden sie auch als Grundbrühen bezeichnet. Fonds oder **Grundbrühen** fallen beim Garen von Lebensmitteln an oder werden speziell angesetzt.

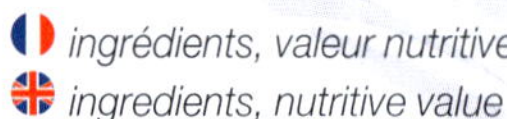

ingrédients, valeur nutritive
ingredients, nutritive value

12.1 Zutaten, Nährwert

Grundzutaten — *ingrédients* · *ingredients*

Schlachtfleisch	Geflügel	Wild	Fisch / Krustentiere	Gemüse, Pilze
derbes, auch sehnenreiches Fleisch, Abschnitte, Knochen	ältere Tiere, Karkassen	Abschnitte, Knochen	Abschnitte, Gräten, Krustentiere, Karkassen	derbes Gemüse, Würzgemüse, Würzpilze, Abschnitte

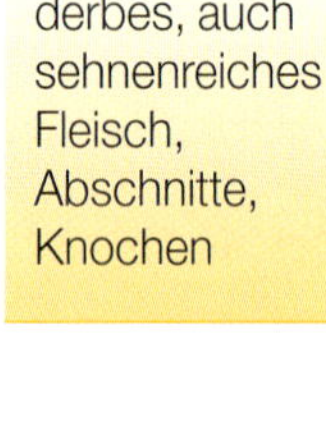

Aromaten für die Fondsherstellung

Kräutersträußchen
bouquet aromatique
herb bouquet, bunch of herbs

Gemüsebündel
bouquet garni
vegetable bouquet, bouquet garni

Suppengrün
herbes potagères
bunch of herbs and vegetables for soupmaking

Gewürzbeutel
sachet d'épices
spice sachet

Einteilung — *classification* · *classification*

Fonds werden nach den verwendeten Rohstoffen eingeteilt. Nach der Farbe werden helle und braune Fonds unterschieden.

Schlachtfleisch hell	Schlachtfleisch braun	Geflügel hell	Geflügel braun	Wild braun	Fisch hell	Gemüse, Pilze hell
Knochenbrühe Fleischbrühe Kalbsfond	Kalbsfond Braten-Jus	Geflügelfond Geflügelessenz	Geflügelfond	Wildfond	Fischfond Fisch-Fumet Fischessenz	verschiedene Gemüse- und Pilzfonds

Nährwert *valeur nutritive* *nutritive value*

Bei den Fonds handelt es sich um **Zwischenerzeugnisse**, die vor dem Verzehr weiterverarbeitet werden. Sie müssen einen arteigenen Geschmack aufweisen. Durch die Aromastoffe wirken sie **appetitanregend**.

12.2 Herstellung

production *production*

Herstellungsprinzip

principes de préparation
preparation principles

Rohstoffe hell	auslaugen	heller Fond
Rohstoffe hell/braun	bräunen – auslaugen	brauner Fond

Wichtige Fonds	Rohstoffe	Würzstoffe
Knochenbrühe *bouillon d'os* *beef stock*	Rinderknochen, Parüren	Wurzelgemüse, Kräutersträußchen, geröstete Zwiebeln, Würzmittel
Fleischbrühe *bouillon* *bouillon, broth*	Rinderkochfleisch, Rinderknochen	Wurzelgemüse, Kräutersträußchen, geröstete Zwiebeln, Würzmittel
Heller Kalbsfond *fond de veau blanc* *white veal stock*	Kalbsknochen, Kalbfleisch, Parüren	Gespickte Zwiebel, Champignonabschnitte, Würzmittel, Gewürzbeutel
Geflügelfond *fond de volaille* *chicken stock*	Kochhuhn, Geflügelklein, Karkassen	Kräutersträußchen, Zwiebeln, Würzmittel
Fischfond *fond de poisson* *fish stock*	Fische, Fischabschnitte, Gräten	Wurzelgemüse (Lauch, Sellerie, Zwiebel), Weißwein, Kräuter (Petersilie, Fenchel, Dill), Würzmittel
Gemüsefond *fond de légumes* *vegetable stock*	Wurzelgemüse, Petersilienstängel, Tomaten, Pilze	Gewürzbeutel
Brauner Kalbsfond *fond de veau brun* *brown veal stock*	Kalbsknochen, Kalbsfüße	Röstgemüse, Würzmittel, Kräuter
Wildfond *fond de gibier* *game stock*	Wildknochen, Wildfleisch	Rotwein, Röstgemüse, Würzmittel (Wacholder), Tomatenmark
Krustentierfond *fond de crustacés* *crustacean stock*	Karkassen, Abschnitte	Wurzelgemüse (Lauch, Sellerie, Zwiebel), Weißwein, Kräuter (Petersilie, Fenchel, Dill), Würzmittel

Fonds haben unterschiedlichen Charakter

Fond: *arteigene Grundbrühe, die beim Garen von Fleisch, Geflügel, Wild, Fisch, Krebsen und Gemüse entsteht*

Bouillon: *Brühe aus Fleisch und Knochen, also Fleisch- und Knochenbrühe, von Rind, Kalb, Lamm oder Geflügel*

Fumet: *besonders kräftiger Fischfond*

Essenz: *konzentrierter und meist verfeinerter Fond aus Schlachtfleisch, Geflügel oder Wild, auch von Gemüse und Pilzen. Wird als klare Suppe angeboten.*

Glace: *Extrakt, konzentrierter Auszug der wasserlöslichen Bestandteile von Fleisch (Fleischextrakt), Geflügel, Wild oder Fisch*

Kalbsfond, heller Geflügelfond
Kalbsfond, brauner Wildfond

Qualitätsbestimmend sind:

- *einwandfreie Rohstoffe*
- *zweckmäßige Gargefäße*
- *fachlich korrekte Verfahrensführung*

Gestaffelte Gewürzzugabe bei der Brühenherstellung in der Folge Trockengewürze, Wurzelgemüse, Gewürzkräuter (Kräutersträußchen) beachten.

Die **Rohstoffe** müssen hygienisch und ernährungsphysiologisch einwandfrei sein. Selbstverständlich können Abschnitte, Knochen, Parüren, Karkassen und Gräten rationell weiterverarbeitet werden.
Geeignet sind hohe und halbhohe **Kochtöpfe.** Bei der **Verfahrensführung** ist auf ein langsames Kochen der nicht abgedeckten Fonds, auf wiederholtes Entfetten und Abschäumen zu achten. Im **Geschmack** sollten Fonds möglichst neutral sein. Würzmittel sind gestaffelt nach ihrer Konsistenz zuzugeben.

Fonds aus Schlachtfleisch

 *fonds de viande*  *meat stocks*

Diese Fonds sind nach den verwendeten Rohstoffen **Rind** und **Kalb**, die zu **hellen und braunen Fonds** verarbeitet werden können, zu unterscheiden. Die braunen Fonds können nature sein oder gebunden werden.

Helle Fonds

fonds blancs *white stocks*

Fleisch- und Knochenbrühe

bouillon d'os, bouillon ordinaire

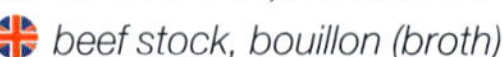

beef stock, bouillon (broth)

Die Ausbeute beträgt jeweils 10 l.

Die Fleisch- und Knochenbrühe bilden als helle Brühen die Grundlage für weitere Suppen, helle Saucen, Eintöpfe und andere Speisen. Fleischbrühe wird wie die Knochenbrühe, jedoch unter Zusatz von Rinderkochfleisch hergestellt.

Herstellung von Fleisch- und Knochenbrühe	
Rinderknochen sägen oder hacken. **Parüren** bereitstellen	Besseres Auslaugen durch Oberflächenvergrößerung. Gute Verwertung von Abschnitten zur Erhöhung des Extraktgehaltes
Blanchieren oder heiß, dann kalt abspülen	Blutreste und andere unerwünschte Bestandteile werden entfernt; Keime an der Oberfläche durch kurze Hitzeeinwirkung beseitigen, ebenfalls Oberflächenfett
Rohstoffe kalt ansetzen	Schnelles Auslaugen; heißes Wasser würde das Eiweiß gerinnen lassen und dadurch den Konzentrationsaustausch anfangs vermindern
Langsam erhitzen	Fleischeiweiß gerinnt, umschließt dabei Trübstoffe in der Brühe; der Vorgang wird als Klären der Brühe bezeichnet
Aufkochen, nicht wallend kochen	Intensives Wallen führt zum Emulgieren von Fett und Wasser und trübt die Brühe
Evtl. **Rinderkochfleisch** zugeben	Bei Bedarf kann Rinderkochfleisch in der Brühe saftig und gehaltvoll gegart werden
Kaltes **Wasser** zugeben, **abschäumen**	Kaltes Wasser führt verstärkt zur Bildung von Trübstoffansammlungen, die dann mit der Schaumkelle gut zu entfernen sind
Salz und **Gewürze** zugeben	Geschmacksgebung durch Trockengewürze (Piment, Lorbeer, Pfefferkörner), vorteilhaft im Gewürzbeutel
Langsam weiterkochen	Etwa 3 h; Garpunkt des Kochfleisches beachten! Optimales Auslaugen der Inhaltsstoffe
Wurzelgemüse zugeben	Wurzelgemüse, auch als Aromaten bezeichnet, etwa 45 min vor Gar-Ende zugeben; geeignet sind Zwiebeln, Möhren, Lauch und wenig Sellerie; Zwiebel auch geröstet zur besseren Farbgebung
Kräutersträußchen einlegen	Außer Liebstöckel erst kurz vor Fertigstellung der Brühe zugeben oder direkt ins Passiertuch; etherische Öle kommen so am besten zur Wirkung
Abschmecken mit **Salz**	Salz soll den Geschmack abrunden, nicht übertönen
Passieren	Entfernen der enthaltenen Rohstoffe und letzter unerwünschter Trübstoffe
Degraissieren (entfetten)	Entfernen des Oberflächenfettes, das den Geschmack beeinträchtigen könnte

Einfache Knochenbrühe, Fleischbrühe

bouillon ordinaire, bouillon d'os (FR)
bouillon, broth, beef stock (EN)

15 l Wasser
8 kg Rinderknochen, Parüren
0,05 kg Salz
0,6 kg Wurzelgemüse
Kräutersträußchen, Pfefferkörner, Thymian, gespickte Zwiebel

Bei Fleischbrühe Zugabe von 4 kg Rinderkochfleisch.

Zutaten für Knochenbrühe

Heller Kalbsfond

fond de veau blanc (FR)
white veal stock (EN)

15 l Wasser
6 kg Kalbsknochen
2 kg Kalbsparüren
0,05 kg Salz
0,8 kg Wurzelgemüse
Gewürzbeutel (Nelken, Pfefferkörnern, Thymian)

- Klein gehackte Kalbsknochen und Abschnitte mit Salz und Wurzelgemüse ansetzen.
- Etwa 2 h am Siedepunkt halten, abschäumen und passieren.

Braune Fonds

fonds de veau brun (FR) *brown veal stock* (EN)

Brauner Kalbsfond

fond de veau brun (FR) *brown veal stock* (EN)

0,15 kg Speiseöl
6 kg Kalbsknochen
2 kg Kalbsfüße
1 kg Wurzelgemüse
0,1 kg Tomatenmark
1 l Rotwein oder Weißwein
15 l Wasser
0,05 kg Salz
Pfefferkörner, Nelken, Lorbeer, Rosmarin

- Klein gehackte Kalbsknochen, Kalbsfüße und Abschnitte mit Wurzelgemüse anbraten, Tomatenmark kurz mit braten, mit Rotwein ablöschen.
- Mit wenig Wasser auffüllen, sanft kochen, bis die Knochen zu glacieren beginnen, Vorgang wiederholen.
- Mit Wasser auffüllen, auskochen. Mäßig würzen und passieren.

1 Der Warenwert für 2 kg Wurzelgemüse beträgt bei der Selbstbearbeitung 1,97 €.
Als Tiefgefrierware fertig bezogen kostet die gleiche Menge 3,66 €.
1.1 Ermitteln Sie die prozentualen Mehrkosten.
1.2 Nennen Sie Argumente, die trotzdem für die Verwendung der Tiefgefrierware sprechen.

Kalbs-Jus

jus de veau (FR) *veal gravy* (EN)

Herstellung wie brauner Kalbsfond

0,15 kg Speiseöl
5 kg Kalbsbrustknochen
3 kg Kalbsknochen
2 kg Kalbsfüße
1 kg Kalbsparüren
1 kg Wurzelgemüse
0,1 kg Tomatenmark
1 l Rotwein oder Weißwein
5 l brauner Kalbsfond
15 l Wasser
Pfefferkörner, Nelken, Lorbeer, Rosmarin

***Kalbs-Jus** ist ein feiner Kalbsfond mit kräftigem Kalbsgeschmack, der sich zur Herstellung besonders feiner Saucen eignet. Ursprünglich beim Braten von Kalbfleisch oder ausschließlich aus Kalbsparüren gewonnen.*

***Gebundener Kalbs-Jus** (jus de veau lié / bound veal gravy) ist gebundener, eingekochter Kalbssaft. Leicht mit Stärke binden, auskochen, abschäumen, durch ein Tuch passieren.*

Bratensaft

jus de rôti *gravy*

Grand jus ist nicht mehr aktuell

*Auch als großer brauner Fond bezeichnet. Geeignet als **Grundlage für Fonds, Saucen** und **Fleischspeisen**. Durch die Herstellung des „grand jus" konnten früher anfallende Abschnitte, Fond- und Saucenreste rationell verarbeitet werden. Heute stellt man Fonds in **kleineren Mengen und stets frisch** her.*

Den einfachen **Bratensatz** von Bratfleisch mit Wein ablöschen, mit wenig braunem Kalbsfond auffüllen, einkochen, durchseihen und entfetten. Nach der Entnahme des Bratens den Bratensatz ablöschen oder den Bratensatz mit Wurzelgemüse dünsten und mit braunem Fond deglacieren. Braten-Jus nature (klar) lassen oder mit Stärke leicht binden.

Fonds aus Geflügel

fonds de volaille *chicken stock*

Heller Geflügelfond

fond de volaille blanc
white chicken stock

Wird wie heller Kalbsfond (→ 107), jedoch aus Suppenhühnern oder reichlich Geflügelkarkassen zubereitet.

15	l	Wasser
5	kg	Geflügelklein, Geflügelkarkassen
1	kg	Suppenhuhn
0,05	kg	Salz
0,65	kg	helles Wurzelgemüse
		Gewürzbeutel (Nelken, Pfefferkörner, Rosmarin)

Was ist Geflügelessenz?

Gefügelessenz (essence de volaille / chicken essence) ist ein verfeinerter heller Geflügelfond, der einen kräftigeren Geflügelgeschmack hat. Die Herstellung erfolgt zunächst wie beim hellen Geflügelfond. Danach wird noch reduziert, so dass die Essenz in kaltem Zustand geliert.

Brauner Geflügelfond

fond de volaille brun
brown chicken stock

15	l	Geflügelbrühe
6	kg	Geflügelklein, Geflügelkarkassen
0,2	kg	Speiseöl
1	kg	Wurzelgemüse
		Salz, Pfeffer, Rosmarin

- Karkassen in heißem Öl mit Wurzelgemüse und Geflügelklein anbraten.
- Mit Geflügelbrühe oder braunem Fond ablöschen.
- Mit Salz, Pfeffer und Rosmarin würzen, etwa 90 min kochen.

Fonds aus Wild

fonds de gibier *game stocks*

Wildfond

fond de gibier *game stock*

0,15	kg	Speiseöl
6	kg	Wildknochen und -parüren, auch wenig Speckschwarte
1	kg	Wurzelgemüse, Pilzabschnitte
0,08	kg	Tomatenmark
2	l	Rotwein
15	l	Wasser
0,05	kg	Salz
		Pfefferkörner, Wacholder, Nelken, Lorbeer, Thymian

- Klein gehackte Wildknochen mit Wurzelgemüse in Öl braun braten, Parüren zugeben, mit Rotwein und Wasser ablöschen, reduzieren, Vorgang zweimal wiederholen, aufkochen, abschäumen, entfetten, Pilzabschnitte zugeben. 90 min kochen und passieren.

Zutaten für Wildfond

Fonds aus Fisch

fonds de poisson *fish stocks*

Fischfond

fond de poisson *fish stock*

6 kg Abschnitte von weißen Fischen, -gräten
10 l Wasser
1 l trockener Weißwein
0,6 kg Wurzelgemüse (Lauch, Zwiebeln)
0,2 kg Fenchelkraut
0,1 kg Champignonabschnitte
0,025 kg Salz
Pfefferkörner, Nelken, Lorbeer, Thymian, Petersilienstängel

Zutaten für Fischfond

- Fischgräten (gewässert und blutfrei) und Fischabschnitte – am besten von Seezunge, Steinbutt, Hecht oder Zander – mit Wasser, Weißwein, Wurzelgemüse, Fenchel, Petersilie, Champignonabschnitten und Würzmitteln im Beutel 20 min am Siedepunkt halten.
- 10 min vor dem Passieren einige Pfefferkörner und Nelken zugeben.

Fischfumet

fumet de poisson *fish essence*

Fischessenz ist ein durch Reduzieren verfeinerter Fischfond (Fischfumet), der einen kräftigen Fischgeschmack hat.

6 kg Fischgräten, Fisch- und Krebsabschnitte
0,05 kg Butter
0,05 kg Schalotten
0,1 kg Champignonabschnitte
10 l Fischfond
1 l Weißwein
0,025 kg Salz
Zitrone, Petersilienstängel

- Fischgräten mit Schalottenscheiben, Champignonabschnitten, Petersilienstängeln und Butter 10 min dünsten.
- Mit Weißwein ablöschen und fast vollständig einkochen. Mit Fischfond auffüllen.
- Mit Zitronensaft und Salz würzen. Nach dem Passieren etwa 15 min am Garpunkt halten.

Fonds aus Gemüse und Pilzen

fonds de légumes et de champignons
vegetable and mushroom stocks

Gemüsefond

fonds de légumes
vegetable stocks

0,4 kg Zwiebeln
0,03 kg Speiseöl
0,15 kg Lauch
0,2 kg Möhren
0,2 kg Fenchel/Blumenkohl
0,2 kg Sellerie
0,2 kg Petersilienwurzel
0,2 kg gelbe Rüben
11 l Wasser
Lorbeer, Piment, Liebstöckel, Pfefferkörner

- Zwiebelwürfel und zerkleinertes Gemüsein Öl dünsten.
- Wasser und Gewürze zugeben.
- Etwa 20 min sanft kochen. Durch ein Tuch passieren.

Gemüsefond wird zur Herstellung von vegetarischen Speisen und Gemüsesuppen, zum Auffüllen von gedünstetem Gemüse, Suppen und Saucen verwendet.
Gemüse- und Pilzfonds entstehen durch das Garen entsprechender Gemüse- und Pilzarten. Oft fallen sie beim Garen von Gemüse an und müssen nicht extra angesetzt werden.

Geflügelextrakt
glace de volaille *chicken glaze*

Wildextrakt
glace de gibier *game glaze*

Fischextrakt
glace de poisson *fish glaze*

Wird Extrakt nicht aus Rindfleisch hergestellt, dann ist auch hier die nähere Bezeichnung des verwendeten Rohstoffs erforderlich.
Für 1 kg industriell hergestellten Fleischextrakt werden 30–40 kg Fleisch benötigt, was den hohen Preis erklärt.

Fleischextrakt *glace de viande*  *meat glaze*

Fleischglace kann sowohl aus **entfetteter, salzfreier Fleischbrühe** als auch aus braunen Fonds durch Reduzieren zubereitet werden. Auf die Zugabe von Gemüse – insbesondere von Tomaten wie auch auf Salz – sollte verzichtet werden, da dies beim Konzentrieren zu unerwünschten Geschmacksveränderungen führen könnte. Für eine gute **Qualität** ist die reduzierende Flüssigkeit öfters zu passieren, mehrfach in kleinere Töpfe umzufüllen, dabei ständig abzuschäumen. Gekocht wird bis zur sirupartigen Konsistenz. Nach dem Erkalten wird die Masse aufgrund des Kollagengehaltes fest wie Gelee. In geschlossenen Behältern Extrakt kühl lagern. Durch den geringen Wassergehalt und den hohen Anteil an Gelierstoffen ist eine gute Lagerfähigkeit gesichert.
Vorteilhaft ist, den noch warmen Fleischextrakt zur hygienischen Lagerung in Kunstdärme abzufüllen. Vor Gebrauch durch Schneiden portionieren.
Verwendet werden Extrakte zur Geschmacksverbesserung von Suppen, Saucen und anderen Speisen, des Weiteren zum Glasieren von Braten. Fleischextrakt verleiht Speisen (Fleisch, Wild, Geflügel, Fisch, Kartoffeln) ein attraktives glänzendes Aussehen und vollendet sie geschmacklich.

Zum Glasieren trägt man den gering erwärmten Fleischextrakt mit einem Glasierpinsel auf.

glaces préparées de produits prêts à l'emploi
glazes prepared of convenience products

12.3 Fonds und Extrakte aus Convenience-Erzeugnissen

Die aufwendige Eigenherstellung von Extrakten ist kaum noch erforderlich, da die Industrie Rindfleischextrakt in bester Qualität anbietet. Dieses preisintensive Erzeugnis besteht aus einem Konzentrat extrahierter Fleischbestandteile, hat sirupartige bis pastenartige Konsistenz und eine braune Farbe. Der Fleischauszug ist fast völlig wasserfrei und enthält Mineralstoffe, Aminosäuren und Fleischbasen.

1. *Beschreiben Sie die Merkmale von Fond, Bouillon, Fumet und Glace.*
2. *Erläutern Sie, wofür Fonds in der Küche verwendet werden.*
3. *Welche Knochen eignen sich für braune Fonds?*
4. *Nennen Sie Saucen, für die brauner Fond die Grundlage bildet.*

13 Saucen

🇫🇷 *sauces* 🇬🇧 *sauces*

13.1 Einteilung, Nährwert

🇫🇷 *classification des sauces, valeur nutritive*
🇬🇧 *classification of the sauces, nutritive value*

Einteilung
Zu unterscheiden sind grundsätzlich:
- Aus den vier warmen Grundsaucen abgeleitete Saucen
- Warme selbstständige Saucen ohne Ableitung, Spezialsaucen
- Saucen aus arteigenen Grundstoffen ohne oder mit geringer Bindung
- Mit Mehlschwitze (roux), eingerührtem Mehl oder Mehlbutter gebundene Saucen
- Bratensaucen
- Kalte Grundsaucen mit Ableitungen, selbstständige kalte Saucen

Warme Grundsaucen	Selbstständige Saucen	Saucen aus arteigenen Grundstoffen	Mit Mehl gebundene Saucen	Bratensaucen	Kalte Saucen
Weiße Grundsauce Béchamel-Sauce Holländische Sauce Braune Kraftsauce	Tomatensauce Paprikasauce Warme Spezialsaucen	Coulis-Saucen Tomate, Paprika, u. a. Gemüse Früchte	Mit eingerührtem Mehl/-eingerührter Stärke Mit Mehlschwitze, Mehlbutter	Rind, Kalb, Schwein, Lamm, Wild, Geflügel	Mayonnaise (kalte Grundsauce) Essig-Öl-Kräuter-Saucen Dip-Saucen Kalte Spezialsaucen

Nährwert
Als Zutaten werden Fonds (➔ 104 ff.), Bratensaft, aromareiche und farbstarke Rohstoffe (Röstgemüse, Tomaten usw.) verwendet.
Saucen sollen Speisen, insbesondere Sättigungsbeilagen gleitfähig machen, geschmacklich abrunden oder ihnen typische Geschmacksrichtungen geben und sie optisch aufwerten. Deshalb sollten sie hinsichtlich der Ernährung
- optisch ansprechend,
- appetitanregend,
- würzend, verdauungsfördernd,
- ernährungsphysiologisch aufwertend sein.

In gastronomischer Hinsicht umhüllen, überziehen oder binden Saucen andere Speisenteile, verbessern das Farbbild der Speisen und unterstreichen Geschmackskontraste.

> Als wichtige Qualitätskriterien gelten arteigener Geschmack, Konsistenz und Farbe.
> Saucen bestimmen in entscheidendem Maße die Qualität von Speisen.

Deshalb ist der Saucenposten eines der wichtigsten Arbeitsgebiete in der Küche.

sauces de base et leurs dérivés
basic sauces and their derivatives

13.2 Grundsaucen und ihre Ableitungen

Die Zubereitung guter Saucen erfordert arteigene, gehaltvolle Fonds (Grundbrühen).

Fond → Grundsauce → Saucenableitung

Rezepturen und Portionsmengen
Die Rezepturen der Grundsaucen sind für 10 l berechnet. Je nach Speise werden je Portion 0,05 l bis 0,10 l Sauce gerechnet.

Saucen werden in **warme (weiße, braune)** und **kalte Saucen** unterteilt. Innerhalb dieser Gruppen gibt es eine Vielzahl von speziellen Saucenvarianten, die größtenteils von einem Grundstock, einer so genannten Grundsauce, abgeleitet werden. Als Grundsaucen gelten **weiße Grundsauce, Béchamel-Sauce, holländische Sauce, braune Kraftsauce** und **Mayonnaise.**

Zubereitung der unterschiedlichen weißen Grundsaucen:

Weiße Mehlschwitze + Kalbsbrühe → weiße Kalbsgrundsauce, Deutsche Sauce

Weiße Mehlschwitze + Geflügelbrühe → weiße Geflügelgrundsauce, Geflügelrahmsauce

Weiße Mehlschwitze + Fischbrühe → weiße Fischgrundsauce, Weißweinsauce für Fisch

Weiße Mehlschwitze + Gemüsebrühe → weiße Gemüsegrundsauce

Weiße Grundsauce

sauce velouté *white basic sauce*

Weiße Grundsauce wird aus Grundbrühen von Kalb, Geflügel, Fisch und Gemüse hergestellt. Diese Zutaten sind namensgebend.
Die Bindung erfolgt durch eine weiße Mehlschwitze *(roux blanc)*. Bei der Zubereitung der Mehlschwitze und beim Auffüllen gelten die gleichen Regeln, wie bei den Suppen beschrieben. Die Sauce muss kochen, damit der Mehlgeschmack verschwindet. Die Konsistenz der weißen Grundsauce ist leicht deckfähig. Sie soll beim Aufbewahren im Wasserbad die gewünschte Konsistenz behalten.

Weiße Grundsauce (Grundrezeptur)

0,6	kg	Butter
0,6	kg	Weizenmehl
12	l	arteigene Brühe
		Salz

Herstellung von weißer Grundsauce	
Butter zerlassen und Weizenmehl darin glatt rühren	Beim Erhitzen wird die Stärke teilweise bis zu Dextrinen abgebaut, der Mehlgeschmack verschwindet
Hell schwitzen	Hitze so regulieren, dass keine Färbung entsteht, die Sauce soll hell bleiben
Arteigene Grundbrühe unter Rühren zugießen, aufkochen	Regel: Mehlschwitze heiß – Fond kalt Mehlschwitze kalt – Fond heiß Der reine Fondgeschmack gewährleistet die typischen Sauceneigenschaften
Mit dem Schneebesen stetig rühren	Verhindert Anbrennen und Klumpenbildung
Gut durchkochen, mindestens 10 min	Damit die Stärke restlos ausquillt
Abschäumen, durch Tuch oder Drahtspitzsieb passieren	Die Sauce soll glatt sein, ohne Rückstände

Die entstandene Sauce kann als Bindemittel dienen oder für Ableitungen weiter verarbeitet werden. Weiße Grundsaucen werden durch Zugabe von Aspik zu weißen Sulzsaucen *(sauce chaud-froid velouté / white chaud-froid sauce)* weiter verarbeitet, die zum Maskieren von kalten Speisen *(chaud-froid)* dienen.

Weiße Grundsauce für Kalbfleisch und ihre Ableitungen

velouté pour viande de veau et ses dérivés
velouté for veal and its derivatives

Deutsche Sauce *sauce allemande* *German sauce*

Die deutsche Sauce stellt eine Verfeinerung der weißen Grundsauce dar. Sie bildet den Grundstock für weitere Ableitungen.

Deutsche Sauce

8,5	l	weiße Kalbsgrundsauce
0,5	l	Champignonfond
0,05	kg	Zitronensaft
10		Eigelb
1	l	Sahne
		weißer Pfeffer, Salz

Deutsche Sauce

Herstellung von deutscher Sauce	
Grundsauce mit Champignonfond gut verrühren und durchkochen	Gute Mischung und Konsistenz, Verfeinerung des Geschmacks
Mit **Zitronensaft** und **weißem Pfeffer** abschmecken	Zitrone muss vor der Liaison zugegeben werden
Vortemperierte **Liaison** unterrühren	Liaison darf nicht gerinnen

Zunehmend verzichtet man bei hellen Saucen aus gesundheitlichen und hygienischen Erwägungen auf die Verwendung von Liaison. Helle Saucen werden kurz vor dem Anrichten mit einem ***Püreestab aufgemixt****, so dass Luft in die Sauce kommt und dadurch eine schaumige Konsistenz entsteht.*
Das Montieren der Sauce mit ***kalten Butterflocken*** *führt durch Emulsionsbildung ebenfalls zu sämiger Konsistenz.*

Ableitungen der deutschen Sauce

Weiße Kalbsgrundsauce ➔ Deutsche Sauce

Currysauce
sauce au curry
curry sauce
Curry

Kapernsauce
sauce aux câpres
caper sauce
Kapern

Meerrettichsauce
sauce raifort
horseradish sauce
Geriebener Meerrettich, Sahne

Senfsauce
sauce moutarde
mustard sauce
Senf

weiße Champignonsauce
sauce aux champignons de Paris
champignon sauce
Champignonscheiben, -fond

weiße Kräutersauce
sauce aux fines herbes
herb sauce
gehackte Kräuter

Weiße Grundsauce für Geflügel und ihre Ableitungen

velouté pour viande de volaille et ses dérivés
velouté for chicken and its derivatives

Die Geflügelrahmsauce ist eine Verfeinerung der weißen, mit Geflügelfond hergestellten Grundsauce.

Geflügelrahmsauce *sauce suprême* *chicken cream sauce*

9	l	weiße Geflügelgrundsauce
0,5	l	Champignonfond
1	l	Sahne
0,05	kg	Zitronensaft

Herstellung von Geflügelrahmsauce	
Grundsauce mit **Champignonfond** und **Sahne** gut verrühren und aufkochen	Gute Mischung und Konsistenz
Mit **Zitronensaft** abschmecken	Zitrone vor der Liaison zugeben
Passieren	Glatte Konsistenz ist notwendig

Ableitungen der Geflügelrahmsauce

Weiße Geflügelgrundsauce ➔ Geflügelrahmsauce

Alexandra-Sauce
sauce Alexandra
Alexandra sauce
Trüffelessenz

Estragonsauce/Bertram-Sauce
sauce Bertram
Bertram sauce
Gehackte Estragonblätter (südd. Bertram)

Finnische Sauce
sauce finlandaise
Finnish sauce
Blättchen von Gemüsepaprika, gehackte Kräuter, Chili

Pächterinsauce
sauce fermière
sauce tenant's style
Feine Wurzelgemüsestreifen

Toulouser Sauce
sauce toulousaine
Toulousian sauce
Fleischextrakt, Tomaten, Madeira

Weiße Grundsauce für Fisch und ihre Ableitungen

sauce au vin blanc pour poissons et ses dérivés
white-wine sauce for fish and its derivatives

Weißweinsauce für Fisch ist aus der weißen Fischgrundsauce abgeleitet.

Weißweinsaucen für Fisch eignen sich vorzugsweise zu pochierten und gedünsteten Fischspeisen sowie zu Speisen mit Krebsen und Weichtieren.

Herstellung von Weißweinsauce	
Fischfond reduzieren	Verstärken des arteigenen Geschmacks
Fischfond mit **weißer Fischgrundsauce** verrühren und kochen	Intensive Vermischung
Eigelb, Sahne und **Weißwein** mit Grundsauce vortemperieren und unter Rühren hinzugeben. Nicht mehr kochen lassen.	Das Gerinnen wird verhindert
Passieren	Passieren sichert glatte Konsistenz

Ableitungen der Weißweinsauce für Fisch

Weiße Fischgrundsauce ➔ Weißweinsauce für Fisch

Kräuter-Sauce
sauce aux fines herbes
herb sauce
Gehackte Petersilie, gehackter Estragon

Morgenrotsauce
sauce aurore
Aurora sauce
Tomatenmark, Butter, Sahne, gehackte Tomaten

Muschelsauce
sauce aux moules
mussel sauce
Reduzierter Muschelfonds, Einlage: Muscheln

Kapernsauce
sauce aux câpres
caper sauce
Kapern

Dillsauce
sauce à l'aneth
dill sauce
Gehackter Dill

Sardellensauce
sauce aux anchois
anchovy sauce
Sardellenbutter, Sardellenpaste

Béchamel-Sauce

sauce Béchamel — Bechamel sauce

Die Béchamel-Sauce ist ebenfalls eine Grundsauce, da von ihr verschiedene Ableitungen hergestellt werden können. Des Weiteren wird sie zum Binden und beim Überbacken von Gemüse, Kartoffeln, Pilzen und Teigwaren verwendet. Deshalb soll sie deckfähiger als die weiße Grundsauce sein. Die Béchamel-Sauce kann auch **nur aus Milch oder Sahne** und ohne Zwiebeln hergestellt werden, weshalb sie auch Milch- oder Rahmsauce genannt wird.

Wer war denn eigentlich - Béchamel?

Louis de Béchamel, Marquis de Nointel, hieß eigentlich Bechameil und war Haushofmeister Ludwigs XIV. Die angeblich von ihm erfundene Sauce war allerdings schon viel früher bekannt.

Béchamel-Sauce (Grundrezeptur)

0,7	kg	Butter
0,5	kg	Zwiebeln
0,75	kg	Weizenmehl
6	l	Vollmilch
6	l	Kalb- oder Rindfleischbrühe
		Salz, weißer Pfeffer, Gewürznelken, Lorbeer, Muskat

Herstellung von Béchamel-Sauce	
Butter und **Zwiebelwürfel farblos dünsten**	Geschmacksgebung, jedoch keine Farbveränderung
Weizenmehl anstäuben, **dann erkalten lassen**	Herstellung einer weißen Mehlschwitze Stärke wird teilweise zu Dektrinen abgebaut
Mit heißer **Milch** und **Brühe auffüllen, glatt rühren**	Gute Verbindung der Bestandteile, Geschmacksgebung ohne Geschmack nach rohem Mehl
Würzen, 30 min kochen	Sauce soll nicht nachquellen und glatte Konsistenz erhalten
Durch ein Drahtspitzsieb passieren	Unerwünschte grobe Bestandteile abtrennen

Mehlschwitze

Aufkochen

Fertige Sauce

Ableitungen der Béchamel-Sauce

Kardinalsauce
sauce cardinal
cardinal's sauce
Trüffelfond, Hummerbutter

Lyoner Sauce
sauce lyonnaise
Lyon sauce
Gedünstete Zwiebelwürfel, Knoblauch, Kräuter

Vernet-Sauce
sauce Vernet
Vernet sauce
Kräuterbutter, Würfel von Eiklar, Pfeffergurken und Trüffeln

Sahnesauce (Rahmsauce)
sauce crème
cream sauce
Sahne, Butter

Käsesauce
sauce Mornay
Mornay sauce
Liaison aus Eigelb und Sahne, Reibkäse

Weiße Zwiebelsauce
sauce Soubise
Soubise sauce
Zwiebelmus, Sahne

Holländische Sauce

sauce hollandaise
hollandaise sauce

Die holländische Sauce wird **warm aufgeschlagen**, die Herstellung erfolgt ohne Stärkezugabe aus den Hauptrohstoffen **Eigelb und Butter.** Durch diese wertvollen Rohstoffe ist diese Sauce kostenintensiv. Außerdem hat sie dadurch einen großen Energiewert. Die Verwendung reicht von der Vervollkommnung von Fleisch-, Fisch- und Eierspeisen sowie zum Gemüse bis zur Verfeinerung und zur Aufwertung von weißen Saucen und zum Überbacken.

Holländische Sauce (Grundrezeptur etwa 0,5 l)

6-8		Eigelb (90–120 g)
0,5	kg	Butter
0,02	kg	Schalotten
3	EL	Essig oder Weißwein
3	EL	Wasser
		Salz, Essig, Zitronensaft, weiße Pfefferkörner, Chili

Herstellung von holländischer Sauce	
Wasser, Essig, auch **Weißwein** mit zerdrückten **Pfefferkörnern** und **Schalottenwürfeln** auf etwa $^1/_3$ der Flüssigkeitsmenge einkochen (Reduktion), passieren und erkalten lassen	Geschmacksstoffe sollen konzentriert werden, feste Bestandteile dürfen nicht in der Reduktion bleiben
Butter erhitzen	Nicht zu stark erhitzen, um Braunwerden zu vermeiden Die Emulsion entmischt sich: Oben setzt sich das klare Butterfett ab, unten die wässrige Phase (Molke), die weiter verwendet werden kann
In die **abgekühlte Reduktion Eigelb** geben, im Wasserbad bei 65 °C cremig aufschlagen Warmes geklärtes **Butterfett** tropfenweise unterschlagen	Damit das Eigelb nicht stockt. Durch tropfenweises Zugeben gute Emulsionsbildung; nur mäßige Wärme, damit die Sauce nicht entmischt
Mit **Zitrone, Salz, Chili** würzen	Geschmackliche Vollendung

Was tun, wenn die holländische Sauce entmischt ist?

- *Auf die Sauce etwas kaltes Wasser geben und mit dem Schneebesen auf der Oberfläche das Wasser verrühren.*
- *Sobald in kleinem Umkreis wieder Bindung entsteht, mit dem Schneebesen größere Kreise ziehen, bis die Sauce emulgiert.*
- *Wenn kein Erfolg, dann die entmischte Sauce in Eigelbe einrühren.*

Die Bearner Sauce wird mitunter auch als aufgeschlagenen Grundsauce verwendet

Ableitungen der holländische Sauce

Choron-Sauce
sauce Choron
Choron sauce
Tomatenmark, Reduktion aus Weißwein

Schaumsauce
sauce mousseline
mousseline sauce
Geschlagene Sahne

Aufgeschlagene Senfsauce
sauce moutarde montée
whipped mustard sauce
Senf

Malta-Sauce
sauce maltaise
Maltese sauce
Blutorangensaft und -würfel, abgeriebene Orangenschale (ungespritzt)

Bearner Sauce
sauce béarnaise
bearnaise sauce
Fleischextrakt, Estragon, Kerbel, Weißwein als Reduktion

Romanow-Sauce
sauce Romanov
Romanov sauce
Kaviar

Braune Kraftsauce

sauce demi-glace *demi-glace sauce*

Braune Kraftsauce (Grundrezeptur für 10 l)

0,6	kg	Speiseöl
7	kg	Kalbs- und Schweineknochen
0,5	kg	Schinken- und Speckschwarten
1,5	kg	Bratgemüse (Zwiebeln, Möhren, Sellerie)
0,03	kg	edelsüßer Gewürzpaprika
0,5	kg	Tomatenmark
0,75	l	Rotwein
0,4	kg	Weizenmehl
12	l	Kalbsfond
		Piment, Pfefferkörner, Lorbeer, Thymian, Knoblauch, Petersilienstängel

Braune Mehlschwitze
Speiseöl : Weizenmehl im Verhältnis 3 : 4

Weitere bekannte Ableitungen sind die Madeira-Sauce, die durch Zugabe von Madeira und Butter, sowie die braune Rahmsauce (Sahnesauce), die mit Sahne hergestellt wird.
Die Robert-Sauce wird durch eine Reduktion aus Zwiebelwürfeln und Weißwein sowie durch Abschmecken mit Senf zubereitet. Verwendung zu kurzgebratenem Schweinefleisch.

Herstellung von brauner Kraftsauce	
Gehackte **Kalbs-**, auch **Schweineknochen** und **-schwarten** anbraten ①	Durch Oberflächenvergrößerung gute Farbgebung und Auslaugen, Herausbildung von Aromastoffen
Bratgemüse (2 Teile Zwiebeln und Möhren, 1 Teil Sellerie in Würfeln) hinzugeben und braun mit braten ②	Zusätzliche Farb- und Geschmacksstoffe entstehen Sellerie weniger verwenden, da besonders intensiver Geschmack
Tomatenmark hinzugeben, reduzieren und glacieren Paprika kurz mitdünsten ③	Erzielen brauner Farbe, Tomate darf in Farbe und Aroma nicht dominieren Paprika verliert den „grantigen" Gschmack;
Mit **Rotwein** ablöschen, reduzieren, glacieren ④	Senken der Temperatur und geschmackliche Aufwertung
Auffüllen mit **braunem Kalbsfond**	Durch kaltes Auffüllen laugen die Extraktstoffe aus Knochen und Bratgemüse besonders gut aus
Braune Mehlschwitze dazugeben, glatt rühren, langsam weiter kochen, mehrmals abschäumen und entfetten	Binden der Kraftsauce, Weizenmehlgeschmack verschwindet, völlige Ausnutzung der Rohstoff-Inhaltsstoffe, gutes Aussehen und gute Konsistenz
Würzmittel vor Koch-Ende dazu	Etherische Öle sollen in der Sauce bleiben
Durch Spitzsieb, dann durch Tuch passieren	Unerwünschte Rohstoffteile entfernen

Herstellung von brauner Kraftsauce

Ableitungen der braunen Kraftsauce

Burgunder Sauce

sauce bourguignonne
Burgundy sauce

Reduktion: Herber Burgunder, Schalottenwürfel
Einlage: Geschnittene Champignons, Butterflocken
Verwendung: Gekochte Rinderzunge, warmer Schinken, Omeletts

Jägersauce

sauce chasseur
sauce hunter's style

Reduktion: Weißwein, Schalottenwürfel
Einlage: Geschnittene Champignons, gehackter Schinken, Petersilie
Verwendung: Kurzgebratene Schlachtfleisch- und Wildspeisen

13.3 Bratensaucen

jus de rôti *brown gravy*

Bratensaucen fallen bei **geschmorten Fleischspeisen** an und werden nicht extra hergestellt. Bei **Braten** oder **sautierten Fleischspeisen** werden sie unkompliziert unter Verwendung des anfallenden Bratensatzes zubereitet.

Herstellung von Bratensaucen	
Bratfett abgießen	Fett wird sich wieder absetzen, außerdem ist übermäßiger Fettgehalt unerwünscht
Dem Bratensatz Wurzelgemüse und Wein zugeben, reduzieren	Bratensatz soll weiter bräunen, wird dann wieder abgelöscht und aufgelöst
Mit arteigenem Fond, Grundbrühe oder mit gebundenem Kalbsfond auffüllen	Binden, wie unten angegeben, Brühe und Fond sollen sich geschmacklich dem Bratensatz unterordnen
Sauce passieren	Sauce von unerwünschten Bestandteilen trennen
Einlage hinzugeben	Durch Einlagen besonderen Charakter geben

ARTEIGENE BESONDERHEITEN

Kalb	Schwein	Rind	Lamm	Wild	Geflügel
Klein gehackte arteigene Knochen zugeben, Bratgemüse zugeben					
Möhren	Möhren, Zwiebeln, Sellerie	Möhren, Zwiebeln	Möhren, Zwiebeln, Lauch	Wenig Sellerie Zwiebeln	Bei Ente und Gans: Zwiebeln, Äpfel
Tomatenmark zugeben					
Stärke (Mehl anstäuben)					
Mit arteigenem Fond auffüllen					
Konsistenz: Nature, leicht gebunden	Leicht gebunden	Leicht deckfähig	Leicht deckfähig	Leicht gebunden	Leicht deckfähig
Würzmittel: Salz, Pfeffer, Sahne ist möglich, Butterflocken	Salz, Pfeffer, Kümmel, Lorbeer, Knoblauch, Majoran	Salz, Pfeffer, Lorbeer, Rotwein	Salz, Pfeffer, Knoblauch, Lorbeer, Thymian	Salz, Pfeffer, Wacholder, Rotwein, → Saucenkuchen, Sahne, Pilze, Preiselbeeren	Salz, Pfeffer, Rosmarin, Beifuß (fettes Geflügel)

13.4 Selbstständige warme Saucen

sauces spéciales chaudes
special warm sauces

Fällt beim Zubereiten **keine geeignete Garflüssigkeit** an und soll zu solchen Speisen trotzdem eine Sauce gereicht werden, dann werden selbstständige Saucen verwendet. Sie lassen sich nicht von Grundsaucen ableiten. In verschiedenen Fällen sollen sie geschmacklich in einem gewünschten Kontrast zur übrigen Speise stehen. Das bekannteste Beispiel ist die Tomatensauce.

Rezepturen und Portionsmengen

Die Rezepturen der selbstständigen warmen Saucen sind für 2 l berechnet. Je Portion werden 0,05–0,07 l Sauce gerechnet.

*Für eine **vegetarische Speise** kann als Fett Speiseöl und anstatt Fleischbrühe eine Gemüsebrühe verwendet werden. Gemüsebrühe ist auch als Convenience-Erzeugnis erhältlich.*

Tomatensauce

sauce tomate *tomato sauce*

0,3	kg	Speck- und Schinkenabschnitte
2	kg	reife Tomaten
0,2	kg	Tomatenmark
0,15	kg	Möhren
0,15	kg	Zwiebeln
0,06	kg	Weizenmehl
2		Knoblauchzehen
1,5	l	Kalbsbrühe
		Kräutersträußchen (Petersilie, Lorbeer, Pfefferkörner, Basilikum, Salz, Pfeffer, Zucker)

- Schinken- und Speckwürfel auslassen, Mirepoix darin anbraten.
- Klein geschnittene Tomaten und Tomatenmark zugeben, bis zum Flüssigkeitsverlust reduzieren, mit Weizenmehl bestäuben.
- Nach dem Andünsten mit Kalbsbrühe auffüllen. Kräutersträußchen, Gewürze, Knoblauch, Salz, Pfefferkörner und eine Prise Zucker zugeben.
- Sauce langsam etwa 1 h kochen, dann passieren.

Teufelssauce

sauce diable *devilled sauce*

Tomatensauce mit einer Reduktion aus Schalotten und Pfefferkörnern kochen, mit Chili würzen.

Paprikasauce

sauce au paprika *paprika sauce*

Geeignet zu Fleisch, Geflügel, Fisch und Eierspeisen sowie zu Reis und Teigwarengerichten. **Qualitätsmerkmal** der unpassierten Paprikasauce ist ihre deckfähige Konsistenz.

0,2	kg	Räucherspeck
0,1	kg	Zwiebeln
0,06	kg	Weizenmehl
0,05	kg	Tomatenmark
0,1	kg	Paprikamark
0,05	kg	Gewürzpaprika
1,5	l	Fleischbrühe
0,075	l	Sahne
		Zitrone, Salz

- Rauchspeckwürfel auslassen, Zwiebelwürfel dazugeben und dünsten.
- Tomaten- und Paprikamark hinzufügen, Gewürzpaprika anstäuben und alles kurze Zeit dünsten. Mittlere Temperatur, um Verbrennen des Paprikas zu vermeiden.
- Weizenmehl anstäuben, dünsten und mit Brühe auffüllen. Sauce etwa 0,5 h auskochen. Mit Salz und Zitrone abschmecken. Mit Sahne und Butterflocken vollenden.

Ableitungen der Béchamel-Sauce: Vernet-Sauce, Käsesauce, Kardinalssauce
Ableitungen der weißen Grundsauce: Currysauce, Muschelsauce, Schalottensauce
Ableitungen der braunen Kraftsauce: Jägersauce, Robert-Sauce, Burgunder-Sauce

Apfelsauce

sauce aux pommes
apple sauce

Apfelsauce eignet sich zu fettem Fleisch, wie Gänse- oder Entenbraten, aber auch zu gebratenem Schweinekamm.

- Frisch geschälte Apfelstücke mit Zitrone und Weißwein mischen.
- Mit Zimtschale zugedeckt dünsten, dann Zimt herausnehmen.
- Dünstäpfel mixen und passieren. Kochen bis zu püreeartiger Konsistenz. Mit Zucker, Salz, eventuell Zitrone abschmecken.

Variationsmöglichkeiten der Curry-Sauce

Curry-Fruchtsauce

sauce curry aux fruits
curry sauce with fruit

Curry-Fruchtsauce kann für Curryspeisen verwendet werden.

- Apfel- und Ananasstücke in Butter dünsten, Curry, dann Kokosflocken und Geflügelbrühe zugeben.
- Aufkochen, Mango-Chutney zugeben, alles mixen, passieren, mit angerührter Stärke binden. Mit Tabasco abschmecken, nochmals aufkochen.

Preiselbeersauce

sauce aux airelles rouges
mouwtain-cranberry sauce

Preiselbeersauce eignet sich zu verschiedenen Wildspeisen, auch zu Geflügel und Schweinebraten.

- Zucker – zum Sämigmachen Glukosesirup verwenden – und Rotwein aufkochen und abschäumen.
- Vorbereitete frische Preiselbeeren in den nicht mehr siedenden sirupartigen Fond geben.

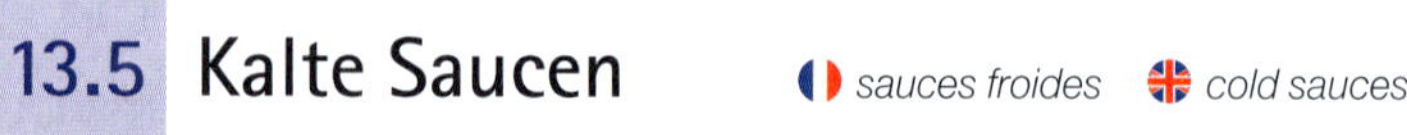

13.5 Kalte Saucen

sauces froides *cold sauces*

Ermitteln Sie den Energiegehalt von 50 g holländischer Sauce. Weißwein, Essig und Würzmittel bleiben unberücksichtigt.

Saucen, die in der kalten Küche verwendet werden, sind Ableitungen der **Mayonnaise** oder **selbstständige Saucen.**
Kalte selbstständige Saucen lassen sich ohne Verwendung von Mayonnaise herstellen. Eine weitere wichtige Gruppe sind **Salatsaucen** oder Dressings, die sowohl auf Mayonnaise-, Sahne-, Joghurt- oder Quarkbasis als auch auf Essig-Öl-Grundlage hergestellt werden können. Eine besondere Art der kalten Saucen stellen die **Würzsaucen** dar, die nach ihrer ursprünglichen Herkunft auch als englische Saucen bezeichnet werden. Darunter sind meist industriell hergestellte Spezialsaucen zu verstehen, die auf Grund der vielen exotischen Zutaten bei uns traditionell industriell hergestellt werden.

Grundsauce Mayonnaise	Selbstständige Saucen	Englische Saucen
Ableitungen	**Beispiele**	**Beispiele**
Remouladensauce	Cumberland-Sauce	Worcestershire-Sauce
Tomatenmayonnaise	Apfel-Meerrettich-Sauce	Ketchup
Gloucester-Sauce	Ei-Sauce	Piccalilli-Sauce
Kaukasische Sauce	Tomatensauce	Cumberland-Sauce
Tatarensauce	Essig-Öl-Kräutersauce	Chilisauce
Aspik- und Sulzsauce	Dips	

Grundsauce Mayonnaise und ihre Ableitungen

sauce mayonnaise de base et ses dérivés
basic mayonnaise (sauce) and its derivatives

Die Mayonnaise ist eine kalte, gerührte Sauce, die ausschließlich in der kalten Küche verwendet wird. Sie ist eine Emulsionssauce, in der fettreiche Bestandteile (Öl, Eigelb) einigermaßen stabil verbunden sind.

Mayonnaise (Grundrezeptur 1 l)

mayonnaise
mayonnaise (sauce)

0,8	kg	Speiseöl
4		Eigelb (0,065)
0,05	l	Zitrone
		Salz, weißer Pfeffer, Senf, Worcestershire-Sauce

Herstellung von Mayonnaise	
Zutaten auf 20 °C temperieren	Zur guten Emulsionsbildung müssen die Zutaten gleiche Temperaturen aufweisen
Die **Eigelb** vom Eiklar trennen	Frisches Eigelb dient als Emulgator, Eiklar behindert Emulsion
Eigelb und **Würzmittel** intensiv rühren	Zur Emulsionsbildung muss Eigelb glatt und schaumig sein
Öl dosiert zugeben Zunächst wenig Öl zutropfen, sobald die Konsistenz dicker wird, Ölzugabe allmählich erhöhen	Emulsionsbildung erfolgt durch Fett
Mit **Salz** und **Zitrone** abschmecken	Pikanter, abgerundeter Geschmack

Qualitätsmerkmale der Mayonnaise als Grundsauce sind ein neutraler Geschmack und eine dickliche Konsistenz, die geschmackliche Variationen erlaubt.

Eigelb schaumig rühren, Öl dosiert zugeben

Lagerung

Mayonnaise darf weder zu kalt noch zu warm gelagert werden, sonst besteht die Gefahr, dass sich die Emulsion entmischt. Da sie empfindlich gegenüber Fremdgerüchen ist, müssen die Lagergefäße gut abgedeckt werden.
Wenn diese Sauce aus Frischei hergestellt wird, darf sie wegen der Gefahr der Salmonellenvermehrung nur für den Tagesbedarf zubereitet werden. Dagegen kann Mayonnaise mit **pasteurisiertem Eigelb** – also auch industriell hergestellte Mayonnaise – länger gelagert werden.

Verwendung

Zunächst lassen sich zahlreiche Ableitungen herstellen, die für kalte und warme Speisen verwendet werden.

Gemüse	Fisch	Eier	Braten	Aspikspeisen	Salate	Snacks
warm kalt	frittiert pochiert	kalt	kalt		Cocktails	kalt warm

Fertige Mayonnaise

Salatmayonnaise
(sauce à salade à la mayonnaise, salad dressing with mayonnaise) Mayonnaise wird mit Weißweinreduktion, Bouillon und Zitrone verdünnt und mit Senf geschmacklich abgerundet.
***Industriell hergestellte Mayonnaise** lässt sich mit Worcestershire-Sauce, Zitrone, Salz, Pfeffer, Senf, einer Prise Zucker und einer Prise Chili pikant abschmecken und mit etwas Fond oder Wasser zur gewünschten Konsistenz verändern.*

Angebot von Convenience-Saucen

Ableitungen der Mayonnaise

Ableitung	Besondere Bestandteile	Verwendung
Andalusische Sauce 🇫🇷 *sauce andalouse* 🇬🇧 *Andalusian sauce*	Tomatenfleisch, Tomatenmark, Streifen von blanchiertem rotem Gemüsepaprika	Kalte Eier, Fleisch, Fisch, Geflügel
Cocktailsauce 🇫🇷 *sauce cocktail* 🇬🇧 *cocktail sauce*	Tomatenketchup, etwas Schlagsahne, mit Salz, Chili, Zucker, Zitrone und Weinbrand würzen	Cocktails (→ 124), Salatsauce, kalte Eier, Krustentierspeisen, Fisch
Grüne Sauce (Frankfurter grüne Sauce) 🇫🇷 *sauce verte* 🇬🇧 *green sauce*	Pürierte (Mixer) blanchierte Blätter von Spinat und Sauerampfer sowie Petersilie, Kresse, Kerbel, wenig Estragon, auch fein gehackte blanchierte Schalotten, würzen mit Salz, Pfeffer, Zitrone *$^{2}/_{3}$ Mayonnaise, $^{1}/_{3}$ saure Sahne*	Kalte Eier, Krustentier-, Fischspeisen, Sülze, auch zu Pellkartoffeln
Knoblauch-mayonnaise 🇫🇷 *sauce aïoli* 🇬🇧 *ailloli sauce*	Je nach Geschmack Schüssel mit Knoblauch ausreiben oder mit Salz zerstoßenen Knoblauch dazumischen, mit Chili und Zitrone würzen	Grillspeisen, kalter Braten Bouillabaise (Marseiller Fischsuppe)
Kräutersauce 🇫🇷 *sauce ravigote* 🇬🇧 *ravigote sauce*	Fein gehackte Petersilie, Schnittlauch, Kerbel, Dill, Estragon, mit Zitrone, Worcestershire-Sauce, Salz und Pfeffer würzen	Fisch-, Krustentierspeisen, gekochte Fleischspeisen
Remouladensauce 🇫🇷 *sauce rémoulade* 🇬🇧 *remoulade sauce*	Senf, gehackte Gewürzgurken, Kapern, Sardellen, blanchierte Zwiebeln, Petersilie, Kerbel, Estragon, mit Salz, Pfeffer und Zitrone würzen	Fischspeisen, kalter Braten (Roastbeef), kalte Eier, Sülzspeisen
Tatarensauce 🇫🇷 *sauce tartare* 🇬🇧 *Tatar sauce*	Gehackte hart gekochte Eier, feine Schnittlauchröllchen, mit Chili, Salz, Zitrone und einer Prise Zucker kräftig würzen	Frittierte Fischspeisen, kalte Eier, kalter Braten
Tiroler Sauce 🇫🇷 *sauce tyrolienne* 🇬🇧 *Tyrolean sauce*	Tomatenmark, gehackte Tomaten, gehackte Schalotten, Petersilie und wenig Estragon, mit Salz, Chili, Zitrone und einer Prise Zucker würzen	Warme und kalte Fischspeisen, kalter Braten, kalte Eier, Rindfleischsalat
Sahnesauce 🇫🇷 *sauce Chantilly* 🇬🇧 *Chantilly sauce*	Mit Salz, Chili und Zitrone würzen, Schlagsahne unterziehen	Spargel, Artischocken
Sulzsauce 🇫🇷 *sauce mayonnaise collée* 🇬🇧 *aspic mayonnaise*	Flüssigen Aspik langsam unter die Mayonnaise rühren (*Verhältnis Aspik : Sauce = 1 : 3*), abkühlen lassen	Zum Überziehen von Sulzspeisen

Selbstständige kalte Saucen

Kalte selbstständige Saucen werden ohne Verwendung von Mayonnaise hergestellt, wodurch sie energiearm und relativ gut verdaulich sind. Verwendet werden sie als Salat- oder Cocktailsaucen und als Beigabe zu kalten Speisen. Zum Teil sollen sie geschmackliche Kontraste zu den Speisen herstellen (Convenience-Erzeugnisse ➔ 129).

sauces froides
cold sauces

Apfel-Meerrettich-Sauce

sauce raifort aux pommes
horseradish sauce with apples

Eignet sich zu Schweinebraten, Schinken und gebratenem Geflügel.

- Apfelmus mit geriebenem Meerrettich vermischen.
- Mit Weißwein, einer Prise Zucker, Salz und Zitrone abschmecken.

Eiersauce

sauce gribiche
egg sauce

Eiersauce wird zu Fischspeisen, kaltem Rind- und Schweinefleisch, aber auch für Frischkostsalate und Gemüsecocktails verwendet.

- Hart gekochtes Eigelb durch Sieb streichen, mit Senf und Öl glatt rühren.
- Gehackte Kapern, Petersilie, Kerbel und wenig Estragon unterrühren.
- Mit Salz, Pfeffer, Essig und einer Prise Zucker würzen.
- Einlage: Streifen oder durch ein grobes Drahtsieb gedrücktes Eiklar.

Minzesauce

sauce à la menthe
mint sauce

- Gehackte Minze (Pfefferminze ➔ 264) mit siedendem Wasser übergießen.
- Gleiche Menge Weinessig zugeben und mit Zucker abschmecken oder zunächst Weißwein mit Zucker reduzieren, mit Pfeffer abschmecken.

Englische Spezialität, zu Hammel- und Lammspeisen.

Rote-Bete-Schaum

mousse à la betterave (rouge)
beetroot mousse

- Rote Bete raspeln. Mit Salz, weißem Pfeffer, einer Prise Zucker und Balsamico-Essig abschmecken, durch ein Tuch pressen.
- Crème double aufschlagen, mit Rote-Bete-Saft vermengen.

Sahnemeerrettich

raifort à la crème
horseradish cream

Auch als Meerrettichcreme bezeichnet. Geeignet zu Fischspeisen, Grillspeisen, Schinken, Roastbeef und fetthaltigem Fleisch.

- Fein geriebenen Meerrettich mit halbsteif geschlagener Sahne vermischen.
- Mit Salz, Zitrone und einer Prise Zucker abschmecken.

Pesto-Sauce *sauce pesto* *pesto sauce*

Italienische Spezialsauce, auch als Basilikumsauce bezeichnet, wird zu Bandnudeln (Trenette), Spaghetti, Gnocchi und anderen Teigwaren gereicht.

- Fein gehackte Basilikumblätter und fein gehackten Knoblauch in Olivenöl geben und die pastenartige Masse verschlossen kühl lagern.
- Bei Bedarf nach Belieben mit Pecorino- oder Parmesankäse und zerriebenen Pinienkernen vermengen.

Variante: Basilikumcreme
(crème au basilic, basil cream)
Basilikum zupfen, in Olivenöl zusammen mit Schalotten dünsten, pürieren, mit Crème fraîche montieren. Abschmecken mit Zucker, Salz, weißem Pfeffer und Zitrone.

Joghurtsauce

sauce à salade au yogourt
yogurt dressing

Wird für Salate verwendet.

- Joghurt mit Salz, Knoblauch, weißem Pfeffer, Zitrone und einer Prise Zucker würzen, glatt rühren.
- Gehackte Kräuter, wie Petersilie, Kerbel, Dill und Borretsch, zugeben.

Mango-Ingwer-Sauce

sauce à la mangue et au gingembre
mango and ginger sauce

- Reife Mangofrüchte schälen, Fruchtfleisch pürieren.
- Frischen Ingwer in Orangensaft kochen, mit Stärke binden, pürieren, erkalten lassen. Beide Pürees vermengen, mit Zitrone abschmecken.

Essig-Öl-Sauce

sauce à salade à l'huile et au vinaigre
salad dressing with oil and vinegar

Diese Saucen werden auch als Dressings bezeichnet. Sie dienen in erster Linie zum Fertigstellen von Salaten.
Für die Essig-Öl-Sauce eignen sich unterschiedlichste Sorten von Essig (Wein-, Balsamico-, Branntwein-, Kräuteressig) und Salatöl (Oliven-, Walnuss-, Sonnenblumenöl). Je nach Art werden fein gehackt einzeln oder in Mischung Schalotten oder Zwiebeln, Kapern, Gewürzgurken, Petersilie, Schnittlauchröllchen, hart gekochte Eier, Sardellen, Salz, Pfeffer und Senf untergemischt. Neuerdings werden auch Keime oder Sprossen (➔ 30) verwendet. Essig-Öl-Saucen sind abgefüllt kühl lagerbar und müssen vor der Verwendung gut vermengt werden, da die Sauce nach dem Aufbewahren einer entmischten Emulsion gleicht.

Mengenverhältnis:
1 Teil Essig (2,5% Säure) auf 3 Teile Öl

Vergleich der Stabilität von Emulsionen

Wichtige Salatsaucen

Salatsauce	Fett / Säure	Bindemittel/Würzmittel
Essig-Öl-Salatsauce *vinaigrette* *simple dressing*	Salatöl, Essig	Salz, Pfeffer
mit Kräutern *vinaigrette aux herbes* *vinaigrette*	Salatöl, Essig	Wie oben; gehackte Kräuter: Petersilie, Kerbel, Estragon
französische Salatsauce *sauce à salade française* *French dressing*	Salatöl, Weinessig	Französischer Senf, Schalotten, Kräuter, Salz, Pfeffer, Zucker
amerikanische Salatsauce *sauce à salade américaine* *emulsified French dressing*	Salatöl, Zitrone, Weißweinessig	Eigelb (möglichst pasteurisiertes Eigelb), Schalotten, Pfeffer, Salz, Zucker, Chili
mit Ei *aux œufs* *with eggs*	Salatöl, Weinessig	Gehacktes Ei, Salz, Pfeffer
italienische Salatsauce *sauce à salade italienne* *Italian dressing*	Olivenöl, Rotwein- oder Balsamico-Essig	Schalotten, Knoblauch, Oregano, Salz, Pfeffer
mit Roquefort *au roquefort* *with roquefort*	Salatöl, Weißweinessig	Durchgestrichener Roquefort, Schalotten, Senf, Pfeffer, Salz
mit Sahne *à la crème* *with cream*	Sahne, Zitrone	Weißer Pfeffer, Salz, Zucker
mit Zitrone *au citron* *with lemon*	Salatöl, Zitrone (3:1)	Salz, weißer Pfeffer

Convenience-Salatsaucen

1 3 l Weinessig mit 8% Säure sollen auf 2,5% Säure verdünnt werden.
1.1 Wie viel Wasser wird zugegossen?
1.2 Wie viel 2,5%iger Weinessig steht zur Verfügung?
2 Ermitteln Sie den Energiegehalt von 500 g Olivenöl.

Würzsaucen, englische Saucen

🇫🇷 *sauces aromatiques, sauces anglaises*
🇬🇧 *relishes, English sauces*

Die moderne Gastronomie verwendet ein mannigfaltiges Sortiment an Würzsaucen, die ursprünglich aus der **englischen,** aber auch aus der **kolonialen asiatischen Küche** stammen. Viele unterschiedliche Würzmittel, wie Pilze, Gemüse oder ihre natürlichen Konzentrate, werden verwendet. Da Würzsaucen nur sparsam gebraucht werden, kommt die Herstellung in Restaurantküchen kaum in Betracht. Deshalb erhielten sie auch die Bezeichnung industriell hergestellte Würzsaucen.

Bei der **traditionellen Herstellung** werden die Rohstoffe meist in größeren Behältern angesetzt, wo sie einige Zeit auslaugen und reifen. Danach werden sie durchgekocht und abermals zum Auslaugen stehen gelassen. Essenzen sowie alkoholhaltige Zusätze werden nach dem Kochen zugesetzt. Daran schließt sich das Passieren durch grobe und feine Metallsiebe bzw. Filter an. Moderne, vielfach als Betriebsgeheimnis gehütete Produktionsmethoden haben sich inzwischen durchgesetzt. Für eine gute Qualität ist nach wie vor die Reifungszeit erforderlich.

Zutaten zur Worcestershire-Sauce

Worcestershire-Sauce

🇫🇷 *sauce Worcestershire*
🇬🇧 *Worcestershire sauce*

Die Sauce, auch einfach Worcester-Sauce genannt, ist inzwischen zu einer universell eingesetzten Würzsauce geworden. Sie wurde nach der westenglischen Grafschaft Worcestershire benannt und wird in der Speisenherstellung beim Würzen von Ragouts aller Art, zum Marinieren von Fischfilets, für Cocktails sowie als Tafelsauce zum Nachwürzen durch den Gast verwendet.

Eine englische Originalrezeptur für 10 kg Sauce zeigt den kulinarischen Wert, der durch vielfältige Nachahmungen bei weitem nicht mehr erreicht wird.

3	kg	water
2,3	kg	malt vinegar (10%) with tarragon)
0,95	kg	tomato pulp (30% dry matter)
0,76	kg	portwine
0,57	kg	tamarinds
0,57	kg	champignon extract
0,34	kg	chili extract
0,23	kg	salt
0,23	kg	sugar
0,19	kg	soya extract
0,19	kg	anchovies
0,19	kg	lemon
0,19	kg	walnut extract
0,1	kg	curry powder
0,08	kg	garlic
0,08	kg	celery
0,08	kg	meat extract
0,07	kg	aspic
0,06	kg	black pepper
0,04	kg	horseradish
0,019	kg	caramel
0,004	kg	nutmeg
0,004	kg	allspice
0,001	kg	ginger
0,001	kg	bay
0,001	kg	chili pods

Übersetzen Sie die englische Originalrezeptur ins Deutsche.

Cumberland-Sauce

🇫🇷 *sauce Cumberland*
🇬🇧 *Cumberland sauce*

Diese englische Sauce erhielt ihren Namen nach **Ernst-August Cumberland, Herzog von Braunschweig und Lüneburg** (1845–1923). Die Rezeptur selbst ist nach der Chronik dem Hofmarschall des Herzogs, Freiherrn von Malortie, zuzuschreiben. Die Würzsauce eignet sich vorzugsweise zu kalten Wildspeisen, Pasteten und Galantinen. Sie wird in den Küchenbetrieben kaum noch selbst hergestellt.

4,8	kg	Johannisbeergelee
4	l	Portwein (➔ 366)
1,2	kg	englisches Senfmehl *(mustard powder)*
40		Orangen
		Chili, Schale von ungespritzten Orangen und Zitronen sowie Zitronensaft

- Orangen- und Zitronenzesten oder -streifen in Portwein pochieren.
- Senfmehl mit Portwein verrühren, Johannisbeergelee zugeben.
- Mit Orangen- und Zitronensaft abschmecken, mit Chili nachwürzen.
- Ausgekühlte Orangen- und Zitronenschalenstreifen zugeben.

Oxford-Sauce *(sauce Oxford / Oxford sauce)* kann als eine Variante der Cumberland-Sauce hergestellt werden, der anstatt Orangen- und Zitronenschalenstreifen fein geriebene Orangen- und Zitronenschale sowie gehackter Ingwer zugesetzt werden. Verwendet wird Oxford-Sauce zu gebratenem Wild und Geflügel sowie zu pastetenartigen Speisen (Krustenpasteten, Terrinen, Galantinen).

Mayonnaise → Tomaten-Mayonnaise

Curry → Curry-Ketchup

Gewürzpaprika → Paprika-Ketchup

Apfelmus → Apfel-Ketchup

Ketchup  *ketchup*  *ketchup*

Eine beliebte **englische Sauce,** die heute wegen ihrer vielfältigen Verwendung im Grunde nicht mehr als solche gilt, ist Tomaten-Ketchup oder einfach Ketchup. Mitunter ersetzt Ketchup bei der Speisenherstellung das Tomatenmark. Aus der folgenden englischen Originalrezeptur (10 kg) ist zu erkennen, dass außerdem eine Vielzahl von hochwertigen, intensiven Würzmitteln zugesetzt wird, die eindeutig die Geschmacksrichtung festlegen. In billigen Ketchup-Sorten wird zudem ein Teil des Tomatengrundstoffes durch modifizierte Stärke ersetzt. Solche Erzeugnisse sollten bei der Speisenherstellung besser gemieden werden, da sie schnell verbrennen.

4	l	Wasser
3,9	kg	Tomatenmark (40% Trockenmasse)
1	l	Sellerie- und Zwiebelfond
0,75	kg	Zucker
0,1	l	Gärungsessig (10%)
0,05	kg	Salz
0,01	kg	Gewürzpaprika, scharf
0,005	kg	gemahlener Ingwer
0,003	kg	gemahlene Nelken

Verwendet wird Ketchup als kalte Tafelsauce, für zahlreiche kalte, insbesondere Fleisch-, Eier-, Fisch- und Teigwarenspeisen. Aus Ketchup können unterschiedliche Geschmacksvarianten selbst hergestellt werden:

Picalilli-Sauce  *sauce picalilli* *picalilli sauce*

Eine spezielle englische Senfsauce, die zu verschiedenen Eier-, Fisch- und Fleischspeisen gereicht werden kann, aber auch zur Verfeinerung von Mixed Pickles verwendet wird. Der Sauce können fein gehacktes Essiggemüse (Mixed Pickles) oder ganze Perlzwiebeln, Blumenkohlröschen, Cornichons u. a. zugegeben werden.

5,2	l	Wasser
2,8	l	Gärungsessig (10%)
1	kg	Zucker
0,4	kg	Senfmehl
0,395	kg	Maismehl
0,135	kg	Salz
0,027	kg	gemahlenes Kurkuma
0,027	kg	Gewürzpaprika, scharf

Die **Picadilli-Sauce** ist eine Variante, der Ketchup zugefügt wird.

Chilisaucen *sauces au piment*  *chili sauces*

Diese extra scharfen Saucen (Tabasco, Pfeffersauce u. a.) werden ausschließlich industriell hergestellt. Sie bestehen aus Chili, Essig und Salz. Geeignet sind sie zum Würzen von Saucen, Salaten, Cocktails und für die Herstellung von Fisch- und Krebsspeisen.

Sojasauce  *sauce soja*  *soya sauce*

Diese asiatische Würzsauce wird ebenfalls nur industriell hergestellt. Eiweißreiche Sojabohnen werden dabei enzymatisch abgebaut. Der Abbau kann bis zu fünf Jahre dauern. Dabei entsteht eine dunkelbraune, aromatische Sauce (japanische Sojasauce ist dünnflüssig, die chinesische hat eine dickere Konsistenz). Sie dient zum Würzen von asiatischen Speisen, in der europäischen Küche zum Würzen und zum Marinieren von Fleisch, Wild, Geflügel, Fisch, Suppen, Gemüse, Salaten, Reis-, Teigwaren- sowie Eierspeisen.

Dips

dips *dips*

Diese Bezeichnung stammt aus dem Englischen (engl. *dip* = eintauchen).
Dips werden vorzugsweise zum Eintauchen von in Verzehrgröße geschnittenen Lebensmitteln verwendet. Eine solche Konsistenz ist beispielsweise bei den unterschiedlichen Fondue-Essen (→ 338) erforderlich.

Frischkäse-Meerrettich-Dip

dip au fromage frais et au raifort
dip with fresh cheese and horseradish

0,25 kg Doppelrahmfrischkäse (60% Fett i. Tr.)
0,25 kg Kefir (15% Fett i. Tr.)
0,1 kg geriebener Meerrettich
weißer Pfeffer, Salz, Zitrone

- Frischkäse mit dem Kefir verrühren und den Meerrettich untermischen, würzig abschmecken.

Würziger Chili-Dip

dip piquant au piment
spicy chili dip

0,25 kg Doppelrahmfrischkäse (60% Fett i. Tr.)
0,25 kg Kefir (15 % Fett i. Tr.)
0,1 kg Tomaten-Ketchup
0,1 kg Zwiebeln
2 Peperoni (je nach Geschmack auch mehr)
weißer Pfeffer, Salz, Zitrone, eine Prise Zucker

- Frischkäse mit dem Kefir verrühren, Tomatenmark und Zitrone untermischen.
- Zwiebeln und Peperoni sehr fein hacken und untermengen, würzig abschmecken.

Ableitungen der holländischen Sauce: Bearner Sauce, Choron-Sauce, Malteser Sauce
Mayonnaise: Remouladensauce, andalusische Sauce, grüne Sauce, Kaviarsauce
Selbstständige kalte Saucen: Basilikumcreme, Rote-Bete-Schaum, Mango-Ingwer-Sauce

Avocado-Dip

dip à l'avocat *avocado dip*

3 Avocados
0,4 kg saure Sahne
Zitrone, Senf, weißer Pfeffer, Salz

- Avocados halbieren, Kerne entfernen, Schalen abziehen, pürieren.
- Mit saurer Sahne, Senf und Zitrone verrühren.
- Mit Knoblauch, weißem Pfeffer, Salz und einer Prise Zucker abschmecken.

Senf-Sahne-Dip

dip crème à la moutarde
mustard cream dip

0,3 kg mittelscharfer Senf
0,4 kg saure Sahne
2 hart gekocht Eier
Kresse, Zitrone,
weißer Pfeffer, Salz,
eine Prise Zucker

- Saure Sahne mit Senf verrühren, mit Pfeffer und Salz würzen.
- Mit gehacktem Ei und Kresse vermengen, würzig abschmecken.

sauces avec d'autres liaisons
sauces with other liaisons

13.6 Saucen mit alternativer Bindung

In der Küchenpraxis ist der Trend festzustellen, dass der Gast **arteigene, wenig oder nicht gebundene Saucen** und **Jus** vorzieht, Saucen also, die nicht aus den Grundsaucen hergestellt werden. Auf Weizenmehl- oder Stärkebindung wird dann weitestgehend verzichtet. Bei anderen Bindemitteln wird überwiegend eine starke Energiewerterhöhung in Kauf genommen. Fonds werden bis zur sämigen Konsistenz eingekocht (reduziert), dann mit dem Mixer aufgeschlagen und mit einem alternativen Bindemittel zeitweilig emulgiert.

Alternative Formen der Saucenbindung

Coulis	Butter	Butter, Sahne	Doppelrahm	Doppelrahm, Butter

Coulis (Püreesauce)

coulis
coulis, puree sauce

Die notwendige Bindung kann durch die Hauptbestandteile selbst erzielt werden. Dazu werden Früchte, Gemüse, Hülsenfrüchte, Kartoffeln oder Fleisch püriert, also Coulis (franz. *couler* = fließen) hergestellt. Sie führen zur gewünschten geringen Bindigkeit. Die Bindigkeit liegt zwischen Saft und Mus. Eine besonders gute Bindung kann durch stärkehaltige Rohstoffe erreicht werden, insbesondere durch Kartoffeln und Hülsenfrüchte, aber auch durch mit gegartes Wurzelgemüse. Diese Bindeart wird insbesondere bei der gesundheitsfördernden Speisenzubereitung (Vollwertkost) geschätzt.

Tomaten-Coulis

coulis de tomates
tomato coulis

- Tomaten enthäuten, teilen, entkernen, pürieren.
- Mit Salz, weißem Pfeffer und Zitrone würzen.

Doppelrahm

crème double
double cream

1	l	Fond, reduziert
0,4	kg	Doppelrahm (Crème double)

- Reduzierten Saucenfond aufschlagen und mit Doppelrahm verrühren, nicht mehr aufkochen.

Kalte Butter

beurre froid
cold butter

Mit kalter Butter und dem ungebundenen heißen Fond wird eine Emulsion hergestellt, die aber durch erneutes Aufkochen zerstört wird. Es bilden sich dann unerwünschte Fettaugen. Eisgekühlte Butterstückchen werden mit dem Mixstab montiert. Die Konsistenz ist sämig. Diese Art der Bindung wird bei warmen und Spezialsaucen für Fisch, bei Fleischsaucen, aber auch für Suppen angewandt.

Doppelrahm und Butter

crème double et beurre
double cream and butter

1	l	Fond, reduziert
0,3	kg	Doppelrahm (Crème fraîche)
0,05	kg	Butter

- Reduzierten Saucenfond aufschlagen, mit Crème fraîche verrühren.
- Kalte Butterstücke mit dem Mixstab montieren.

Butter und Sahne

beurre et crème
cutter and cream

Geringe Sämigkeit kann ebenfalls durch Zugabe frischer Butter, Sahne (Crème fraîche) oder durch frisches Eigelb erzielt werden. Für diese Art der Bindung eignen sich weiße Saucen. Die Fonds sind erst auf etwa die Hälfte einzukochen, dann werden Butter, Sahne oder Creme double eingearbeitet. Es entstehen gering gebundene Saucen, die aber einen erhöhten Energiegehalt haben. Sahne kann auch mit dem Fond reduziert werden. Saure Sahne stets erst am Schluss zugeben.

13.7 Saucen aus Convenience-Erzeugnissen

sauces préparées de produits prêts à l'emploi
sauces prepared of convenience products

In die Wirtschaftlichkeitsberechnung bei der Saucenherstellung müssen Kosten real eingehen. Zur Kalkulation gehören die Aufwendungen für Material, Personal und Energie. Der Energieverbrauch wird dabei mitunter unterschätzt. Aus dieser Sicht wird zumindest vom Preis her das relativ teure Convenience-Material günstiger.

Saucenpulver → **abwiegen, abmessen** → **direkt in heiße Flüssigkeit einrühren** → **nach Anweisung kochen** → **Sauce fertig**

Bei Convenience-Saucen müssen die vorgegebenen Zubereitungshinweise und Mengenangaben genau eingehalten werden.

Beispiele: Zeitvergleiche bei der Herstellung von 80 l Sauce

Sauce	Herkömmlich	Mit Convenience-Erzeugnissen
Weiße Grundsauce	3 h	24 min
Béchamel-Sauce	2,5 h	24 min
Tomatensauce	3,5 h	24 min
Braune Grundsauce	3,5 h	24 min

Trockenerzeugnisse

déshydraté
dehydrated

Dabei handelt es sich um Saucenpulver, die als Morchel-, Jäger-, Pilzsaucen usw. angeboten werden. Das Aufwerten mit Speck-Zwiebel-Schmelze, frischen Pilzen, Schinkenwürfeln und Rotwein ist möglich.

Pasten

pâtes  *pastes*

Pasten werden als Halbfertigerzeugnisse angeboten: Krebs-, Hummer- und Fischpasten. Pasten werden auch für Suppen verwendet.

Fertigsaucen

sauces prêtes à l'emploi
ready-cooked sauces

Vorgefertigte Saucen werden nur noch im Wasserbad oder im Mikrowellengerät erhitzt. Fertigsaucen lassen sich mit einfachen Mitteln verändern, beispielsweise eine Käsesauce mit Parmesan durch Schnittlauch, Pfefferkörner, Walnüsse, Krabben.

Kalte Fertigsaucen

sauces froides prêtes à l'emploi
ready-cooked cold sauces

Bei kalten Fertigsaucen sind Erzeugnisse in Trockenform zum Anrühren und servierfertige Erzeugnisse zu unterscheiden. Angeboten werden: Essig-Öl-Saucen, Joghurt-Sahne-Quark-Dressings, Mayonnaise-Dressings, Light-Dressings u. a.
Sämige cremige Salatsaucen mit Joghurt, Ei, Kefir, Mayonnaise, Quark und Sahne sowie Marinaden (franz. *marin* = zum Meer gehörig, da Salzlake zum Einlegen von Fischen verwendet wurde) werden nach klassischen Vorlagen hergestellt.

Saucenbindemittel

liaisons pour sauces
liaisons for sauces

Zur Saucenbindung für helle und braune Saucen werden Pasten, Pulver und andere Zubereitungen angeboten.

13.8 Buttermischungen

beurres composés
butter mixtures

Nur gute Butter

Wie der Name sagt, dürfen Buttermischungen nur unter Verwendung von Butter hergestellt werden. Wird die Bezeichnung Butter durch Sauce ersetzt, ist die Fettart nicht vorgeschrieben.

Beispiel

Colbert-Sauce / Colbert-Butter

Zutaten, Einteilung

ingrédients, classification
ingredients, classification

Dem Namen nach bildet die Butter die grundlegende Zutat. Die Verwendung von Margarine ist lebensmittelrechtlich nicht erlaubt.
Buttermischungen werden nach der Konsistenz in drei Arten eingeteilt: fest, cremig, flüssig.

Nährwert

valeur nutritive *nutritive value*

Buttermischungen bieten für kalte und warme Speisen vielseitige Verwendung. Sie **komplettieren Speisen,** würzen, runden sie geschmacklich ab und geben Glanz. Buttermischungen erhöhen den **Genusswert** der Speisen und wirken appetitanregend.

Feste Buttermischungen

beurres composés solides ou froids
solid or cold butter mixtures

Die Butter soll geschmeidig sein. Dafür wird die Butter warm gestellt und mit dem Schneebesen schaumig gerührt. Geschmeidige Butter vermischt sich gut mit den geschmacksgebenden fein zerkleinerten, oft auch pürierten, meist fettlöslichen Rohstoffen.

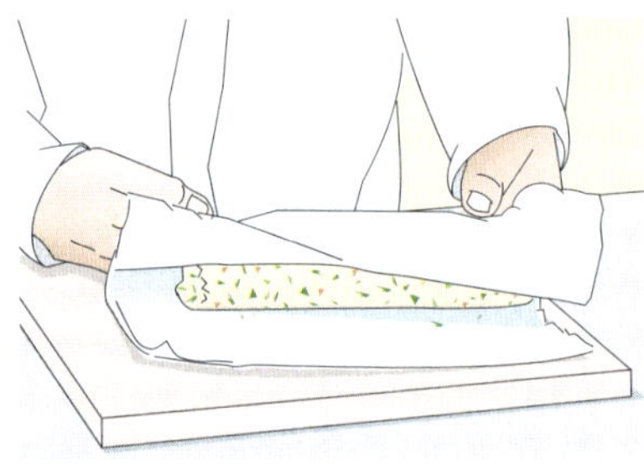

Rollen von Kräuterbutter

Ausstechen von Butterkugeln mit dem Pariser Ausstecher

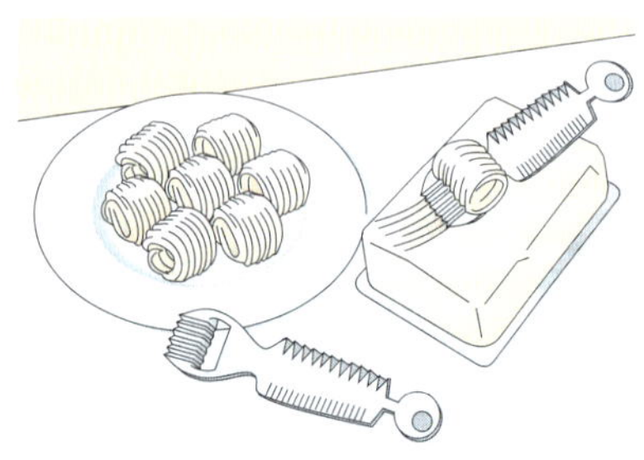

Herstellung von Butterrollen

	Herstellungsprinzip	Verwendung
Colbert-Butter *beurre Colbert* *Colbert butter*	Salz, Zitrone, Pfeffer, gehackte Petersilie, Fleischextrakt oder Fischextrakt	Gegrillte, kurzgebratene Fleischspeisen, Fischspeisen, Eierspeisen, Toast, Sandwiches
Hummerbutter *beurre de homard* *lobster butter*	Hummerkarkassen und -abschnitte in Butter braten, Matignon mit braten, ebenso Tomatenmark, würzen, mit Cognac flambieren, mit Weißwein ablöschen und reduzieren, Fisch-Fumet zugeben, 30 min kochen, passieren, abkühlen lassen, Hummerbutter degraissieren, mit Pfeffer, Dill und Zitrone würzen	Montieren von Saucen und Suppen (Krebsbutter wird auf gleiche Weise aus Krebskarkassen zubereitet)
Knoblauchbutter *beurre d'ail* *garlic butter*	Salz, weißer Pfeffer, feine Zwiebelwürfel, zerriebener Knoblauch	Verschiedene Schneckenspeisen, z. B. Schnecken am Spieß
Rotweinbutter *beurre au vin rouge* *red-wine butter*	Fein gehackte Schalotten in Butter dünsten, mit Rotwein ablöschen, reduzieren lassen, abkühlen lassen, unter schaumig gerührte Butter geben, mit Salz und Pfeffer abschmecken	Gegrillte Rindfleischspeisen, kurzgebratene Wildspeisen
Sardellenbutter *beurre d'anchois* *anchovy butter*	Fein gehackte Sardellen oder Sardellenpaste, Zitrone	Fischspeisen, Eierspeisen, Brotaufstrich

Cremige Buttermischungen

beurres composés crémeux
creamy butter mixtures

Für die Herstellung cremiger Buttermischungen gelten die gleichen Grundsätze wie für kalte Buttermischungen. Im Gegensatz dazu werden jedoch cremige Buttermischungen, die leicht Fremdgeschmack aufnehmen, täglich frisch zubereitet und nach ihrer Herstellung sofort weiter verarbeitet, also nicht nochmals gekühlt. Die in der Übersicht genannten kalten Buttermischungen können auch in cremiger Konsistenz zubereitet werden.

Flüssige Buttermischungen

beurres composés fluides
fluid butter mixtures

Für die Herstellung von flüssigen Buttermischungen muss Butter erhitzt werden. Beim Erhitzen wird die Emulsion aus Butterfett und Wasser zerstört.
Heiße Butter bzw. flüssige Buttermischungen erfordern deshalb bei der Herstellung Temperaturen über 45 °C und unterhalb 150 °C, was eine sorgfältige Arbeitsweise bedingt. Mit der Wärmezufuhr entweicht die wässrige Flüssigkeit, die enthaltenen Eiweißstoffe bewirken eine Verfärbung von Gelb nach Gelbbraun bis Braun und eine entsprechende Geschmacksveränderung. Da die heiße Butter noch Eiweißteilchen enthält, wird sie stets passiert.

Butterzubereitung

	Herstellungsprinzip	Verwendung
Zerlassene, klare Butter *beurre fondu* *melted butter*	Geklärte, passierte Butter, goldgelbe Farbe, klares ungebräuntes Aussehen	Anrichten von Fleisch, Geflügel- und Fischspeisen, Teigwaren, Gemüsebeilagen, Butterkartoffeln
Braune Butter *beurre noisette* *butter brown*	Butter zerlassen, hell bräunen, passieren	Fleisch-, Fischspeisen, Kartoffel-, Gemüsebeilagen, Süßspeisen
Müllerinbutter *beurre meunière* *meuniere butter*	Braune Butter mit etwas Zitrone und gehackter Petersilie; Zugabe von etwas Worcestershire-Sauce bei Speisen mit kräftigem Geschmack, passieren	Fleisch-, Fischspeisen, Gemüsebeilagen
Paprikabutter *beurre de paprika* *paprika butter*	Geklärte, ungebräunte Butter, etwas Zitrone, edelsüßer Gewürzpaprika, passieren	Beträufeln von Frikassee
Krebsbutter *beurre d'ecrevisses* *freshwater-crayfish butter*	Geklärte, ungebräunte Butter, etwas Zitrone, fein zerstoßene Krebsscheren, passieren	Beträufeln von Krebsspeisen und Frikassee, Spargelsuppe
Semmelbutter *beurre polonaise* *butter Polish style*	In zerlassene Butter langsam Reibebrot geben und bräunen	Überziehen von Gemüse (polnische Art) und Klößen

Herstellungsprinzip

Cremig gerührte frische Butter + würzige Zutaten (etwa 15% der Buttermasse) → geschmacklich arteigene Buttermischungen

Rezepturmengen

Auf jeweils 1 kg Butter rechnet man 0,015 kg Salz, 0,01 l Zitrone und Pfeffer aus der Mühle, außerdem namensgebende Rohstoffe.

1 *Worauf müssen Sie im Sinne der Lebensmittelkennzeichnungsverordnung bei der Anlieferung von Butter achten?*
2 *Vergleichen Sie das Herstellungsprinzip kalter, cremiger und flüssiger Buttermischungen und ihre Anrichteweise in einer Übersicht.*
3 *Stellen Sie einen schriftlichen Preisvergleich zwischen herkömmlich hergestellter und fertig bezogener Kräuterbutter auf. Beziehen Sie neben den Warenkosten auch die Arbeitszeit in Ihre Berechnungen ein.*
4 *Untersuchen Sie die Verwendung von Buttermischungen in Ihrem Ausbildungsbetrieb.*
4.1 *Welche Buttermischung wird zu welchem Gericht gereicht?*
4.2 *Welche werden als Convenience-Produkt angeboten?*
4.3 *Stellen Sie einen Bericht mit eigenen Vorschlägen zusammen.*

Kostenvergleich hausgemachter und Convenience-Kräuterbutter (25 Portionen)

Zeitaufwand	Lohnkosten	Materialkosten
Hausgemachte Kräuterbutter		
37 min	39,00 €	3,50 €
Convenience-Kräuterbutter		
4 min	4,20 €	7,50 €

1 *Ermitteln Sie den Materialpreis für 25 und für 10 Portionen von herkömmlichen und Convenience-Erzeugnissen.*
2 *Berechnen Sie die prozentuale Kostenersparnis bei der Verwendung von Convenience-Erzeugnissen.*
3 *Errechnen Sie die angenommenen Lohnkosten für 1 Arbeitsstunde.*

Verwendungs- und Angebotsmöglichkeiten

Kalte Buttermischungen dienen als Brotaufstrich, als Spritzgarnierung oder als Füllung. Butter als Hilfsmittel (Mehlbutter *[beurre manié]:* Butter-Mehl-Gemisch im Verhältnis 1:1. Zum schnellen Binden oder Nachbinden.)

Buttermischungen:
mit Curry
mit Nüssen
mit Kräutern
Butterrose
Dillbutter
mit Paprika
mit Mohn

Zum **Montieren** von Saucen oder Suppen müssen die Buttermischungen eisgekühlt sein. **Cremige Buttermischungen** werden oft zu warmen Fleisch-, Fisch-, Geflügel- und Eierspeisen gereicht.

Flüssige Buttermischungen: Flüssige heiße Butter dient in verschiedenen Variationen der Vollendung warmer Speisen. Sie unterstreicht den arteigenen Geschmack auserlesener Rohstoffe, gibt den Speisen Glanz, Geschmeidigkeit und Farbe. Heiße Butter kann als zerlassene klare Butter oder schäumende Butter auch ohne Zugabe anderer geschmacksbestimmender Rohstoffe zur Verfeinerung der Speisen dienen.

Lagerung

Kalte Buttermischungen können im Interesse einer rationellen Arbeitsweise auf Vorrat hergestellt werden. Dafür werden etwa 3 cm dicke Rollen geformt und in Butterpapier, feuchtem Pergament oder Folie für die weitere Verwendung im Kühlschrank gelagert. Bei der Kühllagerung hält sich die Buttermischung mehrere Tage.
Cremige und flüssige Buttermischungen müssen frisch zubereitet werden.

- *Butter beginnt bei 45 °C zu schmelzen, bräunt bei etwa 120 °C, der Rauchpunkt wird bei Temperaturen von 150 °C erreicht.*
- *Buttermischungen nehmen leicht Fremdgeruch und -geschmack an. Sie bieten Mikroorganismen gute Nährböden. Deshalb sind sie stets kühl zu lagern bzw. möglichst frisch herzustellen.*

Aufstrich	Verfeinerung
Bindung	Beilage
Füllung	Garnierung
Erzielung von Glanz	
Verbesserung der Konsistenz und der Geschmeidigkeit	
Farbgebung	

Portionieren und Anrichten

Kalte Buttermischungen werden portioniert als Rollen, Kugeln oder Scheiben. Entsprechend dem Bedarf und dem Verwendungszweck wird portioniert, zum Beispiel mit dem Butterschneider in Scheiben, mit Pariser Ausstecher in Kugeln. Zum Garnieren von kalten Platten können Buttermischungen mit dem Butterschaber zu dekorativen Rollen oder mit dem Spritzbeutel zu Rosetten geformt werden.
Butterschneider bzw. Pariser Ausstecher vor dem Portionieren in heißes Wasser tauchen und dadurch erwärmen! So lässt sich die Butter leichter bearbeiten. Angerichtet wird die portionierte Butter auf Unterlagen, beispielsweise auf Salatblätter oder Zitronenscheiben, damit die Butter als Beilage zu warmen Speisen nicht vorzeitig schmilzt.
Cremige und flüssige Buttermischungen werden in Saucieren angerichtet.

Buttermischungen aus Convenience-Erzeugnissen

beurres composés préparés de produits prêts à l'emploi
butter mixtures prepared of convenience products

Die Industrie bietet hochwertige Buttermischungen teilweise bereits portioniert an.

14 Brühen, Suppen, Eintöpfe

bouillons, potages, potées
beefstocks, soups, soup pots

14.1 Einteilung, Nährwert

valeur nutritive, classification
nutritive value, classification

Einteilung

Die Einteilung der unterschiedlichen Brühen und Suppen erfolgt nach der Verfahrensführung (Herstellungsprinzipien, Rohstoffe), oder der Herkunft.

Brühen, klare Suppen	Gebundene Suppen	Gemüsesuppen	Süße Suppen	Eintöpfe	Regionalsuppen	Nationalsuppen
bouillons beefstocks, clear soups	*potages liés bound soups, thick soups*	*potages aux légumes vegetable soups*	*soupes douces sweet soups*	*potées soup pots*	*potages régionaux regional soups*	*potages nationaux national soups*
Herstellung					**Herkunft**	
Fleischbrühen Fischbrühen Wildbrühen Geflügelbrühen Kraftbrühen Doppelte Kraftbrühen mit Einlagen Exotische Suppen	Cremesuppen Legierte Suppen Püreesuppen Krebs- und Weichtier-suppen Braune Suppen Schleimsuppen (Diätsuppen)	Klare Gemüse-suppen Gebundene Gemüse-suppen	Warme süße Suppen Kaltschalen	Gemüse-eintöpfe Hülsenfrucht-eintöpfe Reiseintöpfe Teigwaren-eintöpfe Kartoffel-eintöpfe	Deutschland Fremde Länder	Europa Übersee

Nährwert

Als **Zutaten** werden Fonds (→ 104 ff) verwendet.
Der **Nährwert** der Suppen richtet sich nach den verwendeten Rohstoffen und der durch die Bindung bestimmten Konsistenz. **Klare Suppen** enthalten lösliche Eiweißstoffe, freie Aminosäuren, Fleischbasen und etherische Öle sowie Aromastoffe. Dadurch sind sie appetitanregend. Sie fördern die Magen-Darm-Sekretion. Warme Suppen wärmen den Magen für die folgenden Gänge an, während kalte Suppen besonders im Sommer erfrischend wirken.
Gebundene Suppen können maßgeblich sättigen. In der gesundheitsbewussten Ernährung werden klare Brühen und Suppen mit besonderen Einlagen bevorzugt. Suppen können auch als Eintopf gekocht werden. Dann ist besonders auf Vollwertigkeit zu achten. Für die leichte Vollkost (Schonkost) eignen sich Schleimsuppen und klare Suppen (Kraftbrühen).
Unter **Kaltschalen** sind kalte Zubereitungen vorwiegend aus Früchten, Gemüse, Milcherzeugnissen, Bier, gebunden oder nature, zu verstehen. Durch die appetitanregende und verdauungsfördernde Wirkung, den Gehalt an Vitaminen und Mineralstoffen gewinnen sie in der Gastronomie an Bedeutung.
Suppen leiten im allgemeinen die Menüs ein. Insgesamt ist ein Trend zu beobachten, schmackhafte Suppen auch als Zwischenverpflegung einzunehmen.

Portionsmengen

Suppentassen oder Teller	*0,2–0,25 l*
bei mehrgängigen Menüs	*0,15 l*
Tassen für exotische Suppen	*0,1 l*
Suppenterrinen	*0,5–0,75 l*

Urteil des Feinschmeckers

Jean-Anthelme Brillat-Savarin (1755–1826), der Feinschmecker und Verfasser des berühmten Buches „Physiologie des Geschmacks", sagte über Suppen: „Sie sind eine gesunde, leichte, sättigende und zu allem passende Speise, die vorteilhaft auf den Magen wirkt und ihn zur Aufnahme weiterer Speisen vorbereitet."

bouillons, potages clairs
beefstocks, clear soups

14.2 Brühen, klare Suppen

bouillons, potages clairs
beefstocks, clear soups

Grundbrühen und klare Suppen

Bei der Bezeichnung Fleischbrühe, Kraftbrühe oder doppelte Kraftbrühe ist stets ein Erzeugnis auf der Grundlage von Rindfleisch zu verstehen. Andere Erzeugnisse müssen nach gültigen Rechtsauffassungen stets näher bezeichnet werden, zum Beispiel Wildkraftbrühe, Wildbrühe, Hühnerbrühe, Fasanenbrühe usw.

Mit 2,5 l Fleischbrühe können 10 Tassen zu 0,25 l gefüllt werden.

Die Herstellung der Fleischbrühe (→ 106) ist bereits beschrieben worden. Aus Geflügel, Wild, Fisch und Gemüse können analog der Fleisch- und der Knochenbrühe arteigene Grundbrühen hergestellt werden.

consommés, consommés doubles
(douple/strong) clear soups

Kraftbrühen, doppelte Kraftbrühen

Ausgegangen wird von den jeweiligen Grundbrühen. Weitere Rohstoffe, insbesondere arteigenes Fleisch, erhöhen die Extraktivstoffe und damit den kulinarischen Wert. Mit Einlagen komplettiert, bilden sie aromatische und appetitanregende klare Suppen.

Herstellungsprinzip

Zutaten für Kraftbrühe

Grundbrühen aus			
Schlachtfleisch	**Geflügel**	**Wildbret**	**Fisch**
Fleisch- und Knochenbrühe *bouillon ordinaire* *bouillon, broth*	Geflügelbrühe *fond de volaille* *chicken stock*	Wildbrühe *fond de gibier* *game stock*	Fischbrühe *fond de poisson* *fish stock*
Zugabe der genannten arteigenen Rohstoffe, von Eiklar, Brat- oder Wurzelgemüse			
Klärfleisch			
Geschrotete Rinderhesse	Geflügelklein Geschrotetes Geflügelfleisch	Geschrotetes Wildbret	Festes, fettarmes, eiweißreiches Fischfleisch (z. B. Hecht)
Rinderkraftbrühe *consommé de bœuf* *clear beef soup*	Geflügelkraftbrühe *consommé de volaille* *clear chicken soup*	Wildkraftbrühe *consommé de gibier* *clear game soup*	Fischkraftbrühe *consommé de poisson* *clear fish soup*
doppelte Menge Klärfleisch, größere Menge Wurzelgemüse			
doppelte Rinderkraftbrühe *consommé double de bœuf* *douple clear beef soup*	doppelte Geflügelkraftbrühe *consommé double de volaille* *douple clear chicken soup*	doppelte Wildkraftbrühe *consommé double de gibier* *douple clear game soup*	doppelte Fischraftbrühe *consommé double de poisson* *douple clear fish soup*

Aromaten für die Fondherstellung

Kräutersträußchen
bouquet aromatique
herb bouquet, bunch of herbs

Gemüsebündel
bouquet garni
vegetable bouquet, bouquet garni

Küchenkräuter
fines herbes
herbs spice

Gewürzbeutel
sachet d'épices
sachet

Kraftbrühe vom Rind

consommé de bœuf
clear beef soup

Herstellung von Kraftbrühen	
■ **Rinderhesse** grob zerkleinern	Derbes, eiweißreiches Fleisch lässt sich durch Oberflächenvergrößerung gut auslaugen, ohne dass es zerkocht
■ **Eiklar**, in grobe Würfel geschnittenes **Wurzelgemüse**, **Salz** und **Pfeffer** unter das **Klärfleisch** mengen	Bewirkt Klärung, indem das später gerinnende Eiweiß Trübstoffe einschließt; Eiweißteilchen setzen sich als unlösliche Bestandteile ab
■ Gestoßenes **Mundeis** hinzugeben, vermengen, einige Zeit ruhen lassen	Wasserlösliche Inhaltsstoffe, wie Fleischbasen, freie Aminosäuren, lösliche Eiweißstoffe und andere Extraktivstoffe werden ausgelaugt Temperaturabfall unterstützt den Klärprozess
■ Mit kalter entfetteter **Brühe** auffüllen	Eiklar darf nur langsam gerinnen, geronnenes Eiweiß hätte keine Klärwirkung
■ Unter vorsichtigem Umrühren aufkochen und 90 min im Kochgefäß am Siedepunkt halten	Bewirkt gleichmäßige Verteilung der Rohstoffe, unterstützt Klärprozess und verhindert Anbrennen
■ Weitere Arbeitsschritte wie bei der Herstellung der einfachen Fleisch- und Knochenbrühe (→ 106)	

Klären

Kraftbrühe ist fettfrei, goldbraun und klar. Als Qualitätsmerkmale gelten des Weiteren ein kräftiger, aromatischer Geschmack. Ein Überwürzen ist abzulehnen.

Rinderkraftbrühe

consommé de bœuf
clear beef soup

2,5	l	Fleisch- oder Knochenbrühe
0,4	kg	Rinderhesse
0,3	kg	Wurzelgemüse
3		Eiklar (0,09 kg)
0,04	kg	Petersilienwurzel
		Salz, Lorbeer, Piment, Nelke

Doppelte Rinderkraftbrühe

consommé double de bœuf
douple/strong clear beef soup

2,5	l	Fleisch- oder Knochenbrühe
0,8	kg	Rinderhesse
0,5	kg	Wurzelgemüse
3		Eiklar (0,09 kg)
0,04	kg	Petersilienwurzel
		Salz, Lorbeer, Piment, Nelke

Doppelte Kraftbrühe kann unter Verwendung von gelierenden Rohstoffen gut gekühlt als geeiste Kraftbrühe (→ 166) angeboten werden.

Fertige Rinderkraftbrühe

Einlagen für Brühen und klare Suppen

garnitures à potages
soup fillings

Die Einlagen für einfache Brühen, Kraftbrühen und doppelte Kraftbrühen sind geschmacklich vielseitig. Sie können für ein abwechslungsreiches Angebot an Brühen und klaren Suppen sorgen. **Fein gehackte, geschnittene oder gezupfte frische Küchenkräuter,** besonders Petersilie, Schnittlauch, Kerbel und Estragon, werten Brühen geschmacklich und ernährungsphysiologisch auf.

> Suppeneinlagen sollen in geringen Mengen verwendet werden, in der Form klein und exakt sein und zum Charakter der Suppe passen.

Lagerung

Fertige Suppeneinlagen bei Bedarf in wenig Brühe warm halten. So kann man sie mit einem Schaumlöffel auf die Serviergefäße verteilen.

Wichtige Suppeneinlagen

Eier	Fleisch	Gemüse	Reis	Teigwaren	Weißbrot, Gebäck
Eierstich	Klößchen	Würfel	Risotto	Nudeln	Croûtons
Eigelb	Streifen	Streifen	Risipisi	Nocken	Käse-Croûtons
Eierflocken	Würfel	Blättchen	Körniger	Krapfen	Suppenwind-beutel
Wachteleier		Röschen	Kochreis	Spätzle	Backerbsen
		Stücke		Ravioli	Eierkuchen-streifen
		Trüffel			

Backerbsen

pois frits
fried batter peals

0,1	l	Vollmilch
0,1	kg	Weizenmehl
2		Eier (0,1 kg)
		Salz, Muskat
0,2	l	Frittierfett

- Zutaten zu glattem dünnem Teig verarbeiten
- Durch einen Durchschlag ins Fettbad tropfen lassen. Goldgelb frittieren

Eierstich

royale *royale*

2		Eigelb (0,03 kg)
		(Verhältnis Eigelb : Eier = 1 Stück : 2 Stück)
4		Eier (0,2 kg)
0,2	l	Vollmilch
0,01	kg	Butter
		Salz, Muskat

- Eier gut verrühren und heiße Milch dazugießen, würzen.
- Passieren und in ausgebutterte Auflaufformen füllen.
- Im Wasserbad in der Röhre oder im Kombidämpfer pochieren.
- Nach Erkalten stürzen und schneiden.

In der Großküche kann Eierstich im Wurstkunstdarm oder im verschweißten Kochbeutel gestockt werden. Bei Verwendung des Kombidämpfers eignen sich auch abgedeckte Gastronorm-Schalen als Gargefäße.

Durch Zugabe feiner Geschmacksstoffe und natürlicher Farbstoffe lassen sich Eierstichvariationen herstellen:

- *Gemüsemus (Artischocken, Erbsen, Sellerie, Blumenkohl, Spinat)*
- *Fleischmus (Leber, Wild, Geflügel)*
- *Farbgebung (Tomatensaft, Spinatsaft, gehackte Kräuter)*

Bei Zugabe von Geschmacks- und Farbstoffen ist der Milchanteil entsprechend zu verringern.

- *Die Suppeneinlagen reichen für 10 Portionen zu 0,25 l.*

Ei, Eigelb

🇫🇷 *œufs, jaune d'œuf*
🇬🇧 *eggs, egg yolk*

Pochierte Eier, deren Eiklar pariert wurde, eignen sich als Einlage für Brühen. Auch pochierte Wachteleier werden verwendet. Das Eigelb, sorgfältig abgetrennt, wird als Einlage roh in die sehr heiße Brühe gegeben.

Eierflocken, Eierfäden

🇫🇷 *œufs filés*
🇬🇧 *egg drops*

Eier mit dem Schneebesen intensiv verrühren, leicht salzen und in die siedend heiße Brühe einlaufen lassen, kurz aufkochen.

Fischklößchen

🇫🇷 *quenelles de poisson*
🇬🇧 *small fish dumplings*

- Fischfarce 1 oder 2 (→ 94) zu feiner Masse verarbeiten, Klößchen rollen oder abstechen und in Fischbrühe pochieren.

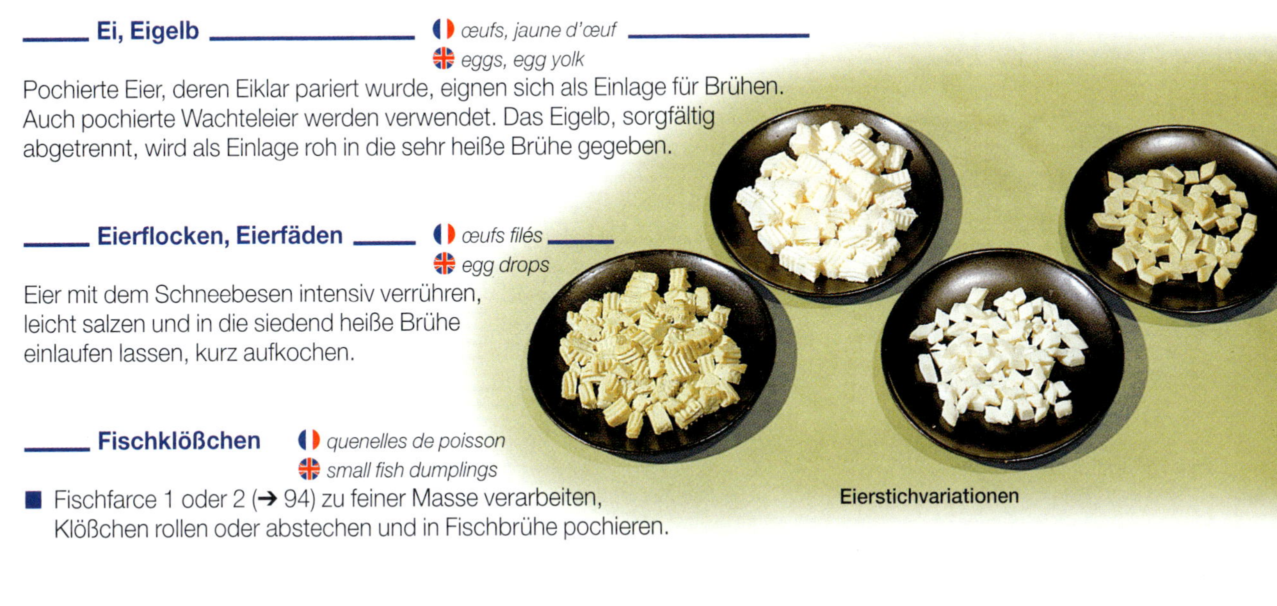

Eierstichvariationen

Fleischklößchen

🇫🇷 *quenelles de viande*
🇬🇧 *small meat dumplings*

- Aus Hackmasse 2 (→ 215) mit einem Löffel Klößchen in heiße Fleischbrühe abstechen, pochieren.

aus Kalbfleisch

🇫🇷 *quenelles de veau*
🇬🇧 *small veal dumplings*

0,2	kg	Kalbfleisch
0,05	kg	Reibebrot
2		Eiklar (0,06 kg)
0,1	l	Sahne
0,05	kg	Zwiebeln
		Salz, weißer Pfeffer, Petersilie

aus Geflügel

🇫🇷 *quenelles de volaille*
🇬🇧 *small chicken dumplings*

0,2	kg	Geflügelfleisch
0,05	kg	Reibebrot
3		Eiklar (0,09 kg)
0,1	l	Sahne
0,05	kg	Schalotten
		Salz, weißer Pfeffer

Markklößchen

🇫🇷 *quenelles à la moelle*
🇬🇧 *small bone-marrow dumplings*

0,05	kg	Rindermark
0,05	kg	Butter
0,05	kg	Reibebrot
2		Eier (0,1 kg)
		Salz, Muskat, Petersilie

- Gewässertes, küchenwarmes Mark und Butter schaumig rühren.
- Nach und nach die Eier darunter mengen.
- Mit Gewürzen, Petersilie und Reibebrot zur glatten Masse verarbeiten.
- Wie Kroketten ausrollen, einteilen, Klößchen von etwa 1,5 cm Durchmesser formen. Markklößchen niemals kneten; sie würden die Konsistenz verlieren.
- Garen und Erhitzen stets ohne Deckel um Zerfallen zu verhindern.

Markklößchen (Convienience-Erzeugnis)

Blumenkohlröschen, Fleischnocken, Fleischwürfel, Fleischklößchen, Cèlestine

Leberklößchen

quenelles de foie
small liver dumplings

0,2 kg Schweine- oder Kalbsleber
0,1 kg mageres Schweinefleisch
0,1 kg Reibebrot
2 Eier (0,1 kg)
0,05 kg Zwiebeln
Salz, weißer Pfeffer, Majoran

- Fleisch, Leber und Zwiebeln fein wolfen. Eier und Reibebrot dazugeben. Würzen und zu glatter Masse verarbeiten.
- Klößchen in siedende Fleischbrühe abstechen und pochieren.

Grießklößchen

quenelles de semoule
small semolina dumplings

0,05 kg Butter
1 Ei (0,05 kg)
0,08 kg Hartweizengrieß
0,005 kg Petersilie
Salz, Pfeffer, Muskat

- Butter und Ei schaumig rühren. Grieß und gehackte Petersilie gut untermengen, würzen und kühlen.
- Klößchen formen und in siedende Brühe oder in siedendes Salzwasser geben, pochieren.

Schwemmklößchen

quenelles au beurre
small butter dumplings

0,02 kg Butter
0,3 l Vollmilch
0,15 kg Weizenmehl
4 Eier (0,2 kg)
Salz, Muskat

- Brandmasse (→ 312) aus Milch, Butter, Würzmitteln und gesiebtem Mehl herstellen.
- In anderem Gefäß abkühlen lassen, dann Eier langsam unterrühren.
- Abgestochene Klößchen in siedender Flüssigkeit pochieren.

Piroggen, Pelmeni, pochierte Eier, gekochte Wachteleier, feine Gemüsewürfel

Suppenwindbeutel

profiteroles *profiteroles*

0,1 l Vollmilch
0,03 kg Butter
0,06 kg Weizenmehl
1 Ei (0,05 kg)
0,01 kg Reibkäse
Salz, Muskat

- Wie bei den Schwemmklößchen, jedoch mit dem Ei den Reibekäse unterrühren. Erbsengroß auf angefeuchtetes Backblech spritzen und im Ofen backen.

Die übliche Bezeichnung der gebräunten Weißbrotformen entspricht dem angewandten Garverfahren, wenn das geschnittene Weißbrot zunächst in der Röhre gebräunt wird. Üblicherweise wird das Weißbrot jedoch in Butter leicht gebraten. Croûtons können Würfel, Dreiecke, aber auch ausgestochene Weißbrotscheiben sein.

Gebräunte Weißbrotformen

croûtons *croutons*

0,15 kg Weißbrot
0,05 kg Butter oder Margarine

- Emulsionsfett leicht erhitzen.
- Weißbrotformen goldbraun braten, dabei salzen.

Für Knoblauch-Croûtons Pfanne mit Knoblauch ausreiben, für Kräuter-Croûtons mit gehackten Kräutern verfeinern.

Gemüseschnittformen

façon de tailler les légumes

vegetable cuts and chapes

Gemüseblättchen

paysanne

paysanne

Blättrig geschnittenes gedünstetes Gemüse (1 cm Kantenlänge) ins Serviergeschirr geben.
Geeignet sind Möhren, Sellerie, Lauch, Weiß- oder Wirsingkohl.

Gemüsestreifen

julienne

julienne

Gedünstete Gemüsestreifen (2–3 cm Länge) ins Serviergeschirr geben. Geeignet sind Möhren, Sellerie, weiße Rüben, Lauch und Wirsingkohlherzen, Bambusstreifen, auch Sauerampfer, Kopfsalat in Mischung. Mit gezupften Kerbelblättchen ergänzen.

Gemüsewürfelchen

brunoise

brunoise

Gedünstete Gemüsewürfelchen ins Serviergeschirr geben. Geeignet sind Möhren, Sellerie, Lauch, weiße Rüben. Ganze Perlzwiebeln, ganze Erbsen, auch als Mischung. Mit gezupftem Kerbel ergänzen.
Gemüseeinlage je 10 Portionen: 250 g.

Nudeln, Reis

nouilles, riz — *noodles, rice*

Bissfest kochen, gut abspülen und in das Serviergeschirr geben.
Je 10 Portionen 150 g Rohstoffmenge.

Sago, Tapioka

sagou, tapioca — *sago, tapioca*

Sago (echter Sago der Sagopalme, Tapiokasago, deutscher Kartoffelsago) in siedendem Salzwasser garen, absieben, kalt abspülen und abgetropft in das Serviergeschirr geben.

Grießnocken

noques de semoule — *semolina dumplings*

0,05	kg	Butter
1		Ei (0,05 kg)
0,08	kg	Hartweizengrieß
1	EL	Wasser
		Salz, Pfeffer, Muskat

- Butter und Ei schaumig rühren.
- Grieß und Wasser gut untermengen und würzen, auskühlen lassen.
- Mit Löffel Nocken in siedende Brühe abstechen, pochieren.

Käse-Croûtons

croûtons au fromage — *cheese croutons*

0,2	kg	Reibkäse
3		Eigelb (0,05 kg)
0,1	kg	Weißbrot
0,05	kg	Butter
		edelsüßer Paprika

- Reibkäse mit Eigelb und Gewürzpaprika vermengen.
- Kuppelförmig dick auf gebutterte kleine Weißbrotformen streichen.
- Auf dem Blech gratinieren.

Kräutereierkuchen (Flädli)

célestine — *celestine*

0,1	kg	Weizenmehl
5		Eier (0,25 kg)
0,3	l	Milch
0,03	kg	Butter
		Bund Petersilie, Salz

- Glatten Teig aus Milch, Eiern und Weizenmehl herstellen.
- Gehackte Petersilie unterziehen, würzen.
- Dünne Eierpfannkuchen backen, ohne Farbe nehmen zu lassen.
- Nach dem Erkalten in feine Streifen schneiden.

1 Tomatenfleischwürfel
2 Backerbsen
3 Bambusstreifen
4 Célestine
5 Erbsen
6 Grießnocken
7 weißer/grüner Spargel
8 Fischklößchen
9 Gemüsestroh
10 Gemüseperlen

Variationen von Kraftbrühen

Carmen
Feine Streifen von grünen Paprikafrüchten und Tomaten, körniger Kochreis, gehackter Kerbel, leicht tomatiert

Célestine
Streifen von Kräutereierkuchen

Colbert
Pochiertes pariertes Ei, tourniertes Wurzelgemüse

Dubarry
Blumenkohlröschen, Eierstich, körniger Kochreis

Grimaldi
Eierstich, Selleriestreifen, leicht tomatiert

Jacqueline
Eierstich, grüne Erbsen, tournierte Möhren, Spargelspitzen, körniger Kochreis, gehackte Küchenkräuter

Mikado
Gekochte Hühnerbrustwürfel, gehackte Tomaten

Royale
Eierstich in Rhombenform

Sächsische Art
Streifen von Kochschinken und geräucherter Zunge, blanchierte Sauerkrautstreifchen, geröstete Weißbrotwürfel

tomates concassées
Tomatenfleischwürfel (→ 37)

1. Fasanenkraftbrühe mit Wachteleiern und Trüffel
2. Geflügelkraftbrühe mit Gemüse und Eiweißnocken
3. Kraftbrühe mit ausgestochenem Gemüse und Trüffelklößchen
4. Tomatierte Kraftbrühe mit Eierstich
5. Französische Zwiebelsuppe mit Käsecroûtons

Variationen von klaren Suppen

Altmärkische Hochzeitssuppe

consommé de noce
wedding soup

0,3	kg	Spargelstücke
0,3	kg	Eierstich (→ 136)
0,3	kg	Fleischklößchen (→ 137)
2	l	Hühnerbrühe
		Bund Petersilie, Salz

- Hühnerbrühe erhitzen und die Fleischklößchen darin pochieren, mit etwas Spargelfond geschmacklich abrunden.
- Spargelstücke und gewürfelten Eierstich zugeben, gehackte Petersilie obenauf.

Bayerische Fleckerlsuppe

0,125	kg	Weizenmehl
1		Ei
2,5	l	Fleischbrühe
		Salz, Schnittlauch

- Aus Mehl, Ei, wenig Wasser und Salz Nudelteig herstellen, dünn ausrollen und antrocknen lassen.
- Aus dem Nudelteig kleine Rechtecke schneiden.
- In siedende Brühe geben und etwa 10 min pochieren, darüber Schnittlauchröllchen.

Schwäbische Riebelesuppe

consommé suabe aux brisures de pâte
swabian consommé with tiny pasta shapes

2,5	l	Rindfleischbrühe
1		Ei (0,05 kg)
1		Eigelb (0,015 kg)
0,15	kg	Weizenmehl
		Bund Schnittlauch, Salz, wenig Muskat

- Aus Mehl, Ei und Eigelb Nudelteig herstellen, dabei würzen, zu Teigklümpchen zerreiben.
- Zerriebenen Nudelteig in die siedende Fleischbrühe einstreuen und pochieren. Darüber Schnittlauchröllchen.

Gratinierte Zwiebelsuppe

soupe à l'oignon gratinée
gratinated onion soup

0,8	kg	Zwiebeln
0,2	kg	Butter
2,5	l	Kraftbrühe
0,3	l	Weißwein
0,25	kg	Weißbrot
0,1	kg	Parmesan
		Knoblauch, Pfeffer, Muskat

- Zwiebeln in Streifen schneiden und im Fett glasig dünsten.
- Mit Brühe und Weißwein auffüllen, 15 min am Siedepunkt halten.
- Mit Knoblauch eingeriebene getoastete Weißbrotscheiben auf die Suppe legen, mit Käse bestreuen und gratinieren.

Zwiebelsuppe

Marseiller Fischsuppe

bouillabaisse bouillabaisse

2,5	kg	verschiedene Mittelmeerfische, Krebse, Langusten
0,2	kg	Zwiebeln
0,25	kg	Tomaten
0,1	l	Weißwein
0,03	kg	Petersilie
0,5	kg	Weißbrot
		Knoblauch, Lorbeer, Thymian, Salz, Pfeffer, getrocknete Orangenschale, Safran, Pernod
0,05	kg	Olivenöl
0,5	l	Knoblauchmayonnaise (sauce aïoli)

- Fisch filetieren, aus Fischabschnitten Fischbrühe (→ 109) zubereiten.
- Zwiebelwürfel in Öl glasig dünsten. Tomatenviertel, Gewürze, fein zerriebenen Knoblauch und Orangenschale mit schwitzen.
- Fischstücke zugeben. Mit Fischbrühe auffüllen, aufkochen.
- Mit Weißwein und Gewürzen abschmecken.
- Getoastetes Weißbrot mit Knoblauch einreiben, in Suppenteller geben.
- Passierte Suppe darüber gießen.
- Fischstücke und Knoblauchmayonnaise separat servieren.

1 Berechnen Sie den Materialpreis für 10 Portionen gratinierte Zwiebelsuppe.

Zwiebeln	*0,87 €/kg*
Butter	*4,17 €/kg*
Kraftbrühe	*1,95 €/l*
Weißbrot	*1,99 €/kg*
Weißwein	*6,13 €/l*
Parmesan	*12,78 €/kg*
Würzmittel gesamt	*0,30 €/10Portionen*

2 Für 25 Personen soll Kraftbrühe mit Leberklößchen zubereitet werden.

***2.1** Verfassen Sie eine schriftliche Warenanforderung an Hand der oben genannten Rezepturen.*

***2.2** Beschreiben Sie die Herstellung von Kraftbrühe und Leberklößchen.*

***2.3** Errechnen Sie sich den Materialpreis für eine Portion, indem Sie sich in Ihrem Ausbildungsbetrieb die aktuellen Materialpreise beschaffen.*

***2.4** Ermitteln Sie den Inklusivpreis bei einem Kalkulationsfaktor von 3,7, und rechnen Sie diesen, auf Wunsch eines Gastes, für eine Portion um.*

Ochsenschwanzsuppe

oxtail clair clear oxtail soup

1,2	kg	Ochsenschwanz
0,04	kg	Speiseöl
0,15	kg	Wurzelgemüse (Bratgemüse)
0,02	kg	Tomatenmark
0,2	l	Rotwein
4	l	brauner Kalbsfond
0,3	kg	Rinderhesse (Klärfleisch)
4		Eiklar (0,1 kg)
0,15	kg	Wurzelgemüse
0,05	l	trockener Sherry (→ 366)
Einlage		
0,25	kg	Wurzelgemüse (Möhren, Sellerie)

- Ochsenschwänze in den Gelenken durchschneiden und in Öl anbraten.
- Bratgemüse und Tomatenmark zugeben.
- Fett abgießen, mit Rotwein ablöschen, mit Fond auffüllen, langsam kochen.
- Wie bei Kraftbrühe (→ 135) klären.
- Gewürzbeutel zugeben, mehrfach entfetten.
- Ochsenschwanz nach 3 h ausstechen, auslösen, entfetten, pressen, kühlen.
- Passieren, mit Sherry abschmecken. Gekochte Möhren- und Selleriewürfelchen sowie Ochsenschwanzfleischwürfel als Einlage.

Die Verwendung von Tomatenmark ist umstritten, gegebenenfalls weglassen.

Vereinfachte Herstellung: *Ochsenschwänze, Rindfleischabschnitte und Röstgemüse in wenig Öl scharf anbraten, mit eiskaltem Wasser auffüllen. Langsam erhitzen und am Siedepunkt halten. Das Klären entfällt bei dieser Verfahrensführung.*

Soljanka

Soljanka

solianka *solianka*

Eine Besonderheit bildet die ukrainische Soljanka, die man als eine tomatierte klare Fleischsuppe betrachten kann.

0,15	kg	fetter Bauchspeck
0,2	kg	Zwiebeln
0,1	kg	Kochschinken
0,1	kg	Kasseler
0,3	kg	Brühwurst (z. B. Krakauer)
0,3	kg	Gewürzgurken
0,15	kg	Tomatenmark
2	l	Kraftbrühe
0,015	kg	Kapern
0,3	l	saure Sahne
0,2	kg	Zitrone
		Salz, Pfeffer, Knoblauch, gehackter Dill

- Speckstreifen auslassen, Zwiebelscheiben zugeben und glasig schwitzen.
- Schinken, Kasseler, Wurst und Gurken in Streifen schneiden, zugeben und kurz mit dünsten, Tomatenmark zugeben.
- Mit Kraftbrühe auffüllen, durchkochen.
- Mit Salz, Pfeffer, Knoblauch, einer Prise Zucker und eventuell Essig abschmecken.
- Mit Kapern, geschälter Zitronenscheibe, saurer Sahne mit Dill anrichten.

Original werden auch Nieren, Herz und Leber für diese Suppe verwendet.

1 Erläutern Sie den Unterschied zwischen Brühe und klarer Suppe.

2 Nennen Sie die Zutaten zum Kläransatz von Kraftbrühe. Erläutern Sie die Arbeitsfolge.

3 Anstatt der gewünschten Schildkrötensuppe wird einem Gast Mock-Turtle-Suppe empfohlen. Begründen Sie diese Empfehlung.

4 Nennen Sie Suppeneinlagen, und beschreiben Sie ihre Herstellung.

Tiroler Knödelsuppe

consommé aux quenelles tyrolienne

clear dumpling soup Tyrolean style

0,125	l	Vollmilch
1		Ei (0,05 kg)
0,125	kg	Semmelwürfel
0,1	kg	Bauchspeckwürfel
0,05	kg	Zwiebelwürfel
1		Bund Petersilie
0,025	kg	Butter
0,025	kg	Weizenmehl
2,5	l	Kraftbrühe
		Salz, weißer Pfeffer

- Mit Milch verquirltes Ei über die Semmelwürfel geben.
- Speck- und Zwiebelwürfel sowie gehackte Petersilie glasig dünsten.
- Mehl und wenig Salz darauf geben.
- Schwitze hinzufügen und gut miteinander verarbeiten.
- Knödel von 2 cm Durchmesser formen, im siedenden Salzwasser 10 min pochieren, in die gewürzte Kraftbrühe geben.

1 Ermitteln Sie mit Hilfe der nebenstehenden Rezeptur für 10 Portionen den Materialwert für 7 Tassen Tiroler Knödelsuppe

Vollmilch	*0,56 €/l*
Ei	*0,14 €/Stück*
Semmeln	*1,80 €/kg*
Bauchspeck	*6,80 €/kg*
Zwiebeln	*0,87 €/kg*
Petersilie	*0,50 €/Bund*
Butter	*4,17 €/kg*
Weizenmehl	*0,43 €/kg*
Kraftbrühe	*2,20 €/l*
Würzmittel	*2,50 €/10 Portionen*

14.3 Gebundene Suppen

potages liés
bound soups, thick soups

Cremesuppen (Rahmsuppen)	Legierte Suppen (Samtsuppen)	Krebssuppen	Braune Suppen	Püreesuppen	Getreidesuppen
(potages) crèmes *cream soups*	*(potages) veloutés* *veloutés*	*bisques d'écrevisses* *freswater-crayfish bisques*	*potages bruns* *brown soups*	*potages-purées* *puree soups*	*potages aux céréales* *cereal soups*

Cremesuppen

(potages) crèmes
cream soups

Cremesuppen sind leicht gebundene, passierte und mit Sahne vollendete Suppen. Sie werden aus einer arteigenen Brühe, durch Mehlschwitze gebunden, hergestellt. Die gegarten Zutaten können als Einlage dienen. Cremesuppen erhalten wegen des vollmundigen Geschmacks zunehmende Bedeutung.

Die angegebenen Variationen der gebundenen Suppen und der Gemüsesuppen beziehen sich jeweils auf 10 Portionen zu 0,25 l.

Cremesuppen werden ausschließlich mit Sahne vollendet.

Nach den verwendeten Zutaten lassen sich unterscheiden:

- **Fleischcremesuppen**
- **Geflügelcremesuppen**
- **Fischcremesuppen**
- **Gemüse-/Pilzcremesuppen**
- **Getreidecremesuppen**

Zucchinicremesuppe

Cremesuppe (Grundrezeptur)

0,07	kg	Butter
0,06	kg	Zwiebeln
0,06	kg	Lauch
0,025	kg	Sellerie
0,08	kg	Weizenmehl
2,5	l	Brühe
0,3	l	Sahne
		Salz, weißer Pfeffer, Kerbel, Liebstöckel

- Geschnittenes Wurzelgemüse in Butter dünsten.
- Weizenmehl anstäuben, mit dünsten, abkühlen lassen.
- Heiße Brühe zugeben, unter ständigem Rühren nochmals aufkochen, falls nötig abschäumen.
- Etwa 30 min behutsam kochen. Mixen, durch Drahtspitzsieb passieren.
- Aufkochen, mit Sahne und Butterflocken vollenden.

Meinung eines Poeten

Dieser eine Teller noch
wird bestimmt nicht schaden:
meine Suppe mundet doch
besser als ein Braten.

Krytow

Herstellung von Cremesuppen	
Emulsionsfett zerlassen	Butter oder Margarine sind geeignet, da geschmacklich neutral
Geschnittenes **Wurzelgemüse** zugeben	Durch Erhitzen entstehen zusätzliche Aromastoffe
Topf vom Herd nehmen, **Weizen-, Reis- oder anderes Getreidemehl** anstäuben, gut verrühren und farblos dünsten	Weiße Mehlschwitze herstellen Verhältnis **Fett zu Mehl allgemein 1:1**; **Mehl** dient als Bindemittel Durch Anschwitzen wird die Mehlstärke teilweise zu Dextrinen abgebaut, der Geschmack nach rohem Mehl verschwindet
Mit **Brühe** oder arteigenem Fond auffüllen	Durch das Auffüllen gelangen die Aromastoffe in die Suppe
Mit einem Kochlöffel den Topfrand entlang streichen	Mehlschwitzereste beseitigen, die der Schneebesen nicht erfassen konnte, glatt rühren
Würzmittel zugeben, entsprechend dem Charakter der Suppe (z. B. Lorbeer, zerdrückter Piment)	Abrunden des arteigenen Geschmacks der entsprechenden Suppe
Suppe mindestens 10 min behutsam kochen, mit der Schaumkelle abschäumen	Mehlgeschmack verkocht, die Suppe wird konsistenzbeständig. Hält die Suppe rein
Durch Drahtspitzsieb oder Passiertuch *(étamine)* geben	Die verwendeten unerwünschten Rohstoffbestandteile entfernen
Erhitzen, **Sahne** zugießen, aber nicht mehr kochen	Sahne darf keinen Kochgeschmack annehmen Emulsion soll stabil bleiben

Mehlschwitze auffüllen

Zum Vermeiden von Klumpen sind zwei Varianten des Auffüllens möglich:

1. *Heiße Mehlschwitze mit kalter Flüssigkeit gut mit Schneebesen glatt rühren, heiße Flüssigkeit zugeben*
2. *Abgekühlte Mehlschwitze mit heißer Flüssigkeit auffüllen, mit dem Schneebesen gut glatt schlagen, heiße Flüssigkeit nachgießen*

Die zweite Variante ist vorteilhafter, da die Suppe schnell kocht, die Rührzeit kürzer und die Gefahr des Anhängens geringer ist

Variationen der Fleischcremesuppe

crème de viande *meat cream soups*

Salbeicremesuppe
crème de sauge
sage cream soup
Heller Kalbsfond
Zugabe von Salbeipüree, gezupfter Salbei obenauf

Cremesuppe algerische Art
crème algérienne
cream soup Algerian style
Heller Kalbsfond
Zugabe von Batatenmus, obenauf Flocken von Haselnussbutter

Kalbfleischcremesuppe
crème de veau
veal cream soup
Heller Kalbsfond
Als Einlage Kalbfleischwürfel

Metternich-Suppe
crème Metternich
cream soup Metternich
Fasanenbrühe
Als Einlage Fasanenbruststreifen und Artischockeneierstich

Windsor-Suppe
crème Windsor
cream soup Windsor
Kalbsfond
Als Einlage Geflügelklößchen, Kalbsfußstreifen

Variationen der Fischcremesuppe

crèmes de poisson — fish cream soups

Muschelcremesuppe

crème de moules

mussel cream soup

Einlage in Weißwein gedünstetes Muschelfleisch, mit Dillzweigen garnieren

Seezungen-Curry-Cremesuppe

crème de sole au curry

sole cream soup with curry

Mit Weißwein, Seezungensud, Curry Suppengrundlage herstellen, pürieren, Einlage Seezungenstreifen, kleine gebratene Zucchini-Scheiben

Mignon-Suppe

crème Mignon

cream soup Mignon

Mit Krevettenmus verkochen, Einlage Trüffelperlen und Krevettenschwänze

Variationen der Geflügelcremesuppe

crèmes de volaille

chicken cream soups

Cremesuppe Agnes Sorel

crème Agnès Sorel

cream soup Agnes Sorel

Champignonmus, Einlage gekochte Geflügelbrust-, Kalbszungen- und Champignonstreifen

Cremesuppe Hortensia

crème reine Hortense

cream soup Hortensia

Einlage Spargelspitzen, Geflügelklößchen, Perlen von Möhren und junge Erbsen

Cremesuppe Maintenon

crème Maintenon

cream soup Maintenon

Einlage gedünstete Würfel von Wurzelgemüse

Cremesuppe Venezia

crème vénitienne

cream soup Venetian style

Einlage kleine, mit Spinat gefüllte Ravioli

Cremesuppe aus Zuckerschoten mit Krebsschwänzchen

1,0	kg	Zuckerschoten, erntefrisch
0,050	kg	Schalottenwürfel, sehr fein
0,150	kg	Butter oder Margarine
1,5	l	Geflügelbrühe
0,4	l	Sahne, halb fest geschlagen
30		Krebsschwänzchen
0,050	kg	Butter
		Estragonzweige, weißer Pfeffer, Salz, Zitrone

- Schalotten dünsten. Zuckerschoten 2 min mitdünsten
- Geflügelbrühe zugießen, würzen, 10 min garziehen.
- Als Suppeneinlage einige Schoten entnehmen und warmstellen.
- Übrige Schoten mit Brühe pürieren, in den Topf zurück geben, wieder erhitzen und Sahne zugeben.
- Suppe pikant abschmecken. Krebsschwänzchen in Butter anschwitzen und würzen.
- Suppe anrichten, garnieren. Sofort servieren. Toast separat.

Cremesuppe aus Zuckerschoten mit Krebsschwänzchen

Variationen der Gemüsecremesuppe

crèmes de légumes

vegetable cream soups

Gemüsecremesuppen enthalten blättrig geschnittenes Gemüse als Einlage.

Cremesuppe Argenteuil

crème Argenteuil

cream soup Argenteuil

Mit Spargelfond, Einlage Spargelspitzen und Kerbelblättchen

Brokkolicremesuppe

crème de brocoli

broccoli cream soup

Brokkoli mit dünsten, Einlage Brokkoliröschen

Radieschencremesuppe

crème de radis roses

red-radish cream soup

Radieschenblättchen in Butter dünsten, pürieren, unter weiße Cremesuppe mixen, würzen, als Einlage tourniertes Radieschen (Bild →151)

Gemüsecremesuppe halb und halb

Gemüsecremesuppe halb und halb

crèmes de légumes moitié-moitié
vegetable cream soup half-and-half

0,5	kg	Karotten, fein gewürfelt
0,5	kg	Brokkoliröschen
1	l	Fleischbrühe
0,4	l	Sahne

- Gemüse getrennt in Fleischbrühe gar ziehen, mit Mixstab pürieren.
- Beide Suppen dicklich halten, heiß stellen, mit Sahne vollenden, würzen.
- Suppen je zur Hälfte auf Suppenteller verteilen, wobei beim Eingießen der ersten Suppe der Teller schräg zu halten ist.
- Zweite Suppe so einfüllen, dass sie nicht in der ersten Suppe verläuft.
- Durch kurzes Verstreichen in der Mitte Dekor einbringen.

Variationen der Getreidecremesuppe

crèmes de céréales
cereal cream soups

Getreidecremesuppen enthalten als wertbestimmenden Rohstoff Getreideerzeugnisse wie Mehl, Reis oder Grünkern.

Reiscremesuppe deutsche Art

crème allemande
cream soup German style
Reismehl, mit Kalbsbrühe auffüllen

Cremesuppe Balzac

crème Balzac
cream soup Balzac
Feines Gerstenmehl und Selleriemus, als Einlage Sellerie- und Lauchstreifen

Gerstencremesuppe

crème d'orge
barley cream soup
Feines Gerstenmehl, mit Kalbsbrühe auffüllen, als Einlage separat in Wasser gekochte Rollgerste, Kerbel

Grünkerncremesuppe

crème blé vert
green-corn cream soup
Grünkernmehl, geröstete Weißbrotwürfel separat

Legierte Suppen

(potages) veloutés *veloutés*

Grundlage für legierte Suppen sind Brühen, hauptsächlich von Schlachtfleisch und Geflügel, von Gemüse- und Pilzfonds sowie von Fisch. Diese haben einen typischen Eigengeschmack und sind für die Suppen namensgebend. Legierte Suppen werden durch eine **Liaison** vollendet, welche die Suppe ernährungsphysiologisch aufwertet und ihr einen samtartigen Glanz verleiht.

Energiearme Herstellung
Legierte Suppen können energiereduziert hergestellt werden, wenn fettfreier Fond und zum Binden anstatt einer Mehlschwitze eingerührtes Reismehl sowie geringere Mengen Liaison verwendet werden.

Herstellung von legierten Suppen	
Erste Arbeitsschritte wie bei den Cremesuppen (➔ 144); unterschiedliche Verfahrensführung: Sahne und Eigelb mit dem Schneebesen zu einer Liaison verrühren, die heiße Suppe legieren	Vor dem Legieren stets die Liaison mit etwas heißer Suppe vortemperieren, um das Gerinnen der Eiweißstoffe – das Ausflocken des Eigelbs – zu vermeiden. Vortemperierte Liaison unter die Suppe rühren: Die Liaison bindet die Suppe zusätzlich, was bei Bestimmung der erwünschten Konsistenz zu beachten ist
Gechmackstoffe, also Einlage des namensgebenden oder anderer, extra gegarter Rohstoffe hinzufügen	Vervollkommnung des Genusswertes, Erzielen des gewünschten Geschmacks Beispiele: Spargelstücke, Geflügelfleisch, Pilzstücke, gehackte Kräuter
Vollenden mit **Butterflocken**	Abrunden des sahnigen Geschmacks

Legierte Suppe (Grundrezeptur)

0,1	kg	Emulsionsfett (Butter)
0,2	kg	Wurzelgemüse
0,1	kg	Weizenmehl
2,5	l	typische Fonds (Fleisch-, Geflügel-, Gemüse-, Pilzfonds)
0,2	l	Sahne
3		Eigelb (0,05 kg)

Richtig legieren

- *Eigelb sauber abtrennen*
- *Liaison zunächst mit einem Teil der Suppe vermischen, erst dann in die restliche Suppe geben*
- *Nur Suppen mit größerem Stärkeanteil nach Liaisonzugabe aufkochen*
- *Zum Legieren muss die Suppe sieden*
- *Butterflocken der legierten Suppe unterrühren*
- *Warm stellen der legierten Suppe im Warmbad, abdecken*

Variationen legierter Fleischsuppen

veloutés de viande liés
bound meat veloutés

Mailänder Suppe
velouté milanaise
velouté Milanese style
Tomatiert, als Einlage Makkaroni, Champignons und Schinken, Reibkäse separat

Parmentier
velouté Parmentier
velouté Parmentier
Mit Lauch und Kartoffeln, geröstete Weißbrotwürfel separat

Windsor
velouté Windsor
velouté Windsor
Mit Kalbsfond, als Einlage Kalbskopfstreifen, Champignonscheiben

Zwiebelsuppe
velouté Soubise
onion velouté
Kalbssuppe mit Zwiebelmus, obenauf geröstete Weißbrotwürfel

Variationen legierter Gemüse- und Pilzsuppen

veloutés de légumes, veloutés de champignons
vegetable veloutés, mushroom veloutés

Champignonsuppe
velouté de champignons de Paris
champignon velouté
Mit heller Brühe und Champignonfond, als Einlage Champignonstücke

Spargelsuppe
velouté d'asperges
asparagus velouté
Mit heller Brühe und Spargelfond, als Einlage Spargelstücke

Tomatensuppe
velouté de tomates
tomato velouté
Helles Wurzelgemüse in Butter dünsten, frische Tomaten zugeben, würzen, am Garpunkt halten, passieren, mit Mehlbutter binden, als Einlage Spirelli

Blumenkohlsuppe
velouté Dubarry
velouté Dubarry
Mit heller Brühe und Blumenkohlfond, als Einlage Blumenkohlröschen

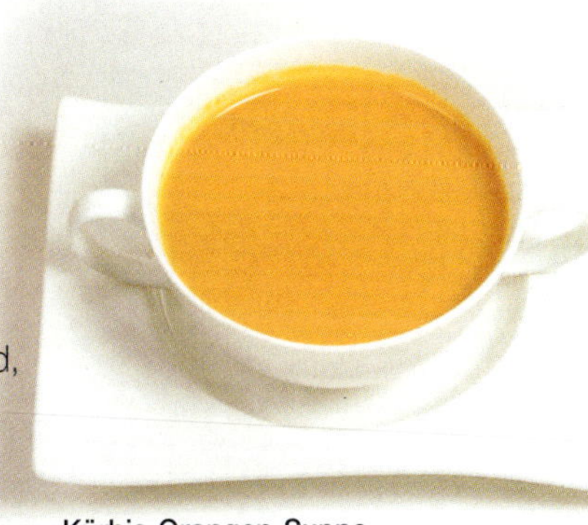
Kürbis-Orangen-Suppe

Variante einer legierten Gemüsesuppe ohne Mehlbindung

Kürbis-Orangen-Suppe

velouté de courge à l'orange
pumpkin velouté with orange

1,5	kg	Kürbis
0,25	l	Orangensaft
1,0	l	Milch
0,2	l	Sahne
3		Eigelb (0,05 kg)
		Curry, Salz, Zitronensaft, Tabasco, Orangenfilets

- Kürbiswürfel in Milch dünsten und mit dem Mixstab pürieren.
- Pürierten Kürbis erhitzen, Orangensaft dazugeben, mit reichlich Curry, Salz, Zitrone und Tabasco würzen. Mit Sahne und Eigelb legieren, abschmecken. Orangenfilets als Einlage

1. *Welchen Vorteil hat das saubere Abtrennen der Eidotter?*
2. *Wie erreicht man das gleichmäßige Legieren der Suppe?*
3. *Welche Gefahr besteht beim Aufkochen von legierten Suppen?*
4. *Beurteilen Sie den Zweck der Zugabe von Butterflocken.*
5. *Erläutern Sie, wie beim Warmhalten Hautbildung auf der Suppe verhindert werden kann.*

Variationen legierter Geflügelsuppen

veloutés de volaille
chicken veloutés

Brahms-Suppe

velouté Brahms
velouté Brahms
Mit Kümmel, Geflügelbruststreifen, als Einlage Perlen von Kartoffeln, Möhren und weißen Rüben

Raffael-Suppe

velouté Raphael
velouté Raphaël
Hühnerbrühe mit Selleriemus, als Einlage Selleriewürfel

Carmen-Suppe

velouté Carmen
velouté Carmen
Mit Geflügelbrühe, tomatiert, als Einlage Reis, Streifen von Gemüsepaprika, Tomatenwürfel

Samtsuppe indische Art

velouté indienne
velouté Indian style
Hühnerbrühe mit Curry, als Einlage körnig gekochter Reis

Variante einer legierten Biersuppe

Sächsisches Warmbier

velouté de bière saxonne
beer velouté Saxonian style

0,75	l	Milch
0,05	kg	Weizenmehl
3		Eigelb (0,05 kg)
0,125	kg	Zucker
2	l	helles Vollbier (→ 346)
		Salz, Zimt, Ingwer

- Milch mit Zimt und Ingwer aufkochen, mit eingerührtem Mehl und Eigelb binden, mit Salz und Zucker abschmecken.
- Bier zugießen.
- Warm oder kalt servieren, dazu Buttersemmel.

Sächsisches Warmbier

Herstellung ohne Mehl

Die neuzeitliche Küche verzichtet teilweise gänzlich auf eine Mehlbindung. Dafür werden wesentlich mehr Sahne und Butter eingesetzt. Nachdem der Brühe-Sahne-Fond durch Kochen reduziert worden ist, wird das pürierte Gemüse zusammen mit der Butter und dem Eigelb am Schluss in die heiße Suppe gegeben. Die Mischung wird mit dem Mixer montiert, so dass eine leichte Sämigkeit entsteht. Der ausgeprägte Sahne- und Buttergeschmack wird allgemein geschätzt, aber als gesundheitsfördernde Kost nach dem Motto „Mehl macht dick" kann diese Zubereitungsform nicht angeboten werden.

Traditionelle Zubereitung			Zubereitung ohne Mehl		
0,1	kg	Butter	0,25	kg	Butter
0,3	kg	Gemüse	0,3	kg	Gemüse
2	l	Brühe	1	l	Brühe
0,2	l	Sahne	1	l	Sahne
3		Eigelb (0,05 kg)	3		Eigelb (0,05 kg)
0,1	kg	Weizenmehl			

Energievergleich

Bleibt die energiearme Brühe unberücksichtigt, dann benötigt man für 10 Portionen Suppe bei der Herstellung ohne Weizenmehl 0,15 kg Butter und 0,8 l Sahne zusätzlich. Eingespart werden dafür 0,1 kg Weizenmehl.

0,1 kg Weizenmehl	**1419 kJ**
0,15 kg Butter 0,8 l Sahne	**15 062 kJ**

Die Differenz zwischen beiden Herstellungsarten beträgt also 13 643 kJ, je Portion 1364 kJ. Das entspricht einem Energiegehalt von etwa 200 g Eiscreme.

Braune Suppen

potages bruns liés
brown soups

Für braune Suppen bilden Knochen und Abschnitte von Schlachtfleisch, Wild und Wildgeflügel die Grundlage. Auch grobfaseriges Fleisch lässt sich bestens verarbeiten. Im Gegensatz zur Herstellung heller Suppen sind diese Rohstoffe in Verbindung mit Bratgemüse anzubraten. Die braunen Suppen werden mit arteigenen Brühen, oft auch mit Kalbsfond aufgefüllt.

Herstellung von braunen Suppen	
■ **Knochen, Sehnen, Parüren** von Schlachtfleisch, Wild oder Wildgeflügel walnussgroß zerkleinern	Grundstoffe bestimmen Namen und Geschmacksrichtung Durch Zerkleinerung entsteht eine größere Oberfläche, die besser auslaugt
■ Mit **Speiseöl** anbraten, oft auch mit Speck	Der hohe Siedebereich von Ölen gewährleistet ein intensives Bräunen
■ **Bratgemüse** nach einem Teil der Garzeit zugeben und mit braten	Bildung von Aroma- und Farbstoffen
■ Zugabe von **Tomatenmark**, danach reduzieren und dünsten	Farbgebung, ohne den arteigenen Geschmack zu verändern
■ Bratensatz mehrere Male mit typischen Brühen ablöschen und reduzieren	Bildung von Farb- und Geschmacksstoffen Verhindert Anbrennen Vollständiges Reduzieren erlaubt Anstäuben
■ **Weizenmehl** anstäuben, hellbraun mit braten	Erhitzen bewirkt Dextrinbildung, Geschmack nach rohem Mehl schwindet, Bindung erfolgt
■ Ablöschen mit **Rot- oder Weißwein**	Bildung weiterer Aroma- und Farbstoffe, die den Charakter der Suppe unterstreichen
■ Mit arteigenem **Fond** auffüllen, gut verrühren	Wenn die Regeln des Auffüllens beachtet werden, kann Klumpenbildung vermieden werden; Unterstreichen des Rohstoffgeschmacks
■ Suppe mit typischen **Würzmitteln** würzen Etwa 2 h langsam kochen	Weizenmehl, Knochen, Fleisch und Würzmittel müssen gut auskochen
■ Suppe passieren, zuerst durch Spitzsieb, dann durch Passiertuch	Unerwünschte Rohstoffe und andere Bestandteile entfernen
■ Abschmecken und charakteristisch vollenden	Geschmackliche Vollendung durch typische hochwertige Zutaten
■ Zugabe der **Einlage**	(Wein, Pilzfond, Butter, Sahne usw.)

Braune Suppen

Wildsuppen
- Hubertus-Suppe
- Jägersuppe
- Fasanensuppe mit Linsen

Schlachtfleischsuppe
- Falsche Schildkrötensuppe
- Windsor-Suppe
- Gulaschsuppe
- Ochsenschwanzsuppe

Getreidesuppen
- Basler Mehlsuppe

Braune gebundene Suppe

Würzmittel
- *Wacholder, Basilikum, Rosmarin, Thymian, Bohnenkraut, Knoblauch*
- *Sahne, Pilze oder Pilzfonds, frische Kräuter*
- *Rot-, Weiß-, Dessertwein (Madeira, Portwein, Sherry), Cognac*

Gulaschsuppe Wiener Art

Im Gegensatz zu der als Eintopf gekochten Gulaschsuppe wird die Gulaschsuppe Wiener Art als ***gebundene*** *braune Suppe hergestellt.*

Gulaschsuppe

Gulaschsuppe (Magyar gylyás leves)

potage goulache
goulash soup

1	kg	Rinderschmorfleisch
0,3	kg	Schmalz oder Speiseöl
0,5	kg	Zwiebeln
0,15	kg	edelsüßer Gewürzpaprika
3	l	Fleischbrühe oder Wasser
0,5	kg	Kartoffeln
0,5	kg	rote und grüne Gemüsepaprika
0,3	kg	Tomaten
0,05	kg	Kirschpaprika
		Salz, Pfeffer, Kümmel, Knoblauch, Majoran

- Zwiebelwürfel und Rindfleischwürfel in Schmalz oder Öl dünsten, mit Gewürzpaprika anstäuben, würzen, Brühe oder Wasser auffüllen.
- Am Ende der Garzeit Kartoffel-, Kirschpaprika-, Gemüsepaprika- und Tomatenwürfel zugeben. Teigflecke (Mehlnocken ➔ 64) als Einlage, würzen.
- Wie Eintopf servieren (Rezeptur: 10 Portionen Eintopf), Weißbrot separat.

Jägersuppe

potage chasseur
soup hunter's style

0,15	kg	Speiseöl
0,7	kg	Wildknochen und -parüren
0,25	kg	Bratgemüse
0,2	kg	Wildfleisch
0,05	kg	Tomatenmark
2	l	Wildfond
0,25	l	Rotwein
0,1	kg	eingeweichte Linsen
0,2	kg	Champignons
		Salz, Pfeffer, Wacholder, Thymian, Majoran, Rosmarin

- Fleischwürfel, Knochen und Parüren in heißem Fett anbraten.
- Bratgemüse dazugeben, zusammen gut bräunen.
- Tomatenmark zugeben.
- Alles leicht bräunen, sofort mit Wildbrühe ablöschen, Rotwein und Gewürze zugeben, 1,5–2 h am Siedepunkt halten. Linsen kochen und pürieren.
- Suppe passieren und mit Linsenmus verkochen, würzen.
- Als Einlage Wildfleisch- und Champignonwürfel.

Wildsuppe

potage de gibier  *game soup*

1	kg	Wildknochen und -parüren
0,05	kg	Speiseöl
0,3	kg	Bratgemüse
0,1	kg	Weizenmehl
0,2	l	Rotwein
2,5	l	Brühe
0,1	kg	Butter
0,1	l	Sahne
0,1	l	Madeira (➔ 366)
		Salz, Pfefferkörner, Piment, Lorbeer, Wacholderbeeren

- Knochen und Parüren intensiv anbraten.
- Bratgemüse zugeben und zusammen bräunen.
- Mit Mehl bestäuben, weiter rösten, Brühe und Rotwein auffüllen, würzen.
- Suppe aufkochen, 2 h am Garpunkt halten, passieren.
- Mit Sahne, Madeira und Butter vollenden.

Ermitteln Sie den Energiegehalt einer Portion Gulaschsuppe. Verwendet wird Rindfleisch, mager, Schweineschmalz, Kirschpapika siehe Gemüsepaprika . Edelsüßpaprika 150 kJ/100 g. Gewürze bleiben unberücksichtigt.

Falsche Schildkrötensuppe

potage fausse tortue
mock turtle

Die Suppe entstand, als Napoleon 1806 mit der Kontinentalsperre die Schildkröteneinfuhr unterband.

0,6	kg	blanchierte Kalbskopfmaske
1	kg	gehackte Kalbsknochen
0,05	kg	Butter
0,4	l	Weißwein
0,5	kg	Wurzelgemüse
0,05	kg	Tomatenmark
1	l	braune Brühe oder Kalbsfond
0,05	kg	Weizenmehl
0,02	l	Madeira (→ 366)
0,02	l	Cognac (→ 374)
0,05	kg	gegarte Champignons
		gespickte Zwiebel, Gewürzbeutel

- Vorbereitete Kalbskopfmaske in kaltem Salzwasser ansetzen, aufkochen, gespickte Zwiebel zugeben und 1,5 h unter öfterem Abschäumen sieden.
- Knochen und Wurzelgemüse intensiv braten, mit Weizenmehl bestäuben und gut bräunen.
- Mit brauner Brühe auffüllen, den Fond vom Kalbskopf dazugeben.
- Weißwein und Gewürz zugeben. Nach 1 h Kochzeit passieren.
- Mit Madeira und Cognac abrunden.
- Einlage Kalbskopfwürfel, Champignonscheiben.

Gewürzbeutel
mit Basilikum, Majoran, Rosmarin, Kurkuma, Thymian, Chili, Muskat, Ingwer, Lorbeer, Koriander, Salbei

Krebssuppen

bisques d'écrevisses
freshwater-crayfish bisques

Krebssuppen werden wie exotische Suppen in bester Qualität industriell hergestellt und kommen als Dosenkonserven (→ Convenience-Erzeugnisse) auf den Markt, außerdem werden Krebspasten bester Qualität zur Suppenherstellung angeboten. Deshalb erübrigt sich allgemein die eigene Herstellung.

Herstellung von Krebssuppen	
Krebs- und Hummerschalen anbraten, evtl. auch in der Röhre rösten, zerstoßen und nochmals rösten	Die Schalen sollen hart und trocken werden
Wurzelgemüse, Fenchel und **Tomaten** zugeben	Gemüse in Würfel schneiden
Mit **Cognac** (→ 374) ablöschen und flambieren	Bildung weiterer Aromastoffe
Mit **Weißwein** und **Fischfond** auffüllen	
Würzmittel zugeben Mit **Mehlbutter** binden	Mit Salz, Pfeffer, Estragon, Lorbeer, und Safran würzen. Etwa 30 min kochen
Passieren und mit **Sahne** verfeinern	Unerwünschte Rohstofbestandteile entfernen
Krebsbutter (→ 131) montieren **Einlage** zugeben	Als Einlage Krebsfleisch, als Garnierung mit Spinatfarce gefüllte Krebsnase

❶ Radieschencremesuppe, ❷ Salbeicremesuppe, ❸ Hummersuppe, ❹ legierte Tomatensuppe

Püreesuppen

 *potages-purées* *puree soups*

Unter Püreesuppen sind Suppen zu verstehen, deren Bindung hauptsächlich durch das Pürieren von wertbestimmenden Rohstoffen erfolgt. Die Bindung kann zusätzlich durch Mitgaren von Kartoffeln oder Reis, durch Zugabe von Velouté oder Mehlschwitze, des Weiteren durch Reis- oder Weizenmehl (0,02–0,05 kg je 2,5 l Suppe) oder Brot verstärkt werden.
Vollendet wird mit Sahne oder Butter. Anstatt einer Einlage können geröstete Weißbrotwürfel verwendet werden.

Püreesuppen

- Kartoffelpüreesuppen
- Hülsenfruchtpüreesuppen
- Gemüsepüreesuppen

Grundrezepturen

Püreesuppen aus	Kartoffeln	Hülsenfrüchten	Gemüse
Fett (Butter, Öl)	0,075 kg	0,075 kg	0,075 kg
Wurzelgemüse	0,4 kg	0,2 kg	0,2 kg
Gemüse	–	–	0,8 kg
Hülsenfrüchte	–	0,3 kg	–
Brühe	2,5 l	2,5 l	2,5 l
Kartoffeln, geschält	0,75 kg	0,3 kg	0,2 kg
Sahne	0,125 l	0,2 l	0,2 l
Butter	0,05 kg	0,02 kg	–
Speck	0,05 kg	0,05 kg	–
Würzmittel	Majoran, Kerbel	Kerbel, Petersilie	Liebstöckel, Petersilie

Herstellung von Püreesuppen

Zwiebeln und **Lauch** in **Speiseöl**, auch mit **Speck** oder **Schinken** farblos anschwitzen	Rohstoffe unterstreichen den Charakter der Püreesuppen Rauchgeschmack für Hülsenfrüchte
Eventuell mit **Mehl** anstäuben	Zur Verstärkung der Bindefähigkeit
Frisches Gemüse, eingeweichte **Hülsenfrüchte** oder **Kartoffeln** dazugeben bzw. farblos anschwitzen	Namensgebenden Rohstoffe hinzufügen Durch vorheriges Einweichen der Hülsenfrüchte die Garzeit verringern
Mit **Brühe,** die dem Geschmack der Suppe entspricht, auffüllen, Rohstoffe weich kochen	Möhren: Rindfleischbrühe Kartoffeln: Rindfleischbrühe Rauchgeschmack: Schinken, Speck Erbsen: Rauchfleisch- und Kasselerbrühe
Pürieren, aufkochen, Konsistenz überprüfen	Falls Suppe zu dick wird, mit Brühe verdünnen
Arteigen abschmecken und vollenden	Geschmack durch typische Würzmittel abrunden und unterstreichen, Nährwert durch frische Kräuter erhöhen

Mixen einer Suppe

Püreesuppe von grünen Erbsen

Püreesuppe von grünen Erbsen

potage-purée Saint-Germain
puree soup Saint-Germain

0,3 kg grüne Erbsen
0,075 kg Butter
0,05 kg Kochschinken
0,2 kg Wurzelgemüse (Zwiebeln, Lauch, Sellerie)
0,02 kg Weizenmehl
2,5 l Brühe
Salz, Petersilie, Rosmarin

- Grüne Erbsen, geschnittenes Wurzelgemüse und Kochschinken in Butter dünsten.
- Weizenmehl anstäuben und mit dünsten. Kalte Brühe zugeben und zusammen garen (1,5–2 h).
- Mit dem Mixstab fein pürieren, passieren und aufkochen.
- Nachwürzen, geröstete Weißbrotwürfel obenauf.

Kartoffelsuppe

potage-purée Parmentier
puree soup Parmentier

0,075 kg Speiseöl oder Butter
0,2 kg Zwiebeln
0,2 kg Lauch
0,75 kg Kartoffeln
0,05 kg Speck
2 l Brühe
0,05 kg Butter
0,125 l Sahne
Salz, frischer Majoran, Petersilie

- Zwiebel- und Lauchscheiben in Öl oder Butter mit Speckstücken farblos andünsten. Kartoffelscheiben zugeben.
- Mit Brühe auffüllen und etwa 45 min garen.
- Pürieren, passieren und erhitzen.
- Würzen, mit Butter und frischer Sahne vollenden.
- Mit gehackter Petersilie anrichten, Croûtons separat.

Variation: **Malakow-Suppe** durch Zugabe von Tomatenmark.
In **Sachsen** wird diese Suppe in einer dicken Konsistenz mit Bockwurst oder Wiener Würstchen serviert.

Soll auf Weizenmehl verzichtet werden, dann 0,05 l Sahne zugeben. Zum Vollenden eignen sich auch gebratene Speck- und Zwiebelwürfel oder gehackte Kräuter (Petersilie, Majoran).

Linsensuppe

potage-purée Conti
puree soup Conti

0,075 kg Speiseöl
0,150 kg Speck- und Schinkenschwarten
0,2 kg Wurzelgemüse
0,025 kg Weizenmehl
0,3 kg Linsen
2 l Wasser (Einweichwasser)
1 l Fleischbrühe
0,05 kg Butter
Salz, Pfeffer

- Wurzelgemüse sowie Speck- und Schinkenschwarten in Speiseöl andünsten. Weizenmehl zugeben, mitdünsten, hell bräunen.
- Linsen mit Einweichwasser und Fleischbrühe zugeben.
- 1,5 h kochen, dabei mehrfach abschäumen.
- Pürieren, passieren, erhitzen, würzen.
- Mit Butterflocken vollenden, Croûtons separat.

Soll auf Weizenmehl verzichtet werden, dann 0,2 kg Kartoffeln zugeben.

Möhrensuppe

potage-purée Crécy
puree soup Crécy

0,075	kg	Butter
0,2	kg	Zwiebeln
0,2	kg	Lauch
0,03	kg	Reismehl
1,2	kg	Möhren
2	l	Brühe
		Salz, Petersilie, Rosmarin, Kerbel

- Zwiebel- und Lauchscheiben in Butter farblos anschwitzen.
- Mit Reismehl anstäuben und mit schwitzen. Möhrenscheiben zugeben.
- Mit Brühe auffüllen und etwa 45 min garen.
- Pürieren, passieren und aufkochen, würzen.
- Als Einlage körniger Kochreis und gezupfte Kräuter.

Für die Möhrenpüreesuppe (Karottenpüreesuppe) werden allgemein keine geräucherten Rohstoffe verwendet.
Wird auf Reismehl verzichtet, dann 0,2 kg Kartoffeln zugeben.

Püreesuppe von roten Bohnen

potage-purée Condé
puree soup Condé

0,08	kg	Butter
0,1	kg	Zwiebel
0,1	kg	Lauch
0,05	kg	Sellerie
0,4	kg	getrocknete rote Bohnen
0,2	kg	Kartoffeln
3	l	Brühe
		Salz, weißer Pfeffer

- Wurzelgemüse in Butter anschwitzen.
- Über Nacht eingeweichte Bohnen abgetropft zugeben.
- Mit Brühe auffüllen, aufkochen und mehrfach abschäumen.
- Etwa 2 h kochen. Kartoffelstücke zugeben und weitere 30 min kochen.
- Pürieren, passieren, nochmals aufkochen, würzen.
- Mit Butter und gezupftem Kerbel vollenden. Croûtons separat.

Spinatsuppe

Selleriesuppe

potage-purée de céleri
celery puree soup

- Sellerie in hellem Fond kochen.
- Fein pürieren und mit Sahne montieren.
- Pikant abschmecken. Gehackte Kerbel obenauf.

Spinatsuppe

potage-purée florentine
puree soup Florentine style

0,06	kg	Butter
0,1	kg	Zwiebel
0,1	kg	Lauch
0,05	kg	Sellerie
0,3	kg	Kartoffeln
2,5	l	Brühe
0,8	kg	Blattspinat
0,2	l	Sahne
		Salz

- Wurzelgemüse in Butter dünsten. Kartoffeln zugeben.
- Mit Brühe auffüllen, aufkochen und abschäumen.
- Etwa 45 min kochen, dann erst Spinat zugeben, pürieren, passieren und nochmals aufkochen. Durch die spätere Spinatzugabe bleibt die grüne Farbe gut erhalten. Mit Sahne vollenden, würzen. Als Einlage gedünstete Champignonscheiben.

Vorsicht Nitrate

Aus ernährungsphysiologischen Gründen soll Spinatsuppe nicht warm gehalten oder wieder erwärmt werden. Sie verliert nicht nur an Farbe und Geschmack, sondern kann auch gesundheitsschädliche Nitrate freisetzen.

Getreidesuppen

potages de céréales · cereal soups

Schrot

Zu den Getreidesuppen werden Getreideerzeugnisse in unterschiedlicher Verarbeitungsstufe als Hauptbestandteil verwendet:

Schrot	Graupen	Flocken	Grieß	Mehl

Vollkornmehl

Herstellung von Getreidesuppen	
Zwiebelwürfel oder fein geschnittenes **Gemüse** in **Butter** dünsten	Gedünstete Zwiebeln oder Gemüse bilden eine geschmackliche Grundlage
Getreideerzeugnis zugeben und weiter dünsten	Arteigenes Getreideerzeugnis kommt hinzu, durch Dünsten entwickeln sich Aromastoffe
Mit Brühe auffüllen **Weich kochen, eventuell passieren**	Teilweise bedürfen Getreideerzeugnisse relativ langer Garzeiten, insbesondere wenn sie wenig vorbearbeitet sind
Einlage zugeben	Einlagen sollen die Suppen optisch und geschmacklich verbessern
Mit **Sahne** oder **Liaison** vollenden	Getreidesuppen wie Cremesuppen oder als legierte Suppen vollenden
Gehackte Kräuter	Gehackte Kräuter werten die Suppe farblich, geschmacklich und ernährungsphysiologisch auf

Mehl, Type 405

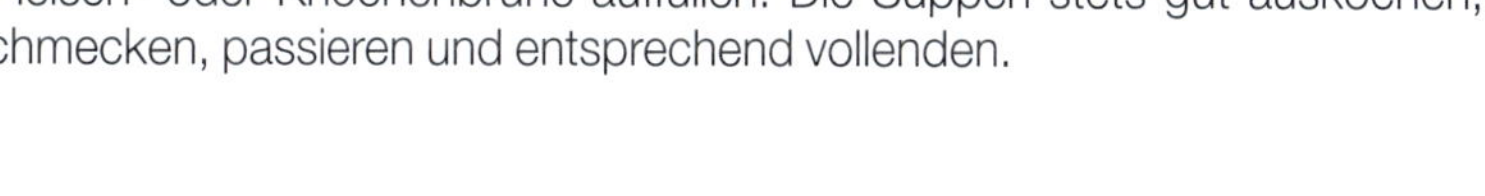

Bei Verwendung von Mehl eine Mehlschwitze mit Wurzelgemüse herstellen und mit Fleisch- oder Knochenbrühe auffüllen. Die Suppen stets gut auskochen, abschmecken, passieren und entsprechend vollenden.

Gries

Geröstete Grießsuppe

potage à la semoule grillée
brown semolina soup

0,04	kg	Speiseöl
0,15	kg	Hartweizengrieß
0,1	kg	Zwiebeln
2,5	l	Fleischbrühe
0,1	kg	junge Möhren
0,04	kg	Butter
1	Bund	Petersilie

- Grieß in heißem Öl langsam bräunen. Gehackte Zwiebeln mit bräunen.
- Mit heißer Fleischbrühe auffüllen, würzen, Möhren zugeben.
- Grieß gar kochen, abschmecken. Möhrenscheibchen als Einlage.
- Mit Butterflocken verfeinern und mit gehackter Petersilie bestreuen.

Flocken

Grießsuppe

Grießsuppe Leopold

potage Léopold
Leopold soup

0,04 kg Butter
0,1 kg Zwiebeln
0,1 kg Hartweizengrieß
2,5 l Fleischbrühe
0,02 kg Sauerampfer (→ 28)
0,005 kg Kerbel, Kopfsalat
Salz

- Zwiebelwürfel mit Butter dünsten, Grieß zugeben und mit dünsten.
- Mit heißer Brühe auffüllen, würzen, fertig garen.
- Sauerampferstreifen zugeben, aufkochen, Kerbel- und Kopfsalatblättchen darauf streuen.

Gerstensuppe

potage à l'orge *barley soup*

0,04 kg Butter
0,08 kg Zwiebeln
0,08 kg Möhren
0,08 kg Lauch
0,05 kg Sellerie
0,12 kg grobe Gerstengraupen
0,03 kg Weizenmehl
2,5 l heller Kalbsfond
0,2 l Sahne
1 Bund Petersilie
Salz, weißer Pfeffer, Liebstöckel

- Gemüse-Brunoise in Butter dünsten. Graupen zugeben und mit dünsten.
- Mehl anstäuben und mit heißem Kalbsfond auffüllen, würzen.
- Kochen, bis die Graupen weich sind.
- Abschmecken und mit Butterflocken vollenden.
- Gehackte Petersilie obenauf.

Basler Mehlsuppe

potage bâloise *soup Basle style*

0,08 kg Speiseöl
0,8 kg Zwiebeln
0,2 kg Weizenmehl T 812
2,5 l Fleischbrühe
0,2 l Rotwein
0,15 kg Reibkäse
Salz, Pfeffer, Muskat

Andere Schweizer Rezepturen geben die Verwendung von Butter an, verzichten aber auf Rotwein.

- Mehl langsam bräunen.
- Fein gehackte Zwiebeln in Öl braun braten, gebräuntes Mehl anstäuben.
- Abkühlen lassen und mit heißer Brühe auffüllen, intensiv verrühren.
- Aufkochen, Rotwein zugießen. Abschäumen und etwa 50 min kochen.
- Passieren, abschmecken. Reibkäse (Sbrinz) separat.

Grünkernsuppe

Grünkernsuppe

potage au blé vert
green corn soup

0,150	kg	Grünkernmehl
2,5	l	Fleischbrühe oder Gemüsebrühe
0,1	l	Sahne
0,050	kg	Butter
		Salz

- Brühe aufkochen.
- Grünkernmehl mit etwas Wasser glattrühren und hinzufügen.
- Unter öfterem Rühren 10 min köcheln lassen.
- Suppe mit Sahne, Butterflocken und Salz verfeinern.

Diät-Schleimsuppen

Die **Diät-Schleimsuppen** stellen eine besondere Gruppe der Getreidesuppen dar. Dazu werden Mehle und andere Mühlenerzeugnisse verwendet, die beim Garen einen **natürlichen Schleim** bilden, der die Suppen bindet. Durch Quellen beim Garen werden sie **leicht verdaulich,** was durch die entsprechende Kombination mit anderen Zutaten noch gefördert wird. Auf Grund der **guten Verdaulichkeit und Bekömmlichkeit** werden sie für leichte Vollkost und spezielle Diäten verwendet. Hergestellt werden können Diät-Schleimsuppen mit Wasser, entfetteter Brühe oder Milch. Eine Kombination mit Obst- und Gemüsesäften ist ebenfalls möglich, auch eine Vollendung mit Butterflocken, Sahne oder einer Liaison. Mitunter werden sie als süße Suppen zubereitet.

1 Geben Sie einen Überblick über die unterschiedliche Herstellung der gebundenen Suppen.
2 Beschreiben Sie den Unterschied zwischen Cremesuppen und legierten Suppen.
3 Warum dürfen legierte Suppen nicht mehr aufgekocht werden?
4 Beurteilen Sie die diätetische Bedeutung von Schleimsuppen.

Mehlsuppe

potage à la farine *flour soup*

0,15	kg	Weizenmehl
1,25	l	Vollmilch
1,25	l	Wasser
3		Eigelb
0,05	kg	Butter

Die Suppe kann auch ausschließlich mit Wasser oder Milch zubereitet werden.

- Milch aufkochen, Mehl mit etwas Wasser einrühren und einquirlen, restliches Wasser zugießen.
- Je nach Geschmacksrichtung mit Zucker, verquirltem Eigelb und Butterflocken verfeinern.

Haferschleimsuppe

velouté d'avoine
oatmeal velouté

0,15	kg	Hafermehl
2,5	l	Fleischbrühe
3		Eigelb
0,05	kg	Butter

Die Suppe kann auch mit Wasser oder mit Milch zubereitet werden.

- Brühe aufkochen, Hafermehl mit etwas Wasser glatt rühren und zugeben.
- Je nach Geschmack und Verwendungszweck mit verquirltem Eigelb und Butterflocken verfeinern.

1 25 Portionen Ochsenschwanzsuppe weisen nach Nährwerttabelle folgenden Nährstoffgehalt auf: 124 g Eiweiß, 114 g Fett und 450 g Kohlenhydrate. Ermitteln Sie den Energiegehalt von 1 Portion Ochsenschwanzsuppe. Runden Sie auf ganze kJ auf.
2 Kartoffelsuppe mit Bockwurst wird auf einem Volksfest für 3,80 € angeboten. Ermitteln Sie den Materialpreis, wenn mit 20% Gemeinkosten, 10% Gewinn und 12% Bedienungsgeld sowie mit 16% Mehrwertsteuer gerechnet wird.
3 Ermitteln Sie den Materialpreis für 10 Portionen Mehlsuppe mit Hilfe aktueller Einkaufspreise aus Ihrem Ausbildungsbetrieb.

14.4 Gemüsesuppen

potages aux légumes
vegetable soups

Für Gemüsesuppen ist die Schnittform der ***Würfel, Rauten oder Blättchen*** *(paysanne) typisch. Sie werden deshalb nicht passiert und ähneln den Eintöpfen.*
Für 10 Portionen Gemüsesuppe sind 2–2,5 l Fleischbrühe und insgesamt 0,8–1 kg Gemüse zu veranschlagen. Bei Verwendung von Kartoffeln wird das Gemüse zu einem Viertel durch Kartoffeln ersetzt.

Gemüsesuppen kommen aus der **bäuerlichen Küche** Frankreichs. Sie bestehen aus einer oder mehreren Gemüsearten. Für Gemüsesuppen sind besonders folgende Gemüsearten geeignet: Möhren, Lauch, Zwiebeln, Sellerie, Wirsing, Weißkohl, Rüben und Kartoffeln. Des Weiteren können grüne Bohnen, Spargel, Zucchini, Tomatenwürfel u.a. verwendet werden.

Gemüsesuppe (Grundrezeptur)

potage aux légumes
vegetable soup

0,03 kg Butter
0,05 kg Rauchspeck
0,75 kg Gemüse
0,25 kg Kartoffeln
(0,02 kg Weizenmehl)
2,5 l Brühe
0,02 kg gehackte Kräuter
Salz, weißer Pfeffer

- Gemüse und gegebenenfalls Kartoffeln blättrig schneiden.
- Gemüse in Butter anschwitzen, gegebenenfalls unter Verwendung von Rauchspeck. Evtl. Weizenmehl anstäuben.
- Mit Brühe auffüllen und bissfest kochen, nicht passieren.
- Abschmecken, mit Kräutern aufwerten, typische Beilagen separat.

Rauten von Lauch, Möhren, Sellerie, Gemüsepaprika, roten Beten, Kohlrüben

Herstellung von Gemüsesuppen	
Speckwürfel in **Butter** dünsten	Das Fett soll mit den typischen Rohstoffen harmonieren
Zwiebel- und Kohlgemüse zuerst zugeben und dünsten	Das derbe Gemüse hat die längste Garzeit
Übriges **Gemüse,** außer Kartoffeln, zufügen und alles dünsten	Gemüse mit kürzerer Garzeit nach der Kochtopfmethode zugeben
Gegebenenfalls **Weizenmehl** anstäuben	Einige Gemüsesuppen werden nicht gebunden, ansonsten wird mit dem Weizenmehl eine Sämigkeit erreicht
Mit **Brühe** auffüllen und etwa 15 min kochen	Arteigene Fleischbrühe
Kartoffeln zugeben, weitere 10 min kochen	Kartoffeln werden in reichlich Flüssigkeit am besten und schnell gar
Würzen, gehackte Kräuter zugeben oder am Schluss darüber streuen	Zum Schluss wird die Gemüsesuppe durch frische Kräuter ernährungsphysiologisch und geschmacklich aufgewertet

Bauernsuppe

Bauernsuppe
potage paysanne *farmer's soup*

0,15 kg Möhren
0,15 kg Sellerie
0,1 kg Erbsen
0,15 kg Weißkohl
0,2 kg Zwiebeln
0,2 kg Kartoffeln
0,2 kg Rauchspeck
2 l Fleischbrühe
Salz, Pfeffer, Kräuter

Bauernsuppe kann mit Reibkäse vollendet werden.

- Gemüse und Kartoffeln feinblättrig schneiden.
- Rauchspeckwürfel auslassen, Zwiebelwürfel und Gemüse dazugeben.
- Mit Fleischbrühe auffüllen, Kartoffeln zugeben. Bissfest kochen, würzen.
- Mit gehackten Kräutern vollenden, Weißbrot-Croûtons separat.

Gemüsesuppe Pächterinart
potage aux légumes fermière
vegetable soup tenant's style

0,2 kg Möhren
0,2 kg Lauch
0,2 kg Kohlrüben
0,2 kg Zwiebeln
0,2 kg Rauchspeck
0,25 kg Wirsingkohl
2 l Fleischbrühe
0,1 kg Reibkäse
Salz, Pfeffer, Kräuter

- Gemüse feinblättrig schneiden.
- Rauchspeck auslassen, Gemüse farblos anschwitzen.
- Wirsingkohlstreifen wegen der kürzeren Garzeit erst später zugeben.
- Mit Fleischbrühe auffüllen. Bissfest kochen, salzen, pfeffern.
- Mit gehackten Kräutern und Reibkäse vollenden. Weißbrot-Croûtons separat.

Italienische Gemüsesuppe, Minestrone
minestrone *minestrone*

0,05 kg Olivenöl
0,15 kg Möhren
0,1 kg Sellerie
0,1 kg Zwiebeln
0,1 kg Erbsen
0,1 kg Weißkohl
0,15 kg Kohlrabi
2 l Fleischbrühe
0,2 kg Tomaten
0,1 kg Kartoffeln
0,1 kg Makkaroni oder Spaghetti

- Gemüse feinblättrig schneiden, dann in Öl dünsten.
- Mit Fleischbrühe auffüllen.
- Vor Gar-Ende gebrochene Teigwaren, Kartoffelwürfel und Tomatenfleischwürfel zugeben und gar kochen.
- Pesto-Zutaten im Kutter fein verarbeiten, mit etwas heißer Suppe in die Minestrone geben.
- Mit Salz, Pfeffer abschmecken, Parmesan separat.

Pesto für Minestrone

0,05 kg Rückenspeck
0,01 kg Knoblauch
0,01 kg frischer Basilikum (→ 265)
0,01 kg Petersilie

Elsässische Gemüsesuppe

🇫🇷 *potage aux légumes alsacienne*
🇬🇧 *vegetable soup Alsatian style*

0,25	kg	Weißkohl
0,25	kg	Lauch
0,25	kg	Kartoffeln
0,2	kg	Rauchspeck
2	l	Fleischbrühe
		Salz, Pfeffer, Kräuter

- Gemüse feinblättrig schneiden.
- Rauchspeck auslassen, Gemüse farblos anschwitzen.
- Mit Fleischbrühe auffüllen. Bissfest kochen, salzen, pfeffern.
- Mit gehackten Kräutern und Reibkäse vollenden. Weißbrot-Toast separat.

Kohlsuppe

Kohlsuppe, Schtschi

🇫🇷 *chtchy* 🇬🇧 *stchy*

0,4	kg	Rinderkochfleisch
0,15	kg	Kasselerkamm
0,5	kg	Weißkohl, Wirsingkohl
0,1	kg	Möhren
0,1	kg	Lauch
0,1	kg	Zwiebeln
0,2	kg	Kartoffeln
0,05	kg	Tomatenmark
0,02	kg	Petersilie
0,15	l	saure Sahne
		Salz, gehackte Sellerieblätter, Pfefferkörner, Lorbeer

- Rindfleisch und Kasseler kochen.
- Gemüse feinblättrig, Kartoffeln in Stifte von 5 mm Dicke schneiden.
- Gemüse und Kartoffeln zugeben, mit Fleischbrühe auffüllen, würzen.
- Tomatieren, gar kochen. Als Einlage gewürfeltes Fleisch.
- Mit gehackten Sellerieblättern und saurer Sahne vollenden.

Traditionell werden zur Schtschi Piroggen separat serviert.
Darunter sind kleine mit Fleisch, Fisch, Pilzen u.a. gefüllte Hefeteigtaschen zu verstehen.

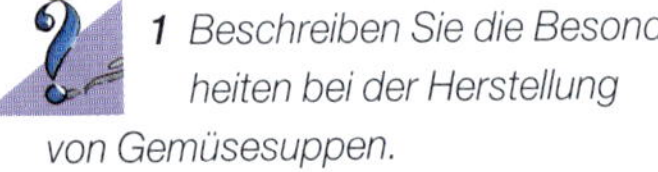

1 Beschreiben Sie die Besonderheiten bei der Herstellung von Gemüsesuppen.

2 Beurteilen Sie den ernährungsphysiologischen Wert der Gemüsesuppen.

3 Erläutern Sie den Unterschied zwischen Gemüsesuppen und Eintöpfen.

4 Diskutieren Sie Pro und Kontra die Verwendung von Convenience-Erzeugnissen für die Herstellung von Gemüsesuppen.

1 Schreiben Sie eine Warenanforderung für 24 Portionen Bauernsuppe (→ 159) auf.

2 Thüringer Schnippelsuppe steht auf der Karte mit 4,80 €. Wie hoch ist der Materialpreis, wenn mit einem Kalkulationsfaktor von 3,5 gerechnet wird.

Thüringer Schnippelsuppe

🇫🇷 *consommé à la julienne de légumes thuringienne*
🇬🇧 *clear soup with vegetable julienne Thuringian style*

2	l	Fleischbrühe
0,2	kg	Kohlrabi
0,2	kg	Möhren
0,2	kg	Sellerie
0,2	kg	Zwiebeln
0,2	kg	Lauch
0,8	kg	Kartoffeln
0,2	kg	magerer Speck
		Salz, Pfeffer, frischer Majoran, Petersilie

- Fleischbrühe erhitzen, gehackten Majoran, klein geschnittene Möhren, Sellerie und Kohlrabi dazugeben.
- Nach 5 min Garen Zwiebeln, Lauch und Kartoffeln, ebenfalls klein geschnitten, dazugeben, würzen. Mit gebräunten Magerspeckwürfeln vollenden.

14.5 Regionalsuppen, Nationalsuppen

potages régionaux, potages nationaux
regional soups, national soups

Regionalsuppen

potages régionaux *regional soups*

Suppen, die für ein bestimmtes Gebiet, eine bestimmte Region typisch sind, werden als Regionalsuppen bezeichnet. Es sind volkstümliche Suppen, die meist der bäuerlichen Küche entstammen und aus regionalen Rohstoffen hergestellt werden. Vielfach haben diese Suppen den Charakter von Eintöpfen.

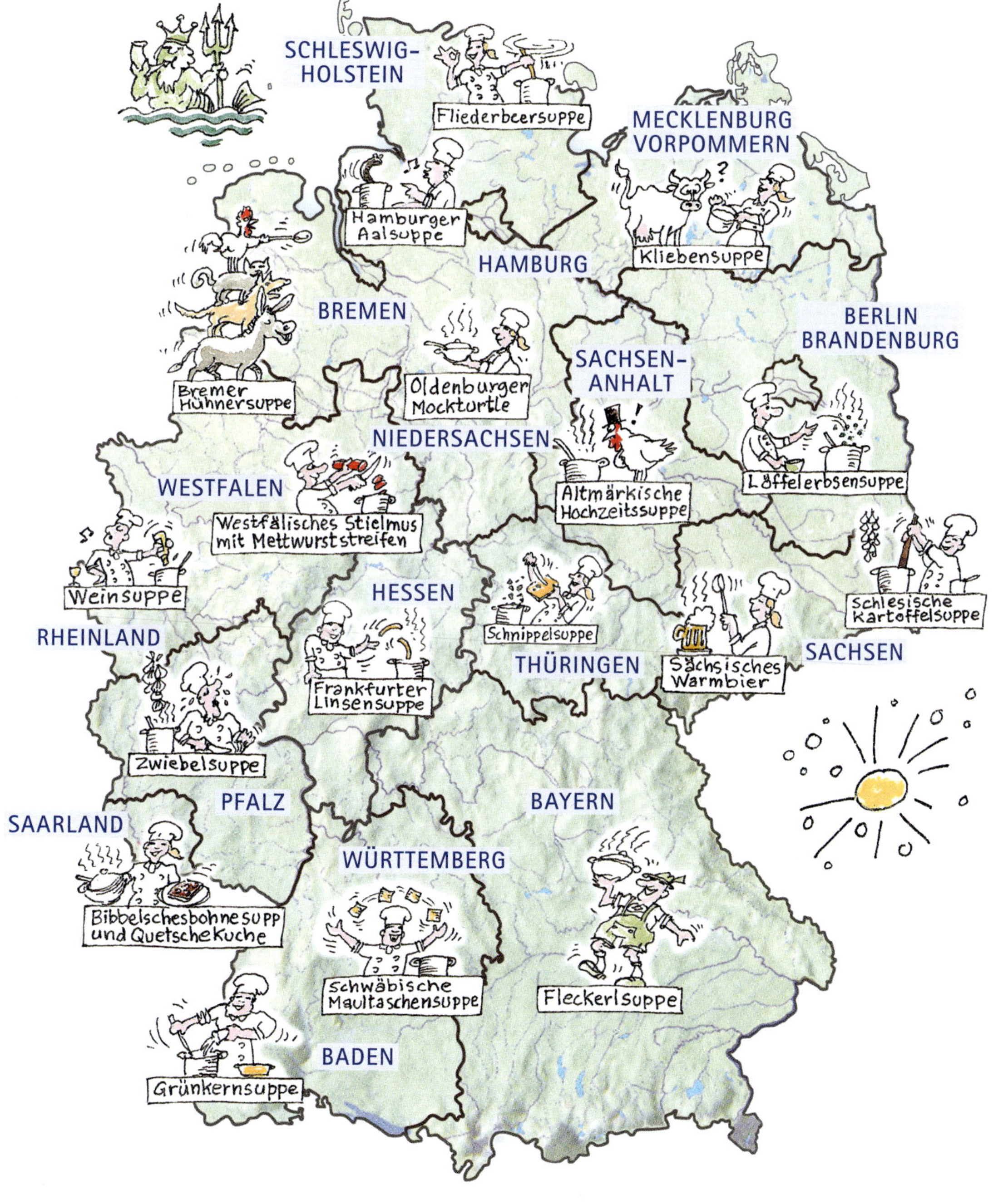

Ist Kartoffelsuppe auch eine deutsche Nationalsuppe?

In verschiedenen deutschen Landesteilen wird die Kartoffelsuppe als typische Spezialität angeboten. Abwandlungen:

Berliner Kartoffelsuppe
Pürieren, mit Bockwurst oder gebratenen Wurstscheiben

Sächsische Kartoffelsuppe
Pürieren, mit Gemüsestreifen, dicke Konsistenz; mit Wurst

Schlesische Kartoffelsuppe
Als Einlage Knoblauchwurst, mit gerösteten Weißbrotwürfeln

Mecklenburger Kartoffelsuppe
Nicht passieren, mit Speck und Zwiebeln

Westfälische Kartoffelsuppe
Mit Zitrone würzen, mit Sahne vollenden

Pfälzer Kartoffelsuppe
Mit saurer Sahne vollenden, auch mit trockenem Riesling, als grüne Kartoffelsuppe (grien Grumbeersupp) mit Lauch, Petersilie, Sellerie- und Spinatblättern

*Kartoffelsuppe kann demzufolge – trotz verschiedener Varianten – auch als **deutsche Nationalsuppe** bezeichnet werden.*

Schwäbische Maultaschensuppe

Bayrische Leberknödelsuppe

Ausgewählte Regionalsuppen aus Deutschland

Deutsche Region	Regionalsuppe / Merkmale
Berlin/Brandenburg	Löffelerbsensuppe ■ Löffelerbsen mit Schweinebauch oder Schweinsohr (➔ 173)
Sachsen	Sächsisches Warmbier ■ Legierte Biersuppe mit Buttersemmel (➔ 148)
Niederschlesien/ Oberlausitz	Schlesische Kartoffelsuppe ■ Kartoffelpüreesuppe, obenauf in Fett goldgelb gebratene Zwiebelwürfel, Semmelwürfel sowie Knoblauchwurstscheiben (➔ 153)
Sachsen-Anhalt	Altmärkische Hochzeitssuppe ■ Klare Hühnerbrühe mit Einlagen (➔ 140)
Thüringen	Schnippelsuppe ■ Gemüsesuppe (➔ 160)
Hessen	Frankfurter Linsensuppe ■ Linsensuppe mit Essig abschmecken, als Einlage Frankfurter Würstchen, dazu Apfelmus (➔ 153)
Baden	Grünkernsuppe ■ Cremesuppe aus Fleischbrühe, Grünkern, Gemüsewürfeln, Sahne und Markklößchen (➔ 146)
Württemberg	Schwäbische Riebelesuppe ■ Klare Rindfleischsuppe (➔ 140) Schwäbische Maultaschensuppe ■ Klare Rindfleischsuppe mit Maultaschen
Pfalz	Zwiebelsuppe ■ Wie französische Zwiebelsuppe mit Sahne und Wein, mit Kümmel würzen, geröstete Brotscheiben ohne Käse obenauf
Bayern	Fleckerlsuppe ■ Klare Rindleischsuppe mit Teigklümpchen (➔ 140) Leberknödelsuppe ■ Klare Rindfleischsuppe mit Leberknödeln (➔ 138)
Rheinland	Weinsuppe ■ In verschiedenen Varianten: Wein, Wasser, Sahne mit Zimt und ungespritzter Zitronenschale kochen, mit Stärke binden, dazu Grießklößchen
Saarland	Bibbelschesbohnesupp und Quetschekuche ■ Aus Brühe, Kartoffeln, grünen Bohnen, dazu Tomatenwürfel, Möhren, Petersilie, Bohnenkraut, etwas Muskat, mit Sahne vollenden, als Beigabe warmer Zwetschgenkuchen aus Hefeteig; bei Bergleuten galt: je Mann ein Kuchen!
Westfalen	Westfälisches Stielmus mit Mettwurststreifen ■ Aus blanchierten Rübenstielen, Fett, Zwiebeln, Mehl zur Bindung und Fleischbrühe Suppe bereiten, mit Sahne vollenden, als Einlage Mettwurststreifen (schnittfeste Rohwurst ähnlich der Salami)

Deutsche Region	Regionalsuppe / Merkmale
Schleswig-Holstein	Fliederbeersuppe ■ Gemeint sind die Holunderbeeren; Holundersaft mit mit Zimt, Vanille und Zucker aufkochen, mit Stärke binden, als Einlage Grießklößchen
Niedersachsen	Oldenburger Mockturtle ■ Aus Kalbskopf, Kalbshirn, Wurzelgemüse, Zwiebeln und wenig Madeira. Falsche Schildkrötensuppe (➔ 151)
Hamburg	Hamburger Aalsuppe ■ Schinkenbrühe mit abgezogenen Aalstücken, Backpflaumen, getrockneten Apfelringen, anderem Backobst, Schwemmklößchen und Wurzelgemüse, mit frischen Kräutern vollenden
Bremen	Bremer Hühnersuppe ■ Geflügelsuppe aus Suppenhuhn, Wurzelgemüse, Blumenkohl oder Spargel, mit Liaison vollenden; Bestandteil des Schaffermahls (Abschiedsmahl der Kaufleute und der Kapitäne), das alljährlich seit 1545 im Bremer Rathaus stattfindet
Mecklenburg-Vorpommern	Kliebensuppe ■ Milch mit Salz und Zimt aufkochen, Klieben (Teig aus Eiern, Weizenmehl, Wasser, Salz, Zucker) über Schneebesen hineinlaufen lassen

Nationalsuppen

potages nationaux *national soups*

Nationalsuppen stellen nationalen Spezialitäten dar. Wie die Regionalsuppen sind sie aus der bäuerlichen oder der bürgerlichen Volksküche hervorgegangen. Sie bestehen aus den typischen Rohstoffen des Landes und entsprechen den nationalen Verzehrgewohnheiten. Vielfach haben diese Suppen den Charakter von Eintöpfen.

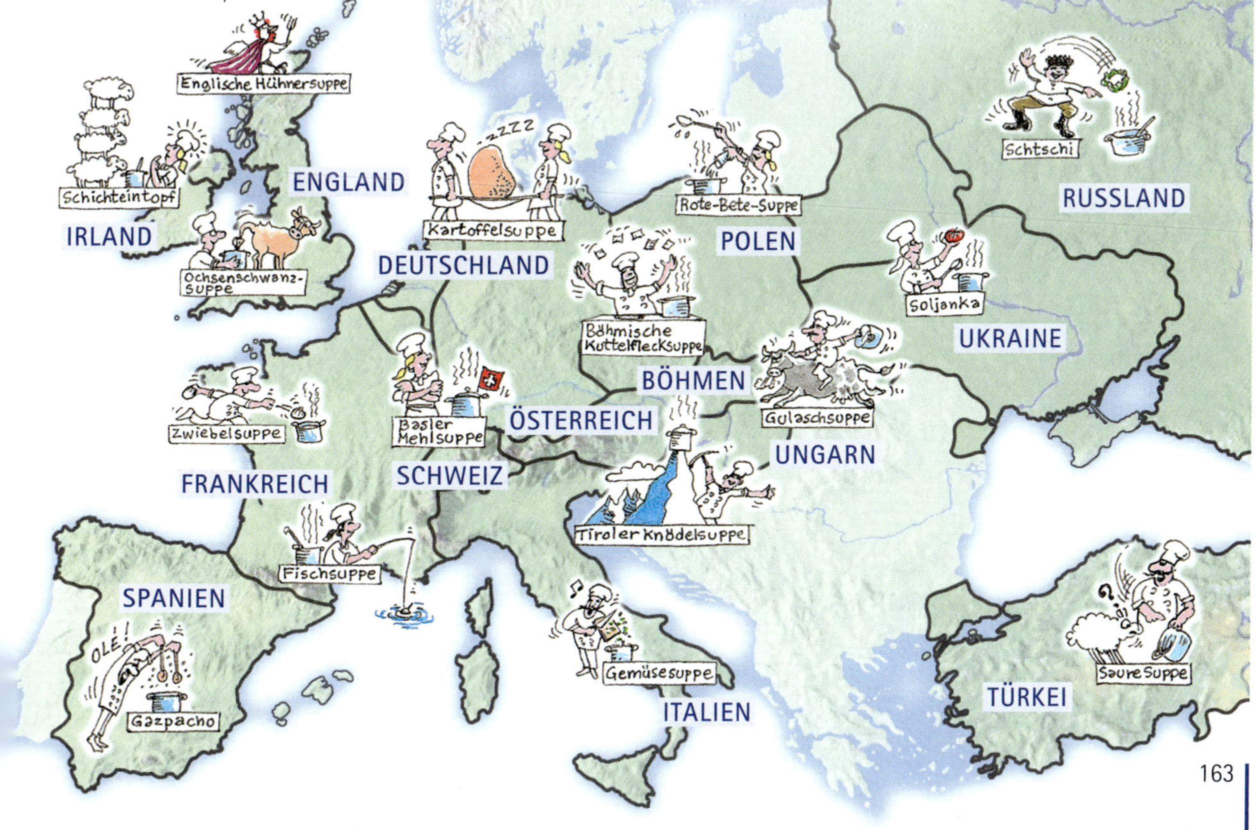

1 *Nennen Sie jeweils fünf deutsche und europäische Regionen, und ordnen Sie ihnen typische Suppen zu.*

2 *Erläutern Sie den Zusammenhang zwischen Regionalsuppen und Nationalsuppen am Beispiel der Rezeptur von Kartoffelsuppe.*

3 *Stellen Sie im Rahmen einer Gruppenarbeit asiatische, amerikanische oder andere Nationalsuppen mit Hilfe von Fachliteratur zusammen, die Sie Ihren Gästen als kulinarische Besonderheiten anbieten wollen.*

Kartoffelsuppe mit Rauchfleisch wird zum Aktionspreis von 4,80 € verkauft. Ermitteln Sie den Materialpreis bei einem Kalkulationsfaktor 3,4.

Basler Mählsuppe, berühmt durch die Basler Fasnacht

Seit 1834 wird durch den „Basler Morgestraich", der stets sechs Wochen vor Ostern montags um 4 Uhr mit dem Kommando „Morgestraich – vorwärts marsch" im absolut dunklen Basel – Stadtbeleuchtung und Reklame werden vorher abgeschaltet – beginnt, die Basler Fasnacht mit Trommelschlag, Piccolo-Melodien und unzählbaren kleinen und übergroße Laternen(wagen) durch die „Fasnachts-Cliquen" (Fastnachtsgesellschaften) für drei Tage wohl geordnet, diszipliniert und beeindruckend ernst eingeleitet. In den geöffneten Lokalen genießen die Fasnächtler dann traditionell „Mählsuppe" (Mehlsuppe) und „Ziibelewäie" (Zwiebelkuchen).

Ausgewählte europäische Nationalsuppen

Land	Nationalsuppe / Merkmale
Deutschland	Kartoffelsuppe ■ Kartoffelpüreesuppe mit Wurzelgemüse (→ 153)
Böhmen (Tschechien)	Böhmische Kuttelflecksuppe ■ Flecke in Salzwasser und Wurzelgemüse weich kochen, Speck-Zwiebel-Mehlschwitze mit Kochbrühe auffüllen, als Einlage Streifen der Flecke, säuerlich mit Essig abschmecken, mit saurer Sahne anrichten
England	Ochsenschwanzsuppe *oxtail clair / clear oxtail soup* ■ Geklärte Suppe aus angebratenen Ochsenschwanzstücken; mit Sherry abschmecken; als Einlage Fleischwürfel, Chesterstange separat (→ 141) Englische Hühnersuppe *Cock-a-Leeky* ■ Passierte Kraftbrühe mit Lauch; aus Kalbfleisch, Geflügel und Wurzelgemüse Brühe herstellen, als Einlage weiße Lauchstücke, Hühnerfleisch und entsteinte Backpflaumen
Frankreich	Fischsuppe *bouillabaisse* ■ Fischsuppe vom Mittelmeer (→ 141) Zwiebelsuppe *soupe à l'oignon gratinée* ■ Gratinierte Zwiebelsuppe (→ 141) ■ Elsässische Gemüsesuppe (→ 160)
Irland	Schichteintopf, Irish Stew *Irish stew* ■ Schichteintopf (→ 172)
Italien	Gemüsesuppe *minestrone* ■ Gemüsesuppe (→ 159)
Österreich	Tiroler Knödelsuppe ■ Rindfleischsuppe (→ 142)
Polen	Rote-Bete-Suppe, *Borschtsch* (poln.- russ.) ■ Fleischbrühe mit Schinken und Kasseler, Wurzelgemüse und roter Bete, mit Majoran, Zitrone und Kwass (vergorenes Brot mit roter Bete, Knoblauch und Zucker) würzen, mit saurer Sahne vollenden
Russland	Schtschi ■ Weißkohlsuppe (→ 160)
Schweiz	Basler Mehlsuppe ■ Braune Mehlsuppe (→ 156)

Land	Nationalsuppe / Merkmale
Spanien	Gazpacho *gazpacho andaluz* ■ Kalte Gemüsesuppe (➔ 167)
Türkei	Saure Suppe *ekshili tschorba* ■ Hammelkraftbrühe, als Einlage Reis, Eiereinlauf, mit Zitrone würzen, als Einlage Hammelfleisch
Ukraine	Soljanka ■ Tomatierte Fleischsuppe (➔ 142)
Ungarn	Gulaschsuppe *Magyar gylyás leves* ■ Braune Rindfleischsuppe (➔ 150)

14.6 Exotische Suppen, Spezialsuppen

potages exotique, potages spéciaux
exotic soups, special soups

Exotische Suppen sind **würzige, gehaltvolle Spezialsuppen** aus erlesenen Rohstoffen. Ihre besonders ausgeprägten Geschmacks- und Extraktivstoffe regen die Verdauung an. Exotische Suppen sind **klar** und **wenig sättigend.** Grundlage ist je nach Art eine kräftige Fleisch- oder Fischbrühe. Exotische und Spezialsuppen werden vorzugsweise in festlichen Speisenfolgen angeboten. Aus Gründen des Arbeitsaufwandes und der Vielzahl ausgefallener Rohstoffe werden sie hauptsächlich in Feinkostbetrieben industriell hergestellt (Convenience-Erzeugnisse) und in der Gastronomie nur fachgerecht vollendet und angerichtet.
Tafelfertige Suppenkonserven werden nur erhitzt, nicht mehr aufgekocht. Die Einlage ist zuvor in die angewärmten Spezialtassen, beispielsweise Schildkrötentassen zu 100 ml, zu verteilen.
Cognac, Sahne und Liaison dienen dem geschmacklichen Vollenden.
Klassische exotische Suppen, wie Schildkrötensuppe oder Schwalbennestersuppe, werden aus Gründen des Artenschutzes in der Gastronomie nicht mehr angeboten.

Exotische Suppe	Merkmale / Vollendung / Einlage
Bihun-Suppe	Leicht gebundene, curryfarbene würzige Suppe mit Geflügelfleisch und exotischen Gewürzen ■ Weinbrand
Haifischflossen-suppe	Klare, würzige, aromatische Fischsuppe, als Einlage Sehnen aus den Rücken- und den Schwanzflossen des australischen Tigerhais ■ Haifischsehnen
Känguruschwanz-suppe	Klare, würzige, gehaltvolle braune Suppe aus den Schwänzen der Kängurus, Zubereitung analog der Ochsenschwanzsuppe ■ Känguruschwanzfleisch
Trepang-Suppe	Klare, würzige, anregende Suppe auf der Grundlage von Kraftbrühe und Trepangs, auch als Röhrenseewalzen (in westindischen Gewässern beheimatet) bezeichnet ■ Trepang-Würfel

1 Beschreiben Sie das Herstellungsprinzip der exotischen Suppen.
2 Beurteilen Sie den ernährungsphysiologischen Wert der exotischen Suppen.
3 Diskutieren Sie Pro und Kontra der Verarbeitung exotischer Rohstoffe, wie Schildkrötenfleisch, Schwalbennester oder Haifischflossen. Gehen Sie im Gespräch auch auf die Rechtslage in Deutschland ein.

Für ein Menü für 12 Personen soll Bihun-Suppe in Spezialtassen zu 125 ml serviert werden. Stellen Sie die Preisunterschiede bei den folgenden Angebotsformen fest:

400-ml-Dose	*3,20 €*
125-ml-Dose	*1,06 €*
800-ml-Dose	*5,90 €*

Bihun-Suppe (Convenience-Erzeugnis)

potages froids, soupes froides douces
cold soups, cold sweet soups

Im Unterschied zu warmen Speisen müssen kalte Speisen kräftiger gewürzt werden, da die Geschmacksnerven kalte Speisen weniger intensiv wahrnehmen.

14.7 Kalte Suppen, Kaltschalen

Kalte Suppen stellen in der Sommerzeit appetitanregende, erfrischende Abwechslungen im Speisenangebot dar, die warme Suppen im Menü ersetzen können. Sie bilden geeignete Grundlagen für Zwischenmahlzeiten. Kalte Suppen können herzhaft oder süß zubereitet werden; die kalten süßen Suppen werden als Kaltschalen bezeichnet.
Kaltschalen sind in der klassischen Küche nicht vorgesehen. Sie gewinnen in der modernen Gastronomie zunehmend an Bedeutung. Auch innerhalb der Gemeinschaftsverpflegung wird mit den Kaltschalen der Wunsch nach erfrischenden, nicht stark sättigenden Speisen erfüllt. Darüber hinaus tragen Kaltschalen durch ihre wirkstoffreiche Zusammensetzung zur gesundheitsfördernden Ernährung bei. Soweit wie möglich sollten die Rohstoffe ungegart verwendet werden. Kalte Suppen einschließlich Kaltschalen werden allgemein in gekühlten Suppentassen eisgekühlt angeboten.

Arten	Beispiele	Merkmale
Kraftbrühen	Geeiste Kraftbrühe	(→ 166)
Püreesuppen	Andalusische Suppe (Gazpacho andaluz)	(→ 167)
Süße Suppen	Joghurtsuppe Kaltschalen	(→ 167)
Spezialsuppen	Tarator	Joghurt, Salz, saure Sahne, ein Spritzer Essig, mit Knoblauch und Paprika würzen, mit Streifen von grünen Gurken, gehackter Dill
Cremesuppen	Kalte Tomatencremesuppe	Cremesuppe, nur leicht gebunden, Tomatenfleischwürfel, Kräuter

Geeiste Kraftbrühe

consommé froid
cold clear soup

Die Kraftbrühe wird unter Verwendung von kollagenreichen Rohstoffen, wie Kalbsfüßen oder Geflügelknochen, hergestellt. Beim Erkalten geliert die Brühe. Die geeiste Kraftbrühe muss völlig fettfrei sein und wird in vorgekühltem Geschirr serviert.

Geeiste Kraftbrühe mit Gemüseperlen

Geeiste Kraftbrühe mit Gemüseperlen

consommé givré aux perles de légumes
iced consommé with vegetable pearls

1,8 l Rinderkraftbrühe, geeist
0,3 kg Möhren-, Sellerie-, Zucchini-, Kohlrabi-, Gurkenperlen
Kräuterzweige

- Mit kleinem Perlenausstecher Gemüseperlen von Möhren, Sellerie, Zucchini, Kohlrabi ausstechen, in Salzwasser blanchieren und in Eiswasser abkühlen.
- Gut gekühlte Teller mit geeister Kraftbrühe füllen, Gemüseperlen zugeben, mit Kräuterzweig garnieren.

Kaltschalen

Kaltschalen lassen sich aus Milch, Obst, Gemüse und Bier zubereiten. Kaltschalen aus Gemüse werden allgemein als kalte Suppen bezeichnet. Grundsätzlich sollten die Rohstoffe möglichst nicht erhitzt werden.

Bei Fruchtkaltschalen mit Wein denselben nicht mit aufkochen, ihn erst am Schluss zugeben. Solche Kaltschalen sind für Kinder und Antialkoholiker ungeeignet.

	Grundzutaten	Bindung / Vollendung
Milchkaltschale 🇫🇷 *soupe froide au lait* 🇬🇧 *cold milk soup*	Milch, Zucker, Vanille, Zimt	Eigelb, Eiklar ■ Obststücke, Beeren
Fruchtkaltschale 🇫🇷 *soupe froide aux fruits* 🇬🇧 *cold fruit soup*	Früchte, Zucker, Wasser, Most, Wein, Zitrone	Stärke, Sago ■ Obststücke, Beeren, Mineralwasser
Gemüsekaltschale 🇫🇷 *soupe froide aux légumes* 🇬🇧 *cold vegetable soup*	Gemüse (Melone, Rhabarber), Wasser	Stärke ■ Gemüse in Stücken, Würfeln, Streifen oder als Püree, Mineralwasser
Bierkaltschale 🇫🇷 *soupe froide à la bière* 🇬🇧 *cold beer soup*	Bier, Zucker, Milch, Zitrone, Schale ungespritzter Zitrone, wenig Zimt	Liaison, geriebenes Schwarzbrot ■ Rosinen

Andalusische Suppe *(gazpacho andaluz)*

🇫🇷 *potage froid andalouse (gazpacho andaluz)*
🇬🇧 *cold Andalusian soup (gazpacho andaluz)*

0,75	kg	abgezogene Tomaten
0,25	kg	geschälte Salatgurke
0,25	kg	grüne Paprikafrüchte
0,3	kg	Zwiebeln
0,18	kg	Weißbrot
0,4	l	Tomatensaft
0,6	l	kalte Kraftbrühe
0,1	kg	Olivenöl
		Salz, Pfeffer, Knoblauch, Tabasco, Essig

- Weißbrot einweichen und ausdrücken. Gemüse grob zerkleinern.
- Brot, Gemüse, einschließlich Zwiebelscheiben, Knoblauch und Tomatensaft in Schüssel geben. Essig und Öl darauf gießen.
- Zutaten mit dem Mixer fein pürieren.
- Als Einlage fein gewürfelte Gurken, Tomaten und Paprikafrüchte.
- Mit Salz, Pfeffer und Zucker abschmecken.
- Gut kühlen, eventuell mit Tomatensaft verdünnen.

Milchkaltschale (Grundrezept)

🇫🇷 *soupe froide au lait*
🇬🇧 *cold milk soup*

2	l	Vollmilch
0,15	kg	Zucker
6		Eigelb (0,1 kg)
0,5	kg	Obst
		Vanille

- Milch mit Zucker aufkochen, verquirltes Eigelb dazugeben und bis zur Rose abziehen. Kalt stellen, dann mit Obst anrichten.

Andalusische Suppe

Mit Sago gebundene Kaltschalen werden nicht passiert.

Fruchtkaltschale (Grundrezept)

soupe froide aux fruits
cold fruit soup

kalt		gekocht		
1,5	l	1,5	l	Wasser oder Fruchtsaft
1	kg	1	kg	Frischobst (Beeren)
0,1	kg	0,2	kg	Zucker
0,1	l			Weißwein
		0,035	kg	Kartoffelstärke oder
		0,04	kg	Sago
				Zitrone

kalt

- 2/3 Obstwürfel, vorbereitete Beeren mit Fruchtsaft vermengen, zur Konsistenzverbesserung 1/3 der Früchte pürieren.
- Mit Zucker und Weißwein vollenden.

gekocht

- Wasser oder Fruchtsaft mit Obst und Zucker kurz aufkochen.
- Mit Stärke oder Sago binden.
- Passieren, abkühlen lassen. Mit der Obsteinlage vollenden.

Erdbeerkaltschale

soupe froide aux fraises
cold strawberry soup

2,0	kg	Erdbeeren, gut ausgereift
0,3	kg	Erdbeergelee
		Zucker nach Geschmack, Weißwein

- Erdbeeren waschen und putzen. Besonders schöne Erdbeeren mit Stängelansatz zum Garnieren zurücklegen.
- Restliche Erdbeeren im Mixer pürieren und durchs Sieb streichen. Dieses Püree mit Erdbeergelee verrühren.
- Wenn erforderlich, mit Puderzucker nachsüßen und mit etwas Weißwein verdünnen.
- Gut gekühlte Kaltschale auf kalte Glasteller verteilen und mit Erdbeere und Minzesahne (geschlagene Sahne mit fein gehackter Minze, leicht gesüßt) anrichten.

Erdbeerkaltschale

Melonenkaltschale

soupe froide au melon
cold melon soup

kalt		gekocht		
2,2	kg	1,2	kg	Melone
		1	l	Wasser
		0,05	kg	Sago
0,1	kg	0,1	kg	Zucker
0,5	l	0,5	l	Mineralwasser
0,15	l	0,15	l	Weißwein
				Zitrone

kalt

- 50 Melonenkugeln ausstechen, restliche Melone mit dem Mixer pürieren.
- Mit Weißwein und Mineralwasser verrühren.
- Mit Zucker und Zitrone abschmecken, kühlen, als Einlage Melonenkugeln.

gekocht

- 50 Melonenkugeln ausstechen, restliche Melone mit dem Mixer pürieren.
- Wasser, Sago und Zucker etwa 15 min kochen, abkühlen lassen, mit Melonenpüree und Weißwein vermengen.
- Mit gekühltem Mineralwasser auffüllen, als Einlage Melonenkugeln.

Gurkensuppe mit Räucherlachsröllchen

🇫🇷 *potage de concombres aux paupiettes de saumon fumé*
🇬🇧 *cucumber soup with smoked-salmon paupiettes*

2,5	kg	Salatgurken
0,25	kg	Zwiebeln
0,05	kg	Sonnenblumenöl
0,2	l	Schlagsahne
0,25	l	Weißwein
1	Bund	Dill, fein gehackt, 10 Dillzweige zurücklegen
		Salz, weißer Pfeffer aus der Mühle, frisch gemahlener Koriander, grüne Pfefferkörner
0,2	kg	Räucherlachs für Röllchen

- Geschälte Gurken waschen, mit Pariser Ausstecher 30 Kugeln ausbohren.
- Restliche Gurke längs halbieren, Kerne mittels Löffel ausschaben und Gurken würfeln.
- Zwiebelwürfel in heißem Öl glasig dünsten, Gurkenwürfel und Weißwein zugeben, würzen und zugedeckt etwa 15 min garen.
- Pürieren, Sahne und Dill hinzugeben, abschmecken, kaltstellen.
- Gurkensuppe auf gekühlten Tellern anrichten. Gurkenkugeln, Räucherlachsröllchen und Dillzweig. Ofenwarmes Baguette.

Gurkensuppe mit Räucherlachsröllchen

Bierkaltschale

🇫🇷 *soupe froide à la bière*
🇬🇧 *cold beer soup*

2	l	Bier
0,1	kg	Zucker
0,1	kg	Zitrone
0,1	kg	Rosinen
0,05	kg	Korinthen
0,25	kg	Schwarzbrot
1	Prise	Zimt

- Helles oder dunkles Bier mit Zucker, Zitrone und den gewaschenen Rosinen und Korinthen vermengen, kurz aufkochen und kühlen.
- Kaltschale über geriebenes Schwarzbrot oder über stiftförmig geschnittenes Brot geben, sofort servieren.

Bei der englischen Bierkaltschale 4 Teile Bier mit Zucker, Nelken, Zimtschale und abgeriebener Zitrone aufkochen, 1 Teil Milch mit Stärke verrühren und unter Rühren in das siedende Bier einlaufen lassen, aufkochen, passieren, legieren, mit Rum vollenden, Weißbrot-Toast separat.

1 Welche ernährungsphysiologische Bedeutung haben Kaltschalen?

2 Begründen Sie Unterschiede beim Würzen im Vergleich zu warm verzehrten Suppen.

3 Beschreiben Sie die Herstellung einer geeisten Kraftbrühe.

Erarbeiten Sie Rezeptur, Materialanforderung und Materialpreis mit aktuellen Einkaufspreisen für eine Sauerkirschen-Kaltschale für 10 Portionen. Verwenden Sie dazu das Küchen-Lexikon und andere Fachliteratur.

14.8 Eintöpfe

🇫🇷 *potées* 🇬🇧 *pot-stews, hot-pots*

Ursprünglich stellten Suppentöpfe festliche, in einem Gefäß zubereitete Mahlzeiten dar. Deshalb erhielten Eintöpfe auch die Bezeichnung Suppentopf. Heute sind vielfältige regionale Eintopfarten bekannt. Sie vereinen zumeist Rohstoffe einer Region zu einer sättigenden Mahlzeit und bieten gemischte Kost, in einem Topf gekocht. Sie lassen sich für jede Jahreszeit typisch herstellen. Eintöpfe eignen sich für die Gemeinschaftsverpflegung oder für rustikales Essen im Freien, zu größeren Veranstaltungen usw.
Als Hauptmahlzeit rechnet man eine Portionsterrine zu 0,75 l.
Eine Aufwertung kann durch Zugabe von frischen Kräutern oder durch Komplettierung mit Quarkspeisen erfolgen.

Eintöpfe stellen eine vollwertige Mahlzeit in einem Topf dar. Sie sollen schmackhaft, vollwertig, ballaststoffreich, aber nicht belastend sein.

Herstellungsprinzip
Bei der Zubereitung müssen die unterschiedlichen Garzeiten der benötigten Rohstoffe beachtet werden (Kochtopfmethode).

Vegetarische Eintöpfe

Eintöpfe lassen sich auch rein vegetarisch herstellen, indem man mit Wasser auffüllt oder Brühen auf Pflanzenbasis verwendet. Teigwaren, Getreide und Reis werden separat in reichlich Salzwasser bissfest gekocht, danach mit kaltem Wasser gründlich abgespült, damit anhaftende Stärkebestandteile nicht verkleben können.

Variante 1	Variante 2
Fett bzw. **Speck** und **Wurzelgemüse** dünsten oder **Fleisch** anbraten	**Fleisch** in Salzwasser kochen, gares Fleisch entnehmen
Gemüse und **Kartoffeln** aufschichten, angießen und fertig garen	**Gemüse** und **Kartoffeln** nach der Garzeit zugeben, würzen bzw. abschmecken, mit **Mehlschwitze** binden, als Einlage Fleisch
Mit **frischen Kräutern** vollenden	Mit **frischen Kräutern** vollenden

Bei verschiedenen Eintöpfen kann man am Schluss auch Rohanteile zugeben. Eine Aufwertung mit frischen Kräutern sollte stets erfolgen.

Möhreneintopf

potée de carottes
carrot pot-stew

2,5	kg	Möhren
1,25	kg	Kartoffeln
1	kg	Rindfleisch
0,1	kg	Speck
0,1	kg	Speiseöl
0,08	kg	Weizenmehl
0,04	kg	Petersilie
		gespickte Zwiebel, Salz, weißer Pfeffer

- Suppenfleisch in Salzwasser mit gespickter Zwiebel gar kochen, herausnehmen. Möhren- und Kartoffelwürfel in die Fleischbrühe geben.
- Aus Speck, Speiseöl und Weizenmehl Schwitze herstellen, mit Brühe auffüllen, glatt rühren und in die Suppe geben.
- Eintopf langsam kochen, abschmecken, als Einlage Rindfleischwürfel. Mit gehackter Petersilie vollenden.

Hühnertopf Gärtnerinart

poule au pot jardinière
chicken pot gardener's style

2		Suppenhühner
0,100	kg	Zwiebeln
2,5	kg	Gemüse (Möhren, Blumenkohl, Wirsing, Bohnen, Kohlrabi, Weißkohl, Rosenkohl, junge Erbsen) zu gleichen Teilen
1,0	kg	Kartoffeln
		Salz, Pfeffer weiß, Lorbeer, Nelken, gehackte Kräuter

- Vorbereitete Hühner mit kaltem Wasser bedeckt kochen und entschäumen.
- Gespickte Zwiebeln und Salz zugeben und fertig gar ziehen.
- Brühe passieren, dann Kartoffelwürfel und Gemüse in Schnittformen nach der Garzeit nacheinander zugeben. Bissfest garen.
- Enthäutete Hühner ausbrechen, in mundgerechte Stücke schneiden, in den Eintopf geben und nochmals erhitzen.
- Zuletzt abschmecken, beim Anrichten reichlich gehackte Kräuter.

Grüne-Bohnen-Eintopf

potée de haricots verts
French-bean pot-stew

Grüne-Bohnen-Eintopf

1	kg	Lammfleisch
0,15	kg	Zwiebeln
2,5	kg	grüne Bohnen
1,2	kg	Kartoffeln
0,15	kg	Speck
0,1	kg	Butter oder Margarine
0,1	kg	Weizenmehl
0,04	kg	Petersilie
		Salz, Pfeffer, Bohnenkraut, Thymian

- Lammfleisch mit Zwiebeln, Lorbeer und Piment in Salzwasser kochen.
- In die passierte Lammbrühe geputzte grüne Bohnenstücke, danach Kartoffelwürfel und kurz vor Gar-Ende Bohnenkraut geben.
- Zwiebel-Mehlschwitze dazugeben, Eintopf fertig kochen.
- Mit Salz, Pfeffer, Bohnenkraut und wenig Knoblauch abschmecken.
- Als Einlage Lammfleischwürfel, mit Petersilie bestreuen.

Bunter Gemüseeintopf

potée de légumes
vegetable pot-stew

Bunter Gemüse-Eintopf

1	kg	Rindfleisch
0,6	kg	Blumenkohl
0,6	kg	Möhren
0,6	kg	Kohlrabi
0,6	kg	grüne Bohnen
0,6	kg	junge Erbsen (Tiefgefriergemüse)
1,3	kg	Kartoffeln
0,04	kg	Petersilie
		Salz, Lorbeer, Piment

- Rindfleisch in Salzwasser mit Kräutersträußchen, Lorbeer und Piment kochen.
- Grüne Bohnen in Stücken, danach Möhren, Kohlrabiwürfel, Blumenkohlröschen, zum Schluss Kartoffelwürfel in die passierte Fleischbrühe geben.
- Bissfest garen, abschmecken, als Einlage Rindfleischwürfel, mit Petersilie vollenden.

Kohlrübeneintopf

potée de choux-navets
Swedish-turnip pot-stew, rutabaga (USA) pot-stew

3	kg	Kasseler Rippchen
3	kg	Kohlrüben
1,25	kg	Kartoffeln
0,2	kg	Speck
0,2	kg	Zwiebeln
0,04	kg	Petersilie
		Salz, Pfeffer, Kümmel

- Kasseler Rippchen kochen, auslösen, die Kasselerbrühe passieren.
- Kohlrübenstifte, Kartoffelwürfel und Kasselerbrühe mit Kümmel, Pfeffer und Salz gar kochen.
- Mit ausgelassenen Speck- und Zwiebelwürfeln vollenden, gehackte Petersilie obenauf.

Weißkohleintopf

potée de chou blanc
white-cabbage pot-stew

3	kg	Weißkohl
1,25	kg	Kartoffeln
0,1	kg	Speiseöl
0,15	kg	Speck
0,25	kg	Zwiebeln
0,08	kg	Weizenmehl
1	kg	Rinderkochfleisch oder Rauchfleisch
		Salz, Pfeffer, Kümmel, Lorbeer, Piment

- Fleisch mit Lorbeer und Piment in Salzwasser kochen.
- In die passierte Fleischbrühe Weißkohlblättchen und Kartoffelwürfel geben.
- Bei der Herstellung der Mehlschwitze zuerst Speckwürfel in Öl auslassen, geschnittene Zwiebeln und Weizenmehl zu einer Schwitze verarbeiten, in den Eintopf geben und fertig kochen.
- Mit Salz, Pfeffer und Kümmel abschmecken, zum Vollenden Fleischwürfel und gehackte Petersilie darüber geben.

Wirsingkohleintopf kann analog dem Weißkohleintopf zubereitet werden.

Irish-Stew

Irish Stew

Irish stew
Irish stew

1,2	kg	Weißkohl
1,2	kg	Kartoffeln
0,03	kg	Margarine
1,5	l	Fleischbrühe
0,8	kg	Möhren
0,8	kg	Zwiebeln
1,2	kg	mageres Hammelfleisch (Hammel-, auch Lammbug)
		Salz, Kümmel, weißer Pfeffer, Knoblauch, Lorbeer, Thymian

- Topf einfetten, Rohstoffe außer Fleisch in gleich große Stücke schneiden.
- Fleisch wegen der längeren Garzeit in etwas kleinere Würfel schneiden.
- Alle geschnittenen Rohstoffe schichtweise in den Topf geben.
- Auch schichtweise würzen und Fleischbrühe angießen, dann in völlig verschlossenem Topf garen.
- Beim Anrichten ebenfalls schichtweise entnehmen.

Original wird Irish Stew ohne Weißkohl zubereitet.

Hinweis für die Großküche:
Eintöpfe nicht über 30 cm hoch einschichten und erst nach dem Garen mischen!

Linseneintopf

potée de lentilles
lentil pot-stew

0,9	kg	Linsen
0,2	kg	Zwiebeln
0,2	kg	Möhren
0,15	kg	Sellerie
0,2	kg	geräucherter Speck
1,3	kg	Kartoffeln
3	l	Fleischbrühe
		Salz, Pfeffer, gespickte Zwiebel, Zucker, Essig

- Ausgelesene, gewaschene Linsen für den nächsten Tag einweichen. Linsen mit dem Einweichwasser und der Fleischbrühe ansetzen.
- Feinwürfelig geschnittenes Wurzelgemüse in den ausgelassenen Speckwürfeln anschwitzen, ohne Farbe nehmen zu lassen.
- Den fast garen Linsen das Gemüse, den ausgelassenen Speck und feine Kartoffelwürfel zugeben, alles langsam kochen.
- Das Abschmecken mit Zucker und Essig ist regional üblich.
- Mit Brat-, Schwarz-, Bier-, Jagdwurst oder Bauchspeck anrichten.

Linseneintopf

Löffelerbsen mit Pökeleisbein

Löffelerbsen

potée de pois jaunes
yellow-pea pot-stew

1	kg	gelbe Erbsen
0,2	kg	geräucherter Speck
0,5	kg	geräucherter Bauchspeck
0,3	kg	Zwiebeln
0,2	kg	Möhren
0,2	kg	Sellerie
1,25	kg	Kartoffeln
3	l	Fleischbrühe
		Salz, Pfeffer, Liebstöckel, Majoran

- Feine Würfel von Möhren, Sellerie und Zwiebeln in ausgelassene Speckwürfel geben, anschwitzen, ohne Farbe nehmen zu lassen.
- Gelbe, am Vortage eingeweichte Erbsen und Fleischbrühe zugeben, mit Majoran würzen.
- Nach einiger Zeit die Kartoffelwürfel hinzufügen, alles langsam kochen, Erbsen unpassiert lassen.
- Mit Scheiben von Bauchspeck anrichten. Anstelle von Speck können Schweinskopf, -ohren, Eisbein oder auch Bockwurst verwendet werden.

Weiße-Bohnen-Eintopf

potée de haricots blancs
white-bean pot-stew

0,8	kg	weiße Bohnen
1	kg	Kasseler oder geräucherter Schweinebauch
0,3	kg	Zwiebeln
0,3	kg	Möhren
0,3	kg	Sellerie
0,75	kg	Kartoffeln
2,5	l	Fleischbrühe
		Salz, Pfeffer, Zucker, Essig, Lorbeer

- Herstellung analog dem Linseneintopf (➔ 172).
- Rauchfleisch wird mit gekocht und in Würfel geschnitten als Einlage verwendet. Bohnen süß-sauer abschmecken.

Brühreiseintopf

potée de riz
rice pot-stew

3	kg	Suppenhuhn oder Hühnerklein
0,8	kg	Reis
0,3	kg	Möhren
0,3	kg	Sellerie
0,15	kg	Lauch
0,04	kg	Petersilie
		Kräutersträußchen, Piment, Lorbeer, Salz, Muskat, Petersilie

- Fleisch mit Kräutersträußchen, wenig Piment und Lorbeer in Salzwasser kochen.
- In der passierten Geflügelbrühe das würflig oder streifig geschnittene Gemüse garen.
- Danach vorher gegarten Reis zugeben, aufkochen.
- Mit wenig Muskat abschmecken, als Einlage das geschnittene Hühnerklein, mit gehackter Petersilie vollenden.

Brühnudeleintopf

potée de nouilles
noodle pot-stew

- Herstellung wie Brühreiseintopf. Anstatt Reis 0,7 kg Nudeln

Das Menü in einem Topf

Aus der ***französischen Küche*** *stammt der berühmteste Eintopf: das „pot-au-feu“ (Suppeneintopf). Nach einer alten französischen Rezeptur werden dafür Rippenknochen, Rinderhachse, verschiedene Rindfleischteile (Rinderschulter, Tafelspitz), Ochsenschwanz, Kalbshaxe, Hammelhals, Kochhuhn, Lauch, Sellerie, Kräutersträußchen (Lorbeer, Petersilie, Kerbel, Thymian), Trüffel, Zwiebeln, Rübchen, Fenchelknolle, Maiskolben, Tomaten, Markknochen, Salz, Pfefferkörner, Nelken, Knoblauch) verwendet.*

In einem großen Suppentopf wird das Fleisch auf die Rippenknochen geschichtet. Die einzelnen Zutaten werden nach der Garzeit zugegeben oder ausgestochen. Den fertigen Suppentopf kann man in drei Gängen servieren:

1. *Brühe mit Röstbrot, Reibkäse, dazu Pfeffermühle, grobes Salz.*
2. *Zerlegtes Huhn, umgeben von Kalbshachse, Ochsenschwanz, dazu eine Weinessig-Walnuss-Vinaigrette mit frischen Kerbelblättchen.*
3. *Verschiedenes Gemüse mit Brühe und Rinderhachse, Rindfleisch; separat gegarter Kohl und Blumenkohl vervollständigen den Gang.*

Abgesehen vom übergroßen Fleischeinsatz, macht dieses Beispiel die Redewendung vom „Menü in einem Topf“ leicht verständlich.

soupes et potées préparées de produits prêts à l'emploi

soups and pot-stews prepared of convenience products

14.9 Suppen, Eintöpfe aus Convenience-Erzeugnissen

Bei Suppen und Eintöpfe aus Convenience-Erzeugnissen sind die Materialkosten allgemein höher als bei herkömmlich hergestellten. Der Arbeitszeitaufwand sinkt dagegen erheblich.

Beispiel

Kalkulationsvergleich Champignoncremesuppe für 10 Portionen zu 0,2 l (Quelle Straßburg)

Herstellungsart	Materialkosten	Lohnkosten
Herkömmlich	07,40 €	1,80 €
Dosenkonserven	14,88 €	0,78 €
Tiefgefrierkost	18,40 €	0,70 €

Zu unterscheiden sind unterschiedliche Angebotsformen:

Trockenerzeugnisse
Beispiele: klare Fleischbrühe, gekörnte Brühe

Sterilkonserven
Beispiele: klare Fleischbrühe, klare Hühnersuppe, Ochsenschwanzsuppe, Hummercremesuppe, Bihun-Suppe, chinesische Hühnersuppe, indische Geflügelcremesuppe, Eintöpfe aus Erbsen, Linsen, grünen oder weißen Bohnen, Kartoffelsuppe, Pichelsteiner Eintopf
Dosensuppen nicht mehr aufkochen, nur auf Verzehrtemperatur erwärmen!

Tiefgefrierkost
Beispiele: Eintöpfe aus Erbsen, Linsen mit Würstchen, Grüne-Bohnen-Eintopf mit Rindfleisch, Eintopf mit Rindfleisch, Hühnerfleischeintopf

Verbrauchsfristen, Zutatenliste, Verwendungsanleitungen, insbesondere Wassermenge und Gardauer genau einhalten. Möglichst frisch, nicht auf Vorrat herstellen, vor Ausgabe nochmals Geschmack prüfen.

Vollendung von Convenience-Suppen

Durch eine individuelle Vollendung können solche industriell hergestellten Erzeugnisse eine persönliche Note erhalten. Möglichkeiten dafür sind:

- Hausgemachte Suppeneinlagen
- Gemüse- und Pilzeinlagen
- Frische Kräuter
- Geschmackliche Abrundung mit Butterflocken, Cognac, Liaison, Speck, Zwiebelwürfeln, Croûtons

1. *Beurteilen Sie den ernährungsphysiologischen und kulinarischen Wert von Suppen.*
2. *Untersuchen Sie den Spruch „Eintöpfe sind Gerichte in einem Topf".*
3. *Stellen Sie eine Übersicht der Suppenarten zusammen, und geben Sie jeweils charakteristische Merkmale an.*
4. *In modernen Speisekarten wird mitunter Pot-au-feu unter der Rubrik Suppen angeboten. Beurteilen Sie die Praxis.*
5. *Beurteilen Sie die Eignung von Suppen als Zwischenverpflegung an Beispielen.*
6. *Nennen Sie Grundsätze für die Verarbeitung von Convenience-Suppen.*
7. *Stellen Sie bei einem ausgewählten Erzeugnis einen Preisvergleich an.*

Stellen Sie die Kalkulation eines selbst gewählten Eintopfes für vier Portionen auf, und errechnen Sie den Energiegehalt je Portion.

15 Schlachtfleischspeisen

plats de viande
meat dishes

15.1 Zutaten, Nährwert

ingrédients, valeur nutritive
ingredients, nutritive value

Vorbereitungsarbeiten umfassen das Teilen von Tierkörpern, das Zerlegen in das Grob- und Feinsortiment, das Herstellen garfertiger Fleischstücke und anderer Halbfertigerzeugnisse aus Fleisch.
Die meisten Gastronomiebetriebe beziehen Fleisch vor allem im **Feinsortiment**. Damit ersparen sie sich zeitintensive Vorbereitungsarbeiten, verringern Lagerkosten, müssen jedoch einen höheren Preis in Kauf nehmen.

Fleischmerkmale

Kalb	Rind	Schwein	Schaf
6–8 Wochen alt, 150 kg schwer, blass rosa Fleisch, fettarm Ausschließlich mit Milch aufgezogene Vollmilchmastkälber haben beste Fleischqualität	Meist Jungbullen, 16–22 Monate alt, wenig Fett, rotes Fleisch Färsen (weiblich) und Ochsen (männlich, kastriert), 20–30 Monate alt, mehr Fett, Fleisch ist aber zart, feinfaserig und aromatisch	6–8 Monate alt, 90–120 kg schwer, Fleisch rosarot Spanferkel, 3–6 Wochen alt, 8–20 kg schwer, Fleisch weich, zart	Lamm, bis 1 Jahr, ziegelrotes Fleisch, Unterteilung nach Milch- – bis 6 Monate – und Mastlämmern ist entfallen. Hammel (kastriert), über 1 Jahr alt, dunkelrotes Fleisch

Hochwertiges Fleisch ist von arttypischer Farbe (➔ Grundstufe) und Konsistenz, hat kaum Eigengeruch.

Qualitätsmängel

PSE-Fleisch (pale = blass, soft = weich, exudative = wässrig) meist bei Schweinen. Stress führt schon vor dem Schlachten zu vermehrter Milchsäurebildung. Beim Garen zieht sich PSE-Fleisch zusammen, verliert übermäßig Fleischsaft, wird zäh, trocken. Geringes Fleischaroma.
DFD-Fleisch (dark = dunkel, firm = fest, dry = trocken), meist bei Rindern. Die Glycogenreserven wurden bereits vor dem Schlachten veratmet; es bildet sich keine Milchsäure. DFD-Fleisch ist dadurch verderbanfällig und schmeckt zubereitet fade.
Beide Mängel sind durch die Züchtung stressanfälliger magerer Rassen verursacht.
*Dagegen kommt es infolge falscher Behandlung nach dem Schlachten zum **"cold shortening effect"**. Rindfleisch wird bereits vor der Muskelstarre unter 10 °C abgekühlt. Eine dadurch bedingte Muskelfaserverkürzung führt zu zäher Konsistenz.*

Fleischlagerung

Beim angelieferten Fleisch (nicht über 7°C) handelt es sich stets um gereifte Ware, denn die Reifung beginnt bereits vier Stunden nach der Schlachtung mit dem Eintreten der Muskelstarre (➔ Grundstufe).
Während für Kurzbratstücke vom Rind traditionell eine längere Reifungszeit üblich ist, benötigen Schweinefleischteile eine geringe Reifungszeit, da sie nicht nur feinfaseriger, sondern auch fetthaltiger sind.
In der Gastronomie werden Fleisch und Fleischerzeugnisse bei Temperaturen zwischen 2 und 4°C gelagert.
Frischfleischstücke müssen an Fleischhaken gehängt werden, wobei sich die Fleischteile nicht berühren dürfen. Kleinere Teile können auch nach Sorten getrennt auf Blechen gelagert werden. Sie dürfen weder gestapelt noch mit Innereien oder Pökelfleisch zusammengebracht werden.
Um Fleisch vor Gewichtsverlusten zu schützen, kann insbesondere Rind- und Kalbfleisch vakuumiert werden. Zusammen mit Kühlen verlängert Vakuumieren die Haltbarkeit. Um Gefrierbrand zu vermeiden, sollten tiefgefrorene Fleischstücke stets vakuumiert werden.

Auf Warenpflege achten
Fleischbezeichnung und Vakuumierdatum auf der Verpackung deutlich angeben!

Übliche Lagerzeiten für Schlachtfleisch

	Fleischart	Reifungsdauer nach der Schlachtung
Kalb	Kurzbratstücke und sonstige Stücke	1 Woche
Rind	Bratstücke (Filet, Roastbeef mit Knochen zusammen)	2–3 Wochen
	sonstige Stücke	1 Woche
Schwein	Kurzbratstücke	1 Woche
	sonstige Stücke	2 Tage
Lamm		1 Woche

Es gilt die Regel: Je fettreicher das Fleisch, desto kürzer sind die erforderliche Reifungszeit sowie die mögliche Lagerdauer in tiefgefrorenem Zustand.

Pro-Kopf-Verzehr von Fleisch in Deutschland*

* menschlicher Verzehr nach Abzug von Knochen, Tierfutter, industrieller Verwertung

Aufteilung 2003

Nährwert
Schlachtfleisch gehört zu den wichtigsten Lebensmittelrohstoffen. Es enthält durchschnittlich **15–25% biologisch hochwertiges Eiweiß**. Vergleichsweise übertreffen lediglich Milch-, Vollei-, Fisch- und Geflügeleiweiß das Schlachtfleisch in der Eiweißwertigkeit. In Europa stellen Schlachtfleischspeisen die wichtigste Eiweißquelle in der menschlichen Ernährung dar.
Schlachtfleisch enthält die wasserlöslichen Vitamine **B_1, B_2 und Niacin**. An Mineralstoffen sind das gut verwertbare Eisen, aber auch Phosphor zu nennen. Kritisch ist der Gehalt an Cholesterin und Purinen zu betrachten.

Zum Ausgleich für die säurebildende Wirkung von Schlachtfleisch sind reichhaltige, geschmacklich harmonierende **Gemüse- oder Obstbeilagen** am besten geeignet.

Rohes Fleisch hat ein **gering ausgeprägtes Eigenaroma** und erhält den vollen Nährwert erst durch Reifen und Garen, also durch Bindegewebslockerung und Geschmacksstoffbildung. Gegarte Schlachtfleischspeisen wirken durch die Fleischbasen und freien Aminosäuren appetitanregend und verdauungsfördernd. Unterschiedliche **Garverfahren** werden je nach Art des Fleisches, Anteil an Bindegewebe, Fettanteil usw. angewandt.
Ungegarte Schlachtfleischspeisen (Tatar, Carpaccio, Hackepeter) bilden Ausnahmen, da sie durch Würzmittel die eigene Geschmacksnote erhalten.
Veränderte Lebens- und Ernährungsgewohnheiten führten in der Vergangenheit zu einem ständig steigenden Verzehr von Schlachtfleisch und Schlachtfleischerzeugnissen. **Kurzgebratene Edelfleischteile** sowie andere fettarme Fleischteile haben dabei den größten Zuspruch.
Die **Produktion von Schlachtfleisch** ist in jüngster Zeit nicht mehr unumstritten. Massentierhaltung, Import von erkrankten Tieren, Missbrauch von Tierarzneimitteln und Verwendung unerlaubter Chemikalien in Futtermitteln lassen auch Gastronomen mehr auf die Herkunft und die Qualität der Schlachtfleischerzeugnisse achten (→ 181).

15.2 Vorbereiten von Schlachtfleischspeisen

préparation de mets de viande
preparation of meat dishes

Der zur Vorbereitungszone gehörenden **Küchenfleischerei** (boucherie) obliegen das Bereitstellen des garfertigen Fleisches, teils in Stücken, gerollt oder portioniert, außerdem das Herstellen von Hackmassen (➔ Farcen 214 f.). Damit werden verschiedene Küchenbereiche, insbesondere Braten-, Saucen- und Gemüseposten sowie die kalte Küche versorgt. In steigendem Maße übernehmen Saucier und Entremetier die Aufgaben der Küchenfleischerei.
Köche sollen über **Grundkenntnisse und Fertigkeiten in der Küchenfleischerei** verfügen. Die Tätigkeiten beginnen mit der Rohstoffannahme sowie der Mengen- und der Qualitätskontrolle und reichen vom Zerlegen der Schlachttierkörper über spezielle Fleischvorbereitungsarbeiten bis zur fachgerechten Lagerung. Köche müssen die Verwendung der Fleischteile genau beurteilen können.

Arbeitssicherheit in der Küchenfleischerei

Zum fachgerechten Arbeiten und zur Einhaltung der Arbeitssicherheit sind geeignete Werkzeuge und Ausrüstungsgegenstände allererste Voraussetzung: Ausbeinmesser, Stahl, Knochensäge usw. (➔ Grundstufe). Zu den wichtigsten Sicherheitsmaßnahmen beim Auslösen von Fleisch gehört das Tragen von Stechschutzhandschuh und Stechschutzschürze.

Arbeitsverfahren (➔ Grundstufe)

Lagern	Zerlegen	Auslösen	Portionieren	Wolfen	Kuttern	Pökeln
Räuchern	Marinieren	Spicken	Bardieren	Steaken	Würzen	Panieren

Die **Fleischigkeit** der Teile, insbesondere das Fleisch-Fett-Verhältnis, und das fachkundige, saubere Zerlegen bestimmen maßgeblich die Ausbeute der preisintensiven Rohstoffe.
Fachgerechter Fleischzuschnitt und sinnvolles Portionieren sind wichtig für eine gute Kalkulation und die Zufriedenheit der Gäste.

1 Zählen Sie die wichtigsten Aufgaben in der Küchenfleischerei auf und erläutern Sie die Zusammenarbeit mit den anderen Küchenposten.
2 Beschreiben Sie die Qualitätsmerkmale der vier Schlachtfleischarten.
3 Beschreiben Sie 5 wichtige Vorbereitungsverfahren in der Küchenfleischerei.

Vorbereiten von Kalbfleisch

Kälber können ungespalten bezogen werden. Dann ergibt sich beim Zerlegen zunächst ein Grobsortiment (nach DLG):

Grobzerlegen der Kalbshälfte

- Bug vom Bruststück her der Bindegewebshaut entlang abtrennen. Knorpel-Ende des Blattknochens bleibt auf dem Kamm.
- Bauch an der Keule einschneiden. Bauch und Brust längs der Wirbelsäule als Ganzes abtrennen.
- Filetkopf aus der Keule herauslösen, dann mit einem Schnitt Kotelettstück von der Keule lösen.
- Brust vom Bauch abtrennen.
- Haxe abschneiden.

Den gastronomischen Bedürfnissen entsprechend werden die Fleischteile durch weiteres Zerlegen, das **Feinzerlegen, garfertig** gemacht. Dabei muss mit äußerster Sorgfalt gearbeitet werden, da Kalbfleisch die wertvollste Schlachtfleischart darstellt.

1 26,8 kg tiefgefrorenes Rinderfilet werden für 369.84 € eingekauft. Der Auftauverlust beträgt 2,080 kg. Ermitteln Sie den Kilopreis des aufgetauten Fleisches.
2 15,8 kg Hochrippe zu 6,00 €/kg werden ausgelöst. Die Knochen wiegen 3,25 kg und werden mit 0,85 €/kg bewertet. Ermitteln Sie den Materialpreis für 1 kg ausgelöste Hochrippe.

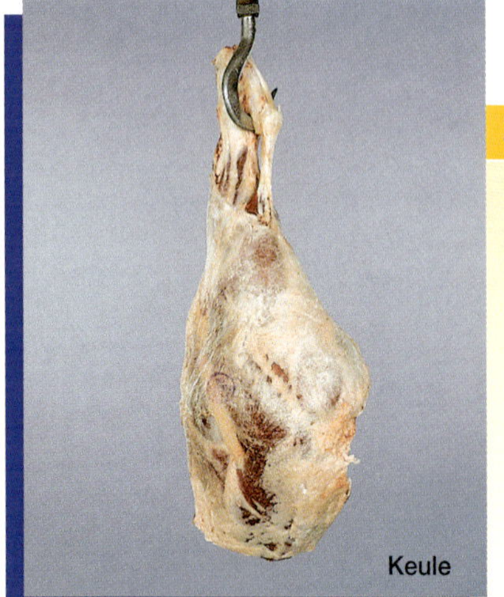
Keule

Zerlegen von Kälbern nach DLG

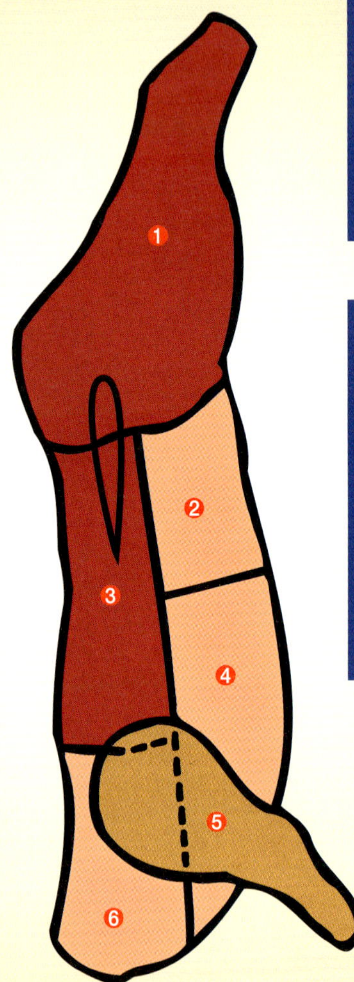

Bauch ohne Knochen

1 Keule
Hinterhachse
Oberschale
Frikandeau
Huft (Blume)
Nuss (Kugel)

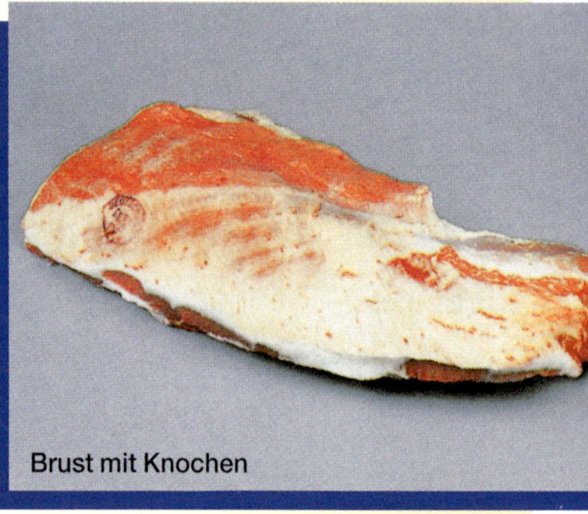
Brust mit Knochen

Halbierter Rücken mit Fettstollen und Nieren

2 Bauch
3 Kotelett (halbierter Rücken) mit Filet
4 Brust
5 Bug mit Vorderhaxe
6 Hals

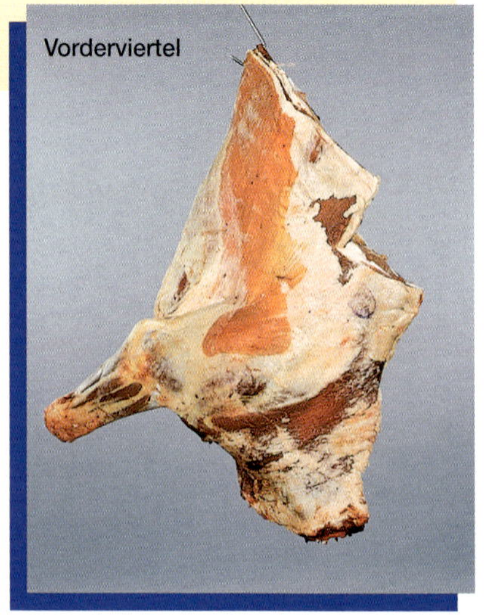
Vorderviertel

Keule

- Schlossknochen auslösen. Das mit dem Schlossknochen knorpelig verwachsene Schwanzfederbein abheben. Vor dem Auslösen des Schlossknochens Schlossdeckelfleisch herausschälen. Kalbshaxe der Naht nach (Wadenfleisch bleibt an der Keule) oder gerade (Wadenfleisch bleibt an der Hachse – fleischige Kalbshaxe) abschneiden.
- Vlies zwischen Oberschale und Frikandeau bis auf den Röhrenknochen öffnen. Knochenhaut um den Röhrenknochen abdrücken, an den Knochenenden durchschneiden.
- Keulenfleisch in Oberschale, große (dicke) Nuss, kleine (flache) Nuss, Frikandeau und Huft zerlegen. Von der an der Naht abgetrennten Oberschale den Oberschalendeckel abheben. Beim Nussstück ist, beim Zerlegen in große und kleine Nuss, das Entfernen des Deckels unumgänglich.

Bug

- Schaufelknochen auslösen. Der Schaufelknochen an der Bug-Innenseite freilegen und das Kugelgelenk durchschneiden, abknicken, dadurch freilegen.
- Schaufelknochen auf beiden Seiten vorsichtig einschneiden, die Schaufel kräftig herausziehen.
- Hachsen- und Röhrenknochen von der Bugseite her freilegen und auslösen.

Rücken am Stück

- Fett und Niere, dann Filet abtrennen, Sehnenstränge auf der Wirbelsäule entfernen.
- Fleisch vom ganzen Rücken beidseitig des Rückgrates in Richtung der Rippen lösen. Obere Deckhaut abtrennen.
- Metallspieß durch Rückgrat stoßen, um das Verziehen des Rückens während des Braten zu verhindern.

Der Rücken kann in **Kamm**, **Stielkotelett** und **Filetkotelett (Nierenstück)** zerlegt werden.

Brust

- Knorpelstellen, mit denen die Rippenköpfe am Brustbein verwachsen sind, mit flach gehaltenem Auslösemesser freilegen.
- Knochenhaut der Rippen in der Mitte einschneiden.
- Brustbein mit Schlag oder Druck nach hinten aus den Rippenansätzen herausdrücken. Rippen einzeln aus dem Fleisch ziehen. Brustbein auslösen.
- Zum Füllen vom flachen bis zum anderen Ende eine Tasche einschneiden, gefüllte Kalbsbrust mit Dressiernadel und Faden zunähen.

Tendron (Kalbsbrustschnitte, Kalbsbrustknorpel)

Fleischstreifen aus der Kalbsbrust, auch aus dem Schweinebauch (➔ 186). Qualitätsmerkmale durch Leitsätze (2.510.12) festgelegt.

- Ausgelöste Kalbsbrust in 2,5–3 cm breite Streifen schneiden.
- Streifen in U-Form zusammenklappen und mit dünnem Bindfaden dreimal abbinden, zum Schmoren (Glasieren) würzen.

Nierenstück (Filetkotelett)

Zum Einrollen ist das Belassen von Bauchlappenteilen üblich.

- Rippen einzeln auslösen, die knorpeligen Federknochen lösen.
- Für Kalbsnierenbraten Niere längs halbieren und ausschneiden.
- Salzen und pfeffern, dann straff rollen und binden.

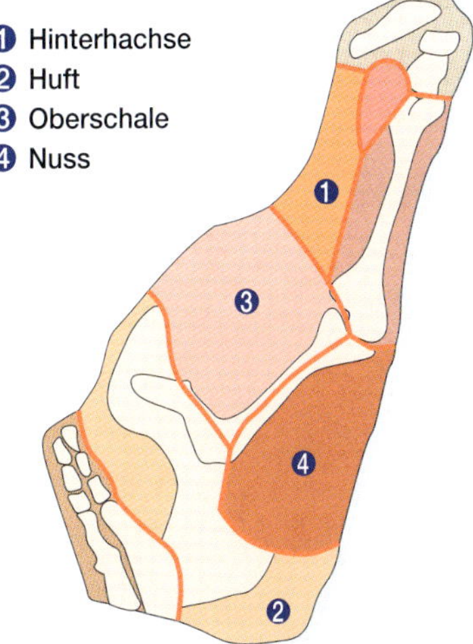

Zerlegen einer Kalbskeule

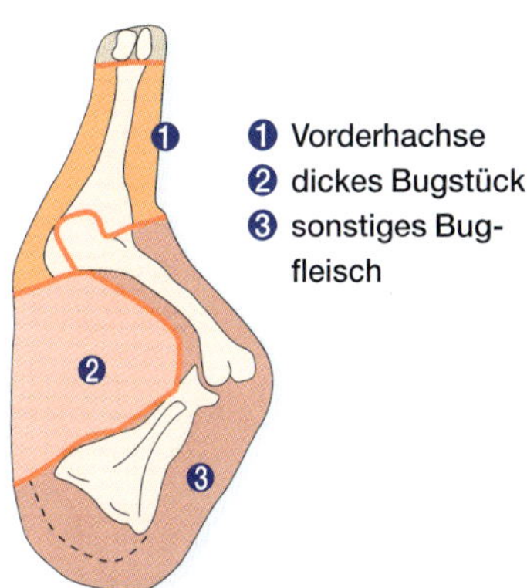

Zerlegen eines Kalbsbugs

❶ Hachsenscheiben (Osso buco)
❷ Lendenschnitte/Medaillon
❸ Rückensteak
❹ Geschnetzeltes
❺ Frikassee/Gulaschfleisch
❻ Kotelett
❼ Kalbsteak
❽ Schnitzel

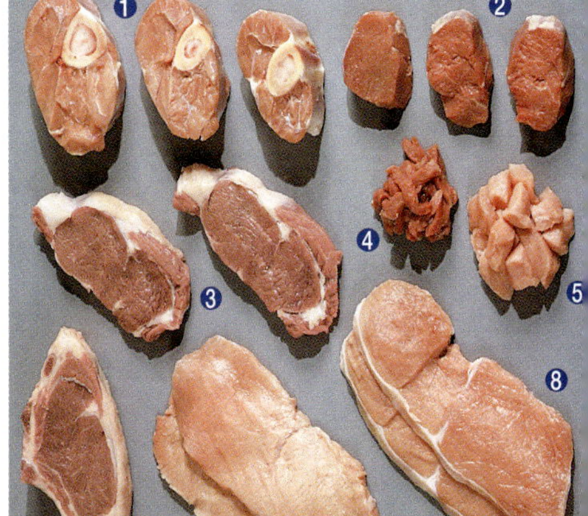

Kalbfleisch-Rohgewichtsmengen für Einzelportionen

Bezeichnung		à la carte	Menü (in g)	Garverlust (in %)
Braten		150–200	150	20–33
Cordon bleu		150	150	5– 6
Frikassee / Blankett		150–200	160	18–22
Geschnetzeltes		125–150	125	24–28
Grenadin	je 2	75	75	15–22
Gulasch		150–200	150	20–30
Kotelett		150–200	150	27–30
Medaillon	je 3	50	je 2 50	15–22
Röllchen		100 (40 g Füllung)	100 (20 g Füllung)	25–32
Steak		150–180	125	23–26
Schnitzel		125–150	125	23–26
Tendron		150–180	150	25–30
Wiener Schnitzel	je 2	75–100	75	5– 8

Verwendung der Kalbfleischteile

Fleischteilbezeichnung DLG		Vorbereitung	Zubereitung
Keule	*cuisseau* *leg*		
Oberschale	*noix* *topside*	Portionieren, plattieren, panieren, Reststücke schneiden	Schnitzel: Wiener Schnitzel; Cordons bleus, Steaks, Rouladen, Geschnetzeltes
Kugel (Nuss)	*noix pâtissière* *top round*	Im Ganzen, portionieren, plattieren, panieren, Reststücke schneiden	Braten am Stück, Steaks, Schnitzel, Rouladen, Geschnetzeltes
Frikandeau	*longe* *fricandeau*	Im Ganzen, spicken, panieren, füllen, portionieren, plattieren, Reststücke schneiden	Braten am Stück, Steaks, Schnitzel, Spickbraten, Rouladen, Gulasch, Blankett, Frikassee, Geschnetzeltes
Blume (Huft)	*quasi* *round roast*	Im Ganzen, portionieren, plattieren, Reststücke schneiden	Steaks, Schnitzel, Braten am Stück, Geschnetzeltes
Hachse	*jarret* *shank*	Im Ganzen, kupieren, parieren, roh in Scheiben schneiden, auslösen, schneiden	Glacieren, Gulasch, *Ossobuco* (Plural: *Ossibuchi*)
Rücken	*selle* *saddle*		Braten, im Ganzen als Kalbsrücken
Kotelett	*carré* *ribs*	Auslösen, binden, parieren, portionieren	Braten am Stück, poelieren, Kronenbraten, Kalbsnierenbraten, Koteletts, Steaks
Filet	*filet mignon* *fillet*	Parieren, im Ganzen spicken, portionieren	Braten, Medaillons, Grenadins, Mignons, Geschnetzeltes
Bauch	*épais du prin* *arm*	Rollen, schneiden, wolfen	Brühen, Suppen, Farce, Ragout, Frikassee, Blankett
Brust	*poitrine* *breast*	Auslösen, rollen, füllen, parieren, schneiden, binden	Rollbraten, gefüllte Brust, Tendrons (geschmorte Brustschnitten)
Bug	*épaule entiere* *shoulder*	Auslösen, teilen, glasieren, parieren, schneiden	Im Ganzen braten, Gulasch, Blankett, Frikassee, Ragout, Farce
Hals	*cou* *neck*	Auslösen, rollen, schneiden, wolfen	Rollbraten glasiert, Ragout, Gulasch, Frikassee, Blankett, Pörkölt, Farce
Kopf (nicht im Standardsortiment)	*tête* *calf's head*	Wässern, kochen, Maske ablösen, schneiden, würfeln	Maske: falsche Schildkrötensuppe (Mock-turtle soup), Ragout, Salat

Vorbereiten von Rindfleisch

Im Grobsortiment wird Rindfleisch nur selten angeliefert. Dabei erfolgt die Trennung zwischen Vorder- und Hinterviertel zwischen der 8. und der 9. Rippe.

Das Zerlegen der Rinderkeule erfolgt, wie bei der Kalbskeule beschrieben.

Hinterviertel	Vorderviertel
Keule mit Hinterhesse	Bug mit Vorderhesse
Roastbeef mit Filet	Kamm, Fehlrippe, Spannrippe
Hochrippe, Dünnung	Brust

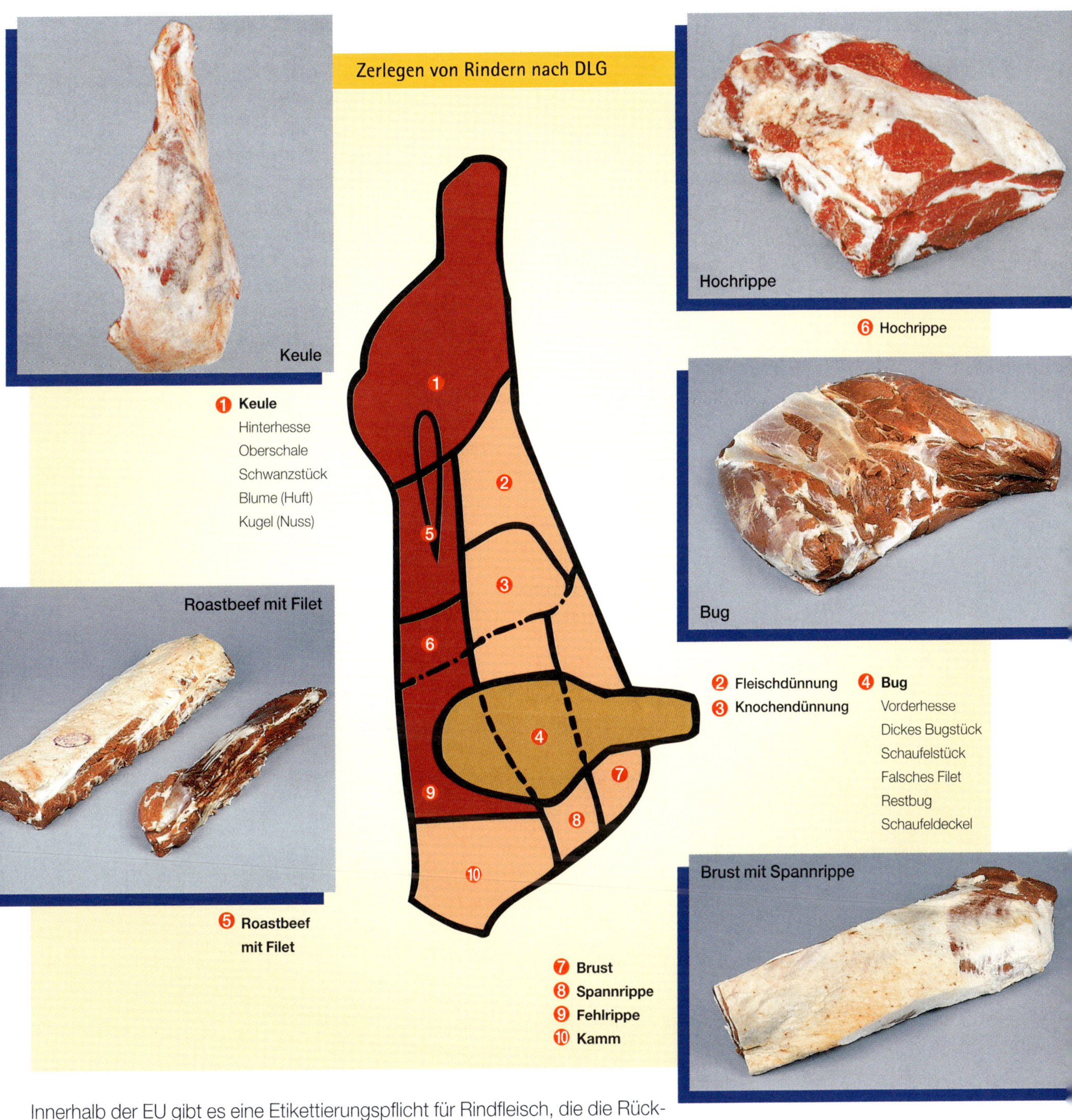

Innerhalb der EU gibt es eine Etikettierungspflicht für Rindfleisch, die die Rückverfolgung der Herkunft eindeutig zulässt.

Die Herkunft wird durch die Ohrmarken und Tierpässe belegt.
Der Zerlegebetrieb fasst bei der Zerlegung das Fleisch der Schlachthälften unter einer **Chargennummer** zusammen. Moderne Fleischverarbeitungsbetriebe veröffentlichen die Herkunft des angebotenen Fleischs an Hand der Chargennummern im Internet.

Zerlegebetrieb MÜLLER 12345-1	D EZ 123 EWG
Kategorie / Fleischart JUNGBULLE	Geburt / Mast / Schlachtung D/D/D
Artikel OBERSCHALE	Ident.-Nr. 4711

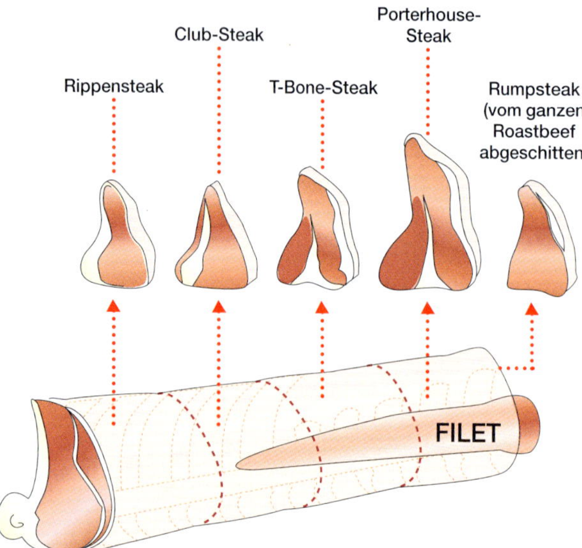

Roastbeef mit Filet

Gespaltenes Rückenstück

Das gespaltenes Rinderrückenstück wird mitunter mit Filet bezogen. Dieses Stück muss fachgerecht in die küchentechnisch benötigten Teile zerlegt werden: **Filet, flaches Roastbeef** und **Hochrippe.**

Roastbeef

- Vom ausgelösten Roastbeef Knochenhaut, Knorpel und Fleischstrang, aus dem der Lendenwirbelknochen herausgelöst worden ist, entfernen.
- Ansatz des Rippenfleisches und einen breiten Sehnenstreifen auf der Außenseite des Roastbeefs ebenfalls abtrennen.

Filet

- Filet sauber von den Lendenwirbelknochen mit den Knochenhäuten abheben. Sehnigen Fleischstrang, Fettauflagen und alle Sehnen parieren.

Brust

- Brust auslösen, Fettauflagen und blutige Stellen an der Brustspitze entfernen. Brust in Brustspitze, Mittelbrust und Nachbrust zerlegen.

Ochsenschwanz

- Durch Zerschneiden in den Gelenken zerlegen, nicht hacken.

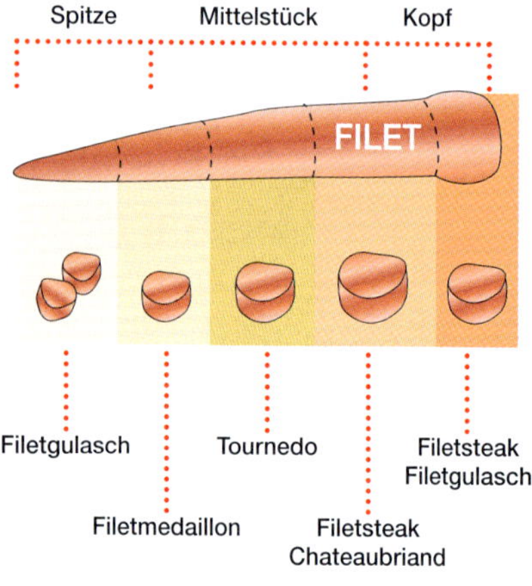

Filet

Rindfleisch-Rohgewichtsmengen für Einzelportionen

Bezeichnung	á la carte (in g)	Menü (in g)	Garverlust (in %)
Braten (Keule)	150–200	150	20–35
Braten (Roastbeef)	150–200	150	15–20
Filet	200	150	20–23
Gulasch	150–200	150	20–30
Kochfleisch	200–250	150	20–25
Rostbraten	150–200	150	28–31
Rouladen	150 (50 g Füllung)	100 (30 g Füllung)	30–35
Sauerbraten	150–200	150	35–40

Kurzbratstücke/Spezialfleisch (➔ 183)
Kurzbratstücke und Spezialfleischstücke vom Rind mit Knochenanteil, der als BSE-Risikomaterial gilt, werden gegenwärtig in Deutschland nicht angeboten.

Portionierte Kurzbratstücke und Spezialfleischstücke aus Rindfleisch

Bezeichnung		Fleischteil Schnittführung	Portionsmenge in g
Chateaubriand	*chateaubriand* *chateaubriand*	Aus dem Mittelstück 4–5 cm dick geschnittenes Filetsteak	Für 2 Personen 400
Club-Steak	*club steak* *club steak*	Roastbeef mit Knochen ohne Filet	Für 2–4 Personen 1000
Entrecôte, Zwischenrippenstück	*entrecôte* *entrecôte*	Roastbeef-Scheibe aus dem vorderen Teil (8.–9. Rippe) ohne Knochen, etwa 2 cm stark	180–200
Doppeltes Entrecôte	*entrecôte double* *double entrecôte*	Wie Entrecôte, Roastbeef-Scheibe jedoch dicker geschnitten	Für 2 Personen 400
Filetsteak	*filet* *fillet steak*	2–2,5 cm dicke Rinderfiletscheibe; aus dem Mastochsenfilet als **Tenderloin-Steak** (engl. *tender* = zart, *loin* = Lende) bezeichnet.	160–180 200
Filetmedaillon	*médaillon* *medallion*	Kleine runde Scheibe aus dem Rinderfilet (gegen Filetspitzen)	2 Stück je Portion etwa 75
Grillsteak	*steak à griller* *grill steak*	Steak aus der Hochrippe oder dem hinterem Teil der Fehlrippe	200
Porterhouse-Steak	*steak Porterhouse* *Porterhouse steak*	Großes Roastbeef-Steak mit Knochen und großem Filetanteil, aus dem mitteleren Teil des Roastbeefs geschnitten, 5 cm dick	Für 2–4 Personen 800–1000
Ribeye-Steak	*steak ribeye* *ribeye steak*	Hochrippe, Entrecôte, kleiner Fettkern	Für 2–4 Personen 300
Rippensteak	*côte de bœuf* *rib steak*	Wie Entrecôte, jedoch mit Knochen	1000
Rumpsteak	*romsteck* *rumsteak*	fingerdicke Scheibe aus dem hinteren Teil des Roastbeefs oder der Huft, in der französischen Küche stets aus der Huft **Sirloin-Steak** wie Rumpsteak	200 400
T-Bone-Steak	*steak t-bone* *T-bone steak*	Dicke Roastbeefscheibe mit T-förmigem Knochen (*engl. bone* = Knochen), wie Porterhouse-Steak, jedoch kleiner, etwa 3,5 cm dick	Für 2 Personen 600–700
Tournedos	*tournedos* *tournedos*	Gebundene, auch bardierte, 3 cm dicke Filetscheibe	2 Stück je Portion 50–75

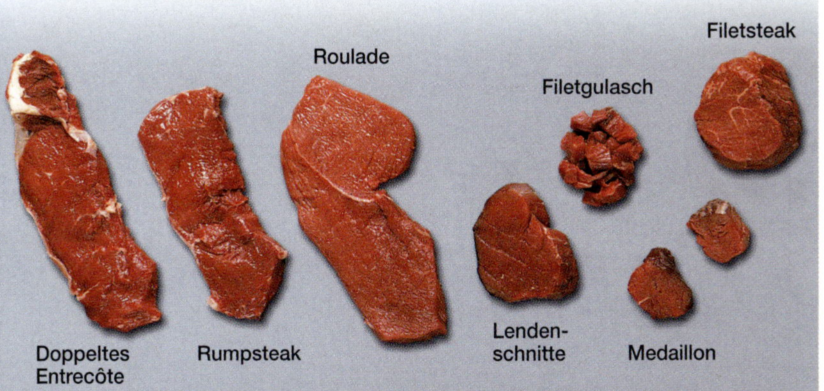

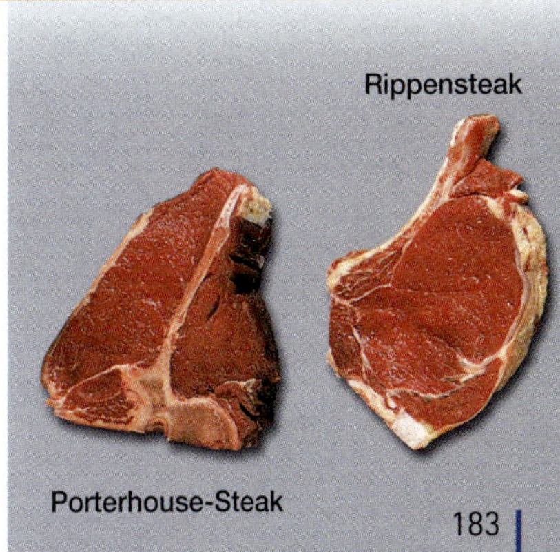

Verwendung der Rindfleischteile

Fleischteilbezeichnung DLG		Vorbereitung	Zubereitung
Keule	*cuisse* *leg*		
Hesse	*jarret* *knuckle*	Auslösen, schneiden, wolfen	Klärfleisch, Gulasch
Oberschale	*coin (entiere)* *topside*	Im Ganzen, schneiden, plattieren, füllen, spicken, wolfen	Schmorstück ganz, Rouladen, Tatar
Schwanzstück	*tranche carré* *silverside*	Im Ganzen, schneiden, spicken, wolfen	Schmorstück ganz, Spickbraten, Tafelspitz, Gulasch, Rouladen, Tatar,
Blume	*culotte* *rump*	Schneiden, im Ganzen, plattieren	Braten ganz, Huftsteaks, Rouladen, Fonduefleisch
Kugel	*fausse tranche* *parts of leg without knuckle*	Im Ganzen, schneiden, marinieren, plattieren	Schmorstück ganz: Sauerbraten, Rouladen, Tatar
Roastbeef	*faux-filet* *sirloin*	Auslösen, portionieren, schneiden, parieren	Englisch braten, Entrecôtes, Steaks, Rostbraten, Braten ganz
Filet	*filet* *fillet*	Parieren, spicken, portionieren, bridieren	Im Ganzen, Filet Wellington, Steaks, Tournedos, Mignons, Filetgulasch, Fonduefleisch,
Hochrippe	*côte couverte* *prime ribs*	Auslösen, schneiden, parieren	als Ganzes braten, Kochfleisch, Schmorfleisch, Rinderkotelett, Gulasch, Ragout
Fehlrippe	*côte couverte* *foreribs*	Auslösen, schneiden	Kochfleisch, Schmorfleisch, Gulasch, Ragout
Knochen- und Fleischdünnung	*flanchet du prin* *thin flank*	Auslösen, binden	Kochfleisch, Suppenrolle, Fleischsalat
Spannrippe	*côte plate* *top ribs, flat ribs, thick ribs*	Auslösen, binden	Kochfleisch, Suppenfleisch
Brust (-bein, Mittel-, Nach-)	*poitrine* *breast, brisket*	Auslösen, rollen (Nachbrust)	Rinderbrust, Suppenrolle, Kochfleisch
Kamm	*cou* *neck*	Auslösen, schneiden, wolfen	Kochfleisch, Gulasch, Suppen-, Hack-, Klärfleisch
Bug	*épaule* *shoulder*		
Schaufeldeckel	*couvert d'épaule* *top of shoulder*	Auslösen, parieren, schneiden	Koch-, Schmorfleisch, Gulasch, Ragout, Klärfleisch, Hackfleisch (entsehnt)
Schaufelstück	*palette* *(shoulder) blade*	Auslösen, parieren, schneiden, wolfen	Sauerbraten, Koch- und Schmorfleisch, Ragout
Dickes Bugstück, dicke Schulter	*épais d'épaule* *thick shoulder*	Auslösen, schneiden	Wie oben
Falsches Filet	*filet d'épaule* *shoulder fillet*	Auslösen, schneiden, wolfen	Wie oben, Spickbraten
Ochsenschwanz	*queue de bœuf* *ox tail*	In den Gliedern zerschneiden, ausbeinen, marinieren, füllen	Schmoren, Ragout, pochieren, dünsten
Ochsenmaul	*museau de bœuf* *ox muzzle*	Putzen, pökeln, kochen, schneiden	Ochsenmaulsalat

Vorbereiten von Schweinefleisch

Für die Küche wird ausschließlich das Fleisch junger Schweine (→ 175) bezogen, da es zart ist. Fetteinlagerungen **(Marmorierung)** sind für saftige Brat- oder Grillstücke vorteilhaft. Im **Grobsortiment** werden Schweinehälften geliefert.

Zerlegen von Schweinen nach DLG

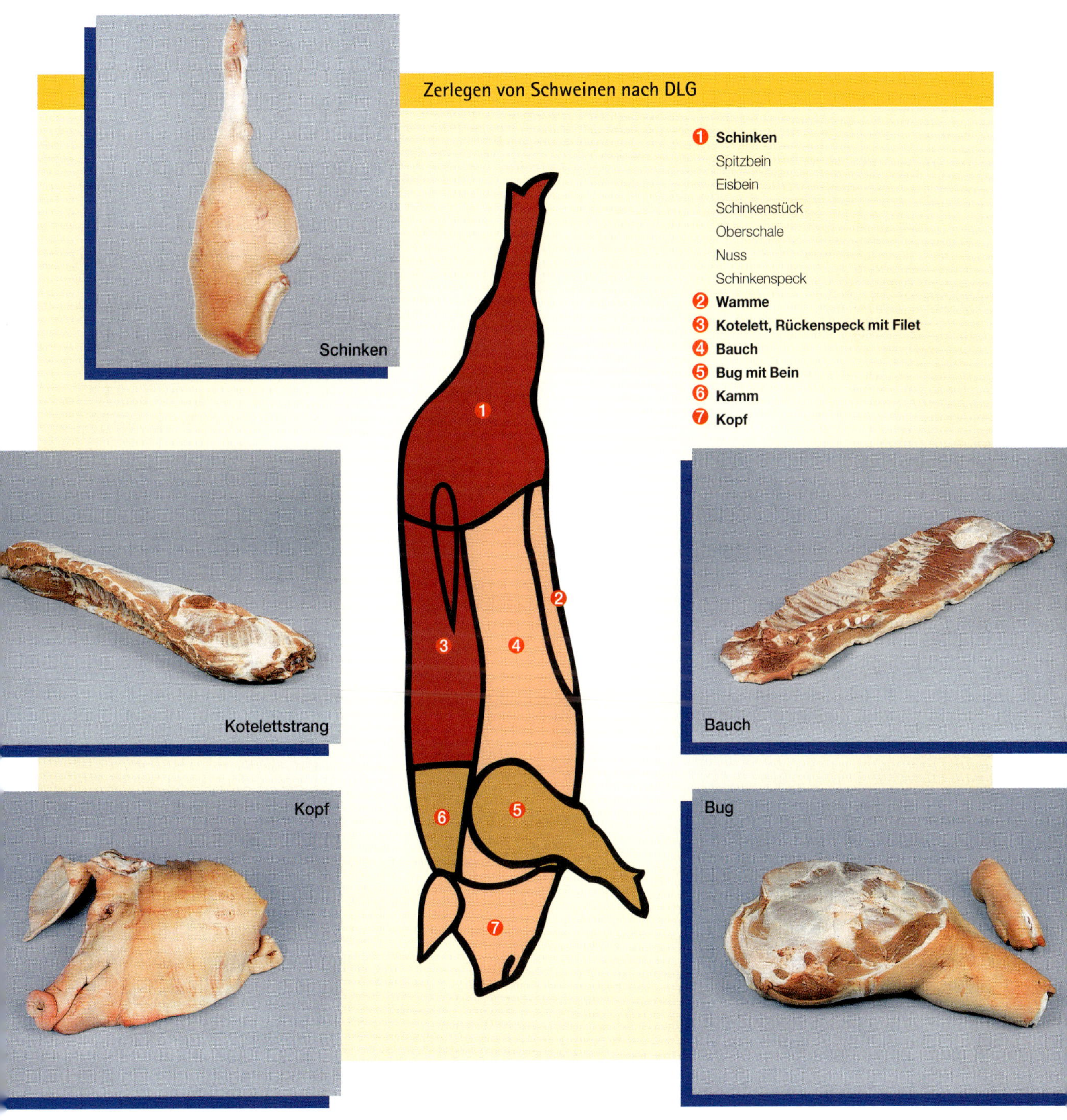

1. **Schinken**
   - Spitzbein
   - Eisbein
   - Schinkenstück
   - Oberschale
   - Nuss
   - Schinkenspeck
2. **Wamme**
3. **Kotelett, Rückenspeck mit Filet**
4. **Bauch**
5. **Bug mit Bein**
6. **Kamm**
7. **Kopf**

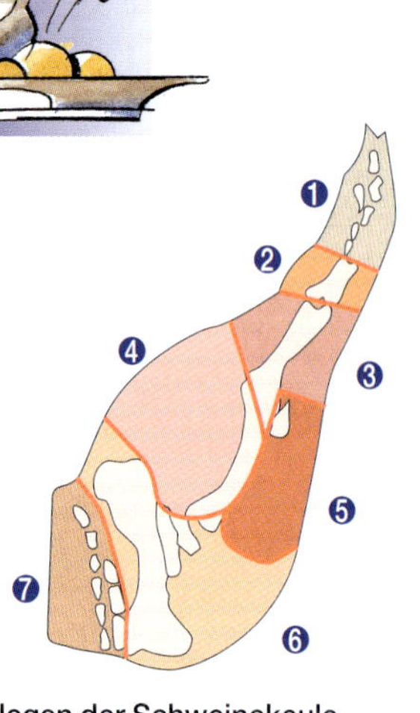

Zerlegen der Schweinekeule
❶ Spitzbein ❷ Kniebein ❸ Eisbein
❹ Oberschale ❺ Nuss
❻ Schinkenstück ❼ Schinkenspeck

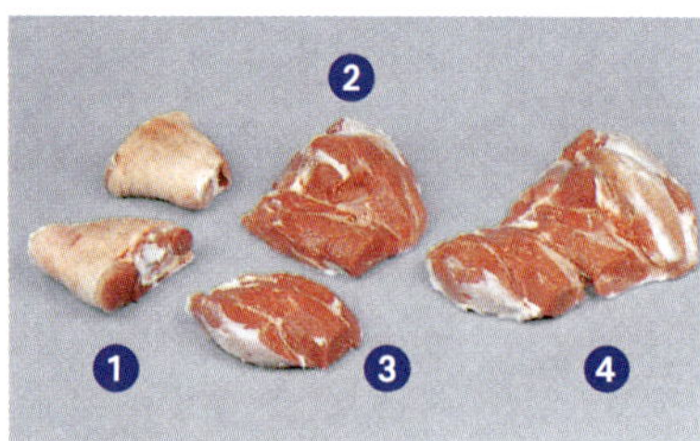

❶ Vordereisbein
❷ Dicker Bug, entbeint
❸ Dünner Bug, entbeint
❹ Bug, entbeint

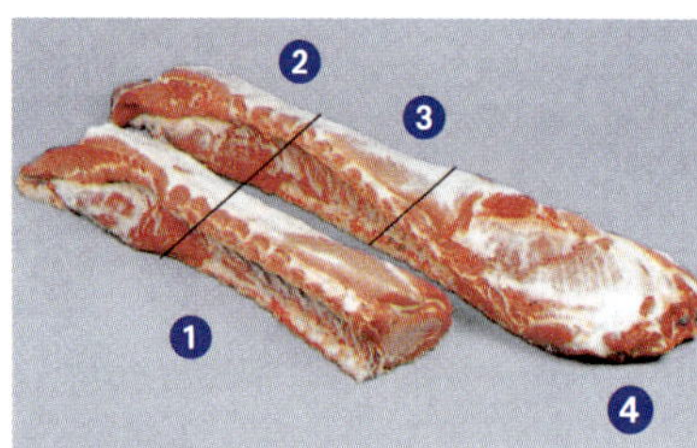

❶ Kotelett mit Filet
❷ Filetkotelett
❸ Stielkotelett
❹ Kamm mit Knochen

❶ Filet ohne Kette
❷ Kotelettstück ohne Knochen
❸ Stielkotelett

Bug

- Speck und Schwarte ablösen und zuschneiden.
- Mit der Schwartenseite nach unten legen.
- Seitlich am Schaufelknochen aufschneiden und Schaufeldeckel mit Messerrückenspitze ablösen.
- Gelenkpfanne des Schaufelknochens ertasten, dort Gelenkpfanne durch Querschnitt freilegen, auslösen des Schaufelknochens.
- Spitzbein, danach Eisbein hinter dem Gelenk mit geradem Trennschnitt mit Messer oder Säge abtrennen.
- Röhrenknochen auslösen.
- Bugfleisch sauber parieren, dabei Blutstellen, Drüsen oder Stempel ausschneiden.

Verwendung für Schweinebraten, Rollbraten und Gulasch. Durch Pökeln und Räuchern entstehen badische Schäufele (mit Schaufelknochen) und Vorderschinken.

Bauch

- Brustspitze nach 4. oder 5. Rippe vom Bauch abtrennen. Zum Rollen oder zum Füllen sowie zum Braten und Grillen geeignet.
- Wamme und Leiterchen – schmaler Streifen längs der Kotelettseite, zum Grillen, Braten und Kochen – abtrennen.
- Fette Bäuche schmal, magere Bäuche breiter schneiden.

Der magere Schweinebauch dient mit Knochen oder ausgelöst als Brat- oder Kochfleisch. Auch Tendrons können aus dem Bauchfleisch geschnitten werden (➔ Kalbs-Tendron).

> Als Karree werden der zusammenhängende Kamm (Hals), das Stielkotelett (Kotelettstück) und das Filetkotelett (Nierstück) mit einliegendem Filet bezeichnet.

Kamm

Kamm kann ausgelöst ganz als saftiger Braten oder für Grillsteaks verwendet werden. Mit Knochen ergeben sich Kammkoteletts.

In jedem Falle zunächst den Gratknochen längs abtrennen.

- Vorderes Kammstück abtrennen.

Das vordere Kammstück darf nicht zu Koteletts geschnitten werden, es bildet den 500-700 g schweren Nackenbraten.

Kotelettstrang

- Filet auslösen, Kotelettstrang einschneiden, Rückensehne abtrennen.
- Rückgratknochen entlang der Wirbel abschlagen, aus dem Wirbelkanal verbliebenes Rückenmark entfernen.
- Vom Kotelettstrang den Speck von der Kammseite her ablösen.
- Dünne Fettschicht von etwa 2 mm belassen.
- In Stielkotelett (4.-8. Brustrippe), Filetkotelett (14. Brust- bis 5. Lendenwirbel) und Filet zerlegen.

Die Teile des Kotelettstrangs werden als Kurzbrat- und Bratenfleisch verwendet. Aus dem Kotelettstrang (ausgelöst) lassen sich Lachsschinken (Filetkotelett), Kasseler und Pökelrippchen (Ripple) herstellen. Den Kamm weiter bearbeiten.

Verwendung der Schweinefleischteile

Fleischteilbezeichnung DLG		Vorbereitung	Zubereitung
Schinken	*jambon* *ham*	Ganz, ausbeinen, pökeln, räuchern, Beinschinken, Parmaschinken,	
Schinkenspeck (Huft)	*sous-noix* *round roast*	Portionieren, plattieren, panieren, pökeln, räuchern, kochen	Braten, Kochfleisch, Schnitzel, zum Grillen, Rohschinken, Kochschinken
Nuss	*noix* *pop's eye*	Portionieren, plattieren, pökeln, räuchern	Braten, Schnitzel, Steaks, Nussschinken
Oberschale	*coin* *topside*	Portionieren, plattieren, füllen	Steaks, Schnitzel, Schweineröllchen
Schinkenstück (Unterschale)	*fricandeau* *ham*	Pökeln, räuchern, portionieren, plattieren, panieren	Schinkenspeck, Schnitzel
Eisbein	*jambonneau* *leg*	Sengen, putzen, pökeln, auslösen	Eisbein kochen, schmoren, auch grillen Kochfleisch, Sülze
Spitzbein	*pied* *trotter*	Sengen, putzen	Kochfleisch, Sülze
Kotelettstück	*carré* *loin, rack*	Auslösen, portionieren, panieren, pökeln, räuchern	Koteletts, Kassler Rippenspeer, Lachsschinken, Steaks
Filet	*filet* *fillet*	Parieren, portionieren, binden	Braten im Ganzen, kurzbraten im Ganzen, Medaillons
Rückenspeck	*lard de dos* *back fa*	Grün, auch pökeln und räuchern	Schmalztopf, Spickspeck, Speck zum Bardieren
Bug (Blatt)	*épaule* *shoulder*	Auslösen, schneiden, wolfen	Bratfleisch, Schmorfleisch, Gulasch, Hackfleisch, (Hackepeter), Ragout
Kamm	*cou* *neck*	Auslösen, pökeln, marinieren, plattieren, panieren	Braten, Grillsteaks, Pökelfleisch, Rostbrätl, Kammsteak
Bauch	*ventre* *belly*	Auslösen, füllen, rollen, binden, pökeln, räuchern, füllen	Kochfleisch, zum Grillen, Bauchscheiben, ungereift als Well- oder Kesselfleisch, Rauchfleisch, gefüllter Bauch, Speck
Wamme	*fanon* *dewlap*	Räuchern	Kochfleisch, Rauchfleisch, gefüllter Bauch, Speck
Flomen	*graisse* *leaf fat, flare fat*	Wolfen, ausbraten	Schmalz
Kopf	*tête* *head*	Nachputzen	Kochfleisch, Sülze

Als Prinzipien für das Vorbereiten von Portionsstücken, insbesondere von Schweineschnitzeln und Schweinekoteletts, gelten die gleichen wie bei Kalbfleisch.

Werden französische Fleischteilbezeichnungen auf Angebotskarten verwendet, ist bei Schweinefleisch stets ***„de porc"*** *zu schreiben.*

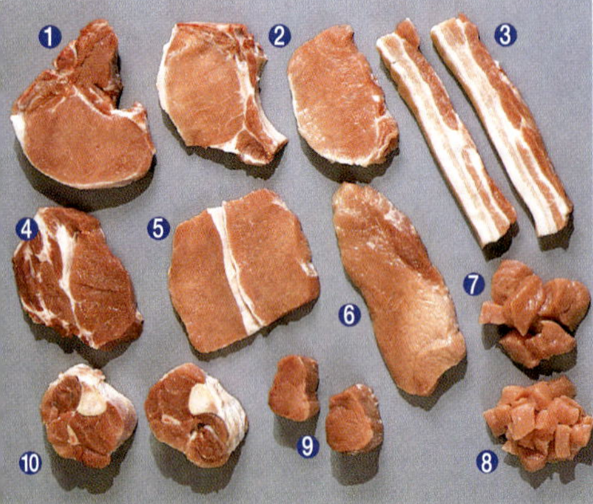

Schweinefleisch-Rohgewichtsmengen für Einzelportionen

Bezeichnung	à la carte	Menü (in g)	Garverlust in %
Braten (Kamm)	150–200	150	35–39
Bug, gebraten	200	150	31–37
Eisbein	500–700	400	20–25
Geschnetzeltes	150	125	25–29
Gulasch	150–200	150	30–40
Keule als Braten, Kammsteak/Rostbrätl	150–200	150	35–40
Kotelett/Kasselerkotelett	180–200	150	17–21
Kotelett, paniert	150–200	150	4– 6
Medaillon	je 3 50	je 2 50	25–29
Rippchen	300–400	250	25–30
Rückensteak	150–180	150	25–30
Schaschlik (nur Fleisch)	150	125	25–30
Schmetterlingssteak, Schnitzel nature	150–180	125	25–30
Schnitzel paniert	120–150	125	4– 6
Schweinebauch mit Knochen, gekocht	200–300	200	13–16

Vorbereiten von Lammfleisch

Lammfleisch wird meist im **Feinsortiment** bezogen, kann aber auch in Form von halben oder ganzen Tierkörpern bestellt werden. Nachfolgend soll das **Mastlammfleisch,** welches üblicherweise in der Gastronomie angeboten wird, beschrieben werden. Lamm hat mitunter einen erheblichen Außenfettanteil, der nach Entfernen der feinen Hautschicht zum Braten verbleiben kann.

Lammfleisch unter 1 Jahr ist wegen der relativ hellen Farbe und des milden Geschmacks besonders beliebt. **Hammelfleisch** mit dunklerer Farbe und arteigenem Geschmack ist wie Mastlammfleisch zu verarbeiten, sollte aber mariniert und speziell gewürzt werden.

Zerlegen von Schafen nach DLG

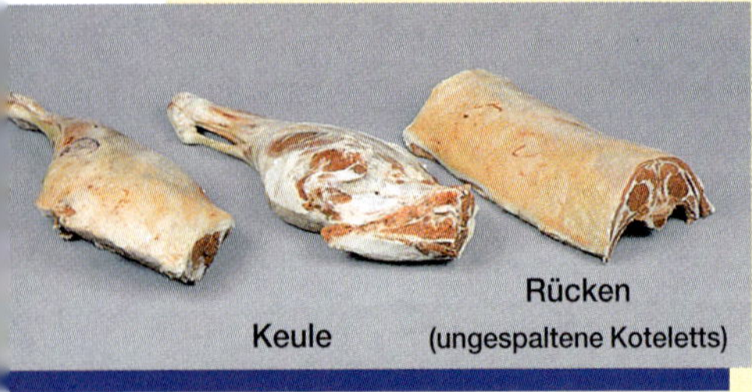

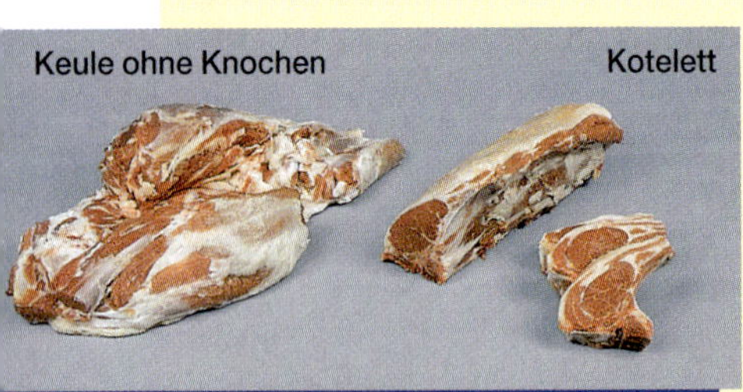

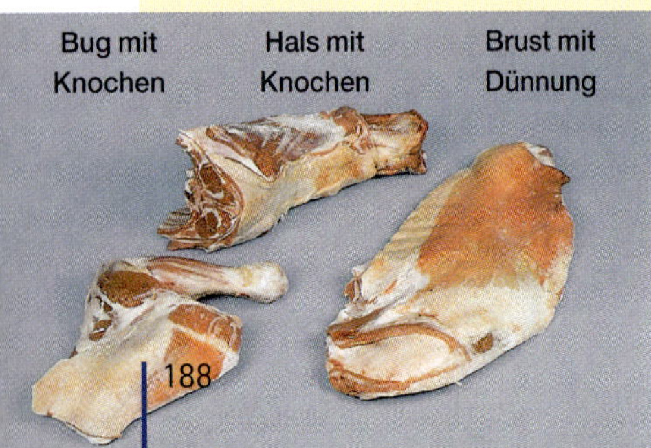

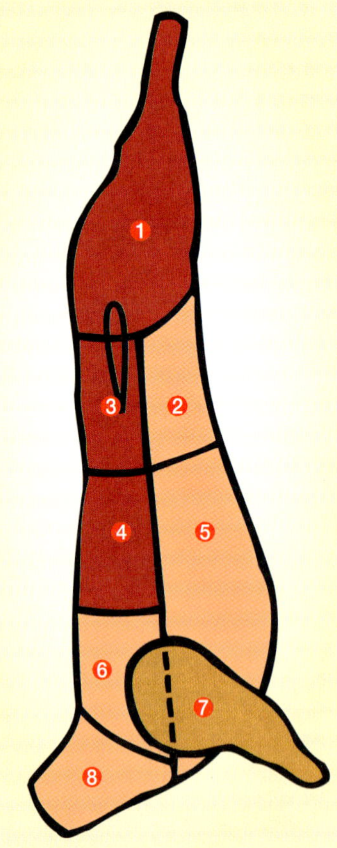

1 Keule
2 Dünnung
3 Lende
4 Kotelett
5 Brust
6 Kamm
7 Bug
8 Hals

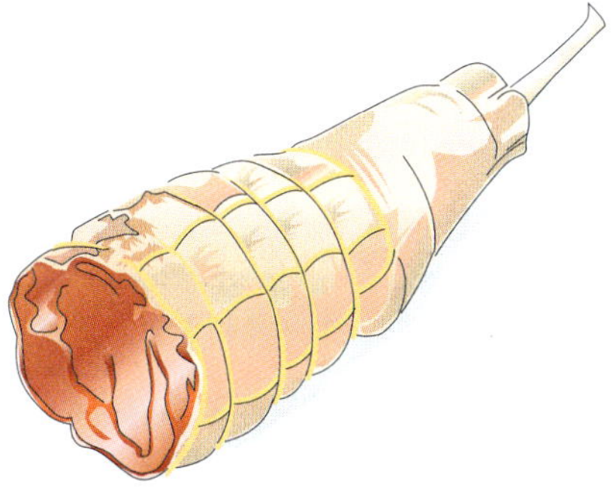

Lammkeule

Ganze Keule
gigot *gigot, leg*

Lamm- oder Hammelkeulen werden üblicherweise hohl ausgelöst, das heißt, alle Knochen werden entfernt, ohne dass sie dabei in seine Teilstücke zerlegt werden. Die hohl ausgelöste Keule gart gleichmäßiger und lässt sich einfacher tranchieren. Belässt man nur den Röhrenknochen, sieht das attraktiv aus, und es ergeben sich geringere Garverluste.

- Hachsenknochen und Schlossknochen auslösen.
- Röhrenknochen ausstoßen: Knochen beidseitig mit spitzem Messer an den Gelenkköpfen lockern, dann herausdrehen oder ausstoßen oder mit Knochenauslöser Fleisch vom Knochen wegdrücken.
- Fett gleichmäßig parieren und netzförmig binden.
- Hachsenknochen im Gelenk abtrennen.

Lammhachsen werden allgemein als Ganze abgetrennt und als Spezialität angeboten.

Baron
baron *baron*

Eine Besonderheit beim Zerlegen von Lamm- und Hammelfleisch. Dabei werden den Rücken und beide Keulen zum Braten zusammengelassen. Das Tranchieren erfolgt meist vor dem Gast.

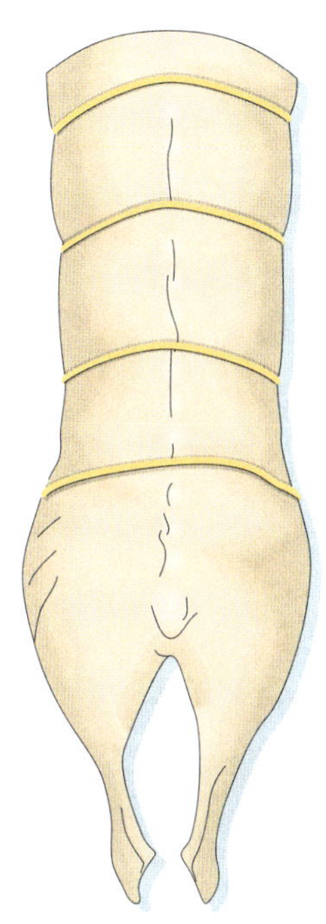

Baron

Rücken
selle d'agneu *saddle of lamb*

Als Rücken werden die ungespaltenen ganzen Lenden- und Kotelettstücke bezeichnet.

- Auslösen der Filets, Nieren und Fettbesatz abtrennen.
- Dünnung auf etwa 3 cm kürzen.
- Den Bugansatz parieren, feine Häute entfernen.
- Starke Sehnen längs des Rückgrates entfernen.
- Bei starkem Fettbesatz Fett abschneiden.
- Rippen im Bereich der Dünnung abschlagen.
- Um Verziehen während des Bratens zu unterbinden, längs des Rückenmarkkanals einen Metallspieß stecken.

Sattel
selle d'agneau *saddle of lamb*

Der Sattel stellt den rippenlosen Teil des ungespaltenen Rückens (beide Nierstücke) dar.

- Sattel vom Rippenstück trennen. 1–3 Rippen am Sattel belassen.
- Begradigen der Wirbelsäule durch Abschlagen der Wirbelsäulenwölbung.
- Bauchlappen nach Belieben stutzen und nach innen schlagen.
- Sattel mit Bindfaden bridieren.

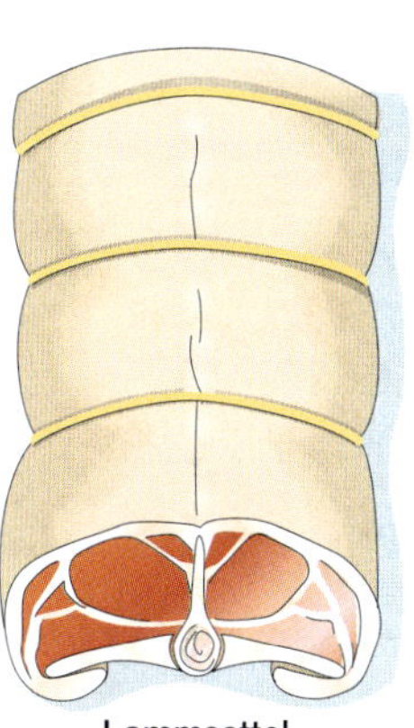

Lammsattel

Chops
chops d'agneau *lamb chops*

Chops (engl. *to chop* = zerhacken, *chop* = Kotelett) sind Portionsstücke vom Sattel, wobei die Filets nicht ausgelöst wurden. Chops können auch ohne Knochen hergestellt werden.

- Scheiben (Mutton Chops) von 200 g vom Lamm- oder Hammelrücken schneiden, dann durchhacken oder sägen.
- Dünnungsteile nach innen rollen, mit Spießchen beidseitig zusammenstecken.

Karree  *carré d'agneau* *loin of lamb*

- Rücken in der Mitte des Rückgratknochens mit Säge oder Küchenbeil teilen. Karree bis auf die Wirbel auslösen.
- Beim Braten der ganzen Karrees Rippenknochen stutzen.

Koteletts *côtelettes d'agneau* *lamb (rib) chops*

Zu einer Portion gehören jeweils ein Portionsstück mit und eins ohne Rippenknochen.

- Karree in Sattelstück und Rippenstück teilen. Jeweils Portionsstücke aus dem Sattelstück ohne Rippen und aus dem Rippenstück mit Rippen schneiden.
- Rippenkotelettknochen etwa 2 cm freischneiden und putzen.

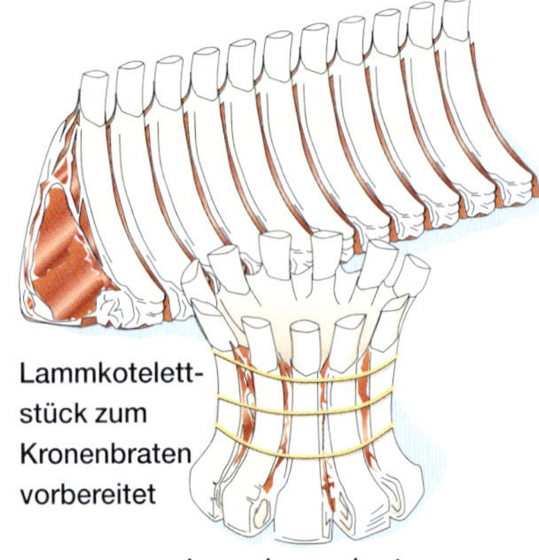

Lammkotelettstück zum Kronenbraten vorbereitet

Lammkronenbraten

Steaks, Nüsschen *steaks, noisettes* *steaks, medallions of loin*

Steaks (engl. Stück) sind Fleischportionsstücke zum Kurzbraten oder zum Grillen, allgemein quer zur Faser geschnitten. Sie stammen vorzugsweise vom Rücken. **Nüsschen** sind kleine runde Fleischscheiben von etwa 50 g.

Krone *couronne d'agneau* *crown roast*

Kotelettstück mit Rippenknochen rund binden. Rippenknochen bilden oben eine Krone. Diese Vorbereitung kann auch bei Kalbfleisch verwendet werden.

- Kotelettstück wie für Braten als Ganzes vorbereiten.
- Rippenknochen etwa 1,5 cm freilegen. Innenseiten des Kotelettstückes zwischen den Rippen leicht einsägen.
- Das Kotelettstück mit der Innenseite nach außen zur Krone rund binden.
- Nach dem Braten Bindfaden entfernen und beliebig füllen.

§ Als Besonderheit ist zu beachten, dass nach DLG das Nierstück als Lende bezeichnet wird, im Gegensatz zum Filet.

Verwendung der Lammfleischteile

Fleischteilbezeichnung DLG		Vorbereitung	Zubereitung
Keule	*gigot* *gigot, leg*	Ausstoßen, auslösen, binden	Braten ganz, Schmorstück
Rücken ungespalten	*selle* *saddle*	Binden	Braten ganz
Koteletts	*côtelettes* *rib chops*	Schneiden, binden, portionieren	Lammkrone, Koteletts
Lende	*filet* *fillet*		Lendenkoteletts, Nüsschen, Mutton Chops, Braten ganz
Filet	*filet mignon* *tenderloin, filet mignon*	Parieren	Ganz, grillen, kurzbraten, Geschnetzeltes
Bug	*épaule* *shoulder*	Auslösen, schneiden	Ragout, Eintopf
Kamm, Hals	*cou* *neck*	→ Bug	
Dünnung	*épais du prin, flanchet* *flank*	Schneiden	Ragout, Eintopf
Brust	*poitrine* *breast*	Rollen	Schmorstück

Lamm- und Hammelfleisch-Rohgewichtsmengen für Einzelportionen

Bezeichnung	à la carte	Menü (in g)	Garverlust (in %)
Brust ohne Knochen, geschmort	220	180	34–38
Bug, geschmort	220	180	30–34
Keule, gebraten	180–220	150	39–42
Kochfleisch	200	150	38–45
Koteletts	2 je 75–100	60	25–29
Chops	220–260	180	25–29
Nüsschen, Steaks	3 je 50	2 je 50	28–33
Ragout	200	150	30–35
Rücken mit Knochen	300–400	250	28–33
Schaschlik	125	100	30–35

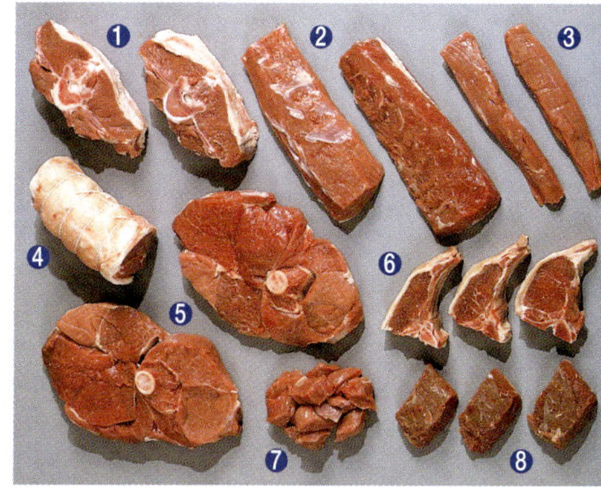

1 Rückensteak
2 Lendenstück
3 Filet
4 Nierenstück, gerollt und gebunden
5 Keulensteak
6 Kotelett
7 Ragoutfleisch
8 Nüßchen/Steak

Marinieren und Würzen

Bei Lamm, insbesondere beim in der Gastronomie kaum noch verwendeten Hammelfleisch ist das **Marinieren** besonders wichtig, um den zum Teil vorhandenen Hammelgeschmack zu unterdrücken und auch gelegentliches Zähwerden von Hammelfleisch zu verhindern. Für die Marinade eignen sich Buttermilch- und Essigmarinade (z. B. Sauerbraten vom Hammel) (Marinade → Grundstufe).

Typische **Würzmittel** sind Thymian, Wacholder, Zwiebeln, Estragon, Knoblauch, Paprika, Pfefferminze, Majoran, Oregano, Schalotten, Dill, Lorbeer, Rosmarin, Curry, Pfeffer.

Beispiel

Eine Küche bezieht 18,8 kg Rinderbug wie gewachsen.

100 % = 18,8 kg
25 % = 4,7 kg

Der Rinderbug dürfte maximal 4,7 kg Knochen haben.

Knochenanteile

Fleisch kann ohne Knochen und Sehnen als **schieres Fleisch,** aber auch **mit Knochen** oder als **Fleisch wie gewachsen** eingekauft werden. Der natürliche Knochenanteil der Schlachttierkörper ist unterschiedlich hoch, was beim Fleischverkauf mit Knochen berücksichtigt wird:

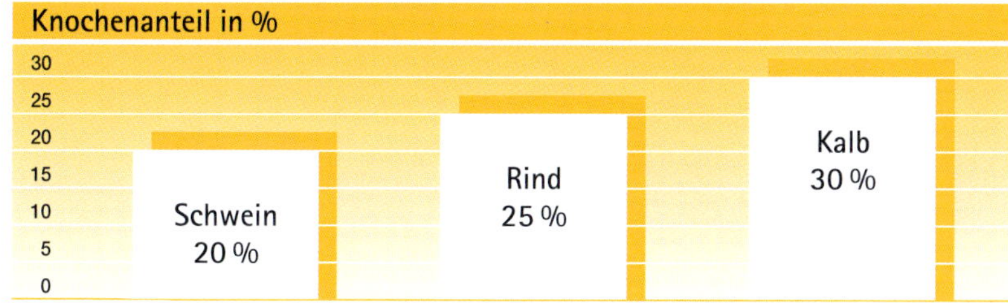

Fleischbewertung

Wird Fleisch im Feinsortiment eingekauft, dann entspricht der Einkaufspreis den Materialkosten. Bei größeren Fleischteilen entstehen durch das **Zerlegen Fleischteile unterschiedlicher Qualität.** Der Einkaufspreis ist dann ein durchschnittlicher Fleischpreis (**stets** Bewertungssatz 100% oder Bewertungsfaktor 1), auf den **Auf- oder Abschläge** vorgenommen werden.

Beispiel

Im Grobsortiment werden Schweinehälften zum Kilopreis von 4,10 € verkauft. Eisbein ist dagegen für 2,90 €/kg zu haben.

4,10 € = 100 % (durchschnittlicher Fleischpreis)
2,90 € = 71 % oder Faktor 0,71

Der Bewertungssatz für Eisbein ist 71 %, der Bewertungsfaktor beträgt dementsprechend 0,71.

1. *Rinderhinterviertel kosten im Fleischhandel 9,10 €/kg. Ermitteln Sie den Filetpreis bei einem Bewertungssatz von 230 (Faktor 2,3).*
2. *Ganzer Schweinerücken wird für 5,15 €/kg angeboten, während für das Filet 11,85 €/kg zu bezahlen sind. Ermitteln Sie Bewertungssatz und -faktor.*
3. *Kalbsbraten aus der Oberschale wird mit 190% (Faktor 1,9) bewertet und kostet 12,80 €/kg. Wie hoch ist der durchschnittliche Fleischpreis?*

mets de viande cuite
cooked-meat dishes

15.3 Gekochte Fleischspeisen

Zum Kochen ist Fleisch mit **derber**, auch **grobfaseriger Struktur** geeignet. Das Bindegewebe wird durch längeres Kochen abgebaut, das Kollagen quillt, angelagertes Wasser führt zu einer bestimmten Saftigkeit. Deshalb wird Kochfleisch allgemein mit Kochfond oder in Sauce angerichtet. Auch fettreiche und knochenreiche Fleischteile vorzugsweise kochen. Anfallende kräftige Fleischbrühen werden für Saucen, Suppen oder Beilagen verwendet.
Gekochte Fleischspeisen von **magerem Kalb- und Rindfleisch** eignen sich auch für leichte Vollkost (Schonkost), da neben gehaltvoller Brühe keine schwer verdaulichen Röststoffe entstehen. Die Kochzeiten sind von Fleischgröße und Fleischbeschaffenheit abhängig.

Typische Kochfleischteile

Rind	Schwein	Kalb	Lamm
Brust	Eisbein, Spitzbein	Bug	Bug
Tafelspitz	Bauch	Hals	Kamm
Hesse	Wamme	Brust	Hals
Bug, Dünnung	Füße	Bauch	Brust
Hochrippe	Kopf	Kopf	Dünnung
Fehlrippe		Füße	
Spannrippe			
Kamm, Maul			

Knochen, Parüren, Zunge, Kalbsbries, Hirn und andere Innereien (➔ 216 ff.)

Herstellung von gekochten Fleischspeisen

Arbeitsschritt	Hinweis
Flache Fleischstücke rollen und binden	Fleisch laugt weniger aus. Fleischeiweiß gerinnt, Konzentrationsaustausch geringer, Fleisch bleibt saftiger
Fleisch in siedendes Salzwasser oder besser in Brühe geben	Zu Pökelfleisch kein Salz verwenden!
Zugabe von Würzmitteln	Würzen erst nach Abschäumen, da mit dem Eiweißschaum auch Würzstoffe entfernt werden könnten
Salz, Lorbeer, Piment, Pfefferkörner zugeben	Trockengewürz braucht eine längere Zeit, um aufzuweichen
Wurzelgemüse, auch anderes derbes Gemüse mit kochen	Lauch, Möhren, Sellerie Zwiebeln auch Weißkraut geben Geschmack und können später als Beilage verwendet werden
Kräutersträußchen 30 min vor Fertigstellung zugeben	Etherische Öle der Würzstoffe sollen möglichst im Kochfond bleiben
Nach dem Garen Kochfleisch in der Brühe belassen	Fleisch bleibt saftiger und trocknet nicht aus
Zum Anrichten eignen sich in der Brühe gegarte Gemüse	Diese müssen vorher der Garzeit entsprechend zugegeben oder ausgestochen werden

Sättigungsbeilagen
Kartoffeln, wie Salz-, Kümmel-, Petersilien-, Brüh-, Béchamel-Kartoffeln, Kartoffelpüree, Erbsenmus, Knödel, Klöße, regional Röstkartoffeln

Gemüsebeilagen
Ungegart: Frische Salate, wie Rettich-, Gurken-, Sellerie-, Bohnensalat, Gewürz-, Senfgurken, rote Bete.
Gegart: *Sauerkraut, zu Zunge auch Spargel, Möhren, Blumenkohl*

Saucen
Selbstständige Saucen, wie Meerrettichsauce, Kräutersauce, Senfsauce, Kapernsauce, Dill-, Petersilien-, Tomatensauce, kalte Schnittlauchsauce

Weitere
Preiselbeeren, Essiggemüse, Essigfrüchte, Meerrettich, Senf

Eisbein

jambonneau salé
pickled pork leg

Schinkeneisbein

Es ist üblich, zwischen gepökelter (gesalzener) und frischer Ware zu unterscheiden.

10 Portionsstücke Eisbein (nach Gewicht je 600–1000 g)
Wasser (Eisbeine müssen bedeckt sein)
Salz, gespickte Zwiebel, Majoran

- Portionieren, auch auslösen, wenn nötig wässern, gepökeltes Dickbein nicht salzen.
- Kochen wie angegeben (➔ 192), im Fond lagern.

Qualitätsmerkmal ist eine nicht zu weiche, eher bissfeste Konsistenz.

Als **Beilagen** eignen sich Kartoffeln, Klöße, Erbsenmus, Sauerkraut, oft auch Meerrettich. Dazu Meerrettichsauce oder nur Kochbrühe mit etwas Majoran, geraspelten Möhren und Sellerie, regional leicht gebunden mit Stärke.

Variationen

Berliner Art
berlinoise
Berlin style
Mit Kochfond, Sahnemeerrettich , Erbsenmus und Sauerkraut, Salzkartoffeln, Senf

Spreewälder Art
Spreewald
Spreewald style
Mit Béchamel-Sauce, gedünsteten Streifen von Wurzelgemüse, dazu Meerrettich, vermengt mit gehackter Petersilie

Rinderbrust zum Kochen pariert: Brustkern, dünne Brust, Mittelbrust, Brustspitze

Pökelrippchen

côtes salées
cured ribs

- Abgespülte Pökelrippchen in Wasser ansetzen, aufkochen und abschäumen.
- Ohne Salz mit gespickter Zwiebel etwa 1 h bei 80 °C pochieren.
- Im Kochfond auskühlen lassen.

Gekochte Rinderbrust

poitrine de bœuf, bouillie
breast of beef, brisket

Gekochte Rinderbrust, Senfsauce, gedünsteter Lauch, Kartoffelkloß

1,8–2,5	kg	Rinderbrust, frisch
4	l	Wasser oder Brühe
0,2	kg	Wurzelgemüse (Gemüsebündel)
		Gewürzsäckchen: Lorbeer, Piment, Pfefferkörner

- Rinderbrust auslösen und wie beschrieben (➔ 192) kochen.
- Scheibenweise portionieren.
- Anrichten und mit Brühe übergießen oder verschiedenen Saucen dazu.

Rinderbrust wird auch vorher gepökelt und erst nach Abspülen ohne Salz gekocht.

Variationen

Berliner Art
berlinoise
Berlin style
Mit Wurzelgemüse garnieren, mit Meerrettichsauce nappieren, dazu Brühkartoffeln, rote Bete, Sauergemüse

flämische Art
flamande
Flemish style
Mit tournierten Möhren, weißen Rüben, kleinen gefüllten Kohlrouladen, Rauchspeck- und Knoblauchwurstscheibe obenauf, Bouillonkartoffeln

Bristol
Bristol
Bristol
Mit Meerrettichsauce nappieren, tournierte Möhren, Sellerie, Lauchstücke

Schweinebauch mit und ohne dicker Rippe

Wellfleisch (Kesselfleisch)

porc bouilli
boiled pork

Wellfleisch, in Süddeutschland als Kesselfleisch bezeichnet, ist ungereiftes Fleisch, das unmittelbar nach dem Schlachten zubereitet wird. Es gilt als Spezialität bei Schlachtfesten. Da es sich überwiegend um fettreiche Fleischteile handelt, genügt das intensive Kochen ohne vorherige Reifung.

- Frisch geschlachteten Schweinebauch und Kamm kochen.
- Vor dem Garpunkt Majoran zugeben. Gares Fleisch auslösen, in Scheiben schneiden, den Kochfond darüber gießen.

Als Beilagen eignen sich Sauerkraut und Salzkartoffeln oder Erbsenmus, auch Brot sowie Senf und Meerrettich.

Schlachtplatte

plat charcutier *butcher's platter*

Für warme Schlachtplatten werden neben Wellfleisch auch Blut- und Leberwürstchen, ausgelöstes Fleisch gekochter Schweineköpfe, Spitzbeine sowie gekochte Innereien verwendet. Erbsenmus (➔ 70) und Sauerkraut, Sauergemüse und Brot ergänzen diese Schlachtfestessen.

Tafelspitz

Tafelspitz

culotte de bœuf bouillie
boiled aitchbone

2	kg	Tafelspitz (Spitze der Rinderunterschale)
0,3	kg	Wurzelgemüse
0,3	kg	Sahnemeerrettich
0,2	kg	Apfel
		Wasser oder Brühe, Schnittlauch, Salz

- Tafelspitz ansetzen, wie in der Übersicht angegeben.
- In fingerdicke Scheiben schneiden, Fleischscheiben mit Brühe übergießen und mit gehacktem Schnittlauch bestreuen.

Tafelspitz gilt als Spezialität der **Wiener Küche:** Mit Meerrettich, vermischt mit geriebenem Apfel, anrichten, dazu Schnittlauchsauce.

Tafelspitz angerichtet

Mastlamm-Blankett

blanquette d'agneau
lamb blanquette, white lamb stew

1,6-2	kg	Lammbug, grob gewürfelt
1,5	l	weißer Kalbsfond
0,3	l	Weißwein
0,3	kg	Wurzelgemüse
		Gewürzsäckchen mit Knoblauchzehe, Thymian, Lorbeerblatt
0,04	kg	Butter
0,05	kg	Weizenmehl
0,2	l	Sahne
3		Eigelb
		Zitrone. Salz, weißer Pfeffer, Knoblauch

- Kalbsfond erhitzen, zuerst blanchiertes, dann warm und kalt abgespültes Lammfleisch (grobe Würfel) dazugeben, aufkochen und abschäumen.
- Wurzelgemüse, Gewürzsäckchen sowie Weißwein zugeben und am Garpunkt halten. Lammfleisch entnehmen und mit etwas Fond warm stellen.
- Aus Butter, Weizenmehl und Fond weiße Grundsauce (➔ 112) herstellen.
- Weiße Grundsauce 20 min auskochen, passieren, mit Liaison vollenden, mit Zitrone abschmecken. Fleisch in die Sauce geben, nicht aufkochen.

Das Lamm-Blankett kann mit in Butter gedünstetem Knoblauch, Tomatenwürfeln *(tomates concassées)* und mit frischen Kräutern (Oregano, Thymian) vollendet werden.

Lamm- und andere Hammelfleischspeisen werden stets auf gut ***vorgewärmtem Geschirr serviert und heiß verzehrt.*** *Da das Schaffett schon unterhalb der Körpertemperatur fest wird.*

15.4 Gedünstete Fleischspeisen

Dünsten gilt als **schonendes Garverfahren**, vorzugsweise für helles Fleisch (Kalb, Schwein). Dadurch lassen sich auch Fleischteile mit dichterem Bindegewebe (Bug, Brust, Hals) garen. Gedünstete Fleischspeisen eignen sich für leichte Vollkost (Schonkost). Eine besondere Zubereitungsform ist das **Poelieren**, die Zwischenform von Dünsten und Braten. Ohne Brat- oder Röstkruste ensteht eine schmackhafte Sauce.

Kalbsfrikassee

fricassée de veau
veal fricassee

2	kg	Kalbsbug
0,15	kg	Zwiebeln
0,1	kg	Butter
0,07	kg	Weizenmehl
2	l	Kalbsbrühe oder Bouillon
0,2	l	Weißwein
3		Eigelb (0,05 kg)
0,3	l	Sahne
		Kräutersträußchen, Salz, Zitrone

- Zwiebeln und Kalbfleischwürfel von etwa je 40 g (bei 200 g Portionsgewicht 5 Würfel) in Butter dünsten. Entstehenden Dünstfond reduzieren, Mehl anstäuben.
- Brühe auffüllen und aufkochen, Salz und Kräutersträußchen zugeben.
- Fleisch behutsam fertig garen, vor Gar-Ende Weißwein zugießen.
- Gares Fleisch ausstechen. Sauce passieren.
- Mit Liaison aus Eigelb und Sahne legieren, abschmecken.

Poeliertes Kalbssteak

steak de veau poêlé
pot-roasted veal steak

2	kg	Kalbsoberschale
0,1	kg	Butter
0,1	l	Weißwein
0,2	l	Kalbsbrühe

Salz, Zitrone

- Steaks schneiden und unter Zugabe der Zutaten hellbraun dünsten.
- Mit Fond anrichten.

Lammcurry

curry d'agneau
curried lamb / lamb curry

2	kg	Lammbug
0,2	kg	Zwiebelwürfel
0,2	kg	Speiseöl
0,07	kg	Weizenmehl
2	l	Fleischbrühe
0,3	l	Sahne
		Salz, Curry

- Lammbug gewürfelt zusammen mit Zwiebelwürfeln in heißes Öl geben, andünsten.
- Unter Rühren langsam dünsten, bis sich leichte Glace bildet.
- Mit Mehl und reichlich Curry anstäuben, gut verrühren, salzen.
- Fleischbrühe angießen, unter öfterem Rühren kurz aufkochen, abschäumen.
- Zugedeckt bei reduzierter Energie fertig dünsten.

Vergleich zwischen Frikassee und Blankett

Vergleichsmerkmal	Frikassee	Blankett
Gemeinsamkeiten		
Speisenart	helles Ragout	
Fleischart	Kalbsbug, Lammbug, Huhn, Pute	
Schnittform	grobe Würfel	
Vollendung	Liaison	
Unterschiede		
Garverfahren	dünsten	kochen, pochieren
Bindung	Mehl anstäuben	mit Fond und Mehlschwitze *(roux)* Sauce herstellen

Vergleiche mit Mastlamm-Blankett (→ 194), Hühner-Blankett (→ 227)

Lammcurry

15.5 Gebratene Fleischspeisen

mets de viande rôtie
roast-meat dishes

Zu unterscheiden sind das Braten von **Portionsstücken** und **große Braten**. Zum Braten nur **zartes, gut gereiftes Fleisch** verwenden. Prinzipiell sind das Fleischstücke aus dem Rücken und der Keule. Derbe Bindegewebsschichten würden sich beim Braten nicht ausreichend lockern. Fettreiche Schweinefleischteile lassen sich ebenfalls braten (Bauch, Speck).
Beim Braten sind **hohe Temperaturen** und **hitzebeständige wasserfreie Fette** erforderlich, die in kurzer Zeit das Fleisch durcherhitzen.

Typische Bratfleischteile

Rind	Kalb
Roastbeef Filet Blume (Huft) Kugel (Nuss)	Keule Rücken Huft Nierenstück

Schwein	Lamm
Keule Kotelettstück Filet Kamm	Keule Lende Karree Baron

Portionsstücke vorbereiten	
Rechtzeitig dem Kühllager entnehmen.	Geringerer Temperaturunterschied zur Gartemperatur, Eiweiß gerinnt schneller
Fleischstücke quer zur Faser portionieren	Kurze Faser guter Biss, kein Verziehen oder Zähwerden beim Garen
Plattieren	Mürben, Verkürzen der Garzeit, zarte Fleischteile wie Filet nicht plattieren, bestenfalls zurecht drücken
Einlegen in Öl oder Marinade	Gleichmäßiges Reifen, geschmackliche Aufwertung
Sehnigen Rand einschneiden oder einhacken	Gleichmäßiges Garen, kein Verziehen der Fleischstücke
Erst kurz vor dem Garen panieren (→ Grundstufe)	Panierung nimmt sonst Feuchte auf und bröckelt ab, Fleisch wird unansehnlich
Unpanierte Stücke erst kurz vor dem Garen salzen	Salz ist hygroskopisch und entzieht dem Gargut Flüssigkeit; Fleisch wird zäh
Vor allem helles Fleisch (Kalb, Schwein) mehlieren	Unterstützt Farbgebung, Fleischoberfläche wird verschlossen, Fleisch bleibt saftiger

Zubereiten
Durch Kontakt erfolgt die Wärmeleitung in der Pfanne einseitig, weshalb wiederholtes Wenden und Übergießen mit heißem Bratfett erforderlich sind.
Portionsstücke werden bei starker Hitze beidseitig angebraten, danach ist eine verringerte Energiezufuhr bis zum Erreichen des vorgesehenen Garpunktes notwendig. Ausnahmen bestehen für dünne und panierte Portionsstücke. **Dünne Fleischstücke** benötigen geringere Garzeiten und können ohne Energiereduktion gegart werden, während panierte Fleischstücke bei geringeren Temperaturen zu garen sind, da die Panierung sonst verbrennen würde.
Bei der Erhitzung verändern sich die **Nährstoffe** im Fleischstück. Geringe Fetteinlagen (bei marmorierten Fleischstücken) schmelzen, erhöhen die Wärmeleitung und machen das Fleisch saftig. Eiweiß verändert sich unter der Hitzeeinwirkung. Fleischeiweiß beginnt bei etwa 65 °C vollständig zu gerinnen. Dabei wird auch das zusammengesetzte Eiweiß zerstört, was in einer zunehmenden Graufärbung sichtbar wird. Eiweißstoffe geben Wasser ab. Zu stark erhitztes Fleisch wird trocken und zäh.
Emulsionsfette eignen sich zum Nachbraten, also zum Vollenden.

Garstufen beim Braten von Portionsstücken (Rind)

Garstufe	Gardauer Dicke 2 cm	Dicke 4 cm	Kerntemperatur	Beschreibung	Nadelprobe	Druckprobe
Stark blutig *bleu / rare*	2 × 1,5 min	2 × 3 min	bis 48 °C	**Außen Bratkruste, innen roh, dunkelroter Fleischsaft**	Nadel kalt	Fleisch ist schwammig
Blutig *saignant / underdone*	2 × 1,5 min	2 × 4 min	50–55 °C (49–52 °C)	**Im Kern noch blutig, Fleischsaft rötlich**	Nadel wenig erwärmt	Fleisch federt stark
Rosa *à point / medium rare*	2 × 2 min	2 × 6 min	60–68 °C (53–60 °C)	**Innen voll rosa**	Nadel erwärmt	Fleisch federt leicht
Durchgegart *bien cuit / well-done*	2 × 5 min	2 × 8 min	70 °C (ab 65 °C)	**Innen grau, aber saftig, Fleischsaft hell und klar**	Nadel stark erwärmt	Fleisch fest
Anmerkung:	*In Klammern sind Messwerte bei Gar-Ende angegeben. Beim Ruhenlassen erhöhen sich diese um einige Grad und erreichen dann die angegebenen Regelwerte.*					

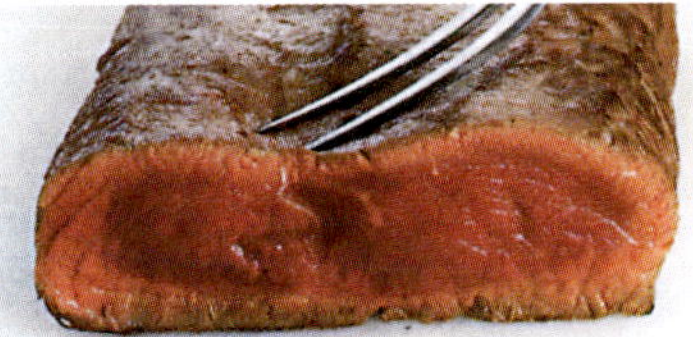
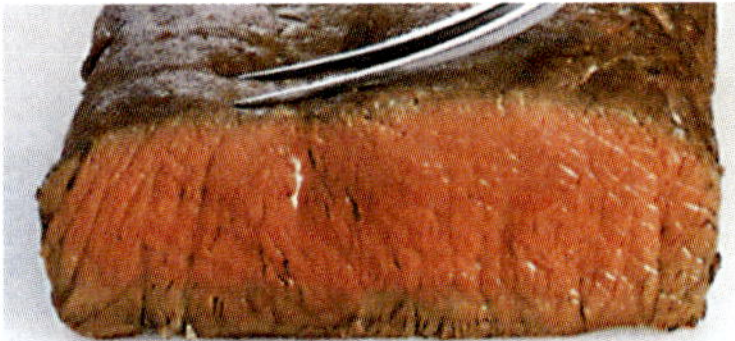

Messung der Kerntemperatur
Genaue Messungen können mit dem Fleischthermometer (➔ Bild) durchgeführt werden, allerdings geht dadurch Fleischsaft verloren, da genau wie bei der Nadelprobe mit einer langen dünnen Nadel in den Fleischkern gestochen wird. Deshalb sollen diese Methoden bei Kurzbratstücken nicht verwendet werden. Der früher übliche Fingerdruck erfordert praktische Erfahrungen und ist aus hygienischen Gründen umstritten. Er kann durch den Druck mit der Fleischgabel (➔ Bild) ersetzt werden.

Garstufen

Schweinefleisch
Große Braten: *Allgemein durchgaren*
Portionsstücke: *Mehlieren, panieren, durchbraten*

Rind-, Kalb-, Lammfleisch
Große Braten: *Unterschiedliche Garstufen*
Portionsstücke: *Nature (außer Kalbfleisch) Unterschiedliche Garstufen*

Große Braten

Das gesalzene und gewürzte Fleisch wird von allen Seiten stark **angebraten**, damit sich durch Eiweißgerinnung der Fleischsaftaustritt verringert. Anschließend wird die Brattemperatur herabgesetzt.
Gebraten wird stets **ohne Deckel**, damit Kondenswasser nicht zum Dünsten führt. Die einzelnen Verfahrensabschnitte sind in der Übersicht (➔ 198) begründet. Während des Bratens erhitzt sich der wässrige Fleischsaft, dehnt sich aus und erzeugt einen erhöhten Zellinnendruck. Deshalb sollten heiße Bratstücke möglichst nicht angestochen werden, um Fleischsaftverluste zu vermeiden.
Eine Besonderheit bildet das **Glasieren** von hellen Braten (Kalb, Schwein). Dabei wird kurz vor Gar-Ende wiederholt mit wenig Jus (gelöster Bratensatz) übergossen. Während das Wasser auf der heißen Oberfläche sofort verdampft, erzeugen die schmackhaften eiweißreichen Extraktivstoffe einen ansehnlichen braunen Glanz.

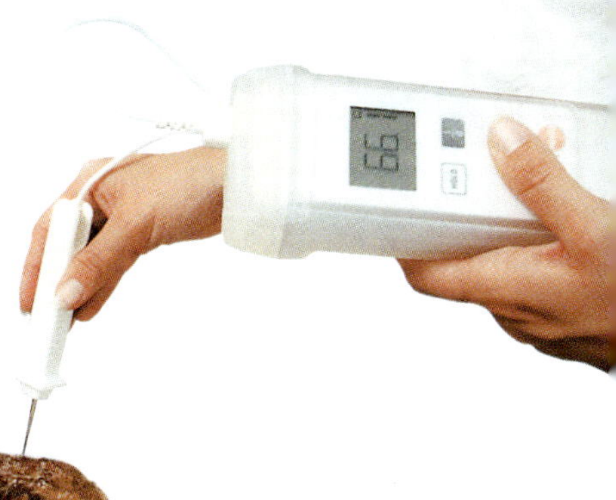

Gebrauchsgegenstände wie Löffel dürfen nach dem Verkosten nicht wieder mit Speisen in Berührung kommen. Üblicherweise werden Proben auf Probiertellerchen gegeben.

Herstellung großer Braten

■ Vorbereitete **Fleischstücke** mit Raumtemperatur	Ungünstig sind zu große Temperaturunterschiede
■ **Pfeffer, Salz** und weitere typische **Würzmittel** zugeben	Um Auslaugverluste zu vermeiden, erst kurz vor Garbeginn salzen
■ Fleisch bei starker Hitze in **Fett** allseitig anbraten	Eiweiß gerinnt an der Oberfläche, der Austritt von Fleischsaft wird vermindert; Bildung einer braunen Kruste
■ Fettreiches Fleisch kann auch mit heißem Wasser angesetzt werden	Heißes Wasser löst Fett, das nach Verdampfen des Wassers als Bratfett (Schweinebraten) dient
■ Herabsetzen der Brattemperatur nach dem Anbraten	Austrocknen oder gar Verbrennen soll vermieden werden, Kruste darf die Energieübertragung nach innen nicht hemmen
■ Gehackte arteigene **Knochen** und **Bratgemüse** (Wurzelgemüse) zugeben	Zugabe unter Beachtung der Garzeiten. Unterstützen Farbgebung und Aromabildung für die Bratensauce
■ **Tomatenmark** zugeben, außer bei Kalbsbraten, völlig reduzieren	Vorsichtig dosieren, da die Gefahr der geschmacklichen Übertönung besteht
■ Bratenstücke häufig mit Bratensaft übergießen	Dadurch wird die Temperatur des Bratensatzes gesenkt, die Hitzeeinwirkung auf das Bratenstück ist gleichmäßig, gleichzeitig glasiert das Bratenstück
■ Hin und wieder mit braunem Fond oder Brühe ablöschen (kurzfristiges Dünsten)	Bratensatz loskochen, dadurch Anbrennen und damit Bitterwerden verhindern
■ Garpunkt feststellen	Bestimmen durch Druckprobe, Nadelprobe, Temperaturmessung
■ Nach Gar-Ende Braten 10 min im Backofen oder im Bräter ruhen lassen	Innendruck lässt mit dem Abkühlen nach, Fleischsaft verteilt sich, die Innentemperatur erhöht sich um einige Grad. Läuft beim Anschneiden weniger aus.

Das Herstellen der einzelnen Bratensaucen wird im Kapitel Saucen (→ 118) dargestellt.

Langbratzeiten

Kalbsfrikandeau	1,5–2,5 kg	durchgebraten	180–200 °C	60–100 min
Kalbsrücken ohne Kn.	2 kg	leicht rosa	180–220 °C	40– 60 min
Lammkeule	1,5–1,5 kg	rosa	180–200 °C	40– 60 min
	1,5–2 kg	durchgebraten	160–190 °C	80–100 min
Lammrücken	0,6–1 kg	rosa	200–220 °C	15– 25 min
Rinderkeule	2–3 kg	durchgebraten	180–200 °C	120–150 min
Schwein	1,5–3 kg	durchgebraten	180–200 °C	30– 40 min

Variationen von langgebratenen Fleischspeisen

Gebratenes Rinderfilet
filet de bœuf rôti
roasted fillet of beef

2 kg Rinderfilet (am besten 1 ganzes pariertes Rinderfilet)
0,1 kg Bratfett
Salz, Pfeffer

- Rinderfilet würzen und im heißen Fett rundherum stark anbraten.
- In der Bratröhre oder im Konvektomaten etwa 15 min englisch braten.

Roastbeef rosa
roastbeef à point *roastbeef medium*

2 kg Roastbeef (am besten 1 ganzes pariertes Roastbeef)
0,1 kg Bratfett
Salz, Pfeffer

- Das Fleisch rundherum mit Salz einreiben, pfeffern und im heißen Fett auf beiden Seiten stark anbraten.
- In der Bratröhre etwa 15 min bei 200–220 °C englisch braten oder 20–25 min bei 90 °C; so bleibt das Fleisch rosa ohne dunklen Rand.
- Als kalter Braten (➔ 277)

Kalbsnierenbraten
longe (rognonnade) de veau
roast loin of veal

2,5 kg Kalbsnierenbraten (gewickelter Kalbsnierenbraten, ganz)
0,15 kg Bratfett
0,5 kg Kalbsknochen
0,3 kg Möhren

- Kalbsnierenbraten salzen und pfeffern, dann in der Röhre von allen Seiten in Fett anbraten; es soll noch keine scharfe Bratkruste entstehen.
- Klein gehackte Kalbsknochen zugeben, langsam weiter braten.
- Öfters mit Fleischfond begießen und glasieren.
- Unter Beachtung der Garzeit Bratgemüse (Möhren) zugeben und mit braten. Durch Temperaturregulierung Verbrennen und damit Bitterwerden vermeiden.
- Langsam durchbraten, innen soll der Kalbsnierenbraten saftig sein.
- Bratensatz sowie Knochen und Bratgemüse mit Kalbsfond verkochen, leicht mit Kartoffelstärke binden, aufkochen und durch Passiertuch geben.

Qualitätsmerkmale der Sauce sind arteigener Kalbfleischgeschmack, leichte Bindung, kein Hervorschmecken anderer Aromaten. Deshalb keine Zwiebeln verwenden.

Kalbskeule
cuisse de veau rôtie *roast veal leg*

Kalbskeule wird ausgelöst verarbeitet. Meist werden Frikandeau und Nuss verwendet. Möglich ist auch das Spicken mit Speck. Die Zubereitung erfolgt, wie beim Kalbsnierenbraten beschrieben. Qualitätsmerkmale wie beim Kalbsnierenbraten.

Gefüllte Kalbsbrust
poitrine de veau farcie
stuffed veal breast

Die Vorbereitungsarbeiten werden auf Seite (➔ 179) beschrieben. Die entstandene Tasche wird nicht zu straff mit Farce (➔ 215), Brot- oder Gemüsefüllung gefüllt, um ein Platzen während des Bratens zu vermeiden.

- Nach dem Anbraten im Bräter unter häufigem Begießen glasieren.
- Die Oberhitze ist gering zu halten, um ein Austrocknen oder Krustigwerden an der Oberfläche auszuschließen.

1. *4,8 kg Kalbsbug werden zu Rollbraten verarbeitet. Der Vorbereitungsverlust beträgt 28%. Wie viel bratfertiges Fleisch steht zur Verfügung?*
2. *Ein Roastbeef von 12,8 kg Gewicht wird für 10,22 €/kg eingekauft. Bei der Vorbereitung entsteht 28% Parierverlust. Die Parüren werden weiter verwendet und mit 2,50 € bewertet. Ermitteln Sie den Materialpreis für 1 kg bratfertiges Roastbeef.*

Roastbeef

Kalbsnierenbraten

Füllen einer Kalbsbrust

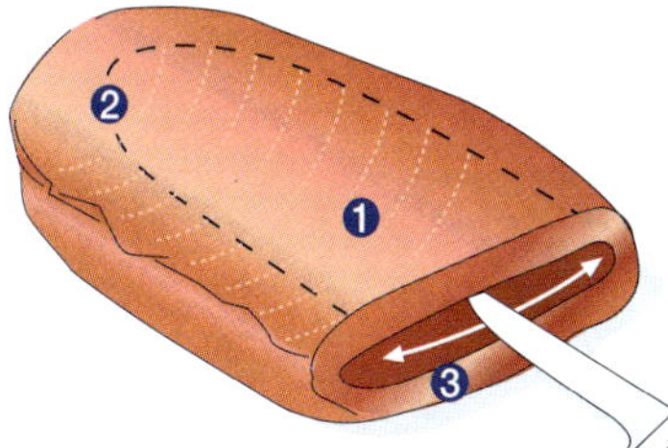

❶ Lage der Rippen vor dem Auslösen
❷ Lage des Brustknorpelknochens
❸ Einschnitt zur Taschenbildung

Taschenaushöhlung in der Kalbsbrust

Schweinekeule

jambon rôti
roast pork leg

Kräuterbraten vom Schwein mit Pfefferrahm und Kräutergemüse

Vorbereitung

- Jungschweinekeule hohl auslösen, also den Knochen ausstoßen und Schwarte ziselieren.
- Größere Schweinekeulen entschwarten, entfetten und Keulenteile einzeln braten.
- Vor dem Braten salzen und eventuell mit Kümmel oder Majoran bestreuen.

Zubereitung

- Mit wenig heißem Wasser in der Röhre ansetzen. Durch Hitze verdampft das Wasser, und das Schweinefett löst sich aus dem Gewebe; die Keule brät dann im eigenem Fett.
- Klein gehackte Schweineknochen, später Bratgemüse (Möhren, Sellerie, Petersilienwurzel, Zwiebeln) für die Geschmacksbildung hinzugeben.
- Fleisch bei Garpunkt herausnehmen, um Sauce zu ziehen.
- Fett abgießen. Mit Fond oder Brühe auffüllen, Bratsatz löst sich. Mit Stärke binden und auskochen, Sauce passieren.

Vor dem Anstäuben mit Weizenmehl wird oft **Tomatenmark** angeschwitzt, wobei das Tomatenmark jedoch nicht geschmacksbestimmend sein darf. Schweinebraten wird stets saftig durchgebraten. **Qualitätsmerkmale** der Sauce: kräftiger, nicht überwürzter Eigengeschmack; leicht gebunden, jedoch etwas dicker als Kalbsjus.

Die Garzeit je kg Schweinebraten beträgt etwa 40 min.

Glasiertes Schweinekarree

carré de porc glacé
glazed pork loin

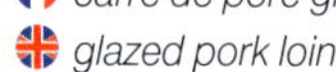

- Vorbereitetes, gesalzenes, gepfeffertes und mit Kümmel bestreutes Schweinekarree beidseitig in heißem Schmalz oder Öl anbraten.
- Weitere Zubereitung wie bei der Schweinekeule, das Karree jedoch mit dem kurz gehaltenen Fond glasieren. Die Garzeit ist geringer.

Es soll saftig durchgebraten sein. Geeignet für Kalte Küche.

Kotelettknochen vom Lammkarree freilegen

Jungschweinrücken

selle de porcelet
piglet saddle

- Zubereitung wie beim Karree.
- Die Garzeit beträgt etwa 50 min.
- Vor der Weiterverarbeitung in Pergament einwickeln und so warm halten.
- Sauce ziehen, wie bei der Schweinekeule beschrieben. Konsistenz und Geschmack sind vergleichbar.

Gebratene Lammkarree auf Abtropfgitter

Lammkarree

carré d'agneau rôtie
loin lamb saddle

- Lammrücken teilen (➔ 190), mit Salz und Pfeffer einreiben, in heißem Fett stark anbraten.
- Mirepoix und Parüren dazugeben und mit braten.
- Im Konvektomaten oder in der Bratröhre fertig braten, mit Jus auffüllen.
- Bratensatz abfetten und Sauce ziehen, mit etwas Knoblauch würzen.

Lammkarree in Kräuterkruste

carré d'agneau en croûte des herbes
rack of lamb with herb crust

- Lammrücken teilen (→ 190), Kotelettknochen freilegen, Fleisch parieren.
- Mit Salz und Pfeffer würzen und englisch braten.
- Mit Kräutermasse (0,1 kg Mie de pain, 2 Eigelb, 0,03 kg gehackte Kräuter: Petersilie, Basilikum, Kerbel, Estragon) bestreichen, anschließend gratinieren.

Als Beilage eignen sich Bohnenbündchen und Kartoffelgratin.

Lammkarree in Kräuterkruste

Lammrückenfilets im Schweinenetz

crépinettes de filets de selle d'agneau
lamb saddle fillets in a pig's caul

1	kg	Lammrücken-Filet (Lendenstück)
0,15	kg	ausgelassene Butter
		Salz, Pfeffer
Hülle		
1	kg	Kartoffeln
		Salz, Pfeffer, Thymian, Muskat
5		Schweinenetze

- Lammlendenstück (→ 189) salzen, pfeffern und braten.
- Kartoffeln in Julienne schneiden und würzen.
- Schweinenetze in Salzwasser wässern, vor der Verwendung auf Küchenkrepp abtrocknen.
- Ein Drittel der Schweinenetze mit Kartoffel-Julienne belegen, darauf die gebratenen Lammrückenfilets geben und eng einrollen.
- Filetrollen in ausgelassener Butter rösch anbraten, danach in der Röhre bei etwa 60 °C ruhen lassen.

1 Lammrückenfilet mit Kartoffel-Julienne auf Schweinenetz

2 Einrollen der Kartoffel-Julienne mittels Schweinenetz

3 Braten des Lammrückenfilets

4 Mit Sägemesser aufschneiden

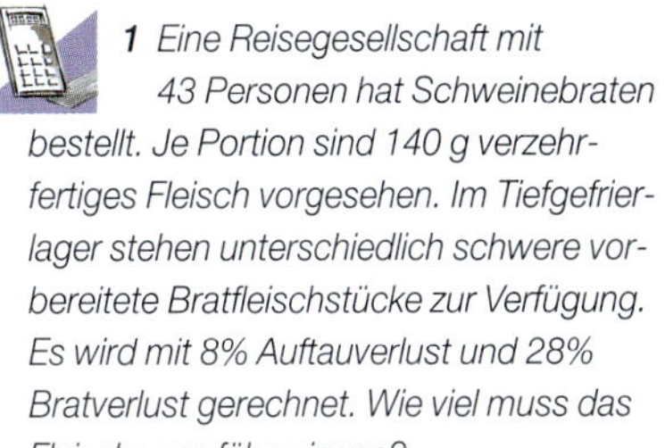

1 Eine Reisegesellschaft mit 43 Personen hat Schweinebraten bestellt. Je Portion sind 140 g verzehrfertiges Fleisch vorgesehen. Im Tiefgefrierlager stehen unterschiedlich schwere vorbereitete Bratfleischstücke zur Verfügung. Es wird mit 8% Auftauverlust und 28% Bratverlust gerechnet. Wie viel muss das Fleisch ungefähr wiegen?

2 Schweinekamm kostet im Einkauf 6,13 €/kg. Davon wird ein 2,5-kg-Stück gebraten und wiegt verzehrfertig 1,8 kg. Ermitteln Sie den Kilopreis des Bratens.

Lammkeule

gigot d'agneau rôti
roast lamb's leg

- Lammkeule ohne Knochen wie Lammkarree braten.
- Sauce auch mit etwas Thymian würzen.

Herstellen kurzgebratener Fleischspeisen

Die Tendenz in den Verzehrgewohnheiten geht immer stärker zu kurzgebratenen Pfannengerichten, insbesondere zu Schnitzeln *(escalopes)*, Steaks *(steaks)* und Koteletts *(côtes)*. Dafür sind gut gereifte, zarte Edelfleischteile erforderlich.

Variationen von kurzgebratenen Kalbfleischspeisen

Dubarry
Dubarry
Dubarry
Blumenkohlröschen, mit Mornay-Sauce gratinieren

Holstein
Holstein
Holstein
Nature braten, Spiegelei obenauf, mit Kapern und Essiggemüse garnieren; Beilage: Fisch-Canapés, Röstkartoffeln

Wiener Panade

Florentiner Art
florentine
Florentine style
Spinat, Mornay-Sauce

Mailänder Art
milanaise
Milanese style
Mit Mailänder Panierung panieren (→ Grundstufe), Tomatensauce; Beilage: Teigwaren mit Kochschinken- oder Pökelzungenstreifen und Champignonstücken vermischen, original mit schwarzer Trüffel.

Paprikaschnitzel
au paprika
with paprika
Nature braten, mit Paprikasauce überziehen; andere Variante: Nach Anbraten des Fleisches in Paprikasauce pochieren (Schmorstück) Garnitur auf Schnitzel: geschälte Zitronenscheibe, zur Hälfte mit edelsüßem Gewürzpaprika und gehackter Petersilie bestreuen

gefüllt (Cordon bleu)
cordon bleu
cordon bleu
Schmetterlingssteak oder zwei dünne Tranchen Kalbsschnitzel, gut plattieren, pfeffern salzen, darauf je eine mit Schnittkäse eingehüllte Scheibe Kochschinken legen, zusammenklappen, Wiener Panierung (→ Grundstufe), Ränder fest andrücken, langsam braten, mit Zitrone anrichten

Wiener Schnitzel
viennoise
Viennese style
Zwei sehr dünne geklopfte Tranchen, salzen, pfeffern, Wiener Panade, in der Pfanne in Butter braten (in Butterfett schwimmend frittieren); Röstkartoffeln, frischer Salat, Zitronenkeil; für **Tellergerichte** ist es üblich, nur 1 Schnitzel mit höherem Portionsgewicht zu kalkulieren

Variationen von kurzgebratenen Rindfleischspeisen

Bordeleser Art
bordelaise
Bordelese style
Steak nature braten, pochierte Rindermarkscheiben obenauf, Bordeaux-Sauce separat

Choron
Choron
Choron
Artischockenböden mit jungen Erbsen, Choron-Sauce; Beilage: Nusskartoffeln

Colbert
Colbert
Colbert
Nature braten, frittiertes Ei obenauf, Colbert-Butter, Trüffelscheibe; Beilage: gebackene Kartoffeln

Helder
Helder
Helder
Nature braten, mit Kalbs-Jus umgießen. Tomatenhälften mit Bearner Sauce beifügen.

Meier
Meier
Meier
Nature braten, Spiegelei obenauf, auf Bratkartoffeln, Röstzwiebeln, etwas Madeira-Sauce

Mirabeau
Mirabeau
Mirabeau
Olivenscheiben, gitterförmig angeordnete Sardellen, Sardellenbutter, mit Estragonblättern garnieren

Rossini
Rossini
Rossini
Sautiertes Gänselebermedaillon und Trüffelscheibe obenauf, Madeira-Sauce, Röstbrotdreiecke

Strindberg
Strindberg
Strindberg
Beidseitig salzen pfeffern, mit Senf bestreichen, in feinen Zwiebelwürfelchen und Mehl wenden, durch geschlagenes Ei ziehen, braten, dabei begießen

Tiroler Art
tyrolienne
Tyrolean style
Nature, rosa braten, in Butter angeschwenkte Tomatenwürfelchen *(tomates concassées)*, gebackene Zwiebelringe (auch mit Bierteig) obenauf, gebackene Petersilie, Tiroler Sauce

Variationen von kurzgebratenen Schweinefleischspeisen

Budapest
Budapest
Budapest
Nature braten, beim Anrichten junge Erbsen mit Letscho vermengen, mit gebratenen Leberwürfeln überziehen

Elsässer Art
alsacienne
Alsatian style
Koteletts nature braten, auf Sauerkraut anrichten, mit Bratensaft übergießen

Feinschmeckerart
des gastronomes
gastronom style
3 Medaillons nature braten, beim Anrichten eines mit Würzfleisch, eines mit Spargelbukett und eines mit Rahmchampignons überziehen

Pariser Art
parisienne
Parisian style
Würzen, mehlieren, durch geschlagenes Ei ziehen, Pariser Sauce

Prager Art
Prague
Prague style
Nature braten, Rührei mit gekochten Schinkenwürfeln obenauf, Röstkartoffeln

Robert
Robert
Robert
Nature braten, mit Robert-Sauce (→ 117) überziehen, Lyoner Kartoffeln

ungarische Art
hongroise
Hungarian style
Nature braten, mit Paprikasauce überziehen, geschälte Zitronenscheibe, zur Hälfte mit edelsüßem Paprika und gehackter Petersilie bestreuen; Risotto

Westmoreland
Westmoreland
Westmoreland
Medaillons nature braten, mit pikanter Rotweinsauce (als Einlage feingeschnittene Mixed Pickles, Tomatenwürfelchen *[tomates concassées]* und Kapern) übergießen

Zigeunerart
zingara
zingara
Nature braten, feine Streifen von angeschwenkten Zwiebeln, Rauchspeck, Zunge, Paprika und Champignonscheibchen darüber geben, auf Paprikasauce anrichten

Variationen von kurzgebratenen Lammfleischspeisen

andalusische Art
andalouse
Andalusian style
Nature braten, darüber Tomatenwürfelchen *(tomates concassées)*, Streifen von gedünstetem grünem Gemüsepaprika, vermengt mit tomatierter Demi-glace, dazu frittierte Auberginenscheiben

mit Zwiebelmus
soubise
Soubise
Nature braten, Zwiebelmus (→ 48) auftragen, mit Parmesan bestreuen, Butterflocken, gratinieren

Nelson
Nelson
Nelson
Nature rosa braten, mit Zwiebelmus dick bestreichen, mit gehackter Pökelzunge und Parmesan bestreuen, mit Butterflocken belegen, gratinieren, Madeira-Sauce separat

Beispiele

- *Schweineschnitzel Wiener Art / Wiener Schnitzel (Schweinefleisch)*
- *Cordon bleu vom Schwein*

Insbesondere die für Kalbfleisch angegebenen Variationen können auch für Schweinefleisch angewandt werden; zur Kennzeichnung muss dann unbedingt die Rohstoffart erwähnt werden.

Filet medaillon auf Basilikumcreme (sauce hollandaise mit wenig Fleischglace, frisch gehacktem Basilikum und Schlagsahne) und Zucchini-Möhren-Schleifen (Gemüse längs in Scheiben schneiden, in Butter und Brühe bissfest dünsten und zu Schleifen arrangieren)

Beilagen zu Kurzbratspeisen

Fleischart/ Sättigungsbeilagen	Gemüsebeilagen gegart	ungegart
Rind/Kalb Gebackene, gebratene Kartoffeln, Nusskartoffeln, frittierte Kartoffeln, Lyoner Kartoffeln, Reisvariationen	Zarte Gemüse, z. B. Spargel, Erbsen, Kaiserschoten, Brokkoli , Romanesco, Blumenkohl, gratinierte Tomate, Pilze	Frische Salate der Saison, z. B. Radicchio-, Tomaten-, Gurken-, Paprika-, Chicorée-, Kopf-, Frisee-Salat
Schwein Salzkartoffeln, Pariser Kartoffeln, Bratkartoffeln, Risotto, Butterreis, Nocken, Spätzle, Kartoffelpüree, Kartoffelsalat	Junge Erbsen, Schwarzwurzeln, Spargel, Möhren, Kohlrabi, Kohl, Paprika, Champignons, Blumenkohl	Frische Salate, z. B. Eisberg-, Batavia-, Endivien-, Radicchio-, Weißkraut-, Spitzkohlsalat
Lamm Gratinierte Kartoffeln, Risotto, Butterreis, Anna-Kartoffeln, frittierte Kartoffeln	Blattspinat, grüne Bohnen, Zucchini, Fenchel, Chicorée, Chinakohl, Brokkoli, Auberginen, Lauch	Blattsalate, Gurken-, Tomatensalat, Kresse, Feld-, Chicorée-Salat

mets de viande sautée
sautéd meat dishes

15.6 Sautierte Fleischspeisen

Sautieren oder Schwingen stellt eine besondere **Form des Kurzbratens** dar. Es dient dem Herstellen von **Fünf-Minuten-Speisen**, wozu sich ausschließlich gut abgehängte, zarte Edelfleischteile, ebenso Geflügel und Innereien eignen. Sautieren im Wok (➔ 390) ist besonders für asiatische Speisen beliebt. Zubereitung sautierter Innereien (➔ 216 ff.).

1 *Ein Gast fragt nach der Bezeichnung medium. Informieren Sie ihn über mögliche Garstufen.*

2 *Erklären Sie den Unterschied zwischen Kurzbraten und Sautieren. Nennen Sie besondere Fleischeigenschaften, die Voraussetzung für das Sautieren sind.*

Typische Fleischteile zum Sautieren

Rind	Schwein	Kalb	Lamm
Filet	Filet	Filet	Filet
Roastbeef	Kotelett	Kotelett	Lende
Huft	Keule	Keule	(Rückenfilet)

Sauteuse

Herstellung von sautierten Fleischspeisen

Arbeitsschritt	Hinweis
■ **Zartes Fleisch** in Streifen, Blättchen oder Würfel schneiden	Schnelles Garen in großer Hitze à la minute dadurch möglich
■ **Würzmittel** zugeben, auch Fleisch marinieren	Wasserziehende Würzstoffe sind zum Marinieren nicht geeignet
■ In heißem **Fett** in Stielpfanne schnell, jedoch nicht krustig garen	Wegen möglicher Überhitzung die Pfannengröße angemessen wählen, dadurch gleichmäßiges Garen
■ Sautiertes Fleisch mit Schaumkelle entnehmen, warm stellen	Bratensatz wird zur Saucenherstellung benötigt
■ Bratensatz in der Stielpfanne mit vorbereiteter **Sauce** loskochen	Sauce kurz halten – Sauce ist vielfach namensgebend, z. B. Curryfleisch
■ Fertige Sauce, auch andere Zutaten, über das sautierte Fleisch geben, durchschwenken.	Nicht kochen. Durch Kochen würde das Fleisch grau, trocken und zäh

Ermitteln Sie mit Hilfe der Nährwerttabelle (→ 435) den Energiewert für 1 Portion Kalbgeschnetzeltes mit Champignons, das nach folgender Rezeptur (10 Portionen) zubereitet wird:

1,3	*kg*	*mageres Kalbfleisch*
0,5	*kg*	*Champignons*
0,04	*kg*	*Pflanzenöl*
0,5	*l*	*Sahne (30% Fett)*
0,1	*l*	*Weißwein*
0,5	*l*	*Kraftsauce (260 kJ)*
0,05	*kg*	*Zitronensaft*
0,12	*kg*	*Zwiebeln*
0,05	*kg*	*Butter*

Kalbsgeschnetzeltes
émincé de veau · *sliced veal*

1,5 kg Kalbfleisch (Keule)
0,2 kg Butterreinfett (geklärte Butter)
0,3 l saure Sahne
1 l Sahnesauce (→ 115)
Salz, Pfeffer

Kalbsgeschnetzeltes

Lammfilets
filets d'agneau · *lamb fillets*

1,5 kg Lammfilet
0,3 kg Speiseöl
0,3 kg Zwiebeln
0,5 l braune Kraftsauce
Salz, Pfeffer, Knoblauch, Thymian, Rosmarinzweig

- Lammfilets mit Salz und Pfeffer würzen. Mit Zwiebelwürfeln Lammfilets im heißen Fett rundherum anbraten und etwa 5 min sautieren.
- Lammfilets herausnehmen, den Bratensatz mit brauner Kraftsauce ablöschen und kurz aufkochen. Würzen und Passieren.
- Filets auf die Sauce anrichten oder Sauce separat servieren.

Curry- und Paprikafleisch
émincé de porc au curry, émincé de porc au paprika · *sliced pork with curry, sliced pork with paprika*

1,5 kg Schweinefilet, -rücken (auch Putenbrust oder Kaninchenrücken)
0,3 kg Speiseöl
1 l weiße Grund-, Madeira- oder Sahnesauce

- Fleischstreifen im heißen Fett stark anbraten, wobei die Fleischstreifen möglichst nicht zusammenliegen sollen. Großen Bräter verwenden.
- Das Fleisch darf bei Saftabgabe nicht kochen, sonst wird es zäh.
- Sautiertes Fleisch je nach Verwendung würzen.
- Mit Sauce auffüllen und nur kurz am Siedepunkt halten.

Curryfleisch mit Ananas und Mandelblättchen

Wer war Stroganow?

Benannt nach einer russischen Adelsfamilie, die in grausamer Weise regierte und Sibirien erschlossen hat. Die Zutaten rote Bete, Pilze, saure Sahne, Dill, Gewürzgurke (original Salzgurke) gelten als typisch für die russische Küche.

***Qualitätsmerkmal** ist zartes, saftiges Fleisch mit einer rosa Innenfarbe. Als Beilagen eignen sich Reisvariationen.*

Filetgulasch Stroganow

bœuf Stroganov — *beef Stroganov*

1,5	kg	Rinderfiletstreifen (Spitzen, Abschnitte)
0,2	kg	Speiseöl
0,3	kg	Zwiebeln
0,5	kg	gegarte rote Bete
0,5	kg	Gewürzgurke
0,5	kg	Champignons
1	l	Rotweinsauce
0,3	l	saure Sahne
		Bund frischer Dill, Salz, Pfeffer, Zitrone

- In einer Pfanne mit wenig heißem Öl die Zwiebelwürfel glasig anschwenken, dann die Fleischstreifen dazugeben und kräftig anbraten. Filetstreifen locker schnell braten (nicht klumpen lassen). Fleisch muß innen saftig bleiben.
- Mit heißer Rotweinsauce auffüllen, jedoch nicht mehr aufkochen, sonst würde das Fleisch zäh. Mit Sahne verfeinern, mit Zitrone würzen und mit Pfeffer und Salz abschmecken.
- Streifen von roten Beten und Gewürzgurken erhitzen, die Champignonscheiben dünsten.
- Filetgulasch anrichten, Gurke, rote Bete und Champignons darüber geben, zuletzt mit Dill bestreuen.

15.7 Geschmorte Fleischspeisen

mets de viande braisée
braised meat dishes

Geschmorte Fleischspeisen	
Große Stücke	vom Rind vom Schwein vom Kalb, vom Lamm
Portionsstücke	
Kleinfleisch	

Herstellung von großen geschmorten Fleischstücken	
Fleischstücke würzen	Geschmacksgebung mit Salz und Pfeffer
Fleisch in hitzebeständigem Fett allseitig anbraten	Bildung einer braunen Bratkruste als Grundlage für eine gehaltvolle Sauce
Fleisch dem Gargefäß entnehmen, in den Ansatz klein gehackte Schinkenschwarten, arteigene Knochen, später auch Bratgemüse geben und Farbe nehmen lassen	Weitere Aroma- und Farbstoffe entstehen durch das Anbraten von Schwarten, Knochen und Bratgemüse (*mirepoix*). Als Bratgemüse wird Wurzelgemüse (Zwiebeln, Möhren, Lauch, Sellerie) verwendet
Tomatenmark zugeben, einkochen, völlig reduzieren	Farbgebung durch Mitbraten, Eigengeschmack unterstreichen, nicht übertönen
Mit braunem Fond ablöschen, Bratensatz loskochen, mehrmals reduzieren	Extraktivstoffe gehen in den Saucenfond über; ein gehaltvoller Fond und die erwünschte Farbe entstehen
Ablöschen und reduzieren, Vorgang 2- bis 3-mal wiederholen	Durch Kochen würde das Fleisch grau trocken und zäh
Mit braunem Fond auffüllen, auch mit Marinade (Sauerbraten)	Weitere Geschmacksgebung. Marinade aufkochen, klären, passieren
Angebratenes Fleisch in siedenden Fond zurücklegen, Würzmittel zugeben, fertig garen	Weichgaren des Fleisches, Fleisch nimmt Aromastoffe der Sauce auf und wird saftig
Gares Fleisch entnehmen, entfetten, mit Stärke binden	Meist dünne bis deckfähige Konsistenz erwünscht, Fettabsatz vermeiden
Auskochen, passieren	

Dünnflüssige Saucen bevorzugt

Die Konsistenz wird zunächst durch das Einkochen des Schmorfonds erreicht. Mitgegartes Bratgemüse, Tomatenmark und kollagenreiche Fleischteile unterstreichen die geringe Bindung. Nachgebunden wird mit Stärke oder Mehlbutter.

Variationen von großen geschmorten Fleischstücken

Kalbsbug
épaule de veau braisée
braised veal shoulder

2	kg	Kalbsbug
0,1	kg	Speiseöl
0,75	l	Kalbsfond
0,3	l	Sahne
		Salz, weißer Pfeffer

- Kalbsbug würzen, im heißen Fett rundherum anbraten.
- Braunen Fond zugießen und schmoren.
- Schmorfond mit Sahne verkochen, passieren.

Lammkeule angerichtet

Geschmorte Lammmkeule
gigot d'agneau braisé
braised lamb gigot

2	kg	Lammkeule, auch Hammelkeule
0,1	kg	Speiseöl
0,3	kg	Bratgemüse
1	l	brauner Fond
0,05	kg	Weizenmehl / Stärke
		Salz, Pfeffer, etwas Knoblauch, Thymian

- Lamm- oder Hammelkeule im heißen Öl rundherum kräftig anbraten.
- Bratgemüse dazugeben, gut mit braten.
- Mit braunem Fond ablöschen, schmoren, würzen.
- Schmorfond binden, gut verkochen, passieren.

Rinderschmorbraten

bœuf braisé *braised beef*

2	kg	Rinderkeule (Rinderschwanzstück)
0,2	kg	Speck
0,1	kg	Speiseöl
0,3	kg	Bratgemüse
0,15	kg	Tomatenmark
1	l	brauner Fond
0,05	kg	Weizenmehl / Stärke
		Salz, Pfefferkörner, Lorbeerblatt, Nelken

- Rinderschmorfleisch spicken, in heißem Öl rundherum anbraten.
- Bratgemüse dazugeben und mit braten.
- Tomatenmark kurz mit dem Bratgemüse anschwitzen.
- Mit braunem Fond auffüllen, Gewürze zugeben.
- Fleisch fertig schmoren, aus dem Fond nehmen.
- Schmorfond binden, 5 min verkochen, passieren.

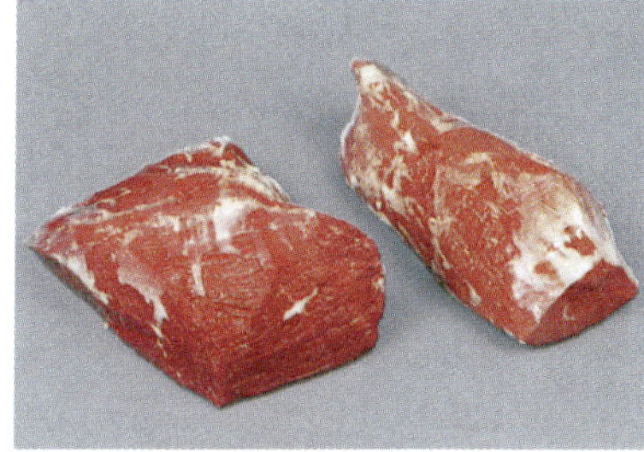

Rinderschmorfleisch

Sauerbraten
bœuf braisé à l'aigre
braised sour beef, sauerbraten (USA)

1,5	kg	Rinderschmorfleisch
0,2	kg	Speck
0,1	kg	Speiseöl
0,3	kg	Bratgemüse
0,5	l	Demiglace
0,15	kg	Tomatenmark
		Sauerbratenmarinade zum Angießen

- Rinderschmorstück mindestens drei Tage in Essig-Marinade (➔ Bild) einlegen, Schmorstück spicken (➔ Grundstufe)
- Herstellung wie beim Rinderschmorbraten beschrieben.

Qualitätsmerkmal ist eine dunkelbraune, deckfähige Sauce mit süß-saurem Geschmack. Mit Apfelrotkohl und Kartoffelklößen komplettieren.

Sauerbratenmarinade: Gärungsessig 5%ig, Wasser im Verhältnis 2:3, Zwiebeln, Möhren, Lorbeer, Piment, Nelke u. a.

Kniffe nebenbei

- *Fleischteile vor dem Anbraten mit Salz und passenden Würzmitteln einreiben.*
- *Durch Zugeben einer Prise Zucker („süßer Zauberer der Küche") Geschmacks- und Farbgebung verbessern.*

badische Art
badoise
Badish style
Marinade aus Weißwein und Weinessig ziemlich sauer halten, mit Würzmittel aufkochen, abkühlen, dann Fleisch 5 Tage einlegen

Dresdner Art
Dresden
Dresden style
Sauce mit Buttermilch, Rosinen und Zuckerkulör, mit Essig abschmecken

Hamburger Art
hambourgeoise
Hamburg style
Marinade mit Rotwein und Kräutersträußchen, zum Binden Schwarzbrot

rheinische Art
rhénane
Rhenish style
Wasser, Essig und Weißwein mit Würzmittel aufkochen, dann abkühlen, in die fertige Sauce entkernte Weinbeeren

Schweinekamm mit und ohne Knochen

Schweinekamm
cou de porc braisé
braised pork neck

2	kg	Schweinekamm
0,1	kg	Speiseöl
0,3	kg	Bratgemüse
1	l	brauner Fond
		Salz, Pfeffer, Kümmel

- Schweinekamm im heißen Fett rundherum kräftig anbraten.
- Braunen Fond zugießen, schmoren, würzen.
- Schmorfond reduzieren, passieren.

3,9 kg Schweinekamm verliert beim Braten 864 g. Ermitteln Sie die Anzahl Fleischportionen zu je 150 g.

Herstellung von geschmorten Portionsstücken und Kleinfleisch	
Fleischstücke würzen, helles Fleisch mehlieren, allseitig anbraten	Würzen meist mit Salz und Pfeffer Durch Anbraten gerinnen die oberen Eiweißbestandteile sofort, das Fleisch bleibt innen saftiger und erhält außen eine würzige braune Kruste
In vorbereiteter gebundener Sauce zugedeckt im Ofen garen	Vorbereitete Saucen geben dem Fleisch den farblichen und geschmacklichen Charakter
Bei einigen Portionsstücken wird arteigene Sauce gezogen	Sauce herstellen durch Anbraten unter Verwendung von Wurzelgemüse und arteigenen Knochen

Variationen von geschmorten Portionsfleischstücken und Kleinfleisch

Gulasch
goulache *goulash*

Gulasch gehört, **original** zubereitet, zu den gedünsteten Fleischspeisen. In der Küchenpraxis ist jedoch ein kurzes Anbraten üblich. Aus **Fleisch mit fester Struktur** (Bug, Hals, Hesse, Abschnitte) von Rind, Kalb oder Schwein grobe Würfel schneiden. **Gulaschgewürze** sind gehackter Kümmel, Zitronenschale und etwas Knoblauch.

Kalbspörkölt

🇫🇷 *pörkölt de veau* 🇬🇧 *veal pörkölt*

1,5 kg Kalbsbug-Würfel
0,05 kg Speck
0,375 kg Zwiebeln
0,25 kg roter Gemüsepaprika
0,5 kg geschälte Tomaten
0,7 l Fleischbrühe
Gewürzpaprika, edelsüß, Salz, saure Sahne

- Zwiebelscheiben und Paprikawürfel im ausgelassenen Speck glasig andünsten.
- Den Kalbsbug dazugeben, mit Paprika bestäuben und dünsten, bis eine sirupartige Flüssigkeit entsteht.
- Tomaten und Fleischbrühe beifügen, aufkochen, zugedeckt im Ofen bei 160°C etwa 60 Minuten dünsten.
- Das Fleisch ist gar, wenn es sich leicht von einer Fleischgabel löst.
- Saure Sahne über dem Kalbspörkölt flockenartig verteilen.
  Als Beilage eignen sich Teigwaren, Knödel und Salzkartoffeln.

Szegediner Gulasch (Székelygulyás, Székler Gulasch)

🇫🇷 *goulache szégédinoise*
🇬🇧 *Szegedine goulash*

1,5 kg Schweinebug
1 kg Zwiebel
0,2 kg Schmalz oder Speiseöl
0,2 kg Tomatenmark
1 kg Sauerkraut
1 l Fleischbrühe
0,1 l saure Sahne
Salz, edelsüßer Gewürzpaprika

- Zubereiten wie oben.
- Nach dem Auffüllen 30 min am Garpunkt halten.
- Angedünstetes Sauerkraut zugeben und alles zusammen fertig garen.
- Mit saurer Sahne vollenden.

Gulasch oder Ragout?

Gulasch
Ungarisches Gulasch, gedünstet, vorzugsweise aus Rindfleisch, auch Schweinefleisch oder Kalbfleisch. Meist mit Zwiebeln und Gewürzpaprika zubereitet.

Ragout
Zu unterscheiden sind helle und braune Ragouts:
***Braune Ragouts** sind meist Schmorspeisen, wobei das Fleisch stark angebraten wird, bis es allseitig eine braune Kruste hat, die auch Knochen enthalten können (Ochsenschwanzragout).*
***Helle Ragouts** bestehen aus hellem Fleisch und werden mit Zwiebeln gedünstet (Kalbsfrikassee). Für **Ragoût fin** bestehen Leitsätze (2.511.21), nach denen ein Zusatz von Geflügelfleisch, Bries und Kalbszunge erlaubt ist.*

Pörkölt
Eine ragoutartige Speise der ungarischen Küche, die mit Gemüse- und Gewürzpaprika aus Rind-, Kalb- oder Schweinefleisch zubereitet wird.

Bauernart
🇫🇷 *paysan*
🇬🇧 *farmer's style*
Rindergulasch mit Semmelknödeln

Karlsbader Art
🇫🇷 *Karlsbad*
🇬🇧 *Karlsbad*
Rinder- oder Kalbsgulasch, evtl. mit Schinkenstreifen, saurer Sahne und Nocken

Zigeunerart
🇫🇷 *zingara*
🇬🇧 *zingara*
Rindergulasch, obenauf mit angebratenen Rauchspeck-, Salami-, Gemüsepaprika und Gurkenstreifen

Debrecziner Art
🇫🇷 *Debreczin*
🇬🇧 *Debreczin*
Rindergulasch mit Debrecziner Würstchen

serbische Art
🇫🇷 *serbe*
🇬🇧 *Serbian style*
Rindergulasch in Streifen, mit Gemüsepaprika garnieren

Berliner Art
🇫🇷 *berlinoise*
🇬🇧 *Berlin style*
Rindergulasch mit reichlich gemahlenem Kümmel würzen

mit Gemüse
🇫🇷 *aux légumes*
🇬🇧 *with vegetables*
Vermischen mit gedünstetem Gemüse, auch mit Pilzen

Wiener Art
🇫🇷 *viennoise*
🇬🇧 *Viennese style*
Kalbsgulasch mit Gewürzpaprika, Kümmel, Zitrone und saurer Sahne

Ochsenschwanz

Ragout mit Pfifferlingen

Ochsenschwanzragout

ragoût de queue de bœuf
ox-tail stew

2	kg	Ochsenschwanz
0,2	kg	Speiseöl
0,2	kg	Zwiebeln
0,2	kg	Möhren
0,2	l	Rotwein
1	l	Rotweinsauce
0,1	kg	Tomatenmark
		Salz, Pfefferkörner, Lorbeer, Thymian, Pfefferkörner

- Geschnittene Ochsenschwanzstücke im heißen Fett rundherum kräftig anbraten. Bratgemüse dazugeben, ebenfalls anbraten.
- Tomatenmark zufügen, kurz mit braten, danach sofort mit Rotwein ablöschen. Würzen, Rotweinsauce angießen und am Siedepunkt halten.
- Ochsenschwanzstücke ausstechen, also die garen Stücke nach und nach aus dem Fond nehmen, Fond auf die Ochsenschwanzstücke passieren.

Rouladen

roulades de bœuf *beef roulades*

1,5-1,8	kg	Rindfleisch (Oberschale)
0,15	kg	Zwiebeln
0,15	kg	Gewürzgurken
0,15	kg	Speck
0,1	kg	Speiseöl
0,2	kg	Tomatenmark
1,5	l	brauner Fond
		Salz, Pfeffer, Senf

- Gleich schwere Fleischscheiben schneiden, plattieren, würzen, mit Senf bestreichen.
- Angedünstete Zwiebelscheiben, Gurken- und Speckstreifen auflegen.
- Fleisch rollen, in gefetteten Gareinsatz eng nebeneinander legen.
- Im Konvektomaten oder in der Bratröhre anbraten.
- Mit braunem Fond auffüllen, Tomatenmark zugeben, fertig garen.
- Rouladen herausnehmen, Schmorfond binden, gut durchkochen, pikant abschmecken, passieren.

Vergleich Braunes Ragout–Gulasch

Braunes Ragout
Fleischwürfel anbraten
Röstgemüse mitbraten (mit Zwiebeln)
Tomatenmark
Mit Wein ablöschen, einkochen, glasieren
Brauner Fond
Schmoren

Gulasch
Zwiebeln dünsten
Grobe Fleischwürfel mitdünsten
Tomatenmark, Gewürzpaprika
Fond ziehen lassen, sirupartig einkochen.
Fleischbrühe
Fertig dünsten

Rostbraten

petite côte de bœuf
small cutlet of beef

Original wird Rostbraten als **Wiener Spezialität** vom flachen Roastbeef geschnitten, gebraten, Jus untergegossen, aber auch geschmort. Allgemein hat sich folgende Zubereitungsart durchgesetzt, die auch der österreichischen Küche („gedünstete Rinderschnitzel") entspricht.

2	kg	Rindfleisch (Oberschale)
0,2	kg	Speiseöl
1	l	braune Kraftsauce
		Salz, Pfeffer

- Fleisch in gleich schwere Stücke schneiden und gleich groß plattieren.
- Fleischscheiben würzen und im heißen Fett beidseitig anbraten.
- Mit entsprechenden Saucen oder Fonds auffüllen und fertig schmoren.

Esterházy

Esterházy
Esterházy

Mit Sahnesauce und Wurzelgemüsestreifen, Kapern

Jägerart

chasseur
hunter's style

Mit Jägersauce, Pilzen und Kräutern fertig stellen

15.8 Frittierte Fleischspeisen

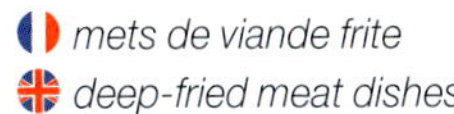
mets de viande frite
deep-fried meat dishes

Frittierte Fleischstücke werden umgangssprachlich auch als **gebackene Fleischstücke (Backen im Fettbad)** bezeichnet. Naturwissenschaftlich ist das nicht korrekt, gastronomisch kann die Bezeichnung durchaus akzeptiert werden.
Zum Frittieren werden, wie zum Kurzbraten, fast ausschließlich Portionsstücke von **Kurzbratfleisch** und **Innereien** verwendet. Des Weiteren können auch vorher gegarte Fleischteile im zweiten Arbeitsgang frittiert werden. Dazu eigenen sich dann auch weniger zarte, zum Teil Fleischteile mit fester Muskulatur.
Frittierte Fleischspeisen müssen mit selbstständigen Saucen ergänzt werden. Passend zur aufwendigen Herstellung komplettiert man mit edlen Gemüse- und Sättigungsbeilagen.
Frittierte Fleischspeisen sind durch die beim Garen entstehenden Röstprodukte zwar **kulinarisch wertvoll**, jedoch **schwer verdaulich**.

Kennen Sie den Unterschied zwischen Fondue bourguignonne und Fondue chinoise?

Fondue bourguignonne:
Fonduefleisch (Blume, Filet) wird frittiert, im Öl gegart.

Fondue chinoise:
Fonduefleisch wird in Fleischbrühe gegart (Fondue-Essen *→ 389**)*

Typische Fleischteile zum Frittieren

Schwein	Kalb	Lamm
Steaks Filets Schinken	Schnitzel, Piccata (kl. Fleischscheiben) Kalbsbrust	Kotelett Nüsschen
Innereien: Leber, Herz, Hirn, Zunge, Bries		

Herstellen von frittierten Portionsstücken

Fleischstücke würzen, **panieren**	Würzmittel unmittelbar auf das Fleisch, Panierung soll eine goldbraune rösche Kruste bilden
In heißes **Frittierfett geben**	Temperatur des Frittierfettes ist abhängig von der Stärke des Frittiergutes: **dünnere Stücke** 180 °C **stärkere Stücke** 160 °C
Nach dem Frittieren gut abtropfen lassen	Panierung soll Fett nicht aufsaugen, dadurch würde diese weich und bröckeln
Auf Papiermanschette anrichten und umgehend servieren	Rösche muss erhalten bleiben. Frittiergut darf nicht abgedeckt werden, entstehende Wasserdämpfe würden die Kruste aufweichen

Traditionell werden an frittierte Fleischspeisen eine **Zitronenecke** und **frittierte Petersilie** angelegt.

Beilagen und Saucen

Sättigungsbeilagen
Kartoffelsalat
Gedämpfte, gekochte Kartoffelbeilagen

Gemüsebeilagen gegart
Gedünstetes, glaciertes Gemüse

Saucen
Mayonnaise und ihre Ableitungen, Tomatensauce, Gribiche-Sauce, Choron-, Curry-, Paprikasauce

Salate
Blattsalate, Tomatensalat, kombinierte Frischkost

1 Nennen Sie gespickte Fleischspeisen. Geben Sie drei Gründe für das Spicken an.
2 Stellen Sie Regeln für das Portionieren von Steaks auf.
3 Erläutern Sie Zuschnitte für angloamerikanische Fleischspezialitäten.
4 Beschreiben Sie 5 Fleischzuschnitte aus dem Rinderfilet.
5 Nennen Sie die Teile der Kalbs- und der Schweinekeule, und ordnen Sie jeweils typische Fleischspeisen zu.
6 Erläutern Sie die Besonderheiten von Lamm- und Hammelfleisch, und nennen Sie typische Vorbereitungsverfahren.
7 Nennen Sie besondere Eigenschaften von Grill-, Koch- und Suppen- sowie Schmorfleisch.

Variationen frittierter Fleischspeisen

Gebackenes Schweinelendchen

filet mignon de porc frit

deep-fried pork fillet

Pfeffern, salzen, Wiener oder Mailänder Panierung
Kartoffelsalat, Kartoffelpüree, Tomatensauce, Salat, Edelgemüse, Pilze, Risi-Bisi

Frittierte Lammkoteletts

côtelettes d'agneau frites

deep-fried lamb rib chops

Je 2 Koteletts, plattieren, pfeffern, salzen, beidseitig mit kaltem Zwiebelmus oder Zwiebelsauce bestreichen, Wiener Panierung, gebackene Petersilie
Spritzkartoffeln, Schlosskartoffeln, Kartoffelgratin, Reisbeilagen, Bohnen, Erbsen, Blattsalate

Schweinesteak in Bierteig

steak de porc en fritot à la bière

pork steak in beer batter

Pfeffern, salzen, mehlieren, durch Bierteig ziehen
Reisbeilagen, Schwenkkartoffeln, Salate, Brokkoli

Gebackene Kalbsbrust

poitrine de veau frite

deep-fried veal breast

Gekochte Kalbsbrust in Scheiben schneiden, pfeffern, salzen, Wiener Panierung
Madeira-, Tomaten-, Choron-Sauce, Erbsen, Spargel, Salzkartoffeln, frische Salate

15.9 Gegrillte Fleischspeisen

mets de viande grillée

grilled-meat dishes

Wie beim Braten in der Stielpfanne wird auch beim Grillen gut **gereiftes Fleisch mit zarter Struktur** verwendet. Es eignen sich verschiedene **unpanierte Portionsstücke** von Schlachtfleisch, des Weiteren kleine Grillspieße, darunter Kalbsnieren sowie Grillwürstchen.
Verschiedene Portionsstücke unterschiedlicher Fleischarten vom Grill werden als **Mixed Grill** (Gemischtes vom Grill) angeboten.
Als Beilagen passen gebackene Kartoffeln, Edelgemüse, Pilze, Buttermischungen und aufgeschlagene Saucen. Ansonsten können Beilagen und Garnituren wie bei kurzgebratenen Portionsstücken verwendet werden.

Typische Fleischteile zum Grillen

Rind	Schwein	Kalb	Lamm
Rumpsteak	Kotelett	Kotelett	Kotelett
Doppeltes Rumpsteak	Steak	Steak	Nüsschen
Filetsteak	Filet	Filet	Filet
Grillspieße, Grillwürstchen, Mixed Grill			

1 Gebackene Schweinelendchen werden mit einem Gemeinkostenzuschlag von 160%, einem Gewinn von 15% und einem Bedienungszuschlag von 13% sowie mit der gesetzlichen Mehrwertsteuer kalkuliert. Der Wareneinsatz beträgt 4 €/Portion.
1.1 Ermitteln Sie den Kalkulationsfaktor und den Kalkulationszuschlag.
1.2 Aus Konkurrenzgründen kann nur ein Inklusivpreis von 14 € erzielt werden. Ermitteln Sie den Gewinn (€, %), wenn die anderen Zuschläge unverändert bleiben.
2 Ermitteln Sie den Energiegehalt eines Schweinesteaks von 180 g (→ 435 Nährstofftabelle, Schweinefleisch, mager).

- Grillgut sollte bindegewebsarm, gut gereift und trocken sein. Auf gleichmäßige Stärke achten.
- Vorhandenes Fett- oder Bindegewebe einschneiden.
- Grillgut würzen, auch Gewürzmischungen, oder in Öl einlegen.
- Gepökelte Fleisch- oder Wurstwaren (rote Ware) sind ungeeignet.
- Beim offenen Holzkohlengrill erst beginnen, wenn die Holzkohle durchgeglüht ist. Alufolie schützt Grillgut vor Rauchgasen.
- Fleischsaft und Fett sollten nicht im offenen Grillfeuer verbrennen.

Thüringer Rostbrätl

cou de porc grillé thuringienne
grilled pork neck Thuringian style

Diese **Thüringer Spezialität** wird gern bei Volksfesten aller Art auf dem Holzkohlengrill rustikal zubereitet.

2	kg	Schweinekamm
0,3	kg	Speiseöl
0,3	kg	Senf
0,1	l	Bier
		Salz, Pfeffer

- Ausgelösten Schweinekamm in Scheiben schneiden, leicht plattieren.
- Mit Senf, Bier und Öl marinieren, dann gut abtropfen lassen.
- Grillen. Das wiederholte Ablöschen mit Bier ist zwar üblich, dadurch gelangen jedoch mehr Holzkohlen- und Rauchteilchen auf das Grillgut.

Mit frittierten Zwiebelringen und Kartoffelsalat ergänzen.

Lammnüsschen

noisettes d'agneau grillées
grilled medallions of lamb loin

1,5	kg	ausgelöster Lammrücken (Lende)
0,2	kg	Speiseöl
		Salz, Pfeffer, Knoblauch

- 50 g schwere Portionsstücke schneiden, leicht plattieren.
- Würzen, mit Öl, Knoblauch und Rosmarinzweig 24 h marinieren, grillen.

Schaschlik

chachlik *shashlik*

Schaschlik entstammt der **tatarischen Küche.** Ursprünglich wurden auf Holzspieße aufgereihte Hammelfleischstücke, Innereien (Niere, Leber, Herz) und Speck sowie Zwiebeln gegrillt oder gebraten. Heute werden Fleischspieße mit Schweine-, Kalb- und Rindfleisch hergestellt. Der Fleischanteil muss mindesten $^2/_3$ betragen. Eindeutige Kennzeichnung ist erforderlich, beispielsweise Rinderfiletspieß, Nierenspieß oder Schaschlik vom Lamm.

> Rohe Fleischspieße unterliegen der Hackfleischverordnung.

Schaschlik vom Schwein

chachlik de porc *pork shashlik*

1,5	kg	Schweinekeule
0,35	kg	Zwiebeln
0,35	kg	Rauchspeck
		Salz, Pfeffer, Speiseöl

- Fleisch in Scheiben schneiden, plattieren und in Stücke schneiden.
- Gulaschgroße Würfel von der Schweinekeule abwechselnd mit Zwiebelstücken, Rauchspeckstücken, auch Gewürzgurken oder rotem Gemüsepaprika bestecken. Mit Öl einpinseln, grillen, pfeffern, salzen.

Fleischspieße mit Letscho, Paprikasauce, Ketchup, frittierten Kartoffelvariationen, Reisbeilagen und Frischkostsalaten ergänzen.

Sind gegrillte Lebensmittel tatsächlich gesundheitsschädlich?

Beim Grillen können sich chemische Stoffe bilden, die als krebserregend gelten: ***Nitrosamine*** *sowie ringförmige Kohlenwasserstoffe, die* ***PAK*** *(polyzyklische aromatische Kohlenwasserstoffe).*

$$\text{Amine} + \text{Nitrit} \xrightarrow{200\,°\text{C}} \text{Nitrosamine}$$

Amine sind Abbaustoffe der Eiweiße und kommen natürlicherweise im gereiften Fleisch vor. Gefahr besteht nur beim Grillen gepökelter Lebensmittel. PAK entstehen bei unvollständiger Verbrennung von organischem Material. Sie können bei stark gerösteten, gegrillten oder geräucherten Lebensmitteln verstärkt auftreten. Die eigentliche Gefahr liegt jedoch in Tabakrauch, Abgasen oder Steinkohlenteer. Durch fachgerechtes Grillen lassen sich die Gesundheitsgefahren weitestgehend ausschließen.

Scheibe Schweinekamm

1. *Ein Gast wundert sich, dass Sauerbraten unter Schmorfleisch angeboten wird. Erklären Sie ihm die Unterschiede zwischen einem Braten und einem Schmorstück.*
2. *Zählen Sie unterschiedliche Umhüllungen für Fleisch auf. Ordnen Sie Garverfahren und Speisenbeispiele zu.*
3. *Rote Ware ist zum Grillen nicht geeignet. Erläutern Sie diese Tatsache.*
4. *Zeigen Sie Unterschiede beim Herstellen von Frikassee und Blankett auf.*
5. *Nennen Sie Zubereitungsvarianten von kurzgebratenen Portionsstücken von Kalb, Rind, Schwein und Lamm.*
6. *Erläutern Sie das Zubereiten von Eisbein und Schaschlik.*

viande hachée, hachis
minced meat

15.10 Hackfleischspeisen

Für Hackfleischspeisen werden vorzugsweise **Schweine- und Rindfleisch**, weniger Kalbfleisch verwendet. Kalb, Wild und Geflügel werden eher zu Farcen weiter verarbeitet. Durch eingeweichtes Weißbrot oder Reibebrot wird die Fleischmasse gelockert und gestreckt. Deshalb kommen Bindemittel wie Ei hinzu. **Sojazusatz** erhöht außerdem den ernährungsphysiologischen Wert.
Die Herstellung beginnt stets mit dem Vorbereiten der Hackmasse, die dann unterschiedlich geformt und gegart wird. Sie wird auch zum Füllen verwendet. Für Hackmassen können geringwertigere Fleischteile und Abschnitte rationell verwertet werden. Der Fleischeinsatz ist durch Zugabe anderer Rohstoffe geringer.

In der Gemeinschaftsverpflegung werden auch industriell hergestellte Bindemittel verwendet, wodurch auf Frischei verzichtet werden kann.

Schabefleisch (Tatar)

Rinderhackfleisch

Schweine-hackfleisch

gemischtes Hackfleisch

Herstellung von Hackfleischspeisen	
■ **Semmel** oder **Weißbrot** einweichen, ausdrücken und grob zerpflückt zum Fleisch geben	Gut ausdrücken, damit der Wassergehalt nicht zu hoch wird; auch Reibebrot kann verarbeitet werden
■ **Fleisch grob schneiden, mit Zwiebeln und Würzmitteln wolfen, auch kuttern**	Gut vermengen, damit sich die Würzmittel gleichmäßig verteilen; durch Andünsten der Zwiebelwürfel besserer Geschmack, geringeres hygienisches Risiko
■ **Eier zugeben, Masse gut verarbeiten**	Masse mit dem Ei durch Kneten bindig verarbeiten

Alles, was Fleisch ist

Hackfleisch:
Im Sinne der Hackfleischverordnung zerkleinertes sehnenarmes oder grob entsehntes Skelettmuskelfleisch ohne Zusätze; unbehandelt, außer Kälteanwendung

Farce, Hackmasse:
Füllung aus zerkleinertem Fleisch (Hackfleisch), jedoch mit Lockerungs- und Bindemitteln vermengt.

Bitoks *sind flache Hackfleischklößchen aus der russischen Küche, während* ***Cevapcici*** *kleine Hackfleischröllchen aus der Balkanküche sind.*

Frikadellen, Fleischklöße, Klops und Fleischfüllungen *sollen mindestens 70% Fleischanteil aufweisen. Bei* ***Hacksteaks*** *soll der Fleischanteil mindestens 80% betragen. Umgerötetes Fleisch darf nicht mit verwendet werden.*

Verwendung der Hackmassen

Pochiert	Gebraten	Geschmort	Frittiert
Klopse	Hackbraten	Gefülltes	Hackfleischbällchen,
Fleischklöße	Hackrouladen	Gemüse	Hackfleischröllchen
Fleischklößchen	Deutsche Beefsteaks	(Kohlrouladen	
	Buletten	Gemüsepaprika	
	Hacksteaks, Hamburger	Kohlrabi	
	Frikadellen, Bitoks	Auberginen)	
	Cevapcici		

Verwendung roher Hackmassen (Tatar, Hackepeter → 278).

Variationen von Hackmassen (1kg Hackmasse)

Hackmasse 1

0,35	kg	Rinderhackfleisch
0,35	kg	Schweinehackfleisch
0,1	kg	eingeweichtes Weißbrot
2		Eier
0,1	kg	Zwiebeln
		Salz, Pfeffer

Hackmasse 2

0,4	kg	Rinderhackfleisch
0,4	kg	Schweinehackfleisch
0,1	kg	eingeweichtes Weißbrot
1		Ei
0,05	kg	Zwiebeln
		Salz, Pfeffer

Hackmasse 3

0,8	kg	Schweinehackfleisch
1		Ei
0,05	kg	Zwiebeln
0,1	l	Sahne
		Salz, Pfeffer

Variationen können durch Kümmel, Gewürzpaprika, Majoran, Pfeffer, Kapern, Gewürzkräuter, durch Zugabe von Gemüse, Pilzen, Käse oder Sardellen erreicht werden.

Hackbraten

hachis *meat-loaf*

In der regionalen Küche auch als **falscher Hase** bekannt.

- Hackmasse 1 oder 2 mit nassen Händen glatt als Bratstück formen. In Reibesemmel wälzen, dann in gefettetes Bratgefäß einlegen und in die vorgeheizte Röhre schieben. Bei mäßiger Hitze, unter mehrmaligem Begießen etwa 60 min langsam garen. Aus abgelöschtem Bratensatz mit Sahne und Stärke gebundene Sauce herstellen.
- In Scheiben portioniert mit Sauce servieren.

Als Beilagen eignen sich Kartoffelvariationen, rustikale Gemüsebeilagen oder Frischkostsalate.

Hacksteaks

beefsteak hachés *meat steaks*

Auch als **Deutsches Beefsteak** oder **Hackbeefsteak** bezeichnet. Nach den Leitsätzen für Fleisch und Fleischerzeugnisse muss die fertig gewürzte Hackmasse mindestens 80% Fleisch enthalten. Binde- und Lockerungsmittel sind erlaubt.

- Hackmasse 1 oder 2 in runde oder ovale flache Portionsstücke von 100-120g formen. In eine Bratpfanne mit heißem Fett Hacksteaks einlegen, unter mehrfachem Wenden beidseitig braun braten.

Königsberger Klopse

boulettes de viande hachée à la sauce aux câpres *meat balls with caper sauce*

Hackmasse

1	kg	Hackmasse 1
0,05	kg	Sardellen
1	Bund	Petersilie
0,04	kg	Butter (zum Dünsten der Zwiebeln)

Sauce

1	l	Fleischbrühe
0,15	kg	Butter
0,1	kg	Weizenmehl
0,1	kg	Kapern
5		Eigelb
0,1	l	Sahne
		Salz, Pfeffer, Zitrone

- Aus der Hackmasse (feine Scheibe) mit gedünsteten Zwiebeln, Sardellen und Petersilie runde Klopse zu je 50 g formen.
  Hinweis: Üblich ist auch die Zugabe gehackter Sardellen zur Sauce.
- Fleischbrühe aufkochen, Fleischklopse darin etwa 20 min pochieren, herausnehmen und warm stellen.
- Aus Butter, Weizenmehl und Fleischbrühe weiße Grundsauce (→ 112) zubereiten. Sauce mit Kapern und Zitrone abschmecken und mit Liaison aus Eigelb und Sahne vollenden, darin Klopse erwärmen, nicht aufkochen.

Diese regionale Spezialität stammt aus der deutschen Küche des ehemaligen Ostpreußen. Königsberg (Kaliningrad) bildet heute einen russischen Verwaltungsbezirk.

1. *Welche Fleischarten und Fleischteile werden zu Hackfleisch verarbeitet?*
2. *Welche Fleischspeisen fallen unter die Bestimmungen der Hackfleischverordnung?*
3. *Erläutern und begründen Sie die Reinigung des Hackklotzes aus Holz.*
4. *Beurteilen Sie den Einsatz von Hackfleischspeisen aus ökonomischer Sicht.*

1. *Für gemischtes Hackfleisch werden 7,2 kg Schweinehackfleisch zu 3,58 € /kg und 1,8 kg Rinderhack zu 4,35 € /kg verwendet. Ermitteln Sie den Kilopreis des gemischten Hackfleisches.*
2. *12 kg gemischtes Hackfleisch sind mit einem Materialpreis von 4,10 € /kg kalkuliert worden. Zum Mischen werden Schweinefleisch zu 3,60 € /kg und Rindfleisch zu 4,30 € /kg verwendet. Ermitteln Sie die jeweils benötigten Mengen.*
3. *2,1 kg Schweinehackfleisch mit 35% Fettgehalt und 2,2 kg Rinderhackfleisch mit 6% Fettgehalt werden gemischt. Ermitteln Sie den auf ganze Prozent gerundeten Fettgehalt.*
4. *Beim Auslösen von Kalbshals für Farce hat man 0,84 kg schieres Fleisch erhalten. Wieviel Fleisch mit Knochen wurden ausgelöst (→ 191)?*

mets d'abats
offal dishes

15.11 Fleischspeisen aus Innereien

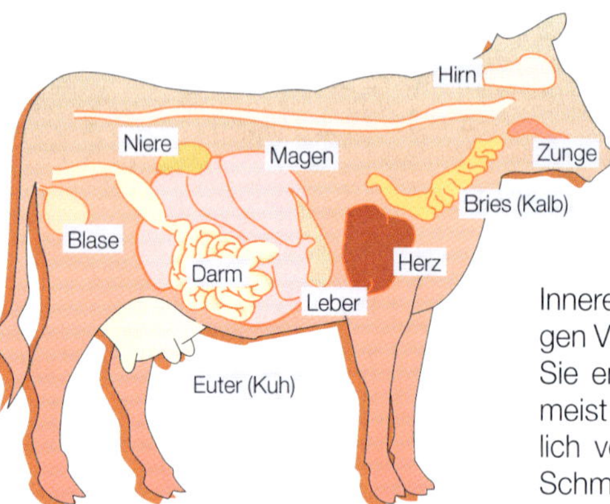

Unter Innereien sind die **inneren Organe** (Eingeweide) von Schlachttieren, einschließlich Geflügel und Wild, zu verstehen. Dazu gehören unter anderen Hirn, Zunge, Mägen, bei Kälbern unter 100 kg Schlachtgewicht auch Schleimhaut; Lunge, Herz, Leber, Bries (Thymusdrüse), Nieren sowie Euter.
Innereien dürfen grundsätzlich nur hitzebehandelt verzehrt werden.

Innereien sind wegen des Nährwertes, des günstigen **Preises** und der vielseitigen Verwendbarkeit beliebte Zutaten, insbesondere für regionale Spezialitäten. Sie enthalten Vitamine (A, B, C), Mineralstoffe (Eisen), sind eiweißreich und meist fettarm. Ihre Haltbarkeit ist sehr begrenzt, weshalb sie so frisch wie möglich verarbeitet werden sollten. Als Garverfahren werden Kochen, Dünsten, Schmoren und Braten angewandt.

Innerei	Schlachttier	Vorbereitung	Zubereitung, Beilagen
Bries *ris* *sweetbreads*	Kalb	Kalt wässern, in Salzwasser mit gespickter Zwiebel pochieren, rasch abkühlen, knorpelige Teile und Haut entfernen, auf Tuch kühl lagern	Gegarte Scheiben in Butter braten; spicken und glasieren; grillieren; panieren und frittieren; Bestandteil von Ragouts, Wiener Art, auch kalt
Herz *tripes* *tripe*	Kalb, Rind, Schwein	Kalt wässern, in Salzwasser mit gespickter Zwiebel pochieren, rasch abkühlen, Haut entfernen, kühl lagern	Kalb: kurzbraten, dünsten, grillen Rind und Schwein: schmoren, Ragout,
Hirn [1] *cervelle* *brains*	Kalb	Wässern, Häutchen abziehen, in wenig gesäuertem Salzwasser mit gespickter Zwiebel pochieren	In Butter braten, mit Rührei und Kartoffelpüree; panieren, backen, mit Zitrone und Mayonnaisesalat anrichten
Kutteln *tripes* *tripe*	Rind	Gereinigt einkaufen, Streifen schneiden	Suppe, Salat, paniert und gebacken, mit Tomaten oder mit Wurzelgemüse und Weißwein geschmort (➔218)
Leber *foie* *liver*	Kalb, Rind, Schwein	Leber kalt abspülen, enthäuten (Rind, Kalb), Gefäßgänge ausschneiden	In dünnen Scheiben rosa braten, am Ende salzen; gebraten, mit Kartoffelpüree und Zwiebeln, gegrillt vom Rost; Spieße, Geschnetzeltes, saure Leber, paniert gebacken, Klößchen, Spätzle, Leberkäse
Lunge *mou* *lights*	Kalb	Wässern, kochen mit Spickzwiebel	Haschee, Lungenstrudel, sauer, Wiener Beuschel
Niere *rognon* *kidney*	Kalb, Schwein, Lamm, Rind	Längs halbieren, Harnkanäle gut ausschneiden, wässern, evtl. in Milch einlegen	Kalb: sautieren, grillen.In Scheiben oder Würfeln am Spieß kurzbraten, schmoren, süß-sauer; in offenem Gefäß garen!
Zunge *langue* *tongue*	Kalb, Rind	Schlundseite parieren, wässern, vorkochen; ungegart pökeln, räuchern Pökelware gut wässern und ohne Salz kochen	Mit Salz, Zwiebel, Möhre, Lorbeer und Pfefferkörnern bissfest kochen, abziehen, mit zerlassener Butter, pikanter Sauce oder paniert frittieren, Zunge in Madeira-Sauce; Edelgemüse, Schwenkkartoffeln, Ragouts, gebackene Kartoffelbeilagen.

[1] Rinderhirn von Tieren über 12 Monate ist BSE-Risikomaterial.

Verschiedene Innereien gelten als **Delikatessen,** beispielsweise Kalbszunge, Kalbsniere, Bries. Sie sind Bestandteil traditioneller Garnituren.
Kutteln, Gekröse, Flecke oder **Kaldaunen** sind genießbare Teile des Magen-Darm-Trakts von Rind und Kalb. Sie werden allgemein halb fertig (gereinigt, gewässert, blanchiert, gekocht, geschnitten) angeboten. Verschiedene, früher geschätzte Innereien haben in der Speisenzubereitung kaum noch Bedeutung; sie werden überwiegend als Tierfutter verwendet (Lunge, Euter, Milz).

Beispiel Garnitur Fleury
Gebratene Kalbsnierenscheiben mit tomatierter brauner Kraftsauce, Kartoffelkroketten separat

Variationen aus Innereien

Glasiertes Kalbsbries

ris de veau glacé
glazed calf's sweeetbreads

1,7	kg	Kalbsbries
0,2	kg	Butterreinfett
0,1	l	Weißwein
0,1	kg	Zitrone
0,1	l	Fleischglace (Fleischextrakt)
		Salz, Pfeffer

- Kalbsbries wie oben beschrieben vorbereiten und unter Zugabe von Weißwein im Kalbsfond etwa 15 min pochieren.
- Erkaltetes Kalbsbries in Scheiben schneiden, mit Zitrone, Salz und Pfeffer marinieren. Mit Butterreinfett und Fleischglace glasieren.

Spargel und Kartoffelvariationen als Beilagen

Das Schweinenetz, ein zusammenhängendes dünnes Fettgewebe aus der Bauchhöhle des Schweins, gewinnt an Bedeutung zum Umhüllen von Speisen. Das beim Garen austretende Fett macht das Gargut zusätzlich saftig (→ 201).

gebraten
rôti
roasted
Pochiertes Kalbsbries in Butter braten, dann aufschneiden

gratiniert
gratiné
gratinated
Pochierte Kalbsbriesscheiben mit holländischer Sauce gratinieren

Wiener Art
viennoise
Viennese style
Pochierte Kalbsbriesscheiben mit Wiener Panierung goldgelb frittieren

Herz

cœur *heart*

Das Herz ist ein kräftiger Muskel, der allgemein geschmort, auch gedünstet oder gekocht wird. Kalbsherz eignet sich auch zum Kurzbraten. Füllen ist ein typisches Zubereitungsverfahren.

bayerische Art
bavaroise
Bavarian style
Herzstücke (80 g) in hellem Fond mit Essig und Scheiben von Zwiebeln und Wurzelgemüse kochen, Fond reduzieren, Herz mit Gemüse und Fond anrichten

bürgerliche Art
bourgeoise
bourgeois style
Herzstücke in heißem Fett anbraten, mit Kalbsfond auffüllen und schmoren, zum halbgaren Herz angebratene Zwiebelchen, Speckwürfel, halbgare Möhren geben, fertig garen, mit braunem Roux binden

Burgunder Art
bourguignonne
Burgundian style
Herzstücke in heißem Fett anbraten, mit Rotwein ablöschen, braune Kraftsauce zugeben, schmoren, mit Champignons, glasierten Zwiebelchen und gebratenen Schinkenwürfeln anrichten

Pochiertes Kalbshirn

cervelle de veau pochée
poached calf's brains

1,6	kg	Kalbshirn
2	l	heller Kalbsfond
0,2	l	Weißwein
0,2	kg	Wurzelgemüse (Zwiebeln, Sellerie, Möhren)
1		frisches Kräutersträußchen (Estragon, Wurzelpetersilie, Thymianzweig)
1	Bund	Petersilie
0,1	kg	Butter

- Kalbsfond mit Wurzelgemüse, Kräutern und Weißwein aufkochen, ziehen lassen. Vorbereitetes Kalbshirn zugeben, etwa 10 min pochieren.
- Kalbshirn herausnehmen, mit gehackter Petersilie und heißer Butter übergießen. Auch mit Kapern, Zitrone und Pfefferkörnern vollenden.

1 Kalbsherz
2 Schweineherz
3 Rinderherz

mit Kapern
aux câpres
with capers
Pochiertes Hirn mit Kapernsauce anrichten

paniert
panée
bread-crumbed
Pochiertes Hirn mit Wiener Panierung panieren, frittieren, mit Zitrone und gebackener Petersilie anrichten

mit Rührei
aux œufs brouillés
with scrambled eggs
Pochiertes Hirn in größere Stücke teilen, in Butterreinfett mit Zwiebelwürfelchen hellgelb anbraten, zerquirlte Eier zugeben, unter Rühren stocken lassen

Kutteln

tripes *tripe*

Vorbereitete Kutteln mit Essigwasser abspülen, kalt zum Kochen ansetzen. Gekochte Kutteln können durch Saucen, aber auch durch Braten und Schmoren fertig gestellt werden.

Kutteln Nizza

tripes niçoise *tripe Nizza*

1,75	kg	Kutteln, küchenfertig blanchiert
0,15	kg	durchwachsener Speck
0,2	kg	Zwiebeln
0,3	kg	Tomatenmark
0,25	l	Weißwein
0,1	kg	Butter
0,05	kg	Weizenmehl
2	cl	Cognac → 374
		Salz, weißer Pfeffer, Nelken, Knoblauch, Petersilie, frischer Thymian, Lorbeer

- Speck in Würfel schneiden und in Butter anbraten.
- Mehl anstäuben und kurz bräunen.
- Weißwein mit Tomatenmark verrühren, allmählich zugießen und aufkochen.
- Gewaschene und in gleichmäßige Streifen geschnittene Kutteln zugeben, gespickte Zwiebel und Kräutersträußchen zufügen.
- Salzen, pfeffern, etwa 2 h köchelnd garen.
- Gespickte Zwiebel und Kräutersträußchen herausnehmen und mit Cognac geschmacklich vollenden.

Königsberger Art (Fleck)
Königsberg
Königsberg
Mit Zwiebeln, Wurzelwerk, Salz, Pfefferkörnern und Lorbeerblatt kochen. Gekochte Kutteln in Streifen schneiden, Fond mit weißer Mehlschwitze binden, Kutteln zugeben, pikant mit Essig abschmecken

Orly
Orly
Orly
Gekochte Kutteln in breite Streifen schneiden, durch Backteig ziehen, frittieren, mit separater Tomatensauce anrichten

sauer
aigres
sour
Gekochte Kutteln in Streifen schneiden, zusammen mit Zwiebelscheiben in Butter anschwitzen, mit brauner Kraftsauce auffüllen und gar dünsten, mit Essig sauer abschmecken

❶ Rinderleber
❷ Kalbsleber
❸ Schweineleber

Leber

 *foie*  *liver*

Leber lässt sich **vielseitig zubereiten.** Sie kann kurzgebraten (**sautiert**), am Spieß gegrillt, geschmort oder frittiert werden. Sie lässt sich in Scheiben, Würfeln oder auch geschnetzelt verwenden. Am schmackhaftesten ist **Kalbsleber** *(foie de veau / calf's liver)*, aber auch Lebern von Schweinen oder jungen Rindern lassen sich variationsreich zubereiten.

Geschnetzelte Kalbsleber

foie de veau emincé
sliced calf's liver

1,5	kg	Kalbsleber
0,08	kg	Speiseöl
0,05	kg	Butter
0,25	kg	Zwiebeln
0,1	l	Madeira → 366
0,7	l	braune Kraftsauce → 117
1	Bund	Petersilie

- Gehäutete und geschnetzelte Kalbsleber im heißen Öl kurz anbraten.
- Salzen, pfeffern und in Sieb geben.
- Butter und feine Zwiebelwürfel in das Bratfett geben und dünsten.
- Mit Madeira ablöschen, braune Kraftsauce zugießen, aufkochen.
- Leber wieder zugeben, nicht mehr aufkochen, gehackte Petersilie dazu.

amerikanische Art

américaine
American style

Gebratene Leberscheiben (tranches de foie), gebratene Speckscheiben und Tomaten, dazu Bratkartoffeln

Berliner Art

berlinoise
Berlin style

Gebratene Leberscheiben (tranches de foie), gebratene Apfel- und Zwiebelringe, mit Bratbutter überziehen, dazu Kartoffelpüree

italienische Art

italienne
Italian style

Gebratene Leberscheiben (tranches de foie), mit tomatierter Kraftsauce mit gehackter Salbei und Kochschinkenwürfeln umgießen

Nieren

rognons  *kidneys*

Nieren können vielfältig verarbeitet werden: Sie lassen sich sautieren, braten, schmoren oder grillen. Verschiedene Speisen aus Nieren gelten als kulinarische Spezialitäten. In der deutschen Küche werden sie gern pikant, also je nach Region sauer oder süß-sauer zubereitet.

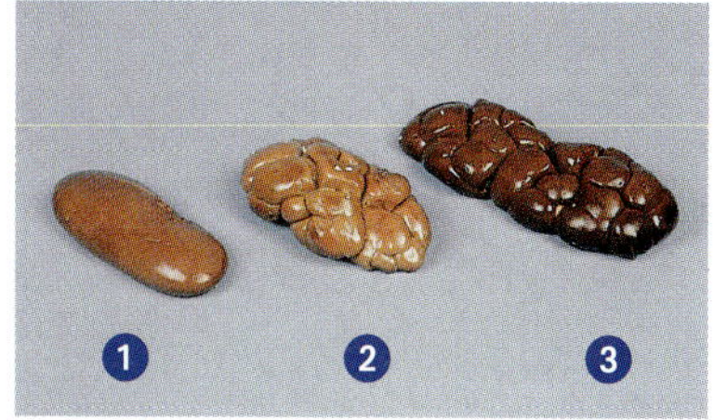

1 Schweineniere
2 Kalbsniere
3 Rinderniere

Gegrillte Kalbsniere

rognon de veau grillés
grilled calf's kidney

2	kg	Kalbsnieren
0,1	kg	Pflanzenfett
		Salz, Pfeffer

- Vorbereitete Kalbsnieren einfetten, grillen, zuletzt würzen.

Als Beilagen eignen sich gebackene Kartoffeln, pikante Saucen, Salate.

Saure Kalbsniere

rognon de veau à l'aigre
sour calf's kidney

2	kg	Kalbsnieren
0,3	kg	Speiseöl
0,3	kg	Zwiebeln
0,3	kg	Salzgurken
1	l	braune Kraftsauce → 117
		Essig, Salz, Pfeffer, 1 Prise Zucker, Zitrone

- Vorbereitete Kalbsnieren streifig oder in Blättchen schneiden.
- Zwiebelwürfel im heißen Öl anbraten, Nierenstreifen zugeben und anbraten, salzen, pfeffern.
- Mit brauner Kraftsauce auffüllen, 5 min langsam durchziehen lassen, nicht kochen.
- Kurz vor Gar-Ende Salzgurkenstreifen dazugeben und einige Minuten ziehen lassen, abschmecken.

Sind Speisen mit Leber, Niere und Hirn gesund?

Der Gehalt an Schwermetallen (Blei, Cadmium) ist in Leber und Niere als den Entgiftungsorganen wesentlich höher als im Muskelfleisch, da sich mit zunehmendem Alter der Tiere hier Giftstoffe ansammeln. Deshalb sollten Innereien von Tieren mit geringem Schlachtalter (Kalb 8 Wochen, Schwein 8 Monate) verwendet werden. Nach einer Empfehlung des Bundesgesundheitsamtes sollten Innereien nur gelegentlich (in 2- bis 3-wöchigem Abstand) verzehrt werden. Auf Rinder- oder Kalbshirn sollte wegen der BSE-Gefahr gegenwärtig gänzlich verzichtet werden.

Zunge

 *langue*  *tongue*

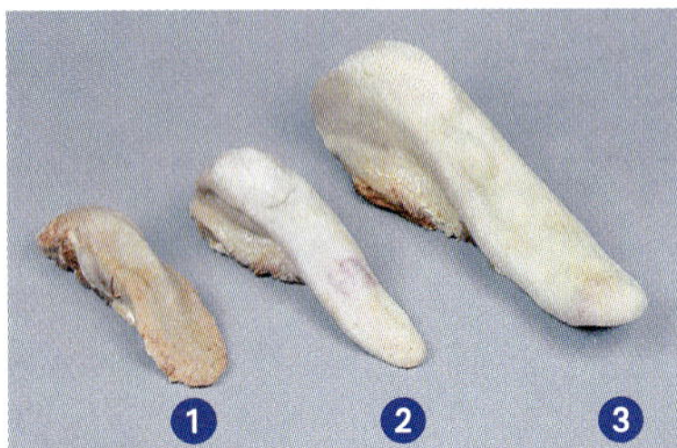

1 Schweinezunge
2 Kalbszunge
3 Rinderzunge

Zunge zeichnet sich durch ihre magere, aber derbe Muskulatur aus. Sie kann nach der Vorbereitung frisch gekocht, gepökelt und geräuchert zu Gerichten verarbeitet werden.

Kalbszunge

langue de veau
calf's tongue, veal tongue

1,5	kg	frische Kalbszunge
		Wurzelgemüse, gespickte Zwiebel
		Gewürzsäckchen: Lorbeer, Piment, Pfefferkörner;

- Frische Kalbszunge waschen, blanchieren, kalt abspülen.
- Heiß in Salzwasser ansetzen, abschäumen und entfetten.
- Würzmittel zugeben, behutsam weich kochen.
- Garprobe durch Anstechen an der Zungenspitze oder Fingerprobe.
- Zunge in kaltes Wasser geben und abziegen, dann in Kochfond zurücklegen.
- Beim Anrichten längs in Tranchen schneiden.

Als **Beilagen** zu dieser delikaten Fleischspeise eignen sich Gemüse und weniger kräftige Saucen (Champignonsauce).

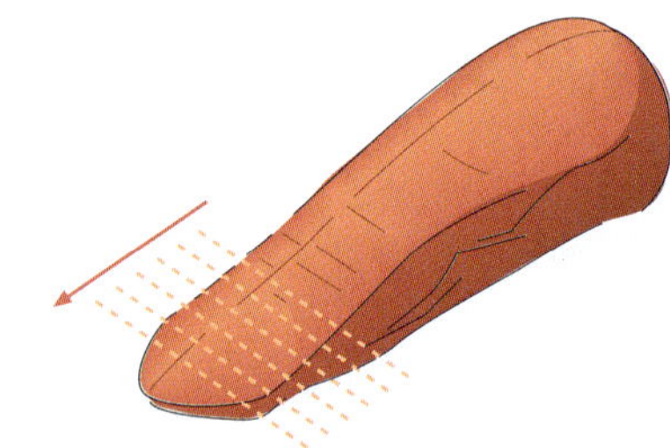

Schneiden von Rinder- und Schweinezunge

Pökelzunge in Rotwein

langue de bœuf au vin rouge
beef tongue in red wine

1,6	kg	gepökelte Rinderzunge
0,7	l	braune Kraftsauce → 117
0,2	l	Rotwein
		gespickte Zwiebel

- Gewässerte Zunge in kaltem Wasser ansetzen und ohne Zusätze weich kochen, 30 min vor Gar-Ende gespickte Zwiebel zugeben.
- Gare Zunge herausnehmen, kalt abspülen und abziehen.
- Aus brauner Kraftsauce mit Rotwein Rotweinsauce herstellen, auch Madeira-Sauce *(langue de bœuf au madère / beef tongue with madeira sauce)* ist geeignet.
- Zum Anrichten Zungenscheiben mit Rotweinsauce überziehen.

1 *Nennen Sie Innereien, die zu den kulinarischen Spezialitäten gehören, und ordnen Sie jeweils ein Speisenbeispiel zu.*
2 *Stellen Sie Vor- und Nachteile der Verwendung von Innereien in einer Pro- und Kontra-Diskussion zusammen.*

Zungenragout

ragoût de langue
tongue stew

- Gekochte und abgezogene Zunge (→ oben) in feine Streifen oder feinblättrig schneiden.
- Mit Rotweinsauce und gedünsteten Champignonscheiben vollenden.

Geeignet auch zu warmen Vorspeisen, in Blätterteigpastetchen oder in Kokotten anrichten.

Burgunder Art

bourguignonne
Burgundian style

Gekochte Rinderzunge in kräftigem Fond erhitzen, anrichten, mit Burgundersauce überziehen, Rindermarkscheiben darüber geben

deutsche Art

allemande
German style

Gekochte Rinderzunge portionieren, Zungenscheiben in brauner Kraftsauce mit Madeira einige Minuten köcheln lassen, mit Spinat und Kartoffelpüree anrichten

frittiert

frite
deep-fried

Gekochte Kalbszunge längs in Scheiben schneiden, mit Wiener Panierung sorgfältig panieren, frittieren, Zunge auf Küchenkrepp abtropfen lassen

15.12 Fleischspeisen aus Convenience-Erzeugnissen

mets de viande préparés de produits précuisinés
meat dishes prepared with convenience products

In Küchen, in denen kein Küchenfleischer mehr tätig ist, sind Convenience-Erzeugnisse aus Fleisch notwendig.

Pfannenfertige Erzeugnisse

produits prêts à cuire
ready-to-cook products

Sie sind frisch hergestellt und ohne weitere Vorbereitungsarbeiten zur Zubereitung vorgesehen. Sie setzen sich mitunter aus verschiedenen Fleischarten und aus Gemüsebeilagen zusammen und sind bereits gewürzt. Dazu gehören Steaks, Schnitzel, Grillspieße, Cordons bleus, Geschnetzeltes.

Garfertige Erzeugnisse

produits prêts à cuire
ready-to-cook products

Dies sind frisch vorbereitete Erzeugnisse zum Braten, Schmoren usw., also Rollbraten, gespickte Braten, ausgelöstes Roastbeef, gefüllte Kalbsbrust, Rouladen und Hackfleischerzeugnisse.

Gekühlte Erzeugnisse

produits réfrigérés
cooled products

Wurst- und Schinkenscheiben werden als gekühlte Ware vakuumiert angeboten. Auch Leber wird vorzugsweise gekühlt und vakuumiert gehandelt.
Lagerung: Gekühlte Erzeugnisse werden zumeist vakuumiert angeboten und sind bei einer Lagertemperatur von -1 bis 4 °C etwa 14 Tage haltbar.

Tiefgefrorene Speisenteile

produits surgelés
frozen products

Dazu gehören Rouladen, fertige Braten, Hackfleischerzeugnisse, Kohlrouladen, gefüllte Paprikafrüchte.
Lagerung: Die Lagerung von tiefgefrorenem Fleisch und von Fleischerzeugnissen („Tiefkühlkost") erfordert die Einhaltung der Gefrierlagerkette ➔ Grundstufe. Sie sind bei -18 °C, kurze Zeit bei bis -15 °C zu lagern.

Vollenden
Convenience-Artikel sparen den Gastronomen Vorbereitungsarbeiten, der Verwender hat jedoch keinen Einfluss auf die Qualität des verwendeten Fleisches und die Art der Würzung.
Es kommt darauf an, durch vielfältige Vollendungsmöglichkeiten geschmacklich differenzierte Kost anzubieten. Die Art der Nachwürzung ist stets individuell möglich und erforderlich. Auch durch die Auswahl der Beilagen und der Saucen können die Convenience-Erzeugnisse differenziert angeboten werden.

Vollendungsmöglichkeiten tischfertiger Convenience-Produkte

Convenience-Erzeugnis	Vollendungshinweise
Schweinebraten	Kümmel, Majoran
Rouladen	Senf, Ketchup
Rinderbraten	Gemüsestreifen
Sauerbraten	Essiggemüse
Fleischklopse	Kräuter, Kapern

1 Zählen Sie typische Würzmittel für Kalb-, Rind-, Schweine- und Hammelfleisch auf, die ein abwechslungsreiches Speisenangebot ermöglichen.
2 Erläutern Sie Vor- und Nachteile der Verwendung von Convenience-Erzeugnissen.
3 Zählen Sie Hygieneforderungen bei Lagerung, Vorbereitung, Zubereitung und Angebot von Fleischspeisen auf.
4 Analysieren Sie das Angebot von Convenience-Erzeugnissen in Ihrem Ausbildungsbetrieb, und beurteilen Sie Vor- und Nachteile.

1 Für 10 Portionen Szegediner Gulasch werden 1,5 kg ausgelöster Schweinebug veranschlagt.
1.1 Wie viel ist für eine Aktion mit 352 Personen zu planen?
1.2 Ermitteln Sie die Menge an Schweinebug in kg, die bestellt werden muss, wenn selbst ausgelöst werden soll, wobei ein Verlust von 19% entsteht.
2 Für ein Festessen für 65 Personen sollen jeweils je 160 g servierfertiges Fleisch zur Verfügung stehen.
2.1 Wie viel Rohware, aufgerundet auf ganze kg, ist zu planen, wenn mit 14% Parierverlust, 19% Garverlust und 5% Schnittverlust zu rechnen ist?
2.2 Ermitteln Sie den Materialpreis ohne Mehrwertsteuer, wenn der Kilopreis bei 5,10 € liegt.
2.3 Wie viele servierfertige Portionen zu 150 g könnten aus der gleichen Fleischmenge bei gleichen Verlusten geschnitten werden?
3 Für eine Familienfeier wird für 8 Personen Filet bestellt.
3.1 Ermitteln Sie die Einkaufsmenge, wenn mit einer Portionsmenge von 170 g, einem Parierverlust von 13%, einem Bratverlust von 24% und einem Schnittverlust von 7% gerechnet wird.
3.2 Mit welchem Materialpreis muss kalkuliert werden, wenn der Bruttopreis im Einkauf 18 €/kg beträgt? Die anfallenden Parüren werden pauschal mit 3,25 € bewertet.

Projektorientierte Aufgabe
Mittagsgedeck für eine elsässische Wandergruppe

In der Vorweihnachtszeit wird für eine elsässische Wandergruppe von 21 Personen ein Mittagsgedeck bestellt. Als Fleisch wurde Sauerbraten gewünscht.

Zutaten

1 Nennen Sie Fleischteile, die sich ökonomisch und fachlich für Sauerbraten eignen.

2 Auf dem vakuumiert bezogenen Rindfleisch sind folgende Warenzeichen vorhanden:
Worauf weisen diese Warenzeichen hin?

Zubereitung

3 Beschreiben Sie spezielle Vorbereitungsverfahren für Sauerbraten.

4 Beschreiben Sie Veränderungen des Fleisches während des Marinierens mit Hilfe der Abbildung.

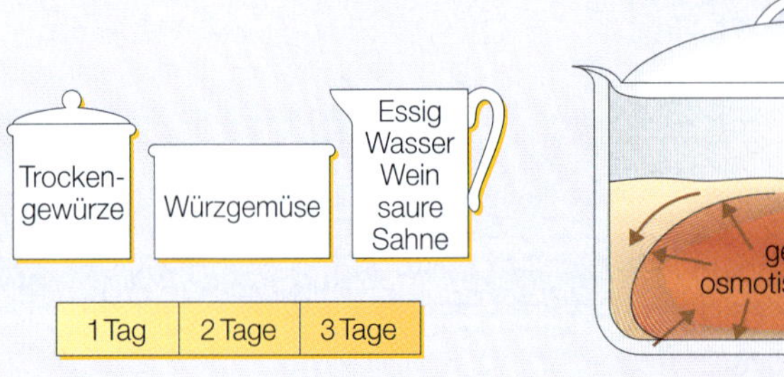

5 Erläutern Sie die einzelnen Zubereitungsschritte.

6 Nennen Sie die Reihenfolge des Schmoransatzes, indem Sie folgende Zutaten in der richtigen Reihenfolge aufzählen: Bratgemüse, Fett, Knochen und Parüren, Wein, Tomatenmark, brauner Fond.

Komplettierung zum Gericht

7 Welches Gemüse passt sowohl saisongerecht als auch geschmacklich zum Sauerbraten?

8 Nennen Sie zwei Sättigungsbeilagen, die zum Sauerbraten angeboten werden können.

9 Schlagen Sie eine passende Suppe und einen Nachtisch vor. Begründen Sie Ihre Vorschläge.

Service

10 Schlagen Sie eine besondere Anrichtweise vor.

11 Welche Absprachen sind mit dem Service zu treffen?

12 Erstellen Sie für das Gedeck eine Angebotskarte in deutscher und französischer Sprache.

Kalkulation

13 Erstellen Sie eine Warenanforderung für den Sauerbraten.

14 Auf der Tageskarte wird Sauerbraten mit Rotkohl und Kartoffelklößen für 14,20 € angeboten.

14.1 Ermitteln Sie den Materialpreis für das Gericht, wenn mit 170% Gemeinkosten, 10% Gewinn, 13% Bedienungszuschlag und der gesetzlichen Mehrwertsteuer gerechnet wird.

14.2 Ermitteln Sie den Kalkulationsfaktor.

16 Geflügelspeisen, Wildgeflügelspeisen

🇫🇷 *mets de volaille, mets de gibier à plume*
🇬🇧 *chicken dishes, dishes of feathered game*

Zu unterscheiden sind Speisen aus Mastgeflügel und aus Wildgeflügel.

Allerdings gibt es bereits **Wildgeflügelarten,** die auf Farmen ähnlich wie Mastgeflügel gehalten werden.
Eingeteilt werden kann nach der **Herkunft** und nach der **Fleischfarbe**. Die dunkle Fleischfarbe – bedingt durch dunkle Muskeleiweißstoffe, die durch intensive Bewegung entstehen – ist typisch für Wildgeflügel.

*Seit Jahren werden Geflügelspeisen zunehmend **beliebter**. Die Nachfrage nach garfertigen Geflügelteilen gegenüber ganzen Tierkörpern ist steigend, ebenso die Verwendung frischer Ware gegenüber Tiefgefrierware.*
Auch zeigen Verbraucher zunehmend Interesse an der Herkunft und der Haltungsart des Geflügels.

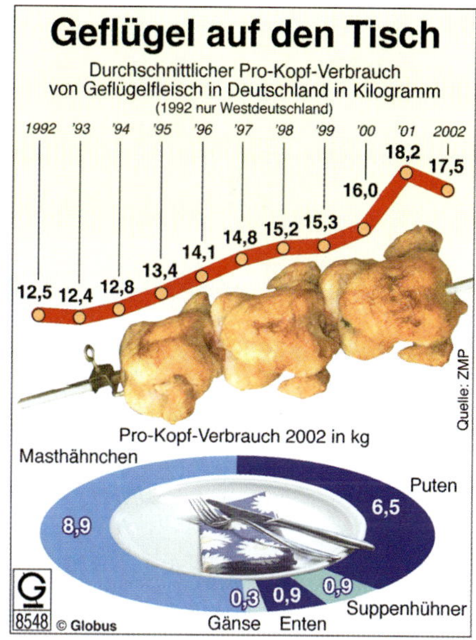

Geflügelkennzeichnung

ingrédients, valeur nutritive
ingredients, nutritive value

16.1 Zutaten, Nährwert

Wussten Sie, dass ...
Broiler, Hendl oder Poulet andere Bezeichnungen für Brathähnchen sind, wobei diese nicht unbedingt männlichen Geschlechts sein müssen? Allerdings sind Kapaune, die besonders langsam wachsen, stets kastrierte männliche Tiere.

Zutaten

Für **Geflügelfleisch** gelten in der EU einheitliche Vermarktungsnormen. Dies betrifft **Verkehrsbezeichnungen, Angebotsformen, Handelsklassen** und **Kennzeichnung.** Zur Qualitätseinstufung dienen vor allem Brust und Schenkel. Zur Lebensmittelkennzeichnung können freiwillig Angaben über Abpackdatum, Kühlverfahren, Haltungsform und Fütterung gemacht werden.

EU-Verkehrsbezeichnungen für Mastgeflügel

Hühner	Puten	Enten	Gänse	Perlhühner	Innereien
Hähnchen	Truthahn	Frühmastente	Frühmastgans (Jungmastgans)	Junges Perlhuhn	Herz, Hals
Suppenhuhn	Pute	Junge Ente	Junge Gans	Perlhuhn	Magenmuskel
Kapaun	Junge Pute	Ente	Gans		Leber
Stubenküken	Junger Truthahn	Junge Flugente			Fettleber
Junghuhn (Poularde)		Flugente			

Lagerung

Lagerung und Vorbereitung von Wild- und Mastgeflügel sind im wesentlichen ähnlich. An der Oberfläche von ungegartem Geflügel können Keime, speziell **Salmonellen,** haften. Deshalb gilt es, bei der Lagerung und der Vorbereitung von Frischgeflügel äußerste **Hygiene** einzuhalten.
Wildgeflügel wurde früher im Federkleid angeliefert und musste vor der Zubereitung abhängen, wobei der typische Wildgeschmack *(haut goût)* entstand. Heute wird Wildgeflügel küchenfertig angeliefert, frisch oder tiefgefroren, je nach Bestellung.
Wassergeflügel, insbesondere Wildente, Wildgans, aber auch Wachtel und Haselhuhn sollten nicht längere Zeit lagern, da sie leicht tranig werden.

Amanda übernimmt vom Lieferanten französisches Geflügel. Helfen Sie ihr bei der Übersetzung.

Poulets Evis.
Sans Abats – Classe A

Pièces: 12
Calibre: 1250
Poids Net: 15 kg

Nº * 01200 *

Nährwert

Das Angebot an Mastgeflügel trägt zum vielfältigen, ernährungsphysiologisch wertvollen Speisenangebot bei. Geflügel enthält hochwertiges Eiweiß. Begehrt sind insbesondere fettarme Speisen von feinfaserigem und hellfleischigem Geflügel.
Aufgrund der **Feinfaserigkeit,** der **geringen Leimstoffe** (Kollagene) und des **niedrigen Bindegewebsanteils** lassen sich Geflügelarten variationsreich zubereiten. Fettarme Hühner, Puten und Tauben eignen sich für **leichte Vollkost** und Diätkost.
Der Wohlgeschmack der Geflügelspeisen hängt von Haltung und Fütterung ab. Körnerfütterung und Grünfutter führen zu einer guten Geflügelqualität, während Fischmehlfütterung abzulehnen ist.

16.2 Vorbereitung

préparation
preparation

Geflügel wird allgemein vorbereitet, meist **garfertig angeliefert.** Dennoch muss der Koch die Fähigkeit haben, in besonderen Fällen diese Vorbereitungsarbeiten selbst zu übernehmen.
Im Federkleid bezogenes Geflügel muss innerhalb der Vorbereitungsräume gerupft, gesengt und ausgenommen werden.

Vorbereitungsarbeiten bei Geflügel

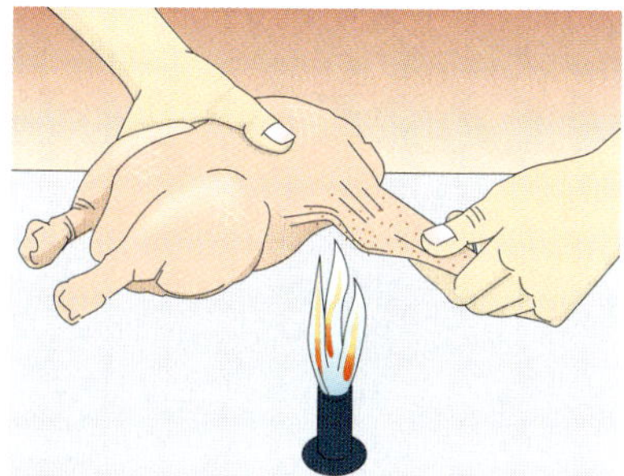

Rupfen
Haut darf nicht einreißen, deshalb große Federn einzeln, kleine büschelweise rupfen, Stoppeln mit spitzem Messer herausziehen Sengen
Sengen
Über offener Flamme Federreste absengen

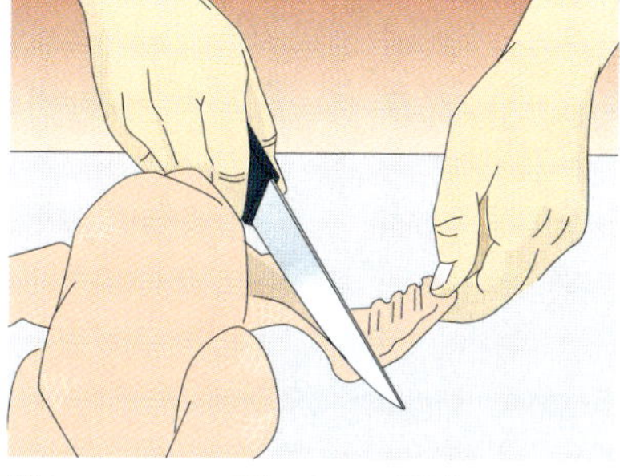

Abtrennen von Flügeln und Hals
Flügel 2–3 cm vom Geflügelrumpf abschneiden, auf der Rückseite Hals mit einem spitzen Messer aufschneiden; Halshaut vom Hals lösen, am Geflügelrumpf belassen; Hals kurz vom Geflügelkörper abhacken; Luft- und Speiseröhre entfernen

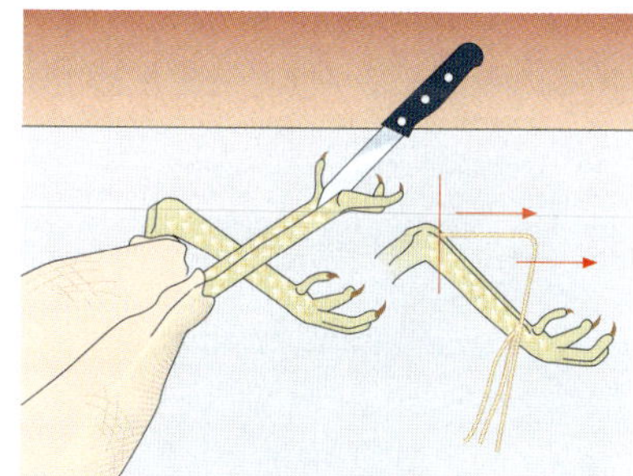

Entsehnen der Putenbeine
Vor dem Abtrennen der Beine die Sehnen von der Sohle zum Gelenk hin mit der Messerspitze ziehen
Abtrennen der Beine
Im Beingelenk durchschneiden oder 1–2 cm darunter abschlagen; Puten: Sehnen vorher herausziehen!

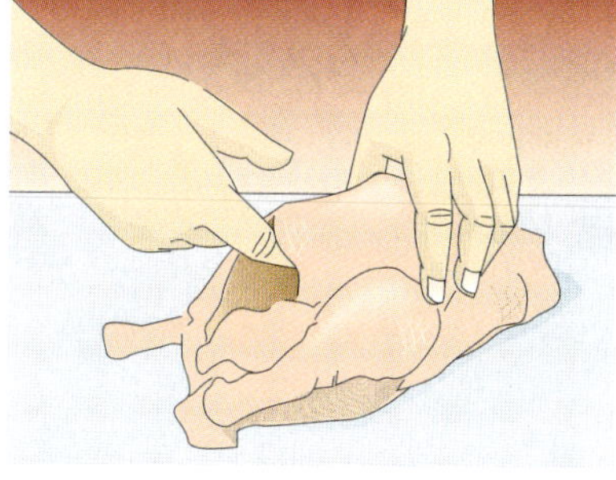

Ausnehmen
Darmöffnung abschneiden, Längsschnitt von 3–4 cm von der Darmöffnung zum Brustkorb führen, ohne die Eingeweide zu verletzen; alle Innereien behutsam herausziehen, die Galle muss unverletzt bleiben!
Bei ausgenommenem Geflügel prüfen, ob Lungen und Nierengrieß entfernt sind
Waschen
Innen und außen intensiv waschen, zum Abtropfen mit der Bauchöffnung nach unten stellen und gut abtrocknen

Hygiene groß geschrieben

Bei rohem Geflügel ist die Gefahr der Übertragung von Salmonellen groß. Massentierhaltung, Schlachtverfahren und Wasserkühlung begünstigen die Ausbreitung von Salmonellen. Deshalb gilt:

- *Mindesthaltbarkeitsdatum, bzw. Verbrauchsdatum beachten.*
- *Vorsicht bei aufgetauter Ware.*
- *Geflügel stets getrennt von anderen Lebensmitteln vorbereiten.*
- *Arbeitsmittel, die mit rohem Geflügel in Berührung gekommen sind, gründlich mit heißem Wasser reinigen.*
- *Geflügel unter fließendem warmem Wasser gründlich waschen, dann mit Küchenkrepp abtrocknen.*
- *Beim Garen Kerntemperatur von 80 °C mindestens 10 min einhalten.*
  Ganzes Geflügel vor dem Garen vollständig auftauen. Auftauflüssigkeit wegschütten.
- *Bei Grillhähnchen fordert die EU-Hygienerichtlinie im Knochen der Oberkeule eine Kerntemperatur von 72 °C, beim Regenerieren von Grillhähnchen werden 70 °C Kerntemperatur gefordert.*

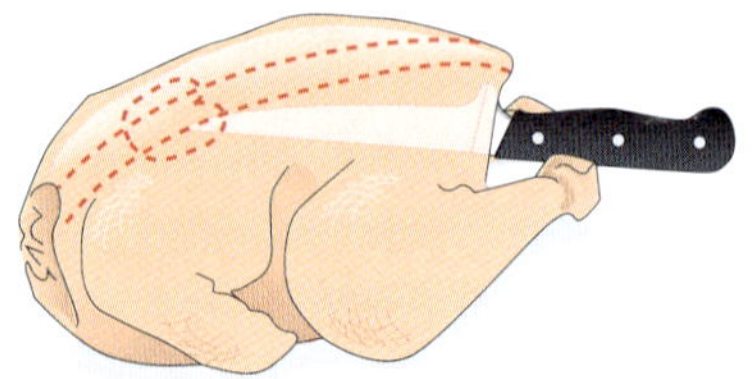

Spalten
Vorbereitungsform für das Grillen, wofür ein flacher Geflügelkörper erforderlich ist; Flügelspitzen (ailerons) allgemein abschneiden; mit Messer von innen durch die Bauchhöhle den Geflügelkörper knapp neben dem Rückgratwulst trennen; nach dem Einschneiden beim Brustknochen das Rückgrat gänzlich abtrennen; Keulen-Enden durch zwei seitliche Bauchhaut-Einschnitte stecken

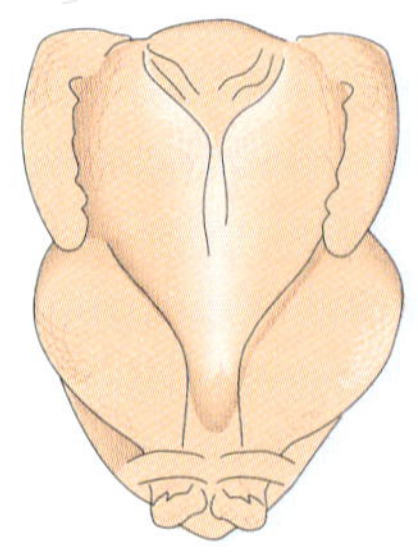

Krötenart ***(crapaudine)***
Zum Grillen von Rebhuhn, Wachtel und Küken längs der Rumpfseite so halbieren, dass die Hälften noch verbunden sind, flach drücken, dann etwa 2 h mit Öl, Gewürzen, Kräutern marinieren

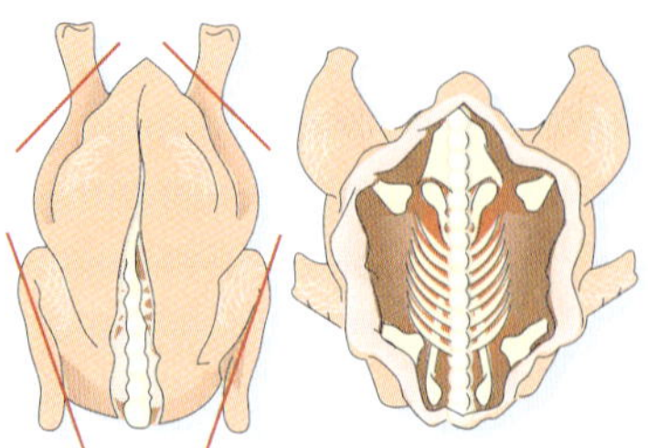

Auslösen
Geflügel oder Geflügelteile mit scharfem Auslösemesser je nach Weiterverarbeitung auslösen;
zum Füllen von der Rückenseite her beginnend am Hals auslösen

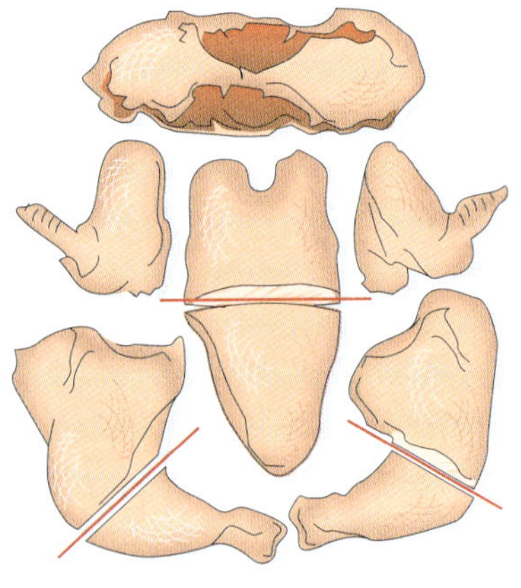

Zerlegen
Mit scharfem Messer zunächst Flügel und Keulen abtrennen, danach mit der Geflügelschere evtl. Brust und Rücken zerteilen

Bridieren – Arbeitsabfolge

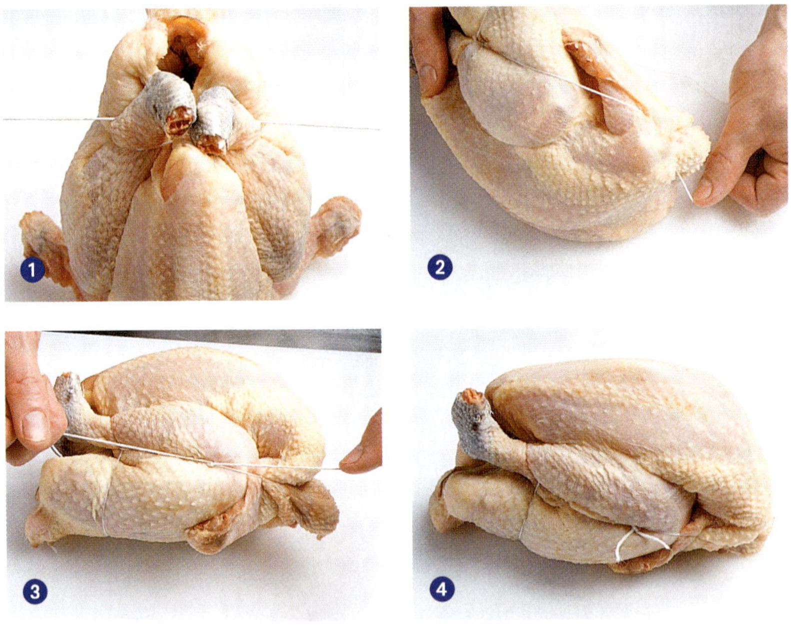

Bardieren – Arbeitsabfolge

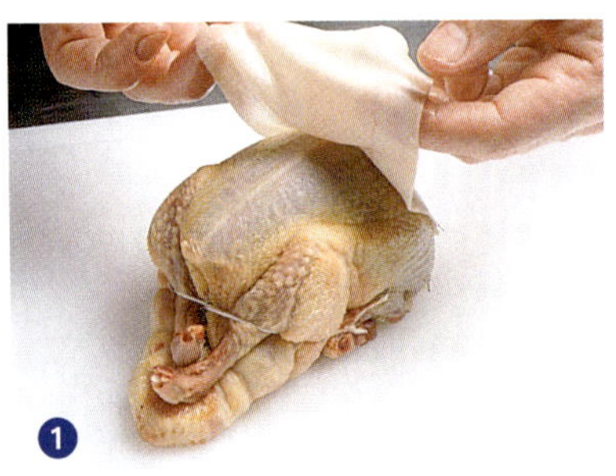

16.3 Zubereitung von Mastgeflügel

préparation de volaille engraissée
preparation of fattened chicken

Geeignete **Garverfahren** sind Kochen, Dünsten, Schmoren, Braten, Frittieren und Grillen. Des Weiteren wird Geflügel durch Pökeln und Räuchern zubereitet. Mastgeflügel wird sowohl ganz als auch in Teilen zubereitet. Nachfolgend sind ausgewählte Speisen aus Geflügelinnereien (Geflügelklein und Geflügelleber) mit einbezogen.

Garzeiten (min)

Geflügel, Gargewicht (kg)		Dünsten/Pochieren*	Schmoren	Braten	Grillen
Hähnchen	0,7–1,2	30	25	30	25
Stubenküken	0,4–0,7	15		20	15
Perlhuhn	1–1,8	30		30	35
Suppenhuhn*	1–2	90			
Kapaun	1,5–2,5			45	
Gans	3–6			150–180	
Ente	1,5–2,5			90–120	
Pute	2,5–6,5	90		90–180	

* Suppenhuhn wird gekocht

Gekochte Geflügelspeisen

mets de volaille cuite
boiled-chicken dishes

Hühnerblankett

blanquette de volaille
chicken blanquette

4	kg	Kochhuhn
0,15	kg	Möhren
0,1	kg	Zwiebeln
0,1	kg	Sellerie
1	l	Hühnerbrühe
0,1	kg	Butter
0,08	kg	Weizenmehl
0,15	kg	Sahne
0,2	l	Weißwein
0,1	kg	Zitronen

- Huhn mit Wurzelgemüse kochen, die Haut abziehen.
- Aus der Hühnerbrühe mit weißer Mehlschwitze 1 l Sauce herstellen.
- Das Fleisch in grobe Würfel schneiden und mit der Sauce anrichten.

Beim Anrichten mit etwas Hummer- oder Paprikabutter beträufeln, mit Krebsnase, Fleuron und Zitronenecke garnieren. Als **Beilagen** eignen sich Risotto, Risi-Bisi, junge Möhren, Kaiserschoten, Spargel, Brokkoli, Blumenkohl, Champignons, Erbsen sowie frische Salate.

Heute stellt man allgemein Frikassee wie ein **Blankett** aus gekochtem Fleisch her (→195).

Hühnerblankett mit Fingermöhren und Zuckerschoten

Geflügelklein

abattis (de volaille)
(poultry) giblets

Zum Geflügelklein zählen Flügel, Hals, Magen und Herz, ursprünglich auch Gänseköpfe und von Haut und Krallen befreite Gänsefüße. Das preisgünstige Geflügelklein lässt sich geschmacklich ansprechend und vielseitig verarbeiten. Hühnerklein wird vor allem als Einlage für Teigwaren- und Reiseintöpfe verwendet, während sich Gänseklein auch für ein selbstständiges Gericht eignet.

- Gänseklein putzen und bündeln.
- In Salzwasser mit Kräutersträußchen und gespickter Zwiebel kochen.
- Von einem Teil der Brühe weiße Geflügelrahmsauce zubereiten.
- Mit gehackter Petersilie aufwerten, anrichten, Sauce separat.

Beilagen: Salzkartoffeln oder Reisvarianten, Gemüse, frische Salate.

Gedünstete Geflügelspeisen

 *volaille étuvée*  *stewed chicken*

Geflügel (junge Hühner, Puten) wird meist **zerteilt** gedünstet. Geflügelteile in Butter mit hellem Wurzelgemüse (Sellerie, Lauch) anschwitzen, mit Weißwein ablöschen, Geflügelbrühe zugießen, zugedeckt fertig garen. Der Dünstfond kann gebunden und mit Sahne oder Liaison verfeinert oder mit weißer Geflügelsauce aufgefüllt werden. Eine Zwischenform zum Schmoren stellt das **Hellbraundünsten** oder **Poelieren** dar. Angewandt bei hellem Schlachtfleisch oder ganzem Geflügel.

préparation de volaille poêlée
preparation of pot-roasted chicken

Herstellen von hellbraun gedünstetem (poeliertem) Geflügel	
■ **Geflügel binden, auch bardieren. Poularde (*poularde poêlée / pot-roasted poulard*) innen und außen salzen, pfeffern**	Durch Bardieren mit Speck größere Saftigkeit
■ **Boden des Gargefäßes ausbuttern und mit Wurzelgemüsestücken belegen**	Fett verhindert das Anhängen; 2 Teile Zwiebeln und 1 Teil Möhren geeignet
■ **Geflügel darauf und Butterreinfett darüber geben**	
■ **Zugedeckt bei etwa 140 °C dünsten, wenden, öfters begießen**	Gleichmäßige Energiezufuhr erforderlich; begießen mit dem entstandenen Dünstfond
■ **Deckel abnehmen, nach Belieben Bardierspeck entfernen; mit Dünstfond überstreichen**	Damit heißes Geflügel rasch Farbe annimmt
■ **Anrichtefertiges Geflügel in Servierkasserolle legen, heiß halten**	Haut kann am Geflügel verbleiben, da das Unterhautfettgewebe teilweise herausgelöst und schmackhafte Bräunung entstanden ist
■ **Bratensatz mit Geflügelfond verkochen, mit Stärke binden**	Vor dem Verkochen Bratensatz entfetten; durch Sieb gießen, Sauce separat servieren

Gedünstetes Geflügel

Hühnerpörkelt

 *pörkölt de volaille*  *chicken pörkölt*

- Ausgelassene Speckwürfel, Zwiebelwürfel und edelsüßen Paprika anschwitzen und mit etwas kaltem Wasser ablöschen.
- Zerteiltes Huhn, zerdrückten Knoblauch und Gemüsepaprikastreifen dazu geben.
- Gares Huhn herausnehmen, Fond mit eingerührter Stärke binden und mit Tomatenmark verfeinern. Tomatenwürfel als Einlage in die Sauce geben.
- Huhn in der Sauce nochmals durchziehen lassen.

Beilage: Risotto, Spätzle, original ungarische Tarhonya (Nudelteigklümpchen, in Butter geschwenkt)

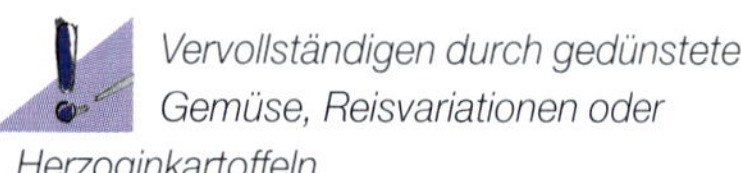

Vervollständigen durch gedünstete Gemüse, Reisvariationen oder Herzoginkartoffeln

Dünsthuhn

 *poulet étuvé*  *stewed chicken*

- Huhn vierteln, in zerlassener Butter andünsten, Weißwein und braunen Fond beifügen. Mit Salz und weißem Pfeffer würzen, auf den Siedepunkt bringen.
- Gargefäß abdecken, etwa 10 min vor Gar-Ende Steinpilzscheiben dazugeben.
- Mit Mehlbutter binden, beim Anrichten saucieren, mit gehackter Petersilie bestreuen.

Gebratene Geflügelspeisen

volaille rôtie *roast chicken*

Zu unterscheiden sind **Braten am Spieß** (Systemgastronomie, Imbiss) und **Braten im Konvektomaten** oder in der **Bratröhre**. Unterschiede beim Garen ergeben sich auch durch den Fettgehalt des Geflügels (Braten mit Bratfett oder im Eigenfett) und durch die Geflügelfarbe (hell, dunkel).

Geflügel anbraten

Braten von ganzem Geflügel

rôtir de la volaille entière
roasting whole chicken

Braten von ganzem Magergeflügel	
■ **Vorbereitetes, dressiertes, evtl. bardiertes Geflügel mit Salz, weißem Pfeffer und Rosmarin würzen**	Die durch das Dressieren kompakte Form ermöglicht gleichmäßiges Garen, Speck verhindert zu starkes Austrocknen der Oberfläche
■ **In heißem Fett anbraten**	Auf beiden Seiten (Keulen) anbraten, anfängliches Gerinnen des Eiweißes, Farbe geben
■ **Im Konvektomaten oder in der Bratröhre bei etwa 180 °C weiter braten**	Temperatur absenken, um Austrocknen zu vermeiden
■ **Bratgut wenden und übergießen**	Ständig begießen zum Saftighalten
■ **Vor Gar-Ende Bratgemüse (Mirepoix) zugeben, Geflügel auf den Rücken gedreht fertig garen**	Fleischsaft aus dem Inneren auf Teller gießen, um Garstufe zu ermitteln
■ **Geflügelbraten aus dem Bratgefäß nehmen, Fett abgießen, Bratensatz mit Jus oder Wasser loskochen**	Zu viel Fett kann nicht verkocht werden, zu hoher Energiewert
■ **Abschmecken, passieren, mit Stärke leicht binden**	Geschätzt wird eine glatte, sämige, nicht zu dicke Geflügelsauce

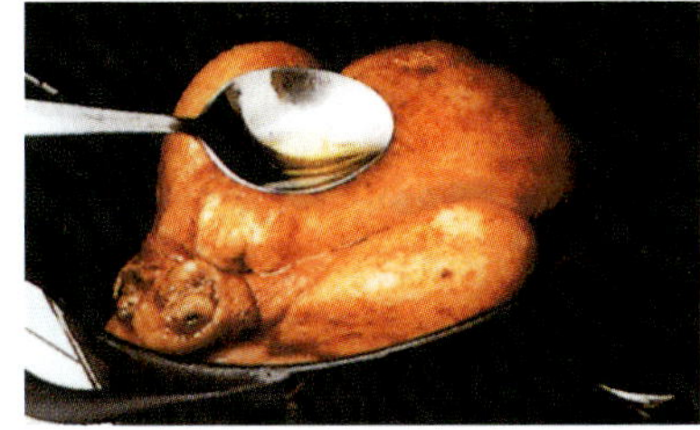

Geflügel übergießen

Geflügel aus dem Bratgefäß nehmen

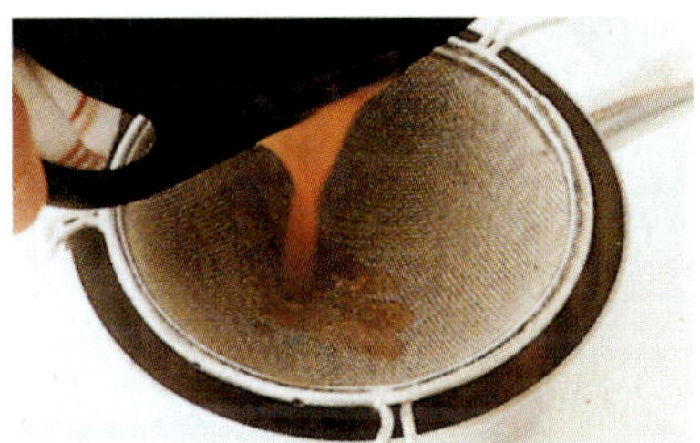

Geflügelfond passieren

Fettgeflügel wird hauptsächlich im Eigenfett gebraten. Während des Bratens mit einer Fleischgabel nur in die Haut, jedoch nicht ins Fleisch stechen, damit das Fett unter der Geflügelhaut ablaufen kann.

> Die **Garprobe** erfolgt stets an den **Geflügelkeulen.** Der Garpunkt ist bei jüngerem Geflügel erreicht, wenn **klarer Fleischsaft** austritt, bei älterem Geflügel, wenn sich die **Keulen** ohne größeren Widerstand **bewegen** lassen.

Entenbraten

caneton rôti *roast duckling*

- Vorbereitete Ente bridieren, würzen, (Salz, Beifuß) mit Wasser ansetzen; Füllung: Äpfel, Zwiebeln; häufig entfetten.
- Fertig gebratene Ente herausnehmen, $^2/_3$ des Fettes abgießen, Wurzelgemüse anbraten, mit Wasser ablöschen und mit etwas Stärke binden. Passieren, abschmecken; Sauce separat servieren.

1 Eine Ente wiegt bratfertig vorbereitet 2,48 kg. Wie viel wiegt der Entenbraten bei einem Bratverlust von 38%?

2 Es sollen 16 Portionen Entenbraten zu je 380 g serviert werden. Wie viel Rohgewicht muss kalkuliert werden, wenn mit 24% Vorbereitungsverlust und 30% Garverlust zu rechnen ist?

3 Die Materialkosten für Hühnerblankett im Reisrand betragen 3,85 €. Wie hoch sind die Selbstkosten, wenn der Betrieb mit 165% Gemeinkosten rechnet.?

Gänsebraten

oison rôti *roast gosling*

- Vorbereitete Gans innen und außen mit Salz einreiben.
- Mit säuerlichen Äpfeln, Beifußzweig, regional Majoran, füllen.
- In Bräter mit warmem Wasser ansetzen, Gartemperatur anfangs 220 °C, damit sich das Fett im Bratgut gut löst.
- Häufig begießen (alle 10 min) und wenden, während des Garens Temperatur auf 180 °C senken.
- Je $^{1}/_{3}$ der Bratzeit auf den Seiten, letztes Drittel mit der Brust nach oben knusprig braten.
- Entfetten, verdunstetes Wasser während der Bratzeit nachgießen.
- Je nach Geschmacksrichtung nach Belieben Zwiebelscheiben mit braten.
- Bratensatz durch Wasser lösen und mit eingerührter Stärke binden, passieren und abschmecken.

Beilagen: Thüringer Klöße, Majorankartoffeln, Rotkohl, Bratapfel

Eine 4 kg schwere Gans benötigt je nach Qualität eine Garzeit von 150 min.

Zu viel Geflügelfett?

Selbst bei Fettgeflügel enthält das schiere Fleisch weniger als 1% Fett. Das Fett befindet sich in der ***Bauchhöhle*** *(Flomen) und unter der* ***Haut****. Durch die Verfahrensführung wird über den Fettgehalt der fertigen Speise entschieden. Gänsefett eignet sich für den Schmalztopf. Es muss hellblond bleiben, damit es zum Ansetzen von geschmortem Kohlgemüse verwendet werden kann.*

Gebratenes Perlhuhn in Ahornrahm

pintade rôtie à la crème au sirop d'érable
roast guinea fowl with maple cream

5		junge Perlhühner
0,3	kg	Butter
0,6	l	Geflügelfond
0,1	l	Sahne
0,05	kg	Ahornsirup
1		Zitrone
		Salz, weißer Pfeffer

- Dressierte Perlhühner (➔ 226) innen und außen würzen.
- In heißer Butter unter häufigem Begießen saftig braten.
- Bratensatz mit Geflügelfond (➔ 108) verkochen.
- Mit Ahornsirup parfümieren, mit Sahne verfeinern und pikant abschmecken.
- Halbieren, von der Innenseite her entbeinen, mit Sauce nappieren.

Perlhuhn bratfertig

Putenbraten

dinde forcie rôtie
stuffed roast turkey

Gefüllte Babypute

dindonneau farci
stuffed young turkey

Füllung
- Schweinefleisch, Speck und Weißbrot wolfen und mit Ei verarbeiten.
- Leber sautieren und in Würfel schneiden, zugeben.
- Gedünstete Champignon- oder Gemüsewürfelchen unter die Masse mengen.
- Mit Salz, Pfeffer und Pastetengewürz abschmecken, mit etwas Cognac verfeinern.

Braten
- Brustknochen der Pute von innen auslösen, Pute mit Farce füllen, dressieren, mit Salz und Pfeffer einreiben.
- Pute in Bräter legen, mit heißer Butter übergießen, öfters begießen.
- 2 h bei 180 °C saftig braten, Garprobe an den Putenkeulen.
- Bratensatz entfetten, mit Geflügel-Jus verkochen, passieren und separat anrichten.

Beilagen: Kartoffelkroketten, Pariser Kartoffeln, Edelgemüse

Für eine Gesellschaft von 16 Personen soll Entenbraten hergestellt werden.

1. *Wählen Sie für das Essen passende Beilagen und Garnituren/Garnierungen aus.*
2. *Erarbeiten Sie eine Materialanforderung für das Gericht.*
3. *Beschreiben Sie stichwortartig das Herstellen (vorbereiten, zubereiten, anrichten) aller Speisenteile.*
4. *Erläutern Sie besondere hygienische und arbeitsschutzmäßige Forderungen, die zu beachten sind.*

Entenbrust Barbarie

Braten von Portionsstücken

pièces de volaille rôties
roast chicken cuts

Besondere Vorbereitungsarbeiten sind bei kurzgebratenen Schlachtfleischspeisen in der Übersicht → 182 zusammengefasst.
Portionsstücke von Geflügel, insbesondere von Pute und Huhn, werden stets saftig durchgebraten. Üblich ist die Bezeichnung Steak oder Schnitzel. Kurzgebraten werden auch die Geflügellebern, die erst nach dem Anbraten zu salzen sind.

Entenbrust Barbarie

magret de canard Barbarie
duckling breast Barbarie

- Entenbrust auf der Hautseite gitterförmig einschneiden.
- Mit Salz und weißem Pfeffer würzen, in heißem Fett englisch braten. Überwiegend auf der Hautseite braten, da diese kross werden soll.
- Vor dem Tranchieren 5 min ruhen lassen, damit kein Bratensaft mehr austritt, dann aufschneiden. Mit Romanesco und gerösteten Pinienkernen anrichten.

Putenschnitzel mit Curryfrüchten

escalopes de dindonneau aux fruits et au curry
turkey escalopes with curry fruits

- Schnitzel leicht plattieren, würzen, mehlieren.
- In heißer Butter auf jeder Seite etwa 3 min braten.
- Mit in Butter und reichlich Curry angeschwenkten Ananasstücken und Bananenscheiben sowie buntem Pfeffer anrichten, mit Belegkirsche garnieren.

Gänseleber mit Äpfeln und Zwiebeln

foie gras aux pommes et aux oignons
goose liver with apples and onions

- Gänseleber in Scheiben schneiden, in Butter vorsichtig braten, während des Garens mit Salz und Pfeffer würzen, mit Cognac flambieren.
- Ausgestochene Apfelringe mit Zitrone mazerieren, leicht mehlieren, in Butter dünsten.
- Gebratene Leber mit Apfelringen anrichten, mit Röstzwiebeln bestreuen, etwas heiße Bratbutter darüber gießen.

Diese Spezialität (foie gras) ist auch als **Vorspeise** gut geeignet.

Putenschnitzel mit Curryfrüchten

Geflügelleberragout

ragoût de foies de volaille
chicken-liver stew

- Hühner- oder Entenleber – in Butter mit Zwiebelwürfeln anbraten und zuletzt mit Salz und Pfeffer würzen. Champignonscheiben eignen sich zum Mitbraten.
- Mit Rotweinsauce ablöschen. Das Leberragout darf in der Sauce nicht mehr kochen, sonst wird die Leber hart.

Geflügelleberragouts eignen sich, im Reisrand serviert, als Gericht, aber auch auf Toast oder in Pastetchen als warme **Vorspeisen** oder als **Imbiss**.

Geflügelleberspießchen

brochettes de foies de volaille
chicken-liver skewers

- Geflügelleberstücke mit sehr dünnen Rauchspeckscheiben und Champignonköpfen abwechselnd auf Spieße reihen.
- Leicht mehlieren und rasch im Fett braten. Separat Madeira-Sauce servieren.

Geflügelleberspießchen werden gern als **Vorspeise** angeboten.

Enten- und Gänsestopfleber – ein ungetrübter Genuss?

Diese Mastart ist in Deutschland, Österreich und der Schweiz aus Gründen des Tierschutzes untersagt. Den Tieren wird zweimal täglich mit einem Trichter ein Mais-Fett-Gemisch in den Magen gestopft. Fettlebern derart gemästeter Tiere – mit einem Vielfachen der ursprünglichen Größe – wurden wegen Farbe und Geschmack früher sehr geschätzt. Sie sind innerhalb der EU erlaubt und werden aus Frankreich und Ungarn eingeführt.

Geschmorte Geflügelspeisen

volaille braisée  *braised chicken*

Was ist Poulet sauté?

Traditionell ist darunter ein Schmorhühnchen zu verstehen. Nicht zu verwechseln mit dem Schwingen (sauté à la minute) als einer Form des Kurzbratens.

Zum Schmoren eignet sich älteres, derbes Geflügel.
Geflügel auslösen oder vierteln, meist mit geschnittenem Wurzelgemüse in heißem Fett anbraten. Bratensatz mit Weißwein ablöschen, mit gebundener Geflügel- oder Kraftsauce auffüllen. Geflügel in der Sauce fertig garen.

Paprikahuhn

poulet au paprika  *paprika chicken*

4	kg	Brathuhn
0,05	kg	Weizenmehl
0,1	kg	Schmalz oder Speiseöl
0,2	kg	Zwiebeln
0,3	kg	roter Gemüsepaprika
0,2	l	brauner Geflügelfond
0,25	l	saure Sahne
0,05	kg	edelsüßer Gewürzpaprika
1	l	Paprikasauce
		Salz, Zitrone

- Gesalzene Hühnerviertel mehlieren, in Fett, zusammen mit Zwiebelwürfeln, Gemüsepaprika und edelsüßem Gewürzpaprika, anbraten.
- Mit Geflügelfond ablöschen. Paprikasauce darauf gießen und garen lassen. Sauce mit saurer Sahne und Zitrone vollenden.

Hahn im Wein

 *coq au vin*  *cock in wine*

6	kg	Poulet ($^{20}/_{4}$ zu 0,3 g)
4	EL	Bratbutter
30		frische Perlzwiebeln (→ 26)
0,5	kg	Champignons
0,2	kg	Speck
2		Knoblauchzehen
1		Kräutersträußchen
1	Flasche	Burgunder (0,7l) (→ 360)
0,2	kg	Geflügelleber
0,1	kg	Butter
0,4	kg	Toastbrot

- Hühner vierteln, salzen, pfeffern, im heißen Fett rundherum anbraten.
- Mit Wein ablöschen und kurz aufkochen.
- Ausgelassene Speckwürfel, Champignons, Perlzwiebeln, Kräutersträußchen und zerriebenen Knoblauch zugeben. Huhn im Wein fertig schmoren.
- Mit gebratener Geflügelleber und gebutterten Toastecken anrichten.

*Bei dieser **burgundischen Spezialität** wird reichlich Burgunderwein verwendet, aber auch Weißwein ist geeignet, dann muss aber die Geflügelleber weggelassen und die Sauce mit Mehlbutter gebunden werden.*

Huhn provenzalische Art

poulet provençale *chicken Provence style*

6	kg	Huhn ($^{10}/_{2}$ zu 0,6 kg)
0,1	kg	Zwiebeln
0,2	kg	Olivenöl
0,5	kg	Tomatenwürfelchen (*tomates concassées*)
0,2	kg	grüne und schwarze Oliven
0,2	l	Weißwein
1	l	brauner Geflügelfond
		Salz, Pfeffer, gehackte Petersilie

- Kräftig gewürzte Hühnerhälften im heißen Olivenöl scharf anbraten, rauslegen.
- Gehackte Zwiebeln zugeben, mit Geflügelfond und Weißwein ablöschen.
- Tomatenwürfelchen, Oliven und Hühnerhälften zugeben und etwa 20 min fertig schmoren. Mit gehackter Petersilie fertig stellen.
- Hühner von innen entbeinen, beim Anrichten nappieren.

Frittierte Geflügelspeisen

volaille frite *deep-fried chicken*

Geeignet sind Teile von **jungem zartem Geflügel.**
Ausgelöste Geflügelteile marinieren, salzen und pfeffern. Mit Wiener Panierung panieren oder durch Bierteig ziehen und frittieren. Sobald die Geflügelteile im Fettbad oben schwimmen, ist der Garpunkt erreicht. Abtropfen lassen und **trocken auf Manschette** anrichten.

In der Praxis hat sich die thermische Vorbereitung bewährt: vorgaren, auslösen, panieren oder nature frittieren. Dazu eignen sich junge Hühner, Putenbrust und Geflügelspieße.

Backhendl (Wiener Backhuhn)

poulet frit viennoise
deep-fried chicken Viennese style

4	kg	Brathuhn (5 Stück)
10	Portionen	Wiener Panierung (5 Eier, 0,6 kg Paniermehl)
0,3	kg	Öl (Fettbad)
0,2	kg	Zitronen
5	Bund	Petersilie
		Salz, edelsüßer Gewürzpaprika

- Huhn bis auf Flügel- und Beinknochen auslösen, vierteln.
- Mit Zitrone marinieren, mit Paprika und Salz würzen.
- Nach Wiener Art panieren.
- Frittieren, trocken auf Papiermanschette anrichten.
- Mit Zitronenecke und Sträußchen frittierter Petersilie garnieren.

Brathuhn

Hühnerbrustroulade

roulades de suprêmes de volaille
chicken-breast roulades

2	kg	Hühnerbrust
10	Portionen	Wiener Panierung
0,3	kg	Öl (Fettbad)
0,1	kg	Zitronen
0,15	kg	Butter
		Salz, weißer Pfeffer, Worcestershire-Sauce

- Ausgelöste Hühnerbrust in Scheiben zu 200 g schneiden, leicht plattieren.
- Mit Worcestershire-Sauce, Zitrone, Salz und Pfeffer würzen.
- Kalte Butter einrollen dann mit Wiener Panierung umhüllen, frittieren. Als **Beilage** eignen sich Salz-, Petersilien-, Dillkartoffeln und Buttererbsen oder Blattsalate.

Gebackene Hühnerbrust

suprêmes de volaille Orly
chicken breast Orly

2	kg	Hühnerbrust
0,05	kg	Weizenmehl
10	Portionen	Bierteig
0,3	kg	Öl (Fettbad)
0,1	kg	Zitronen
		Salz, weißer Pfeffer, Worcestershire-Sauce

- In ausgelöster Hühnerbrust nur Flügelknochen belassen.
- Marinieren, würzen, mehlieren. Durch Bierteig ziehen, frittieren.

Als **Beilage** eignen sich Kartoffelvariationen und Buttererbsen, anderes Edelgemüse oder Blattsalate.

Gebackene Hühnerkeule mit Herzoginkartoffeln

Gegrillte Geflügelspeisen

 *volaille grillée*  *grilled chicken*

Zum Grillen eignet sich **junges, zartes Geflügel** (Grillhähnchen) von 800 bis 1000 g. Gegrilltes Geflügel wird oft auf **Krötenart** (→ *crapaudine 226*) zubereitet. Die Grillzeit ist unterschiedlich, je nach Grillgerät. Gegrilltes Geflügel mit frischen Salaten anbieten.

Grillen von Geflügel	
■ **Geflügel** bridieren, würzen und auf Spieß stecken	Grillhähnchen: Einstecken ist vorteilhafter als Binden, da der Bindfaden verbrennen könnte; salzen, würzen, evtl. in Würzmarinade auf Ölbasis einlegegen
■ **Mit Fett** oder **Würzmarinade** bepinseln	Verhindert zu starkes Austrocknen
■ **Gleichmäßig drehenden Geflügelspieß ständig begießen oder mit Fett bestreichen**	Allseitig ohne zu große Hitzeeinwirkung auf einzelne Stellen garen, durch Bestreichen abkühlen und knusprige Oberfläche vergrößern
■ **Evtl. aufgefangenen Fleischsaft darüber gießen**	Erhöht die Farbgebung

Curry-Grillhähnchen

poulet de grain grillé au curry
grilled corn-fed chicken with curry

4	kg	Grillhähnchen (5 Stück zu je 800 g)
0,3	kg	Butterreinfett
0,4	kg	Reibebrot
		Salz-Curry-Gemisch

- Vorbereitete Grillhähnchen halbieren und trocken tupfen.
- Flügel und Keulen bridieren bzw. einstecken.
- Hähnchenhälften mit Würzgemisch einreiben und in zerlassener Butter wenden, dann mit Reibebrot einbröseln.
- Auf Grillrost über eine Fettpfanne legen und grillen.
- Mehrfach behutsam wenden und dabei mit restlicher Butter begießen.

Als Beilagen eignen sich Risotto, Mango-Chutney und frittierte Bananen.
Auf gleiche Art lässt sich auch **Perlhuhn** zubereiten.

Mango-Chutney
Würzpaste aus Mango mit Rosinen, Ingwer, Pfeffer und Zucker.

Gegrilltes Küken

poussin grillé
grilled spring chicken

10		Küken zu je 350 g
0,3	kg	Speiseöl
		Salz, Pfeffer aus der Mühle

- Küken nach Krötenart (→ 226) vorbereiten.
- Vorbereitete bridierte Küken salzen und pfeffern.
- Mit Öl beträufeln und flach auf den heißen Grillrost legen.
- Unter mehrfachem Wenden goldbraun grillen.
- Durch Einreiben der fast fertigen Küken mit Kräuterbutter, Paprikabutter oder einem Gemisch von Senfmehl und Chili können besondere Geschmacksrichtungen erreicht werden.

Als **Beilagen** eignen sich Strohkartoffeln, frische Salate, Teufelssauce.
Auch Champignonsalat mit Sonnenblumenkernen passt geschmacklich gut.

16.4 Zubereitung von Wildgeflügel

🇫🇷 *préparation de gibier à plume*
🇬🇧 *preparation of feathered game*

Wildgeflügel wird überwiegend **ganz** zubereitet und soll vor der Zubereitung reifen (abhängen), wodurch es mürbe wird und sich das Wildaroma (*haut goût*) entwickelt.
Während **junges Wildgeflügel** gebraten wird, eignet sich **älteres** vorzugsweise zum Schmoren. Nur älteres Wildgeflügel wird zum Kochen (Brühen, Suppen) verwendet. Aber auch dafür wird es zuvor braun angebraten, um ein intensiveres Aroma zu erreichen.

Merkmale, Zubereitungsmöglichkeiten		
Fasan	🇫🇷 *faisan* 🇬🇧 *pheasant*	Hähnchengroß, hauptsächlich aus Zuchten; helles, faseriges Fleisch, nicht besonders saftig, häufig bardieren. Braten, schmoren, Verarbeitung zu Pasteten und Suppen
Rebhuhn	🇫🇷 *perdreau* 🇬🇧 *partridge*	Taubengroß, selten, hervorragendes Fleisch, sehr zart. Auch bardieren. Braten oder schmoren. Henne etwas fettreicher, vielfach geschmacklich bevorzugt
Strauß	🇫🇷 *autruche* 🇬🇧 *ostrich*	Größte Vogelart (bis 3 m), aus Zuchten; dunkles zartes Fleisch, meist tiefgefroren vakuumiert
Wachtel	🇫🇷 *caille* 🇬🇧 *quail*	Starengroßer Hühnervogel, aus Zuchten. Seltener bardiert

Merkmale, Zubereitungsmöglichkeiten		
Wildgans	🇫🇷 *oie sauvage* 🇬🇧 *wild goose*	Graugans, fettreich, schmackhaftes Fleisch. Wie Mastgans zubereiten. Älteren Tieren die Haut abziehen, da diese tranig schmecken kann
Wildente	🇫🇷 *canard sauvage* 🇬🇧 *wild duck*	Stockente, aus Zuchten; mageres Fleisch. Tranige Enten enthäuten. Kurz in siedendes Wasser tauchen, um Fett auszulösen. Junge Tiere braten, ältere für Ragouts, Farcen, Terrinen und Suppen
Wildtaube	🇫🇷 *pigeon sauvage* 🇬🇧 *wild pigeon*	Ringel-, Türkentaube. Junge Tiere mit zartem Fleisch braten. Wie Rebhühner zubereiten. Ältere Tiere für Suppen und Farcen. *Ohne Galle!*

Gebratene Wildgeflügelspeisen

🇫🇷 *gibier à plume rôti*
🇬🇧 *roast feathered game*

Junger Fasan mit Feigen

🇫🇷 *faisan rôti aux figues*
🇬🇧 *roast pheasant with figs*

5		junge Fasane
0,3	kg	Butter
20		frische Feigen
1	l	Wildbrühe
0,3	l	Sahne
		Salz, Pfeffer, Zitrone

- Fasane bridieren und bardieren.
- Fasanenhälse und -flügel in den Bräter geben, die gewürzten Fasane obenauf.
- Im abgedeckten Gefäß bei schwacher Hitze in der Bratröhre etwa 45 min garen. Das Fasanenfleisch wird dabei weiß, die Haut bleibt leicht rosa.
- Abgezogene Feigen in zerlassener Butter etwa 2 min andünsten.
- Etwas Brühe und Sahne zugeben. Feigen heiß stellen.
- Fasane halbieren und ausgebrochen anrichten und mit Feigen umlegen.
- Bratensatz mit etwas Brühe sowie dem Feigenfond verkochen, bis er dickflüssig ist. Mit Zitrone abschmecken, Fasan damit überziehen.

Beilagen: Mandelkroketten, glasierte rote Beete.

Garzeiten (min)	
Fasan	50–60, je nach Qualität und Gewicht
Rebhuhn	45

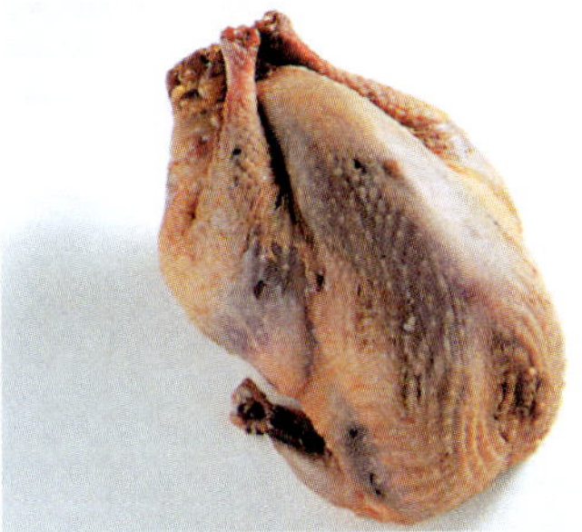

Fasan, küchenfertig

Fasan mit Orangen

faisan à l'orange
pheasant with oranges

3	kg	Fasan (5 junge Fasane)
0,2	kg	Speck
0,03	kg	Johannisbeerkonfitüre
0,2	l	Rotwein
0,5	l	Wildbrühe
0,05	kg	Stärke
0,15	kg	Zitronen
0,4	kg	Orangen

- Fasan salzen, pfeffern, mit geriebener Orangenschale bestreuen, mit Speck bardieren, zuerst auf der bardierten Brustseite anbraten.
- Dann auf der Rückenseite unter ständigem Übergießen mit Bratfond weiter braten.
- Bindfaden entfernen, Fasan tranchieren.
- Bratensatz mit Rotwein und Wildbrühe ablöschen.
- Geriebene Orangen- und Zitronenschale, Orangensaft sowie etwas Johannisbeerkonfitüre zugeben, Sauce mit Stärke binden, passieren.
- Fasanenstücke in der Sauce kurz durchziehen lassen.

Geeignete Beilagen sind gebackene Kartoffeln und Spritzkartoffeln, Rosenkohl.

Gebratene Taube mit Rosmarinsauce

Variationen von Fasanenbrust

suprêmes de faisan — pheasant breast

Winzerinart

vignerонne

wine-grower's style

Braten, auf Croûton legen, entkernte, in Butter geschwenkte Weinbeeren, gebratene Speckscheibchen, Sauce separat

mit Calvados-Rahmsauce

à la sauce crème au calvados

with calvados cream sauce

Leicht plattieren, würzen, in heißer Butter rosa braten, ausbrechen, Bratenfond mit Calvados (→ 374) ablöschen, mit Crème fraîche verkochen, Sauce abschmecken, den Fasan damit nappieren

Gebratene Taube mit Rosmarinsauce

pigeonneaux à la sauce au romarin
roast pigeon with rosemary sauce

- Tauben bridieren, innen und außen mit Salz, Pfeffer und Rosmarin würzen.
- In heißer Butter unter häufigem Begießen innen saftig und außen knusprig braten, ausbrechen, Bratenfond mit Rosmarin aromatisieren.

Sautierte Wachtelbrüstchen mit Pom-Poms

suprêmes de caille aux pom-poms blancs
quail breast with white pom poms

Die Speise eignet sich besonders als warme Vorspeise oder als Zwischengericht.

- Weiße Pom-Poms (→ 38) mit Salz und weißem Pfeffer würzen, in Butter anbraten.
- Ausgelöste Wachtelbrüstchen mit Salz und Pfeffer würzen.
- In heißer Butter sautieren.
- Mit etwas Madeira-Sauce und frittierter Petersilie anrichten.

Wildente in Sauce mit schwarzen Johannisbeeren

canard sauvage à la sauce aux cassis
wild duckling with black-currant sauce

5		Wildenten zu je etwa 1,2 kg
0,2	kg	Butter
0,2	l	Rotwein
0,6	l	Geflügel-Jus
0,05	kg	Mehlbutter
0,2	kg	Fruchtmark von schwarzen Johannisbeeren
		Salz, Pfeffer, Wacholder

- Bridierte und bardierte Wildenten in Bräter legen, mit zerlassener Butter übergießen.
- Würzen und bei mittlerer Hitze etwa 30 min braten, dabei öfters mit dem Bratensatz übergießen.
- Bratensatz mit Rotwein und Geflügel-Jus verkochen, mit Mehlbutter binden, gut verkochen, passieren, mit Fruchtmark aromatisieren, abschmecken und Sauce separat servieren.
- Wildenten am Tisch tranchieren (➔ 239).

Der Garpunkt beim Braten ist erreicht, wenn der abtropfende Fleischsaft rosa ist.

Wildente, küchenfertig

englische Art
anglaise
English style
Blutig braten, mit Brunnenkresse und Zitronenspalten garnieren, Apfelmus separat

gefüllt
farci
stuffed
Wildenten innen und außen würzen, mit Masse aus Apfelwürfeln, eingeweichten Backpflaumen und geriebenem Schwarzbrot füllen, in heißem Fett anbraten, mit Portwein (➔ 366) ablöschen und fertig braten

im Römertopf
Wildenten würzen, in gewässerten Römertopf geben, mit Speckscheiben belegen, Rotwein, Wild-Jus und getrocknete Aprikosen dazugeben, Römertopf gut verschließen, 45 min in der Backröhre garen

Straußensteak

steak d'autruche *ostrich steak*

1,5	kg	Straußenkeule
0,3	kg	Pflanzenöl
0,1	kg	Weizenmehl
		Salz, weißer Pfeffer

- Steaks schneiden und gut plattieren. Tiefgefrorene Straußensteaks im Kühlschrank zunächst schonend auftauen.
- Würzen, mehlieren und saftig braten.

Komplettieren mit Gemüsebeilagen, Pilzen, Curryfrüchten, Mango Chutney, frittierten Kartoffeln oder Reisvariationen.

Geschmorte Wildgeflügelspeisen

gibier à plume braisé
braised feathered game

Zum Schmoren eignet sich **älteres Geflügel,** das vielfach vor dem Garen zerlegt und **mariniert** wird. Rotwein und typische Wildgewürze (Rosmarin, Thymian) werden verwendet. Früher musste im Federkleid geliefertes Wildgeflügel abgebalgt werden. Dabei wurde die Haut mit den Federn abgezogen, um das oft tranige Fett (Wildenten) entfernen zu können. Heute wird die Rohware bereits garfertig bezogen.

Rebhuhn in Rotwein

perdreau au vin rouge
partridge with red wine

10		junge Rebhühner (3–4 kg)
0,4	kg	Butter
0,3	kg	Zwiebeln
0,3	kg	Maronen
0,5	kg	Champignons
0,2	l	Rotwein
0,6	l	Wildfond
		Salz, Pfeffer

Der Garpunkt beim Schmoren ist erreicht, wenn die Keulen beim Anstechen weich sind.

- Bridierte Rebhühner gut würzen, auf allen Seiten in einem Bräter mit Butter anbraten und in eine Sauteuse legen.
- Glasierte Zwiebeln, Maronen und Champignons zufügen.
- Bratensatz mit Rotwein und Wild-Jus verkochen und über die Rebhühner passieren. Zugedeckt 15 min fertig garen.

Beilagen: Kartoffelkroketten, Kartoffel-Crêpes, glasierte gelbe Rüben.

Wachteln küchenfertig

Wachteln mit Mandelsauce

cailles à la sauce aux amandes
quails with almond sauce

20–30		Wachteln (125g/Stück)
0,3	kg	Butter
0,2	l	Weißwein
0,2	l	Geflügelfond
0,3	kg	gemahlene Mandeln
0,3	l	Sahne
		Salz, Pfeffer, Knoblauch, Weinessig

- Gewürzte Wachteln in zerlassener Butter und Weißwein bei schwacher Hitze etwa 20 min garen, ohne die Wachteln Farbe nehmen zu lassen.
- Würzen, wenn erforderlich Geflügelfond angießen.
- Sahne und gemahlene Mandeln dazugeben und alles weitere 10 min pochieren.
- Beim Anrichten Wachteln mit deckender Sauce überziehen.

Beilagen: Kartoffelbällchen, Chicorée-Orangen-Salat.

Die Wachtel ist der kleinste europäische Hühnervogel. Da sie unter Naturschutz steht, kommt sie ausschließlich aus Zuchtbetrieben frisch oder tiefgefroren. Angeboten werden pfannenfertige (70-90g), hohl ausgelöste Exemplare, sowie Brüste. Außerdem werden auch die Wachteleier (→ 75) verwendet.

Wachteln mit Preiselbeeren

cailles aux airelles rouges
quails with mountain cranberries

20		Wachteln
0,3	kg	Räucherspeck
0,2	kg	Butter
0,06	kg	Weizenmehl
0,6	l	Wildfond
0,4	l	Weißwein
0,3	kg	Preiselbeeren

- Wachteln salzen, pfeffern, bardieren und in heißer Butter anbraten.
- Mehl anstäuben, mit Weißwein und Wildfond auffüllen, Preiselbeeren dazugeben und die Wachteln fertig garen.

Beilagen: Dauphine-Kartoffeln, geschmorter Lattich

Variationen von Wachteln

Diana
Diane
Diana
Braten, mit Maronenmus, Diana-Sauce

mit Weinbeeren
aux raisins
with grapes
In Butter braten, Bratensatz mit Weinbrand ablöschen, mit entkernten Weinbeeren und Fleischglace verkochen

mit Oliven und Salbei
aux olives et à la sauge
with olives and sage
Aus Oliven und Salbei Mus herstellen, mit Salz, Pfeffer und Knoblauch würzen, Wachteln damit marinieren, mit Speckscheiben belegen, braten

16.5 Tranchieren von Geflügel

trancher la volaille
cutting chicken

Für das Tranchieren gebratener Gänse, Enten, Hähnchen und Poularden ist die Kenntnis des **anatomischen Aufbaus** des Geflügels wichtig, da der Trancheur die Knochen- (Karkasse) und die Fleischlage kennen muss.
Enten und Gänse werden längs geteilt und portioniert. Dabei werden die Karkassen von der Innenseite her entbeint.
Bei **Enten** werden meist Brust und Keule geteilt. Bei **Gänsen und Puten** ist besonders auf ein ökonomisches Zerlegen in gleichwertige Portionen von Brust und Keule zu achten.
Hähnchen zerteilt der Fachmann längs und entbeint sie von der Innenseite.
Der Einsatz der **Geflügelschere** setzt sich in der Praxis immer stärker durch. Auf diese Weise werden Gänsebrust, Gänsekeulen, Putenbrust, Hähnchenbrüstchen, gefüllte Geflügelteile, Wachtel- und Perlhuhnbrüstchen portioniert. **Spezialstücke**, wie beispielsweise Entenbrust Barbarie, werden in schräger Schnittführung zerlegt.

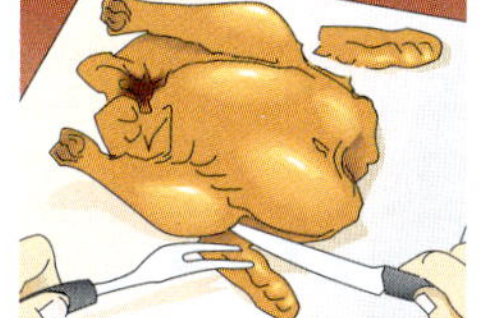
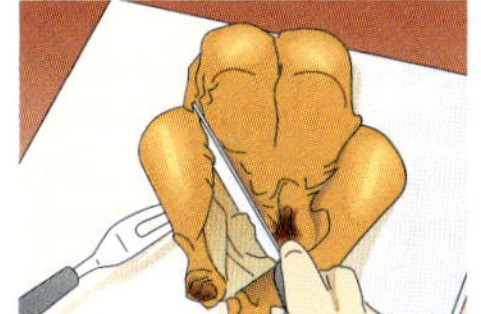
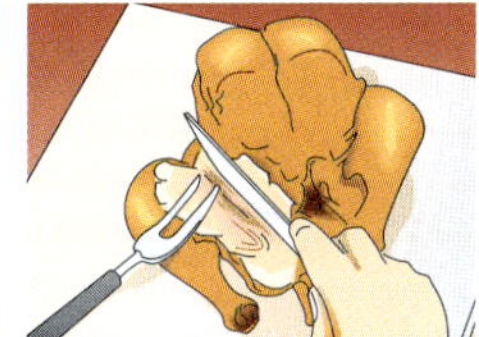
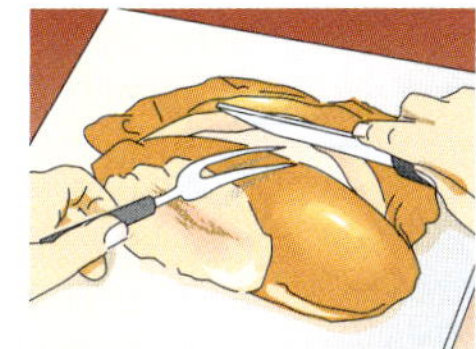
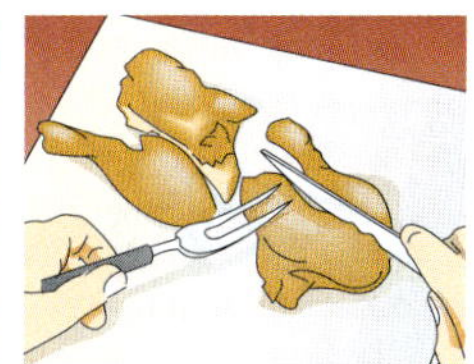

16.6 Geflügel- und Wildgeflügelspeisen aus Convenience-Erzeugnissen

mets de volaille et de gibier à plume préparés de produits précuisinés
chicken and feathered-game dishes prepared with convenience products

Vorteile der Convenience-Erzeugnisse: Wegfall arbeitsaufwendiger Arbeitsgänge, einfache Zubereitung, kürzere Zubereitungszeiten sowie stets gleiche Portionsgrößen. Nach Berechnungen der Hersteller lassen sich die Lohnkosten bis auf ein Drittel reduzieren.

Die Hersteller bieten insbesondere **Truthahn- bzw. Putenfleisch** in fünf Fertigungsstufen an:

- vorbereitungsfertig
- zubereitungsfertig
- garfertig (roh gewürzt)
- mischfertig
- regenerierfertig

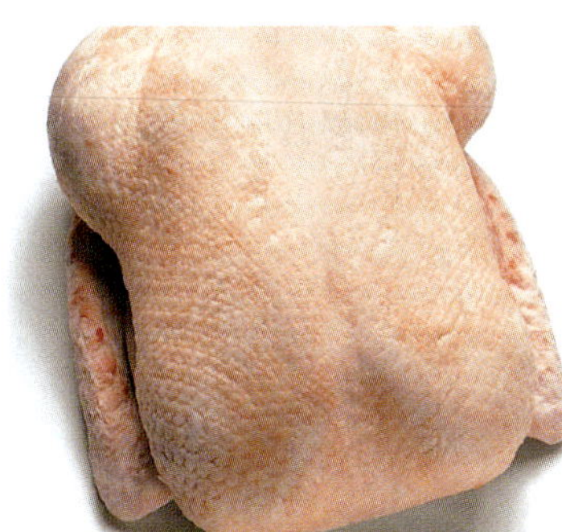

Ente, garfertig

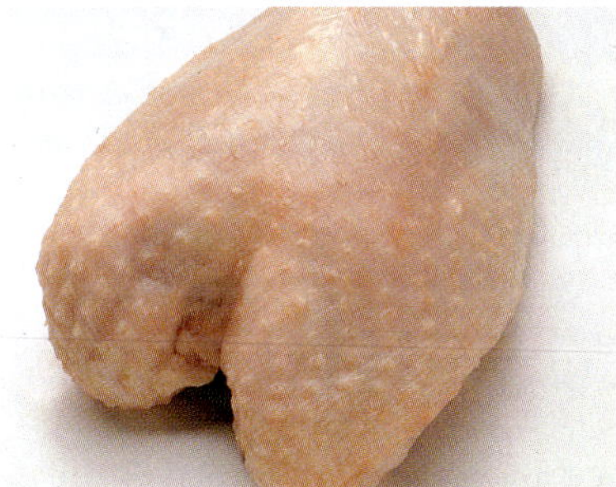

Putenbrust, garfertig

Putenrollbraten, garfertig

Vorbereitetes Geflügel
Handelsübliches Angebot: Hälfte, Viertel, Brust, Oberschenkel, Unterschenkel, Hähnchenschenkel mit Rückenstück, Flügel, beide Flügel ungetrennt, Brustfilet (Filet), Brustfilet mit Schlüsselbein

Garfertige Portionsmengen in Gramm	
Küken	250–300
Tauben	250
Rebhühner	350–400
Hähnchen	400
Poularde	350
Suppenhuhn	400
Ente	400
Gans	400
Pute	350
Fasan	350–400
Wildente	400
Geschnetzeltes	150
Steak/Schnitzel	150

__Schnitzel__ sind aus natürlichem Muskelfleisch geschnittene Scheiben, während __Schnitten__ aus Formfleisch bestehen dürfen.

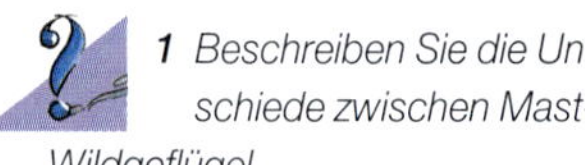

1 *Beschreiben Sie die Unterschiede zwischen Mast- und Wildgeflügel.*
2 *Nennen Sie Wildgeflügelarten, die die Landwirtschaft heute in Farmen züchtet.*
3 *Beurteilen Sie den Wert der Geflügelspeisen für die Ernährung.*
4 *Nennen und beschreiben Sie mindestens fünf Vorbereitungsarbeiten für Geflügel.*
5 *Nennen Sie jeweils fünf Mast- und Wildgeflügelarten und Grundsätze für die Zubereitung.*
6 *Ein Gast möchte eine fettarme, leicht verdauliche Geflügelspeise. Welche Mastgeflügelarten gelten als besonders fettarm? Schlagen Sie passende Beilagen vor.*
7 *Beschreiben Sie Unterschiede zwischen Braten und Schmoren von Geflügel.*
8 *Untersuchen Sie das Angebot von Geflügel in Ihrem Ausbildungsbetrieb. Beurteilen Sie Abwechslungsreichtum und ernährungsphysiologischen Wert.*
9 *Diskutieren Sie Pro und Kontra der Verwendung von Geflügel-Convenience-Erzeugnissen in der Küche.*

Gekühlte Geflügelspeisen

Angeboten werden neben Geflügelteilen (Brust, Keulen u. a.) Geschnetzeltes, Rouladen, Gulasch, Steaks, Spieße, gefüllte Portionsstücke, Rollen usw. Gekühlte Convenience-Erzeugnisse sollen unterhalb +4 °C gelagert, auch gekühlt transportiert und rasch verarbeitet werden. Wegen Geschmacksbeeinträchtigung sollten sie möglichst nicht eingefroren werden.

Tiefgefrorenes Geflügel und Wild

Beim Tiefgefrieren lockern sich durch Eiskristallbildung die Geflügelfleischzellen, was nach dem Auftauen einen stärkeren Saftverlust, aber auch kürzere Garzeiten zur Folge hat.

Geflügelfleischspeisen, Wildgeflügelspeisen

Aus Geflügelfleisch stellt die Industrie eine ganze Palette von Fleischerzeugnissen her:

Rohstoffe				
Geflügel	Hähnchen Pute	Hähnchen Pute	Gänsekeule Broiler	Gänseleber Entenleber
Erzeugnisse				
Wurst Terrinen Pasteten	Schnitzel Steaks Schnitten	Geschnetzeltes Gefülltes	Schinken Kasseler	Pasteten

Hühnerfrikassee, Convenience-Erzeugnis

Hähnchenkeule, Convenience-Erzeugnis

Projektorientierte Aufgabe

Planung eines festlichen Geflügelessens

Eine Gesellschaft wünscht für eine Familienfeier ein festliches, leicht verdauliches Menü, bei dem der Hauptgang Geflügel sein soll.

Zutaten

1 Empfehlen Sie dem Gastgeber geeignete Geflügelarten, und begründen Sie die Empfehlungen.

2 Die Gäste entscheiden sich für Maispoularden aus einer regionalen Farm. Was ist darunter zu verstehen?

3 Der Gastgeber ist besorgt über die Übertragung von Salmonellose. Beruhigen Sie ihn, indem Sie sachlich begründen.

4 Erläutern Sie im Zusammenhang mit der Zubereitung die Begriffe poelieren, glasieren, bridieren, bardieren.

5 Beurteilen Sie die Qualität des abgebildeten Brathühnchens.

Zubereitung

6 Erläutern Sie die besonderen hygienischen Grundsätze bei der Verarbeitung von Geflügel.

7 Schreiben Sie die Arbeitsschritte bei der Herstellung von Brathuhn mit kurzer Begründung in einer Übersicht auf.

8 Unterbreiten Sie Vorschläge für passende Gemüse- und Sättigungsbeilagen.

Speisenfolge

9 Stellen Sie ein viergängiges Menü auf.

10 Empfehlen Sie korrespondierende Getränke. Denken Sie daran, dass Gäste eingeladen sind, die keine alkoholischen Getränke trinken.

11 Zwei Gäste möchten vegetarisch speisen, außerdem sind drei Kinder zwischen 3 und 5 Jahren in der Familie. Unterbreiten Sie Vorschläge.

Service

12 Nennen Sie das zum Tranchieren der Maispoularde notwendige Mise en place.

13 Beschreiben Sie drei wichtige Arbeitsschritte beim Tranchieren, indem Sie die Bilder erklären.

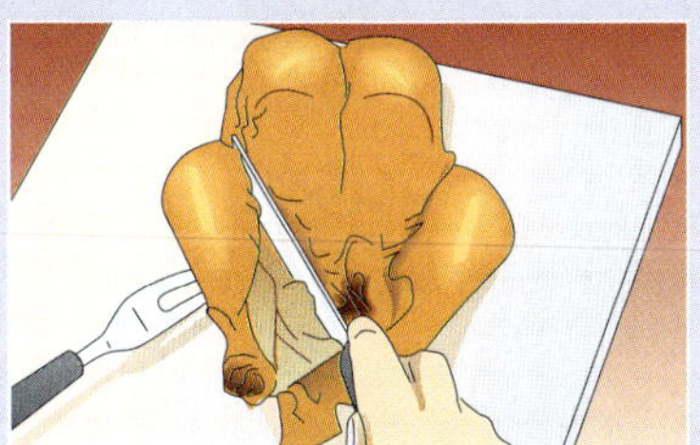

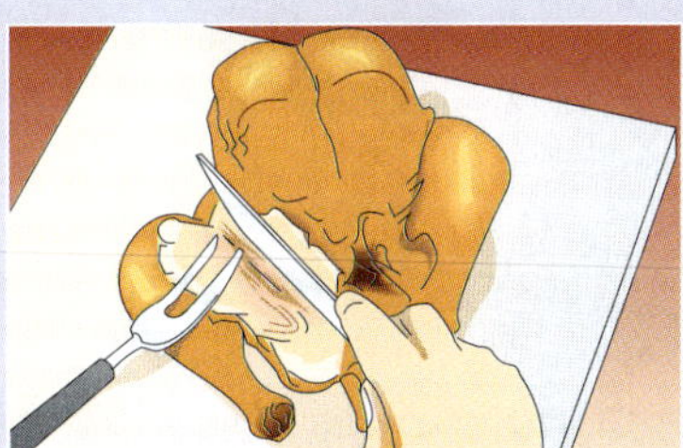

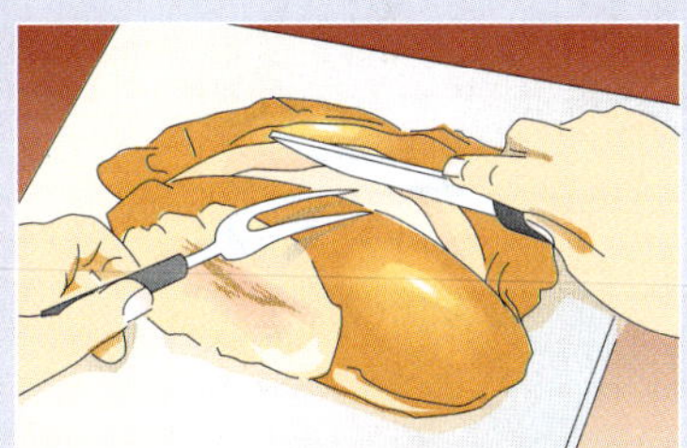

14 Unterbreiten Sie Vorschläge zur Beschäftigung der Kinder, damit während des Festessens bei ihnen keine Langeweile aufkommt.

Kalkulation

15 Kalkulieren Sie: Die Küche verarbeitet 14 Brathähnchen mit einem Gesamtgewicht von 13,45 kg. Der Nettopreis je kg beträgt 2,50 €. Auf Innereien entfallen 16%, und sie werden mit einem Kilopreis von 1,10 € ohne Mehrwertsteuer bewertet.

15.1 Ermitteln Sie die Menge der anfallenden Innereien in kg.

15.2 Berechnen Sie das Portionsgewicht einer Poulardenhälfte.

15.3 Wie hoch ist der Warenwert für die halbe Poularde?

16 Ermitteln Sie den Inklusivpreis, wenn der Warenwert für ein Menü 14,10 € beträgt und mit einem Kalkulationsfaktor von 2,6 gerechnet wird.

17 Wildspeisen

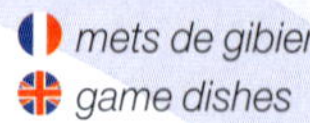
mets de gibier
game dishes

17.1 Zutaten, Nährwert

ingrédients, valeur nutritive
ingredients, nutritive value

Zutaten

Frisch erlegtes Wild gelangt ausgeweidet in der Decke, tierärztlich untersucht und mit einer Genusstauglichkeitsbescheinigung in die gastronomischen Betriebe. Das Wildangebot ist durch Tiefgefrierkonservierung nicht mehr von den gesetzlich festgelegten Jagdzeiten abhängig.
Während Rehe und Wildschweine aus dem Inland kommen, werden Hasen und Hirsche bis zur Hälfte aus Polen, Ungarn (Hirsche, auch Wildschweine), Argentinien (Hasen), Neuseeland (Hirsche), Schottland und Spanien (Rotwild) importiert.

Wildarten

Beliebt ist die Verarbeitung von Hirsch, Reh, Wildschwein, Hase und Wildkaninchen. Zu bevorzugen sind Wildtiere, die heute durch Aufzucht in **Farmen oder Freigehegen** in bester Qualität für die Gastronomie geliefert werden (→ Jagdzeiten).

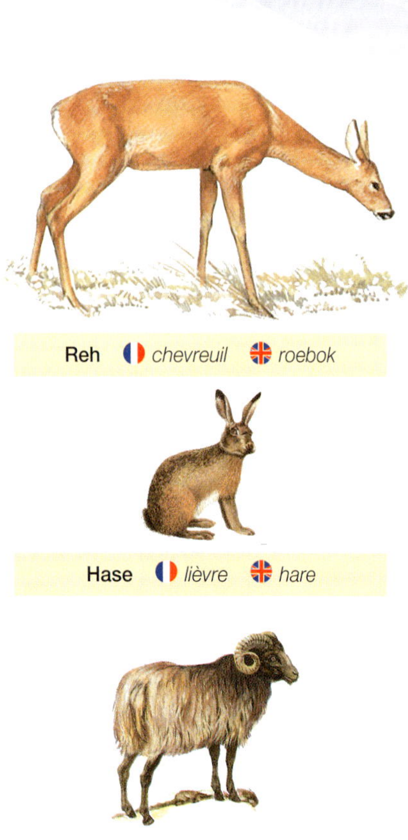

Reh *chevreuil* *roebok*

Hase *lièvre* *hare*

Mufflon *mouflon* *mouflon*

Hirsch (Rotwild) *cerf* *deer*

Gämse *chamois* *chamois*

Damhirsch *daim* *deer*

Wildkaninchen *lapin sauvage* *wild rabbit*

Wildschwein *sanglier* *wild boar*

Jagdzeiten nach Monaten

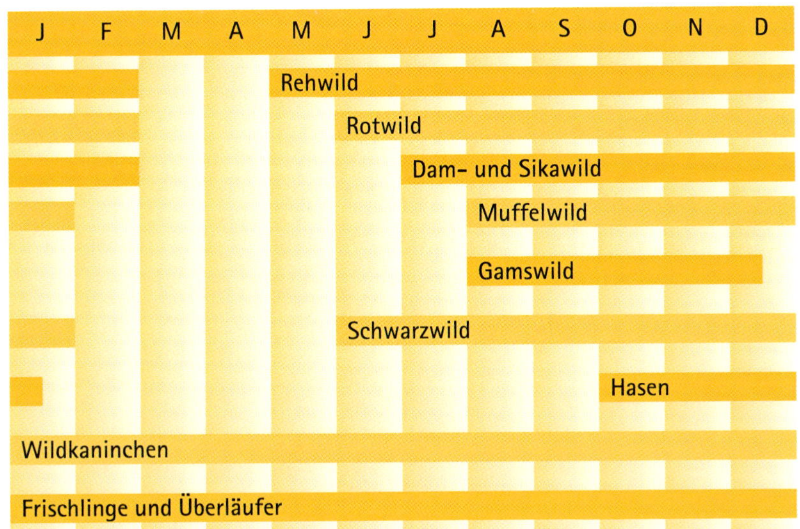

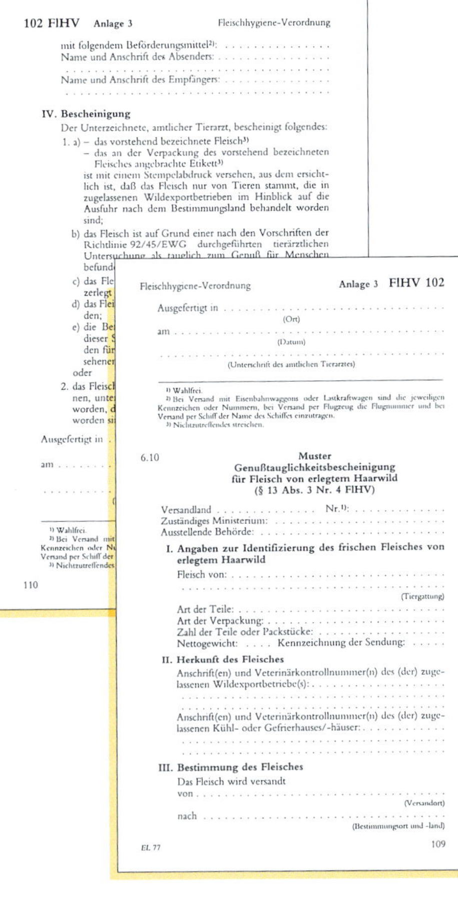

102 FlHV Anlage 3 Fleischhygiene-Verordnung

mit folgendem Beförderungsmittel[2]: . . . .
Name und Anschrift des Absenders: . . . .
. . . .
Name und Anschrift des Empfängers: . . . .
. . . .

IV. Bescheinigung

Der Unterzeichnete, amtlicher Tierarzt, bescheinigt folgendes:

1. a) – das vorstehend bezeichnete Fleisch[3]
– das an der Verpackung des vorstehend bezeichneten Fleisches angebrachte Etikett[3]
ist mit einem Stempelabdruck versehen, aus dem ersichtlich ist, daß das Fleisch nur von Tieren stammt, die in zugelassenen Wildexportbetrieben im Hinblick auf die Ausfuhr nach dem Bestimmungsland behandelt worden sind;
b) das Fleisch ist auf Grund einer nach den Vorschriften der Richtlinie 92/45/EWG durchgeführten tierärztlichen Untersuchung als tauglich zum Genuß für Menschen befund[…]
c) das Fle[…] zerlegt[…]
d) das Flei[…] den;
e) die Be[…] dieser S[…] den für[…] sehener[…]
oder
2. das Fleisc[…] nen, unte[…] worden, d[…] worden si[…]

Ausgefertigt in . . .

am . . . .

. . . .

[1] Wahlfrei.
[2] Bei Versand mit[…] Kennzeichen oder N[…] Versand per Schiff der[…]
[3] Nichtzutreffendes[…]

110

Fleischhygiene-Verordnung Anlage 3 FlHV 102

Ausgefertigt in . . . .
(Ort)
am . . . .
(Datum)
. . . .
(Unterschrift des amtlichen Tierarztes)

[1] Wahlfrei.
[2] Bei Versand mit Eisenbahnwaggons oder Lastkraftwagen sind die jeweiligen Kennzeichen oder Nummern, bei Versand per Flugzeug die Flugnummer und bei Versand per Schiff der Name des Schiffes einzutragen.
[3] Nichtzutreffendes streichen.

6.10

Muster
Genußtauglichkeitsbescheinigung
für Fleisch von erlegtem Haarwild
(§ 13 Abs. 3 Nr. 4 FlHV)

Versandland . . . . Nr.[1]: . . . .
Zuständiges Ministerium: . . . .
Ausstellende Behörde: . . . .

I. Angaben zur Identifizierung des frischen Fleisches von erlegtem Haarwild

Fleisch von: . . . .
. . . .
(Tiergattung)
Art der Teile: . . . .
Art der Verpackung: . . . .
Zahl der Teile oder Packstücke: . . . .
Nettogewicht: . . . . Kennzeichnung der Sendung: . . . . .

II. Herkunft des Fleisches

Anschrift(en) und Veterinärkontrollnummer(n) des (der) zugelassenen Wildexportbetriebe(s): . . . .
. . . .
. . . .
Anschrift(en) und Veterinärkontrollnummer(n) des (der) zugelassenen Kühl- oder Gefrierhauses/-häuser: . . . .
. . . .
. . . .

III. Bestimmung des Fleisches

Das Fleisch wird versandt
von . . . .
(Versandort)
nach . . . .
(Bestimmungsort und -land)

EL 77 109

Genusstauglichkeitsbescheinigung

Nährwert

Wildfleisch stellt eine willkommene Abwechslung bei der Kost- und Speisekartengestaltung dar. Wildfleisch ist dem Schlachtfleisch gleichzusetzen. Mit Ausnahme des Wildschweinfleisches zeichnet sich Wildbret durch einen **geringen Fettgehalt** (1–2%) aus. Der **Anteil an hochwertigem Eiweiß** beträgt 19–27%. Die appetitanregende Wirkung der Wildspeisen ist auf den Gehalt an Fleischbasen (Kreatin) zurückzuführen.
Bei der Verarbeitung müssen die typischen Rohstoffeigenschaften **Fettarmut, Feinfaserigkeit, dichtes Gefüge** und **strenger Geruch** berücksichtigt werden.
Nach der Reifung eignet sich Wildfleisch wegen der guten Verdaulichkeit auch für leichte Vollkost (Schonkost).

17.2 Lagerung und Vorbereitung

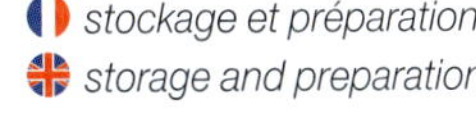
stockage et préparation
storage and preparation

Lagerung

Wildbret muss im Allgemeinen wie Schlachtfleisch mehrere Tage abhängen. Nach dem Lösen der Muskelstarre wird das Fleisch durch die Fleischreifung mürbe (➔ Grundstufe).
Kleinere Tiere, wie Hasen, Rehe und verschiedene Arten von Wildgeflügel, reifen 3–5 Tage.
Größere Tiere, wie Hirsch und Wildschweine, benötigen 6–8 Tage für die Reifung. Mit dem Erreichen des haut goût ist Wildfleisch mürbe und zart. Es ist darauf zu achten, dass die Reifung nicht in Verderb übergeht. Bei Schnitt- und Stichverletzungen während der Bearbeitung von Wild besteht stets akute Blutvergiftungsgefahr.

Was passiert beim Abhängen?

Bei der Fleischreifung werden Glukose und Glykogen in Fleischmilchsäure umgesetzt, was eine Lockerung des Bindegewebes bewirkt. Wildbret wird zart und mürbe; es entsteht ein arteigenes Aroma, der haut goût („Hochgeschmack"). Bei jungem und gezüchtetem Wild ist eine sehr intensive Reifung unnötig (➔ Grundstufe).

Vorbereitung

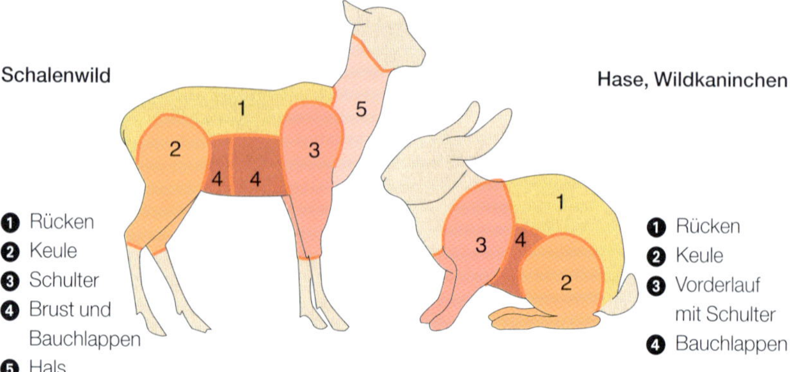

Die **Wildfleischqualität** ist von der Jagdzeit, vom Geschlecht sowie von der Nahrungsaufnahme der Tiere abhängig. Während der Paarungszeit sind insbesondere männliche Tiere mit Geschlechtsgeruch und -geschmack (Urin!) behaftet. Außer bei Wildschweinen (Keilern) kann dieser unangenehme Geruch und Geschmack durch Reifen und längere Tiefgefrierlagerung vermindert werden. In der Gastronomie werden wegen der besseren Fleischqualität jüngere Tiere (Schmalreh, Hirschkalb, Frischling) bevorzugt.

Portionsmengen für Wild

Bezeichnung	Rohgewicht in g à la carte	Menü	Garverlust in %
Portionsstücke			
Medaillons	180	150	27
Nüsschen	180	150	28
Steaks	180	150	26–28
Koteletts (Reh)	180	160	25–28
Geschnetzeltes	160	120	20–25
Braten / Schmorstücke			
Hasenrücken	400-450	350	30–38
Wildrücken (Reh)	400-450	350-400	32–40
Wildkeule	200	160	36–38
Schulter, entbeint	200	160	36–38
Ragout	200	160	38–42
Ragout mit Knochen	300	200	30–35

Rehrücken auslösen

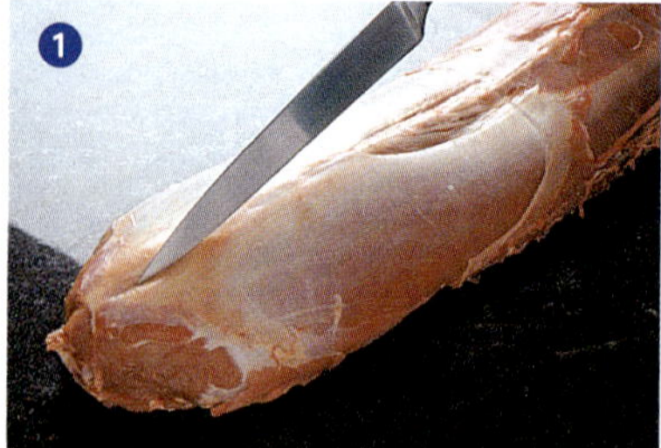

Längs des Rückgrates einschneiden

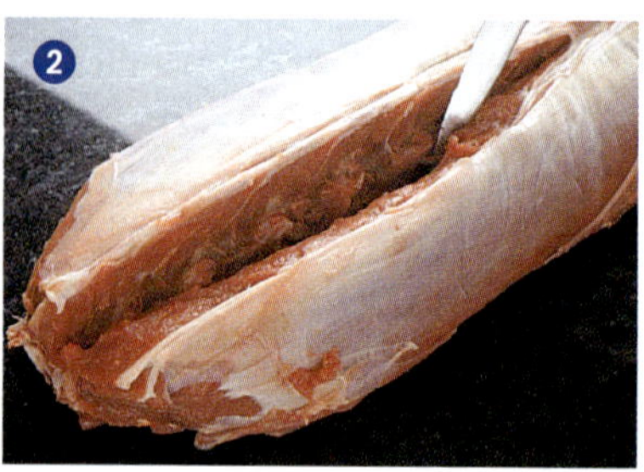

Filets von den Rückenknochen abtrennen

Ausgelöstes Rückenfilet

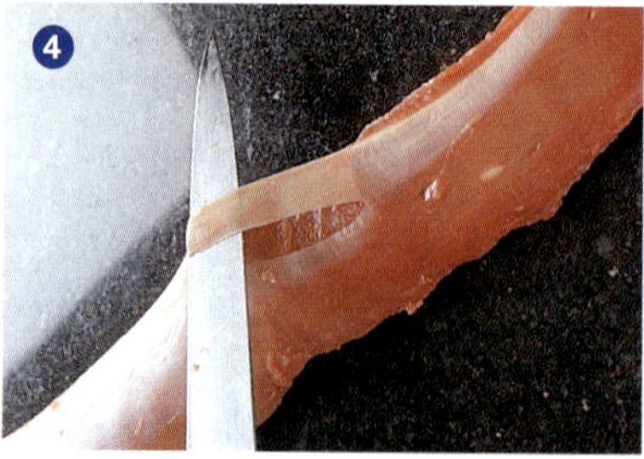

Enthäuten

Fertig ausgelöste und enthäutete Rückenfilets und Filets

17.3 Zubereitung und Vollendung

préparation et finissage
preparation and finishing

Garverfahren

Jüngeres Wild	
Kurzbraten	**Langbraten**
Steak	Rücken von Hirsch, Reh, Wildschwein (Frischling)
Geschnetzeltes	
Kotelett	
Medaillon	Rehkeule
Nüsschen	Hasenrücken
Hasenfilet, ganz	Hase und Kaninchen, ganz

Älteres Wild	
Schmoren	**Kochen**
Keule	Fond: Knochen, Parüren, Abschnitte
Schulter	
Hals (Ragout)	Hals, Brust
Brust	Bauch
Bauch	
Hasenkeule	
Hasenlauf	

Typische Würzmittel
Wacholder, Rosmarin, Basilikum, Estragon, Würzpilze, Pfeffer, Zwiebeln, Schalotten und Rotwein. Möglichst frische Gewürzkräuter (Petersilie, Thymian) verwenden.

Garzeiten

Wildart	Gewicht (kg)	Garverfahren	Garzeit (min)
Hase	Ganz	Braten, Schmoren	50
Hasenrücken	0,5 –0,6	Braten	15–20
Hasenkeule	0,35–0,45	Braten	50–60
Hirschsattel	2,5 –3	Braten	35–45
Hirschkeule	2 –3	Braten	120
Rehrücken	1,8 –2	Braten	20–25
Rehkeule	2 –2,5	Braten	60–90
Wildschweinrücken	2 –3	Braten	120
Wildscheinkeule	2 –3	Schmoren	120

Zubereitungsmöglichkeiten		
Rücken	*selle* *saddle*	Spicken, bardieren, langbraten Auslösen, portionieren, kurzbraten Ältere Wildscheinrücken schmoren
Keule	*cuisse (cuissot bei Hirsch und Reh)* *leg*	Ganz braten (Reh) Hirschkeule, Steaks Ältere Wildkeulen schmoren
Schulter	*épaule* *shoulder*	Braten, ganz schmoren und als Ragouts (Wildpfeffer: Ragout gebunden mit Blut – heute üblicherweise vom Schwein)
Hals, Brust, Bauch	*cou, poitrine, ventre* *neck, breast, belly*	Rollbraten, Ragouts, Pasteten
Ganzen	*entier* *whole*	Hasen und Wildkaninchen ganz braten Ganz schmoren
Geräucherte Teile	*pièces fumées* *smoked cuts*	Keulen, Rückenfilets

Sauce/Garnierung
Warm: Rotwein-, Hagebutten-, Orangen-, Pfeffer-, Wacholder-, Pilzrahmsauce
Kalt: Schnittlauchsauce (kalt), Senfsauce, Cumberland-Sauce

Gemüse-/Pilzbeilagen
Wildfrüchte (also Pilze, Preiselbeeren, Hagebutten)
Maronen, Rotkohl, Rosenkohl, Brokkoli

Sättigungsbeilagen
Kroketten, Butternudeln, Spätzle, Klöße, Schupfnudeln, gebackene Kartoffeln, Linsen

Gebratene Wildspeisen

gibier rôti *roast game*

Qualitätsmerkmale:
Kurzgebratene Portionsstücke sollten innen zart rosafarben sein. Die Garprobe erfolgt durch Druck. Saucen werden mit Hilfe von Wildfond oder Wildsauce separat hergestellt.

Zum **Kurzbraten in der Pfanne** eignet sich das zarte Wildbret jüngerer Tiere. Die Kurzbratstücke werden nach Bestellung zubereitet.

Wildsteaks

steaks de gibier *game steaks*

- Fett in einer Stielpfanne erhitzen, gewürzte Steaks hineinlegen.
- Steaks beidseitig braun braten, dann auf Abtropfgitter legen.
- Bratfett durch Butterfett ersetzen, Steaks bis zum Garpunkt fertig braten.

Rehnüsschen

noisettes de chevreuil sautées
sautéd medallions of venison loin

- 1,5 kg Rehrückenfilets in Nüsschen zu 50 g schneiden.
- In heißem Öl rosa braten, herausnehmen und warm stellen.
- Bratfett abgießen, Bratensatz mit Rotwein ablöschen und reduzieren.
- Mit Wildsauce auffüllen, durchkochen. Mit Sahne und Zitrone vollenden.

Variationen

mit Mandelkruste
en croûte d'amandes
in almond crust
Plattieren, mit Weinbrand und Zitrone mazerieren, mehlieren, durch Eimasse ziehen, mit geriebenen Mandeln panieren, in Butter braten

Diana
Diane
Diana
Pfefferrahmsauce mit Trüffel
Maronenpüree im Tortlett

Jägerart
chasseur
hunter's style
Mit gedünsteten Champignons und gedämpftem, in Butter angeschwenktem Rosenkohl umlegen, Jägersauce separat

Mirza
Mirza
Mirza
Apfelhälften mit Johannisbeergelee füllen und Fleisch damit umlegen

Als ***Qualitätsmerkmale*** *gelten eine glänzend braune Oberfläche und ein zartrosa und saftiges Inneres des Bratgutes.*

Hirschsteak Jägermeisterart

steak de cerf grand-veneur
venison steak master-hunter's style

- Fett in einer Stielpfanne erhitzen, gewürzte Steaks hineinlegen.
- Steaks beidseitig braun braten, dann auf Abtropfgitter legen.
- Bratfett durch Butterfett ersetzen, Steaks bis zum Garpunkt fertig braten.
- Im Bratensatz Schinkenwürfel und Waldpilze anschwitzen, mit gut gewürzter Wildsauce ablöschen und kurz am Siedepunkt halten.

Hasenrückenbraten

râble de lièvre rôti
roast saddle of hare

5		parierte Hasenrücken, je etwa 0,5–0,6 kg
0,3	kg	Spickspeck
0,3	kg	Butter
0,05	kg	Mehlbutter
0,6	l	Wildfond
0,3	l	saure Sahne
0,2	l	Rotwein
		Salz, Pfeffer, Wacholderbeeren

Hasenrücken, küchenfertig

- Hasenrücken spicken (➔ Grundstufe).
- Wirbelsäule mehrmals einhacken, damit sich der Rücken nicht krümmt.
- Würzen und unter Begießen im heißen Fett etwa 15 min saftig und braun braten, dann Rücken heiß stellen.
- Bratensatz mit Rotwein und Wildfond verkochen, mit Mehlbutter binden, kräftig würzen, passieren und mit saurer Sahne verfeinern.

Variationen in der Zubereitung sind durch die Zugabe von Früchten wie Brombeeren und Datteln, Walnüssen, Pilzen, wie Pfifferlingen, Steinpilzen und Herbsttrompeten, zu erreichen. Auch Maronenmus, in Butter angeschwenkte Maronen oder auf Apfelscheiben aufgehäuftes Linsenmus bilden interessante Zubereitungsvarianten.

***Energiezufuhr** nach Garverlauf regulieren, größere Stücke wenden.*
***Bratgut** wiederholt mit Bratfett begießen.*
***Garzustand** überprüfen, Garzeit- und Temperaturüberschreitungen vermeiden.*

Gebratener Rehrücken

selle de chevreuil rôtie
roast saddle of vension

- Fleisch längs des Rückgratknochens beidseitig einschneiden und flach drücken, um eine etwa gleich große Fleischstärke zu erhalten.
- Vorstehenden Teil des Rückgratknochens auf etwa gleiche Höhe kürzen.
- Metallspieß in den Hohlraum des Rückgratknochens stoßen, um Verziehen während des Garens zu verhindern.
- Öl im Bratgefäß erhitzen, gesalzenen und gepfefferten Rücken mit der Knochenseite nach unten ins heiße Bratgefäß legen.
- Ständig mit heißem Bratfett übergießen und bei etwa 230 °C anbraten.
- Nach halber Garzeit Bratgemüse und zerdrückte Wacholderbeeren um den Rücken legen und mit bräunen. Der Bratensatz darf nicht verbrennen.
- Rücken auf Abtropfgitter legen, etwas abkühlen und ruhen lassen, bis zum Tranchieren warm stellen.
- Fett abgießen, Bratensatz mit Rotwein ablöschen und loskochen.
- Wildsauce und abgetropften Fleischsaft zugeben und bis zur Bindung durchkochen, durch Haarsieb passieren.

Rehrücken, küchenfertig

Gebratener Rehrücken

Variationen

Baden-Baden
Baden-Baden
Baden-Baden
Gedünstete Birnenhälften mit Johannisbeergelee füllen

Jägerart
chasseur
hunter's style
Pilze mit Speckstreifen sautieren, gedünsteter Rosenkohl, Wildpfeffersauce

in Sahne
à la crème
with cream
Saure Sahne, Pfeffer, Zitrone, Butterflocken

Schwarzwälder Art
Forêt-Noire
Black Forest
Gedünstete Apfelhälften, mit in Rotwein pochierten Schattenmorellen füllen, Sahnemeerrettich, Wildrahmsauce

Geschmorte Wildspeisen

gibier braisé *braised game*

Zum Schmoren eignen sich derbe Fleischstücke, auch von älteren Tieren. Zur Saucenherstellung wird die vorhandene Beize (Marinade ➔ 207) mit verwendet. Neuere Erkenntnisse widerlegen die heute noch verbreitete Annahme, dass Marinieren zur Gefügelockerung von Wildbret beitragen kann. Eine Geschmacksverbesserung gerade älteren Wildbrets ist unbestritten.

1. *Ein Rehrücken wird zum Kilopreis von 19,10 € angeboten, was einem Bewertungsfaktor von 2,6 entspricht. Wie hoch ist der durchschnittliche Fleischpreis für ein ganzes Reh?*
2. *Ermitteln Sie den Energiewert von drei Rehnüsschen (Nährwerttabelle ➔ Rehrücken) mit insgesamt 150 g.*
3. *Welche Eiweißmenge in g wird beim Verzehr der Rehnüsschen aufgenommen?*

1 Ein Reh in der Decke wird von der nahe gelegenen Försterei zum Nettopreis von 6,55 €/kg bezogen. Durch Abziehen der Decke und Zerlegen entsteht ein Vorbereitungsverlust von 44%. Folgende Teile stehen zur Verfügung:

1 Rücken	2,85	kg
2 Keulen	4,1	kg
2 Schultern	1,75	kg
1 Hals	0,75	kg
Abschnitte	0,25	kg

1.1 Ermitteln Sie den Rechnungsbetrag für das gelieferte Reh.

1.2 Berechnen Sie den durchschnittlichen Materialspreis je kg verwertbares Wildbret.

1.3 Der Rehrücken wird für eine Gesellschaft von 4 Personen zubereitet. Zu berücksichtigen ist ein Parierverlust von 65%. Der ausgelöste Rücken wird mit 0,26 kg Speck gespickt. Der Bratverlust beträgt 18%. Ermitteln Sie das Gewicht einer verzehrfertigen Portion.

1.4 Der vorbereitete Rehrücken wird mit einem Aufschlag von 160% auf den durchschnittlichen Materialpreis kalkuliert. Der Speck ist mit 2,90 €/kg in die Kalkulation eingegangen. Ermitteln Sie den Materialpreis einer Portion Rehrücken.

2 Ein Karton enthält 19 kg tiefgefrorene Hasenkeulen zum Kilopreis von 9,20 €. Der Auftauverlust beträgt 750 g.

2.1 Ermitteln Sie den prozentualen Auftauverlust.

2.2 Wie hoch ist der Kilopreis für die aufgetauten Hasenkeulen?

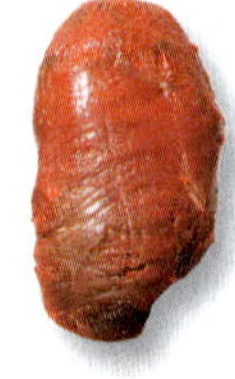

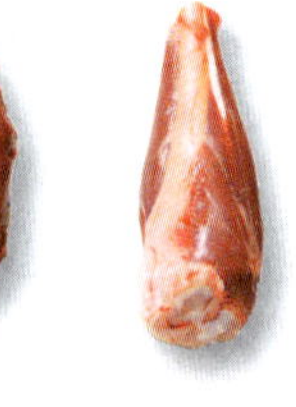

Rehkeule, zerlegt

Geschmorte Hirschkeule

cuissot de cerf braisé
braised leg of venison

1,5	kg	enthäutete Hirschkeule, -teile
0,4	kg	Speck
0,3	kg	Butter
0,3	kg	Mirepoix
0,05	kg	Mehl
0,1	l	Rotwein
1	l	Wildfond
0,3	l	Sahne
		Trockenpilze, Salz, Pfeffer,
		Wacholderbeeren, evtl. Tomatenmark

- Hirschkeule spicken (→ Grundstufe). Mit Salz und Pfeffer einreiben und im Bräter in heißem Fett auf allen Seiten anbraten.
- Mirepoix zugeben und mit braten, bis alles braun ist.
- Gemüse mit Mehl bestäuben und mit Wildfond und Rotwein auffüllen, Wacholder zugeben, langsam schmoren.
- Passieren, mit Sahne vollenden und abschmecken.

Als **Beilagen** eignen sich Butternocken, Kräuterspätzle oder Kartoffelkroketten, Klöße, des Weiteren Schwarzwurzeln, Rosenkohl, Rotkraut mit Preiselbeeren, Birnen mit Johannisbeeren, Pilze und Schmoräpfel.

Variationen

mit Hagebuttensauce
à la sauce églantine
with rose-hip sauce
Sauce mit Hagebuttenmark oder -konfitüre verfeinern

mit Sahnepilzsauce
à la sauce aux champignons
with mushroom cream sauce
Sauce mit Sahne und frisch gehackten Waldpilzen verkochen

russische Art
russe
Russian style
Spicken, mit frisch geraspelter Roter Bete verkochen

mit Backpflaumen
aux pruneaux
with prunes
Würfel von eingeweichten Backpflaumen in die Sauce geben, etwas Rotwein, 10 min am Siedepunkt halten

Rehpfeffer

civet de chevreuil *jugged vension*

- 2 kg Rehschulter oder -hals in Würfel von 50 g schneiden.
- In Wildbeize (→ 207) 6–8 Tage einlegen.
- Mariniertes Fleisch gut abtropfen lassen, Abtropfflüssigkeit auffangen.
- Marinade ohne Bratgemüse aufkochen, durch ein Tuch passieren.
- Fleischwürfel in heißem Öl allseitig intensiv anbraten.
- Fleisch würzen und aus der Pfanne nehmen.
- Abgetropftes Bratgemüse gut anbraten, Fleisch wieder zugeben.
- Mit passierter heißer Marinade auffüllen, reduzieren.
- Wildsauce bis zur Höhe des Fleisches zugeben und fertig schmoren.
- Fleisch entnehmen und Sauce passieren.
- Schweineblut als Ersatz für Wildblut zum Binden (bei Ragouts Saucenkuchen oder dunkles Roggenbrot verwenden) und etwas Sahne untermischen und damit Sauce binden, aber nicht mehr aufkochen, abschmecken.

17.4 Wildspeisen aus Convenience-Erzeugnissen

mets de gibier préparés de produits précuisinés
game dishes prepared with convience products

Tiefgefrorenes Wildbret

gibier surgelé *frozen game*

Tiefgefrorenes, zu einem großen Teil vakuumiert, ist mürber als frisch verarbeitetes und kann durch Importe ganzjährig in bester Qualität angeboten werden. Solche Importe kommen aus Argentinien (Hasen), Neuseeland (Hirsch). Die **Auftauzeiten** richten sich nach der Fleischgröße und betragen etwa 24 h, im Kühllager bis zu 2 Tage. Angeboten wird Wildbret überwiegend zerlegt, in Teilen und bereits als Fertigspeisen.

Hasen: Angeboten als zerlegte schockgefrostete Hasenteile (Keulen, Rücken, Läufe). Bei Keulen verbleiben lediglich die Oberschenkelknochen im Keulenfleisch, wodurch die Vorzüge der Knochen (Form, Saftigkeit, Geschmack) erhalten bleiben und das Fleisch gut zu tranchieren ist. Durch Kalibrierung sind einfache Kalkulation, gleichmäßiges Garen und einfaches Portionieren gewährleistet.
Wenn von Hand gespickt wird, ist gewährleistet, dass der Speck nur 1 cm unter die Oberfläche gezogen und sich damit das Fett beim Garen im Fleisch verteilen kann.
Fertigspeisen aus Hasenkeule oder Hasennüsschen werden in verschiedenen Zubereitungsformen angeboten und müssen nur noch regeneriert werden.

Hirsche: Angeboten selten ganz, häufiger als **Rücken, Keule und Schulter.** Des Weiteren gibt es fein zerlegte Teile, wie **Karree, Filets** und Keulenteile wie **ganze Braten, Steaks, Medaillons** oder **Hirschgulasch.** Eine Besonderheit bildet die im sogenannten Denver-Schnitt entbeinte Hirschkeule, die in 7 bis 8 portionierten Muskelstücken angeboten wird.

Reh: Angeboten werden **Keulen, Rücken, Filets, Gulasch** und **Hachsen.**

Wildschwein: Vom Wildschwein werden Rücken, Keulen und Blatt entschwartet. Angeboten werden **Rücken, Filet** und **Keule,** auch fertiges Gulasch.

Hasenkeulen, garfertig

1 *Vergleichen Sie den Nährwert der Wildspeisen mit demjenigen von Speisen aus Schlachtfleisch.*
2 *Welche Zeit schlagen Sie für die Durchführung einer Aktionswoche für Wildspeisen vor? Begründen Sie Ihre Meinung.*
3 *Beschreiben Sie die besonderen Vor- und Zubereitungsarbeiten beim Herstellen von Wildspeisen.*
4 *Erläutern Sie das Herstellen von Wildsauce. Nennen Sie die Zutaten für 10 l Wildsauce. Vergleichen Sie → Saucen.*
5 *Beurteilen Sie Vor- und Nachteile beim Einsatz von Convenience-Erzeugnissen für Wildspeisen. Fertigen Sie dazu eine Vergleichskalkulation an.*
5 *Suchen Sie aus der Fachliteratur verschiedene Wildspeisen heraus, und prüfen Sie die Rezepturen auf die Möglichkeit der Einführung in Ihrem Ausbildungsbetrieb.*

Gekühltes Wildbret

gibier réfrigéré *cooled game*

Neuerdings werden garfertige Wildbret-Erzeugnisse auch gekühlt (1 °C) und vakuumiert geliefert. In dieser Form sind sie noch 2 Wochen lagerfähig, womit eine bessere Verfügbarkeit gewährleistet ist, außerdem kann das Wildbret während des Transportes fertig reifen. Das lange Reifen bis zum *haut goût* entfällt bei jungem, vielfach gezüchtetem mildem Wildbret. Auch Beizen dient nur noch der Aromagebung, nicht dem Überdecken des zu strengen Wildgeschmacks.

Hirschbraten, Convenience-Erzeugnis

🇫🇷 *mets de crustacés, de mollusques et d'épicerie fine*
🇬🇧 *crustacean, mollusk and delicatessen dishes*

18 Speisen aus Krustentieren, Weichtieren und anderer Feinkost

Diese Speisen werden auch Feinkost aus dem Tierreich (Meeresfrüchte) genannt. Sie eignen sich als Suppeneinlagen, kalte und warme Vorspeisen (➔ 398), Zwischengerichte, Suppen, Garnituren und Sauceneinlagen oder für Buttermischungen. Sie können auch als Gerichte, Salate oder Cocktails angeboten oder als Büfettschaustücke verwendet werden.

🇫🇷 *ingrédients, valeur nutritive*
🇬🇧 *ingredients, nutritive value*

18.1 Zutaten, Nährwert

Zutaten

Rohstoff sind überwiegend wirbellose Tiere mit Krusten oder Schalen aus Chitin. Unter anderer Feinkost sind Rohstoffe zusammengefasst, die biologisch unterschiedliche Merkmale aufweisen.

Krustentiere	Weichtiere	Andere Feinkost
🇫🇷 *crustacés*	🇫🇷 *mollusques*	🇫🇷 *épicerie fine*
🇬🇧 *crustaceans*	🇬🇧 *mollusks*	🇬🇧 *delicatessen*
Hummer	Auster	Kaviar
Kaisergranat	Muschel	Stachelhäuter:
Languste	Schnecke	Seeigel
Garnele	Tintenfisch	Trepang
Flusskrebs		Froschschenkel
Krabbe		

Hummerplatte

Einkauf

Die Rohstoffe sind möglichst **lebend** zu beziehen und dann nur **kurzzeitig zu lagern** oder tiefgefroren zu verarbeiten. Das Eiweiß ist sehr verderbanfällig. Entstehende Giftstoffe sind hitzestabil, deshalb ist äußerste Vorsicht geboten.

Rot wie ein Krebs!
Durch Hitze denaturieren in den Schalen Chromoproteine, die blaugraue bis bräunliche Farbe verschwindet, und typische rote Farbstoffe werden freigesetzt.

Handelsformen

Lebende Krustentiere wurden früher in Spankörben mit Seetang geliefert. Heute kommen sie aus den USA und Kanada in Kartons mit abgeteilten Styroporschachteln und Kühlelementen. Beim Empfang müssen Lebenszeichen erkennbar sein, sonst sollte die Ware zurückgewiesen werden.
Tiefgefrierware kommt blanchiert einzeln abgepackt oder gegart in Blöcken in den Handel. Geschälte und entdarmte Ware ist besonders vorteilhaft.
Vollkonserven ermöglichen bei geringem Bedarf eine rationelle Verwendung.
Qualitätsmerkmale des gegarten Krustentierfleisches sind die außen rötliche, innen weiße bis rosa Farbe. Das Fleisch ist bissfest, dennoch zart und nicht bröckelig, der Geschmack nussartig süßlich. Im Gegensatz zum Scherenfleisch wird Schwanzfleisch beim Garen schneller trocken und zäh. Deshalb Krustentiere niemals übergaren.

Mindestanforderungen sind in den Leitsätzen des Deutschen Lebensmittelbuches festgelegt.

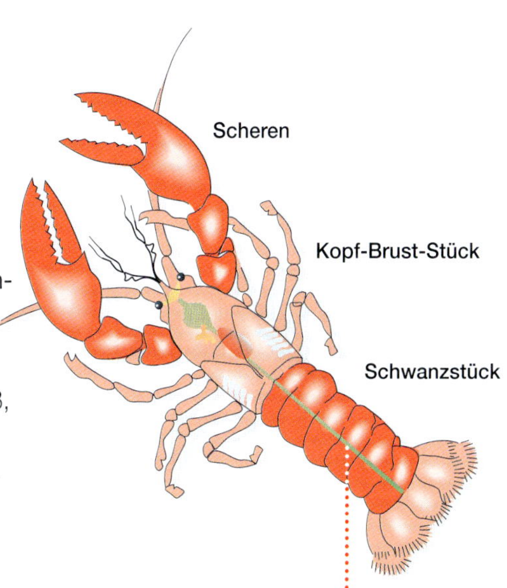

Nährwert

Verschiedene Speisen aus Krusten- und Weichtieren gelten als **preisintensive Delikatessen** mit einem ausgeprägten Genusswert. Sie haben aber auch eine beachtliche ernährungsphysiologische Bedeutung wegen ihres Gehaltes an **biologisch hochwertigem Eiweiß** und an Mineralstoffen. So enthält Krebs- oder Hummerfleisch beispielsweise 19% Eiweiß, während der Eiweißgehalt der Froschschenkel sogar 24% beträgt.

18.2 Krustentierspeisen *mets de crustacés* *crustacean dishes*

Für die richtige Vorbereitung ist es wichtig, die Anatomie kennenzulernen. Typisch sind die hornartigen Panzer und fünf, mitunter vier Beinpaare. Im Kopf-Brust-Stück liegen Magen und Leber. Kulinarisch wertvoll beim Hummer ist das grüne, nach dem Garen korallenrote **Corail** (weibliche Geschlechtsmerkmale). Der Darm, von dem der Verderb ausgeht, muss umgehend entfernt werden. Das vorderste Beinpaar hat sich als Greifzange und Schere umgebildet. Der essbare Anteil befindet sich vor allem im Schwanz, bei großen Tieren auch in den Scheren und den Beinen (Königskrabbe).

Krebsschalen werden zu Krebssuppen (→ 151), Krebssaucen oder für Krebsbutter (→ 131) verarbeitet.

Hummer *homard* *lobster*

Vorbereitung

Dazu gehören das Töten durch Hitze und das Garen des Hummers. Lebende Hummer, erkennbar am eingezogenen, elastischen Schwanzstück, müssen entsprechend den Tierschutzrichtlinien in jedem Falle schnell getötet werden.
Töten: Nach einer gründlichen Reinigung mit einer Bürste wird der Hummer Kopf voran in siedendes Wasser eingetaucht. Durch die Kochtemperatur wird das Eiweiß des Nervenzentrums denaturiert, wodurch das Tier getötet wird. Die anderen genießbaren Eiweißteile bleiben nach der kurzen Hitzeeinwirkung nativ (ungegart).
Kochen: Hummer in siedenden Kochsud legen.

Zerlegen des Hummers

- Hummerkörper auf Unterlage drücken, zuerst vom Rücken zum Schwanzende (Bild 1, S. 252), dann zum Kopf (Bild 2) halbieren (Bild 3).
- Hummerschwanz aus der Karkasse nehmen (Bild 4) und Darm ziehen (Bild 5).
- Hummerarme mit Scheren abbrechen und im Gelenk durchbrechen (Bild 6).
- Scheren aufschlagen und Hummerfleisch entnehmen (Bilder 7 und 8).
- Teile des zerlegten Hummers (Bild 9).

Variante

- Schwanz vom Körper abtrennen.
- Hummerschwanz auf der Unterseite mit Schere aufschneiden (Bild 10) und mit beiden Händen herausdrücken (Bild 11). So erhält man den ganzen Hummerschwanz (Bild 12), sonst wie oben.

Kochsud *court-bouillon* *court-bouillon*

1	l	Wasser
0,2	kg	Salz
		Kümmel, Petersilienstiele

- Gereinigte Tiere in siedenden Kochsud legen, rasch wieder auf Siedetemperatur bringen.
- Die Kochzeit, die mit dem Wiederaufwallen beginnt, beträgt für einen Hummer mit einem Durchschnittsgewicht von 500 g rund 20 min (Faustregel: 5 weitere min je 100 g Mehrgewicht).
- Nach Ende der Kochzeit im Kochsud abkühlen lassen und bis zur Zubereitung darin lagern.

Zerlegen des Hummers

1 2 3

4 5 6

7 8 9

10 11 12

Kaisergranat (Langustine)

langoustines / scampi

Norway lobster / Dublin Bay prawns / scampi / langoustine

Auch **Scampi** (Einzahl: *Scampo*) genannt. Den Hummern sehr ähnlich, jedoch kleiner (bis 24 cm lang), mit schmalen, wenig fleischigen Scheren. Verwendet wird hauptsächlich das Schwanzfleisch mit feinem Geschmack und zarter Konsistenz. Verarbeitung erfolgt wie beim Hummer.

Mitunter ist es nicht einfach, das Schwanzfleisch des Kaisergranats von dem der Riesengarnele zu unterscheiden.

Vergleich Kaisergranat – Riesengarnele

Vergleichsmerkmal	Kaisergranat	Riesengarnele
Körperbau	Mit Scheren	Ohne Scheren
Schwanzglieder	Helle, blasse Farbe, hart	Dunkle graue Farbe, erst bei Hitze rot, weich
Schwanz, durchgeschnitten	Rund, seitlich abgeplattet	Oval, oben breiter, schmal
Schwanzfleisch	Feiner Geschmack, zarte bis weiche Konsistenz	Sehr bissfestes Fleisch
Handelswert	Wertvoll	Weniger wertvoll

1 Frischer Hummer mit einer Stückgröße von 450 g wird zum Kilopreis von 19,70 € angeboten. Ermitteln Sie den Materialpreis je 1/2 Hummer.

Glasierte Garnelen
Tiefgefrorene Krustentiere und Fische können mit einer Eis-Schutzschicht umgeben sein. Damit sollen Oxidation und Gefrierbrand vermieden werden. Der zusätzliche Auftauverlust ist zu beachten.

Languste

langouste
spiny lobster / crayfish / crawfish

Vorbereitung

Langusten haben keine Scheren, sondern lange dünne Fühler. Sie werden wie Hummer zerlegt und verarbeitet. Bei der Zubereitung ist zu beachten, dass Langustenfleisch weniger saftig ist als Hummerfleisch.

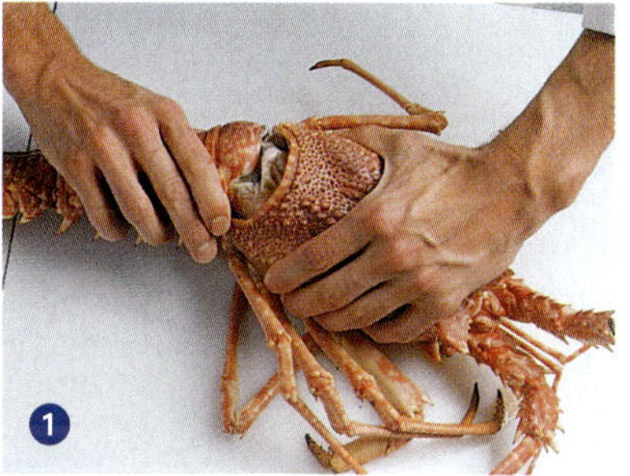

Ausbrechen

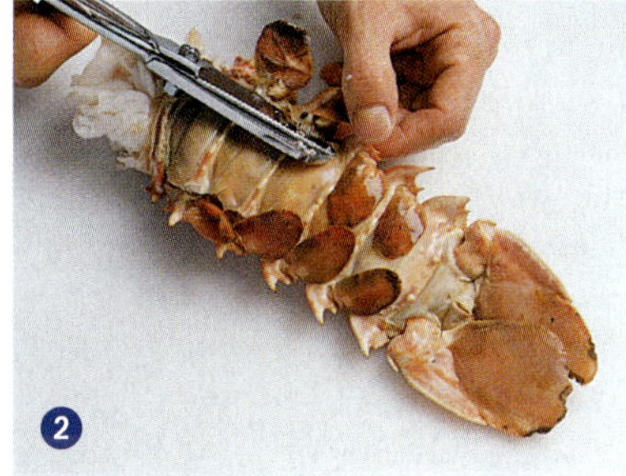

Einschneiden der Unterseite links und rechts

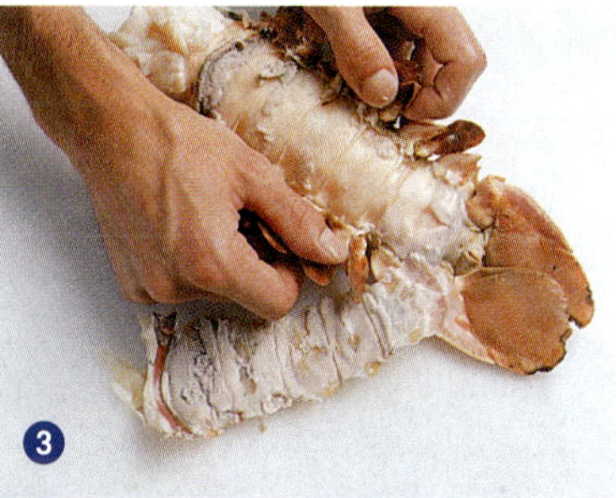

Entfernen der unteren Schwanzkarkasse

Zubereitung von Hummer und Languste

in Butter
au beurre
with butter
Mit heller ausgelassener Butter, Weißbrot und Reisvariationen anrichten

Newburg
Newburg
Newburg
Scheiben in Butter sautieren, mit Sherry deglacieren, mit Sahne auffüllen, mit Eigelb Sahne legieren

gegrillt
grillé(e)
grilled
Halbiert ohne Arme grillen, mit Butter begießen, mit Butter oder Teufelssauce anrichten

Thermidor
thermidor
Thermidor
Gekocht, längs gespalten, Schalen mit Hummerscheiben füllen, mit Fischsahnesauce und Reibkäse überziehen, gratinieren

Ausgebrochener Schwanz mit Karkasse

Garnelen (Krevetten)

 *crevettes* *shrimps/prawns*

Klein, langschwänzig. Beste Qualität liefern Garnelen aus tiefen und kalten Gewässern (Grönland-Shrimps, engl. *seewater prawns*), da dort das Wachstum langsam verläuft, was einen Einfluss auf Farbe, festere Konsistenz und Geschmack hat. Dagegen sind Süßwassergarnelen (engl. *giant freshwater prawns* oder *Asian/Malaysian prawns*) von geringerer Qualität. Garnelen werden mit und ohne Kopf gehandelt. Sie eignen sich zum Braten, Gratinieren und Frittieren. Als Beilagen können Weißbrot, Toast, Reisvariationen, Buttermischungen, kalte und warme Saucen, aber auch Spargel gereicht werden.

Tiefseegarnele

Beim richtigen Namen genannt

In Deutschland werden die großen Garnelenarten als Riesengarnelen, auch Gambas oder King Prawns bezeichnet. In England und Deutschland heißen die größeren Garnelenarten prawns, die kleinen shrimps. Dagegen werden in Amerika alle Garnelen, unabhängig von der Größe, als shrimps bezeichnet. Im deutschen Sprachgebrauch werden Nordseegarnelen (crevettes grises / common shrimps, brown shrimps) auch als Krabben bezeichnet. Alle Garnelenarten sind dadurch gekennzeichnet, dass sie keine Scheren haben.

Kamtschatka-Krabbe (Königskrabbe)

crabe royal, crabe géant
king crab

Gastronomisch interessant durch ihre Größe (5–6 kg Masse), wobei Scheren-, Schwanz- und insbesondere **Beinfleisch** verarbeitet werden. Daraus wird das vorzügliche Krabbenfleisch (crab meat) hergestellt, welches sich vor allem für kalte Speisen (Salate, Cocktails) eignet.

Flusskrebse

 *écrevisses*  *freshwater crayfish*

Grundzubereitung: Lebende Flusskrebse in kaltem Wasser waschen und in sprudelnd siedendem Salzwasser mit Kümmel, Wurzelgemüse (Möhren, Zwiebeln), Petersilienstängeln, Pfefferkörnern, Salz und nach Belieben Dill kochen. Krebse im Kochwasser erkalten lassen und zur weiteren Verarbeitung Krebsschwänze ausbrechen, dabei Darm entfernen.

Berliner Art (gekocht)

berlinoise (bouillies)
Berlin style (boiled)

Zwiebelwürfel in Butter anschwitzen, mit Weißwein und Wasser auffüllen, salzen, mit reichlich Kümmel würzen, Fond sprudelnd aufkochen, gesäuberte lebende Krebse zugeben, in Servierkasserolle (mindestens 12 Stück) servieren, Toast und Butter separat

Masurenart (gratiniert)

mazurienne (gratinées)
Mazurian style (gratinated)

Schalotten in Butter anschwitzen, frischen Blattspinat zugeben, mit Salz, Pfeffer und Muskat würzen, gekochtes Krebsfleisch zugeben auf Makkaroni anrichten, mit Hummersauce nappieren, mit holländischer Sauce gratinieren

gedünstet

étuvées
stewed

Mit Wurzelgemüse und Butter anschwitzen, mit Weißwein und Fischfond auffüllen, dünsten, ausbrechen, mit Dillsauce *(à l'aneth)* und Reis servieren

gegrillt

grillées
grilled

Auf Spießchen stecken, mit Kräuter-, Zitronen- oder Pfefferbutter grillen

Flusskrebs

Krebsnasen

coffres d'ecrevisse farcis
filled freshwater-crayfish carapes

Krebsnasen bestehen aus dem gesäuberten Kopfbruststück des Flusskrebses und werden meist mit Farce oder Buttermischungen gefüllt als Zugabe zu Ragouts oder als Anlage für Krebssuppen, Leipziger Allerlei (➔ 44) sowie als Garniturelemente verwendet.

Nordseekrabben

Krabben

 *crabes* 🇬🇧 *crabs*

Krabben werden als Tiefgefrierware, roh oder bereits gekocht verarbeitet. Tiefgefrorene Krabben müssen nach dem Auftauen sofort verarbeitet werden. **Grundzubereitung:** Rohware reinigen, mit Weißwein, Zitrone, Butter und Salz garen. Gekochte Tiefgefrierware auftauen, dann sofort weiter verarbeiten.

Variationen

Blätterteigpastete mit Krabbenragout
vol-au-vent au ragoût de crabes
vol-au-vent with crab stew

gratiniertes Krabbenragout
ragoût de crabes gratiné
gratinated crab stew

Krabbenragout im Reisring
ragoût de crabes au turban de riz
crab stew in rice ring

Rührei / Omelett mit Krabben
œufs brouillés / omelette aux crabes
scrambled eggs / omelet with crabs

Auch für Suppen, beispielsweise für Spargelsuppe mit Krabben, geeignet.

1 *In welcher Angebotszeit sind Flusskrebse am schmackhaftesten?*
2 *Beschreiben Sie Vor- und Zubereitung eines Hummers.*
3 *Ein Gast wünscht eine Ihnen unbekannte Hummerzubereitung. Wie reagieren Sie auf diesen Wunsch?*

18.3 Weichtierspeisen

mets de mollusques
mollusk dishes

Weichtiere werden auch als Schalentiere oder Mollusken bezeichnet. Für die Speisenherstellung sind Austern, Muscheln, Schnecken und Tintenfische von Bedeutung.

Muscheln	Schnecken	Tintenfische
coquilles, coquillages	*escargots*	*seiches*
shells, shellfish	*snails*	*cuttlefish, ink fish*
Austern Miesmuscheln Jakobsmuscheln	Weinbergschnecken Achatschnecken	Kalmar gemeiner Tintenfisch Sepia, Krake

Miesmuschel

Jacobsmuschel

Austern

 *huîtres* 🇬🇧 *oysters*

Austern haben eine unregelmäßige **blättrige Oberschale** und eine **stärker gewölbte Unterschale.** Ihr Lebensraum sind die warmen und gemäßigten Klimazonen. Für die Gastronomie eignen sich dreijährige Austern, die auf Austernbänken gezüchtet werden.

Arten

Rauschalige Austern	Flachschalige Austern
Portugaise (Atlantikküste)	Imperial (Niederlande)
Gigas (Atlantikküste)	Natives (England)
	Fine de clair (Frankreich)
	Belon (Frankreich)
	Limfjord (Dänemark)
	Sylter Royal (Deutschland)

Tintenfisch

Krake

Austernangebot

Austern werden ganzjährig angeboten. Von September bis April sind Austern am schmackhaftesten. In den Sommermonaten laichen sie, sind geschmacklos und haben wenig Fleisch.

***Vorsicht:** Leichtes Öffnen deutet auf abgestorbene Austern hin, die verdorben sind.*

Der Gast erwartet stets, dass frische Austern noch leben. Als **Qualitätsmerkmale** gelten fest verschlossene Schalen als Kennzeichen dafür, dass sie leben, Vollfleischigkeit, frischer Meeresgeruch und Wasser in der Schale. Allgemein werden Austern **roh eisgekühlt** verzehrt.

Vorbereitung: Gut abbürsten, unter fließendem Wasser waschen und mit dem Austernbrecher öffnen. Dazu Auster mit der flachen Seite nach oben auf ein Tuch auf den Arbeitstisch legen. Die untere Schale enthält Austernwasser, das nicht auslaufen soll. Auster mit dem Tuch abdecken, wobei der Gelenkteil frei bleibt, so dass sich die Auster mit einer Hand gut festhalten lässt. Mit der anderen Hand die Austernbrecherspitze in die Öffnung am Gelenk drücken. Nach dem Durchschneiden des Schalenschließmuskels mit einer kräftigen Drehung des Austernbrechers lässt sich der obere Schalendeckel abheben. Dabei muss ein starker Widerstand auftreten.

Austernbrecher

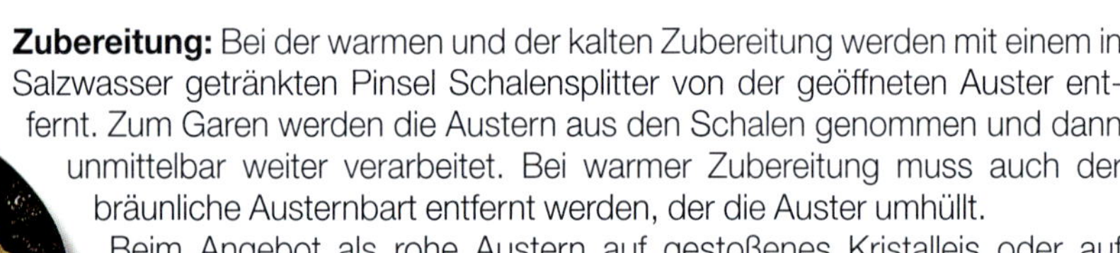

Zubereitung: Bei der warmen und der kalten Zubereitung werden mit einem in Salzwasser getränkten Pinsel Schalensplitter von der geöffneten Auster entfernt. Zum Garen werden die Austern aus den Schalen genommen und dann unmittelbar weiter verarbeitet. Bei warmer Zubereitung muss auch der bräunliche Austernbart entfernt werden, der die Auster umhüllt.

Beim Angebot als rohe Austern auf gestoßenes Kristalleis oder auf gekühlte Austernteller mit Zitrone anrichten. Als Beigabe eignen sich neben Welsh rarebit (→ 404) und Chester-Stange auch Toast, Butter und Zitrone.

Austern lassen sich mit anderen Speisenteilen komplettieren: gratinierte Auster auf Sauerkraut, Austern im Speckmantel, Austern auf Spinat, aufgeschlagene Currysuppe mit Austern usw.

Florentiner Art
florentine
Florentine style
Gedünstet, auf Blattspinat anrichten, mit Mornay-Sauce überbacken

nature
nature
nature
Gekühlt anrichten, mit Zitrone garnieren, Butter und Toast, auch Vollkornbrot

frittiert
frites
 *deep-fried*
Salzen, pfeffern, mit Zitrone marinieren, durch Bierteig ziehen frittieren, auch Wiener Panierung

gratiniert
gratinées
gratinated
Pochierte Austern mit Reibkäse und Butterflocken überbacken, als Toast anbieten

pochiert
pochées
poached
Im eigenen Fond, in Schalen zurücklegen; Hummersauce separat

Miesmuscheln  *moules*  *mussels*

Auch als **Pfahlmuscheln** bezeichnet, da sie sich, meist gezüchtet, vorzugsweise an Pfählen ansiedeln. Zubereitet werden sie vielfach in den Schalen und in dieser Form angerichtet.

Vorbereitung: Gründlich säubern, das heißt von Sand und Parasiten reinigen, unter fließendem Wasser bürsten.

Zubereitung:
- Dünsten unter Zugabe von Butter und Weißwein.
- Nur wenig Salz zugeben, um Eigengeschmack zu erhalten.
- Beim Dünsten öffnen sich die Muschelschalen.

Miteinander verbundene Miesmuscheln

Putzen der Muscheln von Hand

Putzen der Muscheln mit dem Messer

Variationen

Muscheln Matrosenart
moules marinière
mussels mariner's style
Muscheln vorbereiten, feingeschnittene Schalotten und Knoblauch in Butter dünsten, Muscheln zugeben, mit Weißwein ablöschen, zugedeckt kurze Zeit bei starker Hitze dünsten, Sahne angießen, aufkochen, mit gehackten Kräutern anrichten, Weißbrot separat

Gratinierte Muscheln
moules gratinées
gratinated mussels
Muscheln vorbereiten, dünsten, entbarten, wieder in die Schalen zurücklegen, Mie de pain darüber streuen, gratinieren, Weißbrot separat

Herz- und Venusmuscheln werden in gleicher Weise verarbeitet.

Jakobsmuscheln (große Kamm-/Pilgermuschel) *coquilles Saint-Jacques* *scallops*

Besonders wohlschmeckend, wenn das Fleisch Rogen enthält.
Öffnen mit Messer oder thermisch durch Einlegen in die Backröhre oder den Konvektomaten.

Variationen

gebacken
frites
deep-fried
Vorbereitete Muscheln, würzen, Wiener Panierung, frittieren, auch in Butter braten, dazu kalte Würzsaucen

am Spieß
à la brochette
skewers
Vorbereitete Muscheln würzen, mit geräucherten Speckscheiben auf Spieße stecken, braten, dazu Reisvariationen

***Austern** und **Jakobsmuscheln** werden vor dem Garen, dagegen Mies-, Herz- und Venusmuscheln beim Garen geöffnet.*

Schnecken *escargots* *snails*

Verarbeitet werden hauptsächlich Landschnecken, insbesondere **Weinbergschnecken.** Daneben werden die aus Südostasien stammenden **Achatschnecken** verwendet. Seeschnecken haben nur regional Bedeutung. Der Bedarf an Weinberg- und Achatschnecken wird durch **Zucht in Schneckengärten** gedeckt. Für die gewerbliche Verwendung sind Mindestgrößen vorgeschrieben.
Der **Handel** erfolgt frisch gedeckelt, frisch vorgegart, als Dosenkonserven und tiefgefroren. Bei letzteren Handelsformen werden die Schneckenhäuser separat bereits fertig gereinigt geliefert.

Weinbergschnecken

escargots de Bourgogne, escargots des vignes, hélice vigneronne
Roman snails

Im Herbst schließen die Weinbergschnecken nach dem Eingraben ihre Gehäuse mit einem Kalkdeckel. Durch Kühllagerung kann die Zeit der Winterruhe verlängert werden. Gehandelt in lebendem Zustand werden nur gedeckelte Schnecken.

Vorbereitung: Die mit Deckel verschlossenen Schneckenhäuser in siedendes Wasser legen und mindestens 15 min kochen, abkühlen und die Schnecken mit einer Spicknadel aus den Schneckenhäusern ziehen.
Der **Handel** bietet Konserven an, wobei die gesäuberten leeren Schneckenhäuser separat mitgeliefert werden, so dass die aufwendige Vorbereitung entfällt.

Zubereitung: Die Weinbergschnecken lassen sich in verschiedener Weise zu Vorspeisen, Suppen, ja sogar zu Hauptgerichten verarbeiten.

Schneckenspieß
à la brochette
skewers

im Schneckenhaus
dans leurs coquilles
in their shells

frittiert
frites
deep-fried

Suppen
potages
soups

Schneckenragout
ragoût
stew

gekocht
bouillies
boiled

Weinbergschnecken Burgunder Art

escargots bourguignonne
snails Burgundian style

- 6 vorbereitete Weinbergschnecken mit Cognac und Rotwein mazerieren, mit Salz und Pfeffer würzen.
- Mit Rotweinbutter (➔ 130) gratinieren, Baguette-Brot dazu geben oder Schnecken darauf gratinieren.

Weinbergschnecken Elsässer Art

escargots alsacienne
snails Alsatian style

- Vorbereitete Weinbergschnecken mit trockenen Weißwein, Salz, Pfeffer und Knoblauch marinieren.
- Auf Baguette-Brot mit Knoblauchbutter (➔ 130) gratinieren.

Weinbergschnecken in der Schneckenpfanne

ecargots en caquelon
snails in the snail pan

- Vorbereitete Weinbergschnecken in Rotwein erhitzen.
- Schnecken in die sauberen Schneckenhäuser geben.
- Mit Knoblauch-Kräuter-Butter (➔ 130) zustreichen.
- Schneckenhäuser mit der Öffnung nach oben in Schneckenpfannen geben und gratinieren; Baguette-Brot separat.

> Typisch für Schneckenspeisen ist die Verwendung von Knoblauch und Kräutern *(fines herbes)*

Tintenfische 

sèches | cuttlefish, ink fish

Tintenfische (gemeiner Tintenfisch, Kalmar, Sepia, Krake) haben den Namen nach der in Drüsen enthaltenen würzigen schwarzbraunen Flüssigkeit (**Sepia-„Tinte"**) erhalten, die sich auch zum Färben und zur Geschmacksgebung von Teigwaren, Saucen und Suppen eignet. Insbesondere in den Mittelmeergebieten und in Asien werden die Fangarme (Tentakel) und die entleerte Körperhöhle (Tuben, Beutel) der Tintenfische vielseitig für frittierte und geschmorte Speisen, Suppen und Salate verwendet. Allerdings ist das leicht süßlich schmeckende Fleisch relativ schwer verdaulich. Mit den weißen Tintenfischringen (aus der Tube junger Tiere) können Speisen farblich variiert werden.
Frische Tintenfische müssen wegen des verderbanfälligen Eiweißes so frisch wie möglich verarbeitet werden. Deshalb wird bei uns küchenfertige, in Blöcken tiefgefrorene Ware, auch vorgegart, bevorzugt.

Vorbereitung: Tiefgefrierware bei Zimmertemperaturen auftauen. Bei Frischware müssen bei allen Tintenfischarten zunächst der unverzehrbare Kopf entfernt, die Körperhülle entleert sowie Augen, Tintensack, Eingeweide, Kauwerkzeuge und Haut (nach dem Blanchieren) abgetrennt werden. Die knorpeligen Tintenfischteile müssen intensiv gewaschen werden.

Zubereitung: Tintenfische müssen stets weich gegart werden, wobei ältere Exemplare längere Garzeiten erfordern. Das gegarte Fleisch wird schnell zäh, ist deshalb umgehend zu servieren. Zu Tintenfisch passen gut exotische Gewürze und Gemüse.

Frittierter Tintenfisch

fritot de sèche
cuttlefish in frying batter

- Tintenfische in Ringe oder Streifen schneiden, mit Zitrone und weißem Pfeffer marinieren.
- Salzen und mehlieren, durch Bierteig ziehen.
- Goldgelb frittieren und auf Küchenkrepp abtropfen lassen.
- Mit Petersilie garnieren, kalte Saucen (z. B. Remouladensauce) separat.

Tintenfischragout

ragoût de sèche | *cuttlefish stew*

- Vorbereitete Tintenfische in Würzsud kochen.
- Weich gekochten Tintenfisch in Würfel schneiden und mit Weißweinsauce binden.

Tintenfisch Matrosenart

sèche marinière
cuttlefish mariner's style

- Zwiebelscheiben in Öl glasig schwitzen, vorbereitete Tintenfischstücke mit schwitzen.
- Tomatenwürfelchen (tomates concassées), Knoblauch und Petersilie zugeben, mit Essig und Wasser angießen und dünsten.

1 Wie behandeln Sie frisch angelieferte Austern, deren Schalen geöffnet sind und die sich bei Berührung nicht mehr schließen?
2 In Ihrem Ausbildungsbetrieb wird geworben: „ Austern, heute frisch eingetroffen". Beurteilen Sie diese Aussage.
3 Beschreiben Sie die Gefahr, die beim Einkauf von Muscheln aus verunreinigten Gewässern besteht.
4 Nennen Sie 6 Austernarten, und ordnen Sie ihnen die Herkunftsländer zu.
5 Erläutern Sie Vor- und Zubereitung von Austern.

1 Hummer mit einen Stückgewicht von 400 g werden zum Kilopreis von 14,20 € angeboten. Ermitteln Sie den Materialpreis für den halben Hummer.
2 Ein Fachhändler bietet Calamari-Tuben blockgefroren zu 4,55 € an. Eine Packung enthält durchschnittlich 15 Stück. Ermitteln Sie den Stückpreis.
3 Imperial-Austern werden in Fässchen zu je 100 Stück bezogen. 4 Austern sind unbrauchbar. Wie viele Portionen zu 6 Stück können aus einem Fässchen zubereitet werden?

Tintenfisch

gefüllt
farcie
stuffed
Tube mit Mischung aus gehackten Fangarmen und Kräutern oder mit Ragout aus Muscheln, Fisch und Gemüsepaprika füllen, zustecken, schmoren

geschmort
braisée
braised
Vorbereitete gare Ringe in Paprika-, Tomaten- oder Currysauce 10 min schmoren

gebraten
rôtie
roasted
Tuben mit Zitrone und weißem Pfeffer marinieren, salzen, mehlieren, in Butter goldgelb braten

18.4 Kaviarspeisen

🇫🇷 *préparation de mets de caviar*
🇬🇧 *preparation of caviar dishes*

Belugakaviar

Ketakaviar

Echter Kaviar wird besonders in der **russischen Küche** vielfältig verwendet. Die **Störe** als Kaviarlieferanten leben im Schwarzen und im Kaspischen Meer. Kaviar wird hauptsächlich nature oder zu kalten Vorspeisen verarbeitet.

Kaviar besteht aus **unbefruchteten Fischeiern** (Rogen), die sich für Speisezwecke eignen.

Qualitätsmerkmale für Kaviar sind lockere Körnung, zarte Schale und bei echtem Kaviar die relativ helle Farbe (hellgrau).
Kaviarmengen werden in oz (Unzen) angegeben, wobei 1 oz 28,35 g entspricht.

Rogenart	Qualität	Merkmale/Handelskennzeichnung
Beluga	+	Störart, Körner 1–2 mm, zartschalig ■ Blauer Deckel
Osietra		Störart, Körner 1 mm, zartschalig ■ Gelber Deckel
Sevruga		Störart, Körner unter 1 mm, sehr zartschalig ■ Roter oder oranger Deckel
Keta		Lachs, großkörnig, lachsrot, rotorange
Forelle		Mittlere Körnung, orange ■ Kennzeichnung als Forellenkaviar
Seehasen	–	Kleinkörnig, schwarz gefärbt ■ Deutscher Kaviar

Kaviar auf Eis angerichtet

Kaviar ist ein äußerst empfindliches Lebensmittel, da der Eiweißabbau schnell einsetzt. Säuerlicher Kaviar ist verdorben. Die Salzung dient nicht nur der Stabilisierung der Körner, sondern auch der besseren Haltbarkeit. Allerdings gilt eine schwache Salzung als besonderes Qualitätsmerkmal.
Malossol (russ. wenig Salz) hat einen Salzgehalt von 3%. Dieser Kaviar ist auch bei Kühllagerung nur begrenzt haltbar. Die Qualität wird durch Vakuumieren erhalten.
Parnaja Malossol (russ. frisch, wenig gesalzen) wird von im Winter gefangenem Stör gewonnen und ist von besonderer Qualität.

Anrichten

Kaviar wird stets **eiskalt,** entweder in der **Originaldose** oder in **Glas- oder Kristallschalen auf gestoßenem Mundeis** oder auch auf einen Eissockel gestellt. Wird er klassisch angerichtet, gehören dazu Blinis (kleine Hefeteigplinsen aus Weizen- und Buchweizenmehl ➔ 317) mit saurer Sahne. Zur Vervollkommnung dienen des Weiteren Zitronenspalten, Butter und Toast. Bei kalten Speisen dient Kaviar mitunter als Garnierung.

Kombinationsmöglichkeiten

Kalte Eier

Eierhälften mit Kaviar belegen oder mit Eiercreme füllen und mit Kaviar (➔ 276) garnieren

Törtchen, Windbeutel

Hefeteigtörtchen mit Mayonnaise füllen, der Kaviar untergemischt wurde

Gemüse

Lachs- oder Forellenkaviar mit Zwiebelwürfelchen, Öl, Pfeffer und Salz; mit Tomatenscheiben, Gurkenscheiben oder -stempel, Oliven garnieren

18.5 Feinkost aus Convenience-Erzeugnissen

épicerie fine préparée de produits précuisinés
delicatessen prepared with convenience products

Da die überwiegend leicht verderblichen Feinkost-Zutaten oft über lange Transportwege zu uns gelangen, ist eine Verarbeitung zu **Halbfertig- oder Fertigerzeugnissen** sinnvoll und für die Praxis erforderlich.
Für das à la carte-Geschäft werden **Krebse, Muscheln** und **Schnecken** gegart als Tiefgefrierware, Tintenfische vorgegart und vorfrittiert sowie Tinte separat tiefgefroren bezogen.

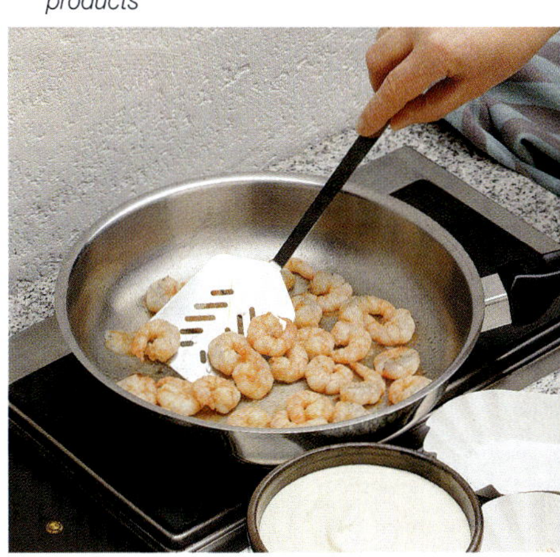

Tiefgefriererzeugnisse

Tiefgefriererzeugnisse werden mit Glasur (im Eismantel) geliefert und damit vor Gefrierbrand geschützt. Allerdings muss der Käufer auf klare Kennzeichnung achten: Die Glasur darf nicht eine andere Größe vortäuschen.

1 Teilen Sie das in der Gastronomie verwendete Feinkostangebot ein.
2 Beschreiben Sie die ernährungsphysiologische und die kulinarische Bedeutung der Feinkost aus dem Tierreich.
3 Begründen Sie die Notwendigkeit der Verarbeitung von fangfrischer oder tiefgefrorener Ware. Stellen Sie wichtige hygienische Grundsätze für die Verarbeitung tierischer Feinkost auf.
4 Geben Sie Verwendungsbeispiele von Kaviar, begründen Sie die besondere Verarbeitung. Gehen Sie auch auf Qualitätsunterschiede und Handelsformen beim Kaviar ein.
5 Untersuchen Sie das Speisenangebot Ihres Ausbildungsbetriebes. Geben Sie Begründungen für das Angebot bzw. das Fehlen des Angebots an Feinkost.

Eine Packung Malossol-Kaviar hat die Gewichtsbezeichnung 3/4 oz.
1 Geben Sie das Gewicht in g an.
2 Kaviar enthält 26,1 % Eiweiß und 15,5 % Fett. Wie viel Eiweiß, Fett (g) und Energie (kJ) wird durch den Verzehr des Kaviars aufgenommen?

19 Kalte Speisen

mets froids · cold dishes

19.1 Besonderheiten und Einteilung

particularités et classement
special features and classification

Bei der Zubereitung und dem Angebot von kalten Speisen sind gegenüber den warmen Speisen einige Besonderheiten zu beachten:
Die **Verzehrtemperatur** kalter Speisen liegt allgemein bei 3–5 °C. Die Speisen werden dem Gast gut gekühlt serviert. Der Genusswert wird von der entsprechenden Verzehrtemperatur entscheidend beeinflusst.
Geschmacksstoffe können sich nicht wie bei warmen Speisen entsprechend entfalten. Im Gegenteil: Die Würzkraft vermindert sich nach dem Abkühlen der Speisen, was beim Abschmecken berücksichtigt werden muss, zum Beispiel bei der Herstellung von Aspik.
Die **Portionsgröße** muss angemessen sein. Vorspeisen können sich beispielsweise von Hauptplatten zum Abendessen nur durch geringeren Mengeneinsatz unterscheiden.

Kalte Speisen anbieten
Die Speisekarte sollte kalte Speisen besonders ausweisen und in ihrer Funktion hervorheben, beispielsweise als kalte Vorspeisen, kalte Snacks, Würzbissen zu Sekt, Wein oder Bier, kalte Haus- und Saisonspezialitäten, kalte Speisen für den eiligen Gast (→ Grundstufe).

Salate Cocktails Kalte Saucen Käsespeisen Obst- und Gemüsespeisen Eierspeisen	Sandwiches, Canapés, Toasts Happen, Spießchen Fleisch- und Wurstspeisen Speisen aus Geflügel, Wild, Fisch, Meeresfrüchten	Kalte Platten Geleespeisen Krustenpasteten, Terrinen, Galantinen, Ballottinen, Parfaits, Moussen

Kaltes Büfett

Zum Sortiment gehören außerdem feste Buttermischungen (→ 130 f), kalte Suppen und Kaltschalen (→ 166 f).

Kalte Speisen haben neben den warmen Mahlzeiten einen festen Platz im Speisenangebot gefunden. Allerdings ist der Anteil der kalten Speisen innerhalb der Tageskost in einzelnen Ländern und Regionen recht unterschiedlich.
Kalte Speisen eignen sich als **Frühstück, Vesper** und **Abendbrot.** Insbesondere zum zweiten Abendbrot (après-souper) hat sich das Angebot kalter Speisen eingebürgert, dabei werden Brötchen, Eier, Fisch, Mousselines, Pasteten, pikante Happen, Käse und Obst bevorzugt.
In der **Gemeinschaftsverpflegung** werden darüber hinaus (→ 384) kalte Imbissspeisen und Zwischenmahlzeiten offeriert.
Im **Menü** sind kalte Vorspeisen vor der Suppe zu reichen. Besonders bei kleinen Festlichkeiten mit eigenem Charakter, wie Sektfrühstück, Teeparty oder Bierrunde, werden gern dazu passende kalte Speisen eingenommen. Das **kalte Büfett** gilt als Höhepunkt im Angebot kalter Speisen und stellt eine Zusammenstellung sowie eine Leistungsschau verschiedener kalter Speisen dar.

19.2 Salate

salades salads

Einteilung

Entsprechend den vorrangig verwendeten Rohstoffen sind Salate als wirkstoffreiche oder als sättigende Speisen anzusehen.
Salate lassen sich aus den vielfältigsten Rohstoffen herstellen:

- Eiersalate
- Fisch- und Krebssalate
- Fleisch-, Geflügel- und Wurstsalate
- Gemüse-, Pilz-, einschließlich Blattsalate und Rohkost
- Hülsenfrüchte-, Teigwaren- und Getreidesalate
- Käsesalate (Käsespeisen → 292)
- Kartoffelsalate
- Obstsalate (soweit sie nicht Süßspeisen sind)
- Spezialsalate (amerikanische Salate)

Die Rohkost kann den Salaten zugeordnet werden, da Rohstoffe und Herstellungsschritte weitgehend übereinstimmen.

Nährwert

Ernährungsphysiologisch sind **Gemüse- und Obstsalate** von besonderer Bedeutung. Vor allem die grünen Salate, Frischkost (Tomaten, Gurken, junger Weißkohl) sowie andere Rohkost (Sauerkraut, Lagerkohl, Möhren) sind ständige Vitaminspender, liefern basenbildende Mineralstoffe und gleichen den durch fett- und eiweißreiche Kost verursachten Säureüberschuss aus. Außerdem enthalten sie die erforderlichen Ballaststoffe (Cellulose, Nahrungsfasern), an denen es in der üblichen „verfeinerten" Nahrung mangelt.
Fleisch-, Fisch-, Wurst- und Eiersalate zeichnen sich durch biologisch vollwertiges Eiweiß aus.
Aufgrund des hohen Energiewertes können Kartoffel-, Reis- und Teigwarensalate als ausgesprochene Sättigungsbeilagen angesehen werden.
Portionsweise angerichtet, dienen Salate als kalte Vorspeisen, als Imbissspeisen sowie als Bestandteil des Frühstücks und des Abendessens.
Zur Komplettierung von Hauptmahlzeiten dienen als Beilagen insbesondere die ernährungsphysiologisch wertvollen ungegarten oder gegarten Gemüsesalate. Des Weiteren sind auserwählte Salate ein begehrter Bestandteil von kalten Büfetts. Schließlich können Salate aus Obst oder Reis als schmackhafte Desserts oder Nachtische innerhalb von Speisenfolgen eingesetzt werden (Süßspeisen → 323 f). Eine besondere Angebotsform stellt das Salatbüfett (→ 414) dar. Alle Salate sollten appetitliche und pikante Geschmacksnuancen aufweisen.

1 Ermitteln Sie den Energiegehalt von 200 g grüner Gurke.

2 Vergleichen Sie den Vitamingehalt von 150 g Sauerkraut mit der gleichen Menge Weißkraut.

3 Amanda verzehrt täglich zum zweiten Frühstück frische Möhren mit durchschnittlich 150 g Gewicht. Wieviel Prozent des Tagesbedarfs (→ Grundstufe) an Vitamin A und Kalium werden dadurch gedeckt?

Herstellungsgrundsätze

Das Herstellen der Salate erfordert fachgerechte Arbeit bei der Rohstoffauswahl, dem Herstellen ansprechender und gleichmäßiger Schnittformen sowie beim Würzen und Anrichten. Die Qualität eines schmackhaften Salates hängt jedoch wesentlich von der verwendeten Salatsauce ab.

Fertigstellen von Salaten

Zum Anmachen von Salaten werden industriell oder individuell hergestellte Salatsaucen verwendet. Energiereduzierte Salatsaucen, auch Dressings genannt (Joghurtsaucen, Essig-Öl-Kräuter-Saucen, Tomatensaucen), verdrängen zunehmend die traditionell üblichen Mayonnaise-Ableitungen. Salatsaucen sind kräftig zu würzen, damit ein Nachwürzen entfällt und unschöne Konsistenzveränderungen vermieden werden. Salatsaucen (➔ 124).

Grundforderungen beim Herstellen von Rohkost und Salaten

- Salate sollen sehr frisch sein und den Eigengeschmack der Salatgrundstoffe behalten.
- Nach dem Waschen Blattsalate trocken schleudern.
- Mit der Salatsauce (engl. *dressing,* von *to dress* = verbinden) binden.
- Je nach Konsistenz auf hochrandigen (Salate mit dünnflüssiger Salatsauce) oder flachrandigen Glastellern reichen, die dann auf Porzellan- oder Metallplatten gesetzt werden.
- Salate sollen eine angemessene Portionsgröße haben (Vorspeise, Sättigungsbeilage).
- Salate sollen hoch und saftig angerichtet werden, jedoch nicht in Salatsauce schwimmen. Kühl servieren (außer bestimmte Kartoffelsalate).
- Salate sollen frisch und appetitlich aussehen, pikant und würzig schmecken. Mit Küchenkräutern aufwerten!

Anrichten

Geachtet werden muss auf die Harmonie zwischen Salatgrundstoffen und Garnierungselementen. Ein Vermischen von Garnierungselementen aus Obst und Gemüse ist möglich. Die unterschiedlichen Küchenkräuter vermögen Salate optisch, geschmacklich und ernährungsphysiologisch zu verbessern.

Salat-Bowlen

In der gastronomischen Praxis ist es üblich, große Salatteller mit gezupften Salaten als Salat-Bowlen zu bezeichnen: Bowle mit knackigem Salat, Thunfisch und Ei, dazu Baguette.

Rohkost

🇫🇷 *légumes crus* 🇬🇧 *raw vegetables*

Beim Herstellen von Rohkost kommt es vor allem darauf an, die Rohstoffe möglichst frisch und wenig bearbeitet zu verwenden, damit alle Wirkstoffe erhalten bleiben.

Herstellen von Rohkostspeisen

Möhren	Weißkohl	Sauerkraut	Champignons
🇫🇷 *carottes* 🇬🇧 *carrots*	🇫🇷 *chou blanc* 🇬🇧 *white cabbage*	🇫🇷 *choucroute* 🇬🇧 *sauerkraut*	🇫🇷 *champignons de Paris* 🇬🇧 *champignons*
Möhren raspeln, mit Zucker, Zitrone und Öl anmachen, mit Rosinen, Apfelstreifen, auch Orangenspalten vermengen	Feinschneiden, geraspelte Möhren oder Möhrenstreifen, Zucker oder Honig, Salz, Pfeffer, Essig, drückend durcharbeiten, mit Kräutern oder eingeweichten Rosinen	Mit Apfel-, Lauch-, Möhrenstreifen vermengen, mit Zucker abschmecken, Zugabe von halben entkernten Weinbeeren möglich	Champignons in Scheiben schneiden, mit Salz, Zitrone, Zwiebeln, Schnittlauch, Zucker, weißem Pfeffer, Kräuteressig, Olivenöl und etwas Knoblauch marinieren

Salate aus ungegartem Gemüse

salades de légumes crus
raw-vegetable salads

Zu dieser Gruppe gehören die verschiedenen Blattsalate und die Gemüserohkost. Heute vollendet man solche Salate nicht nur mit Radieschenscheiben und Lauchzwiebeln, sondern auch mit Körnern, Samen, Nüssen und Sprossen (➔ 30 f).

> Sonnenblumenkerne, Pistazien, Kürbiskerne, Sesam
> Sprossen: Soja, Alfalfa, Radieschen, Hopfen, Bambus, Erbsen, Linsen

Gemüsebukett

Blattsalate mit Eismeerkrabben

salades à feuilles aux crabes de l'océan artique
leaf salads with crabs of the arctic ocean

- Kopfsalat, Radicchio, Eisberg- und Frisée-Salat vorbereiten, gut abtropfen lassen und klein zupfen, gegarte Eismeerkrabben marinieren.
- In French Dressing getauchten Salat auf englischen Teller anrichten.
- Eismeerkrabben darüber geben, mit halbierten Cocktailtomaten garnieren (➔ Bild).

Filetieren einer Orange

Blattsalate mit Putenbrust

salades à feuilles aux suprêmes de dindonneau
leaf salads with turkey breast

- Chicorée, Radicchio und Feldsalat vorbereiten, trocken schleudern.
- In Essig-Öl-Dill-Dressing getauchte Salate, Chicorée zuerst, auf englischem Teller arrangieren, die beiden anderen Salate darüber geben.
- In Butter sautierte, mit Salz und weißem Pfeffer aus der Mühle gewürzte Putenbruststreifen darüber verteilen (➔ Bild).

Eichblattsalat

salade de laitue feuille de chêne
salad of loose-leaf lettuce

- Salat sorgfältig putzen, waschen und in kleine Stücke zupfen.
- Für die Salatsauce gleiche Teile Honig, Sonnenblumenöl mit Zitronensaft und gehackter Zitronenmelisse vermengen.
- Mit Salz, etwas Tabasco und Sherry (➔ 366) abschmecken.
- Salatsauce über den Salat geben.

Feldsalat

Feldsalat (Ackersalat, Rapunzelsalat, Nüsslisalat)

salade de doucette, salade de mâche
corn salad, field salad

- Gut putzen, möglichst unter fließendem Wasser waschen.
- Abtrocknen und kurz vor dem Anrichten mit Essig-Öl-Kräuter-Sauce oder Specksauce anmachen.

Feldsalat eignet sich auch sehr gut zum Kombinieren mit anderen Salaten.

Frisée-Salat

salade de chicorée frisée
curled-endive salad

- Vorbereiteten Frisée-Salat trocken schleudern, vorbereitete Champignons in Scheiben schneiden, mit Salz, weißem Pfeffer und Zitrone marinieren.
- Salat durch Vinaigrette ziehen, auf englischen Teller anrichten.
- Champignonscheiben, Pinienkerne und Croûtons darüber geben (➔ Bild).

Frühlingsalat

salade printanière *spring salad*

- Vorbereiteten Löwenzahn und Kopfsalat abtropfen und grüne Gurke in Scheiben schneiden.
- Salate in italienisches Dressing tauchen, auf englischen Teller anrichten.
- Mit halben Wachteleiern und Tomatenscheiben garnieren (➔ Bild).

Löwenzahnsalat

salade de pisenlits / dents-de-lion
dandelion salad

- Junge, zarte Blätter kurz und gründlich waschen.
- Mit Specksauce oder Essig-Öl-Kräuter-Sauce anrichten.
- Löwenzahn auch mit anderen Blattsalaten mischen.

Radieschensalat

salade de radis roses
red-radish salad

- Radieschen waschen und in Scheibchen schneiden.
- Erst vor dem Anrichten mit Essig-Öl-Kräuter-Sauce sowie Salz und Pfeffer anmachen. Mit gehackten Kräutern (Petersilie) bestreuen.

Zum Bestreuen können fein gehackte rohe Blumenkohlröschen, Schnittlauchröllchen und Würfel von hartgekochtem Ei verwendet werden.

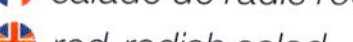

Blattsalat mit Eismeerkrabben

Friséesalat mit Champignons

Frühlingssalat mit Wachteleiern

Blattsalat mit Putenbrust

Salate aus gegartem Gemüse

salades de légumes cuites
boiled-vegetable salads

Blumenkohlsalat

salade de chou-fleur
cauliflower salad

- Blumenkohlröschen teilen, mit Salz, Zucker und Zitrone kochen, in Eiswasser geben. Nach dem Auskühlen mit Salz, weißem Pfeffer und Öl marinieren. Beim Anrichten mit Essig-Öl-Kräuter- oder Eiersauce übergießen.
- Andere **Variante:** Blumenkohlröschen nicht zu weich dämpfen.
- Nach dem Auskühlen mit Zitrone, Öl, Pfeffer und Salz marinieren.
- Mit Salatmayonnaise (verdünnter Mayonnaise → 122) oder nature anrichten.

Bohnensalat

salade de haricots verts
French-bean salad

- Geputzte grüne Bohnen in Salzwasser mit Bohnenkraut bissfest kochen und mit Eiswasser abschrecken.
- In noch etwas warmem Zustand mit Essig-Öl-Kräuter-Sauce marinieren.
- Nach dem Erkalten mit gehackten Zwiebeln, gehackter Petersilie, Kerbel, Bohnenkraut oder Schnittlauchröllchen vermischen.

Sauerkrautsalat

salade de choucroute
sauerkraut salad

- **Rohkostsalat mit Zwiebeln:** Sauerkraut leicht ausdrücken.
- Kurz geschnittenes Sauerkraut mit Zwiebelwürfeln, evtl. auch Apfelwürfeln, wenig Knoblauch, Salz, weißem Pfeffer, Essig und Öl anmachen.

Sauerkrautsalat kann auch mit Sahnesauce oder Crème fraîche hergestellt werden.

auf Ananasscheibe

sur tranche d'ananas
on pineapple slice

Grob hacken, mit Zitrone, Salz und Pfeffer abschmecken, auf Ananasscheibe anrichten, mit Sahne und Melissenblatt garnieren

mit Äpfeln

aux pommes
with apples

Grob hacken, mit geschälten geraspelten Äpfeln, gehackten Gewürzgurken, gehackten Zwiebeln vermengen, mit Zitrone, Weinessig, Salz, Zucker und Öl marinieren

mit Paprika und Tomate

aux poivrons et aux tomates
with bell peppers and tomatoes

Wie nebenstehend, aber statt Äpfel und Gewürzgurken Gemüsepaprika und Tomaten oder auch Lauch, Sellerie, Wurzelgemüsestreifen verwenden

Schwarzwurzelsalat

salade de salsifis noirs / scorsonères
salad of black salsify / scorzonera

- Geputzte Schwarzwurzeln zur Farberhaltung in Essigwasser lagern, in das etwas Mehl eingerührt worden ist.
- In etwa 4 cm lange Stücke schneiden, in Salzwasser weich kochen, abkühlen lassen. Mit Kräutern, Zitrone, Öl und Sahne pikant anmachen.

Selleriesalat

salade de célerie-rave
celeriac salad

- Geschälten Sellerie in Scheibchen oder Streifen schneiden.
- Mit Zwiebelwürfelchen, Zitrone, Salz, Zucker und weißem Pfeffer bissfest kochen. Auskühlen lassen, mit Essig und Öl fertig stellen.

mit Essig und Öl

vinaigrette
with vinaigrette sauce

Gekochte Scheiben mit Salz, weißem Pfeffer, Essig und Öl marinieren

mit Mayonnaise / Sahne

à la mayonnaise / à la crème
with mayonnaise / with cream

Mit Mayonnaise, Senf-Sahnesauce oder Sahnesauce anmachen

mit französischem Senf

à la moutarde française
with French mustard

Salatsauce mit französischem Senf, mit Zitrone, Salz, Pfeffer würzen, gleiche Teile dünner Scheiben von gekochtem Sellerie und Reinette-Äpfeln dazugeben

Weißkohlsalat

salade de chou blanc
white-cabbage salad

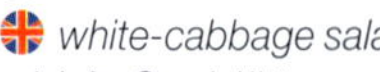

- **Warmer Speckkrautsalat:** Vom Weißkohl Außenblätter und Strunk entfernen, in Streifen geschnittenes Weißkraut blanchieren.
- Mit Marinade aus Wasser, Essig, Salz, Zucker, Pfeffer und Kümmel überbrühen und aufkochen. Gebratene Rauchspeckwürfel samt Bratfett hinzugeben und warm anrichten.
- **Pfälzer Krautsalat:** Weißkohl ohne Rippen und Strunk fein schneiden. Nach dem Blanchieren gut abtropften lassen, aber noch warm mit Essig, Öl, Salz und Pfeffer würzen, kranzförmig anrichten.
- In der Mitte mit Essig-Öl-Kräuter-Sauce und Senf angemachten Wurstsalat (Scheibchen) anordnen, mit Schnittlauchröllchen bestreuen.

Kartoffelsalat

Kartoffelsalate

salades de pommes de terre
potato salads

Kartoffelsalat, Grundzubereitung

préparation de base
basic preparation

- Eiweißreiche, stärkearme, vorzugsweise kleine Kartoffeln (speckig, festkochend) in der Schale kochen, schälen und noch warm in Scheiben in eine ebenfalls noch warme Marinade hineinschneiden oder mit heißer Marinade übergießen.
- Bei Verwendung stärkehaltiger Kartoffeln wird die Marinade leicht gebunden, was mitunter erwünscht ist.
- Die Marinade besteht aus heißer Fleischbrühe, geriebenen Zwiebeln, Essig, Öl, Salz, Pfeffer und ein wenig Zucker, möglich ist auch die Zugabe von etwas Senf. Als Marinade eignet sich auch Mayonnaise- oder Senfsauce *(à la mayonnaise ou à la sauce moutarde, with mayonnaise or mustard sauce)*. Kartoffeln in der Marinade schwenken, bis der Salat gebunden ist.
- Mit gehackter Petersilie und Schnittlauchröllchen bestreuen.

mit grünen Gurken
aux concombres
with cucumbers
Halbierte, entkernte, geschälte frische Gurkenscheiben, angeschwitzte Zwiebeln und Speck zugeben

Pariser Art
parisienne
Parisian style
Festkochende Kartoffeln noch warm in Scheiben schneiden, mit Weißwein marinieren, nach etwa 15 min etwas Essig, Öl, Salz Pfeffer sowie gehackte Petersilie und Kerbel zugeben, vorsichtig durchschwenken

holländische Art
hollandaise
Hollandish style
Gebratene Speckwürfel mit dem Bratfett und Würfel von Räucherhering zugeben

Hülsenfrüchtesalate

salades de légmunieuses
pulse salads

Salat von weißen Bohnen

salade de haricots blancs
white-bean salad

- Am Vortage eingeweichte weiße Bohnen mit Salz, Lorbeer und Thymian kochen. Gut abgetropft mit Essig-Öl-Kräuter-Sauce und gehackten Zwiebeln anmachen.
- Mit gehackten Kräutern, wie Petersilie und Bohnenkraut, oder Würfelchen von rotem und grünem Gemüsepaprika bestreuen.

Linsensalat

salade de lentilles
lentil salad

Wie Salat von weißen Bohnen, jedoch mit Salz, Knoblauch und Kräutersträußchen kochen und mit Kerbel bestreuen.

Gemischter Gemüsesalat mit amerikanischer Salatsauce (Convenience-Erzeugnis)

Pilzsalate

salades de champignons
mushroom salads

Champignonsalat

salade de champignons de Paris
champignon salad

Champignonsalat 1: Champignons putzen, waschen, in Scheiben schneiden und sofort mit Zitrone übergießen, mit Salz, Pfeffer sowie Weinessig würzen. Mit gehackter Petersilie und Olivenöl vermischen oder mit Sahne-, Joghurt- oder Mayonnaisesauce anmachen.
Champignonsalat 2: Wie oben vorbereitete Champignons in gesalzenem Zitronenwasser kurz pochieren, danach wie oben marinieren.

Steinpilzsalat

salade de cèpes / bolets
boletus-mushroom / cep salad

- Sauber geputzte Steinpilze in Scheiben schneiden.
- Zusammen mit feinwürfelig geschnittenen Zwiebeln in Öl dünsten.
- Mit Salz, Pfeffer, Weinessig, Öl und gehacktem Estragon anmachen.

Gemischte Gemüsesalate

salades mêlées de légumes
mixed vegetable salads

Fenchel-Sellerie-Apfel-Salat

salade de céleri, fenouil et pommes
salad with celery, fennel and apples

- **Rohkostsalat:** geputzten Sellerie und Fenchel sowie die ungeschälten Äpfel in Scheiben schneiden.
- Mit Zitrone, Salz und Pfeffer abschmecken.
- Beim Anrichten mit Joghurt überziehen und mit Schnittlauch garnieren.

Gemischter Gemüsesalat mit Bambussprossen

salade mêlée de légumes aux pousses de bambou
mixed vegetable salad with bamboo sprouts

- Vorbereitete Gemüsepaprika, gegarte Möhren und Bambussprossen in Streifen schneiden, mit Oliven und gegarten Brokkoliröschen vermengen.
- Mit Kräuteressig, Salz, Zucker, weißem Pfeffer und etwas Olivenöl anmachen (➔ Bild).

Griechischer Bauernsalat

salade paysanne grecque
farmer's salad Greek style

- **Vorspeisensalat:** Kopfsalatblätter auf Teller verteilen. Tomaten-, entkernte Gurken-, grüne Gemüsepaprikawürfel, Zwiebelstreifen vermengen.
- Mit Salatsauce bestehend aus Essig, Salz, Pfeffer, Olivenöl und Oregano anmachen, auf Salatblätter geben, mit Oliven und Ziegen- oder Schafskäse (Feta) garnieren.

Griechischer Bauernsalat

Rote-Bete-Rettich-Salat

salade de betteraves rouges et de radis
beetroot and radish salad

- Rohkostsalat: Geraspelte rote Bete mit Apfelessig, Salz, Honig oder Puderzucker sowie Distelöl marinieren.
- Geriebenen Meerrettich darunter mengen.
- Grob geraspelten, gesalzenen Rettich darüber streuen.
- Als Garnierung marinierten Feldsalat ringsherum.

Fleisch- und Wurstsalate

salades de viande et de saucisses
meat and sausage salads

Fleischsalat böhmische Art

salade de viande bohémienne
meat salad Bohemian style

- Rinderschmorfleisch oder -braten in Würfel schneiden.
- Mit Tomaten- und Zwiebelwürfeln vermengen.
- Mit Senf, evtl. Essig und Salz, Öl, Pfeffer, gehackten Kräutern sowie wenig Zucker abschmecken.

Gemischter Gemüsesalat mit Convenience-Buttermilch-Dressing

Rindfleischsalat Gärtnerinart

salade de bœuf jardinière
beef salad gardener's style

- Streifen von gekochtem Rindfleisch, blanchierte Zwiebelwürfel, grüne Bohnen, Möhrenwürfel und zarte grüne Erbsen mit reichlich frischen gehackten Kräutern, Essig, Öl, etwas Rotwein und Salz pikant abschmecken.

Rindfleischsalat mit Gemüse

salade de bœuf aux légumes
beef salad with vegetables

- Gekochtes Rindfleisch im Fond erkalten lassen, in Würfel schneiden, ebenso Tomaten, Gurken und Gemüsepaprika.
- Zutaten mit Ketchup vermengen, mit Salz, nach Belieben Zucker, Pfeffer, Balsamico-Essig und etwas Öl anmachen.
- Etwa 60 min kühlen und durchziehen lassen, abschmecken.

Fruchtsalate

macédoines de fruits *fruit salads*

Hier werden nur herzhafte Fruchtsalate aufgeführt, die als Vorspeisen dienen. Fruchtsalate unter Süßspeisen werden auf den Seiten → 323 f beschrieben. Je nach Art können sie auch als Füllungen für Früchte (→ 297) dienen.

Avocadosalat

salade d'avocats *avocado salad*

- Früchte halbieren, entkernen und schälen. Kleine Scheiben sofort mit Zitrone marinieren.
- Im Verhältnis 2 : 1 Würfel von Grapefruitfilets und Kakifrucht dazugeben.
- Mit Marinade von Sherry-Essig, Sesamöl, fein gehackter Zitronenmelisse sowie Salz und weißem Pfeffer würzen.

Feigensalat

salade de figues *fig salad*

→ Grundstufe

Amerikanische Salate *salades américaine* *American salads*

Die Eigentümlichkeit der amerikanischen Salate liegt in der Zusammenstellung von grünen Salaten mit Feldfrüchten und Obst.

Amerikanischer Geflügelsalat *salade de volaille américaine* *American chicken salad*

- Gefällige Scheibchen von gekochtem oder gebratenem Geflügelfleisch, Ananas, Äpfeln, Bananen, Pfirsichen und Orangen mit Salz, Pfeffer, Zitrone, Öl und Chilisauce marinieren.
- Auf einer Glasplatte anrichten und mit kleinen, mit Chilisauce und Zitrone abgeschmeckten Sahnerosetten umlegen.
- Sahnerosetten mit Walnusskernen belegen.

Cumberland-Salat *salade Cumberland* *Cumberland salad*

- Lange geschnittene Scheiben halbierter, in Zuckerwasser pochierter Birnen auf zarte Kopfsalatblätter gruppieren.
- Dazu Cumberland-Sauce (➔ 125) servieren.

Waldorf-Salat

Stockwell-Salat *salade Stockwell* *Stockwell salad*

- Würfelig geschnittene Äpfel, Bananen, Grapefruits, Orangen und Tomaten mit pikanter Sahnemayonnaise anmachen.
- In korbartige Kopfsalatblätter anrichten und mit Streifchen von süßen Mandeln bestreuen (klassische Rezeptur).

Waldorf-Salat *salade Waldorf* *Waldorf salad*

- Sellerie- und Apfelwürfel oder feine Streifen mit Zitrone marinieren.
- In Mayonnaisesauce Schlagsahne und gehackte Walnüsse untermengen. Zum Anrichten eignen sich Kopfsalatblätter.

Zutaten für Waldorf-Salat

Gemischte Salate *salades mêlées* *mixed salads*

Darunter sind Salate zu verstehen, die getrennt angemacht wurden, dann aber auf dem Anrichtegeschirr zusammengestellt werden, bzw. gemischte Salate aus unterschiedlichen Rohstoffen. Auch Fisch, Feinkost aus dem Meer und Käse lassen sich verarbeiten.

Aida-Salat *salade Aïda* *Aida salad*

- Besteht zur einen Hälfte aus krauser Endivie, zur anderen aus Tomaten, rohen, geschälten, streifig geschnittenen grünen Paprikafrüchten, Weißeischeiben sowie in feine Scheiben geschnittenen Artischockenböden.
- Der Salatmarinade etwas Essig beigeben.
- Über den Salat nudelförmiges, durch ein grobes Sieb gedrücktes, hart gekochtes Eigelb geben.

Zum Herstellen von 98 Portionen Geflügelsalat wird je Portion 80 g gekochtes Hühnerfleisch gerechnet. Bei der Verarbeitung der Hühner fallen 65% Herstellungsverluste an. Wie viele Hühner zu 2,5 kg sind zu kochen? Auf ganze Stück aufrunden.

Carmen-Salat
salade Carmen · *Carmen salad*

- Kleinwürfelig geschnittenes Hühnerfleisch, Würfel von gerösteten und geschälten Chilifrüchten sowie junge gedünstete Erbsen und körnig gekochten, gut trockenen Reis mit Essig-Öl-Sauce anmachen, der Senf und gehackter Estragon beigegeben wird.

Chicorée-Lauch-Salat
salade d'endive et de poireaux · *chicory and leek salad*

- Fein geschnittenen Chicorée mit blanchierten Lauchstreifen, einigen Champignonscheiben sowie fein geschnittenem Geflügelfleisch vermengen. Pikant mit Essig, Öl, Salz, Zucker und Pfeffer anmachen.

Frühlingssalat
salade printanière · *spring salad*

- Radieschen, grünen Gemüsepaprika, Salatgurken und Tomaten feinblättrig schneiden.
- Mit Essig, Salz, wenig Zucker, Pfeffer, gehackten Kräutern und etwas Öl anmachen, mit geriebenem Roquefort vollenden.

Gemüse-Feta-Salat
salade de légumes au feta · *vegetable salad with feta*

- Gemüsepaprikawürfel mit Salz und Pfeffer würzen.
- Kugeln aus blanchierten Möhren ausbohren. Feta-Käse in Würfel schneiden.
- Gefüllte Oliven halbieren, Silberzwiebeln dazugeben.
- Alles mit Estragonessig, Salz, Zucker und weißem Pfeffer vermengen, 60 min kühlen und durchziehen lassen und nochmals abschmecken.

Gemüsesalat, Gemüse-Feta-Salat, Rindfleischsalat, Heringssalat

Heringssalat
salade de harengs · *herring salad*

- Matjeshering in Würfel schneiden.
- Äpfel, Zwiebeln und Gewürzgurken ebenfalls in gleich große Würfel schneiden und alles vermengen, mit Mayonnaise anmachen.
- Salat pikant mit Salz, Pfeffer, Zucker und Essig abschmecken.
- Mit Radieschen, Gewürzgurken und gehackten Kräutern anrichten.

1 Nennen Sie das allgemeine Mengenverhältnis von Essig zu Öl in Salatsaucen.

2 Geben Sie eine Übersicht über verschiedene Salatsaucen, und beurteilen Sie diese nach ihrem ernährungsphysiologischen Wert.

3 Stellen Sie unter Beachtung der fachlichen Regeln zwei verschiedene Salatteller zusammen.

Lagerung

Ist die Lagerung von Rohkost, Salaten oder vorbereiteten Salatbestandteilen unumgänglich, gilt es Folgendes zu beachten:

- Geschnittene Salatrohstoffe abgedeckt und getrennt von der Salatsauce aufbewahren. Stets nur so viel Salat vorbereiten, wie benötigt wird.
- Fleischsalate können bereits am Vortag fertig gestellt werden.
- Das Abtrocknen der Salatoberfläche wird durch Abdecken verhindert.
- Salate mit dünnen Salatsaucen (Essig-Öl-Kräuter-Sauce, saure Sahne usw.) dürfen erst unmittelbar vor dem Verzehr angerichtet werden.

19.3 Cocktails

🇫🇷 *cocktails* 🇬🇧 *cocktails*

Cocktails sind farbenfreudige, pikante, appetitanregende, attraktive kalte Vorspeisen.

Cocktails stammen aus der amerikanischen Küche und werden zum Beginn einer Speisenfolge eisgekühlt in Cocktail- oder Kelchgläsern gereicht. Diesbezüglich bestehen Gemeinsamkeiten mit den gleichnamigen alkoholischen Mischgetränken. Mit ihrer Farbigkeit werden Speisen- und Getränkecocktails der aus der Zeit der amerikanischen Unabhängigkeitskriege stammenden ursprünglichen Bezeichnung gerecht, die wörtlich **Hahnenschwanz** bedeutet.

Die Grundlage der Cocktails bilden akkurate Schnittformen wertvoller Rohstoffe, wie beispielsweise von Edelobst, Edelgemüse, Geflügel, Fisch, Krebsen und Weichtieren. **Früchtecocktails** bilden insofern eine Ausnahme, da sie wegen der süßen Geschmacksnuancen auch am Ende von Menüs serviert werden. Sie eignen sich in der warmen Jahreszeit ebenfalls als erfrischende, energiearme Imbissspeisen. Cocktails sind nach der Bestellung frisch herzustellen.

Herstellung von Cocktails	
■ **Cocktailschale oder Kelchglas gut kühlen**	Alles muss gut gekühlt sein, weil sofort angerichtet wird; für besondere Fälle auch ausgehöhlte Früchte (➔ 297)
■ **Chiffonade einlegen**	Geeignet sind gezupfte Kräuter und fein geschnittene grüne Salate; Hauptbestandteile liegen höher und kommen dadurch besser zur Geltung
■ **Farblich und geschmacklich aufeinander abgestimmte Rohstoffe akkurat schneiden, würzen, marinieren**	Edle Rohstoffe verschiedenster Art, z. B. Gemüse, Obst, Geflügel, Fisch, Krustentieren, auch mit Spirituosen mazerieren
■ **Schnittformen gemischt oder schichtweise einlegen**	Es soll ein farbenfrohes Bild entstehen
■ **Cocktailsauce darüber gießen**	Selbst hergestellte Saucen: Vinaigrette, Sahne- oder Mayonnaise-Variationen, auch Convenience-Erzeugnisse (➔ 122)
■ **Garnieren und Beilagen bereitstellen, Cocktails gut gekühlt servieren**	Beilagen: Gemüseschnittformen, Toast, Käsestange, frittierte Käsedatteln (➔ 294), Zitronenecke mit Dillzweig, Cocktailtomate, halbe gefüllte Olive usw.

Cocktailarten

Cocktail	Rohstoffe / Würzmittel	Chiffonade / Sauce / Garnierung
Gemüsecocktail *cocktail de légumes* *vegetable cocktail*	Paprika-, Gurken-, Zucchini-Würfel, Spargelstücke ■ Kräuteressig, Salz, Zucker, weißer Pfeffer	Kopfsalatherzen ■ Vinaigrette ■ Feldsalat
Geflügelcocktail *cocktail de volaille* *chicken cocktail*	Würfel von gekochtem Geflügelfleisch und von Ananas, Cocktailkirschen ■ Zitrone, Salz, Zucker, Tabasco	Kopfsalatherzen ■ Currymayonnaise ■ Erdbeerenviertel
Meeresfrüchtecocktail *cocktail de fruits de mer* *seafood cocktail*	Garnelen, Tintenfischringe, Muscheln, Gemüsepaprikawürfel ■ Salz, Pfeffer, Zitrone, Olivenöl, Zwiebelwürfel, Weißwein	Kopfsalatherzen ■ Zwiebelwürfel anschwitzen, dazugeben, Rohstoffe mit Weißwein ablöschen ■ Chicorée
Avocado-Cocktail *cocktail d'avocats* *avocado cocktail*	Avocado-, Apfel-, Tomatenwürfel ■ Zitrone, Salz, Pfeffer, Zucker, Cognac	Radicchio ■ Marinade ■ Kirschtomate, Dillzweig
Champignoncocktail *cocktail de champignons de Paris* *champignon cocktail*	Ungegarte Champignonscheiben, Kochschinkenwürfel ■ Balsamico-Essig, Essig, Salz, Zucker, grüner Pfeffer	Kopfsalat ■ Kräuterjoghurt ■ Tomatenfilet, Schnittlauch
Austerncocktail *cocktail d'huitres* *oyster cocktail*	Frische Austern, kleine Tomatenwürfel ■ Salz, Zitrone, Tabasco	Kopfsalatherzen ■ Tomaten-Vinaigrette ■ Dillzweig
Melonencocktail *cocktail de melon* *melon cocktail*	Kugeln von Honig-, Zucker- (Cantaloup), Wassermelone ■ Zitrone, Tabasco, Portwein	Minze ■ Marinade ■ Minzeblatt
Spargelcocktail *cocktail d'asperges* *asparagus cocktail*	Grüne oder weiße Spargelstücke ■ Zitrone, Salz, Zucker, Tabasco	Frisée-Salat ■ Kräutermayonnaise ■ Gefüllte Olivenhälfte, Dillzweig
Garnelencocktail *cocktail de crevettes* *shrimp cocktail*	Garnelen, Ananas-, Tomatenwürfel ■ Zitrone, Salz, Pfeffer, Tabasco, Cognac	Kopfsalatherzen ■ Andalusische Sauce ■ Halbes Wachtelei, Kresse
Wildcocktail *cocktail de gibier* *game cocktail*	Streifen von gekochtem Wildfleisch, Apfelstreifen, Preiselbeeren ■ Himbeeressig, Salz, Zucker, Meerrettich, Senf, Wacholder	Feldsalat ■ Cumberland-Sauce ■ Chicorée-Blatt

Gemüsecocktail Meeresfrüchtecocktail Geflügelcocktail

Vergleich mit Salaten

Gemeinsamkeiten	
Rohstoffe	Edelobst, Edelgemüse, Geflügel, Fisch, Krebse, Weichtiere
Sauce	Bindende Salatsaucen, Marinaden
Nährwert	Hoher Genusswert und Wirkstoffgehalt, appetitanregend

Unterschiede	
Schnittformen	Feinere Schnittformen
Sättigungswert	Stets gering
Anrichteweise	Eisgekühlt in Cocktailgläsern, evtl. mit Sauce nappieren

19.4 Gefüllte Eier

œufs farcis   stuffed eggs

Gefüllte Eier eignen sich als kalte Vorspeisen, separat oder kombiniert mit anderen Speisenteilen. Angerichtet wurden gefüllte Eier traditionell auf Mayonnaisesauce oder Remoulade; heute werden Gemüsesockel (Tomate, Gurke, Artischocke), Törtchen oder Gemüsesalate bevorzugt. Vielfach bilden gefüllte Eier Garnierungselemente bei umfangreicheren kalten Speisen. Die Zubereitung erfolgt stets nach gleichen Arbeitsschritten:

Herstellung von gefüllten Eiern	
Frische Eier anstechen, 8–10 min kochen	Aus hygienischen und geschmacklichen Gründen nur frische Eier verwenden
Kalt abschrecken und schälen, nach Belieben in Salzwasser legen	Durch Abschrecken zieht sich das Ei-Innere zusammen, so dass sich das Ei gut schälen lässt; Salzwasser verhindert das Abtrocknen
Auflageflächen beschneiden, sauber quer oder längs teilen	Das Ei muss bei der weiteren Bearbeitung und beim Anrichten plan aufliegen
Eigelb mit Löffel herausnehmen und beiseite legen	Eigelb bildet einen guten Geschmacksträger, und es dient als Grundlage für die Füllung
Eihälfte ins Wasser, Eigelb abspülen, mit der Schnittfläche nach unten auf Abtropfgitter legen	Eigelbreste auf dem Weißei würden den optischen Eindruck verschlechtern
In unterschiedlicher Weise füllen	Eigelbcreme kann geschmacklich vielseitig variiert werden
Garnieren	Dazu eignen sich kleine farbenfreudige Schnittformen
Auf Abtropfgitter überglänzen	Gelee ergibt ein besseres Aussehen und schützt vor Oxidationsvorgängen

Gekochte Eier können bis zu 10 Tagen kühl gelagert werden.

Kochen der Eier

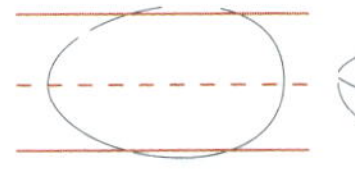

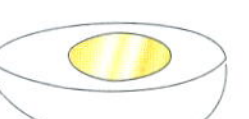

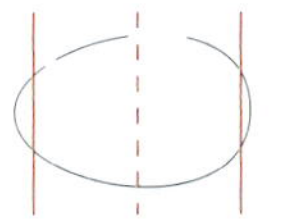

Beschneiden

Eigelb herausnehmen

Füllen mit Spritzbeutel

Für kalte Vorspeisen eignen sich auch weich gekochte und verlorenen Eier (→ 77 ff). Sie werden auf Salate (Gemüse-, Pilzsalate) angerichtet und mit deckenden Saucen (z. B. Mayonnaisevariationen, Sahnemeerrettich, Chantilly-Sauce) überzogen.

Füllung

Füllungen werden meist unter Verwendung des Eigelbs hergestellt.

- Eigelb durch ein Haarsieb streichen.
- Eigelb mit Butter oder Mayonnaise zu cremiger Füllung verarbeiten.
- Mit Salz, Pfeffer, Worcestershire-Sauce, Zitrone, auch saurer Sahne und Öl würzen, Senf, Mus aus Fisch (Lachs, Aal usw.) und je nach Geschmacksrichtung andere Rohstoffe und Würzmittel unterarbeiten (z. B. Trüffelöl). Des Weiteren feingeschnittene Kräuter als Einlage verwenden.

Gekochte, geschälte Eier werden im 6,5 kg-Gebinde (netto) bezogen.

1 *Ermitteln Sie das Durchschnittsgewicht eines Eies, wenn sich in einem Gebinde 150 Stück befinden.*

2 *Berechnen Sie den Materialpreis für 10 Eier, wenn das Gebinde 21,00 €. kostet.*

Garnierung

Dazu eignen sich feine Gemüseschnittformen, Kräuterzweige, Kaviar, Aspik, Kapern, Gurke usw. (➔ Bilder).

Gefülltes Ei mit Olive

œuf farci à l'olive
stuffed egg with olive

- Eigelbcreme (➔ 275)mit Olivenöl herstellen.
- Auf Eihälfte spritzen und mit Olive garnieren.

Gefülltes Ei mit Garnele

œuf farci à la crevette
stuffed egg with shrimp

- **Dillcreme:** Eigelbcreme mit fein gehacktem Dill vermengen.
- Mit Spritzbeutel Dillcreme in Eihälfte spritzen, mit Garnele garnieren.

Gefülltes Ei mit Spargelspitze

œuf farci à la pointe d'asperge
stuffed egg with asparagus tip

- **Kräutercreme:** Eigelbcreme mit fein gehackten Kräutern vermengen.
- Mit Spritzbeutel Kräutercreme in Eihälfte spritzen, mit Spargelspitze belegen.

Gefülltes Ei mit Matjesfilet

œuf farci au filet de hareng vierge
stuffed egg with matie / white herring

- **Zitronencreme:** Eigelbcreme mit Zitrone abschmecken.
- Mit Spritzbeutel Zitronencreme in Eihälfte spritzen.
- Dekorativ mit Stück vom Matjesfilet belegen.

Gefülltes Ei mit Cocktailtomate

œuf farci à la tomate cerise
stuffed egg with cherry tomato

- **Tomatencreme:** Eigelbcreme mit Tomatenmark vermengen.
- Mit Spritzbeutel Tomatencreme in Eihälfte spritzen.
- Dekorativ mit Cocktailtomate garnieren.

Gefülltes Ei mit Kaviar

œuf farci au caviar
stuffed egg with caviar

- Eigelbcreme in Eihälfte spritzen.
- Mit Kaviar garnieren.

Gefülltes Ei mit Perlzwiebel

œuf farci au petit oignon
stuffed egg with pearl onion

- Rote-Bete-Creme: Eigelbcreme mit Rote-Bete-Saft färben.
- Creme in Eihälfte spritzen.
- Mit Perlzwiebel garnieren.

19.5 Kalte Fleisch- und Wurstspeisen

mets froids de viande et de saucisse
cold meat and sausage dishes

Kalte Fleisch- und Wurstspeisen eignen sich als **Vorspeisen, für kalte Mahlzeiten,** insbesondere in Form von kalten Platten (➔ 283). Besonders geeignet sind kalte Braten von Rind (Roastbeef), Kalb, Schwein. Schaffleisch ist bei uns wegen des Eigengeschmacks und des hoch schmelzenden Fettes nicht üblich.

Arbeit am Mortadella- und Schinkenschneider

Schinkenteller

assiette de jambon — *ham plate*

Regional unterschiedlich können dafür unterschiedliche Schinkenarten verwendet werden, auch Schwarzwälder Schinkenspeck (im Markgräflerland werden Schweine unter anderem mit Kastanien und Eicheln gefüttert), Katenschinken, Parma-Schinken usw., Parma-Schinken typisch kombiniert mit Melone, da die Schweine unter anderem traditionell mit Melone gefüttert wurden, woher der süßliche Geschmack stammen soll.

0,5	kg	Rollschinken
0,5	kg	Lachsschinken
0,5	kg	Kochschinken

- Schinken in dünne Scheiben schneiden und gefällig auf Holzplatte anrichten.
- Mit Sahnemeerrettich, Mixed Pickles, Landbutter und Bauernbrot servieren.

Schinkenteller

Kalbskopf in Essig-Öl-Kräuter-Sauce

tête de veau à la vinaigrette
calf's head with vinaigrette sauce

1		Kalbskopf, gespalten, ohne Hirn und Zunge
0,4	kg	Wurzelgemüse (Zwiebeln, Sellerie, Möhren)
		Lorbeerblätter, Nelken, Pfefferkörner, Salz
0,5	l	Vinaigrette (➔ 124)

- Geputzten und gewässerten Kalbskopf in kaltem Wasser ansetzen, Gewürze, Salz und Wurzelgemüse zugeben und kochen.
- Kalbskopf im Sud abkühlen, noch warmes Fleisch vom Knochen trennen, Backenhaut entfernen, in einer Form kalt pressen, in Scheiben schneiden und mit Vinaigrette anrichten.

Mit frischem Bauernbrot oder Röstkartoffeln sowie mit Blattsalat oder Mixed Pickles vervollständigen.

Roastbeef (rosa)

roastbeef — *roastbeef*

2	kg	pariertes, bratfertiges Roastbeef
0,1	kg	Speiseöl
		Salz, Pfeffer

- Roastbeef braten (➔ 199)
- Braten mit Folie umhüllen und kalt stellen, erkaltet in dünne Tranchen schneiden.
- Auf Platte anrichten und mit Remouladensauce, Röstkartoffeln, Mixed Pickles komplettieren.

Als Beilagen eignen sich außerdem Brot, Butter und frische Salate.

Niedertemperaturbraten

Kombigargerät:
Programmieren auf Roastbeef medium

5,96 kg Roastbeef werden gebraten. Daraus werden 28 Portionen zu je 170 g tafelfertig geschnitten. Ermitteln Sie den prozentualen Herstellungsverlust.

Tatar

Tatar  *tartare*  *tatar*

1 kg Rinderkeule, sehnen- und fettfrei, völlig pariert

- Fleisch fein wolfen und, wie es aus dem Wolf kommt, locker auf der Glasplatte anrichten.
- Auf Wunsch des Gastes frisches Eigelb (von Tageseiern) in eingedrückte Fleischvertiefung geben (*Salmonellengefahr beachten!*).
- Garnierungen und Umlagen sind regional unterschiedlich: Zwiebelwürfelchen, Mixed Pickles, Kapern, Sardellenfilets, gefüllte Oliven, Tomatenecken, Kresse.
- Würzmittel: Salz, Pfeffer aus der Mühle, Ketchup, Worcestershire-Sauce und andere englische Saucen. Zur Geschmacksabrundung können auch frisch geriebener Meerrettich, Tabasco, etwas Cognac oder Sherry dazu serviert werden. Brot und Butter extra.

*§ **Schabefleisch** aus entsehntem Skelettmuskelfleisch des Rindes, fein gewolft, ungewürzt; auch als Tatar bezeichnet; verkehrsüblich ist ein Fettgehalt von 6%. Der Name Schabefleisch weist auf die frühere Art der Herstellung durch Abschaben vom Rinderfilet hin.*

***Hackepeter,** auch Thüringer Mett genannt, aus entsehntem Skelettmuskelfleisch vom Schwein (Keule, Bug); gröber als Schabefleisch; Zusatz von Salz, Kümmel, Pfeffer, auch Zwiebel ist erlaubt.*

Beachtung der Hackfleisch-Verordnung → Grundstufe

Carpaccio (vom Rinderfilet)  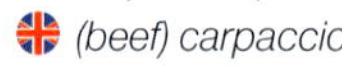

carpaccio (de bœuf)
(beef) carpaccio

Italienische Vorspeise – original stets aus Rinderfilet –, die in Deutschland viele Freunde gefunden hat. Italiener geben dazu nur Rucola (Salatrauke), fein gehobelten Parmesan, Olivenöl oder Zitrone sowie frische Trüffel. Inzwischen werden auch Räucherlachs, Lachsforelle, Schweine- und Kalbsfilet usw. als Carpaccio angeboten.

0,8	kg	Rinderfilet
2		Zitronen
1	Bund	Blattpetersilie
0,1	l	Balsamessig (*aceto balsamico*)
0,1	kg	Olivenöl
		Salz, Pfeffer aus der Mühle

- Rinderfilet stark durchkühlen und in hauchdünne Scheibchen schneiden.
- Gekühlte Teller mit Salz und Pfeffer bestreuen und Fleischscheibchen dachziegelförmig auflegen.
- Zitronensaft mit fein gehackter Petersilie, Essig und Öl verrühren, über die Rinderfiletscheibchen verteilen, zuletzt leicht salzen und mit Pfeffer aus der Mühle bestreuen.
- Als Garnierung frisch gezupfte Salate, Brunnenkresse, Chicorée, aber auch Melonenspalten, Erdbeersauce, marinierte Champignons oder Pfifferlinge.

Zampone (gefüllter Schweinefuß)

zampone (pied de porc farci)
zampone (stuffed pig's trotter)

Italienische Spezialität, heute als Convenience-Erzeugnis in bester Qualität erhältlich.

- Schweinefüße sorgfältig entbeinen, mit feiner Fleischfarce (→ 214 f) füllen, die mit Pökelzungen-, Gänseleber- und Räucherspeckwürfeln sowie mit gehackten Trüffeln und Pistazien gemischt wird.
- Zunähen und in würziger Fleischbrühe pochieren.
- Für kalte Büfetts attraktiv oder rustikal mit gefüllten Zwiebeln, Tomaten, Mixed Pickles und kalten Saucen anrichten.

19.6 Kalte Speisen aus Fisch und Meerestieren

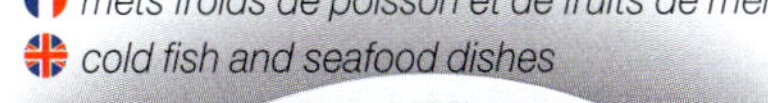
mets froids de poisson et de fruits de mer
cold fish and seafood dishes

Kalte Speisen aus Fisch und Meerestieren eignen sich für das **Abendbrot**, insbesondere in Form von **kalten Platten** (➔ 385).
Besonders beliebt sind kalte Platten mit Räucherfisch. Marinierte Fischspeisen eignen sich als pikante Ergänzung von kalten Büfetts und von Abendessen.
Als **Vorspeisen** eignen sich nur besonders edle Rohstoffe, die zudem nur in geringen Mengen angeboten werden. Ein ausgeprägter nachwirkender Eigengeschmack würde nicht den Forderungen an eine Vorspeise (➔ 398 ff) entsprechen.

Carpaccio von Lachs

Bismarckhering — *hareng Bismarck* — *Bismarck herring*
Es handelt sich dabei um marinierte, ausgenommene und entgrätete Heringe mit oder ohne Schwanzflosse. Sie werden meist halbiert angeboten (➔ Herings-Baguette).

Matjes — *hareng vierge* — *matie, white herring*
Hergestellt aus fetten frischen Heringen ohne Ansatz von Milch oder Rogen, mild gesalzen und enzymatisch gereift, angeboten mit Salzkartoffeln, grünen Bohnen und brauner Butter.

Räucherfisch — *poissons fumées* — *smoked fish*
Räucherfisch wird für Vorspeisen, Fischplatten, Imbisssortimente und kalte Büfetts verwendet (➔ Canapés, Happen).
Regional wird in Fischrestaurants, Gaststätten an der See usw. auch selbst geräuchert. Dazu eignen sich **spezielle Räucheröfen oder -schränke**, die mit Räucherspänen mit Gewürzmischungen beschickt werden. Zuvor werden die frisch bezogenen Fische vor dem Räuchern in Salzlake eingelegt und vor dem Räuchern gut abgetropft. Unterschieden wird zwischen **Kalträuchern** (Lachs) und **Warmräuchern** (Schillerlocken, Makrele, Forelle, Sprotte) (➔ Grundstufe).

Was ist Gravad Lax?
Darunter ist gebeizter Lachs zu verstehen. Hausgebeizter Lachs: 1 Teil Zucker, 2 Teile grobkörniges Salz, gehackte Kräuter (Dill, Estragon), Zitronenzisten und wenig Öl mischen. Damit Lachsfilet bestreichen und abgedeckt, gekühlt 2–3 Tage reifen lassen.

Räucherfischplatte Neptun
plat de poissons fumées Neptune
fish platter with smoked fish Neptune

- Räucherlachs, Aalfilet, geräuchertes Forellenfilet, Schillerlocken, geräucherter Stör und geräuchertes Heilbuttfilet gefällig anrichten.
- Mit Sahnemeerrettich, Zitrone und Butter vervollständigen.

Als Beilagen Toast und eine Auswahl dunkler und heller Brotsorten, außerdem Butter und frische Salate.

Brathering
hareng rôti
grilled herring

Wird meist als Convenience-Erzeugnis gehandelt.

- Vorbereitete grüne Heringe salzen, säuern, mehlieren, braten.
- In würzige Essig-Marinade einlegen.

Mit Brot und frischen Salaten servieren.

Räucherlachs, geräucherte Forelle, Gravad Lax

🇫🇷 sandwiches, canapés, amuse-gueule, toasts
🇬🇧 sandwiches, canapés, appetizers, toasts

Kartenspieler-Leidenschaft
Diese Form der belegten Brote soll nach dem ersten Earl of Sandwich (1718–1792), einem leidenschaftlichen Kartenspieler, benannt worden sein. Er wollte seiner Kartenspielleidenschaft auch noch während der Mahlzeiten frönen. Deshalb forderte er doppelte, belegte Brotschnitten. Diese Brote konnte er ohne Besteck während des Kartenspiels verzehren.

19.7 Sandwiches, Canapés, Happen, Baguette-Schnitten, Toasts

Sandwiches

Sandwiches sind belegte doppelte Brotscheiben. Beide Brotscheiben werden entrindet und in Recht- oder Dreiecke geschnitten, mit einer Buttermischung bestrichen, mit Belag versehen, zusammengeklappt, etwas beschwert und gekühlt.

Eine besondere Art ist das Club-Sandwich, ein Doppelsandwich, der aus drei Brotscheiben mit entsprechendem Belag aus Speck, Spiegelei, Tomate, Putensteak, Avocadoscheiben, Hähnchenbrust und Salat besteht.

Canapés

Canapés sind dünne Scheiben von Minibaguette oder viereckige oder rund ausgestochene Brotscheiben. Sie werden mit Butter oder einer Buttermischung bestrichen, verschiedenartig belegt, ohne dass viel Belag übersteht, und angerichtet. Die Brote können auch leicht mit Aspik überzogen werden.

Auf Grund des geringen Sättigungswertes und der wertvollen Rohstoffe eignen sich Canapés auch als **Vorspeisen** oder als **festliche Imbissspeisen.** Sie sollen vor allem **appetitanregend** wirken. In der modernen Küche ist es üblich, auch bei Canapés frisch gezupfte Blattsalate (→ 23) auf den Aufstrich zu legen. Mitunter genügt ein einzelnes Blättchen (Feldsalat). Am besten werden Canapés als bunte Platten gefertigt. Dabei sind die Canapés **sortenrein** auf repräsentativen Platten anzuordnen. Dann kann sich der Gast entsprechend seinen Geschmackswünschen selbst bedienen.

Herstellung von Canapés	
Brot ausstechen	Kleine ansehnliche Formen
Eventuell Toasten	Rösche, geschmackliche Verbesserung
Bestreichen	Pikante Unterlage
Belegen	Ausgewählte Edelrohstoffe, appetitanregend, nicht sättigend
Unter Klarsichtfolie lagern oder mit Aspik überziehen	Bessere Haltbarkeit, Trennung von Umgebungseinflüssen wie beispielsweise Tabakrauch

Convenience-Canapés aus Pastetenvariationen
1 Rehpastete
2 Fischgalantine
3 Geflügelleber-Parfait
4 Truthahn-Terrine mit Preiselbeeren
5 Lachs-Parfait
6 Lachs-Galantine
7 Geflügel-Galantine mit Brokkoli-Tomate
8 Terrine von Lamm mit Provence-Kräutern

Variationen

Geschmacksbestimmender Rohstoff	Unterlage	Aufstrich	Garnierung
Bündner Fleisch	Toast	Pfefferbutter	Cornichonfächer Petersilienbukett
Eischeibe	Pumpernickel	Senfbutter	Sardellenröllchen, Scheibe grüne Gurke
Emmentaler	Mischbrot	Gänseschmalz	Tomatenscheibe, Traube, Kresse
Geräuchertes Forellenfilet	Toast	Butter	Zitronenwendel, grünen Spargel
Gänselebercreme	Toast	–	Halbe Cocktailkirsche, Trüffel
Malossol-Kaviar	Toast	Butter, Eiercreme, Kräuterquark	Perlzwiebel
Kochschinken	Mischbrot	Butter	Grüne und weiße Spargelspitzen
Ölsardinen	Mischbrot	Zitronenbutter	Zwiebelringe, Dillzweig
Parma-Schinken	Mischbrot	Butter	Melonenkugel
Räucheraal	Toast	Dillrühreier, Zitronenbutter	Sahnemeerrettich, Dillzweig
Räucherlachstütchen	Toast	Dillbutter	Sahnemeerrettich, Tomatenfilet
Riesengarnele	Toast	Tomatenbutter	Olivenscheibe, Dill
Roastbeef-Röllchen	Weißbrot	Senfbutter	Scheibe von Wachtelei, Tomatenstern aus Cocktailtomate
Roquefort-Creme	Pumpernickel	–	Birne, blaue Weinbeeren
Schafskäse	Vollkornbrot	Butter	Halbe Cocktailtomate, schwarze Olive, Zwiebelwürfel
Schnittkäse (Edamer)	Pumpernickel	Butter	Radieschen, Estragonblatt

Happen

Happen oder Cocktailhappen sind kleine ausgestochene, mundgerechte Bissen aus edlen Rohstoffen.

Brot, Käse, Äpfel, gegarter Sellerie oder gegarte Artischocken werden zu mundgerechten Bissen geschnitten, dann belegt, garniert und meist mit Holz- oder Kunststoffspießchen zusammengehalten. Sie bestehen allgemein aus Sockel, Belag, Garnierung und Spießchen.

Variationen

Geschmacksbestimmender Rohstoff	Unterlage	Garnierung
Ei	Weißbrot	Sardellenröllchen
Gänseleberterrine	–	Halbe Cocktailkirsche
Obst, Gemüse	Käse	
Käsecreme	Windbeutelchen	Halbe blaue Weinbeere
Lachsmousse	Pastetchen	Etwas Kaviar
Räucheraal	Apfel	Scheibe von gefüllter Olive
Räucherlachs	Cocktailtomate	Dillzweig
Tatar	Gurke	Silberzwiebel

Baguette-Schnitten

Eine andere Variante von kleinen Imbissspeisen sind Baguette-Schnitten. Das Baguette-Brot wird nicht zu dünn geschnitten und nicht entrindet. Zum Bestreichen eignet sich Butter oder eine Buttermischung.

Herings-Baguette

baguette hareng

French bread with herring

- Baguette schräg schneiden und mit Kräuterbutter bestreichen.
- Mit zarten Kopfsalatblättern belegen, Bismarckhering-Stücke darauf legen.
- Attraktiv mit Zwiebelringen und Radieschenscheiben garnieren.

Toasts

> Toasts sind goldgelb geröstete, dann abgekühlte und belegte Weißbrotscheiben.

Toasts sollen entrindet, etwa 1 cm dick und 5–6 cm groß (rund, länglich, eckig) sein. Werden Brotscheiben zuvor in Butter goldgelb gebraten, dann ist die Bezeichnung Croûtons oder Melba-Toast gebräuchlich.
Als Belag eignen sich Schinken- und Roastbeef-Röllchen, garnierte Medaillons, Eischeiben mit Sardellen, Räucherlachs, Forellenfilets usw.
Toasts eignen sich als Beilage zu Vorspeisen (➔ 398 ff), vom Cocktail bis zum Kaviar. Als warme Speisen werden sie überbacken.

19.8 Kalte Platten

plats froids *colds plates*

Die Zusammenstellung von kalten Speisen erfordert in hohem Maße Schönheitssinn und Akkuratesse. Kalte Platten werden nach dem optischen Gesamteindruck, nach der Dekoration und der Beschaffenheit der Rohstoffe bewertet. Köche werden besondere Leistungen und Fertigkeiten auf diesem Gebiet nur durch Üben erreichen können.
Was appetitlich aussieht, muss auch gut schmecken. Neben dem Genusswert sollte auch der Energiewert beim Herstellen von kalten Platten in die Überlegungen einbezogen werden. Aus Gründen der gesundheitsfördernden Ernährung sollten dem Gast Alternativen zu einer energiearmen, ballaststoffreichen Kost geboten werden. Das bezieht sich unter anderem auf den Ersatz fettreicher Saucen wie Mayonnaise, auf die Verwendung energiereduzierter Wurst- und Käsesorten, magerer Braten, von Frischkostsalaten, reichlich Obst und Gemüse sowie von ballaststoffreiche Brot- und Brötchensorten.

Einteilung

- Restaurationsplatten (Restaurationsteller)
- Aufschnittplatten
- Büfettplatten, darunter Schauplatten

Vorbereitung

Zur Vorbereitung gehören Rohstoffauswahl, Wiegen, Garen, Aufschneiden und Zerlegen. Außerdem gehört dazu das Bereitstellen der Garnierungselemente, des Anrichtegeschirrs und aller Zutaten.
Die fachlich richtige Vorbereitung ist die Grundvoraussetzung für die Qualität der fertigen Platten.
Arbeitsbedingungen: Nur gut gekühlte Ware lässt sich glatt und sauber schneiden. Geeignete Werkzeuge – scharfe Tranchiermesser oder Aufschnittmaschine einsetzen.

Unterschied zu warmen Speisen

- *Die appetitanregende Wirkung wird, anders als bei warmen Speisen, nicht durch entströmende Düfte, sondern allein durch ein attraktives Aussehen erreicht.*
- *Kalte Speisen müssen im Vergleich zu warmen kräftiger gewürzt werden.*
- *Während warme Speisen nach dem Herstellen präsentiert und anschließend sofort serviert werden, verbleiben kalte Platten bis zum Verzehr oft längere Zeit im Gastraum auf dem Tisch des Gastes oder auf dem kalten Büfett, oder sie benötigen im Partyservice sogar längere Zeit, bis sie zum Gast gelangen. Dies erfordert besondere Eigenschaften bezüglich Konsistenz und Haltbarkeit.*

Vorbereitung einzelner Rohstoffe	
Weiche Wurst Mettwurst Leberwurst	Schmales, dünnes, angefeuchtetes Messer verwenden; mit ziehendem Schnitt schneiden; Wursthülle nicht entfernen, nur einritzen; mehr als 4 mm dick
Feste Wurst Salami, Cervelatwurst	Aufschnittmaschine verwenden; Wursthülle stets entfernen; 1–2 mm dick, Salami dünner
Kleinkalibrige Wurst Leberwurst	Schräg schneiden, um die Wurstfläche zu vergrößern
Großkalibrige Wurst Mortadella	Gerade schneiden: Wurstfläche soll sich nicht vergrößern
Kochpökelware Kochschinken	Gut gekühlt, parieren: Schmalen Fettrand belassen; Aufschnittmaschine verwenden
Rohpökelware Roher Schinken	Parieren wie oben; 1–2 mm dick, mit Aufschnittmaschine schneiden; bei Knochenschinken Knochen mit Knochenlöser ausstoßen
Braten Kalbsbraten, Schweinebraten, Roastbeef, Rinderfilet	Nur mageres Fleisch mit geringem Fettrand verwenden, fettes Rind- und Hammelfleisch sind nicht geeignet; 2–3 mm dick
Bratgeflügel Brathuhn	Tranchieren (→ 239)

Köchin Kornelia meint:
Wenn man kalte Speisen im warmen Zustand abschmeckt, können Fehler auftreten. Wie ist das zu verstehen?

Grundregeln für das Herstellen von Platten

Geeignete Platten auswählen

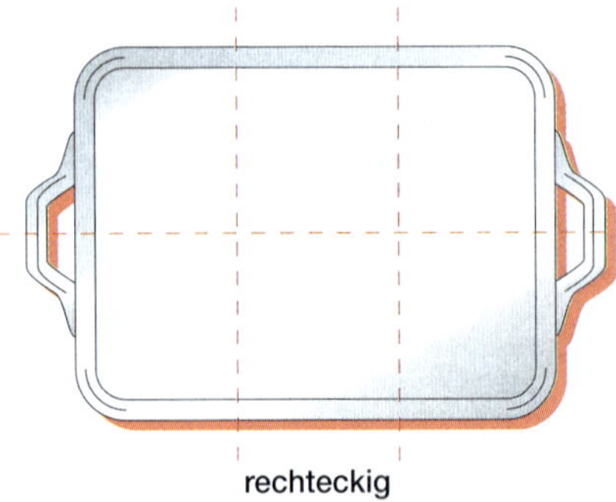

rechteckig

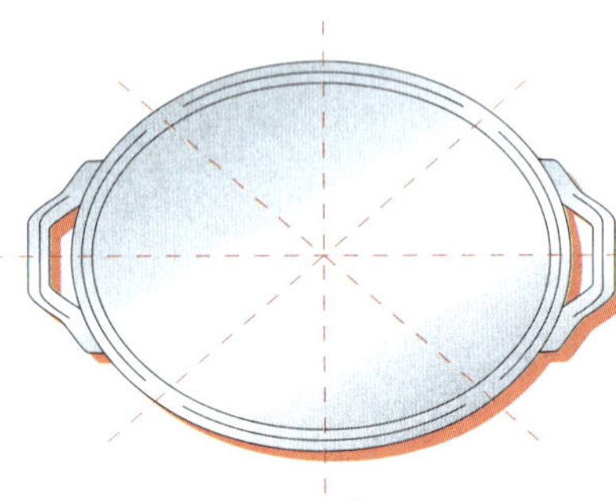

oval

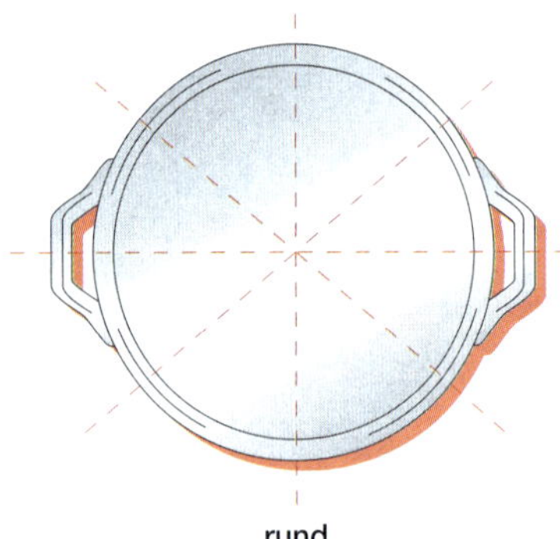

rund

Raster sollen fachgerechte Proportionen und Anordnungen erleichtern.

Für den Charakter der kalten Platten ist die passende Auswahl der Platten bezüglich Art (Material, Dekor) und Größe wichtig. Sie bilden den äußeren Rahmen für die Präsentation. Geeignet sind Platten mit Silberauflage, aus Chromstahl, Keramik, Glas, Porzellan, Holz, Marmor, mitunter auch aus Schiefer. Für ein attraktives Aussehen sind Sauberkeit, guter Zustand und geeignete Plattengröße Voraussetzung. Der Charakter der Platte muss mit der Auflage harmonieren (rustikal, festlich).

Die Plattengröße muss so gewählt werden, dass eine übersichtliche Ordnung ohne unbeabsichtigte Freiflächen entsteht. Die Ränder, die auch eine Schmuck- und Tragefunktion erfüllen, müssen stets frei bleiben. Plattenpapiere (Manschetten) müssen ebenfalls der Plattengröße entsprechen. Vorhandene Firmenvignetten müssen vom Gast aus sichtbar sein.

Unterlagen verwenden

Papiermanschetten wurden früher vor allem bei kalten Platten, die zum direkten Verzehr bestimmt waren, insbesondere bei Aufschnittplatten, verwendet. Sie sollten Feuchtigkeit oder Fett aufsaugen. Ansonsten sind **Geleespiegel** als Isolierschicht zwischen Metallplatte und kalter Speise auszugießen. Sie verbessern gleichzeitig den optischen Gesamteindruck. (Aspikspiegel ➔ 289)

Harmonie von Rohstoffart und Garnierung

Eine harmonische Abstimmung zwischen den verwendeten Grundrohstoffen und der Garnierung, wie es die folgende Übersicht zeigt, ist fachlich erforderlich. Die Abstimmung bezieht sich auf Geschmack und Farbenspiel. Helles soll mit Dunklem abwechseln. Kontraste lassen sich nicht nur durch Rohstoffe, sondern insbesondere durch Garnierungselemente und Umlagen erreichen. Zu beachten ist außerdem, dass alle Bestandteile auf der kalten Platte essbar sind.

Rohstoffart	Passende Garnierung (Beispiele)
Wurstaufschnitt	Grüne Salate, Tomaten, Maiskölbchen, Silberzwiebeln, Cornichons, Ei, Mixed Pickles
Schinken	Ananas, Avocados, Cornichons, Ei, Gurken, Meerrettich
Braten	Kirschen, Kiwi, Mandarinen, Melone
Zungenaufschnitt	Orangen, Mixed Pickles, Oliven
Pasteten	Perlzwiebeln, Pilze, Radieschen, Rettichspäne, Senffrüchte, Spargel, Weintrauben, Tomaten
Wild, Geflügel	Äpfel, Ananas, Birnen, Mango, Gurken, kandierte Früchte, Kiwi, Mandarinen, Mixed Pickles, Orangen, Perlzwiebeln, marinierte Pilze, Preiselbeeren, Senffrüchte, Weinblätter, Weintrauben, Zuckermais, Papaya, Feigen, Karambolen
Fisch	Äpfel, Dill, Kaviar, Kresse, Zitrone, Zwiebeln
Käse	Ananas, Äpfel, Birnen, Champignons, Chicorée, Cocktailkirschen, Kiwi, Nüsse, Oliven, Gemüsepaprika, Salzmandeln, Tomaten, Trauben

Unterschiedliche Garnierungsformen

Gemüse	Obst	Eier	Butter	Aspik
Champignonköpfe	Orangenkörbchen	Hälften	Rosen	Würfel
ausgehöhlte Tomaten	Äpfel, Apfelhälften, Apfelscheiben	Scheiben	Taler	Gehackt
Gurkenschiffchen	Birnenhälften	Achtel	Kugeln	Ausgestochene Formen
		Sechstel	Rosetten	

Geeignete Anordnung wählen

Für die Gestaltung der Auflage bieten sich die symmetrische, die asymmetrische sowie eine Kombination der beiden.

Symmetrische Plattenaufteilung: Gemeint ist dabei eine spiegelbildliche, seitengleiche Flächenaufteilung entlang einer gedachten Achse. Grundformen dafür sind das Quadrat, das Rechteck, der Kreis, die Ellipse, das Kreuz, Streifen- oder Schachbrettmuster. Symmetrische Formen wirken ruhig und ausgeglichen und sind stets zu einem Zentrum orientiert, zum Beispiel zum Mittelpunkt oder zu einer Achse. Geeignet dafür sind runde, elliptische oder rechteckige Platten.

Asymmetrische Plattenaufteilung: Jeweils ein Blickfangpunkt, ein Farbkontrast oder besondere Linienführungen sollten hervortreten.

Forderungen bei der Plattengestaltung

- Klare Linienführung durchzusetzen; Eigenart der typischen Rohstoffe soll erkennbar sein und unterstrichen werden.
- Hauptbestandteile und Garnierungen müssen in Art, Menge, Geschmack, Farbe und Zubereitung harmonieren.
- Der Gast soll zugreifen können, ohne dass der Gesamtaufbau zerstört wird.
- Sollte die Platte nur von einer Seite zugänglich sein bzw. nur aus einem Blickwinkel betrachtet werden können, beispielsweise beim kalten Büfett, dann sind asymmetrische Platten bestens geeignet.
- Seit Escoffiers (→ 22) Zeiten gilt, dass alles Präsentierte nicht nur essbar sein, sondern auch miteinander harmonieren müsse. Nur in Ausnahmefällen kann bei Schauplatten von diesem Prinzip etwas abgewichen werden.

Beispiel:
Schaustück und Tranchen getrennt, Pasteten, Bratenstücke, Schinken

Mengenrelationen einhalten

Für die erforderliche Menge richtige Plattengrößen wählen. Plattenränder bleiben frei. Anzahl der Teilstücke (Scheiben, Garniturelemente usw.) muss mit der Portionszahl abgestimmt werden.

- Platten sollen nicht überladen sein. Beilagen nach Belieben gesondert anrichten. Auch zu wenig Ware gilt als Fehler.
- Warenumfang und Portionenzahl müssen angemessen sein.
- Feinkostsalate und Saucen sind in nur zu zwei Dritteln gefüllte Schalen oder Saucieren anzurichten.

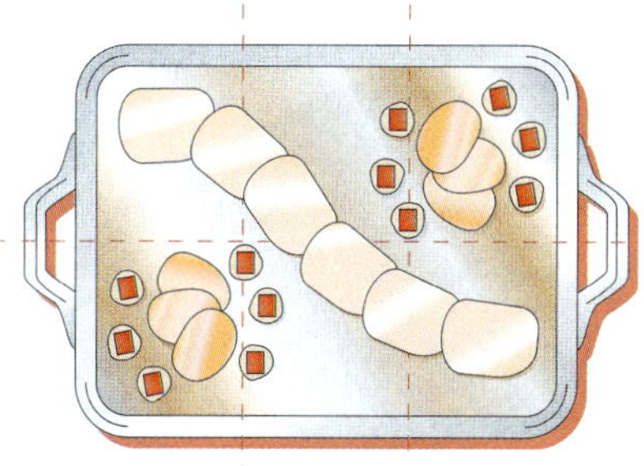

Beispiel:
Tranchen ohne Schaustück, Galantinen, Lachs, Bratenstück

Auflegen auf die Platte

Nach fachlichen Prinzipien ist das Belegen der Platten systematisch durchzuführen. Ganz sicher sollte auch der persönliche Geschmack, die persönliche Note des Herstellers bzw. des Hause zum Ausdruck kommen.

Nappieren mit Aspik

Flüssiger Aspik dient als Überzug für kalte Speisen, die nicht unmittelbar verzehrt werden. Vorteilhaft ist, im Kühlraum zu arbeiten.

- *Gut gekühlte Speisen auf Abtropfgitter oder Sieb setzen.*
- *Mit Pinsel oder Kelle noch flüssigen Gelee kurz vor dem Stocken auftragen; danach erneut gut durchkühlen. Kleine Garnituren oder Speisen eintauchen. (Gallertherstellung → 289)*

Als Richtwert gilt, je 10 Portionen etwa 1,5 kg Aufschnitt. Für eine vollständige Mahlzeit sollten etwa 1 kg Aufschnitt und 0,5 kg Käse geplant werden.

Wurst: Rollen, raffen, Schlaufen, Tütchen

Grundregeln für das Auflegen der vorbereiteten Speisenteile

- Aufschnitt muss fachgerecht und gleichmäßig geschnitten sein, zum Beispiel gleiche Abstände.
- Parierte Fettränder liegen stets sichtbar nach oben.
- Bei englisch gebratenem Fleisch darf beim Überglänzen kein Fleischsaft austreten. Die Platte darf nicht unansehnlich werden.
- Nur exakt geschnittene Beilagen (Gemüse, Früchte) verwenden.
- Werden Schlagsahne oder Cremes verwendet, ist eine zusätzliche Bindung möglich, dabei Mayonnaise vermeiden.
- Naturbelassene Farben sind Einfärbungen mit Naturfarben vorzuziehen.
- Sockel und andere nicht essbare Teile sind zu vermeiden.
- Eierspeisen sind als Beilage nur auf Glas, Porzellan, Papiermanschetten sowie Gurkensockel oder Tomatenscheiben anzurichten.
- Fleischtranchen sind nicht, wie sie beim Schnitt fallen, sondern mit der Schnittfläche zum Gast zu ordnen, damit ein schnelleres und für den Gast angenehmes Entnehmen möglich ist.
- Falls Früchte zur Garnierung verwendet werden, sollen Tranchen und Stücke nur mit dünnen und kleinen Fruchtscheiben belegt werden.

Falls erforderlich überglänzen

Eine Geleeüberzug verbessert das Aussehen und verhindert schnelles Oxidieren bzw. Abtrocknen. Kalte Platten für den direkten Verzehr brauchen nicht derart überglänzt zu werden. Ein dünnes Überglänzen mit gewürztem Gelee ist möglich, der weder trüb noch weich noch zu reichlich sein darf.

Restaurationsplatten

Restaurationsplatten sind die Tagesplatten der kalten Küche. Sie werden für eine und mehrere Portionen hergestellt und eignen sich auch für Schnellimbisse und Selbstbedienungsgaststätten. Schließlich können sie auch auf kalten Büfetts verwendet werden. Restaurationsplatten, insbesondere Aufschnittplatten, werden für Kunden ebenfalls im Partyservice hergestellt. Restaurationsplatten für eine Portion werden auch als **Restaurationsteller** bezeichnet. Zu den Restaurationsplatten gehören die Aufschnittplatten. Nach den verwendeten Rohstoffen wird zwischen einfachen und kombinierten Restaurationsplatten unterschieden.

Aufschnittplatten

Aufschnittplatten werden nach fachlichen und wirtschaftlichen Überlegungen gestaltet. Materialwert, Arbeitszeit und dekorativer Aufwand müssen einen akzeptablen Endpreis ermöglichen. Allgemein gilt eine sachliche Gestaltung, wobei Garnierungen sparsam, aber zielgerichtet eingesetzt werden. Zielsetzungen sind Harmonie und Ausgewogenheit. Fachliche Vorgaben sind Beginn und Fertigstellung sowie Verpackung und Transport.

Rohstoffauswahl

Falls nicht Vorstellungen der Besteller entgegenstehen, sollten die Rohstoffe vielseitig sein. Geeignet sind Brühwurst, Rohwurst, Schinken, Pasteten, Braten, nach Belieben auch Kochwurst. Die Plattengestaltung mit Wurst von gleicher Form ist einfacher als die harmonische Gestaltung von Platten mit großen und kleinen Scheiben. Auch die Scheibendicke wird durch die Aufschnittart sowie die Legeart bestimmt. Dünne Wurst-, Schinken- und Bratenscheiben kann man sowohl **flach** legen als auch **rollen**, **raffen** oder zu **Schlaufen** und **Tütchen** formen. Bei der Auswahl sind auch optische Wirkung und Haltbarkeit zu berücksichtigen.

Büfettplatten

Eine besondere Art der kalten Platten stellen die Büfettplatten dar. Sie erhalten oft ein bildhaftes Gepräge und sollen vielfach auch eine bestimmte Haltbarkeit aufweisen. Sie sind deshalb besonders arbeitsaufwendig. Unter den Büfettplatten wiederum bilden die Schauplatten Spitzenerzeugnisse, da sie als Blickfang auf den Büfetts dienen sollen.

Schauplatten können eine üppigeres Dekor aufweisen und müssen die Grundregeln des Belegens der Platten nicht in allen Punkten folgen. Auch hier ist es sinnvoll, die Hauptstücke maßvoll zu portionieren und die Umlagen möglichst klein zu halten. Damit werden dem Gast eine vielfältige Auswahl und Zusammenstellung ermöglicht.

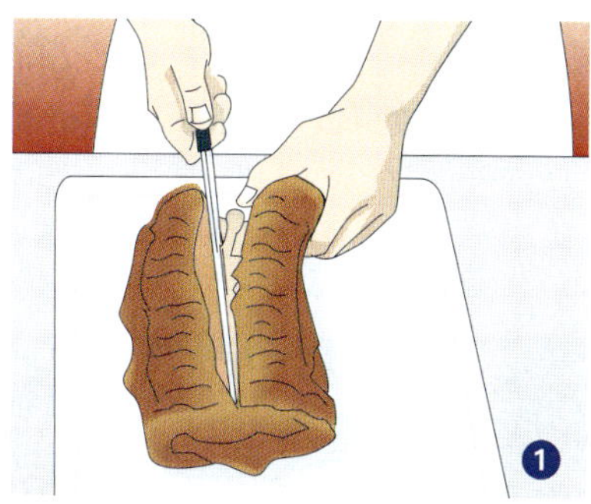

Üblicherweise gliedern sich Schauplatten in drei Teile:
- Ganzer Teil des Hauptstücks
- Portionen des Hauptstücks (Tranchen)
- Garnierungselemente und Umlagen wie Obst, Gemüse, Gelee

Garnierter Rehrücken mit gefüllten Äpfeln

selle de chevreuil garni aux pommes farcies
garnished saddle of venison with stuffed apples

1,2	kg	bratfertiger Rehrücken
0,05	kg	Speiseöl
		Salz, weißer Pfeffer, gemahlene Wacholderbeeren
1	kg	Waldorf-Salat (→ 271) zum Ausfüttern
Garnierung		
5		gefüllte Babyäpfel
0,3	kg	Brombeeren, Erdbeeren, Himbeeren, Babybirnen
5		Krustaden (Convenience-Teigkörbchen)

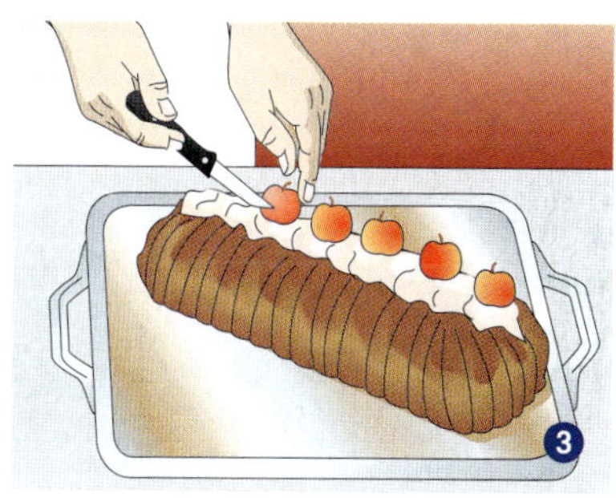

- Rehrücken würzen, rosa braten, kalt stellen.
- Rückenfilets auslösen, in gleich starke dünne Tranchen schneiden und in Schnittfolge auf ein Blech bereit legen ❶.
- Rehrückenkarkasse mit Waldorf-Salat zum ursprünglichen Rücken formen (ausfüttern oder auswattieren) ❷.
- Tranchen durch flüssigen Weinaspik (→ 289) ziehen und in gleichen Abständen beidseitig auf den Rücken legen, dabei auf besondere Exaktheit achten.
- Rücken mit Babyäpfeln, Brombeeren, Himbeeren und Erdbeeren dekorieren, auf Büfettplatte mit Aspikspiegel (→ 289) anrichten ❸.
- Mit Krustaden, gefüllt mit Babybirnen und Erdbeeren, umlegen.

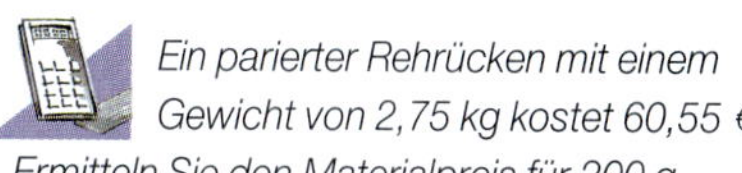

Ein parierter Rehrücken mit einem Gewicht von 2,75 kg kostet 60,55 €. Ermitteln Sie den Materialpreis für 200 g.

hochwertiger Lachs

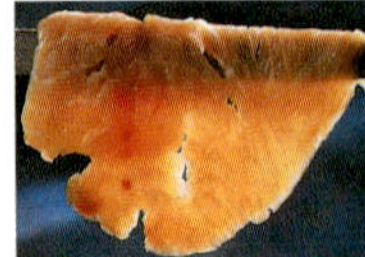

mangelhafter Lachs

Fangfrischer Biolachs

Lachsschnitten

Lachs in Blätterteighülle mit gefüllten Joghurttomaten

saumon en croûte aux tomates farcies
salmon in crust with stuffed tomatoes

Teighülle:	etwa 0,5	kg	Blätter- oder Schmalzteig
Fischfarce:	0,5	kg	Fischfarce 1 (➔ 94)
Füllung:	0,4	kg	Lachsfilet
	0,05	kg	blanchierte Spinatblätter (zum Umhüllen)

- Teig etwa 5 mm dick ausrollen, mit Schablone zwei Fischformen ausstechen.
- Eine Fischform mit der Hälfte der Farce bestreichen, wobei rundherum ein 2 cm breiter Rand frei bleiben muss.
- Das mit Spinat umhüllte Lachsfilet mitten auf die Farce legen und mit der restlichen Farce gleichmäßig bestreichen.
- Teigrand sorgfältig mit Eigelb bestreichen.
- Die zweite Teigplatte darauf legen, die Teigränder exakt zusammendrücken, dabei sorgsam darauf achten, dass zwischen Teig und Farce keine Luftblasen zurückbleiben.
- Flossen und Maul aus Restteig ausschneiden, mit Eigelb bestreichen und auf den entstandenen Fischkörper aufdrücken.
- Fischform sorgfältig dekorieren, ein Auge ausstechen und als Kamin herrichten (zum Abzug der beim Garen entstehenden Wasserdämpfe).
- Zuletzt die gesamte Oberfläche mit Eigelb bestreichen und etwa 50 min backen: zuerst 10 min bei 220 °C, dann bei 200 °C fertig backen.
- Auskühlen lassen, Kamin mit Weißweinaspik ausgießen.
- Tomaten blanchieren, Haut abziehen, Fruchtfleisch vom Blütenansatz beginnend entfernen.
- Tomate mit Crème fraîche (mit Aspik vermengt) füllen, abkühlen lassen.
- Fertigen Lachs in der Teighülle in Tranchen schneiden, Tranchen nappieren.
- Kopf- und Schwanzstück vorher abtrennen und zusammen mit den Tranchen dekorativ auf Büfettplatte mit Aspikspiegel arrangieren.
- Tomaten keilförmig anschneiden, oberhalb der Tranchen anlegen.

Das Herstellen weiterer Schaustücke ist auf den Seiten ➔ 298 ff beschrieben.

Lachs im Blätterteig

19.9 Geleespeisen

mets d'aspic *jellied dishes*

Geleespeisen können unter Verwendung unterschiedlicher Rohstoffe hergestellt werden, insbesondere von Zunge, Schinken, Braten, Fisch, Krebsen, Eiern und Gemüse. Sie werden im Geschirr (Kokotten, Becher) oder gestürzt (z. B. Timbalen, Sülzkoteletts) angerichtet. Grundlage bildet **Gallerte,** auch als Aspik bezeichnet.

Gallerte kann aus natürlichen Gelierstoffen (Kollagene) oder aus industriell in Pulver- oder Blattform erzeugter Gelatine hergestellt werden. Natürliche Gelierstoffe müssen geklärt, entfettet und gut gewürzt werden.

Gallertherstellung

préparation d'aspic
aspic preparation

Nachfolgend wird zunächst die traditionelle Herstellung beschrieben, die aus Zeit- und Kostengründen kaum noch durchgeführt wird.

Traditionelle Herstellung

- Kollagenreiche Rohstoffe (Schweineschwarten, Kalbsfüße usw.) blanchieren, kalt ansetzen, ohne Aufwallen 5–6 h kochen, dabei öfter abschäumen.
- Gewürzbeutel, Wurzelgemüse und Kräutersträußchen zeitlich gestaffelt zugeben.
- Bei Gar-Ende passieren und mit arteigener Brühe vermischen.
- Entfetten, klären und Gelierprobe durchführen.

Gelatine – Richtmengen je Liter

Aspikspeisen mit leichter Konsistenz	20 g	12 Blatt
Schnittfeste Aspikspeisen	bis 50 g	16 Blatt
Aspikspiegel	bis 60 g	18 Blatt

Klären des Aspiks

- Gekühltes zerkleinertes rohes Rindfleisch (geschrotete Hesse), Möhrenstücke und Eiklar mit dem Schneebesen gut durchschlagen und der Aspikflüssigkeit zugeben.
- Alles langsam und nur mäßig erhitzen, bis die Eiweißstoffe die Trübstoffe an der Oberfläche einschließen, 5–15 min ziehen lassen.
- Mehrfach mit Kochlöffel umrühren, 10 min am Herdrand stehen lassen, durch Passiertuch seihen.

Gelierprobe

- *Etwas Aspikflüssigkeit auf kalte Porzellanuntertasse gießen.*
- *Nach 15 min Konsistenz überprüfen.*

Verarbeitung industriell hergestellter Gelatine

Gelatine Grundrezeptur

1	l	Brühe, Wasser
0,2	l	Essig
0,05–0,06	g	Gelatinepulver **oder**
14–18	Blatt	Gelatine

Herstellung nach Gebrauchsanweisung. Farbiger Aspik lässt sich durch Zugabe von Zuckerkulör, Rote-Bete-Saft, Spinatmatte oder Wein herstellen. Spinatfarbe: Pürierte Spinatblätter durch ein Tuch pressen, abgepressten Spinatsaft im Wasserbad erhitzen, Farbbestandteile abtrennen.

Stürzen von Aspik

- Formen kurze Zeit in heißes Wasser halten.
- Bei größeren Formen vor dem Stürzen zunächst mit einem angefeuchteten ebenen Teller Form abdecken, Aspikspeise anschließend vorsichtig vom Teller schieben.

Aspikspiegel

Aspikspiegel sollen das Aussehen von kalten Speisen attraktiv unterstreichen. Außerdem bilden sie eine Trennschicht zwischen den aufgesetzten kalten Speisen und der Metallplatte.

- *Platte gut polieren, Platte im Kühlraum plan (eben) stellen.*
- *Aspik langsam blasenfrei aufgießen, indem die Kelle direkt auf die Platte aufgelegt wird; geeignet sind auch andere Gießgefäße, die möglichst die Gesamtmenge des Aspiks aufnehmen können.*
- *Entstandene Blasen nach Aufgießen sofort mit Nadel aufstechen.*
- *Dekorativ wirkt auch die Einlage von Kerbelblättchen, Weinblättern oder Blüten.*

Timbalen, Dariolen

timbales, darioles
timbales, darioles

> Im engeren Sinne sind Timbalen säulenartige Formen mit geraden Seitenwänden. Dariolen sind dagegen Becherförmchen, ähnlich einem Kegelstumpf.
> Dariolen lassen sich als Aspikspeisen besser stürzen. Verwendet werden sie als Garniturelemente für Schauplatten.

Sülzkotelett

côte de porc en gelée
pork rib chop in jelly

- Ganzes Kotelettstück (→ 186) im Gewürzsud kochen.
- Brühe passieren, Aspik unterrühren, klären, abkühlen lassen.
- Sülzkotelettform mit dem Fleischaspik chemisieren und dekorieren.
- Tranchen vom Schweinerücken in die Form einlegen.
- Aspik aufgießen, erkalten lassen und bei Bedarf stürzen.

Schweinskopfsülze

fromage de tête  *brawn*

- Schweinekopf, auch gepökelt, und Spitzbein mit Wurzelgemüse, Lorbeer, Pfefferkörnern und ggf. mit Salz garen, abkühlen lassen.
- Fleisch noch warm auslösen, erkalten lassen, in Würfel schneiden. Mit entfettetem Fond bedecken.
- Würfelchen von Gewürzgurken, Möhren, auch rotem Gemüsepaprika sowie Senfkörner zugeben.
- Zusammen aufkochen, mit Essig und nach Belieben Zucker pikant würzen.
- Sülze in Portionsförmchen oder in Kastenform füllen, kühlen.

Schweinekopf und Spitzbeine enthalten ausreichend Gelierstoffe (Kollagene). Der Zusatz von Gelatine ist deshalb nicht erforderlich.

Kalbfleisch in Aspik

viande de veau en gelée  *jellied veal*

- Gekochte Kalbfleischwürfel mit Champignon- und Gewürzgurkenscheiben, Salz, weißem Pfeffer, Essig und einer Prise Zucker würzen.
- Vorbereitete Form mit Möhren, Ei, Gurke und Petersilie dekorieren.
- Zutaten in Form Füllen und mit Aspik übergießen.
- Erkalten lassen und bei Bedarf stürzen.

Hummer in Gelee

 *homard en gelée*  *jellied lobster*

- Lebende Hummer mit Bürste in kaltem Wasser säubern.
- Kopf voran zuerst in siedendes Salzwasser mit Kräutersträußchen geben: Hummer muss sofort getötet werden (→ 251). Je nach Größe etwa 15 min garziehen.
- Hummer im Fond erkalten lassen, Hummerschwanz und Scheren ausbrechen.
- Förmchen mit Portweingelee chemisieren, Hummerfleisch einlegen, mit Portweingelee aufgießen und kalt stellen.
- Vor dem Stürzen Förmchen kurz in heißes Wasser tauchen.
- Auf gekühlten Teller anrichten, mit andalusischer Sauce (→ 122), Salatbukett und ausgestochenem Röstbrot komplettieren.

Bunter Paprikasulz mit Tofu

chaud-froid de poivrons au tofu
bell-pepper chaud-froid with tofu

Gelee für den Mantel

0,1	kg	Crème double
0,2	kg	fertiger Aspik (➔ 289)
		Salz, Prise Zucker

- Flüssigen Aspik mit Crème double vermengen, würzen.
- Sulz in Dreiecksform als Mantel ausgießen.

Paprikasulz

6		Gemüsepaprika (je zwei rot, gelb, grün)
0,3	kg	fertiger Aspik (➔ 289)
0,1	kg	Tofu
		zarte blanchierte Kohlrabiblätter

- Gemüsepaprika in sehr feine Würfel schneiden, blanchieren, marinieren.
- Kohlrabiblätter blanchieren, in Eiswasser abkühlen lassen.
- Tofu in Streifen schneiden, mit Kohlrabiblättern fest umhüllen.
- In Dreiecksform zuerst grüne Paprikawürfel einfüllen, mit flüssigem Aspik übergießen und erkalten lassen; mit roten Paprikawürfeln gleich verfahren, auf rote Paprikasulzschicht Tofustreifen auflegen.
- Gelbe Paprikawürfel darüber geben und wieder mit Aspik ausgießen, kalt stellen.
- Erkalteten Paprikasulz mit restlichem Crème-double-Aspik-Gemisch überziehen, dann kalt stellen.

Füllhorn
Schmalzteig (➔ 306)

- Füllhornform mit Alufolie umhüllen, einfetten.
- Schmalzteig ausrollen, Füllhornform mit Schmalzteig umhüllen, mit Teigstreifen verzieren, mit verrührtem Eigelb bestreichen und 45 min bei 180 °C Oberhitze und 160 °C Unterhitze (getrennte Einstellung) backen.
- Füllhorn von der Form abnehmen, 10 min zum Abtrocknen weiterbacken.
- Paprikasulz stürzen, in Tranchen schneiden und nappieren.
- Rote Zwiebeln halbieren, aushöhlen, in Rotwein blanchieren und erkalten lassen.

Anrichten

- Füllhorn auf Büfettplatte mit Aspikspiegel legen.
- Mit tourniertem Gemüse attraktiv füllen.
- Paprikasulz-Tranchen beidseitig anlegen.
- Rote Zwiebeln mit gegarten, marinierten Stockschwämmchen und Maiskölbchen füllen und anlegen.

Das Herstellen weiterer Schaustücke ist unter ➔ 298 ff beschrieben.

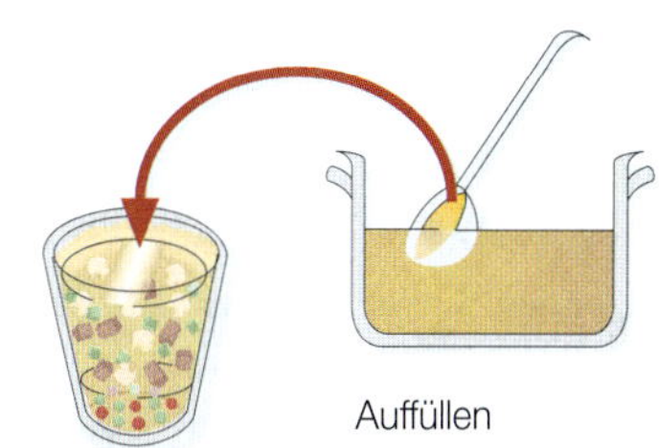

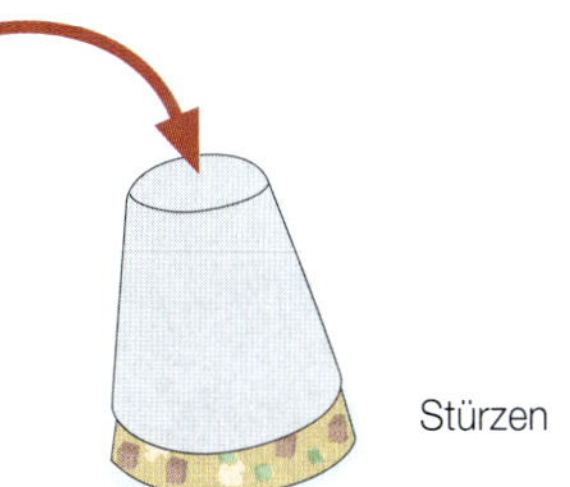

Herstellen einer Formsülze

19.10 Käsespeisen

mets de fromage · cheese dishes

Käse ist Hauptbestandteil zahlreicher kalter Speisen und beliebt zum Frühstück und zum Abendessen. Käse bereichert die Tafel verarbeitet zu kalten Vorspeisen und Würzbissen, als kleine Zwischengerichte, in Gebäck oder als Imbiss. Innerhalb des Menüs bilden Käsespeisen allgemein den Abschluss.

Käsespeisen enthalten biologisch hochwertiges Milcheiweiß mit essentiellen Aminosäuren. Das Milcheiweiß hat etwa die gleiche biologische Wertigkeit wie Schlachtfleisch. Beachtlich ist der Gehalt an Calcium, der bei 100 g verzehrtem Käse etwa die Hälfte des notwendigen Tagesbedarfs deckt. Das ist um so wichtiger, als die Ernährung vielfach einen Calciummangel aufweist. Außer Phosphor werden durch Käse und Käsespeisen dem Körper die Vitamine A, D, in geringerem Maße hauptsächlich durch Käsespeisen aus Magerkäse Vitamin B zugeführt.

Der Salzgehalt kann bei einigen Käsesorten erheblich sein. Deshalb bieten die Hersteller neuerdings besondere salzreduzierte Sorten an. Der Säureüberschuss bei Käsespeisen ist niedriger als bei anderen eiweiß- und fettreichen Speisen und kann durch die Kombination mit Obst und Gemüse gut ausgeglichen werden.

Die Verdaulichkeit der Käsespeisen ist abhängig vom Fettgehalt und von anderen Zutaten. Deshalb sollten ungereifte Käsesorten wie Quark, aber auch fettarme Sauermilch- und Weichkäse im Sinne der gesundheitsfördernden Ernährung vermehrt eingesetzt werden. Fettarme Quarkzubereitungen mit Kräutern, Früchten und Gemüse sind bei gesundheitsbewussten Menschen beliebt.

Der Energiewert von Käse ist entscheidend von der Fettstufe abhängig. 10 g Käse können einen Energiewert von 600–1700 kJ aufweisen.

Faustregel für Fettstufen von Käse

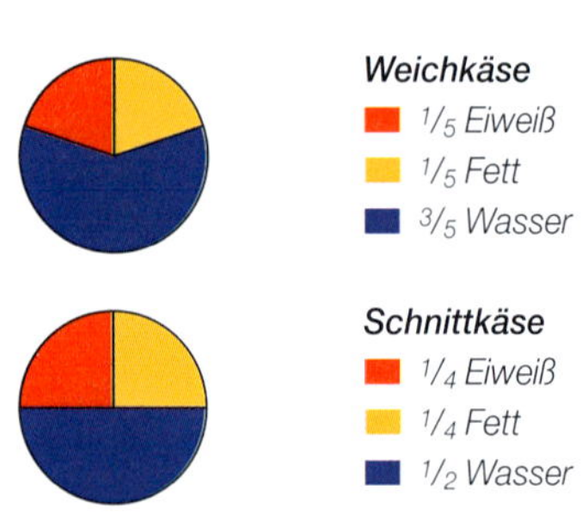

Weichkäse
- *1/5 Eiweiß*
- *1/5 Fett*
- *3/5 Wasser*

Schnittkäse
- *1/4 Eiweiß*
- *1/4 Fett*
- *1/2 Wasser*

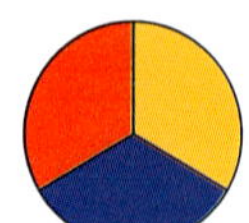

Hartkäse
- *1/3 Eiweiß*
- *1/3 Fett*
- *1/3 Wasser*

Arten von Käsespeisen

Zu unterscheiden sind in der Herstellung sehr unterschiedliche Käsespeisen:

Käsecreme	Käsebällchen	Käse mit Gemüse oder Obst
crème au fromage *cheese cream*	*boules de fromage* *cheese balls*	*fromage aux légumes ou aux fruits* *cheese with vegetables or fruit*

Käsesalate	Käsehappen	Käseplatten	Käsegebäck	Quarkspeisen
salades de fromage *cheese salads*	*amuse-gueule au fromage* *cheese amuse-gueule*	*plats de fromage* *cheese plates*	*pâtisserie au fromage* *cheese pastry*	*mets de fromage blanc* *curd dishes*

Portionieren von Käse

Durch richtigen Käseaufschnitt können dem Gast ansehnliche Stücke angeboten werden, und dem Betrieb bleiben unnötige Verluste erspart. Die Bilder zeigen das fachgerechte Zerlegen. Andere Käsesorten gleicher oder ähnlicher Form sollten analog zerlegt werden.

Lagerung

Für die Qualitätsbeurteilung ist der Reifegrad der Käse von Bedeutung.
Weich- und Frischkäse sind möglichst frisch zu verarbeiten und nur kurz, dann aber kühl aufzubewahren.
Halbfeste Schnitt- und Weichkäse verlangen eine Temperatur von 4–6 °C und eine relative Luftfeuchte von 80–85%.
In Frischhaltefolie einzeln verpackt, sind Hart- und Schnittkäse im Gemüsefach (geringste Kühlung) des Kühlschrankes zu lagern. Einige Löcher in der Folie ermöglichen die Atmung des Käses auch während der Lagerung im Kühlschrank.
Mit zunehmendem Alter wird der Käse kräftiger, mürber und herzhafter (rezent). Hart- und Schnittkäsesorten werden gern in verschiedenen Reifegraden angeboten und verarbeitet. So findet beispielsweise Schweizer Emmentaler sowohl nach 4 Monaten als auch nach 9 Monaten seine Liebhaber.
Generell wird Käse vorteilhaft in größeren Stücken gelagert, da darin der weitere Reifeprozess gleichmäßiger verlaufen kann. Käse niemals aufeinander lagern, sondern am besten in Regalen nebeneinander. Hart- und Schnittkäse sollten bei 12 °C und die ganzen Laibe bei einer relativen Luftfeuchte von 60% gelagert werden. Kleinere Stücke bewahrt man am besten unter der Käseglocke ebenfalls bei etwa 12 °C auf.

Je länger die Käsereifung, desto länger auch die Lagerfähigkeit.

Käsecreme

crème au fromage — *cheese cream*

Camembert-Creme

crème de camembert — *camambert cream*

- Camembert mit der Gabel zerdrücken, gleiche Menge Butter untermengen.
- Fein gehackte Zwiebel, gehackten Kümmel, edelsüßen Gewürzpaprika sowie eine Spur Knoblauch zugeben.

Für eine intensive Rotfärbung ist eine entsprechend größere Menge Gewürzpaprika zu verwenden.

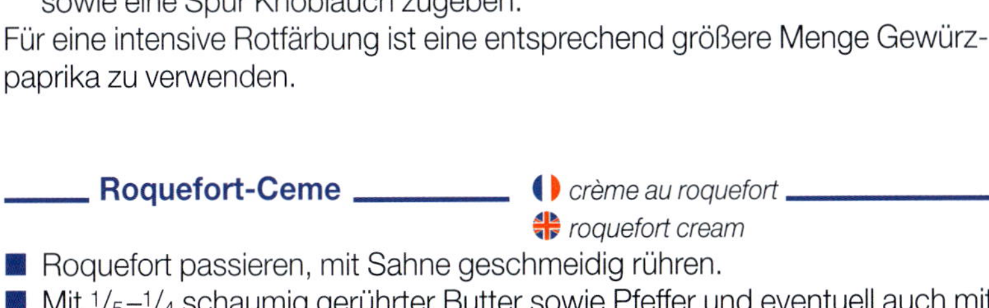

Roquefort-Ceme

crème au roquefort — *roquefort cream*

- Roquefort passieren, mit Sahne geschmeidig rühren.
- Mit $1/5$–$1/4$ schaumig gerührter Butter sowie Pfeffer und eventuell auch mit Kräutern vermengen. Salz nach Bedarf.

Vor dem Zerteilen Messer in heißes Wasser tauchen. Käseleib säubern.

Gouda und ähnliche Käseformen

Arbeitsschritte
Schnitt 1 Laib teilen
Schnitt 2–5 Je 1 großes Stück herausschneiden

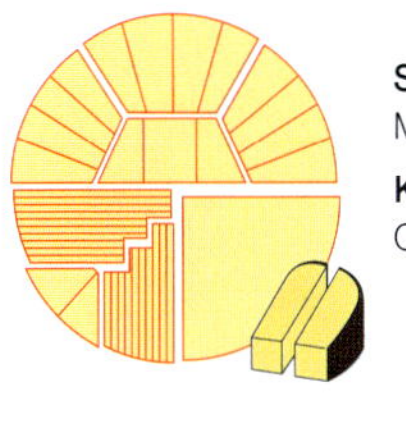

Schnitt 6
Mittelstück freilegen
Kleinstmengen
Quer durchteilen

Kugel-Edamer und ähnliche Käseformen

Arbeitsschritte
Schnitt 1 Halb einschneiden
Schnitt 2 Je nach Bedarf weiterer Schnitt in entsprechendem Winkel

Schnitt 3
Wie Schnitt 1 und 2 weiter

Edamer und ähnliche Käseformen

Arbeitsschritte
Schnitt 1 Quer teilen
Schnitt 2 Hälften längs teilen
Kleinstmengen Stücke / Scheiben

Edelpilzkäse und ähnliche halbfeste Schnittkäse

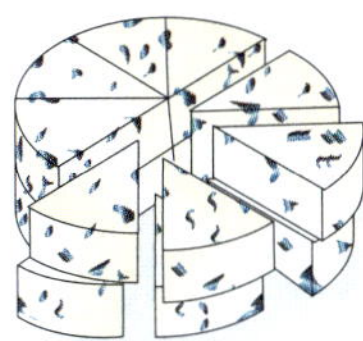

Arbeitsschritte

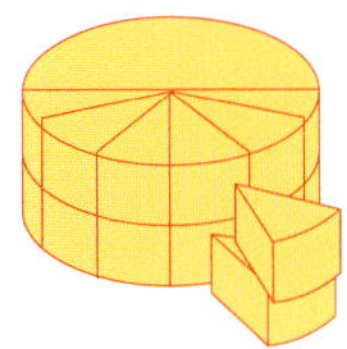

Schnitt 1
Halbierung mit dem Käsespaten (quer)
Schnitt 2
längs halbieren
Schnitt 3–7
Tortenstücke
Kleine Mengen
Quer durchteilen

Mozarella und Tomatenscheiben

Käse mit Gemüse oder Obst

fromage aux légumes ou aux fruits
cheese with vegetables or fruit

Englischer Sellerie mit Roquefort

céleri en branches au roquefort
branch celery with roquefort

- Roquefort, gegebenenfalls auch Gorgonzola oder Chester, durch ein feines Drahtsieb drücken und mit schaumig gerührter Butter verarbeiten.
- Käsecreme mit wenig Paprika würzen, in Spritzbeutel mit Sterntülle füllen und in die Höhlung von gesäuberten Selleriestängeln spritzen.
- Gefüllten Sellerie in den Kühlraum stellen.
- Auf Platte mit gefalteter Serviette anrichten.

Käsebirnen

poires au fromage *cheese pears*

- Halbe Birnen ohne Kerngehäuse mit dem Spritzbeutel mit Käsecreme füllen.
- Käsecremes aus Edelpilz-, Chester- oder Schmelzkäse (➔ Käsecreme) mit etwas Sahne zubereiten.
- Mit Cocktailkirsche, Walnusskernen, Radieschen, Kräuterzweig und Mandarinenspalten garnieren.

Käsedatteln

dattes au fromage *cheese dates*

- Getrocknete Datteln einzeln aufschneiden, die Kerne entfernen.
- Gouda oder Edamer in Streifen schneiden, die etwa der Dattelgröße entsprechen.
- Käse in die Datteln geben und mit Cocktailspieß zusammenstecken.

Geeignet als attraktive Beigabe zu Käseplatten, für Käsebüfetts, zu Käsesalaten oder auch zu Cocktails und zum Aperitif (➔ 394). In Bierteig frittiert eignen sie sich für Cocktails.

Käsetomaten

tomates au fromage
cheese tomatoes

- Gleich große Tomaten waschen und trocken tupfen.
- Deckel abschneiden, Stängelansatz entfernen, Tomate aushöhlen.
- Für die Füllung Edelpilzkäse, wie Roquefort und Danablu, mit Crème fraîche glatt rühren.
- Mit Salz, edelsüßem Gewürzpaprika und etwas Tabasco würzen.
- Käsecreme (➔ 293) mit dem Spritzbeutel oder einen Salat aus Mozzarella und Basilikum in die Tomaten füllen, Deckel auflegen, mit Kräuterzweig (Dill, Petersilie, Zitronenmelisse oder Borretsch) garnieren.

Geeignet als Vorspeisen, als Miniaturen für Käseplatten oder für kalte Büfetts (➔ 412 ff).

Quarkspeisen

mets de fromage blanc
curd dishes

Neben Geschmacksunterschieden ist der Fettgehalt für den ernährungsphysiologischen Wert der Quarkspeisen bedeutsam. Quark der Magerstufe wird von gesundheitsbewussten Gästen bevorzugt. Beim Herstellen fettarmer Quarkspeisen sollte denn auch auf das Mitverwenden von fettarmer Milch und fettarmem Joghurt Wert gelegt werden. In den Rezepturen, in denen unterschiedliche Fettstufen möglich sind, wird nachfolgend nur von Milch, Joghurt oder Quark geschrieben.

Quark oder Käse?

Unter Quark ist Frischkäse zu verstehen, der durch Säuerung oder durch Lab ohne vorherige Reifung in unterschiedlichen Fettstufen hergestellt wird.

Frühlingsquark

fromage blanc printanière
curd spring style

- Quark mit Buttermilch oder Joghurt glatt rühren.
- Mit Salz, Pfeffer, Tabasco und Zitrone würzen.
- Mit fein gehackten Zwiebeln, Petersilie, Kerbel, Kresse und Schnittlauchröllchen vollenden.

Für Dillquark unter den glatt gerührten Quark fein gehackten Dill mischen, mit Salz und Pfeffer würzen.

Käsesalate

salades de fromage *cheese salads*

Convenience-Erzeugnis

> Der Rohstoff Käse ist stets mit säurereichen Zutaten zu kombinieren.

Käsesalate werden fachgerecht bei Zimmertemperatur angerichtet, damit sich die Aromastoffe des Käses voll entfalten können.

Dänischer Käsesalat

salade de fromage danoise
cheese salad Danish style

- Schnittkäse, gekochte Kartoffeln und Kochsalami in Streifen schneiden, junge extrafeine Erbsen, dazugeben.
- Mit Mayonnaise anmachen, mit Senf, Salz, Pfeffer, Kräuteressig und Gewürzpaprika abschmecken, etwa 2 h zum Durchziehen kühl stellen.
- Auf Kopfsalatblätter anrichten, mit Eischeiben, Sardellen und Dillzweig garnieren.

Emmentaler Käsesalat

salade de fromage Emmental
cheese salad Emmental

- Ungeschälte grüne Gurken in dünne Streifen schneiden.
- Mit Streifen von Emmentaler und Kochschinken vermengen.
- Mit Salz, weißem Pfeffer, Kräuteressig, Senf und nach Belieben etwas Zucker würzen. Vor dem Anrichten gehackten Dill unterheben.

Griechischer Käsesalat

(Griechischer Bauernsalat → 269)

salade de fromage grecque
cheese salad Greek style

Italienischer Käsesalat

salade de fromage italienne
cheese salad Italian style

- Schnittkäsestreifen, bissfest gekochte, etwa 1 cm lange Makkaronistücke, Ananaswürfel, Äpfelstreifen und Olivenscheiben vermengen.
- Mit Tomaten-Ketchup anmachen, auf Kopfsalatblätter anrichten.
- Mit gerösteten Mandelstiften bestreuen.

Käseschnittchen

sandwiches mini aux crèmes de fromage
mini-sandwiches with cheese creams

Zunächst wird ein gefülltes Käsebrot hergestellt, von dem später die Käseschnittchen abgeschnitten werden sollen.
Käseschnittchen können auch in Tortenform hergestellt werden. Als Garnierungselemente eignen sich außerdem mit Käsecreme gefüllte rote und grüne Paprikafrüchte sowie in Scheiben oder Schnittchen geschnittene Tomaten.

Käse-Früchte-Spieße in Melone

1 Wie wird noch nicht ausgereifter Weichkäse gelagert, damit er die höchste Genussreife erreicht?

2 Bei einem Sonderessen sollen Käseplatten für je 2 Personen angeboten werden. Legen Sie Geschirr, Zutaten, Beilagen, Garnierungen usw. in Menge und Qualität fest. Fertigen Sie eine Skizze zur Gestaltung an.

Käseplatten sollten eine Auswahl an nicht weniger als 3, möglichst aber 5–10 verschiedenen feinen Käsesorten enthalten.
Käse schmeckt am besten bei Zimmertemperatur. Bei Käseplatten ist mit mindestens 125 g Käse je Portion zu rechnen.

Herstellung von Käseschnittchen

- Vier Scheiben **Pumpernickel** und zwei gleich starke **Weißbrotscheiben** auf gleiche Größe zuschneiden. Es ist auch möglich, nur Pumpernickel zu verwenden.
- Zwei Scheiben Pumpernickel dick mit **Kräuterkäsecreme** bestreichen.
- Kräuterkäsecreme mit Weißbrotscheiben bedecken.
- Weißbrot dick mit **Tomatenkäsecreme** bestreichen und mit Pumpernickelscheiben abdecken.
- Eine Pumpernickelscheibe bzw. Käseschnitte dick mit **Chester-Creme** bestreichen.
- Die andere Käseschnitte auf die Chester-Creme legen und alles gut zusammendrücken.
- Käsebrot rundherum mit Chester-Creme bestreichen.
- Käsebrot mit feuchtem Tuch abdecken und kalt stellen.
- Schnitten etwa 0,75 cm stark schneiden. Vor jedem Schnitt Messer in heißes Wasser tauchen.
- Zur optischen Verbesserung Käseschnitten mit **Kräuterkäsecreme-Rosette** bespritzen und mit **Pistazien, Salzmandeln, Radieschenvierteln, Blättchen von Stangensellerie** usw. garnieren.

Käseplatten

 *plats de fromage*  *cheese plates*

Ein Gast verlangt für ein Käsebrot eine rezente Sorte. Kornelia überlegt, dann verwendet sie eine herzhafte, besonders lange gereifte Schnittkäsesorte. Hat sie damit dem Wunsch des Gastes entsprochen?

Käseplatten können im à la carte-Geschäft, als Abschluss innerhalb von Speisenfolgen, als Gericht und auf kalten Büfetts angeboten werden. Auf Platten angerichtet wird Käse allgemein in Scheiben, Stücken, Happen, Spänen oder anderen attraktiven Formen.
Käse wird entweder auf Silber-, rustikal auf Holz- oder für festliche Anlässe auch auf Zinnplatten angerichtet.
Geeignet sind nahezu alle Käsesorten, die nicht zu reif und nicht hart sind. Besonders gern verwendet werden Edamer, Emmentaler, Limburger, Gervais, Brie, Camembert, Schafs- oder Ziegenkäse, Roquefort usw.
Zur Vervollständigung und zur besseren optischen Gestaltung von Käseplatten eignen sich Käsegebäck, Käsewürfel in vielen Variationen, gefüllte Tomaten mit Käsesalat usw. Als Ergänzung empfehlen sich Salzbrezeln und anderes Laugengebäck, Kümmelstangen, Salzmandeln, Feingebäck aus Brandmasse mit Käse usw. Cocktailkirschen, Mandarinenspalten, grüne oder schwarze Oliven, Cornichons, Perlzwiebeln, Datteln, Trockenfrüchte (Pflaumen, Aprikosen), Walnüsse, eingelegter Ingwer sowie verschiedene Käsecremes und Kräuter bilden attraktive Garnierungselemente. Bei der Auswahl ist neben der geschmacklichen Harmonie der optische Eindruck bestimmend. Das Obst sollte säuerlich sein. Der mitunter hohe Fettgehalt des Käses und der Säuregehalt des Obstes vermitteln beim Verzehr angenehme Geschmacksnuancen.
Beilagen: helle oder dunkle Brotsorten, Pumpernickel, Knäckebrot; Butter, Buttermischungen.

Ermitteln Sie den Warenwert in € für eine Käseplatte, die aus je 120 g der folgenden Käsesorten bestehen soll:

Appenzeller	11,20 €/kg
Deutscher Emmentaler	10,90 €/kg
Rügener Badejunge	9,10 €/kg
Radeberger Camembert	8,45 €/kg

19.11 Obst- und Gemüsespeisen

mets de fruits et de légumes
fruit and vegetable dishes

In kalten Obst- und Gemüsespeisen bleiben die Wirkstoffe erhalten, ebenso Farbstoffe, die sich durch Hitzebehandlung oftmals ungünstig verändern, sowie die Cellulose (Nahrungsfasern) in ihrer wirksamen Form. Die Forderung nach wenig behandelten Lebensmitteln wird gut erfüllt. Obst und Gemüse dienen als Beilagen zu verschiedenen kalten Speisen.

Vorbereitung

- Nicht dem Sonnenlicht aussetzen, nur kurze Zeit und kühl lagern.
- Sparsam schälen und putzen (Ausnahme: umweltbelastete Lebensmittel).
- Intensiv, aber kurz mit kaltem Wasser waschen.
- Erst unmittelbar vor der Zubereitung zerkleinern.
- Zerkleinertes Obst und Gemüse nicht mit Metall in Berührung bringen und durch Abdecken vor Luftsauerstoff schützen.

Beispiele:
Zwiebelringe, Radieschen, Tomatenschnittformen, Mandarinenspalten, Kiwis, Weinbeeren

Pikant gefülltes Obst und Gemüse

fruits et légumes aux farces épicées
fruits and vegetables with spicy stuffings

Rohstoff Obst	Verarbeitungsform/ Füllungen
Äpfel	Ausgehöhlt, halbiert, Scheiben ■ Pikant (Heringssalat), Geflügelsalat, Matjesröllchen
Baby-Ananas	Ausgehöhlt, ganz ■ Geflügel-, Hummersalat
Birnen	Minibirnen, längs halbiert ■ Frische Preiselbeeren mit wenig Zucker bestreuen
Grapefruits	Ausgehöhlt ■ Fruchtfleisch mit Krabben und Bananenscheiben
Orangen	Ausgehöhlt ■ Geflügelsalat, Krabbensalat
Papayen	Längs halbiert ■ Krabbensalat

Rohstoff Gemüse	Verarbeitungsform / Füllungen
Artischocken	Böden ■ Waldorf-Salat, Garnelen, Gänseleberсreme, Spargelspitzen
Fenchel	Löffel ■ Tropfenförmig ausgestochene Gemüsepaprikas, Gemüsesalate, Heringssalat, Eiersalat
Gemüsepaprikas	Ausgehöhlt ■ Gemüsesalate, Herings-, Eier-, Fleischsalate
Gurken	3–4 cm dicke Scheiben ■ Matjesröllchen, Kräuterquark, Heringssalat, Garnelen
Tomaten	Ausgehöhlt ■ Herings-, Eier-, Fleisch-, Geflügel-, Gemüsesalat, Spargel

Stangenspargel mit Essig-Öl-Kräutersauce

asperges en branches à la vinaigrette
branch asparagus with vinaigrette sauce

- Spargel vorbereiten (→ 36), garen, in Eiswasser abkühlen.
- Auf Kopfsalatblätter anrichten, mit Essig-Öl-Kräuter-Sauce überziehen.
- Mit Butter und Toast oder Baguette servieren.

Obst und Gemüse lassen sich auch vortrefflich mit Käse kombinieren (→ 294).

Artischockenherzen mit Tomaten-Vinaigrette

cœurs d'artichaut à la vinaigrette aux tomates
artichoke hearts with tomato vinaigrette

- Vorbereitete Artischockenherzen mit Zitrone, Salz und Zucker marinieren.
- Essig-Öl-Kräuter-Sauce mit Tomatenfleisch-Würfeln vermengen.
- Artischockenherzen auf Chicorée-Blätter anrichten und mit Tomaten-Vinaigrette überziehen.

19.12 Pasteten, pastetenähnliche Speisen

 pâtés pâtés

Krustenpasteten

Teigpasteten, Brioches

- Mit Speck ausgelegte Teighülle
- Gebacken

Schüsselpasteten

Terrinen

- Ohne Hülle, mit Speck ausgelegt
- Pochiert

Rollpasteten

Galantinen, Ballottinen, Rouladen

- Natürliche Fleisch-, Fisch- oder Geflügelhülle
- Pochiert

Parfaits, Moussen

Gänseleber, Fleischerpasteten, Rouladen

- Ohne Hülle, Farce evtl. als Bindung
- Pochiert

Besondere Pasteten

Zampone, imitierte Wildschweinpastete

- Ohne oder wie Rollpasteten
- Pochiert

Fleischerpasteten (Rouladen)

Zungenroulade

- Farcen in verschiedenen Farben, im Mosaikrand aus Schweinebauch
- Pochiert

Schon im antiken Griechenland und Rom verstand man es, schmackhafte Pasteten herzustellen, indem man Fleisch-, Fisch- und Gemüsezubereitungen in einen Teigmantel hüllte. Allerdings verkam die Pastetenherstellung später zur Resteverwertung. Erst in jüngster Zeit entwickelte sie sich zu einem Spezialgebiet der Küche. Ausschlaggebend für die Qualität der Pasteten sind frische und edle Rohstoffe.
In der **modernen Küche** haben Pasteten wieder einen besonderen Platz erhalten. Beim Herstellen von Pasteten müssen einerseits die Köche ihr fachliches Können beweisen, andererseits erwarten die Gäste in zunehmendem Maße etwas Besonderes. Leistungsfähige Feinkostbetriebe bieten hochwertige Pastetenspezialitäten als Convenience-Erzeugnisse (➔ 303) an. Pasteten eignen sich hervorragend als Schaustücke für kalte Büfetts (➔ 300 ff).

Einteilung

Pasteten werden sehr unterschiedlich hergestellt. Allgemein setzen sich Pasteten aus der **Farce**, dem wichtigsten Teil der Pastete, und der **Umhüllung** (Teig, Speck, Teile von Tierkörpern, wie Gänsehals, Schweinekopf oder -fuß, ausgebeintes Geflügel) zusammen.

Einteilungsgesichtspunkte	Beispiele
Herkunft	Englische Pasteten, Fleischerpasteten
Rohstoffe	Schlachtfleisch-, Geflügel-, Wild-, Gemüse-, Fischpasteten
Portionsgröße	Portionspasteten (Becherpastetchen, Mundbissen, Bouchées), große Pasteten
Form	Rund, oval, rechteckig, becherförmig
Umhüllung	Teigpasteten, Teile des Tierkörpers
Herstellung	Gefüllt gegart, blind gebacken
Garverfahren	Gebacken, pochiert
Verzehrtemperatur	Kalte Pasteten, warme Pasteten

Herstellung

Als Vorbereitungsarbeit muss, unabhängig von der besonderen Pastetenart die Farce mit besonderen **Pastetengewürzen**, bei Krustenpasteten außerdem die Teighülle hergestellt werden.

Herstellen der Farce:

1 Teil geschmacksgebende Rohstoffe (Kalb, Geflügel, Wild, Fisch)
1 Teil mageres Schweinefleisch
1 Teil frischer Speck oder Sahne

Heute werden Farcen nur noch aus den **geschmacksgebenden Rohstoffen** hergestellt: Kalbfleisch, Würzmittel, Eigelb, Sahne sowie Einlagen.
Zutaten und Arbeitsgeräte müssen kalt sein, damit das Eiweiß nicht denaturiert. Möglich ist eine geringe Zugabe von zerkleinerten **Eiswürfeln** oder **Eisschnee** während des Kutterns.
Als **Lockerungs- und Bindemittel** werden Sahne und Eier verwendet.
Würzmittel für Farcen sind Salz, fertiges Pastetengewürz, Cognac, Wein und Kräuter. In jedem Falle wird zunächst eine **Farceprobe** gegart.

❶ Gekühlte Zutaten

❷ Wolfen und Farce durch Haarsieb streichen

❸ Farce

Pastetenteig-Arten

Ursprünglich wurden die Pastetenteige nur aus Weizenmehl, Salz und Wasser zubereitet, ähnlich dem Nudelteig ohne Eier. Die Pastetenhülle hatte die Aufgabe, die Füllung zu schützen, sie haltbarer zu machen und als Blickfang zu dienen. Deshalb wurden diese Umhüllungen wohl auch nicht mit gegessen. Später entdeckte man die köstliche Geschmacksharmonie von Teigkrusten und Pastetenfarcen. Schließlich verzichtete man mitunter ganz auf Teighüllen, wodurch die **Terrinen,** die **Galantinen,** die **Ballottinen (gefüllte Geflügelkeulen)** usw. entstanden. Heute werden besondere Anforderungen an die Teighülle gestellt: Sie soll fettreich und locker, gut dekorierbar und gut aufzuarbeiten sein.

Pastetenteige

- *Mürbeteig* ➔ 305 f
- *Blätterteig (vorwiegend für warme Pasteten)* ➔ 308 f
- *Hefeteig (für besondere Pastetenspezialitäten)* ➔ 307 f, *Brioche-Teig*
- *Strudelteig*
- *Brotteig (für besondere Landesspezialitäten, bei Bäckerei beziehen)*

Anrichten

Zum Schneiden scharfes Messer verwenden. Für Pasteten eignen sich Messer mit leichtem Wellenschliff; für Terrinen können schmale und glatte Messer verwendet werden. Pasteten mit sanftem Druck und ziehendem Schnitt teilen, bei Terrinen vor jedem Schnitt Messer in heißes Wasser tauchen.
Portionen nicht kalt servieren, sondern bei Raumtemperatur volles Aroma entfalten lassen.

Arbeitsschritte bei der Krustenpastetenherstellung

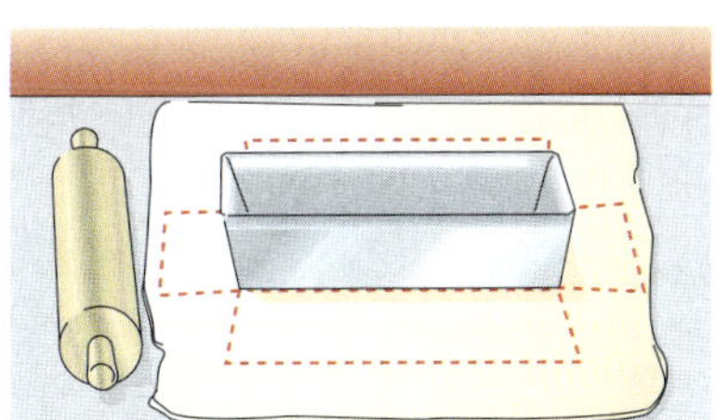

Mit Teig auslegen

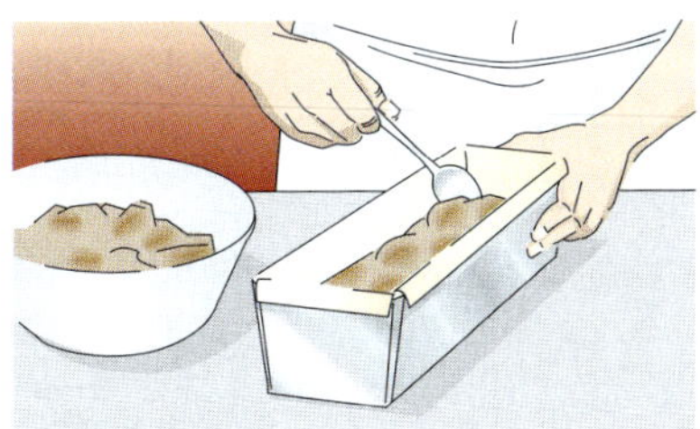

Farce einbringen

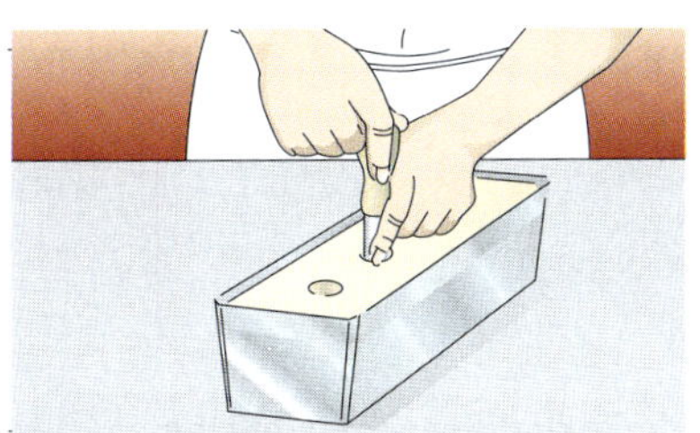

Kamine stechen

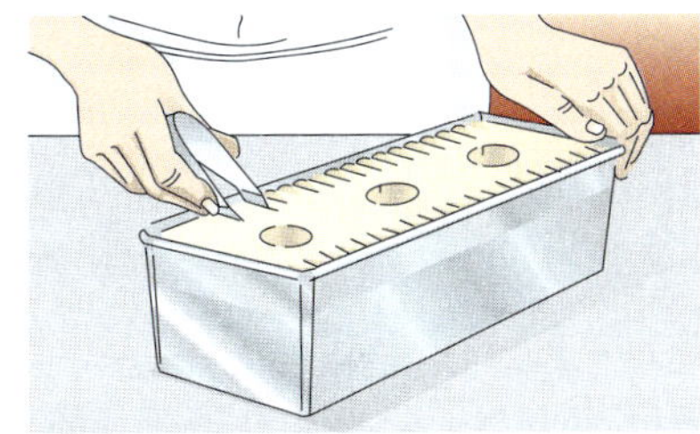

Pastete garnieren

Pastete backen

Kalbfleischpastete mit Fenchellöffeln

pâté de veau au fenouil
veal pâté with fennel

Pastetenteig

0,4	kg	Weizenmehl
0,125	kg	Schweineschmalz
0,125	l	Wasser
1	Prise	Salz

Kalbfleischfarce

0,6	kg	Kalbfleisch
0,3	l	Sahne
3		Eiklar (0,1 kg)
0,06	kg	Pistazien
		Salz, weißer Pfeffer, Tabasco
1		rosa gebratenes Kalbsfilet (als Einlage)

- Aus den Rohstoffen feine Farce zubereiten, mit Pistazien garnieren.
- Pastetenform ausbuttern, mehlieren, Teigplatte in die Form einpassen, gut andrücken, zuerst mit dünnen Speckscheiben, dann mit Nori (Algenblätter → 401) ausfüttern. Kalbsfilet mit dünnen Speckscheiben und Nori umhüllen.
- Pastetenform zur Hälfte mit Kalbfleischfarce füllen, das Kalbsfilet mitten auf die Farce legen. Mit der restlichen Farce bedecken und glatt streichen.
- Farce mit Nori und Speck abdecken, mit Teigdeckel gut verschließen. Oberfläche mit Teigornamenten verzieren. Schornstein oder Kamin ausstechen und mit Teigrand umlegen, zuletzt mit Eigelb einstreichen.
- Pastete bei 220 °C 10 min anbacken, anschließend bei 170 °C 20 min weiter backen.
- Pastete auf Raumtemperatur erkalten lassen, entstandenen Hohlraum durch den Schornstein mit Weinaspik auffüllen, Pastete kalt stellen.
- Fenchel abziehen, tournieren, in pikantem Fond blanchieren und erkalten lassen. Fenchellöffel abtropfen lassen, mit buntem Paprika füllen.
- Pastete aus der Form nehmen, vier gleich starke Tranchen von der Pastete abschneiden, nappieren.
- Pastete und Tranchen auf Büfettplatte mit in den Aspikspiegel (→ 289) eingegossenen Feldsalatblättern anrichten.
- Mit Fenchellöffeln und mit Kräuterquark gefüllten Tomaten garnieren.

Gefüllte Wachteln mit Melonenkugeln in Teigtörtchen

cailles farcies aux boules de melon en tartelette
stuffed quail with melon balls in tartlet

4		Wachteln
0,08	kg	Fleischglace
0,7	kg	fertiger Aspik (→ 289)
0,05	kg	Lebermousse (→ 302)
0,05	kg	Gemüsepaprika
4		Brandmasse-Körbchen (→ 312)
		Salz, weißer Pfeffer

Füllung: Croûton-Masse

8	Scheiben	Toastbrot
4		Eier (0,2 kg Vollei)
0,1	kg	Wildschinken (4 gleiche Streifen)
0,04	kg	blanchierte Mangoldblätter
0,04	kg	Speckscheiben
		Salz, weißer Pfeffer, gehackte Kräuter
0,2	kg	Melonenkugeln

- Toastbrot entrinden, in Würfel schneiden, in der Pfanne ohne Fett blond anrösten, abkühlen, mit Ei vermengen, würzen.

- Aus Wildschinken viereckige Streifen schneiden, mit sehr dünnen Speckscheiben und blanchierten Mangoldblättern umwickeln, fest andrücken. Wachteln vom Rücken her auslösen und würzen.
- Wildschinkenstreifen mit Croûton-Masse umhüllen, auf die ausgelöste Wachteln legen und zusammenfalten.
- Wachteln in passende Form legen, bei 180 °C 15 min im Kombidämpfer garen, kalt stellen, erkaltete Wachteln mit Fleischglace nappieren.
- Je Wachtel zwei Tranchen abschneiden, mit Aspik nappieren.
- Auf Wachtel Lebermus-Rosette spritzen, mit Gemüsepaprika garnieren.
- Wachteln auf Büfettplatte mit Aspikspiegel (➔ 289) anrichten, mit marinierten Melonenkugeln in Brandmassekörbchen umlegen.

Fasanenpastete mit gefüllten Selleriekörbchen

pâté de faisan aux petites corbeilles de céleri farcies

pheasant pâté with small stuffed celery basket

- Zubereitung wie Kalbfleischpastete (➔ 300), anstatt Kalbfleisch Fasanenbrust verwenden.
- Einlage: 4 gleich starke, 1 cm dicke Wildschinkenstreifen schneiden, mit Nori-Blatt (➔ 401) umhüllen und zu einem Viereck zusammenlegen.
- Aus Sellerie Körbchen tournieren, in pikantem Fond blanchieren, abkühlen lassen.
- Sellerie mit tournierten Möhren und Brokkoli füllen, mit Aspik nappieren.
- Pastete tranchieren, mit Aspik nappieren, auf Büfettplatte mit Aspikspiegel (➔ 289) anrichten, mit Selleriekörbchen umlegen.

Wildenten-Galantine

galantine de canard sauvage

wild-duck galantine

1		Wildente (ca. 1,2 kg)
0,3	kg	Wildentenfleisch
0,2	kg	mageres Schweinefleisch
0,1	kg	Speck
3		Eiklar (0,1 kg)
		Pastetengewürz, abgeriebene Orangenschale, Wacholderbeeren
Einlage		
0,15	kg	Pökelzungenwürfel
0,15	kg	kleine Champignonköpfe
		grob gehackte Pistazien

- Wildente von der Rückenseite her entbeinen. Mit der Hautfläche nach unten auf Arbeitsplatte legen, Brustfleisch egalisieren.
- Innenfläche mit Salz und Pastetengewürz einreiben, kalt stellen.
- Von den gekühlten Zutaten feine Farce zubereiten, Einlage darunter mischen, Farce laibförmig auf die entbeinte Ente geben.
- Ente zusammenrollen und fest in ein Tuch einbinden.
- Mit Karkasse, Salz, Wacholderbeeren und gespickter Zwiebel Fond kochen.
- Galantine im Fond 90 min pochieren, erkalten lassen, zur besseren Formgebung leicht beschweren, Galantine aus dem Tuch nehmen, mit Küchenkrepp abtupfen.
- In feiner Gewürzmischung aus Rosmarin, Wacholder und Gewürzpaprika rollen. Tranchieren oder ganz auf kaltes Büfett anrichten.
- Cumberland-, Hagebutten- oder Quittensauce separat.

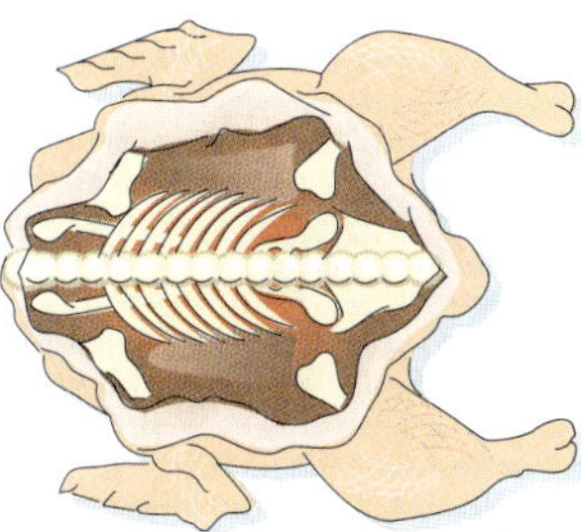

Ausbeinen vom Rücken her

Entbeintes Fleisch zum Füllen

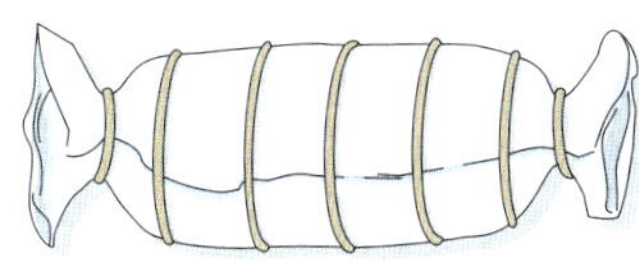

Gefüllte Längsrolle

Gemüseterrine mit gefüllten Tomaten und Sellerieschiffchen

0,5	kg	Möhren
1		Blumenkohl
0,5	kg	Brokkoli
2		Kohlrabi
0,3	l	Sahne
0,3	kg	Vollei (6 Eier)
		Salz, weißer Pfeffer, 1 Prise Muskat

🇫🇷 *terrine de légumes aux tomates farcies et aux barquettes de céleri*
🇬🇧 *vegetable terrine with stuffed tomatoes and celery barquettes*

- 0,2 kg Möhren in dünne Scheiben schneiden, blanchieren.
- Blumenkohl und Brokkoli in Röschen teilen, blanchieren.
- Kohlrabi und restliche Möhren mit Pariser Ausstecher ausbohren und blanchieren.
- Terrinenform mit Klarsichtfolie auslegen, Möhrenscheiben exakt auflegen (Mantel), blanchiertes abgetropftes Gemüse reihenweise in Terrine einlegen.
- Aus Sahne und Ei Eierstichmasse (royale) zubereiten, Terrine damit auffüllen, so dass das Gemüse damit bedeckt ist.
- Terrine im Konvektomaten bei 70 °C 120 min pochieren, erkaltete Terrine aus der Form heben.
- Terrine in Tranchen schneiden und mit Aspik nappieren, das verbliebene Terrinenstück und die Tranchen auf Büfettplatte mit Aspikspiegel arrangieren.
- Terrine mit Melonenkugeln, gefüllten Tomaten (➔ 297), Sellerieschiffchen mit Bohnenbündelchen und Rosenkohl umlegen.

Gänseleber-Mousse

🇫🇷 *mousse de foie gras*
🇬🇧 *goose-liver mousse*

0,3	kg	Gänseleber
0,1	kg	Geflügelgelee
0,15	l	Schlagsahne
0,02	l	Cognac (➔ 374)

- Gänseleber in wenig Fett braten, abkühlen, fein pürieren.
- Mit Geflügelgelee (➔ 289) und geschlagener Sahne vermengen.
- Gänseleber-Mousse mit Cognac, Salz und einem Spritzer Tabasco würzen.
- Kleine Kuppelform mit Weißweingelee chemisieren und mit Räucherlachsscheiben ausfüttern.
- Form mit Gänseleber-Mousse füllen, kalt stellen.
- Gekühlten Teller mit Weißweingeleespiegel ausgießen, mit ➔ Keta-Kaviar garnieren, kalt stellen, Mousse stürzen, mit Salatbukett garnieren.

Kennen Sie den Unterschied zwischen Parfait und Mousse?

		Parfait (franz. *parfait* = vollendet)	**Mousse** (franz. *mousse* = Schaum)
GEMEINSAMKEITEN	Verwendung	Beide Speisenarten werden in der kalten Küche und in der Patisserie hergestellt	
	Konsistenz	Beide Speisenarten zeichnen sich durch eine locker-luftige Konsistenz aus	
	Lockerungsmittel	Eiklarschnee, geschlagene Sahne	
	Rohstoffe	Schlachtfleisch, Fisch, Wild, Geflügel, Speiseeis	
UNTERSCHIEDE	Herstellung	Rohstoffe allgemein ungegart	Rohstoffe allgemein gegart
	Bindung	Gestocktes Eiweiß	Erstarrte Gelatine, auch bindende Saucen
	Anrichteweise	Scheiben, Portions-Timbale	Kleine Stücke, mit Löffel ausgestochen, mit Spritzbeutel gespritzt

19.13 Kalte Speisen aus Convenience-Erzeugnissen

mets froids préparés de produits précuisinés
cold dishes prepared with convenience products

Ein umfangreiches und hochwertiges Sortiment an Convenience-Erzeugnissen für die kalte Küche steht zur Auswahl:

- Salate, Gemüse, Obst
- Geleespeisen
- Käsespeisen
- Fleisch- und Wurstspeisen
- Speisen aus Fisch und Meeresfrüchten
- Pasteten und pastetenähnliche Speisen

Salate

Fertigsalate bis zur Verarbeitung durchgehend kühl lagern.
Kartoffelsalate mit und ohne Mayonnaise.
Salatmischungen: grüne Salate als Halbfertigerzeugnisse sind in Verzehrgröße gezupft.

Pasteten und pastetenähnliche Speisen

Pasteten sind arbeitsaufwendig, erfordern Spezialwerkzeuge, gute Erfahrungen in der Herstellung und werden vor allem nur für besondere Anlässe benötigt. Das sind Gründe, das Herstellen Spezialisten zu überlassen. Diese können Pasteten ganzjährig in gleich bleibender Qualität und entsprechend den besonderen Versorgungsaufgaben liefern. Sie werden aus geeigneten Rohstoffen hergestellt und sind gut portionier- und lagerbar.

1 *Geben Sie einen Überblick über unterschiedliche Pastetenarten. Nennen Sie jeweils das Herstellungsprinzip.*
2 *Beschreiben Sie das Herstellen einer selbst gewählten Krustenpastete.*
3 *Beurteilen Sie die Verwendung von fertigen Pastetengewürz-Mischungen.*
4 *Häufig werden statt selbst hergestellter Pasteten Convenience-Erzeugnisse eingekauft. Beurteilen Sie Vor- und Nachteile.*
5 *Erläutern Sie den Unterschied zwischen einem Parfait und einer Mousse.*

Pasteten (Convenience-Erzeugnis)

pâtisserie, entremets, mets glacés
pastry, sweets, frozen dishes

20 Gebäck, Süßspeisen, Eisspeisen

Die Industrie liefert eine große Palette an Convenience-Erzeugnissen, die von aufwendiger Arbeit entlasten und Möglichkeiten für ein vielfältiges Patisserieangebot bieten (→ 336).

Die Küchenkonditorei stellt für das Angebot im eigenen Gastronomiebetrieb Kuchen, Torten, Feine Backwaren, Kleingebäck, Pasteten, Puddings, Speiseeis und andere Süßspeisen sowie Küchengetränke her.

20.1 Zutaten, Nährwert

ingrédients, valeur nutritive
ingredients, nutritive value

Teige und Massen

pâtes et appareils
pastes, doughs and mixtures

Gebäcke werden nach ihrer Herstellung in Gebäcke aus Teigen und Gebäcke aus Massen eingeteilt.

Vergleichsmerkmal	Teige	Massen
Rohstoffe	Mehl, Flüssigkeit, des Weiteren Zucker, Fett	Eier, Zucker, Fett, des Weiteren Stärke/Mehl
Verfahren	Mischen, Kneten	Schlagen, Rühren, Rösten, Blasen
Lockerung	Biologisch (Hefegärung) Chemisch (Backpulver) Physikalisch (Wasserdampf)	Chemisch (Backpulver) Physikalisch (Aufschlagen)
Struktur	Klebergerüst Pentosane (Roggengebäck)	Gerüst aus Hühnereiweiß, mitunter Klebereiweiß Dickungsmittel (Schaummassen)
Konsistenz	Elastisch, plastisch fließend	Schaumartig, weich,
Gebäckbeschaffenheit	Rösch, Krume mit dünnwandigen Poren	Luftig, locker, feinporig

Einteilung von Gebäck, Süßspeisen und Eisspeisen

Gebäck aus Teigen	Gebäck aus Massen	Süßspeisen warm	Süßspeisen kalt	Eisspeisen
pâtes *pastes, doughs*	*appareils* *mixtures*	*entremets chauds* *hot sweets*	*entremets froids* *cold sweets*	*entremets glacés* *frozen sweets*
Mürbeteig	Wiener Masse	Omeletts	Obst, Obstsalate	Eisbecher, Eisteller
Hefeteig	Biskuitmasse	Pfannkuchen	Gelees	Eisbombe, Eisschale
Blätterteig	Brandmasse	Krapfen	Cremes	Eistorte, Eisziegel
Plunderteig	Meringuemasse	Aufläufe	Reis	Eisroulade
Pastetenteig	Hippenmasse	Warme Puddings	Milcherzeugnisse	Eistörtchen
Strudelteig	Sandmassen	Warme süße Saucen	Kalte süße Saucen	Eisgetränke
Backteig	Makronenmassen		Kalte Puddings	Eisgebäck
Pfannkuchenteig				Eiskonfekt

Nährwert

Gebäck, Süß- und Eisspeisen werden als **Dessert, Nachtisch** oder **Zwischengericht** angeboten. Sie sind Bestandteil des Frühstücks (Gebäck), gehören zum Kaffeeangebot und eignen sich zum Teil als Imbiss.
Küchenkonditoreierzeugnisse können einen recht unterschiedlichen Nährwert aufweisen. Gemeinsam ist ihnen der **Genusswert**, begründet durch wertvolle Zutaten mit besonderen Aroma- und Würzstoffen. Typisch ist außerdem der relativ hohe **Kohlenhydratgehalt**.
Während Süßspeisen auf Obstbasis daneben einen beachtlichen Nährwert durch Wirkstoffe (Vitamine, Mineralstoffe) haben, sind Gebäcke oft sehr fett- und eiweißreich und damit sehr energiereich.

Der Trend geht zu **energiereduzierten** Patisserieerzeugnissen. Dies wird erreicht durch Verarbeitung von Eiklarschnee anstatt Schlagsahne, von Quark oder Joghurt, insbesondere von reichlich Frischobst. Die Fachkraft sollte erkennen, dass es nicht darauf ankommt, auf verschiedene nährstoffreiche Süßspeisen gänzlich zu verzichten, sondern sie in angemessener Menge mit anderen energiearmen Speisenteilen zu einer bekömmlichen Kost zu vereinen.
Aus hygienischen Gründen wird zunehmend pasteurisiertes Ei verwendet.

Nährwerte im Vergleich (kJ/100 g)	
Sahnetorte	1600
Dresdner Christstollen	1600
Mandelmakronen	1600
Blätterteiggebäck	1800
Rührkuchen	1750
Obstkuchen	930
Käsekuchen	960
Sahneeis	920
Frische Feigen	137
Orangen	180
Frische Aprikosen	200

20.2 Mürbeteiggebäck

pâtisserie préparée de pâte brisée
shortcakes

Mürbeteig ist ein **stark fetthaltiger Teig** von fester Konsistenz, der nur kurz bearbeitet wird und beim Backen sein Volumen nur wenig vergrößert. Durch den Fettanteil ist keine oder nur wenig Flüssigkeit zur Teigherstellung erforderlich.

Die **mürb-sandige Beschaffenheit** des Gebäcks gab den Namen.

Herstellung von Mürbeteig	
Zucker und **Fett** geschmeidig anwirken	Gleichmäßige Konsistenz und Verteilung des Salzes ist erforderlich, Fett darf nicht flüssig werden
Eigelb und **Flüssigkeit** zugeben; gekühlt glatt rühren	Je nach Geschmacksrichtung Salz (1 %) oder Zucker (20 %); grober Zucker führt zu schneller Oberflächenbräunung, deshalb feinen Zucker oder Puderzucker verwenden
Weizenmehl sieben und rasch unterwirken	Weizenmehl leicht unterarbeiten, lange Teigbearbeitung kann zu ungenügender Bindung (Brandigkeit) führen
Teig vor dem Aufarbeiten kühl lagern	Fett soll die Mehlbestandteile umschließen, somit durch Trennen lockern
Zügig aufarbeiten, dabei nicht erwärmen	Ausrollen, ausstechen, schneiden, ausdrücken, mit Eigelb bestreichen
Backen bei Temperaturen zwischen 190 und 220 °C ohne Dampf	Je nach Verwendung darf das Gebäck leicht Farbe erhalten; Teegebäck 220 °C, Böden 190 °C

1 Beschreiben Sie die besonderen Aufgaben in der Küchenkonditorei.
2 Erläutern Sie den Einsatz unterschiedlicher Lockerungsmittel.

Einteilung der Mürbeteige
*Nach dem **Fettanteil** unterscheiden sich leichte und schwere Mürbeteige, nach den **Arbeitsverfahren** gewirkte und gerührte Teige. Eine weitere Einteilung ist durch Geschmacksträger, zum Beispiel Käsemürbeteig, möglich.*

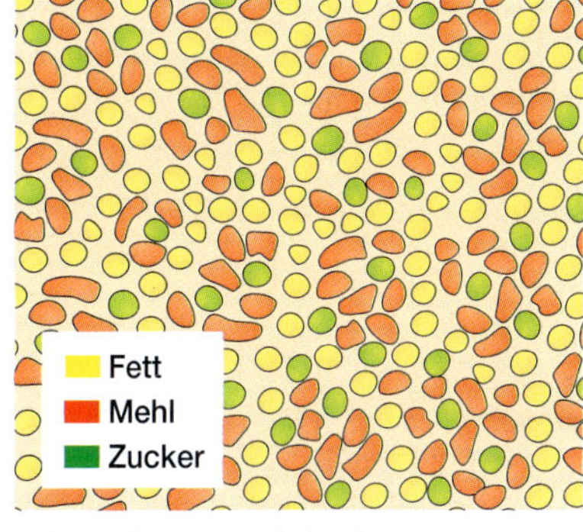

Prinzip: Trennung als Lockerung
Fett umhüllt Mehlbestandteile, dazwischen Zuckerteilchen

In der Küchenkonditorei wird Mürbeteig zu Teegebäck, Törtchen (tartelettes), Dessertstückchen, Schiffchen (barquettes) sowie anderen Formen, außerdem zu Böden und Decken sowie zu Streuseln verarbeitet.

Mengenrelation süßer Mürbeteig: Zucker : Fett : Weizenmehl = 1 : 2 : 3

Süßer Mürbeteig eignet sich speziell für Patisserieerzeugnisse.
Für die Speisenherstellung sind Mürbeteige ohne Zucker geeignet. Je nach Verwendungszweck wird auch Reibkäse zugesetzt.
Für Mürbe- und Pastetenteige eignen sich auch Schmalz und Kokosfett.

Mürbeteig (Grundrezeptur) — *pâte brisée (recette de base)* — *short paste (basic recipe)*

1	kg	Zucker
2	kg	Butter oder Margarine
3	kg	Weizenmehl
0,03	kg	Salz
0,3	kg	Vollei (6 Eier)
		Backpulver (je nach gewünschter Lockerung 0,06 kg)

Mürbeteig ohne Zucker — *pâte brisée sans sucre* — *short paste without sugar*

0,75	kg	Butter oder Margarine
1,5	kg	Weizenmehl
0,02	kg	Salz
10		Eigelb (0,16 kg)
		Milch, Wasser

Käsemürbeteig — *pâte brisée au fromage* — *short paste with cheese*

0,45	kg	Butter oder Margarine
1,6	kg	Weizenmehl
0,75	kg	Reibkäse
0,02	kg	Salz
5		Eigelb (0,08 kg)
		Milch, Wasser

20.3 Pastetenteig

pâte à pâtés — *paste for pâtés*

Pastetenteig ähnelt dem **Mürbeteig** und wird zum Auslegen von Krustenpasteten benötigt. Pastetenteig wird meist als **Schmalzteig** hergestellt. Er eignet sich auch zum Herstellen von Törtchen *(tartelettes)* und Schiffchen *(barquettes)*.

Pastetenteig — *pâte à pâté* — *pastry for pâtés*

(1 Pastetenform zu 2 l)

0,45	kg	Weizenmehl
0,15	kg	Schmalz, auch Backmargarine
0,005	kg	Salz
0,2	l	Wasser

- Weizenmehl und Salz auf eine Marmorplatte sieben, festen Schmalz in Scheiben darüber schneiden, alles verarbeiten wie Streusel.
- Kaltes Wasser schnell unterarbeiten, nicht intensiv kneten.
- Ohne Teigruhe sofort ausrollen und verarbeiten.

Pastetenteig mit Ei — *pâte à pâtés aux œufs* — *pastry for pâtés with egg*

1	kg	Weizenmehl
0,2	kg	Schmalz, auch andere Fette
0,25	kg	Wasser
0,03	kg	Salz
0,05	kg	Vollei (1 Ei)

- Rohstoffe wie oben schnell zum Teig verarbeiten.
- 2–4 h abgedeckt kühl lagern.

1 Erklären Sie den Unterschied zwischen Teigen und Massen.
2 Wozu werden Teige und Massen in der Gastronomie benötigt? Ordnen Sie jeweils ein Beispiel zu.
3 Beurteilen Sie die Notwendigkeit des Herstellens von Teigen und Massen in der Gastronomie.

1 Wie viel kg Butter müssen für 5,4 kg Mürbeteig (1 : 2 : 3) verwendet werden?
2 Ermitteln Sie den Anteil der Grundnährstoffe in g sowie den Energiegehalt eines Hühnereies der Gewichtsklasse M. (Nährwerttabelle → 435).

20.4 Hefeteiggebäck

pâtisserie préparée de pâte à levure / pâte levée
yeast dough pastry

Zum Herstellen von Hefeteiggebäck werden als Rohstoffe vorwiegend **Weizenmehl** und **Milch** und als Lockerungsmittel **Hefe** verwendet.

Hefeteiggebäck zeichnet sich durch **lockere** und **elastische weiß-gelbe Krume** aus. Es wird gut durchgebacken.

Einteilung der Hefeteige
*Nach dem **Fettanteil** wird zwischen leichten (10% Fett), mittleren (20% Fett) und schweren (über 20% Fett) Hefeteigen unterschieden.*

In der Küchenkonditorei wird Hefeteig zum Herstellen von **Hefeklößen**, **Hefeknödeln**, **Kuchen**, **Frühstückszöpfen**, **Kleingebäck** und **Weizenbrot** benötigt. Die meisten Hefeteiggebäcke haben ihren vollen Genusswert, so lange sie frisch sind. Dagegen muss beispielsweise Dresdner Christstollen gut durchziehen.

Herstellen von Hefeteiggebäck

Bei der Herstellung sind die direkte und die indirekte Führung zu unterscheiden:

Direkt	Alle Zutaten sofort zum Teig verarbeiten, anschließend zugedeckt aufgehen lassen
Indirekt	Vorteig herstellen, Arbeitsschritte wie nachfolgend beschrieben

Brioche, *auch Apostelkuchen genannt, besteht aus fettreichem Hefeteig.*

Herstellung von Hefestücken	
Hefe, Drittel des Mehles und **angewärmte Flüssigkeit** (etwa 30°C) zu weichem Teig verarbeiten	Hefezellen sollen günstige Wachstumsbedingungen erhalten; CO_2-Gasbildung durch Hefe
Vorteig zum **Restmehl** geben	Allmählich wird Mehl untergearbeitet, dabei Wasser oder Milch und Salz zugeben
Warm stellen	Weiteres Wachstum der Hefezellen; CO_2-Bildung verstärkt sich
Übrige Rohstoffe untermengen	Durch Aufreißen des Teiges wird die Gasbildung erkennbar
Kneten	Manuell oder maschinell; Ausbildung von Klebersträngen
Teigruhe	Volumenvergrößerung, Entspannung des Teiges, gutes Gashaltevermögen, Zähigkeit des Teiges verstärkt sich
Formen und backen	Gute Formbarkeit durch Oberflächenspannung infolge des Wirkens

Hefeteig (Grundrezeptur)

pâte levée/pâte à levure (recette de base)
yeast dough (basic recipe)

1	kg	Weizenmehl
0,06–0,07	kg	Backhefe
0,15	kg	Fett
0,2	kg	Zucker (kann wegfallen)
0,5	l	Flüssigkeit (Milch, Wasser)
0,015	kg	Salz

Savarin

savarin savarin

1	kg	Weizenmehl
0,4	l	Milch
0,15	kg	Butter
0,25	kg	Vollei (5 Eier)
0,08	kg	Backhefe
		Zitronenschale, Prise Salz

- Rohstoffe zu geschmeidigem Hefeteig verarbeiten.
- Savarinformen (Ringformen, siehe Bild) einfetten, Teig einfüllen und aufgehen lassen, dann backen.
- Warme Savarins mit Rumsirup tränken, aprikotieren und mit Früchten garnieren.

Mandelsavarin mit Preiselbeersauce

savarin aux amandes et à la sauce aux airelles rouges
almond savarin with mountain-cranberry sauce

- Herstellen wie oben.
- Mit Amaretto-Likör (➔ 373) tränken, aprikotieren und in Mandelsplittern wälzen.
- Savarin auf englischen Teller, in die Mitte Preiselbeersauce, anrichten.
- Schokoladenröllchen, Hippenschmetterling, Minzeblatt; Aprikosensauce mit Preiselbeeren im Kuvertürenrand garnieren.

20.5 Blätterteiggebäck

pâtisserie préparée de pâte feuilletée
pastry made of puff paste/flaky paste

In der Gastronomie wird Blätterteig für das Herstellen von Fleischstücken im **Teigmantel** (z. B. Rinderfilet Wellington, Kasseler im Blätterteig), von Pastetenhäusern *(franz. vol-au-vent)*, von **kleinen Pastetchen**, für Sardinen, Würstchen oder Hackfleisch im Blätterteigmantel verwendet. Ansonsten eignet sich Blätterteig für verschiedene andere Gebäcke, beispielsweise für **Käsegebäck** oder **Blätterteighalbmonde** *(fleurons)*.

> Blätterteiggebäck zeichnet sich durch lockere, splittrige Beschaffenheit, großes Volumen, goldgelbe bis schwach bräunliche Oberfläche und eine helle Krume aus. Die blätterige Struktur gab dem Blätterteiggebäck seinen Namen.

Deutscher Blätterteig (Grundrezeptur)

pâte feuilletée allemande (recette de base)
puff paste German style (basic recipe)

1	kg	Weizenmehl
0,1	kg	Backfett
0,02	kg	Salz
0,5	l	Flüssigkeit
0,9	kg	Ziehfett zum Tourieren

Herstellung von Blätterteiggebäck	
■ Herstellen des **Grundteiges**, kühlen	Zutaten zu einem zäh-elastischen Teig kneten
■ **Ziehmargarine** oder **-butter zugeben**	Ziehfett ist geschmeidig, aber nicht zäh
■ **Ziehfett bzw. Grundteig einschlagen**	Zu unterscheiden sind drei Verfahren: **deutsche Art** ❶ **französische Art** ❷ **holländische Art** ❸
■ **Blätterteig tourieren**	Mehrfaches Ausrollen und anschließendes Zusammenlegen des Blätterteiges für die Schichtbildung: gleichmäßige Schichtausbildung bestimmt die Qualität des Gebäcks
■ **Form geben**	Zu unterscheiden sind ungefüllter und gefüllter Blätterteig
■ **Backen bei 200°C**	Hitze verflüssigt die Fettschichten. Wasser im Teig bildet Dampf, der die Teigschichten auseinander treibt und dadurch das Gebäck lockert. Durch gleichzeitiges Gerinnen des Klebereiweißes wird das Gebäck stabilisiert

❶ Ziehfett / Grundteig

❷ Grundteig / Ziehfett

❸ Ziehfettstücke / Teig

Blätterteighalbmonde

🇫🇷 *fleurons*
🇬🇧 *fleurons*

Fachsprachlich werden Blätterteighalbmonde als **Fleurons** bezeichnet und haben ein halbmondförmiges Aussehen. Sie dienen als Beilagen zu Suppen (z. B. exotische Suppen) oder zu Fisch- und Fleischspeisen (Ragouts).

- Fleurons mit Ausstecher aus etwa 3 mm dickem Blätterteig ausstechen.
- Mit Eigelb bestreichen. Bei 200 °C backen.

Fleurons

Ungefüllte Blätterteigpasteten

🇫🇷 *vol-au-vent*
🇬🇧 *vol-au-vent*

Ohne Füllung (blind) gebacken und zum Verzehr beispielsweise mit feinem Ragout (ragoût fin) vervollständigt.

- Aus Blätterteigresten Pastetenböden und -deckel fertigen.
- Böden mit der Gabel einstechen, Deckel mit Ei bestreichen.
- Pastetenringe aus frischem Teig herstellen, umgekehrt auf den Pastetenboden setzen und mit Ei bestreichen.

Gefüllte Blätterteigpasteten

🇫🇷 *vol-au-vent farcis*
🇬🇧 *stuffed vol-au-vent*

Beim Formgeben gefüllt und danach gebacken.

- Böden herstellen, wie oben beschrieben.
- Deckel aus frischem Blätterteig herstellen.
- Auf die Böden Füllung (z. B. Fleischfüllung) gleichmäßig aufsetzen.
- Ränder mit Eigelb bestreichen, die Deckel auflegen und am Boden festdrücken, ausgarnieren mit Restblätterteig.

Blätterteig mit Fleisch- oder Wurstfüllung

🇫🇷 *feuilletés à la viande ou à la saucisse*
🇬🇧 *puff pastries with meat or sausage*

- Würstchen, Schinken (gekocht), Kasseler oder Rinderfilet (halb gar) in Rechtecke von Blätterteig einschlagen. Mit Restteig garnieren.

Blätterteigpastete

pâtisserie préparée de pâte danoise
Danish pastry

20.6 Plunderteiggebäck

In der Küchenkonditorei wird Plunderteig zum Herstellen von **Frühstücksgebäck** (Croissants, dänische Brötchen, Stangen), aber auch von **Kaffeegebäck** (gefüllte Plunderstücke, Kränze) oder **Imbiss-Gebäck** zu Wein und Bier (salziges Plundergebäck mit Käse, Wurst, Fleisch oder Gemüse) benötigt. Plunder wird gern im warmen Zustand verzehrt.

Sortiment Plunderteiggebäck

Plundergebäck wird aus **touriertem Hefeteig** hergestellt. Die **Blättrigkeit** wird von der eingezogenen Fettmenge bestimmt.
Für pikante Backwaren wird der tourierte Hefeteig ohne Zucker und geriebene Zitrone hergestellt.

Plunderteig (Grundrezeptur) — *pâte danoise (recette de base)* — *Danish pastry dough (basic recipe)*

0,5	kg	Weizenmehl
0,225	l	Vollmilch
0,035	kg	Backhefe
0,005	kg	Backmalz
0,05	kg	Zucker
0,01	kg	Salz
0,025	kg	Vollei
0,05	kg	Butter
0,2	kg	Ziehmargarine zum Tourieren
		geriebene Schale von ungespritzten Zitronen

- Milch handwarm erwärmen, Hefe, Malz und Zucker darin auflösen.
- Mehl sieben, Salz und geriebene Zitrone zufügen.
- Milch, Eier, erwärmte Butter und Mehl zu geschmeidigem Teig verarbeiten.
- Teig kühlen. Ziehmargarine mit wenig Mehl verkneten und rechteckige Platten formen.
- Wie für Blätterteig tourieren: Drei einfache Touren geben, anschließend kühlen.

pâte à frire  *frying batter*

20.7 Gebäckhüllen aus Backteig

Die Geschmacksrichtung ist von der umhüllten Speise abhängig. So wird Backteig für Fleisch und Fisch herzhaft, für Beignets süß abgeschmeckt.

Backteige sind besondere **Eierkuchenteige**, die zum **Ausbacken (Frittieren)** geeignet sind und anderen Speisen einhüllen.
Qualitätsmerkmal ist eine rösche, goldbraune Kruste.

Backteig — *pâte à frire* — *frying batter*

0,30	kg	Weizenmehl
0,25	l	helles Vollbier
0,05	kg	Speiseöl
0,1	kg	Vollei (2 Eier)
		Salz

- Bier (oder Wein) und Weizenmehl mit Schneebesen zu dickflüssigem glattem Teig verrühren und etwas stehen lassen.
- Eigelb, Öl und Salz zugeben und ebenfalls glatt rühren.
- Eiklarschnee schlagen und mit Kochlöffel unterheben.

Durch den Eiklarschnee soufflíert (= bläht auf) die Teighülle.

Teig mit Bier und Wein?
Backteige können unter Verwendung von **Bier** *(Bierteig) oder* **Wein** *(Weinteig) hergestellt werden. Bier eignet sich besonders gut als Teigbestandteil, weil es zur Lockerung und zur Farbgebung beiträgt.*

20.8 Pastetenteighüllen

croûtes de pâte à pâtés
crust of pastry dough

Römische Pastetchen bestehen aus **gebackenem Eierkuchenteig**, haben eine goldgelbe Farbe und eine **becherartige Form** mit gezacktem Rand und sind zum Füllen bestimmt.

Warme Pastetchen für Gemüse

*Römische Pastetchen werden vorzugsweise für **warme Speisen** verwendet und bilden, mit Gemüse gefüllt, attraktive Beilagenformen.*

Teig für römische Pastetchen (Grundrezeptur)

0,2	l	Vollmilch
0,2	kg	Weizenmehl
0,1	kg	Vollei (2 Eier)
0,2	kg	Speiseöl
		Salz, Zucker

- Aus Weizenmehl und Eiern zusammen mit der Vollmilch mit dem Schneebesen einen glatten dickflüssigen Teig herstellen.
- Mit Salz und Zucker abschmecken.
- Pasteteneisen im Fettbad erhitzen und in den Teig tauchen ❶.
- Den am Pasteteneisen anhaftenden Teig in der Fritteuse ausbacken ❷.
- Wenn die gewünschte Farbe erreicht ist, herausnehmen, auf eine glatte Unterlage drücken, damit die Pastetenhülle eine Standfläche erhält.
- Pastetchen vom Pasteteneisen trennen.
- Auch auf Vorrat herstellen, bei Bedarf im Ofen erwärmen, dann füllen ❸.

20.9 Gebäck aus Biskuitmasse

pâtisserie préparée d'appareil à biscuit
pastry made of sponge mixture

Biskuitmasse wird in der Küchenkonditorei zu **Tortenböden**, **Kapseln** (auf Blech mit hohem Rand gebacken als Grundlage für Desserts), **Rouladen** sowie für **Feingebäck** und **Garnierungselemente** verarbeitet. Das Herstellen von Biskuitmasse kann warm oder kalt erfolgen.

Warm hergestellte Biskuitmasse

appareil à biscuit chaud
hot sponge mixture

0,15	kg	Weizenmehl
0,1	kg	Weizenstärke (Weizenpuder)
0,18	kg	Zucker
0,25–0,3	kg	Vollei (5-6 Eier)
		Salz, Zitrone

- Eier mit Zucker und Würzmitteln warm aufschlagen.
- Gesiebtes Mehl unterheben (melieren).

Kalt hergestellte Biskuitmasse

apparail à biscuit froid
cold sponge mixture

0,125	kg	Weizenmehl
0,125	kg	Weizenstärke (Weizenpuder)
0,25	kg	Zucker
0,4	kg	Vollei (8 Eier)
		Salz, Zitrone

- Eigelb mit der halben Zuckermenge schaumig schlagen.
- Eiklar mit der anderen Hälfte Zucker zu Schnee schlagen und unter die Eigelbmasse ziehen; gesiebtes Mehl unterheben.
- Auf mit Papier belegtes Backblech aufstreichen oder aufspritzen, backen.

*Deutscher Blätterteig wurde im **Cafe Mokkaperle** bisher selbst hergestellt. Dafür galt folgende Kalkulation:*

Menge	Zutaten	Einzelpreis	Mengenpreis
kg		€ kg	€
2	Weizenmehl	0,33	0,65
0,03	Salz	0,35	0,01
0,06	Zucker	0,90	0,05
1,1	Wasser	–	–
2	Ziehmargarine	2,15	4,30
5,19			5,01

Materialkosten Blätterteig: 0,97 €/kg. Hinzu kommen 26 Minuten Herstellungszeit für die Rezepturmenge Blätterteig. Lohn- und Betriebskosten: je Minute 0,74 € Blätterteig wird als Convenience-Erzeugnis in Form von tiefgegrorenen Platten für 3,10 €/kg angeboten. Hinzu kommen für Tiefgefriereinrichtung, Energiemehraufwand und Transportkosten 0,53 €/kg. Stellen Sie einen Preisvergleich an.

pâtisserie préparée d'appareil viennoise
pastry made of Viennese mixture

Biskuitboden mit Früchten

fond de gâteaux aux fruits
baked fancy case with fruit

- Biskuitboden rund ausstechen und mit Früchten belegen.
- Mit Schlagsahne und modellierter Marzipanrose garnieren.
- Mit Orangenspalten und Johannisbeergelee in Kuvertüre-Ornamenten vervollständigen.

20.10 Gebäck aus Wiener Masse

Wiener Masse enthält im Gegensatz zur Biskuitmasse **Fett**.

In der Gastronomie wird sie vorwiegend für Tortenböden, für Kleingebäck *(petits fours)* und Eistorten verwendet.
Die Herstellung erfolgt nach dem **Warm-Kalt-Verfahren**.

Einteilung der Wiener Masse

*Nach dem **Fettanteil** wird zwischen leichter und schwerer Wiener Masse unterschieden. Durch Fett erhält die Wiener Masse nach dem Backen eine feinporige, mürbe und saftige Konsistenz. Sie trocknet weniger schnell aus.*

Wiener Masse (Grundrezeptur)

appareil viennoise (recette de base)
Viennese mixture (basic recipe)

0,25	kg	Vollei (5 Eier)
0,2	kg	Weizenmehl oder -puder
0,125	kg	Zucker
0,025	kg	Glukosesirup
0,06	kg	flüssige Butter

- Vollei und Zucker bei 30–40 °C warm aufschlagen; kalt schlagen bei 20–25 °C.
- Mehl / Stärkepuder mischen und sieben, unter die Ei-Zucker-Masse melieren.
- Flüssige Butter zugeben, Form mit Papier auslegen, Masse hineingeben und backen.

20.11 Gebäck aus Brandmasse

pâtisserie préparée de pâte à choux
chou pastry

Schmalzgebäck aus Hefeteig und Brandmasse:
❶ Berliner Pfannkuchen, mit Fondant glasiert, ❷ Kameruner (Kräppelchen), ❸ Spritzkuchen mit Kuvertüre, ❹ Berliner Pfannkuchen, ❺ Spritzkuchen

Für Brandmasse wird aufgrund der besonderen Herstellung auch die Bezeichnung **Brüh- oder Röstmasse** verwendet. Das Gebäck kann je nach Art durch **Backen oder Frittieren** hergestellt werden. In der Gastronomie wird Brandmasse für Siedegebäck (Spritzkuchen → Bild), Eclairs (Liebesknochen), Windbeutel, Käsewindbeutel, Profiterolen und als Bestandteil von Brandmassekartoffeln verwendet.

Qualitätsmerkmale sind das **große Volumen**, die **dünnwandige feuchte Krume**, ein geringes Gewicht und insbesondere der arteigene Geschmack.

Brandmasse (Grundrezeptur)

pâte à choux (recette de base)
chou pastry (basic recipe)

0,3	kg	Weizenmehl
0,15	kg	Fett
0,5	l	Flüssigkeit (Milch, Wasser)
0,4	kg	Vollei (8 Eier)
		Salz

Je nach dem Verwendungszweck kann die Eimenge verändert werden.

Herstellung von Brandmasse	
■ **Flüssigkeit, Fette** und **Salz** aufkochen; gesiebtes **Mehl** auf einmal in die siedende Flüssigkeit schütten, unterrühren	Die Flüssigkeit muss heiß sein, damit das Mehl darin schnell quellen kann; das Mehl muss schnell und vollständig quellen, ohne Klumpenbildung
■ Masse mit einem Kochlöffel bearbeiten, bis sie glatt ist und ein Kloß entsteht, der sich vom Gefäßboden ablöst	Das Abrösten der Masse erfolgt bei etwa 85 °C, wobei die Stärke verkleistert und die Flüssigkeit bindet; Klebereiweiß gerinnt und verliert Elastizität, bleibt aber formbar; Fett verhindert Anbrennen
■ Durch Umfüllen Masse abkühlen	Temperatur auf 40–50 °C senken, Vollei darf nicht gerinnen
■ **Vollei** nach und nach unterheben und glatt arbeiten	Konsistenz ist richtig, wenn sie beim Durchrühren langsam wieder zusammenläuft
■ Mit Spritzbeutel auf bemehltes oder mit Backpapier belegtes Blech aufspritzen	**Windbeutel:** Rosetten aufspritzen
■ 25–30 min bei 200–220 °C bei geschlossenem Zug backen Krapfen: bei 170 °C frittieren	Hoher Dampfdruck zerreißt Eiweißverbindungen, größere Hohlräume entstehen, Stabilität durch Eiweiß der Hühnereier

1 Ein Betrieb rechnet mit dem Kalkulationsfaktor 3,7. Wie viel kostet 1 Dessert, wenn die Warenkosten bei 1,85 € liegen?

2 Der Preis eines Windbeutels wird von 2,55 € auf 2,60 € erhöht. Wie viel beträgt die prozentuale Preiserhöhung?

3 Bei 40 Gästen reicht der Vorrat an Konfitüren 14 Tage. Wie lange reicht der Vorrat bei 15 Gästen?

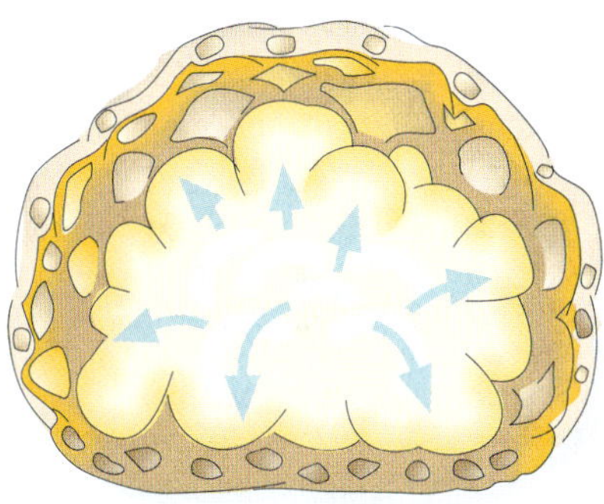

Lockerung von Windbeuteln

20.12 Gebäck aus Meringuemasse

pâtisserie préparée d'appareil à meringue
pastry made of meringue mixture

In der Gastronomie wird die Meringuemasse für Baiser-Schalen (Schäumle), für Eisgebäck, für Garnierungen und Makronen sowie zum Herstellen von Decken für Schaumtorten mit säuerlichen Früchten (Rhabarber, Sauerkirschen, rote Johannisbeeren) verwendet.

Herstellung von Meringuemasse	
■ **Eiklar** mit **Kristallzucker** und etwas **Salz** zu Schnee schlagen.	Bei zu schnellem Unterheben wird die Masse weißfleckig
■ Restlichen Kristallzucker gleichmäßig langsam unterschlagen.	Kristallzucker langsam, aber stetig einrieseln lassen, damit er sich während des Schlagens auflösen kann
■ Weiter schlagen, dann **Puderzucker** unterheben, **Zusätze** unterheben.	Geeignet sind Kakaopulver, geriebene geröstete Mandeln und Nüsse, Kokosraspel
■ Masse aufdressieren, bei 120 °C anbacken, anschließend bei 80–90 °C trocknen.	Im ausgeschalteten Ofen über Nacht bei geöffnetem Zug trocknen

Baiser oder Meringue?

***Diese Schaummasse** wird auch als Baiser-Masse, das Gebäck daraus umgangssprachlich als Meringuen bezeichnet. Die Gastronomie kann auf qualitativ hochwertige Convenience-Erzeugnisse zurückgreifen.*

Grundrezeptur Meringuemasse

*Mengenverhältnis **Eiklar : Zucker = 1 : 3***

0,1 kg Eiklar (von 3 Eiern)
0,15 kg Puderzucker
0,15 kg Kristallzucker
Salz, Vanille

20.13 Gebäck aus Hippenmasse

pâtisserie préparée d'appareil à tuiles
pastry made of tuile mixture

Parfait von Ziegenfrischkäse im Hippenblatt

In der Gastronomie wird Hippenmasse zu **Tee- und Füllgebäcken** (Hippenrollen) und für **Garnierungen** (Ornamente für Eisspezialitäten) verwendet.

> Hippenmasse ist eine **Ableitung der Makronenmasse.** Sie wird mit Milch oder Sahne weicher gehalten und mit Mehl gebunden.

Hippenmasse (Grundrezeptur)

appareil à tuiles (recette de base)
tuile mixture (basic recipe)

0,1	kg	Marzipan-Rohmasse
0,2	kg	Zucker
0,15	kg	Eiklar (von 5 Eiern)
0,1	kg	Weizenmehl
		Sahne oder Milch, je nach gewünschter Festigkeit
		Salz, Vanille, Zimt

- Marzipan-Rohmasse, Zucker und Eiklar glatt rühren.
- Mehl und Milch oder Sahne zugeben, bis die gewünschte Konsistenz erreicht ist, kurz stehen lassen, nochmals verdünnen.
- Mit Schablone (quadratisch, rund) auf gebuttertes und bemehltes Blech ausstreichen.
- Vorbacken, bis die Masse Farbe annimmt, kurze Zeit herausnehmen, anschließend bei 200–210 °C fertig backen.
- Unverzüglich vom Blech lösen und formen (auf Hölzchen aufrollen); nach dem Abkühlen füllen.

1 *Beschreiben Sie die drei Arten der Blätterteigherstellung.*
2 *Nennen Sie die Arbeitsschritte beim Herstellen von Brandmasse, die für Windbeutel benötigt wird.*
3 *Nennen Sie je drei süße und pikante Speisen, die mit Blätterteig hergestellt werden.*
4 *Ein Gast möchte Blätterteighörnchen und meint Croissants. Wie reagieren Sie?*

20.14 Omeletts

omelettes *omelets*

Omelett mit Früchten	Omelett mit Konfitüre	Auflaufomelett	Überraschungsomelett
omelette aux fruits	*omelette à la confiture*	*omelette soufflée*	*omelette surprise*
omelet with fruit	*omelet with jam*	*omelette soufflée*	*baked Alaska, omelette surprise*

Omelett mit Früchten

omelette aux fruits
omelet with fruit

- Omelett wie beschrieben (➔ 83f) zubereiten.
- Etwas mit Puderzucker bestäuben und mit frischen Früchten, die mit Zucker kurz erhitzt werden, belegen, wozu sich Erdbeeren, Ananas, Pfirsiche und Kiwis eignen.

Überraschungsomelett

Omelett mit Konfitüre

omelette à la confiture
omelet with jam

- Omelett wie beschrieben (➔ 83f) zubereiten.
- Vor dem Zusammenschlagen mit Konfitüre bestreichen.
- Auf Porzellanplatte stürzen und mit Puderzucker bestäuben.
- Mit glühendem Metallstab Gitter auf die Oberfläche brennen.

Auflaufomelett

omelette soufflée (fr.)
omelette soufflée (engl.)

Das gesamte Omelett besteht aus der Soufflé-Masse. Das Auflaufomelett wird für 2 Portionen hergestellt.

0,075	kg	Eigelb (von 5 Eiern)
0,175	kg	Eiklar (von 6 Eiern)
0,08	kg	Puderzucker
		Vanillezucker

- Eigelb mit Puder- und Vanillezucker mit dem Schneebesen gut verrühren, steifen Eiklarschnee schlagen und darunter heben.
- Ovale Chromstahlplatte dünn ausfetten, Omelettmasse darauf verteilen und mit Palette gleichmäßig dressieren.
- Mit dem Spritzbeutel (Sterntülle) das Omelett gleichmäßig dekorieren.
- Bei mittlerer Hitze in der vorgeheizten Backröhre etwa 10 min backen.
- Sofort nach dem Stocken servieren, da das Omelett schnell zusammenfällt.

Omelett Stephanie

omelette Stéphanie (fr.)
omelet Stephanie (engl.)

- Auflaufomelett in einer Lyoner Pfanne (➔ Grundstufe) im Ofen backen bis die Oberfläche hellbraun ist.
- Die Hälfte mit Konfitüre oder mazerierten Früchte belegen.
- Überschlagen und auf vorgewärmte gebutterte oder mit zerlassener Butter ausgestrichene Platte stürzen. Mit Puderzucker bestäuben und sofort servieren.

Die Überraschung

Die Überraschung besteht darin, dass das überbackene, meist flambierte Omelett mit Eis gefüllt ist.

Überraschungsomelett

omelette surprise (fr.)
baked Alaska, omelette surprise (engl.)

Herstellung von Überraschungsomelett	
Mit Hilfe einer Schablone gebackenen Biskuitboden ausschneiden	Boden soll das Speiseeis aufnehmen
Boden mit Speiseeis bestreichen, Früchte darauf geben ❶	Unten mit festem Eis beginnen, mit weichen Sorten oder Früchten nach obenhin abschließen
Biskuitdeckel aufsetzen ❷	Deckel muss die gleiche Form haben wie der Boden
Nächste Schicht aufbringen, wie beschrieben. Das Ganze mit Biskuit umhüllen.	Biskuitboden muss das Eis völlig umhüllen, sonst würde das Eis schmelzen und die Baiser-Masse schlecht halten
Baiser-Masse mit Spritzbeutel (Sterntülle) aufspritzen, evtl. mit Belegfrüchten verzieren ❸	Mit Baisermasse kann zügig ein attraktives Dekor gespritzt werden. Auch frische Früchte, z. B. Erdbeeren lassen sich verwenden; Belegfrüchte können auch nach dem Backen aufgelegt werden
Im Backofen mit starker Oberhitze abflämmen oder mit Umluft arbeiten	Kurze Backzeit, damit der Speiseeiskern nicht schmilzt. Umluft bei Temperaturen zwischen 220 und 250 °C
Mit Spirituosen flambieren, brennend servieren	Spirituose vorwärmen, damit sie problemlos brennt

❶

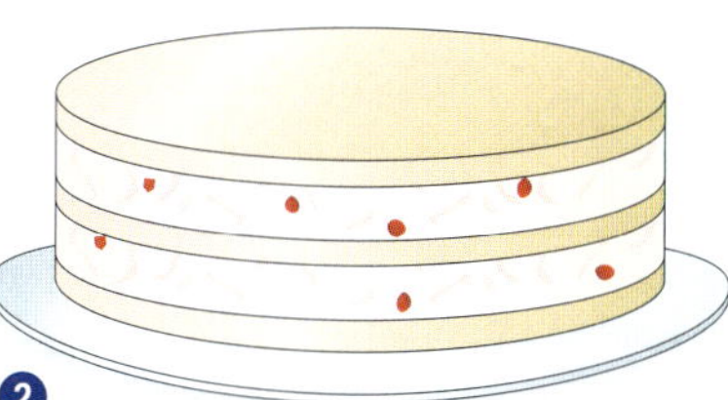

❷

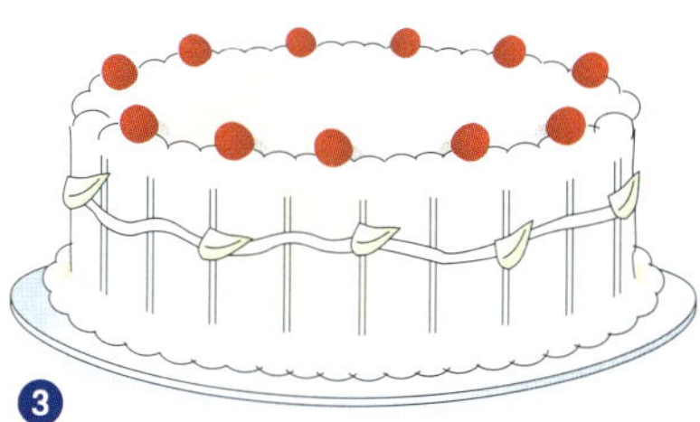

❸

pannequets
pancakes

20.15 Pfannkuchen

Auch als Eierpfannkuchen oder regional nur als Eierkuchen bezeichnet.

pâte à crêpes (recette de base)
crepe batter (basic recipe)

Pfannkuchenteig (Grundrezeptur)

0,1	kg	Weizenmehl
0,25	l	Vollmilch
0,08	l	Sahne
0,1	kg	Vollei (2 Eier)
0,02	kg	Zucker
0,025	kg	Butter
		Prise Salz, geriebene ungespritzte Zitronen- und Orangenschale, je nach Geschmack

- Gesiebtes Mehl mit Milch und Sahne oder Buttermilch verrühren.
- Eier kräftig schlagen, zu der Masse geben, nach Belieben mit zerlassener Butter oder Öl ergänzen.
- Zur Lockerung Eiklar separat schlagen und als Eiklarschnee unterheben.
- Mit Vanille, Zitronen- oder Orangenschale verfeinern, für süße Pfannkuchen zusätzlich Zucker verwenden.
- Mit Schöpfkelle die Masse in die heiße gebutterte Stielpfanne geben. Eierkuchen sollen Farbe nehmen.

Pfannkuchen deutsche Art

pannequets allemande
pancakes German style

- Eiklarschnee in Eierkuchenmasse unterziehen.
- In großer Stielpfanne in der Röhre backen.
- Offen auf Eierkuchenteller (große Teller mit gewölbtem Boden) anrichten und mit Zucker bestreuen oder Zucker separat.

Ermitteln Sie den Materialpreis für eine Portion Crêpes nach oben stehender Grundrezeptur, bei folgenden aktuellen Einkaufspreisen:

Weizenmehl	*0,43 €/kg*
Vollmilch	*0,56 €/l*
Sahne 30% Fett	*1,84 €/l*
Eier (50 g)	*0,14 €/Stück*
Zucker	*0,97 €/kg*
Butter	*4,17 €/kg*
Würzmittel	*0,50 €/10 Portionen*

Kleine Pfannkuchen (kleine Eierkuchen)

crêpes parisienne
crepes Parisian style

- Eierkuchenmasse aus Eiern, Mehl, Zucker, Milch oder Sahne, wenig zerlassene Butter, Vanille oder anderem Geschmacksträger zubereiten.
- In kleiner Pfanne dünn in Butter goldgelb backen.
- Dünn füllen, mit Puderzucker bestäuben und abflämmen.

Pfannkuchenvariationen

Suzette
Suzette
Suzette
Kleine Pfannkuchen zusammenfalten, zerlassene Butter, Orangensaft, Puderzucker und Grand Marnier (→ 374) vermischen, Pfannkuchen darin wenden, Orangenspalten zugeben, flambieren

mit heißen Kirschen
aux cerises chaude
with hot cherries
Entsteinte Sauerkirschen mit Kirschensaft, Zucker und ein wenig Zimt aufkochen, mit Stärke binden, Pfannkuchen zur Hälfte mit Sauerkirschen belegen, zusammenfalten, mit Puderzucker bestäuben

Nansen
Nansen
Nansen
Mit Speiseeis füllen und flambieren

Pariser Art
parisienne
Parisian style
Als Füllung mit dicker Vanillesauce gebundener Fruchtsalat, mit Puderzucker bestäuben, mit Rum flambieren

Palatschinken
petits pannequets roulés
palatschinken
Kleine Pfannkuchen mit unterschiedlichen Quark-, Sahne-, Früchte-, Schokoladenfüllungen

Palatschinken

Kaiserschmarren

Blini

Kaiserschmarren

0,06	kg	Butter
0,4	kg	Vollei (8 Eier)
0,35	kg	Weizenmehl
0,2	l	Milch
0,2	l	Sahne
0,08	kg	Zucker
0,15	kg	Rosinen oder Sultaninen
		Salz, Vanillezucker, Puderzucker (zum Bestreuen)

- Mehl, Vanillezucker, Milch, Sahne und Eigelb verarbeiten.
- Schlagen, bis die Masse glatt ist.
- Zugedeckt 30 min bei Zimmertemperatur stehen lassen.
- Eiklar mit Salz steif schlagen, Zucker einrieseln lassen und weiter schlagen, bis die Masse ebenfalls fest ist und glänzt.
- Masse zusammen mit den Rosinen locker unter den Teig heben.
- In Pfanne Butter erhitzen. Teig fingerdick hineingießen.
- Auf beiden Seiten bei mittlerer Hitze goldbraun backen.
- Mit zwei Gabeln zerreißen, mit Puderzucker dick überstäuben, kurz in der Pfanne schwenken bis der Zucker leicht karamelisiert und sofort servieren.
- Kaiserschmarren können auch in der Pfanne angebacken und im vorgeheizten Ofen fertig gebacken werden.

Zu Kaiserschmarren gehört Pflaumenkompott.

Russische Hefeplinsen

Unter Verwendung von Weizen oder Buchweizenmehl hergestellt.

Blini *dünn zubereitet, eignen sich für Fisch und Kaviar.*

Oladji *sind kleiner, aber dicker.*

Apfelwürfelchen und Rosinen in den Teig geben.

Hefeplinsen mit Butter oder saurer Sahne vervollständigen.

Wie kam der Kaiserschmarren zu seinem Namen?

Die Süßspeise wurde 1854 erstmals für die österreichische Kaiserin Elisabeth serviert, später Kaiser Franz Joseph I. „umgewidmet". Beim ersten Anrichten soll die Süßspeise versehentlich zerrissen sein, was später zum besonderen Merkmal wurde.

Quarkkeulchen (Quarkkäulchen)

Quarkkeulchen sind eine **sächsische Spezialität** und können sowohl als Nachspeise als auch als süßes Gericht serviert werden. Sie werden mit Zucker bestreut und separat mit Apfelmus serviert.

0,75	kg	geschälte Pellkartoffeln
0,75	kg	Magerquark
0,15	kg	Zucker
0,15	kg	Vollei (3 Eier)
0,2	kg	Weizenmehl
0,15	kg	Rosinen
0,2	kg	Butter
		Salz, Vanillezucker, Zitrone

- Durgepresste Kartoffeln mit den übrigen Zutaten vermengen und formen.
- Auf beiden Seiten in der Pfanne langsam braten.

Fertige Krapfen werden mit Puderzucker bestreut. Einzelportionen mit 2–3 Stück können auf Glastellern angerichtet, mehrere Gebäckstücke auf Platten mit Papiermanschette arangiert werden. Beim Service sind Krapfen dem Gast vorzulegen. Weinschaumsauce (→ 322) ist die typische Beigabe zu Krapfen. Sie kann separat in Saucieren oder kurz vor dem Anrichten über die Krapfen gegossen werden. Auch Vanillesauce und warme Fruchtsaucen sind geeignete Ergänzungen.

Herstellung von Krapfen

20.16 Krapfen

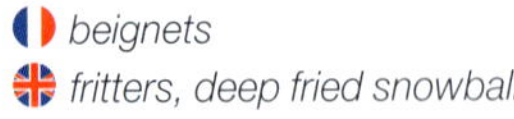

beignets
fritters, deep fried snowballs

Für Krapfen werden vorbereitete Früchte (beignets de fruits) durch einen süßen Backteig gezogen und anschließend goldgelb frittiert. Vorheriges Mehlieren verbessert die Haftung des Backteiges.

Variation	Arbeitsschritte bis zum Frittieren
Ananaskrapfen *beignets d'ananas* *pineapple fritters*	Vorbereitete Ananasscheiben abtropfen lassen, durch Backteig ziehen
Apfelkrapfen *beignets de pomme* *apple fritters*	Schälen, Kerngehäuse ausstechen, quer in fingerdicke Scheiben schneiden, mit Zitrone mazerieren, durch Backteig ziehen
Aprikosenkrapfen *beignets d'abricots* *apricot fritters*	Schälen, entkernen, durch Backteig ziehen
Bananenkrapfen *beignets de banane* *banana fritters*	Banane schälen, mit Zitrone mazerieren, längs oder quer teilen, durch Backteig ziehen
Orangenkrapfen *beignets d'orange* *orange fritters*	Schälen, quer in fingerdicke Scheiben teilen, vorhandene Kerne entfernen, durch Backteig ziehen
Pflaumenkrapfen *beignets de prunes* *plum fritters*	Waschen, entsteinen, an Stelle des Steins in Likör getränkten Würfelzucker geben, durch Backteig ziehen
Pfirsichkrapfen *beignets de pêche* *peach fritters*	Halbieren, entsteinen, durch Backteig ziehen

20.17 Aufläufe

soufflés *soufflés*

Aufläufe gehören zu den luftigsten Desserts. Sie sind lockerer als Auflaufpuddings. Aufläufe werden in Förmchen rasch serviert.

Auflauf (Grundrezeptur)

soufflé (recette de base)
soufflé (basic recipe)

0,35	l	Vollmilch
0,075	kg	Butter
0,075	kg	Weizenmehl
0,1	kg	Eigelb (von 6 Eiern)
0,2	kg	Eiklar (von 6 Elern)
0,1	kg	Zucker, Prise Salz, geschmacksgebende Zutaten

- Butter und Mehl schaumig rühren, in die siedende Milch einrühren, quellen lassen; Masse in kaltes Gefäß geben. Wie bei der Brandmasse (➔ 312 f) Eigelb daruntermengen, ebenso die Geschmacksträger.
- Zucker und Eiklarschnee schlagen und unterheben.
- Förmchen ausbuttern und mit Zucker ausstreuen.
- Masse zu $^3/_4$ einfüllen, etwa 25 min bei mittlerer Hitze backen.
- Auflauf sofort servieren, da die Masse schnell zusammenfällt.

Geschmacksrichtungen

Orange	Schokolade	Vanille	Zitrone
à l'orange *with orange*	*au chocolat* *with chocolate*	*à la vanille* *with vanilla*	*au citron* *with lemon*
Mit Orangensaft und ungespritzter Orangenschale abschmecken	Aufgelöste Schokolade in die Auflaufmasse geben	Vanille in die Auflaufmasse geben (Schote mit der Milch kochen)	Mit Zitronensaft und ungespritzter Zitronenschale abschmecken

20.18 Puddings, Flammeris

poudings, flamris
puddings, flummerys

Warme Puddings *poudings chauds* *hot puddings*

Traditionell werden Puddings meist **warm serviert.** Sie werden oft hergestellt, indem aus Milch, Butter, Zucker und Weizenmehl **Brandmasse** (➔ 312 f) bereitet, diese mit Eigelb, Geschmacksstoffen und Eiklarschnee fertiggestellt wird. Typisch ist des Weiteren das **Pochieren** im Wasserbad in der Backröhre in feuerfesten gefetteten Gefäßen, wobei Ei als Bindemittel fungiert.
Puddings werden aus der Form **gestürzt** und meist mit Saucen serviert.

Kabinettpudding

pouding de cabinet, *cabinet pudding*

- In ausgebutterte Charlottenform grobe Löffelbiskuitstücke füllen, gemischt mit einem mit Likör mazerierten Salpikon von unterschiedlichen Dickzuckerfrüchten, Rosinen und Korinthen.
- Die Form mit einer süßen, mit Vanille aromatisierten Eierstichmasse aus Eiern und Milch auffüllen.
- Im Wasserbad langsam pochieren, dann stürzen; dazu Weinschaumsauce.

Pudding oder Flammeri?

Im Unterschied zu den Puddings werden Süßspeisen, die mit durch Stärke gebundene Milch hergestellt werden, fachgerecht Flammeris genannt.

Plumpudding

Gilt als die **englische Weihnachtsspezialität** und wird heute in unterschiedlicher Qualität industriell hergestellt.

- Gehacktes Rindernierenfett mit Sultaninen, Korinthen, gewürfeltem Orangeat und Zitronat sowie Reibebrot, Apfelwürfelchen, wenig Mehl und Eiern vermischen.
- Mit Ingwer, Zimt, Muskat, Rum oder Weinbrand würzen.
- Gut durcharbeiten, in gefettete Puddingformen oder Tücher füllen, fest mit wasserdichtem Papier verschließen.
- Mehrere Stunden im Wasserbad pochieren, stürzen.
- Mit Stückzucker belegen, mit warmem Rum oder Whisky übergießen, flambieren, brennend anrichten. Englische, mit Rum oder Whisky aromatisierte Sauce oder Cognac-Butter separat.

Cognac-Butter – noch nie gehört?

Butter zum Temperieren warm stellen. Die weiche Butter cremig rühren. Etwas Cognac, Salz und Tabasco darunter geben.

Auf Lebensmittelhygiene achten!

Wegen der Salmonellengefahr sollte auf Frischei bei der Flammeri-Zubereitung verzichtet werden.

1 Berechnen Sie den Materialpreis für 1 Portion Grießflammeri bei folgenden Materialpreisen:

Milch	*0,56 €/l*	*Zucker*	*0,97 €/kg*
Butter	*4,17 €/kg*	*Grieß*	*0,92 €/kg*
Eiklar	*0,06 €/Stück*		

2 Ermitteln Sie den Inklusivpreis bei einem Kalkulationsfaktor von 3,5, wenn Schokoladensauce und Garnierung insgesamt einen Warenwert von 0,35 €/Portion haben.

Flammeris

flamris *flummerys*

Flammeris erhalten die Bindung durch **Stärkequellung.** Insbesondere Speisen mit Reis, Grieß oder Stärkebindung werden mitunter unzutreffend als Puddings bezeichnet. Sie können auch unter Verwendung von Gelatine hergestellt werden. Für die lockere Beschaffenheit wird Eiklarschnee oder Schlagsahne untergezogen.

Flammeris lassen sich am besten portionieren, wenn sie in warmem Zustand in Portionsgefäße abgefüllt werden. Angeboten werden sie in diesen Gefäßen oder gestürzt.

Die Industrie bietet eine ganze Palette an Convenience-Erzeugnissen (→ 336).

Grießflammeri

flamris de semoule
semolina flummery

1	l	Milch
0,1	kg	Butter
0,16	kg	Zucker
0,2	kg	Grieß
0,15	kg	Eiklar (von 4 Eiern)
		abgeriebene Schale einer ungespritzten Zitrone, Salz

- Milch, Butter, Zucker und Zitronenschale sowie 1 Prise Salz aufkochen.
- Grieß mit dem Schneebesen einrühren und unter Rühren gut ausquellen lassen.
- Eiklarschnee darunter heben; Flammeri in kalt ausgespülte Förmchen füllen.
- Kühlen, Flammeri bei Abruf stürzen, mit Fruchtsaucen, frischen Früchten oder Schokoladensauce anrichten.

Auf gleiche Weise wie Grießflammeri werden Flammeris mit Reis, Kartoffelstärke oder Sago zubereitet. Des Weiteren ist der Zusatz von Eigelb, Fruchtsaft, Rosinen und Spirituosen möglich.

20.19 Saucen

sauces *sauces*

Saucen dienen der **geschmacklichen Abrundung** von Süßspeisen. Zu unterscheiden sind **warme und kalte Saucen.** Bevorzugt werden zunehmend frisch zubereitete ungegarte Fruchtsaucen, die der gesundheitsbewussten Ernährung am besten entsprechen. Auf das Abschmecken mit Spirituosen kann gegebenenfalls verzichtet werden.

Fruchtsaucen ungegart	Fruchtsaucen pochiert	Cremesaucen	Weinsaucen
Erdbeersauce	Aprikosensauce	Schokoladensauce	Rotweinsauce
Himbeersauce	Pfirsichsauce	Vanillesauce	Weinschaumsauce
Johannisbeersauce			
Kiwisauce			

Einsatzmenge für 10 Portionen: etwa 0,5 l Sauce

Erdbeersauce (0,5 l)

sauce aux fraises
strawberry sauce

0,4 kg frische Erdbeeren
0,05 l Orangensaft
0,2 l Wasser
0,08 kg Zucker

- Orangensaft, Wasser und Zucker zu Sirup kochen.
- Frische reife Erdbeeren pürieren und durch ein Sieb streichen.
- Sirup mit dem Erdbeerpüree vermischen, mit Cointreau parfümieren.

Himbeersauce (0,5 l)

sauce Melba
Melba sauce

0,5 kg frische Himbeeren
0,125 kg Puderzucker
Würzmittel (Zitronensaft)

- Himbeeren mit Puderzucker mit Mixer pürieren, anschließend passieren, mit Zitronensaft abschmecken.

Johannisbeersauce (0,5 l)

sauce aux groseilles rouges
red-currant sauce

0,4 kg rote Johannisbeeren
0,25 kg Puderzucker
0,04 l Cassis-Likör (➔ 374)

- Gewaschene und abgebeerte Johannisbeeren pürieren und durch ein Sieb streichen.
- Mit Puderzucker vermischen, glattrühren, mit Cassis-Likör parfümieren.

Kiwisauce

sauce aux kiwis
kiwi sauce

- Reife Kiwis halbieren, Fruchtfleisch auslöffeln, pürieren.
- Mit Zucker und Zitronensaft abschmecken, mit wenig Weinbrand verfeinern.

Aprikosensauce, Pfirsichsauce (0,5 l)

sauce à l'abricot, sauce à la pêche
apricot sauce, peach sauce

0,4 kg frische Aprikosen oder Pfirsiche
0,13 kg Wasser
0,1 kg Zucker
Zitronensaft

- Aus Wasser, Zucker und Zitronensaft Sirup kochen, Früchte darin pochieren.
- Erkaltet mit Mixstab pürieren, passieren, mit Likör parfümieren.

Schokoladensauce

sauce au chocolat
chocolate sauce

1 l Milch
0,2 kg Zucker
3 Eigelb (0,05 kg)
0,02 kg Stärkepuder
0,04 kg Kakao oder
0,15 kg Raspelschokolade

- Milch mit Zucker, Kakao oder Schokolade aufkochen.
- Stärkepuder mit etwas kalter Milch einrühren, mit Eigelb legieren.

Vanillesauce — (F) *sauce à la vanille* (GB) *vanilla sauce*

1	l	Milch
0,2	kg	Zucker
0,05	kg	Eigelb (von 3 Eiern)
0,02	kg	Stärkepuder
1		Vanilleschote

Die Herstellung erfolgt wie bei der Schokoladensauce. Wird Vanilleschote verwendet, ist die Milch zu passieren.

Rotweinsauce (0,5 l) — (F) *sauce au vin rouge* (GB) *red-wine sauce*

0,25	l	Rotwein
0,15	l	Wasser
0,1	kg	Zucker
0,005	kg	Stärkepuder
1		Nelke
1		Zimtstange
		Einlage: Korinthen, Mandelstifte

- Wein, Wasser, Zucker und Gewürze aufkochen.
- Passieren und mit eingerührter Stärke binden.
- Blanchierte Korinthen und Mandelstifte zugeben.
- Mit Kirschwasser (➔ 374) parfümieren.

Weinschaumsauce — (F) *chaudeau* (GB) *chaudeau*

0,25	kg	Eigelb (von 2 Eiern)
0,2	kg	Zucker
0,35	l	Weißwein
0,025	kg	Stärkepuder
		Zitrone

- Rohstoffe im Schlagkessel im heißem Wasserbad schaumig aufschlagen. Bei zu hoher Temperatur besteht die Gefahr, dass das Eigelb gerinnt.
- Stärkepuder hält Konsistenz bei längerem Warmhalten. Gequollene Stärke bindet Schaum, deshalb zuletzt unterheben.

Diese schaumig aufgeschlagene Sauce eignet sich als geschmackliche Ergänzung zu verschiedenen Krapfen (➔ 318). Weinschaumsauce kann auch als kalte Creme hergestellt werden, dann wird sie mit Gelatine gebunden.

20.20 Obst — (F) *fruits* (GB) *fruit*

Tafelobst — (F) *fruits de dessert* (GB) *dessert fruit*

Für das Angebot von Tafelobst sprechen der **geringe Energiewert, der Ballaststoffgehalt** (Cellulosefasern), die **erfrischende Wirkung,** der Wohlgeschmack sowie der Gehalt an **Wirkstoffen,** insbesondere an wasserlöslichen Vitaminen und basenbildenden Mineralstoffen.

Gesundheitsbewusste Menschen ziehen frisches Tafelobst den Süßspeisen vor. Köche müssen es verstehen, für besondere Zwecke Obstschalen oder Obstteller zu arrangieren.
Auswahl gesäuberter, erstklassiger, reifer, aber nicht überreifer Früchte. Obstteller, Servietten und Obstmesser bereit stellen.

Erdbeeren Romanow

fraises Romanov
strawberries Romanov

Frische Erdbeeren mit Portwein mazerieren, gut kühlen, in hohes Glas füllen, mit Schlagsahne bedecken, zur Garnierung Erdbeere obenauf.

Frische Feigen mit Marzipan

figues fraîches au massepain
fresh figs with marchpane/marzipan

Frische Feigen waschen, anschneiden, mit Zucker und Kirschwasser (➔ 374) mazerieren. Parfümierte Marzipan-Rohmasse einspritzen.

Rote Grütze

gruau rouge
red grits, Swedish pudding

0,5	kg	rote Johannisbeeren
0,5	kg	Himbeeren
0,3	kg	Erdbeeren
0,7	l	Wasser
0,15	kg	Zucker
0,085	kg	Stärkepuder
0,2	l	Schlagsahne

- Beeren waschen und vorbereiten (entstielen, putzen).
- Wasser mit Zucker aufkochen, Johannis- und Himbeeren zufügen, aufkochen und passieren, kurz aufkochen, mit Stärke binden.
- Ganze Johannisbeeren, Himbeeren und Erdbeeren in die noch nicht abgekühlte Grütze geben, in Schüsselchen oder Gläser füllen und kühlen.
- Mit halbfester Schlagsahne oder Vanillesauce servieren, aber auch auf Vanilleeis anrichten.

Rote Grütze

Portweinbirnen

poires au porto *porto pears*

10		Birnen
0,3	l	roter Portwein (full) ➔ 366
0,8	l	Rotwein
0,15	kg	Zucker
		Zimtstück, Gewürznelken

- Birnen schälen, Kerngehäuse von unten ausbohren.
- Wein mit Zucker und Würzmitteln aufkochen, Birnen darin pochieren und herausnehmen.
- Fond sirupartig einkochen, Birnen wieder zugeben, alles gut kühlen.

Obstschalen für viele Anlässe

Bei Anreise der Gäste Begrüßungsaufmerksamkeit auf dem Hotelzimmer oder Fruchtkorb an der Rezeption
Bestandteil von Büfetts, insbesondere Frühstücksbüfetts
Abschluss des Menüs: als Nachtisch
Erfrischungen bei Tagungen
Aktion im Restaurant während der Saison
Werbung für gesundheitsfördernde Ernährung
Bestandteil von Reiseverpflegung usw.

20.21 Obstsalate

macédoines de fruits *fruit salads*

Zu unterscheiden sind Obstsalate als **Süßspeisen** und Obstsalate, die **herzhaft pikant** hergestellt werden (➔ 270). Geeignet sind dafür reife Früchte bester Qualität, wie beispielsweise Orangen, Ananas, Bananen, Mandarinen, Äpfel und Pfirsiche, die möglichst frisch ohne Kerne, Haut oder Schale verarbeitet werden. **Kompottfrüchte** sollten nur dann verwendet werden, wenn kein **Frischobst** angeboten wird. **Schnittformen** erhalten die Früchte angelehnt an ihre natürliche Form (blättrig, keilförmig, filetartig).
Die Früchte werden mit Puderzucker, Zitrone und Edelbränden **mazeriert** (➔ Grundstufe). Gehackte Nüsse oder Rosinen können zugegeben werden. Besondere Anrichteweisen sind das Anrichten auf gestoßenem Kristalleis oder das Einfüllen in ausgehöhlte Früchte (Orangen, Ananas). Durch Kaltstellen eisen! Mit Speiseeis oder Schlagsahne komplettieren.

Reihenfolge bei der Obstzusammenstellung

Säurereiche Früchte ➔ säurearme Früchte ➔ empfindliches Beerenobst (Himbeeren)

Obstsalat

Gemischter Obstsalat

macédoine de fruits
mixed fruit salad

0,25 kg Äpfel
0,25 kg Birnen
0,4 kg Orangen
0,3 kg Bananen
0,3 kg Ananas
0,25 kg Pfirsiche
0,25 kg Erdbeeren
0,5 l Läuterzucker
Zitrone, Kirschwasser, Maraschino (➔ 375) je nach Geschmack

- Obst je nach Art vorbereiten (entkernen, schälen), in feine Scheiben oder Filets schneiden.
- Mit Zucker, Zitrone, auch mit Edelspirituosen mazerieren, eisen.
- Erst kurz vor dem Servieren Erdbeeren und Bananen zugeben.
- Halbfeste Schlagsahne separat servieren. Feingebäck separat.

Variationen

Ananassalat
salade d'ananas
pineapple salad
Dünne Scheiben, Puderzucker, Rum, Cocktailkirschen

Apfelsalat
salade de pommes
apple salad
Blättrig geschnitten, Läuterzucker, Kirschwasser

Orangensalat
salade d'oranges
orange salad
Feine Filets, Läuterzucker, Curacao

Pfirsichsalat
salade de pêches
peach salad
Dünne Scheibchen, Zitrone, Puderzucker, Cointreau

1 Worauf beruht die leichte Verdaulichkeit einer fettarmen Joghurt-Zubereitung mit Bananen, Honig und Mandelblättchen?
2 Für einen Obstsalat sollen zuerst Zitrusfrüchte filetiert, dann erst soll das Kernobst zugegeben werden. Begründen Sie!

Pfirsiche werden zum Kilopreis von 1,55 € bezogen. Ermitteln Sie den Kilopreis der entsteinten Hälften, wenn von 12,4 kg bezogener Früchte nach der Vorbereitung 9,725 kg übrig bleiben.

Pikante Obstsalate

macédoines de fruits épicées
spicy fruit salads

Feigensalat (➔ Grundstufe), Avocadosalat (➔ 270)

20.22 Gefüllte Früchte

fruits farcis *stuffed fruit*

Gefüllte Früchte werden traditionell mit **Edelspirituosen** mazeriert. Sollte kein Alkohol erwünscht sein, kann darauf verzichtet werden.

Gefüllte Melone

melon farci *stuffed melon*

- Von kleiner Honigmelone Deckel abschneiden, mit Ausstecher aus der Melone Kugeln ausbohren.
- Melonenfleisch insgesamt sauber entfernen, gezuckerte Melonenkugeln in die Melonenhülle füllen, dazu gezuckerte Walderdbeeren oder kleine Gartenerdbeeren dazwischen geben.
- Mit Kirschwasser mazerieren, auf Kristalleis lagern und geeist servieren.

Grapefruit Florida

pamplemousse Floride
grapefruit Florida

- Kleine Fruchtdeckel abschneiden, Früchte aushöhlen, mit Grapefruit- und Orangenwürfeln, entsteinten Kirschen und kleinen Erdbeeren füllen, mit Sherry und Zucker mazerieren.
- Frisches Erdbeerpüree darüber gießen und mit gehobelten Mandeln bestreuen, eiskalt servieren.

Gefüllte Baby-Ananas

ananas baby farci
stuffed baby pineapple

- Von ganzer Frucht Deckel abschneiden, aushöhlen, abwechselnd mit Schlagsahne, Ananasscheiben, Schlagsahne und Erdbeeren füllen.
- Mit Kirschwasser, Maraschino oder Curacao (→ 374) mazerieren.

Beispiele für pikant gefüllte Früchte (→ 297).

20.23 Fruchtgelees

gelées aux fruits  *fruit jellies*

Für Gelees eignen sich Weiß- und Rotwein, aber auch Obstsäfte und Moste. Gelees bilden gerade in der warmen Jahreszeit erfrischende Süßspeisen. Angerichtet werden sie in Sekt- oder Weingläsern, sie können aber auch gestürzt werden.
Als **Qualitätsmerkmale** gelten klare, durchsichtige, auf der Zunge leicht schmelzende Gelees und erfrischender fruchtiger Geschmack.
Färben mit Lebensmittelfarbe ist bei Kennzeichnung auf der Speisekarte erlaubt, entspricht jedoch meist nicht mehr der Erwartung der Gäste und sollte deshalb unterbleiben.

Weingelee mit Früchten

gelée de vin aux fruits
wine jelly with fruit

1	l	Wein
0,03	kg	Gelatine (bei Sturzgelee 0,045 kg)
0,1	kg	Zucker (je nach Weinsorte)
0,5	l	Wasser
Einlage		
0,5	kg	gut gereifte Früchte (Erdbeeren, Aprikosen, Orangen, Kirschen, Kiwis, Mandarinen)
Garnierung		
0,3	l	Schlagsahne

- Gelatine in Wasser quellen lassen; gequollene Gelatine mit Zucker und Wein bis unter den Siedepunkt erhitzen, abkühlen, passieren. Kurz vor dem Stocken verwenden.
- Gut abgetropfte Früchte schichtweise einlegen, mit Weingelee auffüllen und stocken lassen.
- Nach dem abschließenden Aufgießen und Abkühlen mit Sahnerosetten garnieren.

Das Einfüllen des Weingelees erfolgt schichtweise, so dass eine klare Farbabgrenzung entsteht, abgestimmt auf passende Früchte.

Geleefrüchte vorher dünsten

Äpfel, Birnen, Kiwis und Ananas besser vorher dünsten. Frische Ananas und Kiwis zerstören die Gelatinebindung. Cellulosereiche Früchte werden weicher. Enzymatische Verfärbungen unterbleiben bei Äpfeln und Birnen.

20.24 Cremes

 *crèmes*  *creams*

Einteilung nach
- *dem* **Fettgehalt**:
  in schwere und leichte Cremes
- *der* **Bindung**:
  mit Ei, mit Stärke, mit Gelatine
- *der* **Verwendung**:
  in Füllcreme, Garniercreme
- *den* **Hauptbestandteilen**:
  in Fettcremes, Sahnecremes, Eiklarcremes oder Milch- und Weincremes
- *dem* **Geschmack**:
  in Fruchtcremes, Schokoladencremes, Vanillecremes, Joghurtcremes, Quarkcremes
- *der* **Anrichteform**:
  in Schüsselcremes, Stürzcremes, Krustencremes (Charlotte)

Cremes (**franz.** im übertragenen Sinne das Beste, das Auserlesene) bilden Hauptbestandteile von Süßspeisen. Sie dienen zum Füllen von Süßspeisen und Gebäck.
Nach technologischen Gesichtspunkten hat sich in der Gastronomie folgende praktikable Einteilung durchgesetzt:

Cremes	Merkmale/Verwendung	Beispiele
gerührt	Fett glatt rühren mit Aromastoffen, mit Patisseriecreme strecken, auch Eiklarschnee oder Vollei-Schaum ■ Füll- und Garniercremes Torten, Dessertstücke	Fettcreme Buttercreme Weincreme Fruchtcreme
geschlagen	Grundlage ist Schlagsahne, teils durch Bindemittel stabilisiert ■ Für Desserts Zugabe zu Obst (Erdbeeren) Garnierungen	Schaumcreme Chantilly-Creme Sahnecreme Fruchtcreme Schokoladencreme
gekocht	Konsistenz durch Stärkequellung nach Aufkochen ■ Füllung für Torten und Feingebäck	Patisserie-Creme Zutat zur Buttercreme Nusscreme Früchtecreme
pochiert	Konsistenz durch Garziehen im Wasserbad mit bindenden Rohstoffen Strecken von Buttercreme, Gestürzte Cremes	Karamelcreme Wiener Creme Königliche Creme
warm-kalt geschlagen	Aufschlagen von Cremes bis zur „Rose“, Zugabe von Gelatine, warm-kalt aufschlagen (abziehen) ■ Desserts Gestürzt Charlotten In Schalen oder gestürzt	Bayerische Creme Mokkacreme Schokoladencreme

Cremes hygienisch herstellen! *Nicht auf Vorrat herstellen, nicht längere Zeit lagern. Nicht über 5 °C aufbewahren oder unterhalb 85 °C erhitzen. Nicht Frischeier sondern pasteurisiertes Ei für gering erhitzte Cremes verwenden.*

Gerührte Cremes

Buttercreme französische Art

crème au beurre française
butter cream French style

Bei der Buttercreme darf nur Butter verwendet werden, sonst muss die Bezeichnung Fettcreme gewählt werden. Buttercreme wird für Torten und Desserts verwendet.

Neben der Buttercreme französische Art gibt es noch die deutsche und die italienische Art:
Deutsche Art: *Vanillecreme (aus Cremepulver) unter die Buttermasse ziehen*
Italienische Art: *Schaummasse (aus Eiklar und Zucker gekocht) unter die Buttermasse ziehen*

Buttercreme (Grundrezeptur)

0,3 kg Vollei (6 Eier)
0,5 kg Butter
0,5 kg Puderzucker
Geschmacksstoffe

- Temperierte Butter schaumig rühren.
- Zucker (Zuckersirup 28°) und Vollei zuerst warm und dann kalt aufschlagen.
- Zucker-Eier-Masse langsam zur Buttermasse geben.

Geschlagene Cremes

Zu unterscheiden sind **Schlagsahne** und **Sahnecreme**. **Schlagsahne** (Fettgehalt 30%) ist die aufgeschlagene oder aufgeschäumte Sahne. Als Zusätze sind nur Zucker und Aromastoffe (Vanille, Frucht, Kakao) erlaubt. **Sahnecreme** ist eine gebundene Schlagsahne. Sie besteht aus einer Grundcreme (Milch, Wein, Fruchtsaft, Eigelb, Zucker, Quark, Aromen) mit Gelatine, unter die die Schlagsahne gehoben wird.

Heute werden meist Convenience-Erzeugnisse als Grundcreme verwendet (→ 336).

Weinschaumcreme — *sabayon* (F) — *sabayon* (GB)

0,25	l	herber Weiß- oder Rotwein
0,2	kg	Zucker
0,1	kg	Eigelb (von 6 Eiern)
10	Blatt	Gelatine
1	l	Schlagsahne

- Gelatine in kaltem Wasser einweichen.
- Wein, Eigelb und Zucker unter ständigem Rühren auf 80 °C im Wasserbad erwärmen.
- Ausgedrückte Gelatine in den heißen Fond geben, abkühlen lassen.
- Unter den abgekühlten Fond Schlagsahne unterheben, abschmecken.

Variationen: mit Früchten, Joghurt, Mokka

Weinschaumcreme mit Früchten

Pochierte Cremes

Pochierte Creme (Grundzeptur)

0,25	kg	Eier (5 Eier)
0,7	l	Milch
0,12	kg	Zucker
		Vanille, Prise Salz

- Eier, Vanille und Zucker mit Schneebesen kräftig verrühren.
- Milch allmählich zugießen, anschließend durch Spitzsieb passieren. Wird heiße Milch verwendet, verkürzt sich die Pochierzeit.
- Masse in ausgebutterte Förmchen gießen.
- Rund 30 min in mit Gitter oder Küchenkrepp ausgelegter Pfanne im Wasserbad pochieren, gut auskühlen lassen und stürzen.

Geschmacksrichtungen

Karamel	Schokolade	Wiener Art
caramel (F) — *caramel* (GB)	*chocolat* (F) — *chocolate* (GB)	*viennoise* (F) — *Viennese style* (GB)
 Förmchen mit Karamel etwa 3 mm dick ausgießen, erkalten lassen, Masse einfüllen und pochieren	Masse mit flüssiger Schokolade vermengen, pochieren, stürzen, mit Schlagsahne garnieren	Karamel aus 10 g geschmolzenem Zucker je Förmchen herstellen und in der Milch lösen, Masse herstellen,

Gekochte Cremes

Gekochte Cremes werden auch als Patisserie- oder Füllcremes bezeichnet. Sie basieren auf den Rohstoffen Milch, Stärke, Zucker und Vanille. Durch das Aufkochen quillt und verkleistert die Stärke und führt zur Bindung. Gastronomisch gesehen sind diese Cremes Flammeris (→ 320). Gekochte Cremes können durch Zugabe von Eigelb, geschlagener Sahne, Eiklarschnee oder Butter komplettiert werden. Sie werden für Cremerollen, Obsttörtchen und Cremeschnitten, als Halbfertigerzeugnis zum Strecken der Buttercreme verwendet.

Auf 1 l Milch werden 50–60 g Cremepulver benötigt.

Vanillecreme (Grundrezept)

crème à la vanille (recette de base)
vanilla cream (basic recipe)

1	l	Milch
0,2	kg	Zucker
0,085	kg	Stärke
2		Vanilleschoten

- $^3/_4$ der Milch aufkochen.
- Restliche Milch, Zucker und Stärke anrühren und in die heiße Milch rühren, aufkochen, bis Blasen aufsteigen.

Geschmacksrichtungen

Schokolade *chocolat* *chocolate*	**Mokka** *moka* *mocha*
Nüsse *noix* *nuts*	**Nugat** *nougat* *nougat*

Patisseriecreme mit Eiklar

crème pâtissière aux blancs d'œuf
pastry cream with egg whites

1	l	Milch
0,2	kg	Zucker
0,1	kg	Cremepulver
0,15–0,3	kg	Eiklar (von 4-8 Eiern)
3		Eigelb (0,05 kg)
0,2	kg	Butter oder Margarine

Warm-kalt geschlagene Cremes

Diese Cremes werden auch als **abgezogene Cremes** bezeichnet. Dabei werden die Rohstoffe bis zur **„Rose"** erhitzt und dann wieder abgekühlt. Solche Cremes erhalten nicht die für Cremes erforderliche Festigkeit und müssen deshalb zusätzlich mit Gelatine gebunden und mit Schlagsahne, auch Eiklarschnee, gelockert werden.

Zur Rose erhitzen

Die „Rose" ist erreicht, wenn die Creme leicht bindet, das heißt in der Fachsprache anzieht.
Anschliessend darf keinesfalls weiter erhitzt werden, denn dann würde das Eiweiß vollständig gerinnen.
Probe: *Probe auf Kochlöffel geben, darauf blasen, blättrige Konsistenz (Rose) muss erkennbar sein.*

Herstellung von Warm-kalt geschlagenen Cremes	
Gelatine in kaltem **Wasser** einweichen	Gelatine muss quellen, damit sie sich nachher im Fond gut auflöst
Milch mit **Vanillemark** aufkochen	Aromatisieren der Milch
Eigelb und **Zucker** schaumig rühren, heiße Milch unter kräftigem Rühren langsam zugießen	Milch langsam zugeben, um Gerinnen zu vermeiden
Abziehen bis zu „Rose"	Die „Rose" ist der Zeitpunkt, zu dem die Eiweißgerinnung fast einsetzt, die Masse also bindet
Besondere **Geschmacksträger** zugeben	Damit wird die besondere Geschmacksrichtung festgelegt
Gelatine ausdrücken und in der noch heißen Masse auflösen	Gelatine muss sich vollständig auflösen
Passieren, abkühlen	Bestandteile der Vanilleschote und andere stückige Teile entfernen
Unmittelbar vor dem Stocken geschlagene **Sahne** unterziehen	Der Zeitpunkt des Unterziehens ist wichtig, die Masse darf sich nicht mehr entmischen, aber auch nicht zu fest sein, sonst würde sich die Sahne nicht gleichmäßig verteilen
Nach Belieben **Einlagen** unterheben	Einlagen sollen gleichmäßig in der Creme verteilt sein

Bayerische Creme

bavarois, cème bavaroise
bavarian, bavarian cream

Bayerische Creme bildet auf Grund des relativ neutralen Geschmacks – lediglich ein leichter Vanillegeschmack ist typisch – in der Gastronomie eine Grundcreme, die sich durch Geschmacksträger vielseitig variieren lässt.

0,3	l	Milch
3		Eigelb (0,05 kg)
0,08	kg	Zucker
0,3	l	Schlagsahne
0,01	kg	Gelatine (5–6 Blatt)
0,5		Vanilleschote

Charlotte Pompadour

Variatonen	Geschmacksträger	Verwendung
Schokolade *chocolat* *chocolate*	Kuvertüre evtl. Weinbrand zugeben	Füllcreme in Schalen
Mokka *moka* *mocha*	Instantkaffee oder doppelten Mokka, evtl. Rum zugeben	Stürzcreme Gestürzte Förmchen
Nuss *noix* *nut*	Geröstete gemahlene Nüsse oder Nussmus zugeben	Krustencreme Mit Biskuitrand (Charlotte)
Likör *liqueur* *liqueur*	Likör je nach Wunsch zugießen	Krustencreme Mit Biskuitrand (Charlotte)
Frucht *fruit* *fruit*	Feste Stücke von erntefrischem Obst, mit Likör mazerieren oder blanchieren	Krustencreme Mit Biskuitrand (Charlotte)

Creme mit heller und dunkler Schokolade

Charlotte Pompadour (Erdbeer-Charlotte)

charlotte Pompadour (charlotte aux fraises)
charlotte Pompadour (strawberry charlotte)

- Rouladenbiskuit mit Erdbeerkonfitüre fein bestreichen und einrollen; Biskuitrolle in 5 mm dicke Scheiben schneiden.
- Portionskuppelform mit Klarsichtfolie auskleiden, Biskuitscheiben einlegen.
- Form mit bayerischer Creme füllen, mit Biskuitboden abdecken.
- Erkaltete Charlotte auf gekühlte Teller stürzen.
- Mit Erdbeeren, Brandmasse-Ornamenten und Minze garnieren (Bild).

Creme mit heller und dunkler Schokolade

bavarois aux chocolats clair et foncé
bavarian with white and brown chocolate

- Je 1 Teil bayerische Creme mit flüssiger weißer und brauner Schokolade im Verhältnis 10 : 2 vermengen und in Förmchen füllen.
- Zuerst zur Hälfte helle Creme einfüllen, dann mit brauner Creme füllen, erkalten lassen.
- Für den Joghurtspiegel etwas Zucker glatt rühren.
- Creme auf Joghurtspiegel anrichten, mit Früchten, Beeren, Brandmasse-Ornamenten und Kapuzinerblüte garnieren (Bild).

Creme mit Früchten

 *mousses*  *mousses*

20.25 Schaumcremes (Moussen)

Schaumcreme oder **Mousse** ist eine besonders **luftige und schaumige Dessertspeise**, die in verschiedenen Geschmacksrichtungen hergestellt werden kann: Schokolade, Orange, Erdbeere, Apfel. Die bekannteste Variante ist die mit dunkler und heller Schokolade. Trotz des leicht schaumigen Charakters haben Schaumcremes einen beachtlichen Energiegehalt, der bei der Portionierung beachtet werden sollte. Üblich ist deshalb, Schaumcreme direkt beim Gast zu portionieren.

Weißer Schokoladenschaum

Schokoladenschaum (Schokoladenmousse) (Grundrezeptur)

mousse au chocolat
chocolate mousse

0,18	kg	helle oder dunkle Kuvertüre
0,017	kg	Eigelb (von 1 Ei)
0,1	kg	Volleier (2 Eier)
0,025	kg	Zucker
0,02	l	heller oder dunkler Kakaolikör
0,3	l	Schlagsahne
		Gelatine

- Zerkleinerte Kuvertüre in der Mikrowelle oder im Wasserbad schmelzen.
- Eigelb und Vollei mit Zucker warm-kalt schlagen.
- Eingeweichte Gelatine in die warme Eimasse geben.
- Likör und Kuvertüre unter die Masse mischen, Schlagsahne unterheben.

Weißer Schokoladenschaum (weiße Schokoladenmousse)

mousse au chocolat blanc
white-choclate mousse

- Hellen Schokoladenschaum herstellen. Für zackenförmigen Rand Kuvertüre auf Kunststoffstreifen streichen, Enden zusammenfügen und erkalten lassen.
- Schokoladenschaum einfüllen, kalt stellen, Randstreifen entfernen.
- Auf englischen Teller anrichten, Kuvertüre-Ornamente auf Teller zeichnen und im Wechsel mit Himbeer- und Pfirsichsauce (→ 321) füllen.
- Mit Hippenschmetterling und Heidelbeeren garnieren (Bild).

Mohnschaum im Körbchen

Mohnschaum im Körbchen

mousse aux graines de pavot en corbeille
poppy-seed mousse in a basket

- Vanilleschaumcreme mit gemahlenen, gebrühten Mohnsamen vermengen.
- Mit Spritztülle Brandmasse körbchenförmig auf die Form auftragen und backen.
- Körbchen vor dem Erkalten von der Form abheben, auf Teller legen und mit zwei Mohnschaumnocken füllen.
- Mit Schokoladenröllchen, Himbeer- und Kiwisauce (→ 321) in Kuvertüre-Ornament garnieren, Blüte anlegen (Bild).

20.26 Süßspeisen aus Reis, Quark und Joghurt

entremets de riz, de fromage blanc et de yogourt
sweet rice dishes, sweet curd dishes and sweet yogurt dishes

Reissüßspeisen sind weniger verbreitet, können aber, zusammen mit ernährungsphysiologisch wertvollen Früchten, die Palette der Süßspeisen erweitern. Dagegen stoßen Süßspeisen mit **Milch**, **Quark** und **Joghurt** immer mehr auf das Interesse gesundheitsbewusster Gäste.

Reis Trauttmannsdorff

riz Trautmannsdorff *rice Trauttmannsdorff*

Nach einem **österreichischem Staatsmann** (1825–1870) benannt.

0,75	l	Milch
0,125	kg	Milchreis
0,125	kg	Zucker
1		Vanilleschote
8	Blatt	Gelatine
0,25	l	Schlagsahne
0,25	kg	Himbeeren
0,01	l	Maraschino
n.G.		Himbeermark

- Reis wie Milchreis, jedoch körniger und trockener mit Vanilleschote zubereiten.
- Nach Erkalten Himbeeren untermengen.
- Aufgelöste Gelatine unterziehen, kalt stellen.
- Kurz vor dem Stocken Schlagsahne unterheben, mit Maraschino parfümieren.
- In Portionsförmchen oder längliche Formen füllen.
- Stürzen, Portionieren, mit frischem Himbeerpüree anrichten.

Die Warenkosten für eine Süßspeise betragen 2,65 €.
Ermitteln Sie die Selbstkosten, wenn der Betrieb mit 160% Gemeinkosten rechnet.

Früchtequark

fromage blanc aux fruits, *fruit curd*

Vorzugsweise **Magerquark** mit Milch glatt rühren, mit Fruchtmus und Zitronensaft abschmecken. Für das **Fruchtmus** eignen sich einheimische, aber auch exotische Früchte: Erdbeeren, Himbeeren, Pfirsiche, aber auch Kiwis, Avocados, Papayas, Granatäpfel, Feigen, Litschis, Passionsfrüchte, Kakis oder Cherimoyas.

- Passierten Quark mit pasteurisiertem Eigelb und Zucker aufschlagen.
- Fruchtmus zugeben. Frische exotische Früchte stets passieren.
- Wird Sahnequark verwendet oder geschlagene Sahne zugegeben, wird der Früchtequark besonders cremig.
- In Gläser anrichten, mit Sahne und Fruchtstücken garnieren.

Joghurt mit Früchten

yogourt aux fruits, *fruit yogurt*

- Joghurt mit frischem Obst vermischen.
- In Gläser füllen oder mit anderen Süßspeisen kombinieren (Eierkuchen, Speiseeis).

20.27 Eisspeisen

glaces *ice-creams*

Vorwiegend im Sommer bilden Eisspeisen in jeder Form willkommene Erfrischungen. Eisspeisen werden am Ende einer Speisenfolge in vielfältiger Form als kulinarischer Höhepunkt angeboten. Durch ihre Zutaten sind Eisspeisen ernährungsphysiologisch hochwertige, meist jedoch energiereiche Speisen.

Für Eisspeisen, wie sie in der Gastronomie angeboten werden, bildet Speiseeis die Grundlage. Es wird heute von der Industrie in bester Qualität angeboten, so dass im Allgemeinen darauf verzichtet werden kann, Eis selbst herzustellen.

Begriff Speiseeis

Der Begriff Speiseeis wurde in den Leitsätzen für Speiseeis (GMbl. 19/95, S. 363) nach geltender Verkehrsauffassung festgelegt.

Sauberkeit bei der Eisherstellung

Bei der Eisherstellung und -verarbeitung ist eine strenge Einhaltung der Hygieneregeln unerlässlich. Eisspeisen zählen zu den risikoreichen Lebensmitteln, weil sie wegen der enthaltenen Nährstoffe (Zucker, Eiweiß, Wasser) ideale Nährböden für Mikroorganismen sein können.

Speiseeis ist eine Zubereitung, die durch **Gefrieren** bei der Herstellung einen festen oder **pastenartigen Zustand** erhält, gefroren in den Verkehr gelangt und im **gefrorenem Zustand** verzehrt wird.

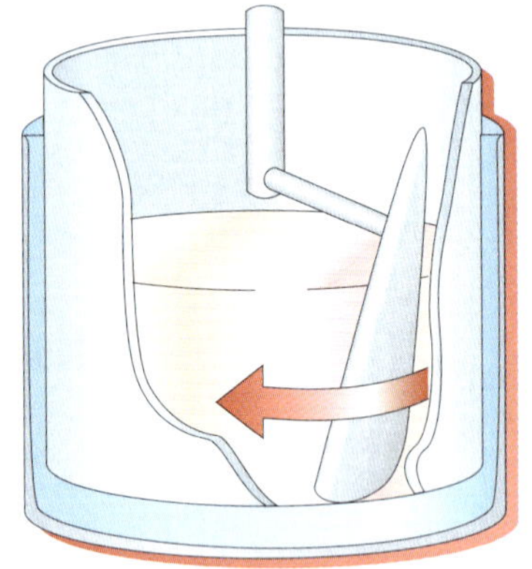

Aufbau einer Eismaschine

Die angegebenen Verkehrsbezeichnungen müssen auch für lose in den Handel gebrachtes Speiseeis sowie auf Speisekarten verwendet werden.

Herstellung

Aus den Rohstoffen wird ein flüssiger Eismix hergestellt, der anschließend, je nach Herstellungsprinzip, bei Temperaturen zwischen –7 °C und –10 °C gefroren wird. Als **Harteis** wird es, im Unterschied zum Softeis (➔ 335), nachgefroren und bei etwa –12 °C bzw. –18 °C verkauft.

Kälteübertragung beim Gefrieren

Bewegt: in **Kühltrommel** (Streicheismaschinen): Das entstehende Speiseeis wird ständig gespatelt, damit die geschmeidige Konsistenz erhalten bleibt
Stehend: im **Gefrierschrank:** Eismix wird mit aufgeschlagener Sahne hergestellt, dann in Formen abgefüllt
Durchlaufend: im **Gefrierautomat:** Herstellung wie beim Soft-Eis (➔ 335)

Speiseeis-Sorten

Für Speiseeis-Sorten sind insbesondere Milch, Milcherzeugnisse, Ei, Zuckerarten, Honig, Trinkwasser, Früchte, Butter, Pflanzenfette, Aromen und färbende Lebensmittel qualitätsbestimmend. Weitere Zutaten sind von der jeweiligen Speiseeis-Sorte und ihrer Geschmacksrichtung (z. B. Kaffee, Vanille, Pistazien, Walnuss usw.) abhängig. Des Weiteren sind als Zusatzstoffe Bindemittel und Fruchtsäuren möglich.
Zehn Speiseeis-Sorten sind verkehrsüblich.

Maracuja-Sorbet

Mindestforderungen (Mengen in Gewichtsprozenten)

- **Cremeeis** (Eier-Cremeeis): Speiseeis mit 50% Milchanteil. Auf einen Liter Milch müssen mindestens 0,27 kg Vollei oder 0,09 kg Eigelb enthalten sein. Zusätzliches Wasser darf nicht verwendet werden.
- **Fruchteis:** Speiseeis mit 20% Fruchtanteil. Werden Zitrusfrüchten oder andere saure Früchte (2,5% Fruchtsäure im Saft) verwendet, beträgt der Fruchtanteil nur 10%.
- **Sahneeis** (Rahmeis): Speiseeis mit 18% Milchfett aus der Sahne (Rahm). Aus dieser Speiseeis-Art wird das Fürst-Pückler-Eis hergestellt. Parfait ist ein mit Eigelb oder Vollei aufgewertetes Sahneeis.
- **Milcheis** (Joghurteis): Speiseeis mit 70% Milch. Die Bezeichnung Joghurteis kann bei überwiegender Verwendung von Sauermilcherzeugnissen (Sauermilch, Joghurt, Kefir) verwendet werden.
- **Fruchteiscreme:** Speiseeis mit 8% aus der Milch stammendem Fett.
- **Eiscreme:** Speiseeis mit 10% aus der Milch stammendem Fett.
- **Einfacheis:** Speiseeis mit 3% aus der Milch stammendem Fett
- **Eis mit Pflanzenfett:** Speiseeis mit 3% pflanzlichem Fett. Fruchteis muss einen deutlich wahrnehmbaren Fruchtgeschmack haben.
- **Sorbet:** Speiseeis mit einem Fruchtanteil von 25%. Werden Zitrusfrüchte oder andere saure Früchte (2,5% Fruchtsäure im Saft) verwendet, beträgt der Fruchtanteil nur 15%.
- **Kunstspeiseeis:** Speiseeis, welches naturidentische oder künstliche Aromastoffe und Farbstoffe enthält. Die Zugabe muss deklariert werden (z.B.: mit Vanillegeschmack bei Zugabe von Vanillin)

Eisspeisen

🇫🇷 *mets glacés*
🇬🇧 *frozen sweet dishes*

Übersicht über die Eisspeisen

Eisbecher
🇫🇷 *coupe (glacée)*
🇬🇧 *coupe, ice-cup*

Eisauflauf
🇫🇷 *soufflé glacé*
🇬🇧 *ice-soufflé*

Eisteller
🇫🇷 *assiette de glaces panachées*
🇬🇧 *plate with mixed ice-cream*

Eistorte
🇫🇷 *gâteau glacée*
🇬🇧 *ice-cream cake*

Eisbombe
🇫🇷 *bombe glacée*
🇬🇧 *ice-bomb*

Eisgetränk
🇫🇷 *boisson glacée*
🇬🇧 *ice-drink*

Eisauflauf

🇫🇷 *soufflé glacé*
🇬🇧 *ice-soufflé*

0,2	kg	Vollei (4 Eier)
0,07	kg	Eigelb (von 4 Eiern)
0,25	kg	Zucker
0,5	l	geschlagene Sahne
0,075	l	Spirituosen (Grand Marnier, Erdbeerlikör, Maraschino usw.)
		Schokoladenpulver

- Kleine Porzellanförmchen am Innenrand mit Papierstreifen auslegen, etwa 3 cm über den Rand hinausragen lassen.
- Eier, Eigelb und Zucker warm-kalt aufschlagen, Sahne und Grand Marnier unterheben. In die Förmchen füllen, glatt streichen, gefrieren.
- Mit Schokoladenpulver bestreuen und Papierrand entfernen.

Bananensplit

Früchtebecher

Eisbecher

🇫🇷 *coupe (glacée)*
🇬🇧 *coupe, ice-cup*

Eisbecher bilden eine harmonische Geschmacksverbindung verschiedener Speiseeis-Sorten mit Früchten, Spirituosen, Nüssen, Gebäck, süßen Saucen und Schlagsahne. Sie werden in Becher oder Schalen angerichtet. Als Garnierungselemente eignen sich Waffeln, Pralinen, Baiser-Gebäck, Hippen, Nüsse, Krokant- oder Schokoladenstreusel.

Variationen

Bananensplit
🇫🇷 *banane split*
🇬🇧 *banana split*
Längs halbierte geschälte Banane auf Vanilleeis anrichten, mit Schokoladensauce überziehen, mit Sahne garnieren

Früchtebecher
🇫🇷 *aux fruits*
🇬🇧 *with fruit*
Vanilleeis, Zitroneneis, mit Läuterzucker und Arrak abgeschmeckte Früchte, Sahne, Hippen, Belegkirsche

Schwarzwälder Art
🇫🇷 *Forêt-Noire*
🇬🇧 *Black Forest*
Vanilleeis, Schokoladeneis, Sauerkirschen, Kirschwasser, Schlagsahne, Schokoladenspäne

Hawaii
🇫🇷 *Hawaii*
🇬🇧 *Hawaii*
Vanilleeis, Ananaseis, gesüßte Ananasstücke, Arrak, Sahne, Belegkirsche

Eisteller

Eisteller mit Früchten

assiette de glaces panachées aux fruits
plate with mixed ice-cream and fruit

- Verschiedene Eissorten auf gekühltem Teller arangieren.
- Mit Sahnerosette und Hippenschmetterling garnieren.
- Mit Feigen, Orangenfilets und Heidelbeeren umlegen.

Pfirsich Melba

pêche Melba, *peach Melba*

Pfirsiche in Vanilleläuterzucker pochieren, erkalten lassen, Haut abziehen, Stein entfernen. Auf Vanilleeis dressieren, mit frischem Himbeerpüree nappieren.

Birne Hélèn

poire Belle Hélène, *pear Belle Helene*

Auch Birne schöne Helene genannt. Birne pochieren, auf Vanilleeis dressieren, heiße Schokoladensauce separat. Original gehören kandierte Veilchen auf das Vanilleeis.

Fürst-Pückler-Eis

glace prince Pückler
ice-cream prince Pückler

Hohe geriefte Eisform mit drei getrennten Lagen Eisparfait-Masse ausfüllen:
Weißer Kern: Eisparfait, mit Maraschino (→ 375) abgeschmeckte Sahne und Makrönchen vermischen oder Vanilleparfait.
Zweite Lage: Eisparfait mit Erdbeerpüree vermischen.
Dritte Lage: Eisparfait mit Reibeschokolade vermischen.
Nach dem Stürzen in Portionen schneiden und mit Schlagsahne garnieren.

Eisparfait

parfait glacé, *ice-parfait*

Halbgefrorenes mit Zugabe von Ei: Eigelb mit Zucker im Wasserbad cremig aufschlagen, kalt schlagen. Mit den anderen geschmacksgebenden Zutaten unter die Schlagsahne heben. In Formen füllen, abdecken und frosten.
Folgende Geschmacksrichtungen sind üblich: Ananas, Mandel, Nuss, Schokolade, Erdbeere, Zitrone.

Wer war Fürst Pückler?

Hermann, Fürst von Pückler-Muskau (1785–1871), galt als Feinschmecker und Gartenbauliebhaber. Er schuf den berühmten, an der Neiße gelegenen Landschaftspark in Bad Muskau (Oberlausitz). Ein Lausitzer Konditormeister soll ihm zu Ehren das bekannte Fürst-Pückler-Eis erstmals hergestellt haben.

Eisbomben

bombes glacées *ice-bombs*

Bezeichnung	Eisfüllung	Garnierung
Cassata *cassate* *cassata*	**Mantel:** Erdbeer, Vanille, Schokolade **Kern:** Cassata-Eis (Sahneeis mit Dickzucker-Fruchtstückchen, Nüssen, gerösteten Mandeln, gestoßenem Krokant)	Schlagsahne, Belegfrüchte
Fürst Pückler *prince Pückler* *prince Pückler*	Erdbeer-, Vanille-/Maraschino- und Schokoladen-Eisparfait, getränkte Makronen	Schlagsahne, Hippenröllchen, Belegfrüchte
Haselnuss *noisette* *hazelnut*	**Mantel:** Schokoladeneis **Kern:** Haselnusseis	Schlagsahne, Walnüsse
Tuttifruttti *tutti-frutti* *tutti-frutti*	**Mantel:** Erdbeereis **Kern:** Zitroneneis mit mazerierten Stücken von Belegfrüchten, Mandeln und Nüssen	Schlagsahneüberzug, gehackte Belegfrüchte, Baiser-Gebäck
Wiener Art *viennoise* *Viennese style*	**Mantel:** Vanilleeis **Kern:** Krokant-Sahne	Vanilleschlagsahne, Hippen- und Baiser-Gebäck

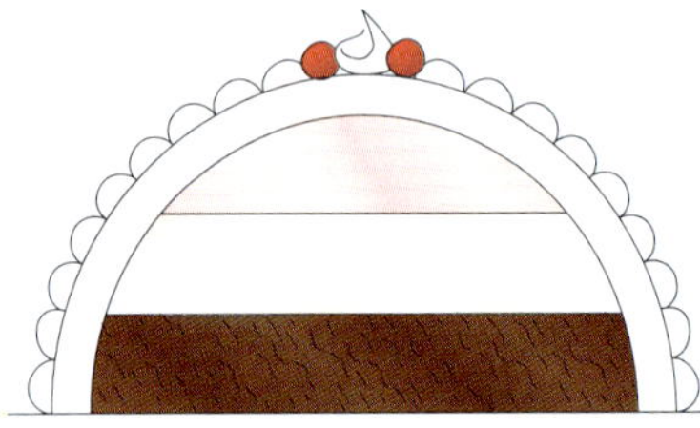

Eisbombe Fürst Pückler

Cassata

1 10 kg industrieller Obstsalat kosten 27,70 €. Bei Eigenherstellung würde sich für die gleiche Menge ein Materialpreis von 24,30 € ergeben. Ermitteln Sie die Einsparung in € und in %.

2 Fruchteis wird als Convenience-Erzeugnis für 2,40 €/Liter angeboten. Bei Eigenproduktion würde ein Materialpreis von 4,33 €/Liter entstehen. Ermitteln Sie die Einsparungen in % und €.

Eistorten

gâteaux glacés, ice-cream cakes

Dünn ausgebackene Biskuitböden, als Kapseln bezeichnet, in Tortenformen einlegen. Mit entsprechendem Speiseeis bestreichen. Mit Biskuitböden abdecken. Mit Schlagsahne usw. garnieren.
Variationen durch Einlegen von Früchten, Nüssen oder durch Verwendung von Likör.

Sorbet (Sorbett, Scherbett)

sorbet, sorbet, sherbet

Sorbets wurden früher als Erfrischung nach dem Braten innerhalb eines Menüs gereicht, heute vorwiegend als Nachtisch angeboten.

- Fruchteis mit Wein oder Sekt auffüllen. Original dünnflüssige Eisart aus Fruchtsaft, Läuterzucker, Zitronensaft oder aus Süßwein, Likör bzw. Spirituosen herstellen.
- Nach dem Gefrieren mit einem Viertel Schlagsahne vermischen, in gekühlte Gläser anrichten.

Was versteht man eigentlich unter Soft-Eis?

Softeis stellt **keine Sortenbezeichnung** dar, sondern es wird damit die **Beschaffenheit** des Speiseeises gekennzeichnet. Alle Speiseeissorten können als Softeis hergestellt werden.
Soft-Eis (engl. **soft** = weich) wird in Gefrierautomaten im Durchlaufsystem bei −6 °C bis −7 °C unter Einschlagen von Luft im Augenblick der Entnahme gefroren und abgegeben. Die weiche, zartschmelzende Konsistenz kommt durch das schnelle Einfrieren zustande, wobei nur kleine Eiskristalle entstehen können. Die Bezeichnung Soft-Eis muss stets zusammen mit der entsprechenden Speiseeis-Sorte erfolgen (z. B. Soft-Eis-Creme).
Soft-Eis-Pulver wird unter strengen hygienischen Maßstäben industriell erzeugt.

pâtisserie et entremets préparés de produits précuisinés
pastry and sweets prepared with convenience products

20.28 Gebäck und Süßspeisen aus Convenience-Erzeugnissen

Convenience-Erzeugnisse werden für die Patisserie in bester Qualität angeboten. Sie können die Küchenarbeit erleichtern und Arbeitszeit einsparen. Allerdings kommt es bei ihrer Verwendung auf das besondere Können des Kochs an, um daraus ein individuelles Angebot herzustellen.

Gebäck

Die Industrie bietet in zunehmendem Maße Fertigmehle, Backmischungen, Halbfertig- und Fertigerzeugnisse an. Damit wird die Gastronomie von arbeitsaufwendigen Spezialarbeiten entlastet. Insbesondere in der Systemgastronomie kann das Speisenangebot dadurch vielseitig gestaltet werden.

Übersicht über das Angebot

Fertigmehle Backmischungen	Tiefgefrorene Teige und Massen	Gebäck-Halbfertig-erzeugnisse	Fertiggebäck
Torten, Kuchen	Blätterteig	Masseböden	Kleingebäck
Feine Backwaren	Brotteig	Pastetenhüllen	Feine Backwaren
		Hohle Gebäckformen	

Tiefgefrorene backfertige Erzeugnisse

- Blätterteigstücke im vorgeheizten Ofen fertig backen
- Konditoreierzeugnisse 15 min bei Raumtemperatur auftauen, dann backen
- Früchtekuchen direkt im Ofen mit stärkerer Unterhitze

Tiefgefrorene Fertigerzeugnisse

- Stets im Kühlschrank auftauen, je nach Größe 2–7 h
- Kürzere Auftauzeiten durch Einsatz von Mikrowellengeräten
- Kleingebäck erst kurz vor Verwendung dem Gefriergerät entnehmen

Cremes

Für die Herstellung von Cremes bietet der Handel Convenience-Erzeugnisse (Kaltcremepulver, Vanillepulver) an, die auch Aroma- und Farbstoffe enthalten. Fettcreme aus Convenience-Erzeignissen lässt sich einfach und schnell herstellen. Allerdings besteht die Gefahr eines Einheitsgeschmacks. Emulgatoren können einen Nebengeschmack verursachen. Gutes Cremepulver ist gefrier- und auftaustabil.

1 Beschreiben Sie das Herstellen einer Creme.
2 Ein Kind möchte Pudding mit frischen Himbeeren. Um welche Speisenart handelt es sich offensichtlich? Erklären Sie die Merkmale eines Puddings.
3 Nennen Sie mindestens fünf Süß- oder Eisspeisen, deren Bezeichnung auf eine bekannte Persönlichkeit oder eine geografische Bezeichnung zurückgeht. Erläutern Sie Namen und Herstellung der gewählten Speisen.
4 Erläutern Sie dem Besteller eines Menüs unterschiedliche Omelettarten und ihre Merkmale sowie die Eignung für das Angebot bei einem Festessen für 54 Personen.
5 Nennen Sie fünf verschiedene Speiseeis-Sorten, und erläutern Sie die jeweiligen Besonderheiten.
6 Erläutern Sie das Herstellen einer Eisbombe nach eigener Wahl.
7 Begründen Sie die Notwendigkeit besonderer Hygienemaßnahmen bei der Speiseeis-Herstellung.
8 Überlegen Sie, warum industriell hergestelltes Speiseeis in Fertigpackungen bei –18 °C gelagert wird, während für Frischspeiseeis eine Lagertemperatur von –8 °C bis –16 °C günstiger ist.
9 Beschreiben Sie verschiedene Möglichkeiten der Herstellung von Eisbechern oder Eisschalen.
10 Darf Speiseeis mit chemischen Konservierungsmitteln versetzt werden?
11 Nennen Sie Eissorten für Eisbecher, die keine nähere Kennzeichnung erfordern.

Frankfurter Kranz (Convenience-Erzeugnis)

SPEISENANGEBOTE

offres de mets
offers of dishes

Ursprüngliche Rezepturen recherchieren und zeitgemäß variieren. Menüregeln anwenden. Speisen und korrespondierende Getränke verkaufsfördernd und nach traditionellen Gepflogenheiten präsentieren. Gestalten von Menükarten. Regionale und internationale Gerichte anbieten.

(nach dem Bundesrahmenlehrplan)

21 Getränke zum Speisenangebot

boissons · *beverages*

Getränke gehören zu den wichtigsten Lebensmitteln. Ohne regelmäßige Flüssigkeitsaufnahme kann der Mensch nicht leben. Eine vollwertige Mahlzeit ohne Getränke ist undenkbar. Neben der Flüssigkeit werden dem menschliche Organismus durch Getränke lebenswichtige Mineralstoffe zugeführt. Die immer beliebter werdenden obstsafthaltigen Getränke liefern darüber hinaus Vitamine. Getränke können auch Genussmittel sein. In Maßen konsumiert, können alkaloidhaltige Getränke (Kaffee, Tee) und alkoholhaltige Getränke (Bier, Wein, Spirituosen) die Lebensqualität verbessern.

Alkoholfreie Gertänke
boissons sans alcool
beverages without alcohol

Kalt	Warm
Trinkwasser	Kaffee
Mineralische Wässer	Tee
Erfrischungsgetränke	Kakao
Fruchtsaftgetränke	Kräutertee
Gemüsesäfte	Malzkaffee
Milchmischgetränke	Kaffee-, Teespezialitäten

Alkoholische Gertänke
boissons alcooliques
alcoholic beverages

Kalt	Warm
Bier	Alkoholische Heißgetränke
Wein	Punsche
Sekt	
Spirituosen	
Bargetränke	

65% Wasser im Körper

Wasseraufnahme (in l/24 h)	
Getränke	etwa 1,2
feste Lebensmittel	etwa 1,0
Wasser aus Nährstoffabbau	etwa 0,3
insgesamt	2,5

Wasserabgabe (in l/24 h)	
Niere	etwa 1,4
Lunge	etwa 0,5
Haut	etwa 0,5
Darm (Kot)	etwa 0,1
insgesamt	2,5

Warme alkoholfreie Getränke, auch als **Küchengetränke** (➔ Grundstufe) bezeichnet, sind Aufgussgetränke, da sie durch Aufgießen oder Überbrühen mit siedender Flüssigkeit (Wasser, auch Milch) hergestellt werden. Den Aufgussgetränken ähnlich sind die alkoholischen Heißgetränke, deren Zubereitung allgemein am Büfett erfolgt.

21.1 Trinkwasser

eau potable · *drinking water*

Trinkwasser ist Wasser, das zum **Trinken geeignet** ist. Es muss Lebensmittelqualität aufweisen und bildet einen wichtigen Bestandteil vieler flüssiger und fester Lebensmittel.

Im Ausland ist es zum Teil üblich, den Gästen zu den Mahlzeiten eine Karaffe oder einen Krug mit frisch abgefülltem Trinkwasser hinzustellen.

Anforderungen an Trinkwasser

- Frei von Krankheitserregern und schädlichen Stoffen
- Farblos, klar, kühl
- Frei von Fremdgeruch oder Fremdgeschmack

Technologische Eigenschaften (➔ Grundstufe)

Wasser amtlich überwacht

Für Trinkwasser gelten hinsichtlich des Schadstoffgehalts strengere gesetzliche Bestimmungen als für Mineralwässer.

21.2 Mineralische Wässer

eaux minérales *mineral waters*

In Deutschland werden etwa 350 verschiedene **Mineralwässer** und 65 **Heilwässer** angeboten, hinzu kommen mehrere Quell- und Tafelwässer. Seit Jahrzehnten haben sich Mineralwässer zu den am meisten gewählten Durstlöschern entwickelt. Das entspricht dem Trend zu leichter und gesundheitsbewusster Ernährung.

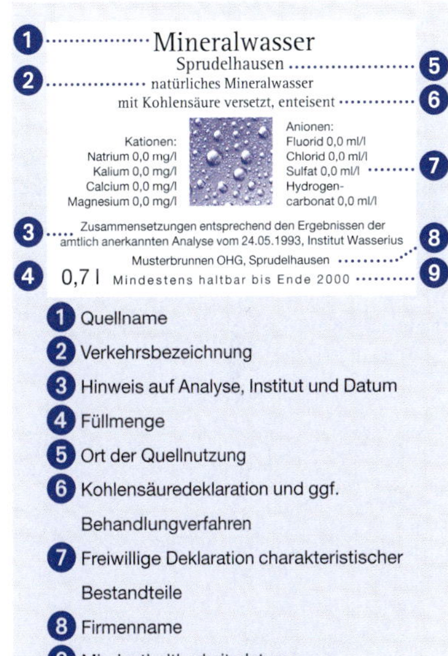

Ernährungsargumente für mineralische Wässer:

- Keine Energielieferanten
- Lebenswichtige Mineralstoffe (Mengen-, Spurenelemente)
- Erfrischend, vielseitig verwendbar
- Kohlensäureanteil nach Verbraucherwünschen wählbar: kräftig sprudelnd, reduziert oder still
- Ohne Schadstoffe; überwiegend amtlich überwacht

Einteilung

Bei den mineralischen Wässern sind drei Gruppen zu unterscheiden. Über die Unterschiede gibt die Mineral- und Tafelwasser-Verordnung Auskunft. Gemeinsam ist ihnen allgemein der Inhalt an Mineralstoffen und Kohlendioxid (CO_2).

Mineralwasser	Quellwasser	Tafelwasser
Mindestmengen an Mineralstoffen und Kohlendioxid	Meist ohne Aufbereitung	Trinkwasser mit Zusätzen

Natürliches Mineralwasser

Mineralwässer haben den Ursprung in **unterirdischen Wasservorkommen,** die vor Verunreinigungen geschützt und frei von Krankheitserregern sind. Sie können aus einer oder mehreren Quellen abgefüllt werden. Merkmal sind ihre Reinheit und der Gehalt an Mineralstoffen sowie an anderen ernährungsphysiologisch wertvollen Bestandteilen. Forderungen werden auch hinsichtlich einer konstanten Zusammensetzung und Temperatur gestellt. Die Überprüfung erfolgt in wissenschaftlichen Analysen. Die Abfüllung geschieht unmittelbar an der Quelle. Neuerdings werden Erfrischungsgetränke als **Mineralwässer plus Frucht** angeboten, die mindestens 12% Fruchtsaft oder -mark enthalten, wobei die namensgebende Frucht mindestens 50% Anteil haben muss. Außerdem werden **ACE-Getränke** angeboten, auf der Grundlage meist von stillem Mineralwasser hergestellte vitaminangereicherte (A, C, E) Getränke, denen Gemüse- und Obstsäften zugesetzt werden.

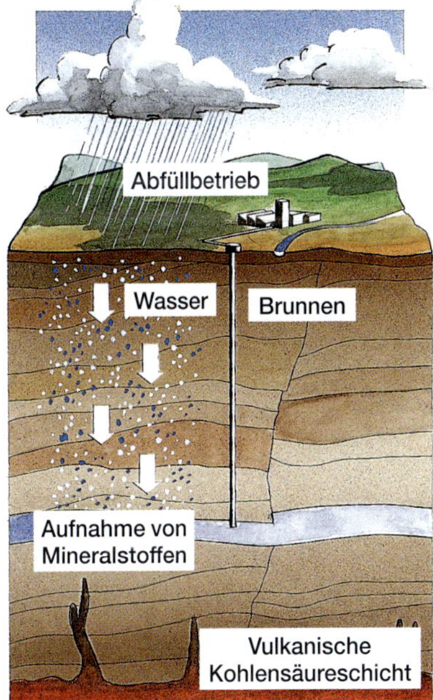

Entstehung von Mineralwasser

Säuerlinge sind natürliche Mineralwässer, die je Liter mehr als 250 mg CO_2 enthalten.
Heilwasser ist Mineralwasser, das dem Arzneimittelgesetz untersteht und dessen Heilwirkung nachgewiesen sein muss.

Quellwasser

 *eau de source*  *spring water*

Quellwasser wird, wie natürliches Mineralwasser, aus unterirdischen Wasservorkommen gewonnen. Auch hinsichtlich der Abfüllung gelten gleiche Forderungen. Amtliche Anerkennung des Quellwasser ist nicht erforderlich. Allerdings gelten Grenzwerte für ernährungsphysiologisch bedenkliche Wasserbestandteile wie Chrom, Cadmium oder Arsen. Bei der Kennzeichnung müssen Verwechslungen mit natürlichem Mineralwasser ausgeschlossen sein.

Tafelwasser

 *eau de table*  *table water*

Tafelwasser wird durch Anreicherung mit Mineralstoffen und Kohlendioxid aus Trinkwasser einschließlich Quellwasser hergestellt. Als Zusätze sind erlaubt:

- Magnesium-, Calcium-, Natrium-, Natriumhydrogencarbonat
- Calcium- und Natriumchlorid
- Kohlendioxid
- Natürliches mineralstoffhaltiges Wasser, dessen Konzentration durch Wasserentzug erhöht wurde oder Meerwasser (der prozentuale Anteil muss angegeben werden).

Sodawasser ist Tafelwasser, das je Liter mindestens 570 mg Natriumhydrogencarbonat enthält.

Anforderungen an mineralische Wässer

Mineralwasserart	Anforderungen					
	Ursprüngliche Reinheit	Unterirdische Wasservorkommen	Wirkungen	Mineralien	Amtliche Zulassung	Abfüllung an der Quelle
Natürliches Mineralwasser	ja	ja	ernährungs-physiologisch	ja	ja	ja
Natürliches Heilwasser	ja	ja	therapeutisch	ja	ja	ja
Quellwasser	–	–	–	–	–	ja
Tafelwasser	Zusatzstoffe erlaubt	–	–	–	–	–

Behandlungsverfahren

Nach MTVO (Mineral- und Trinkwasserverordnung) sind erlaubt:

- das Abtrennen natürlicher Inhaltsstoffe wie Eisen- und Schwefelverbindungen durch Filtration, Dekantieren (Abgießen des Bodensatzes)
- Entzug sowie das Wiedereinbringen freier Kohlensäure

Verboten ist es, den Keimgehalt des natürlichen Mineralwassers durch Behandlung zu verändern (herabzusetzen).

Servicehinweise

Mineralische Wässer werden aus ernährungsphysiologischen Gründen mit Zimmertemperatur, aber auch auf 6–8 °C leicht gekühlt getrunken. Auf Zugabe von Eiswürfeln und Zitronenscheiben sollte verzichtet werden. Die Originalflaschen sind vor den Augen des Gastes zu öffnen.

21.3 Frucht- und Gemüsesäfte

jus de fruits et de légumes
fruit and vegetable juices

Frucht-und Gemüsesäfte sind **reine Presssäfte,** frisch, pasteurisiert oder durch Kälte haltbar gemacht. Sie sind wirkstoffreich, erfrischend, durststillend und eignen sich für das Angebot in allen gastronomischen Einrichtungen, besonders für Frühstücksbüfetts und für Ausflugsrestaurants. Von Gästen werden zunehmend **frisch gepresste Säfte** gewünscht.

Fruchtsäfte

jus de fruits *fruit juices*

Fruchtsäfte sind durch Zerkleinern, Pressen und Zentrifugieren gewonnene gärfähige, aber unvergorene Säfte von charakteristischer Farbe sowie charakteristischem Aroma und Geschmack.

Unter diesen Voraussetzungen dürfen auch Fruchtkonzentrate für rückverdünnte Erzeugnisse und Fruchtmark verarbeitet werden. Sie tragen die Bezeichnung hundertprozentiger Saft. Zuckerzusatz ist nicht zum Süßen, sondern lediglich zur Korrektur des natürlichen Geschmacks erlaubt. Das Haltbarmachen erfolgt durch Pasteurisieren bei 80 °C.
Ein Zusatz von 15 g Zucker je Liter zum Ausgleich natürlicher Süße ist bei Kennzeichnung erlaubt; bei sauren Früchten (Zitrusfrüchte, andere saure einheimische Früchte) ist ein Zuckerzusatz von 200 g/l, bei anderen Säften außer Apfelsaft bis 100 g/l erlaubt. Diese Säfte tragen die Kennzeichnung „gezuckert". Farbstoffe und Konservierungsmittel sind stets verboten.

Zerkleinern → Pressen → Zentrifugieren → Geschmackskorrektur → Pasteurisieren

Fruchtnektare

nectar de fruits *fruit nectars*

Fruchtnektare sind unvergorene, aber gärfähige Erzeugnisse aus Trinkwasser, Zucker, Fruchtsaft oder Fruchtmark, auch in konzentrierter Form.

Der Fruchtsaft- oder Fruchtmarkgehalt beträgt zwischen 25 und 50%, der Zuckerzusatz bis 20%. Zur Oxidationshemmung kann Vitamin C zugesetzt werden. Farbstoffe und Konservierungsmittel sind ebenfalls verboten.

1 Erika arbeitet den ersten Tag am Getränkebüfett. Zwei Wasser werden verlangt. Warum weiß Erika mit dieser Bestellung zunächst nichts anzufangen?
2 Erläutern Sie den Unterschied zwischen Mineralwasser und Tafelwasser.
3 Ein Gast verlangt reines Quellwasser. Welches Wasser kann man ihm anbieten?
4 Der Barkeeper meint zu Koch Konrad, nicht jedes Wasser könne man als Mineralwasser zu Whisky Soda geben. Wie ist das zu verstehen?
5 Heilwasser darf nur in der Apotheke verkauft werden, behauptet Konrad. Stimmt das?
6 Vergleichen Sie die Etiketten von Mineralwasser, Säuerling und Heilwasser, und stellen Sie Unterschiede und Gemeinsamkeiten fest.

1 Mineralwasser wird in 0,7-l-Flaschen zu 0,43 € bezogen und in Gläsern zu 0,1 und 0,2 l ausgeschenkt. Der Schankverlust beträgt 5%. Ermitteln Sie den Materialwert je Glas.
2 In der Lagerfachkartei für ACE-Getränke wurde Folgendes eingetragen:

Anfangsbestand	*24 Flaschen*
Zugang	*60 Flaschen*
Abgang	*13 Flaschen*
Abgang	*17 Flaschen*
Zugang	*18 Flaschen*
Endbestand	*64 Flaschen*

Wie viele Flaschen Abgang wurden nicht gebucht?

Gemüsesäfte

> Gemüsesaft ist das unverdünnte, zum unmittelbaren Verzehr bestimmte, gärfähige oder mit Milchsäure vergorene flüssige Erzeugnis aus Gemüse. Die Herstellung erfolgt auch aus Gemüsesaftkonzentraten.

Als **Qualitätsmerkmale** gelten die typische Rohstofffarbe, arteigenes Aroma und arteigener Geschmack. Insbesondere bei Spinat- und Rote-Bete-Säften dürfen nur nitratarme (➔ Grundstufe) Rohstoffe verarbeitet werden. Zugesetzt werden dürfen Salz, Essig, Zucker, Gewürze, Kräuter, natürliche Aromen, Früchte, Fruchterzeugnisse, organische Genusssäuren, Glutaminsäure und Vitamin C.
Konzentrierter Gemüsesaft wird schonend auf die Hälfte des natürlichen Volumens konzentriert.
Gemüsenektar ist eine mit Wasser verdünnte Zubereitung aus Gemüsesaft, -mark oder -konzentrat.

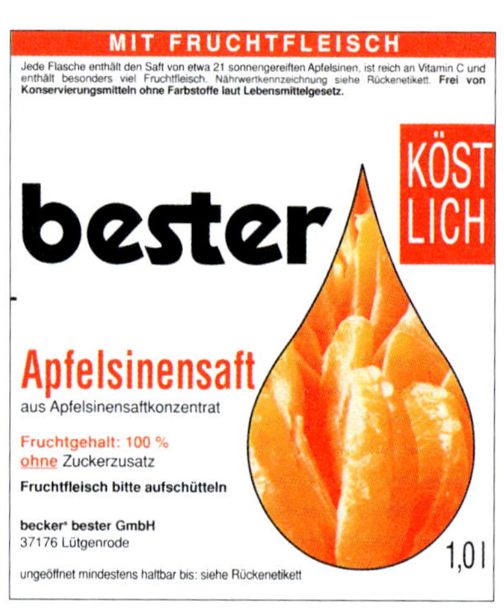

Gesundheitswert

Fruchtsäfte sind wirkstoffreich, aber auch energiereich sowie verdauungsfördernd. Im Fruchtnektar sind Vitamine und Mineralstoffe enthalten, ebenfalls beachtliche Mengen Zucker. Grundsätzlich haben vergleichbare **Gemüseerzeugnisse** eine ähnliche Zusammensetzung. Sie enthalten allerdings weniger Trockenmasse und Zucker, und der Eiweißgehalt liegt etwas höher.
Von Ernährungswissenschaftlern wird als Erfrischungsgetränk eine **Mischung** von einem **Drittel Apfelsaft oder anderem Obstsaft und zwei Dritteln Mineralwasser** empfohlen. Der Körper wird dadurch sowohl mit Vitaminen als auch mit Mineralstoffen, nicht aber mit zu viel Zucker versorgt. (➔ Grundstufe: Schorle).

> Servicehinweis: Obstsäfte werden zur Erfrischung gern mit Mineralwasser gespritzt.

boissons rafraîchissantes sans alcool
refreshing alcohol-free beverages

21.4 Alkoholfreie Erfrischungsgetränke

> Als alkoholfreie Erfrischungsgetränke werden **Fruchtsaftgetränke, Limonaden, Brausen** und **diätetische Erfrischungsgetränke** bezeichnet.

1. *Orangensaft wird frisch gepresst angeboten. Die Orangen werden zu einem Marktpreis von 1,10 €/kg eingekauft. Der Pressverlust beträgt 40%. Ermitteln Sie den Materialpreis für 1 Glas zu 0,2 l (1l entsprechen 1000g).*
2. *Grapefruits werden zu einem Einkaufspreis von 0,95 €/kg brutto für netto eingekauft. Daraus wird frisch gepresster Saft mit einer Ausbeute von 38% hergestellt. Ermitteln Sie den Materialpreis für 1 Glas Grapefruitsaft mit 0,23 l Inhalt.*
3. *Tomatensaft wird in 0,7 l Packungen zu 0,55 € und in Literflaschen zu 0,75 € angeboten. Welches ist das günstigere Angebot?*

Fruchtsaftgetränke

boissons au jus de fruits
beverages with fruit juice

Bestehen aus 6–30% Fruchtsaft, Wasser, Zucker, Fruchtsäuren, natürlichen Aromastoffen, auch CO_2

Limonaden

 *limonades*  *lemonades*

Bestehen aus natürlichen Stoffen, wie Fruchtsaft, Fruchtextrakten, Fruchtsäuren, Zucker, Wasser, CO_2; Fruchtsaftanteil 3–15%

Brennwertverminderte Erfrischungsgetränke

boissons à valeur énergetique réduite
beverages with a reduced energy content

Hauptsächlich Fruchtsaftgetränke, Limonaden, Brausen, bei denen durch Süßstoffe (Saccharin, Cyclamat u.a.) eine Energiewertverminderung erzielt wurde. Kennzeichnung ist erforderlich. Bei Verwendung des Süßstoffs Aspartam ist der Hinweis notwendig, dass Phenylalanin enthalten ist.

Was sind isotonische Getränke?

Bei diesen Getränken (griechisch iso = gleich, tonisch = kräftigend) soll die Gesamtmenge der gelösten Mineralstoffe derjenigen der Körperflüssigkeiten entsprechen.

Brausen

limonades gazeuses
aerated lemonades

Enthalten künstliche Farb- und Aromastoffe, Süßstoff ist ebenfalls erlaubt; kein Fruchtsaftanteil.

Sport-, Mineralstoff-, isotonische Getränke

boissons pour sportifs, boissons minéralisées, boissons isotoniques
sports beverages, mineralized beverages, isotonic beverages

Erfrischungsgetränke mit Mineralstoffen, Wasser, Geschmacksstoffen, mit oder ohne Zucker und CO_2, anderen Süßungsmitteln und Vitaminzusatz.

Diätetische Erfrischungsgetränke

boissons rafraîchissantes diététiques
refreshing dietetic beverages

An Stelle von Zucker wird Süßstoff verwendet.

Chininhaltige Getränke

Chininhaltige Getränke erhalten durch das Alkaloid (➔ Grundstufe) Chinin, das als Malariamittel bekannt geworden ist, einen leichten Bittergeschmack.

Besondere Limonaden	
Cola-Limonaden	6,5–25 mg Coffein/100 ml
Chininhaltige Limonaden (Tonic Water)	maximal 85 mg Chinin je Liter
Kräuterlimonaden	Zusatz von Ingwer, natürlichen Kräuterauszügen

Unterschiedlicher Fruchtgehalt in Erfrischungsgetränken

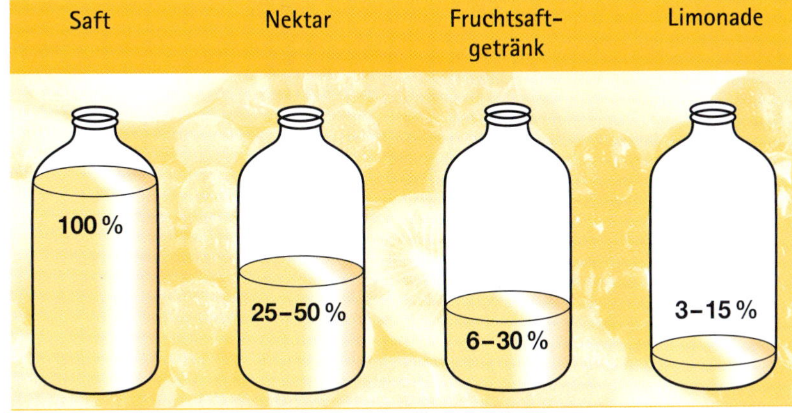

1 *Beurteilen Sie den ernährungsphysiologischen Wert von alkoholfreien Erfrischungsgetränken.*
2 *Erklären Sie einem Gast den Unterschied hinsichtlich Geschmack und Preis zwischen einem Obstsaft und einem Obstnektar.*
3 *Analysieren Sie die Trinkgewohnheiten in Ihrem Familien-, Bekannten- oder Arbeitskreis hinsichtlich alkoholfreier Erfrischungsgetränke nach der Gliederung was, wie viel, wann wird getrunken.*
4 *Konrad meint, Obstsäfte dürften grundsätzlich keine Zusätze enthalten. Hat er damit Recht?*
5 *Empfehlen Sie einem übergewichtigen Gast auf seine entsprechende Frage ein geeignetes Erfrischungsgetränk.*

21.5 Bier

 *bière*  *beer*

Unter- oder obergärig – wo liegt der Unterschied?

Untergärige Hefe: *Hefe setzt sich am Boden ab. Die entstehenden Biere werden untergärige Biere genannt.*

Obergärige Hefe: *Hefen schwimmen als Sprossverbände an der Oberfläche; sie benötigen höhere Gärtemperaturen als untergärige Hefen. Die Nachgärung kann bei obergärigen Bieren meist unterbleiben.*

Deutschland mit seinen 5000 verschiedenen Biermarken gilt mitunter als **Bierland,** wenn auch in einigen südlichen Landesteilen zweifellos Wein als Getränk vorherrscht. Bereits der römische Dichter Tacitus hatte bei seinen Reisen durch Germanien ausführlich über die Bierbrauerei berichtet. Verächtlich wurde **Met,** der Vorläufer des Bieres, als barbarisches Getränk verachtet. Später pflegten Klöster die Braukunst, bis sich die mittelalterlichen Städte der Bierbrauerei als einer guten Einnahmequelle annahmen. Jede Stadt hielt ihre Bierspezialität streng geheim. Heute berufen sich die Großbrauereien ebenfalls auf geheime Herstellungsverfahren.

Brauwasser wird vielfach aus brauereieigenen Quellen gewonnen; es muss mindestens **Trinkwasserqualität** aufweisen. Art und Menge der Mineralstoffe, insbesondere die Wasserhärte (➔ Grundstufe: Wasser) prägen den Charakter der Biere entscheidend mit. Hartes Wasser wird für viele dunkle Biersorten vom Münchner Typ, weiches Wasser insbesondere für helle Biersorten vom Pilsner Typ, sulfathartes Wasser schließlich für helle und dunkle Biere vom Dortmunder Typ verwendet.

Als **Braugerste** dient die zweizeilige Sommergerste, die sich durch Stärkereichtum (60%), niedrigen Eiweißgehalt (5–11%), gute Keimfähigkeit und gleiche Korngröße auszeichnet. In der Mälzerei werden die Inhaltsstoffe des Gerstenkorns aufgeschlossen. Die Körner weichen etwa 2 Tage, keimen anschließend bei Temperaturen zwischen 15 und 18 °C etwa 8 Tage. Beim Darren wird die Gerste zu Braumalz getrocknet. Die Gerstenkeime werden abgerieben. Bei diesem Prozess wird die Braugerste durch Quellen, enzymatischen Abbau der Kohlenhydrate und Darren (Erhitzen) in **lösliches Braumalz** umgewandelt.

> Mälzen ist das technologisch gesteuerte Keimen und anschließende Darren von Braugerste.

Hopfen dient der **Geschmacks- und der Schaumstabilität** sowie der **Haltbarkeit.** Hopfen gibt Bier den typischen Bittergeschmack. Außerdem soll Hopfen die Bekömmlichkeit fördern. Verwendet werden die unbefruchteten weiblichen Fruchtzapfen der Hopfenpflanze, die etherische Hopfenöle, Bitter- und Gerbstoffe enthalten. Wichtigster Wirkstoff ist das Lupulin. Wegen der besseren Dosierung wird zunehmend Hopfenextrakt verwendet. Wichtige Hopfenanbaugebiete für deutsches Bier sind Bayern, Sachsen und Thüringen.

Bierhefe gehört zu den Einzellern, die sich durch Sprossung vermehren (➔ Grundstufe: Hygiene im Umgang mit Lebensmitteln). Aus löslichen Kohlenhydraten in der Bierwürze erzeugt die Bierhefe Ethanol und Kohlendioxid. Für unterschiedliche Biersorten werden spezielle Hefen verwendet, wobei die verwendeten unter- oder obergärigen Hefen der Bierart den Namen geben.

Grundbestandteile des deutschen Bieres

Brauwasser

Braugerste

Hopfen

Bierhefe

Bierherstellung

Technologischer Ablauf	Besonderheiten/ Erläuterungen
■ **Braugerste** **Mälzen**	Zunächst soll Braugerste keimen. Maltasen und Proteasen werden wirksam. Stärke wird enzymatisch in lösliche Zucker abgebaut (Tenne). Trocknen des Malzes: Hohe Temperatur: dunkles Malz → dunkles Bier. Karamellisiertes Farbmalz entsteht bei 112–120 °C. Niedrige Temperatur (etwa 85 °C): helles Malz → helles Bier (Darre).
■ **Braumalz** **Schroten, Maischen**	Geschrotetes Malz wird mit Wasser versetzt (gemaischt). In der Maischpfanne wird ein Teil der Maische gekocht und danach in den Maischebottich zurückgegeben. Dadurch erhöht sich die Maischetemperatur stufenweise auf etwa 75 °C. Enzyme, die Stärke in lösliches Malz umwandeln, werden aktiviert.
■ **Läutern** **Kochen, Klären**	Unlösliche Braumalzbestandteile werden durch Filtrieren als Treber abgeschieden (Läuterbottich). Entstandene Würze (Malzextrakt) wird in der Sudpfanne zusammen mit Hopfen (130–500 g Hopfen/100 l Würze) bei 100 °C etwa 90 min keimfrei gekocht. Eiweißstoffe gerinnen und lassen sich abtrennen. (Bruchbildung)
■ **Stammwürze** **Kühlen, Belüften**	Durch Kühlen wird die erforderliche Gärtemperatur von 4–9 °C bei untergärigen Bieren oder von etwa 15–20 °C bei obergärigen Bieren erreicht. Das Belüften führt zur optimalen Hefevermehrung und damit zur Gärung. Nach Zugabe von Bierhefe beginnt der 5- bis 8-tägige Gärprozess in zwei Stufen:
Vergären	In der Hefezelle wird der Malzzucker (Maltose) enzymatisch zu Glukosemolekülen gespalten und dann vom Enzymkomplex Zymase in Alkohol und CO_2 umgesetzt. Am Ende der Hauptgärung wird die Hefe entfernt.
Jungbier **Nachgären** **Lagerbier** **Filtrieren, Abfüllen** **Flaschenbier, Fassbier**	Überwiegend untergärige Biere werden in Tanks 1–4 Monate bei 0–2 °C zum Nachgären gelagert. Dabei wird Restzucker abgebaut und CO_2 im Bier angereichert. Das Bier reift, wird haltbarer und gewinnt insgesamt an Qualität. Nach dem Filtrieren kommt das Bier in Drucktanks zum Abfüllen.

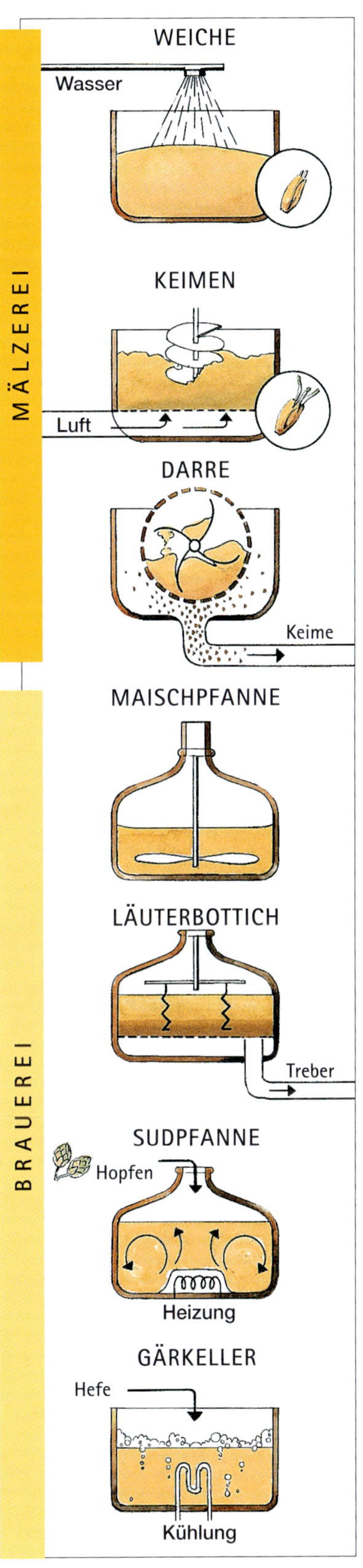

Als **Stammwürze** wird der Gesamtextrakt **in der Bierwürze**, also die gelösten Bestandteile des Malzes und des Hopfens (Maltose, Dextrine, Eiweiß, Vitamine, Mineralstoffe, Bitterstoffe u.a. Aromastoffe), in Prozent bezeichnet. Der Stammwürzegehalt bestimmt die Biergattung (Biersteuergesetz).

Biergattungen, Bierarten, Biersorten

Berechnung des Ethanolgehaltes (%vol)

$$\text{Ethanolgehalt in \%} = \frac{\text{Stammwürze in \%}}{3 \times 0{,}8}$$

$$\text{Beispiel: 5\% Ethanol} = \frac{\text{12\% Stammwürze}}{3 \times 0{,}8}$$

Unterschiedliche **Biergattungen** werden durch den Stammwürzegehalt – das heißt den Extraktgehalt der Bierwürze vor der Gärung – bestimmt. Zu unterscheiden sind Biere mit niedrigem Stammwürzegehalt, Schankbiere, Vollbiere und Starkbiere.
Bierarten werden nach den durch die Hefeart bestimmten Gärverfahren in untergärig und obergärig unterteilt (→ 344).

Biersorten

Biergattung	Schankbier	Vollbier		Starkbier	
Stammwürzegehalt	7 bis weniger als 11%	11–14%		mehr als 16%	
Bierart	obergärig	untergärig	obergärig	untergärig	obergärig
Biersorte (Beispiele)	Berliner Weiße Braunbier	Pilsner Export Märzen	Alt Kölsch Weizen	Bock Doppelbock	Porter Weizenbock

Nach der Bier-VO hat „Bier mit niedrigem Stammwürzegehalt (weniger als 7%)" die Gattung „Einfachbier" ersetzt.

Biertypen

Nach der **Farbe**, dem **Geschmack** und dem **Alkoholgehalt** lassen sich **drei Biertypen** unterscheiden. Biertypen gelten als Oberbegriff für die Brauart, da es beispielsweise beim Pilsner Typ unzählige Sorten gibt.

Pilsner Typ	Dortmunder Typ	Münchner Typ
untergärig	untergärig	untergärig
hell goldfarben	hell oder dunkel	hell oder dunkel
starker Hopfengeschmack	weniger gehopft als Pilsner	malzig, nicht süß
4,5–5 %vol Alkohol	5 %vol Alkohol	4–4,75 %vol

Besondere Handelsformen

Exportbier

bières export/d'exportation
export beers

Exportbiere mit einem Stammwürzgehalt über 12 % sind schwächer gehopfte Biere. Die Farbe ist etwas dunkler als beim Pilsner. Exportbiere sind vollmundig mit ausgeprägtem Malzcharakter.

Eisbock

Eisbock wurde im Jahre 1890 zufällig entdeckt, als Bockbierfässer im Winter versehentlich über Nacht im Freien stehen blieben. Die Fässer waren geplatzt, der Inhalt bis auf ein Konzentrat in der Mitte gefroren. Diese dunkle Flüssigkeit schmeckte malzig, süß und schwer – Eisbock war entstanden.

Lagerung

Bei kühler und dunkler Lagerung ergeben sich folgende Haltbarkeitsfristen:

Flaschenbiere	*1/2–1*	*Jahr*
Fassbiere	*1/4–1/2*	*Jahr*
Dosenbiere	*1*	*Jahr*

Biere mit vermindertem Alkoholgehalt

bières à contenu en alcool réduit
beers with reduced alcoholic content

Solche Biere werden durch Entzug des Alkohols aus dem ausgegorenen Bier oder durch unvollständige Vergärung hergestellt, indem die Bierhefe vorzeitig entfernt wird.

Alkoholfreies Bier	weniger als 0,5 %vol Alkohol
Alkoholarmes Bier	0,5–1,5 %vol Alkohol
Alkoholreduziertes Bier	1,5–3 %vol Alkohol

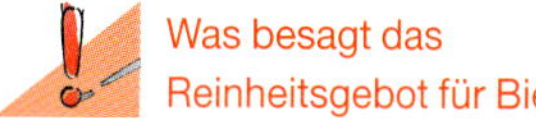

Was besagt das Reinheitsgebot für Bier?

Seit 1516 gilt das zuerst in Bayern formulierte Gebot, Bier allein aus den Rohstoffen Gerste, Hopfen und Wasser herzustellen. Später wurde auch der Grundstoff Hefe mit erfasst. Durch die EU-Rechtsprechung ist es inzwischen erlaubt, Biere, die nicht dem deutschen Reinheitsgebot entsprechen, nach Deutschland zu importieren.

Deutsche Bierspezialitäten

bières spéciales allemandes
Special German beers

Region	Bierspezialität	Merkmale
Berlin	Weiße mit Schuss	Obergärig, mit einem Schuss Himbeersirup als Erfrischungsgetränk geschätzt
	Bockbier	Hell oder dunkel, Maibock, Doppelbock, saisonales Starkbier
Bayern	Münchner	Dunkelbraunes Lagerbier
	Münchner Märzen	Wie Wiener (→ 348); Wies'n ist ein für das Oktoberfest gebrautes Märzenbier
	Weißbier	Hefeweizen, obergärig, hell, naturtrüb
	Kulminator (Franken)	Stärkstes Bier
Düsseldorf/ Niederrhein	Alt	Obergärig, dunkel-bernsteinfarben
Köln	Kölsch	Obergärig, goldfarben
Sachsen	Leipziger Gose	Obergärig, hell
Köstritz	Schwarzbier	Herb-würziger Geschmack
Westfalen	Altbier	Obergärig, hopfenbitter, dunkel
Einbeck	Einbecker Bier (Einpöckisch)	Untergärig, Pilsner Typ
Dortmund	Dortmunder	Goldgelb, untergärig, schwächer gehopft, nur in Dortmund gebraut, Exportbier
Goslar	Gose	Obergärig
Braunschweig	Mumme	Obergärig, süßlich, alkoholarm, 0,5–1 %vol, Malzbier
Hannover	Broyhan	Hell, untergärig

bières étrangères spéciales
special beers from other countries

Der Bierverbrauch ist im letzten Jahr weltweit von 1,22 auf 1,25 Milliarden Hektoliter gestiegen. Europas Anteil am Weltverbrauch sank im gleichen Zeitraum von 45 auf 34 %.

1 Aus einem 50-Liter-Fass mit Bier werden 110 Gläser mit 0,3 l und 60 Gläser mit 0,25 l gezapft. Ermitteln Sie den prozentualen Schankverlust.

2 Ein Gastwirt bezieht von der Brauerei 3,2 hl Bier. Wie viel Gläser zu 0,25 l kann er ausschenken, wenn er einen Schankverlust von 5,5% annimmt?

3 Pilsner enthält unter anderem 4,2% Ethanol. Ermitteln Sie die Energie aus dem Alkoholanteil in einem 0,25-l-Glas Pilsner, wenn 1 g Ethanol einen Energiegehalt von 29 kJ hat (1l entsprechen 1000 g).

Ausländisches Bierspezialitäten

Region	Bierspezialität	Merkmale
Belgien (Brüssel)	Gueuze	Bier mit wilder Hefe, erzeugt aus Weizen, Malz und Hopfen, für zweite Gärung in Champagnerflaschen abgefüllt, 5,2 %vol
Böhmen (Budweis)	Budweiser	Hell, lieblich, weniger gehopft als Pilsner
(Pilsen)	Pilsner Urquell	Hell, spritzig, frisch, stark gehopft, 4,1 %vol
England	Ale	Obergärig, dunkel-bernsteinfarben, fruchtig
	Barley wine	Extrastarkes Ale
	Bitter	Stark gehopftes Ale
	Porter	Wie Stout, aber leichter
	Stout	Obergärig, sehr dunkel, aus stark gerösteter unvermälzter Gerste und Malz
Frankreich Kronenbourg (Elsass)	biére de garde	Obergärig, stark, kupferfarben, heute auch untergärig, filtriert, 4,4–7,5 %vol
Irland	Guinness	Obergäriges Schwarzbier, Stammwürzegehalt etwa 10%, 4,1 %vol
Österreich (Wien)	Wiener	Untergärig, bernsteinrot oder halbdunkel (Wiener Malz)
Schweiz	Samichlaus-Bier, (St.-Nikolaus-Bier)	Ab 6. Dezember, hell oder dunkel, 14 %vol
Spanien	San Miguel	Untergärig, hell
USA	Light-Beer	Untergärig, hell, wässrig, nach Pilsner Art
	Malt Liquor	Malztrunk, helles Bockbier (April-Mai)

Bierausschank

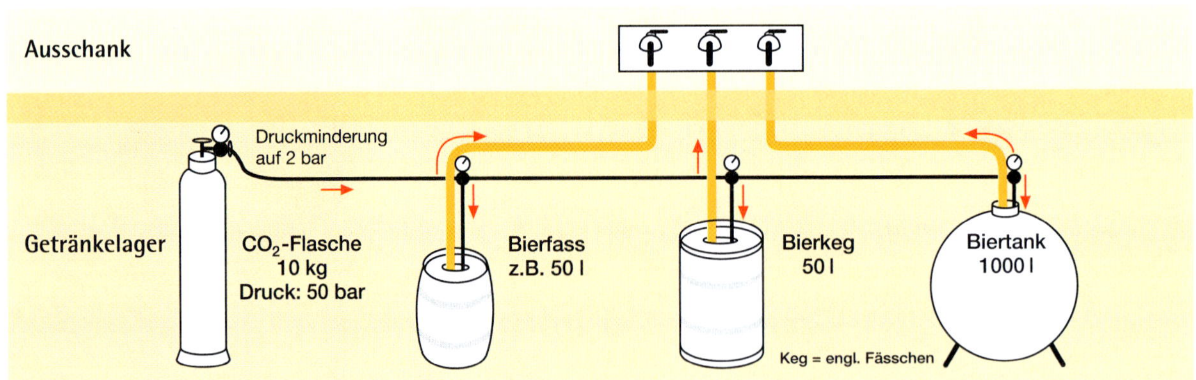

Küchentechnische Bedeutung

Bier wird auch zum Kochen verwendet: für Bierteig (➔ 310), Biersauce, Biersuppe oder Warmbier (➔ 148) und Kaltschalen, zum Würzen von Fleischspeisen.

Kein Alkohol an Kinder

Der Verkauf alkoholischer Getränke an Kinder und Jugendliche wird durch das Gesetz zum Schutze der Jugend und durch das Gaststättengesetz geregelt (➔ Grundstufe: Jugendschutz.)

Servierregeln

Bier ist ein guter Speisenbegleiter und wird mitunter sogar zu festlichen Mahlzeiten bevorzugt. Bierliebhaber legen Wert auf die richtige Trinktemperatur, die gute Schaumkrone, das sortentypische Bierglas und besonders auf den arteigenen Geschmack, der zur Speise passen muss.

Wenig jugendliche Biertrinker

61% der 14- bis 29-jährigen Jugendlichen trinken Bier selten oder gar nicht. Sie verlangen neben alkoholfreien Getränken eher Alcopops (Limonaden mit Alkohol) oder Biermixgetränke.

Bierspezialität	Geschmacksmerkmale	Speisen
Pilsner	Herb-bitter	Schweinefleisch (Eisbein)
Altbier	Aromatisch	Wild, Rinder-, Schweinebraten
Bockbier	Kräftig	Käse, dunkles Fleisch, rustikale Aufschnittplatten
Weiß- und Weizenbier	Spritzig	Fisch
Dunkles Bier	Aromatisch	Hammelspeisen, Gänsebraten
Exportbier	Kräftig, lieblich	Steaks
Malzbier, Berliner Weiße	Erfrischend	Süßspeisen

21.6 Wein

Wein ist ein **altes Kulturgetränk,** das in den gemäßigten Klimazonen der Erde erzeugt wird. Weltweit sind über 8000 Rebsorten bekannt, von denen etwa **56 in Deutschland** zum Anbau zugelassen sind. Die ältesten und bedeutsamsten Weinbaugebiete Europas liegen in den Mittelmeerländern.

Die **europäischen Weinbauländer** regeln Anbau, Ausbau und Handel mit Wein durch EU-Vorschriften. Die Bestimmungen des Gesetzes zur Reform des Weinrechts von 1994 und nachgeordnete Rechtsvorschriften dienen insbesondere der nationalen Ausgestaltung des europäischem Weinrechts.

1 *Erläutern Sie den Begriff Stammwürze im Zusammenhang mit der Biergattung.*
2 *Nennen Sie neuere Biersorten, und erörtern Sie die Bedeutung des Angebots.*
3 *Dürfen Biere mit anderen Getränken vermischt werden?*
4 *Vervollständigen Sie die Übersicht über ausländische Biere:*
Land – Bier – hell/dunkel – Biertyp – Geschmack
5 *Begründen Sie die Möglichkeit des Ausfrierens von Bier zu Eisbock.*

21.6.1 Deutscher Wein

vin allemand *German wine*

Hergestellt werden Weißwein (*vin blanc / white wine*), Rotwein (*vin rouge / red wine*), Rosé-Wein (*vin rosé / rosé wine*) und Rotling, Perlwein (*vin pétillant / prickling wine*), aber kaum Likörwein (*vin de liquer / liquer wine*).

Wichtige Rebsorten, Merkmale des Weins

Riesling dezente Duftnoten von Apfel, Pfirsich oder Aprikose, teilweise sehr säurebetont, leicht bis mittelkräftig

Silvaner sehr dezente Duftnoten von Apfel, Gräsern und zarten Kräutern, mild bis etwas säurebetont, leicht bis mittelkräftig

Weißburgunder Duftnoten erinnern an Äpfel, gekochte Birnen, Aprikosen, Mango und frische Nüsse, etwas säurebetont, leicht bis mittelkräftig

Grauburgunder (Ruländer) etwas duftbetont an Nüsse, Quitten, Datteln und Mangoschale erinnernd, mild bis etwas säurebetont, mittelkräftig bis gehaltvoll

Müller-Thurgau Rivaner etwas duftbetont an zarte Kräuter, Äpfel oder überreife Birnen erinnernd, milde Säure, leicht bis mittelkräftig

Kerner feinaromatisch an Äpfel, Pfirsiche, Johannisbeeren oder Eisbonbon erinnernd, säurebetont, leicht bis mittelkräftig

Bacchus aromatisch an Kümmel oder schwarze Johannisbeeren erinnernd, säurebetont, leicht bis mittelkräftig

Scheurebe deutliches Aroma von schwarzen Johannisbeeren, säurebetont, mittelkräftig

Trollinger dezentes Aroma von Johannisbeeren und Wildkirschen, etwas säurebetont, gerbstoffmild, meist sehr leicht

Portugieser Bukett erinnert häufig an rote Johannisbeeren, erhitzte Erdbeeren, grünen Pfeffer oder geröstete Mandeln, etwas säurebetont, selten gerbstoffbetont, leicht bis mittelkräftig

Spätburgunder deutliches Waldbeerenbukett, säuremild, meist gerbstoffbetont, mittelkräftig bis gehaltvoll

Dornfelder deutliches Aroma von überreifen Brombeeren, Holundersaft, Bananenschale oder Bittermandeln

Rebsorten

Weintrauben wachsen an **Weinstöcken**, regional auch Rebstöcke genannt. Angebaut werden Zuchtkulturen mit eigenen Namen. In Deutschland sind nur etwa 20 der zugelassenen Rebsorten ökonomisch bedeutungsvoll. Die Weineigenschaften werden hauptsächlich durch Rebsorte, Boden, Klima und fachmännischen Anbau bestimmt. Das gemäßigte Klima sorgt mit ausreichend hohen Niederschlägen für einen langsamen Reifeverlauf bei guter Bodennutzung. Dies führt je nach Rebsorte und Standort ebenso zu leichten filigranen fruchtbetonten wie auch körperreichen Weinen mit milder bis ausgeprägter Säure.
Neben den klassischen alten Rebsorten, Riesling, Silvaner, Weißburgunder, Grauburgunder (Ruländer), Spätburgunder, Portugieser und Trollinger haben auch die durch Kreuzungszüchtung gewonnenen Sorten Müller-Thurgau (Rivaner), Kerner, Bacchus, Scheurebe und Dornfelder besondere Bedeutung.

Anbaugebiete

Deutschland zählt zu den nördlichsten europäischen Weinbauländern mit **13 Anbaugebieten,** in denen jeweils ähnliche geologische und klimatische Bedingungen herrschen.
Der deutsche Weinbau konzentriert sich auf das Gebiet am Rhein und seinen Nebenflüssen, südlich von Bonn bis zum Bodensee. Daneben bestehen zwei östliche Weinbaugebiete mit reicher Tradition an Saale-Unstrut und an der Elbe zwischen Pillnitz und Seußlitz (seit 1161 urkundlich erwähnt).

Anbaugebiete für deutschen Qualitätswein

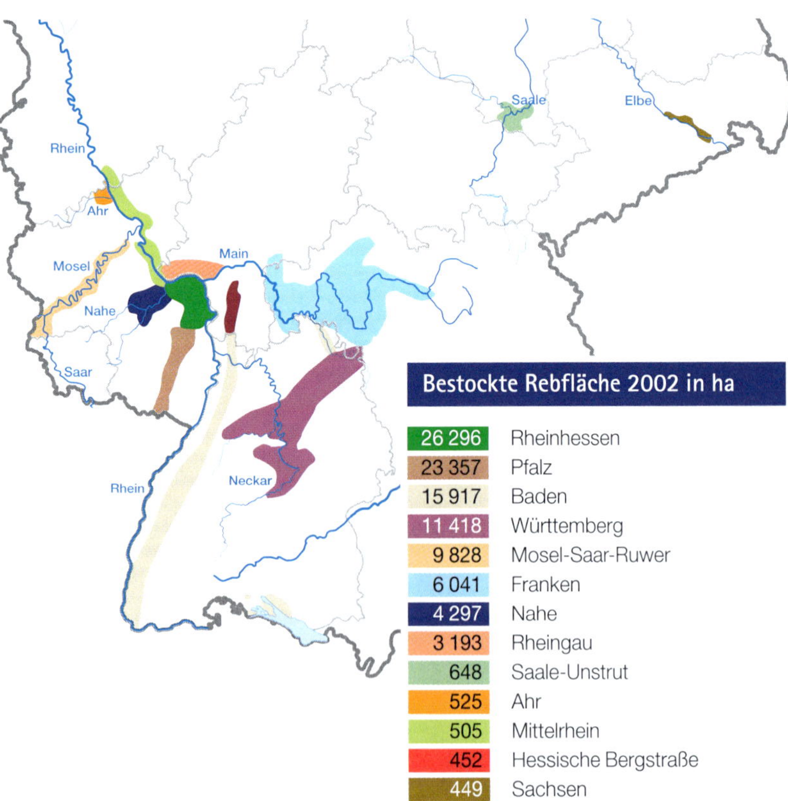

Bestockte Rebfläche 2002 in ha

26 296	Rheinhessen
23 357	Pfalz
15 917	Baden
11 418	Württemberg
9 828	Mosel-Saar-Ruwer
6 041	Franken
4 297	Nahe
3 193	Rheingau
648	Saale-Unstrut
525	Ahr
505	Mittelrhein
452	Hessische Bergstraße
449	Sachsen

Weinbaugebiet	Böden	Hauptrebsorten	Weine und besondere Flaschenformen
Ahr	Sandiger Lehm, Grauwacke und Schiefer	Spätburgunder, Portugieser, Riesling und Müller-Thurgau	Leichte Rotweine mit rassiger Fruchtigkeit, Spätburgunder,
Baden	Jura, Granit- und Gneisverwitterung, Keuper, Löß, Lehm, Mergel, Moräne, Muschelkalk, Sandstein und vulkanische Gesteine	Müller-Thurgau, Spätburgunder, Grauburgunder, Riesling, Gutedel und Weißburgunder	Gutedel (Markgräfler Land), Burgunderarten: Grauburgunder, Spät-, Weißburgunder, Badisch Rotgold (Grau- und Spätburgunder zusammen gekeltert), Spätburgunder-Weißherbst
Franken	Buntsandstein, Gips- und Lettenkeuper, Löß, Lehm, Muschelkalk und Sand	Müller-Thurgau, Silvaner, Bacchus, Kerner, Riesling und Spätburgunder	Ausgeprägte Eigenarten durch kleine Rebflächen mit Frankenweincharakter herzhaft, erdig, körperreich, trocken, abgefüllt in Bocksbeutel (➔ 358), Müller-Thurgau mit Muskatnote, Silvaner besonders markig
Hessische Bergstraße	Melaphyr, Porphyr, Sand, Löß, Lehm, Kies, Granitverwitterung und Buntsandstein	Riesling, Müller-Thurgau, Silvaner und Grauburgunder	Vorwiegend Rieslingweine, im Erzeugergebiet getrunken
Mittelrhein	Grauwacke, Schiefer und tonig-sandiger Lehm	Riesling und Müller-Thurgau	Herzhafte Rieslingweine
Mosel-Saar-Ruwer	Grauwacke, Schiefer, tonig-sandiger Lehm, Mergel und Muschelkalk	Riesling, Müller-Thurgau, Elbling und Kerner	Rassige Weine, hell, frisch, spritzig, mit fruchtiger Säure, hauptsächlich Rieslingweine
Nahe	Sand, tonig-sandiger Lehm, Mergel, Schiefer und Quarzit	Riesling, Müller-Thurgau, Silvaner, Kerner, Scheurebe, Bacchus, Spätburgunder und Dornfelder	Sehr unterschiedlich, je nach Rebsorte und Jahrgang, ähnlich den benachbarten Anbaugebieten
Pfalz	Buntsandstein, Kies, Sand, sandiger Lehm, Löß, Kalk und Mergel	Riesling, Müller-Thurgau, Portugieser, Kerner, Silvaner, Scheurebe, Dornfelder und Spätburgunder	Würzige bis mild-süffige Weine; 25% der deutschen Weinproduktion; Trockenbeerenauslesen aus dem Bereich Mittelhaardt
Rheingau	Schiefer, Quarzit, Buntsandstein, Ton, Lehm und Löß	Riesling, Spätburgunder und Müller-Thurgau	Weltbekannte Weine; Spätlesen mit Edelfäule, vollmundige Rieslingweine mit feinwürzigem Duft, Spätburgunder (Steillagen)

Weinbaugebiet	Böden	Hauptrebsorten	Weine und besondere Flaschenformen
Rheinhessen	Gesteinsverwitterung, tonig-sandiger Lehm, Kies, Ton, Löß, Rotliegendes und Mergel	Müller-Thurgau, Silvaner, Riesling, Kerner, Scheurebe, Bacchus, Portugieser, Dornfelder und Spätburgunder	Unterschiedlichste Weine, Müller-Thurgau am bedeutendsten, Liebfrauenmilch stammt aus Rheinhessen, Ingelheimer Spätburgunder
Saale-Unstrut	Wellenkalk und roter Sandstein	Müller-Thurgau, Silvaner, Weißburgunder, Portugieser, Riesling, Kerner, Bacchus und Traminer	Trockene, reintönige Weine mit weichem Charakter (Muschelkalk), die jung getrunken wer den sollten; aus klimatischen Gründen keine Aus-und Spät lesen
Sachsen	Granitverwitterung, Löß- und Sandböden	Müller-Thurgau, Riesling, Weißburgunder, Grauburgunder und Traminer	Charaktervolle trockene Weine mit Säure, leichte Rotweine aus Seußlitz, Meißner Weine (Steillagen), Meißner Schieler (Rotling) Sachsenflasche (➔ 358)
Württemberg	Muschelkalk, Keuper, lehmiger Ton, Mergel, Löß, Molasse und Sand	Riesling, Trollinger, Schwarzriesling (Müllerrebe), Lemberger, Kerner, Müller-Thurgau und Spätburgunder	Typisch sind unterschiedliche Rot- und Weißweine mit kräftigem Geschmack; als Spezialität gilt Schillerwein

Die Anbaugebiete lassen sich in **Bereiche, Gemeinden, Großlagen** und **Einzellagen** weiter unterteilen.

Weinlese

Erntetermine liegen zwischen Anfang September und Mitte November. Die **Lese** findet nach den Reifestufen Vollreife, Überreife, Edelfäule, (➔ 356) statt. Eine grobe Sortierung des Lesegutes findet bereits am Weinstock statt. In deutschen Qualitätsweingebieten werden bei einer Vorlese angefaulte, kranke oder beschädigte Beeren abgelesen. Bei der Hauptlese werden die gesunden voll reifen Trauben geerntet.

Mostgewicht

> Durch das Mostgewicht, das die **Dichte des Mostes** bezeichnet, wird der Traubenzuckergehalt bei der Lese ermittelt.

Wiegen mit der Mostwaage?

Ferdinand Öchsle (1774–1825) aus Pforzheim erfand die Mostwaage, die aus einer Senkspindel besteht.

Die Mindestmostgewichte sind für die Anbaugebiete, deren Rebsorten und die zu erreichende Güteklasse des Weins unterschiedlich festgelegt.

Beispiel Anbaugebiet Pfalz, Rebsorte Riesling	Öchsle	entspricht
Landwein	50°	5,9 % vol.
Qualitätswein b. A.	60°	7,5 % vol.
Qualitätsweine mit Prädikat		
- Kabinett	73°	9,5 % vol.
- Spätlese	85°	11,4 % vol.
- Auslese	92°	12,5 % vol.
- Beerenauslese und Eiswein	120°	16,9 % vol.
- Trockenbeerenauslese	150°	21,5 % vol.

Übersicht Weinherstellung

Weißwein

Lesen
Entrappen
Quetschen
Pressen (Keltern)
Vergären
Nachgären
Lagern/ Reifen

Weinherstellung

Mostgewinnung

Mit einigen Ausnahmen werden die Weinbeeren maschinell von den Stielen befreit und gemaischt (gequetscht). Dabei löst sich ein Teil des Fruchtsaftes aus den Weinbeeren. Die Kerne, die Bitterstoffe enthalten, sollen jedoch nicht zerdrückt werden. Beim Rotwein werden die Trauben zur Farbgebung zunächst gemaischt und vorgegoren oder kurz erhitzt. Eine Nassverbesserung durch Zusatz von Wasser ist verboten. Jungmoste werden als **neuer Süßer** und kurz nach Beginn der Gärung als **Federweißer** verkauft.

Mostgärung

Die Vorbereitung der Moste erfolgt durch Temperaturkontrolle zur Schaffung eines günstigen Gärniveaus. Durch Hefen wird der Traubenzucker in Ethanol und Kohlendioxid umgesetzt. Die Gärung sollte weder zu lange noch zu stürmisch verlaufen. Außer bei Prädikatsweinen ab Auslesen dauert die Gärung 3 Wochen und länger. Eine zu stürmische Gärung führt zu ausdruckslosen Weinen, während eine zu langsame Gärung zur Bildung von Azetaldehyd führt, das dann durch Zusatz von schwefliger Säure gebunden werden muss. Schwefel, der auch die Oxidation, die Keimvermehrung und den Enzymabbau hemmt, soll möglichst in geringem Maße eingesetzt werden.

> Anreicherung ist der **Zusatz von Zucker** oder rektifiziertem **Traubenmostkonzentrat** vor Beendigung der Gärung zur Erhöhung des Alkoholgehaltes.

Nach EU-Recht ist Wein … das ausschließlich durch vollständige oder teilweise Gärung der frischen, auch gemaischten Weintrauben oder des Traubenmostes gewonnene Erzeugnis.

Wenn es die Witterungsbedingungen erfordern, kann in allen Anbauzonen eine Anreicherung bei Tafel-, Land- und Qualitätsweinen erfolgen. Allerdings ist bei deutschen Qualitätsweinen mit Prädikat jede Anreicherung verboten. Nach der EU-Regelung darf die Erhöhung des Mindestgehaltes an natürlichem Alkohol folgende Grenzwerte nicht überschreiten:
Weinbauzone A (➔ 359): 3,5 %vol; Weinbauzone B: 2,5 %vol

Behandlungsstoffe im Wein und ihre Funktion

Zucker	Bildung von Alkohol
Schweflige Säure	Die Zugabe von Schwefeldioxid (SO_2) dient vorrangig der Haltbarkeit des Weines. Der Gehalt an Gesamt-SO_2 beträgt meist 35 bis 120 mg/l, die zulässigen maximalen Grenzwerte betragen je nach Weintyp 150 bis 400 mg/l.
Sorbinsäure	Haltbarmachen
Ascorbinsäure	Haltbarmachen

Ausbau und Behandlung

Außer bei Spätlesen, Auslesen usw. beginnt nach dem Gären die Behandlung. Die Hefe wird abgetrennt, der Jungwein geklärt, wodurch weniger Schwefel erforderlich ist. Zur Klärung werden Kieselgur oder Filter ohne Asbest verwendet. Nach dem Klären reift der Wein im Fass oder im Tank. Überschüssige Weinsäure fällt in Kristallform aus. Durch die Reife entsteht die geschmackliche Harmonie des Weins. Enthalten die verwendeten Trauben besonders viel Zucker, kann der Alkoholgehalt hoch sein, und dennoch verbleibt im Wein noch unvergorener Zucker. Bei niedrigen Öchslegraden ist andererseits eine Trockenzuckerung nach gesetzlichen Vorgaben möglich. Durch Zugabe von schwefliger Säure wird die Oxidation des Weins verhindert. Schönen des Weins heißt Entfernen von unerwünschten Stoffen.
Lagerung: Weißweine werden 4–12 Monate, Rotweine werden 10-12 Monate im Fass ausgebaut. Ausnahme bildet der **Beaujolais primeur**, der besonders jung abgefüllt wird. Nach Selbstklärung und Filtration erfolgt die Abfüllung unter möglichst sterilen Bedingungen.

Weinarten

Weinarten	Traubenart	Verfahrensführung	Typische Beispiele
Weißwein *vin blanc* *white wine*	Weißweintrauben	Weißweinverfahren	Riesling
Rotwein *vin rouge* *red wine*	Rotweintrauben	Rotweinverfahren	Spätburgunder
Rosé-Wein *vin rosé* *rosé wine*	Rotweintrauben	Weißweinverfahren	Rosé-Wein Weißherbst (aus einer Rebsorte)
Rotling	Rotwein- und Weißweintrauben	gemeinsame Verarbeitung	Schillerwein Badisch Rotgold

Alkoholfreier Wein
Geschwefelt

Sorgfältig ausgesuchten Weinen wird nach einem neuen Verfahren der Alkohol auf besonders schonende Art entzogen. Die geschmackvolle Alternative für alle, die den Genuss eines guten Glases Wein schätzen, jedoch auf Alkohol verzichten
Kohlensäure, Konservierungsstoffe (Ascorbinsäure, Schwefeldioxid).
Kalorienreduziert:
100 ml enthalten: Kohlenhydrate: 4,3 g, Fett: 0 g, Eiweiß: 0 g, 120 kJ (28 kcal).
Das ist nur etwa 1/3 der Kalorien eines alkoholhaltigen Weines.

Perlwein zählt nach aktuellem Recht nicht zu den Weinarten. Perlwein ist schäumender Wein mit einem Kohlensäuredruck von 1 bis 2,5 bar und ist in den Weinarten Weißwein, Rotwein und Rosé möglich.

Entalkoholisierter Wein: Hergestellt nach den beschriebenen traditionellen Verfahren. Alkohol wird nach der Gärung entzogen. Restalkohol von 0,49 %vol ist zulässig.

Diabetikerwein (Wein für Diabetiker): Hinweis erforderlich: Genuss „nur nach Befragen des Arztes“. Maximal 4 g/l Glucose und 20 g/l Gesamtzucker. Maximal 12 %vol vorhandener Alkohol und 150 mg/l schweflige Säure insgesamt.

Qualitätsmerkmale

> Weine sollen fruchtige, ausgeprägte Säure, abgestimmte Süße, harmonisches Bukett, also eine Ausgewogenheit zwischen Duft- und Geschmacksstoffen aufweisen. Zur Gütebeurteilung wurde für den deutschen Wein eine Gruppeneinteilung vorgenommen; die Gruppenbezeichnungen müssen auf dem Etikett stehen. Dadurch gibt es einen Anreiz für Qualitätssteigerungen sowie eine Orientierungshilfe für den Einkauf.

Tafelwein

vin de table *table wine*

Tafelwein stammt ausschließlich aus im Inland geernteten Trauben und von empfohlenen oder zugelassenen Rebsorten. Er muss einen natürlichen Mindestalkoholgehalt von 5 %vol oder 44° Öchsle (Anbauzone A) bzw. 6 %vol oder 50° Öchsle (Anbauzone B) aufweisen. Für Tafelwein, des unteren Qualitätsbereichs sind Herkunftsbezeichnungen nach den 13 Weinbaugebieten vorgeschrieben. Tafelweine kommen aus 5 Tafelweingebieten: Rhein-Mosel, Bayern, Neckar, Oberrhein, Albrechtsburg. Tafelweine werden allgemein mit Zucker angereichert. Verschnitte verschiedener Weine sind erlaubt.

Landwein

vin de pays *homegrown wine*

Landweine können auch als Tafelweine mit gehobener Qualität angesehen werden. Der Mindestalkoholgehalt liegt 0,5 %vol höher als beim Tafelwein. Verboten ist der Zusatz von konzentriertem Traubenmost. Für sie bestehen 19 vorgeschriebene Landweingebiete. Bei Landweinen soll nur die geografische Herkunft erkennbar sein. Besondere Weinbaugebiete dürfen nicht angegeben werden. Tafel- und Landweine werden in der Gastronomie gern als Schoppenweine angeboten.

Qualitätswein / Qualitätswein bestimmter Anbaugebiete

vin de qualité / vin délimité de qualité supérieure

quality wine / quality wine produced in a specific region (qwpsr)

Qualitätsweine sind durch eine Prüfnummer gekennzeichnet. Auf dem Etikett sind außerdem Anbaugebiet, fakultativ Jahrgang und Rebsorte angegeben. Die Zuteilung der amtlichen Prüfnummer darf nur erfolgen, wenn

- die Vorschriften der Rechtsakte der Europäischen Gemeinschaft, des Weingesetzes und der aufgrund des Weingesetzes erlassenen Rechtsverordnung eingehalten worden sind;
- der Wein die für ihn typischen Bewertungsmerkmale aufweist;
- der Traubenmost oder die Maische im gärfähig befüllten Behältnis mindestens das für den jeweiligen Wein vorgeschriebene Mindestmostgewicht erreicht hat;
- der Wein in Aussehen, Geruch und Geschmack frei von Fehlern ist und
- der Gesamtalkoholgehalt im Falle einer Anreicherung die zulässige Obergrenze nicht übersteigt.

Für die Zuerkennung eines Prädikates ist darüber hinaus erforderlich, dass

- der Wein die für das Prädikat typischen Bewertungsmerkmale aufweist,
- er nicht angereichert ist,
- die zur Weinbereitung verwendeten Trauben in einem einzigen Bereich geerntet worden sind, und
- die Beschaffenheit des Lesegutes den für das jeweilige Prädikat festgelegten Vorschriften entsprach.

Qualitätswein mit Prädikat

Bei Qualitätsweinen mit Prädikat ist jede Anreicherung verboten. Kabinett ist die Eingangsstufe der Prädikate. Das Mindestmostgewicht liegt relativ niedrig. Insbesondere in den nördlichen Anbaugebieten wie Mosel-Saar-Ruwer werden diese leichten Weine geschätzt.

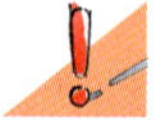

Neue Qualitätsbegriffe

Classic:
trocken ausgebaute Weine gehobener Qualität aus klassischen gebietstypischen Rebsorten

Selektion:
Herkunft aus Einzellagen, ausgewählte, hochwertige Rebsorten, trocken ausgebaute und handgelesene Spitzenweine aus klassischen gebietstypischen Rebsorten

Für Spätlese, Auslese, Beerenauslese, Trockenbeerenauslese bis Eiswein sind höhere Mindestmostgewichte vorgeschrieben.

Für **Spätlesen** (*vendanges tardives / late vintages*) müssen die Weintrauben im voll reifen Zustand und in später Lese geerntet worden sein.
Auslesen (*vins de qualité extra, vins de qualité choisie / extra quality wines, selected quality wines*) stammen von voll reifen Weinbeeren.
Für **Beerenauslesen** dürfen nur edelfaule oder überreife Weinbeeren verwendet werden.
Für **Trockenbeerenauslesen** (*rôti, vins de raisins passerillés / wines produced from partially dried grapes*) eignen sich eingeschrumpfte edelfaule Beeren. Ist in Ausnahmefällen keine Edelfäule eingetreten, dürfen auch überreife eingeschrumpfte Beeren verwendet werden. Trockenbeerenauslesen können bei besten klimatischen Bedingungen erzielt werden. Bei den stark eingetrockneten Beeren wird ein konzentrierter Traubenzuckergehalt erzielt, der auch durch Aufhängen oder durch Lagern auf Stroh (Strohwein) – in Frankreich, der Schweiz und Spanien erlaubt – erreicht werden kann. Dadurch entstehen außerdem besondere Geschmacksrichtungen im fertigen Erzeugnis. Trockenbeerenauslesen sollten besonderen Gelegenheiten vorbehalten sein. Sie eignen sich als Aperitif, zum Dessert oder zu Gänseleberpastete.

Eiswein im Trend

Eiswein (vin de glace / ice-wine) dient heute vor allem als Renommiererzeugnis. Durch seinen Extraktgehalt kann er wie Dessert- oder Aperitifweine verwendet werden. Dafür müssen die Trauben bei einer Außentemperatur von mindestens –8 °C gelesen und unbeschädigt ohne vorheriges Maischen abgepresst werden. Ziel des besonderen Lese- und Verarbeitungsverfahrens ist die Konzentration des Zuckers und anderer nicht gefrorener Inhaltsstoffen der Trauben. Außerdem vermindert sich der Säuregehalt. Weitere Herstellungsschritte erfolgen wie bei Beeren- und Trockenbeerenauslesen.

Weinprüfung

Qualitätsweine unterliegen amtlichen Prüfungen, die vom Erzeuger bzw. Abfüller zu beantragen sind. Die Qualität wird besonders überwacht. Dabei sind **Lese- und Reifeprüfung, Weinanalyse** und **sensorische Prüfung** zu unterscheiden.

Amtliche Weinbewertung: Zum Schutz der Verbraucher und zur Durchsetzung eines lauteren Wettbewerbs sind obligatorische Angaben vorgeschrieben, die im Sichtbereich leicht lesbar sein müssen. Darüber hinaus gibt es Angaben, die nicht vorgeschrieben, aber erlaubt sind.

Vorgeschriebene Angaben Tafelweine	Qualitätswein	Zulässige Angaben	Verbotene Angaben
● Tafelwein oder Landwein ● Nennvolumen ● Abfüller bzw. Erzeuger ● Bei Export Erzeugerstaat ● Vorhandener Alkoholgehalt ● Loskennzeichnung	● Anbaugebiet ● Qualitätswein ● Qualitätswein b. A. ● Qualitätswein mit Prädikat ● Nennvolumen ● Abfüller bzw. Erzeuger ● Alkoholgehalt ● Loskennzeichnung ● Amtliche Prüfnummer ● Bei Ausfuhr Erzeugerstaat	● Genauere geografische Herkunftsangaben ● Jahrgang ● eine oder höchstens 2 Rebsorten ● eine Marke ● Nähere Angaben zur Abfüllung ● Geschmacksangaben ● Weitere Eigenschaften ● Empfehlungen für den Verbraucher ● Angaben zur Geschichte ● Angaben zu den Weinbaubedingungen ● Angaben zur Reife ● Auszeichnungen, Gütezeichen ● EU-Verpackungszeichen „e"	Bezeichnungen wie: ● natur ● naturrein ● Wachstum ● Originalabfüllung ● Feine Spätlese ● durchgegoren

Lese- und Reifeprüfung	Sensorische Prüfung	Weinanalyse
● Herbstbuch ● Rebsorten ● Öchslegrade	● Geruch ● Geschmack ● Harmonie	● Gesamtalkoholgehalt ● Vorhandener Alkoholgehalt ● Zuckerfreier Extrakt ● Vergärbarer Zucker ● Alkohol-Restzucker-Verhältnis ● Gesamtsäure ● Freie und gesamte schweflige Säure ● Dichte

Konrad hat auf einer deutschen Spätburgunder-Weinflasche gelesen: „im Barrique gereift". Er fragt die Weinkellnerin (sommelière). Sie erklärt ihm, dass es sich bei solchen Bezeichnungen um Rot- oder Weißweine handelt, die in neuen oder wenig gebrauchten kleinen Eichenholzfässern (bis 350 l) nach französischem Vorbild zur Erzielung des bekannten Eichenholztones gereift wurden.

Qualitätsweine werden nach der **dreistufigen Prüfung** beurteilt. Bei positivem Ausgang wird eine amtliche Prüfnummer vergeben. Durch die Prüfnummer, die in einzelnen Bundesländern unterschiedlich festgelegt wird, kann der vorliegende Wein einwandfrei identifiziert werden.

Betriebsnummer: Beispiel: Baden

Betriebsnummer	Antragsnummer	Jahreszahl
031	03	98

Geschmacksrichtungen: Hinweise über den Geschmack sind freiwillige Angaben auf den Weinetiketten. Durch sie kann die Auswahl erleichtert werden.

Restzuckergehalt trocken	halbtrocken	lieblich	süß
bis 4 g/l bis 9 g/l bei erhöhtem Säuregehalt	bis 12 g/l bis 18 g/l bei erhöhtem Säuregehalt	über 12 g/l bis 45 g/l	mindestens 45 g/l

Auswahl von Gütezeichen

Auszeichnungen: Gütezeichen und Prämierungspreise können auf Weinflaschen verzeichnet werden. Auszeichnungen werden bei Erzielung einer besonders hohen Qualität verliehen.

Gütezeichen: Für deutsche Weine, auch Diabetikerweine, gibt es das DLG-Gütezeichen Deutsches Weinsiegel in drei Farben:

Gelb	trockene Weine
Grün	halbtrockene Weine
Rot	liebliche Weine

Des Weiteren verwenden der Badische und der Fränkische Weinbauverband besondere Regionalgütezeichen.

Prämierungen: Prämiert werden Qualitätsweine und Qualitätsweine mit Prädikat. Zu unterscheiden sind Gebiets- und Landesprämierungen. Am bekanntesten sind die bundesweiten Prämierungen durch die DLG (Deutsche Landwirtschaftsgesellschaft).

Preise der DLG

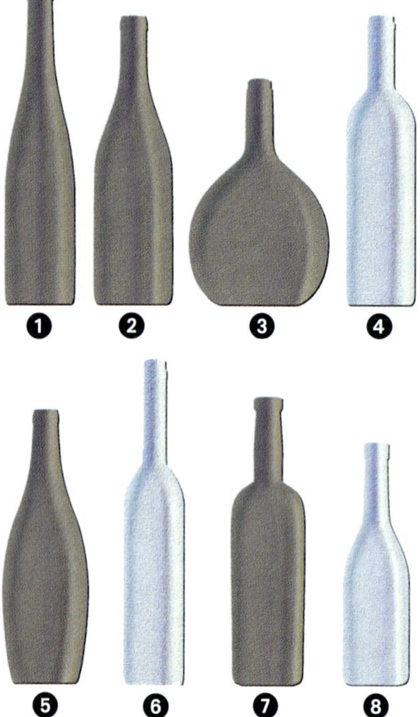

Hat die Farbe der Flasche Einfluss auf die Haltbarkeit des Weins?

Ja, denn Wein sollte bei längerer Lagerung vor Licht geschützt werden. Tageslicht fördert bei fast allen organischen Stoffen zunächst den Prozess der Reifung und dann des allmählichen Zerfalls. Grünes Glas eignet sich besonders für Weine zum baldigen Verbrauch sowie für Weine mit hohem Säureanteil (z. B. Rieslingweine aus Mosel-Saar-Ruwer). Hohen Lichtschutz garantieren braune Weinflaschen.

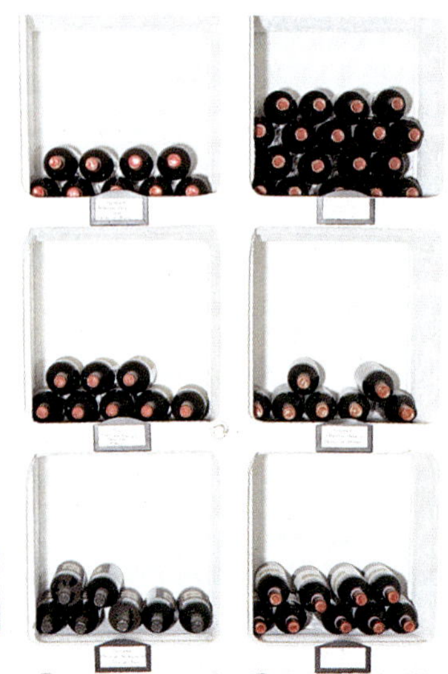

Weinflaschenformen

Bezeichnung	Form/Farbe	Verwendung
❶ Schlegelflasche	Schlanker Hals, rot, rotbraun, blau, grün	Weißweinflasche für Rheingau und Mosel
❷ Burgunderflasche	Gedrungene Schlegelflasche; braun, olivgrün	Rotweinflasche
❸ Bocksbeutel	Beutelartig; grün, braun	Fränkische und einige badische Weine
❹ Bordeaux-Flasche	Hals vom Flaschenkörper abgesetzt; weiß, farbig	Rotweine, Weißweine, süße Weißweine (Sauternes)
❺ Sachsenflasche	Keulenform; braun	Sächsische Qualitätsweine
❻ Futoroflasche	Hals abgesetzt; olivgrün	Qualitätsweine, Auslese und Beerenauslese (edelsüß)
❼ Sherry-Flasche	Hals abgesetzt; farbig	Likörweine
❽ Tokayerflasche	Hals abgesetzt; weiß	Tokayerweine

Weinetiketten

Rebsorten werden auf dem Etikett meist genannt, die Angabe ist jedoch nicht verbindlich vorgeschrieben. Bei Nennung einer Rebsorte muss der Wein zu mindestens 85% aus der Sorte hergestellt worden sein. Zwei Rebsorten dürfen nur dann angegeben werden, wenn der Wein ausschließlich aus ihnen hergestellt worden ist.

bestimmtes Anbaugebiet	RHEINHESSEN
Jahrgang	**20..er**
engere Herkunftsbezeichnung	**Ingelheimer Rebberg**
Rebsorte, Prädikat	RIESLING · SPÄTLESE
Qualitätsstufe	Qualitätswein mit Prädikat
Geschmacksangabe	halbtrocken
Amtliche Prüfnummer	A.P.Nr. 4 366 345 019 99
Alkoholgehalt / Nennvolumen	10 % vol 0,75 l
Abfüller Erzeuger	ERZEUGERABFÜLLUNG WEINGUT WALTER, D-55218 INGELHEIM

Weinlagerung

Wein sollte möglichst wenig bewegt werden. Weinflaschen sollen so liegen, dass die Korken nicht austrocknen können. Auch von außen müssen sie vor dem Austrocknen geschützt sein. Wein in hellen Flaschen ist besonders lichtempfindlich, er soll deshalb im Dunkeln gelagert werden. Die Lagertemperatur liegt zwischen 10 und 12 °C.

21.6.2 Europäische Weine

vins européens
European wines

Europäische Weinbauzonen

Zone	Land	Natürlicher Mindestalkoholgehalt QbA
A	Deutsche Anbaugebiete (Ausnahme Baden) Luxemburg, England	6,1–8,9 %vol 6,5 %vol
B	Elsass-Lothringen, Champagne, Jura, Savoyen, Loire-Tal, Baden, Österreich	7,5 %vol
C Ia	Zentral- und Südfrankreich	8,5 %vol
C Ib	Aosta-Tal, Trento, Belluno (Italien)	9,0 %vol
C II	Südfrankreich ohne die in C III genannten Gebiete, Italien ohne die in C III genannten Gebiete	9,5 %vol
C III	Pyrenäen, Korsika, italienische Gebiete südlich von Rom und italienische Mittelmeerinseln, Griechenland, Spanien, mittlere Regionen von Portugal	10,0 %vol

Weinbauzonen in der EU

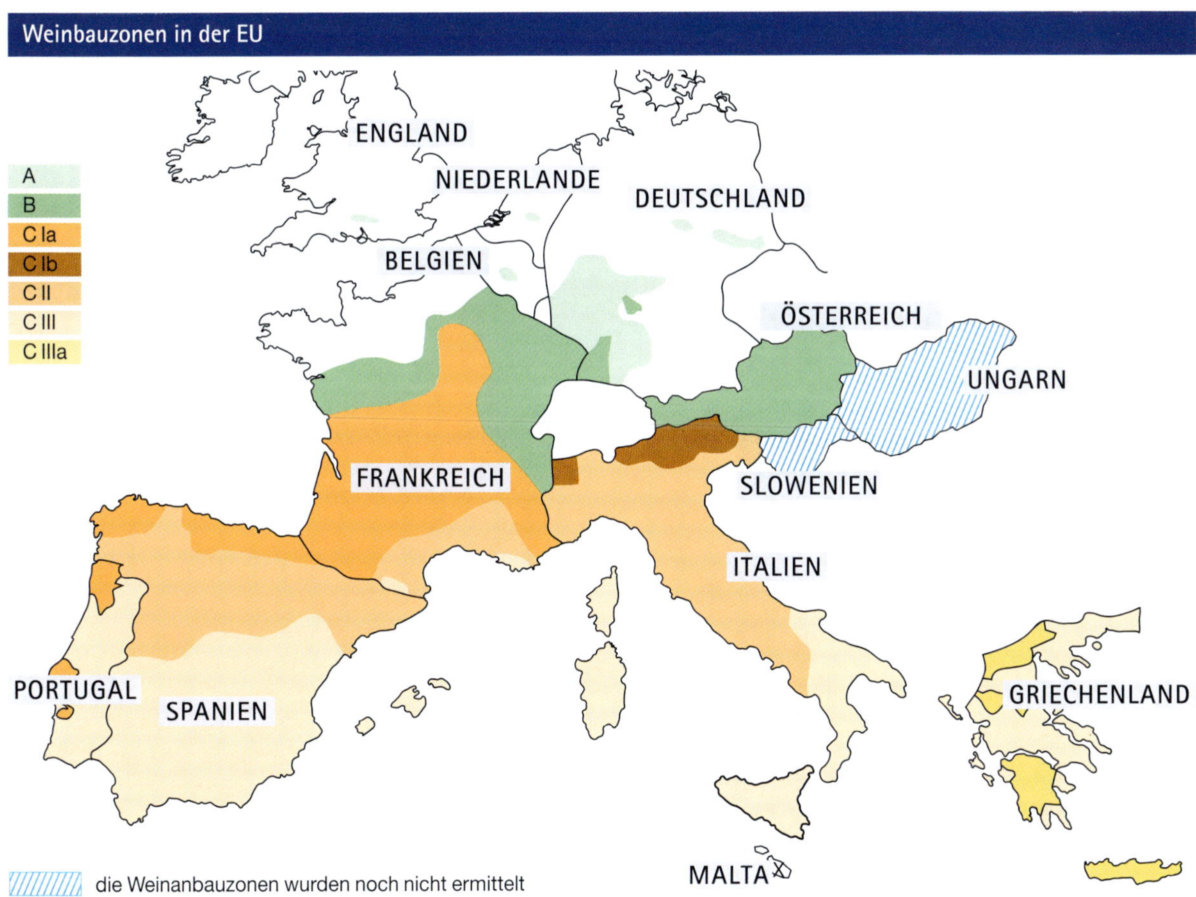

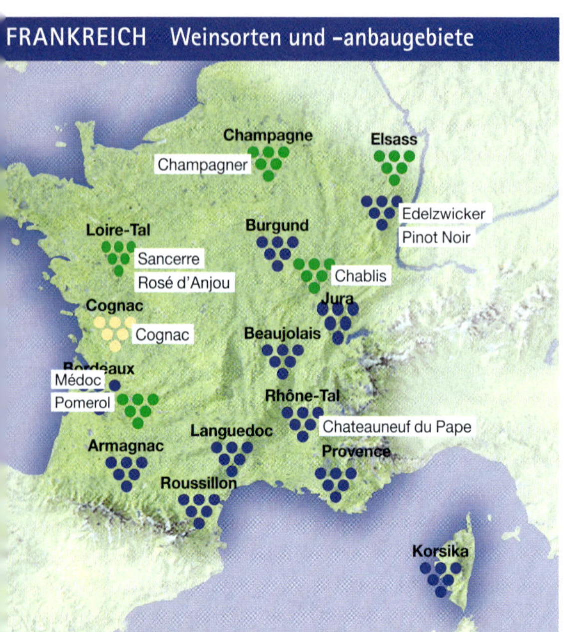

Frankreich

Aus Frankreich, einem bedeutenden europäischen Weinland, kommen vorwiegend Rotweine, aber auch Rosé- und Weißweine.

Französische Gütebezeichnungen

Tafelwein	*vin de table*
Landwein	*vin de pays*
Qualitätsweine bestimmter Anbaugebiete (QbA)	*vin délimité de qualité supérieure (VDQS)*
Wein kontrollierter Herkunft	*appellation d'origine contrôlée (AOC)*

Bei der kontrollierten Herkunftsbezeichnung wird das Wort „origine" durch den Namen des jeweiligen Anbaugebietes, des Bereichs, der Gemeinde oder Lage ersetzt.

In den französischen Anbaugebieten Bordeaux und Burgund gibt es darüber hinaus eine weitere Klassifizierung, die Klassifizierung in Crus.

Weinbauregion	Weinarten	Merkmale
Elsass	Riesling, Müller-Thurgau Weine werden nach der Rebsorte bezeichnet	Trocken, fruchtig Edelzwicker: Qualitätsweinverschnitt; schwerer und trockener als vergleichbare deutsche Sorten
Burgund	Weißweine des Chablis, des Montrachet, Rotweine der Côte d'Or	Chablis: trockener fruchtiger Weißwein Beaujolais: Rotwein fruchtig frisch Beaujolais primeur
Rhône	Rotweine, als Côtes du Rhône gekennzeichnet	Châteauneuf-du-Pape, Côtes du Rhône Hermitage, Roséwein: Tavel
Bordeaux	Beste Rotweine aus dem Médoc und Weißweine von Sauternes, Saint-Emilion, Graves, Pomerol	Sauternes ähnlich den deutschen Trockenbeerenauslesen: teils nach Honig schmeckend
Valée de la Loire	Weißweine: Muscadet, Sauvignon, Chardonnay Rotweine: Cabernet	Rotweine: Chinon, Bourgueil Roséweine: Sancerre AC grande réserve, Rosé d'Anjou Weißweine: Vouvray, Saumur Muscadet: trocken, frisch, süffig
Champagne	Schaumweine (→ 368 ff.) Wein im Unterschied zu Schaumweinen als Coteaux champenois bezeichnet	Coteaux champenois (stiller Champagner) Blanc de blancs (nur aus Chardonnay-Traube) Blanc de noirs (nur aus Pinot-noir- sowie Pinot-Meunier-Traube)
Languedoc-Roussillon		Flächenmäßig größtes französisches Weinbaugebiet, gute Landweine, Vielzahl leichter und kräftiger Rotweine verschiedener Traubensorten
Provence		Roséweine, pfirsichfarben nach Himbeeren duftend, Weiß- u. Rotweine

Italien

Italie
Italy

Eigenarten des italienischen Weinbaus sind neben den großen Ertragsmengen vielfach Mischkulturen. Hervorragend ist die Rotweinerzeugung.

Italienische Gütebezeichnungen

Tafelwein	*Vino da tavola (VDT)*
Regionalwein	*Indicazione Geografice tipica (IGT)*
Qualitätswein	*Denominazione di origine controllata (DOC)*
Prädikatswein	*Denominazione di origine controllata e garantita (DOCG)*

Weinbauregion	Weinarten	Merkmale
Südtirol	Überwiegend Rotwein: Vernatsch-Rebe, auch Blauburgunder, Cabernet Weißwein: Rheinriesling, Gewürztraminer, Silvaner Besondere Sorten: Kalterer See, St. Magdalener	Klimatisch bedingt besonders feines Aroma
Lombardei	Rote und weiße Tafelweine im Veltlin, am Gardasee, bei Pavia und Mantua	Farb- und gerbstoffreiche Rotweine
Venetien	Einfache rote Landweine Traubensorten: Corvina, Rossara, Negrara Vicenza: Trockenbeerenauslesen	Ausgeprägte Farbe, von herb bis süß-spritzig
Piemont	Qualitätsrotweine, Nebbiolo-Traube Barolo Barbera Barbaresco Muskattraube: Asti spumante	 Trocken, bukettreich Herb Mild Moussierend, alkoholreich
Emilia Romagna	Lambrusco, Albano di Romagna, Sangiovese di Romagna	
Toskana	Rotweine Chianti-Weine aus dunklen und roten Trauben	Rein und lieblich Tiefrot, feurig; Chiantiflaschen
Umbrien	Weißweine: Albano de Romagna Orvieto Rotweine: Sangiovese Lambrusco	 Halbsüß, würzig dunkelgelb Goldgelb, leicht bitter Feurig, leicht bitter Herb
Latinum	Weißweine, meist überreif geerntet Frascati	
Kampanien	Vesuv-Weine: Lacryma Christi del Vesuvio, Falerno Schwere Weiß- und Rotweine von Capri	
Sizilien	Marsala	Goldgelber Likörwein (➔ 366)

Österreich *Autriche* *Austria*

Vier Weinzentren, die insbesondere beachtliche Weißweine erzeugen.

Weinbauregion	Weinarten	Merkmale
Burgenland	Welschriesling, Sauvignon blanc,	Auslesen, Ausbruch, Strohwein
	Ruster Rotwein,	Auslesen, Barriquesausbau
	Blaufränkisch, Blauer Zweigelt	Würzige, kräftige Weine
Wien	Weißwein: Welschriesling Grüner Veltliner	Würzig, starke Säure
Steiermark	Welschriesling, Silvaner, Muskat-Silvaner, Traminer, Gutedel Blauer Wildbacher (Schilcher)	Bukettreiche Weine mit angenehmer Säure, hell goldgrün hellroter, säurebetonter Wein
Niederösterreich Wachau	Veltliner, Riesling, Silvaner, Neuburger Welschriesling, Müller-Thurgau, Neuburger: alkoholreich	Hochwertige Rieslinge

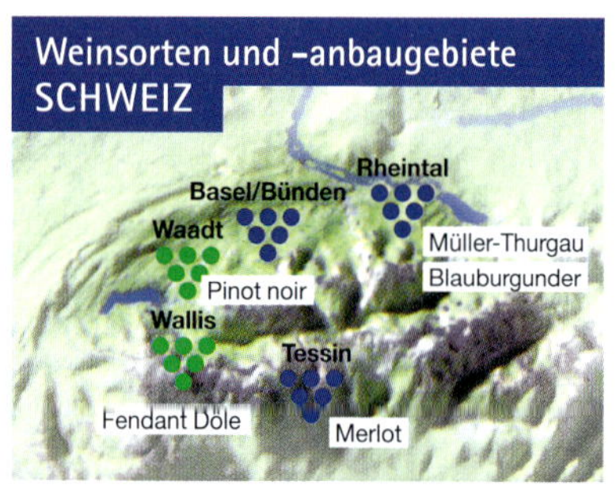

Schweiz *Suisse* *Switzerland*

Überwiegend einfache bis mittlere Weißweine in recht unterschiedlichen Geschmacksrichtungen. Weine sind durch niedrige Säurewerte, aber hohen Alkoholgehalt gekennzeichnet.

Weinbauregion		Weinarten	Merkmale
Nord-/Ost-schweiz	Basel/Bünden	Blauburgunder, Silvaner	Rassig
	Rheintal	Blauburgunder	Rund, gehaltvoll
	Zürichsee	Müller-Thurgau, Riesling, Silvaner	Säurearm, bukettreich
Westschweiz	Wallis	Fendant, Dôle	Blumig, fruchtig
	Waadt	Dorin-Weißweine	Spritzig, leicht fruchtig
	Neuenburg	Weiße und rote Weine	Spritzig, kohlensäurereich,
Südschweiz	Tessin	Rotweine (Merlot-Trauben)	Charmant, feinfruchtig
	Graubünden	Rotweine	Rund, gehaltvoll

Spanien

Espagne — Spain

40 Anbaugebiete von Qualitätsweinen. In den letzten Jahrzehnten verstärkt modernisierter Weinbau. Spanien verfügt über große Anbauflächen mit guten Qualitäten. Bekannt sind spanische Dessertweine (➔ 366).

Ausgewählte Weinbauregionen	Weinarten	Merkmale
Rioja, Navarra	Rotwein: Rioja Haro Weißweine	In der Mehrheit als Verschnitte Herb
Valencia	Rotwein: Tinto doble, Pasta	Rotweine alkoholreich
La Mancha	Weißwein, weniger Rotwein	Einfache Weißweine mit hohem Alkoholgehalt
Andalusien	Malaga Sherry	Dessertwein (➔ 366) Dessertwein (➔ 366)
Penedés	Rotweine Weißweine	frische, fruchtige Weine

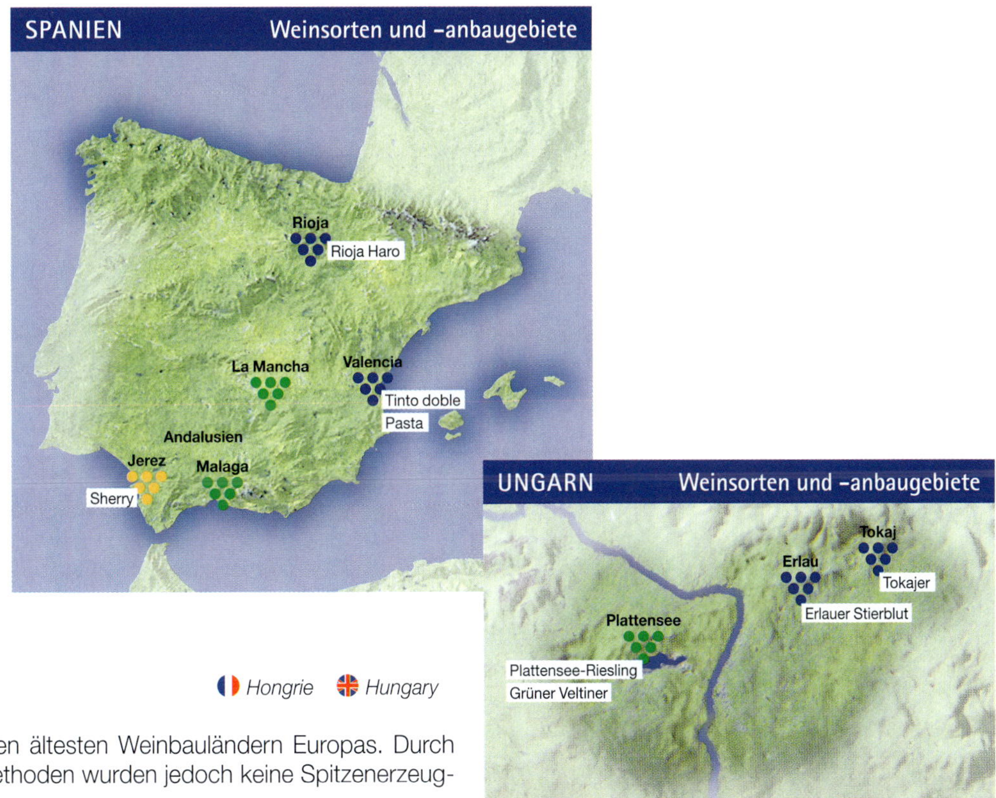

Ungarn

Hongrie — Hungary

Ungarn zählt zu den ältesten Weinbauländern Europas. Durch moderne Anbaumethoden wurden jedoch keine Spitzenerzeugnisse erreicht.

Weinbauregion	Weinarten	Merkmale
Plattensee	Weißwein: Plattensee Riesling	Mittelschwer
Erlau	Rotwein: Erlauer Stierblut	Schwer bis süßlich
Tokaj	Dessertwein (➔ 366)	Ausgeprägtes Bukett, hohe Fruchtsüße

Küchentechnische Bedeutung

Prinzipiell eignet sich zur Herstellung einer Speise derjenige Wein, der auch dazu getrunken werden könnte (Harmonie von Speise und Getränk).

Die Verwendung guter Weine zu Speisen ist Kennzeichen einer hohen Esskultur. Wein soll den Geschmack der Speisen unterstreichen, jedoch nicht übertönen. Bestimmte Speisenbestandteile stören den Weingenuss, insbesondere Säureträger wie Essig oder Zitrone. Ölhaltige Fischspeisen führen beim Weingenuss zu artfremdem Beigeschmack. Säurebetonte Weißweine können die Verdaulichkeit der Speisen fördern. Sie eignen sich auch zum Reduzieren. Zu einfachen Speisen eignen sich leichte Schoppenweine, während zu guten Saucen und Spezialitäten Qualitätsweine gehören.

Präsentieren — Öffnen

Speisen	Weine
Suppen, Kaltschalen, Weinsaucen	Dezente, mittelkräftige Weine
Fisch, Meeresfrüchte, Fleischpasteten, helles Fleisch und Geflügel	Säurefrische Weißweine
Braune Suppen	Weißherbste, leichte milde Rotweine
Wild-, Fleischpasteten, Rotweingelee	Burgunder, Côtes du Rhône, Languedoc
Saucen für dunkles Fleisch und Wild	Kräftige, farbstarke Rotweine
Saucen für Fisch und helles Fleisch	Trockene Weißweine
Weinschaum, Sorbet, Dessert	Kräftiger Schaumwein, Champagner

Servierhinweise

Nach der Angebotsform lassen sich Weine folgendermaßen einteilen: Schoppen- und Vierteleweine, Tischweine, Flaschenweine höherer Qualität sowie Likörweine. Wein wird nicht zu kalt getrunken, da sonst die flüchtigen Bukettstoffe nicht zur Geltung kommen. Auf keinen Fall sollen Weine schockartig erwärmt oder abgekühlt werden.

Weißwein kann kühl getrunken werden, dann hat er eine erfrischende Wirkung. Weißherbst und Rosé-Weine werden vorteilhaft bei 10-12 °C serviert. Rotweine entfalten ihre Bukettstoffe bei Temperaturen von etwa 16-18 °C (je nach Art und Alkoholgehalt steigende Temperaturen) ➔ Grundstufe

Weinprobe

dégustation du vin  *wine tasting*

Durch Weinproben können Gäste Verständnis für Weine bekommen. Außerdem bilden Weinproben eine Form der **kulturvollen Unterhaltung**, insbesondere wenn literarische, geografische, historische oder ernährungsphysiologische Bezüge hergestellt werden. Bei einer Weinprobe sollte Wert auf die Unterhaltung über Weine sowie auf den Meinungsaustausch gelegt werden.

Für eine erfolgreiche Weinprobe sind schon die äußeren Bedingungen wichtig: helle Räume, ungeschliffene Probiergläser, Kerzenlicht und Krüge für Weinreste.

Allgemein gelten folgende **Grundsätze**:

- Frische, leichte und junge Weine vor schweren, älteren Weinen
- Trockene Weine vor lieblichen Weinen
- Rosé-Weine vor Rotweinen
- Bukettreiche Weine (z. B. Muskateller, Gewürztraminer) stets am Schluss.

Zum **Neutralisieren** des Geschmacks eignen sich trockenes Weißbrot und Mineralwasser. Käse oder Käsespeisen sollten bei anspruchsvollen Weinproben gemieden werden, denn dadurch werden Geschmacksunterschiede verwischt.

Bukettreiche Weine, wie Muskateller, Traminer und Gewürztraminer, sollten in der angegebenen Reihenfolge am Ende der Verkostung stehen. Das gilt auch, wenn sie weniger alkoholreich als Grauburgunder- oder Riesling-Spätlesen sind.

Vor den bukettreichen Weinen sollte man eine Pause einlegen, damit sich die Geschmacksnerven beruhigen können.

Ein Gast fragt, ob der Beaujolais primeur schon eingetroffen sei. Was meint er?

Beim Beaujolais primeur handelt es sich meist um einen Rotwein, der ausschließlich aus der Gamay-Traube hergestellt wird. Weißwein wird nur aus der Chardonnay-Traube erzeugt. Beaujolais primeur wird im Lesejahr bereits ab 15. November gehandelt und frisch getrunken.

21.6.3 Likörwein

 *vins de dessert*  *dessert wine*

Likörweine werden umgangssprachlich auch als Dessert-, Süd- oder Süßweine bezeichnet. Zu unterscheiden sind süße und trockene Likörweine.

Arten

Natürlich	Konzentriert	Gespritet

Qualitätsmerkmale

- Intensive Farben von Goldgelb bis Dunkelrot und Braun
- Ausgeprägte Aromabildung
- Hoher Alkoholgehalt zwischen 15 und 20 % vol

Herstellung

Natürliche Likörweine

vins de dessert naturels
natural dessert wine

Die Trauben bleiben bis zur Rosinenbildung am Weinstock und werden nach dem Lesen auf Stroh in der Sonne ausgebreitet. Die noch saftigen Beeren werden gepresst. Trockene Beeren werden zerkleinert, dann mit Most übergossen. Dadurch entsteht ein hoher Zucker- und Extraktgehalt. Durch Oxidationsprozesse an der Luft verfärbt sich der Most in der weiteren Verarbeitung von Goldgelb bis Braun.

Konzentrierte Likörweine

vins de dessert concentrés
concentrated dessert wine

Die Trauben trocknen am Weinstock in der Sonne. Nach dem Angären wird Most, Wein oder eingekochter Traubensaft zugesetzt. Auf diese Weise wird ebenfalls ein hoher Zucker- und Extraktgehalt erreicht.

Gespritete Likörweine

Die Trauben werden nach dem Lesen zum Nachreifen und zum Wasserentzug ausgebreitet und dann gepresst. Die Gärung wird durch Zugabe von Weindestillat (Weingeist) unterbrochen. Gespritete Dessertweine zeichnen sich durch einen hohen Alkoholgehalt bei relativ geringem Zucker- und Extraktgehalt sowie meist durch lange Lagerung aus.

Bedeutende Likörweine

Likörwein	Herkunft	Herstellung	Merkmale
Lacryma Christi	Italien	Natürlich	Vesuv-Weine aus weißen oder roten Trauben Hellgelb bis rubinrot
Madeira	Portugal	Gespritet	Insel Madeira Drei Jahre Lagerung, Alkoholgehalt 18–21 %vol 4 Sorten: Sercial (aus Riesling, sehr trocken), Verdelho (trocken, weich), Boal (würzig, aromatisch), Malvasia (dickflüssig, süß)
Malaga	Spanien	Konzentriert	Mischungen aus gespriteten Weinen, Wein aus konzentrierten Weinen oder eingekochtem Traubensaft; Alkoholgehalt 15–16 %vol; 3 Sorten: schwarz, süß, lágrima
Marsala	Italien	Gespritet	Zählt zu den berühmtesten Likörweinen; bernsteingelb, aromatisch, Alkoholgehalt 16–20 %vol Zusatz von Cotto (eingedickter Most), Sifone (Traubensaft mit Weindestillat) und Alkohol nach der Mostgärung Je nach Anteil von Cotto und Sifone trocken bis süß 4 Sorten: Fino, Speciale, Superiore, Vergine
Portwein	Portugal	Gespritet	Verwendet werden blaue und helle Trauben, wobei der Most nur teilweise vergoren und die Gärung mit Branntwein abgebrochen wird; jahrelange Lagerung
Samos	Griechenland	Gespritet	Insel Samos Gespritet durch Weinalkohol, voll süß, 15–17 %vol
Sherry	Spanien	Gespritet	In der Sonne auf Matten nachgereifte Trauben werden gekeltert; reift unter Luftzufuhr mit Oberflächenhefen nach dem Solera-Verfahren
Tarragona	Spanien	Gespritet	Dunkelfarbig, süß, Alkoholgehalt 14–17 %vol
Tokajer	Ungarn	Konzentriert	Aus mindestens 3 Jahrgängen; Traubenmost wird jeweils in den vergorenen Wein des Vorjahres gegeben, der dann nur noch teilweise vergärt; Alkoholgehalt 15 %vol, Flasche ➔ 358 Qualitäten: Szamorodni (vollreif), Aszu (Ausbruch), Essenz (seltenes Spitzenerzeugnis, ohne Pressen vergorener Weinsaft)

Was heißt eigentlich Solera-Verfahren?

Der Name ist vom spanischen Wort suelo abgeleitet und heißt so viel wie Boden. Eine kleine Menge jüngeren Weins wird einem älteren, dem Boden, zugesetzt, wodurch bei der Sherry-Herstellung eine gleich bleibende Qualität erreicht wird.

Angebot und küchentechnische Bedeutung

Likörweine können wegen der appetitanregenden Wirkung nicht nur vor dem Essen als Aperitif, sondern auch nach dem Essen als Digestif verwendet werden. Likörweine werden gern als begleitendes Getränk zu Süßspeisen gereicht ➔ Grundstufe: Getränkekarten.
Früher reichte man zu exotischen Suppen ein Gläschen Sherry oder Malaga. Nach wie vor eignen sich hochwertige Likörweine zur geschmacklichen Vollendung dieser Suppen. Sie dienen außerdem zur Geschmacksgebung und zur geschmacklichen Abrundung von Vorspeisen, Süßspeisen und Saucen.

Servierhinweise

Die Serviertemperatur beträgt 14–16 °C; gespritete Weine müssen etwas kühler sein. Kältetrübung ist bei zu starker Kühlung möglich, sie verliert sich aber beim Erwärmen wieder. Depot kommt bei alten Portweinen vor.
Likörweine werden in Likörweingläsern von 0,07 l, Portwein und Sherry in Spezialgläsern von 5 cl ausgeschenkt. Für Glasausschank eignen sich 0,1-l-Gläser.

Depot in Weinen

Ablagerungen am Flaschenboden, typisch für alle Bordeaux- und Burgunderweine, werden als Depot bezeichnet. Das Depot besteht aus Gerbstoffen und kristallisierter Weinsäure; es kann staubartig bis kristallin sein.
Das Depot wird durch Dekantieren (Abgießen) abgetrennt. Es soll möglichst vollständig in der Flasche zurückbleiben.

21.7 Weinhaltige und weinähnliche Getränke

boissons contenant du vin ou ressemblant au vin
beverages containing wine or similar to wine

Weinhaltige Getränke

Als alkoholische Getränke werden sie unter Verwendung von Wein, Likörwein oder Schaumwein hergestellt. Der Anteil an den genannten Weinen muss mehr als 50% betragen, wobei das fertige weinhaltige Getränk höchstens 20 %vol Alkohol enthalten darf. Innerhalb der Herstellung des weinhaltigen Getränks darf keine Vergärung mehr stattfinden. Der Druck bei 20 °C darf nicht höher als 2,5 bar sein. Weinhaltige Getränke werden vorwiegend zum unmittelbaren Genuss zubereitet.

Beispiele
Schorle, kalte Ente, Glühwein und Bowle
➔ Grundstufe: Mischgetränke.

Weinaperitif zählt dann zu den weinhaltigen Getränken, wenn sie mindestens 70% Wein oder Schaumwein enthalten. In diese Gruppe gehört der als Aperitif und als Bestandteil von Bargetränken geschätzte Wermutwein (etwa 15 %vol). Er soll durch die etherischen Öle verschiedener Kräuter appetitanregend und magenstärkend wirken.

Bezeichnung	Merkmale
Vino Vermouth di Torino(Italien)	Appetitanregend
Deutscher Wermut	Meist sehr süß
Noilly Prat (Frankreich)	Sehr trocken, zu Cocktails und zur Speisenherstellung geeignet (Fischfarcen)

Weinähnliche Getränke

Weinähnliche Getränke können aus Früchten (vins de fruits / fruit wines) hergestellt werden, wobei zwischen Obstweinen (vins de fruits / fruit wines), beispielsweise Apfelwein, und Beerenweinen (vins de baies / berry wines), zum Beispiel Johannisbeerwein, unterschieden wird. Die Herstellung erfolgt durch Gärung wie beim Wein. Zur unverwechselbaren Unterscheidung müssen diese Erzeugnisse neben der Bezeichnung Wein oder Schaumwein den Namen des verwendeten Rohstoffs tragen.

Beispiele
Obstweine: Kirschenwein; Beerenweine: Erdbeerwein

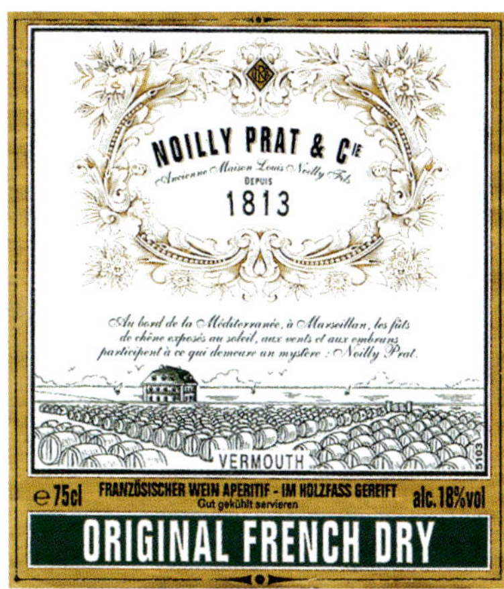

Bezeichnung	Merkmale
Apfelwein	Naturrein, mindestens 5 %vol, Apfelwein extra mindestens 5,5 %vol
Cider (Zider) Französischer Apfelwein (cidre)	aus der Normandie, süß bis herb, auch prickelnd; Grundlage für Calvados Auch in Hessen (Ebbelwoi), Österreich (blauer Bock), England und Schweden ähnlich hergestellt
Schwäbisch-badischer Most	Aus Äpfeln und/oder Birnen, 4 vol% (Moschd)
Erdbeer-, Johannisbeerwein	Mindestens 8 %vol
Erdbeer-Dessertwein	Mindestens 13 %vol
Fruchtschaumwein	Aus unterschiedlichem Obst; zugesetzt wird CO_2; darf nicht als Fruchtsekt bezeichnet werden

Fachbegriffe

Cuvée – *Vermischung besonderer, für die Marke typischer Sektgrundweine*

Dosage – *Cuvée mit unterschiedlichem Zuckeranteil für unterschiedliche Geschmacksrichtungen (Betriebsgeheimnis)*

Agraffe – *Drahtkörbchen zur Befestigung des Korkens am Flaschenhals*

Mousseux – *schaumig: das Perlen des Schaumweins (franz. mousse = Schaum)*

Übrigens heißt Schaumwein

in Frankreich	Crémant (hauptsächlich aus dem Elsass) Champagner (aus der Champagne)
in Italien	Spumante (meist 1 Gärung)
in Spanien	Cava (bestimmter Schaumwein)

21.8 Schaumwein

 *vin mousseux*  *sparkling wine*

Schaumwein heißt eine Erzeugnisgruppe, die in Deutschland in gehobener Güte als **Sekt** bezeichnet wird. Lediglich der Schaumwein, der aus der Champagne im Norden Frankreichs (gesetzlich festgelegtes Gebiet von Chardonnay, Pinot Noir und Pinot Meunier) kommt, darf die geschützte Bezeichnung Champagner tragen.

Bezeichnungen des Schaumweins nach dem Zuckergehalt

Nach der EU-Schaumweinbezeichnungs-VO Nr. 2333/92 muss die Angabe des Zuckergehaltes folgendermaßen sein:

Deutsch	Französisch	Englisch	Zuckergehalt g/l
Naturherb	*brut nature*	*brut nature*	Unter 3 nach der Schaumbildung; kein Zusatz von Zucker
Extra herb	*extra brut*	*extra brut*	0– 6
Herb	*brut*	*brut*	Unter 15
Extra trocken	*extra dry*	*extra dry*	12–20
Trocken	*sec*	*dry*	17–35
Halbtrocken	*demi-sec*	*medium dry*	33–50
Mild	*doux*	*sweet*	über 50

Herstellung

Die Qualität der Schaumweine hängt maßgeblich von den verwendeten Grundweinen ab. So können die Weine bestimmter Rebsorten (Rieslingsekt) verwendet werden, oder die Rebsorten sind wie beim Champagner gesetzlich vorgeschrieben.
Durch das Pressen der Trauben entsteht der Most. Für die erste Gärung wird der Most zumeist in Edelstahltanks, in Einzelfällen auch in Holzfässer gefüllt, wo er bei Temperaturen zwischen 15 und 20 °C etwa 3 Wochen gärt. Zunächst kommt es zu einer stürmischen Gärung, die allmählich wieder abnimmt. Zucker wird dabei bis etwa auf 3 g/l vergoren. Durch Gärung entstehen Ethanol und Kohlendioxid. Der Gärprozess wird durch Hefen ausgelöst, die sich auf den Schalen der Weinbeeren befinden. Außerdem wird Reinzuchthefe zugesetzt. Nach der ersten Gärung wird der Wein umgefüllt, und noch enthaltene Trübstoffe werden entfernt. Anschließend werden die Grundweine, mit Ausnahme der Jahrgangsschaumweine, vermischt. Renommierte Schaumweinhersteller erreichen durch Verschneiden eine über Jahre hinaus gleich bleibende Qualität, insbesondere gleich bleibenden Geschmack. Die entstandene Cuvée kommt zur Klärung in Edelstahlbehälter mit Rührwerken. Das Resultat ist immer noch ein „Stillwein" mit etwa 2 g Zucker je Liter ohne Hefe.

Traditionelle Flaschengärung

Der Cuvée-Wein wird in die typischen drucksicheren Schaumweinflaschen abgefüllt. Zur erneuten Gärung, der eigentlichen Schaumweinbildung, werden Hefe und Zucker zugesetzt. Aus dem Zucker werden durch die Hefe erneut Ethanol und Kohlendioxid gebildet. Der Alkoholgehalt liegt nach der Gärung in der Regel bei 11–11,5 %vol Alkohol. Anschließend ruhen die Flaschen einige Jahre. Einmal jährlich werden sie umgelagert und dabei kräftig geschüttelt, damit alle Inhaltsstoffe gut vermischt werden. Danach kommen die Flaschen vom Gärkeller in den Rüttelkeller – traditionell werden die Flaschen von Hand gerüttelt –: Jede Flasche wird in einem Rüttelpult über 8–12 Wochen ein Stück gedreht ($^1/_8$ Drehung). Ein „Rüttler" dreht am Tag 40 000 Flaschen um $^1/_8$. Dabei wird die Flasche mit dem Kopf nach unten immer etwas steiler gestellt, wodurch sich alle Hefeteilchen lösen und sich direkt unter dem Korken ansammeln. Nach Abschluss des Rüttelns kommen die Flaschen in ein Kältebad. Der Flaschenhals wird wenige Zentimeter eingetaucht, damit die Heferückstände unmittelbar unter dem Korken gefrieren und beim anschließenden Öffnen als Eispfropfen herausfliegen.
Der fehlende Flascheninhalt wird durch Dosagen ausgeglichen, die dem Schaumwein den endgültigen Geschmack geben. Dann wird mit der „Agraffe" verkorkt und etikettiert.

Tankgärung

Cuvée-Wein wird in Flaschen oder in Stahltanks mittels Hefe und Zuckerzugabe nochmals zum Gären gebracht, damit sich Kohlendioxid entwickelt, das Merkmal des Sekts. Während die sich bildende Hefe wieder abgetrennt wird, bleibt das Kohlendioxid durch Unterkühlung im Sekt.

Flaschengärung (Transvasierverfahren)

Beim Transvasierverfahren wird nach der Tankgärung die zweite Gärung in der Flasche, wie beschrieben, durchgeführt. Der Unterschied zur klassischen Flaschengärung liegt in der Art der Hefeentfernung.

Kontinuierliche Tankgärung von Anfang an ist eine aus Russland stammende rationelle Methode. Dabei wird die Sektherstellung innerhalb von drei bis fünf Tagen abgeschlossen. Eine Mischung aus Grundwein und Zucker durchfließt eine Anzahl Großtanks, wird pasteurisiert und mit Reinzuchthefe versetzt, wodurch die zweite Gärung besonders schnell erfolgt.

1 Beschreiben Sie an Hand des dargestellten technologischen Ablaufs den Unterschied zwischen der Wein- und der Sektherstellung.
2 Erklären Sie einem Gast den Unterschied zwischen Zuckerung und Anreicherung.
3 Nennen und erläutern Sie rationelle Verfahren der Schaumweinherstellung.
4 Welche Merkmale muss ein Champagner aufweisen?
5 Nennen Sie süße und trockene Sorten von Dessertweine, und begründen Sie die unterschiedliche Süße.
6 Erläutern Sie die amtlichen Weinprüfungen und deren Durchführende.
8 Erklären Sie den Unterschied zwischen weinhaltigen und weinähnlichen Getränken. Nennen Sie Beispiele. Gehört Schorle in jedem Falle zu den weinhaltigen Getränken?
9 Erläutern Sie einem Gast die Bezeichnung Südwein. Geben Sie Beispiele für die Verwendung bei der Speisenherstellung an.
10 Nennen Sie Speisen, für deren originale Herstellung ganz bestimmte Weine erforderlich sind.
11 Nennen Sie Speisen, für die Schaumwein als Rohstoff verwendet wird.

Kennzeichnung

Folgende **Angaben** sind **vorgeschrieben:** Verkehrsbezeichnung, Nennvolumen, Dosage-Bezeichnung, Angabe des Alkoholgehaltes, Hersteller bzw. Vertriebsfirma. Bei ausländischen Erzeugnissen muss auch das Erzeugerland erwähnt werden.
Zusätzliche Angaben sind bei Sekt b. A. die Angabe des Anbaugebietes, auch auf dem Stopfen.

Qualitätsbezeichnungen

Qualitätsschaumwein zeichnet sich durch Mindestforderungen hinsichtlich Alkoholgehalt, CO_2-Druck und Lagerdauer aus. Als weitere Qualitätsbezeichnungen werden verwendet:

- Qualitätsschaumwein b. A. oder Sekt b. A. wie beim Wein
- Jahrgangsangabe
- Nennung der Traubenart

Handelsformen

Zu 88% wird in Deutschland die Flaschengröße mit 0,75 l Inhalt verkauft. Die Glasflaschen sind druckbelastbar. Mit Ausnahme der 0,2-l-Flaschen mit Drehverschluss sind Schaumweinflaschen mit Natur- oder Kunststoffkorken verschlossen. Geöffnete Flaschen sind umgehend zu verbrauchen.

Schaumwein-Flaschengrößen

Flaschenbezeichnung	Inhalt (l)	Anzahl Gläserfüllungen (etwa)
1/4 Flasche	0,2	2
1/2 Flasche	0,375	4
1/1 Flasche	0,75	7
2/1 Flasche (Magnum)	1,5	15
4/1 Flasche (Doppelmagnum)	3,0	30

Lagerung

Schaumwein wird dunkel, liegend und kühl zwischen 10 und 15 °C gelagert. Jegliches Licht verdirbt Schaumwein schnell, insbesondere Leuchtstoffröhren. Der Lagerraum muss außerdem ruhig sein. Ständige Erschütterungen und wiederholtes Transportieren sind zu vermeiden. Vor dem Verbrauch muss der Schaumwein ruhen.

Küchentechnische Bedeutung

Die küchentechnische Bedeutung von Schaumwein ist zweifellos geringer als von Weinen. Bekannt ist die Verwendung für Champagnerkraut, Schaumweinsorbets, Cremes, Saucen, Suppen, Fruchtsülzen, Kaltschalen, ferner für eisgekühlte Fruchtsalate und Früchte-Bowlen.

1 Der badische Ausschankwein „Gutedel" wird in Literflaschen bezogen. Ermitteln Sie den Materialpreis für das Viertele (0,25 l), wenn die Flasche 4,88 € brutto im Einkauf kostet.

Servierhinweise

Weiße Schaumweine sollten beim Servieren eine Temperatur von 5–8 °C, rote Schaumweine 7–10 °C aufweisen.

Projektorientierte Aufgabe
Weinprobe

Ins Restaurant Goldene Traube kommt eine Reisegesellschaft zur Weinprobe. Die Gäste wünschen die Verkostung typischer deutscher Weine.

Sensorik

1 Nennen Sie die Sinne, die beim Genuss von Wein angeregt werden. Beurteilen Sie besonders Nase und Zunge.

Ausstattung

2 Nennen Sie wichtige Voraussetzungen hinsichtlich Raum und Ausstattung für eine Weinprobe.

3 Begründen Sie die Anforderungen, die an ein Probierglas gestellt werden.

Durchführung

4 Beschreiben Sie die Sichtprüfung von Wein.

5 Schlagen Sie Weine für die Verkostung vor, begründen Sie die Reihenfolge der Verkostung.

6 Beurteilen Sie den Wein nach dem Etikett (Bild).

7 Welche Angabe fehlt auf dem Etikett?

8 Womit kann man den Gaumen neutralisieren?

9 Erläutern Sie die Bedeutung der abgebildeten Siegel.

10 Erklären Sie folgende Fachbegriffe: Anreicherung, Maische, Restsüße

Harmonie von Wein und Speisen

11 Stellen Sie ein Sortiment von Speisen zusammen, welches zum Wein passt. Begründen Sie Reihenfolge und Art des Speisenangebotes.

Ausschankverluste, Ethanolgehalt, Kalkulation

12 Beim Ausschank von offenem Wein wird mit einem Ausschankverlust von 5% gerechnet. Wie viele Gläser Wein mit je 0,1 l Inhalt können aus 12 Literflaschen ausgeschenkt werden?

13 Bei der Weinprobe werden für 24 Gäste verschiedene Weine in 16 Literflaschen ausgeschenkt. Wie viele ml und g Ethanol wurden durchschnittlich konsumiert, wenn man von einem Ethanolgehalt von 10,5 %vol ausgeht?

14 Zum Abschluss der Weinprobe wird für 18 Gäste ein Glas Sekt (0,1 l) gereicht. Verwendet werden Magnum-Flaschen ($^2/_1$). Ermitteln Sie die Anzahl der Magnum-Flaschen (gerundet auf ganze Flaschen), wenn mit einem Ausschankverlust von 9% gerechnet wird.

21.9 Spirituosen

🇫🇷 *spiritueux* 🇬🇧 *spirits*

Die EU-Spirituosen-Verordnung vom 29.5.89 erläutert verbindlich, was unter Spirituosen zu verstehen ist:

Brände	Geiste (Obst)	Aromatisierte Spirituosen	Liköre
eaux-de-vie *spirits*	*eaux-de-vie* *spirits*	*spiritueux aromatisés* *flavored spirits*	*liqueurs* *liqueurs*
Vergären und destillieren namensgebender Rohstoffe	Ausziehen von zuckerarmen Früchten in Neutralethanol, destillieren	Neutralalkohol, aromatisieren	Zuckerreiche Spirituosen mit geschmacksgebenden Stoffen

Unter Alkohol wird stets das zu Trinkzwecken geeignete Ethanol (C_2H_5OH) verstanden.

Auszüge aus der Begriffsbestimmung	
Spirituosen 🇫🇷 *spiritueux* 🇬🇧 *spirits*	Zum menschlichen Verbrauch bestimmt, enthalten – sieht man von Wasser ab – als Hauptbestandteil destillierten Alkohol. Der Mindestalkoholgehalt beträgt 15 %vol (außer bei Eierlikör: 14 %vol).
Brände 🇫🇷 *eaux-de-vie* 🇬🇧 *spirits*	Ausschließlich durch Vergären und anschließende Destillation eines Rohstoffs erzeugt. Dazu gehören Whisky, Korn, Getreidebrand, Weinbrand, Obstbrand. Obstbrand wird unter Voranstellen des Fruchtnamens „-wasser" genannt. Außer dem Rum-Verschnitt dürfen Brände nicht mit Neutralalkohol verschnitten werden.
Geiste 🇫🇷 *eaux-de-vie* 🇬🇧 *spirits*	Geschmacksstoffe zuckerarmer Früchte werden in Neutralalkohol mazeriert (ausgezogen) und anschließend destilliert. Im Gegensatz zum „Wasser" stammt der Alkohol nicht vom bezeichneten Rohstoff.
Aromatisierte Spirituosen 🇫🇷 *spiritueux aromatisés* 🇬🇧 *flavored spirits*	Aus Neutralalkohol (Primasprit) hergestellt und dann aromatisiert, z. B. mit Wacholder, Kümmel usw.
Liköre 🇫🇷 *liqueurs* 🇬🇧 *liqueurs*	Charakteristisch ist der Mindestzuckergehalt von 100 g Invertzucker je Liter (Ausnahmen mit weniger Zucker: Enzianlikör, Kirschlikör aus Kirschbrand). Enthalten sind geschmacksgebende Rohstoffe wie Pflanzenauszüge, Kräuter, Fruchtsäfte, Sahne usw.

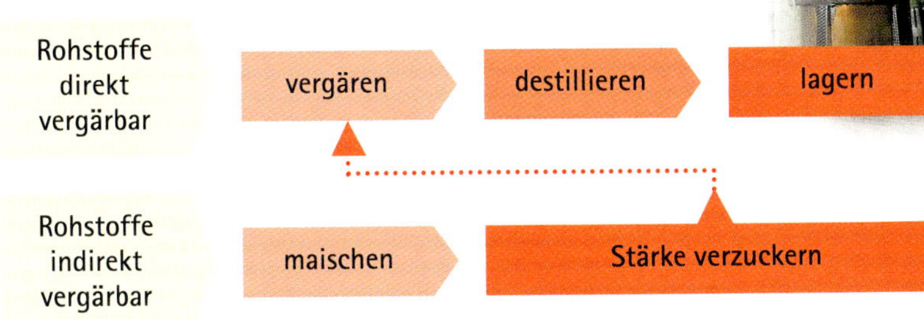

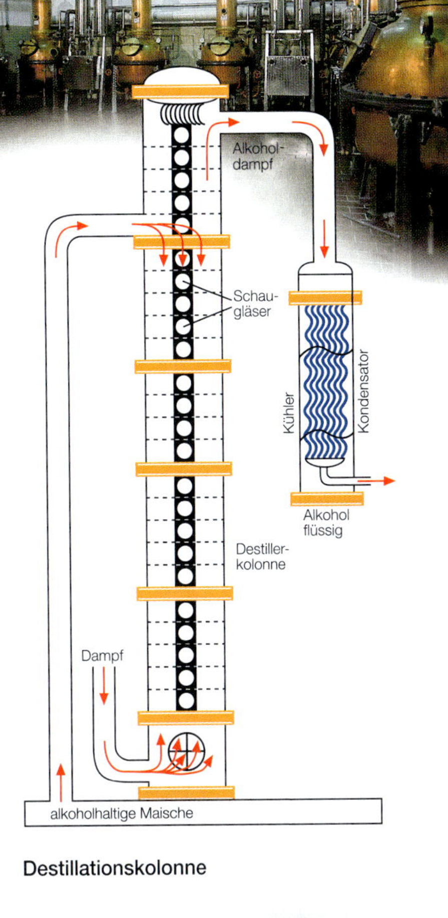

Destillationskolonne

Wichtige Spirituosensorten

Spirituosen	Merkmale
Absinth	Spirituose; wegen des schädlichen Einflusses auf das Nervensystem ist Absinth in Deutschland, der Schweiz und Frankreich verboten; Verwendung von Anis, Fenchel, Melisse, Ysop; wird mit Wasser verdünnt getrunken
Amaretto	Italienischer Bittermandellikör.
Angostura	Bitterlikör aus Angostura-Rinde; Würzbranntwein, Spritzer zum Vollenden von Cocktails
Apricot	Apricot Brandy, süßer Likör auf Neutralalkoholbais mit natürlichem Aprikosenaroma aus frischen oder getrockneten Aprikosen; wird mitunter auch teilweise auf der Basis von Aprikosenbrand oder aber ausschließlich auf der Basis von Weinbrand hergestellt; 30 %vol
Aquavit	Lateinisch aqua vitae = Lebenswasser, in skandinavischen Ländern beliebt; Spirituose mit Kümmel, Kümmelsamen, auch Dillsammen usw.; Samen werden zu Neutralethanol gegeben, dann destilliert, rektifiziert; teils in Holzfässern gelagert (Linie-Aquavit wird in Sherry-Fässern über die Äquator-Linie befördert)
Armagnac	Französischer Branntwein mit geschützter, kontrollierter Ursprungsbezeichnung; gebrannt aus Jahrgangsweinen, nur einmal gebrannt nach besonderen Brennverfahren, nicht rektifiziert; lagert in Eichenholzfässern; mindestens 40 %vol
Arrak	Indische Spirituosen aus Reis unter Zusatz von Betelnüssen und Zuckerrohr; 50 %vol
Bitter	Chinarinde, Enzianwurzel, Zimt, Kardamom, Nelken, Pomeranzen schale
Boonekamp	Bitterlikör mit Gewürznelken, Fenchel, Koriander, Enzian, Lakritze, Curaçao-Schalen usw.
Brandy	→ Weinbrand: Nach EU-Recht gleiche Bezeichnung wie Brandy
Cachaca	Brasilianischer Zuckerrohrbrand, der im Gegensatz zu Rum nicht aus Zuckerrohrmelasse hergestellt wird, sondern durch Gärung und Destillation des Saftes des grünen Zuckerrohres; der seit vielen Jahren in Bars beliebte Short-Drink Caipirinha wird auf der Basis von Cachaca und Limette hergestellt.

Bitterlikör

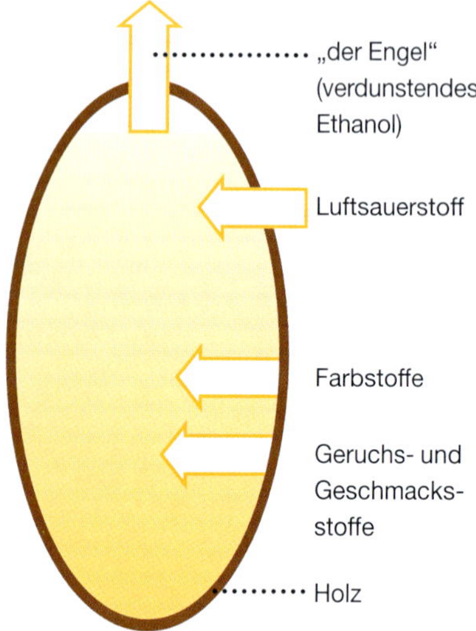

Reifen der Spirituosen im Fass

Lagerung und Reifung von Kirschwasser

Spirituosen	Merkmale
Calvados	Französischer Brand aus Apfelwein (cidre), mit kontrollierter Ursprungsbezeichnung; in der Normandie, der Bretagne und im Gebiet von Maine hergestellt; mindestens 40 %vol (➔ 368)
Campari	Bitterlikör von roter Farbe, aus Kräutern zubereitet
Cassis	Crème des cassis; Likör aus schwarzen Johannisbeeren, gelegenlich wird die Bezeichnung auch für Sirup verwendet
Cognac	Französischer Branntwein mit geschützter Ursprungsbezeichnung aus der Charente, der Region rund um das Städtchen Cognac; zweifach in kleinen Brennblasen (alambics) aus nur drei zugelassenen Weintraubensorten (Ugni blanc, Colombar, Folle blanche) gebrannt; Reifung mindestens 30 Monate in kleinen Limousin-Eichenholzfässern in luftigen Lagerhallen (chais); mindestens 40 %vol
Cointreau	Französischer Likör, mit Curaçao- und anderen Orangenschalen aromatisiert; mindestens 30 %vol
Curaçao	Orangenlikör aus Holland, hergestellt aus Schalen der Curaçao-Orangen, Zucker und Weinbrand; mindestens 30 %vol
Enzian	Spirituose aus Enziandestillat; mindestens 37,5 %vol
Genever	Hauptsächlich in Holland erzeugt, auch als Jenever, Genièvre oder Peket bezeichnet; mit Wacholder aromatisierte Spirituose; Wacholderbeergeschmack muss nicht wahrnehmbar sein; zwischen 30 und 45 %vol Jonge Genever (jung): zarte Wacholder-Geschmacksnote Oude Genever (alt): mit Malz- und Getreidegeschmack sowie würzenden Bestandteilen
Gin	Beliebt in England; Spirituose mit Wacholder, Wacholderbeergeschmack muss vorherrschen, kann auch durch naturidentische Aromastoffe oder Aromaextrakte hergestellt worden; verwendet werden auch Anis, Angelika, Fenchel usw.; mindestens 37,5 %vol
Grand Marnier	Französischer Likör aus in Cognac eingeweichten Bitterorangenschalen und Gewürzen; mindestens 40 %vol
Grappa	Italienischer und schweizerischer (Tessin) Brand, durch Vergärung von Weintrester mit anschließender Destillation; Weintrester sind Rückstände vergorener ausgepresster Weintrauben (Schalen, Kerne, Stiele); Destillat wird oft in Holzfässern gelagert; mindestens 37,5 %vol
Himbeergeist	Himbeeren werden in Neutralethanol mazeriert (ausgezogen), nicht vergoren, dann destilliert
Kirschwasser	Schwarzwälder Kirschwasser ist eine geschützte Bezeichnung; 40 %vol, klassische Erzeugnisse 50 %vol; Destillat der vollen vergorenen Kirschen ohne Stil und mit geringem Steinanteil, Lagerung meist in Eschenholzfässern; mindestens 37,5 %vol

Spirituosen	Merkmale
Korn	Auch als Kornbrand bezeichnet; muss aus deutschsprachigem EU-Raum stammen; aus dem vollen Korn von Roggen, Weizen, Buchweizen, Hafer und Gerste; nach Verzuckerung der Stärke findet die Vergärung statt, an die sich die Destillation anschließt; auch Lagerung in Eschenholzfässern; Korn mindestens 32 %vol, Kornbrand 37,5 %vol; Kornbrand wird auch als „Doppelkorn" mit mindestens 38 %vol vermarktet
Kümmel	Aus Holland, Berlin und Riga stammend, klare Spirituose mit Kümmelgeschmack
Maraschino	Klarer Kirschlikör aus einer Dalmatiner Sauerkirschenart
Marc	Französische Weintresterbrände; berühmt sind: Marc de Bourgogne, Marc de Champagne und Marc de Gewürztraminer d'Alsace (Elsass)
Mezcal	Mexikanische Agavenspirituosen-Spezialität, im Gegensatz zu Tequila nicht aus dem Bundesstaat Jalisco; nur einfach destilliert, wird oft mit einem Wurm verkauft
Obstler	Süddeutscher Ausdruck für Obstbrand; aus Äpfeln und Birnen; verwendete Früchte müssen angegeben werden → Obstwasser
Ouzo	Griechische Spirituose mit Anis; Zuckergehalt bis 50 g/l; die Besonderheit von Ouzo ist, dass auch das Mastix eines auf der Insel Chios beheimateten Mastixbaumes mit Alkohol ausgezogen und destilliert wird; mindestens 37,5 %vol
Pernod	Als Ersatz für → Absinth ohne Wermutöl
Pisco	Sowohl ein Weintresterbrand aus Peru als auch ein chilenischer Weinbrand aus Muskateller-Trauben
Rum	Brand durch Vergärung, anschließende Destillation von Rohrzuckermelasse, -sirup oder -saft; mindestens 17,5 %vol; Rum-Verschnitt enthält mindestens 5% echten Rum, sonst Neutralalkohol; mindestens 37,5 %vol
Sambuca	Italienischer Likör mit Anisgeschmack; wird oft mit Kaffeebohnen (Sambuca al café) serviert und flambiert; mindestens 38 %vol
Slibowitz	Pflaumenbrand von strohgelber Farbe, ursprünglich aus Bosnien In Deutschland auch als Zwetschgenwasser bezeichnet
Steinhäger	Nach EU-Recht muss er aus Steinhagen (Teutoburger Wald) stammen und zumindest teilweise aus vergorener Wacholderbeermaische destilliert werden; 38 %vol
Tequila	Mexikanische Agavenspirituose, benannt nach dem Städtchen Tequila im Bundesstaat Jalisco; ausschließlich aus von der blauen Maguey-Agave stammendem Agavensaft (Pulque); 100% Tequilas wird auf dem Etikett angegeben

Doppelkorn

Spirituosensortiment

Spirituosen	Merkmale
Tia Maria	Kaffeelikör aus Jamaika; auf Rumbasis, aus Kaffee, Kräutern, Kakao und Vanille
Tresterbrand	Trester, ausschließlich aus vergorenen und destillierten Weintraubentrestern, evtl. unter Zusatz von Trub (Weinhefe); mind. 37,5 %vol
Weinbrand	Brandy; muss in Eichenholzfässern gelagert werden, und zwar mindestens 6 Monate in Fässern unter 1000 l Fassungsvermögen, sonst mindestens 1 Jahr In Deutschland wird Weinbrand fast ausschließlich aus eingeführten Rohstoffen hergestellt, in der Regel aus Brennwein (mit Weindestillat aufgespritzter Wein bis 24 vol%), z. B. aus der Charente (Cognac), oder aus Rohbrand aus Wein mit rund 72 vol%; mindestens 36 %vol Der EU-weit geschützte deutsche Weinbrand hat mindestens 38 %vol und eine amtlichen Prüfnummer (A. Pr.)
Weinhefe	Aus Weinhefe hergestellter Brand; muss zusätzlich unter der Bezeichnung „Spirituose" vermarktet werden; mindestens 38 %vol
Whisky	Keltisch usige beatha = Lebenswasser; Schreibweise: Whisk**y** für Scotch Whisky und ähnliche Whisky-Typen, dagegen Whisk**ey** für Sorten aus Irland (Irish Whiskey) und den USA (Bourbon Whiskey, Tennessee Whiskey); Destillation von Getreidemaische, Malzamylase oder andere natürliche Enzyme; verzuckert; mindestens 3 Jahre in Holzfässern gelagert; mindestens 40 %vol
Williams	Verkehrsbezeichnung für Birnenbrand ausschließlich aus der Sorte Williams
Wodka	Russisch = Wässerchen; möglichst reiner Alkohol in Trinkstärke, rektifiziert oder filtriert über Aktivkohle; Aromatisieren ist erlaubt; mindestens 37,5 vol%

1 Beschreiben Sie, wie durch Destillation ein hoher Alkoholgehalt erreicht werden kann.

2 Ordnen Sie den folgenden Getränken die Herkunftsländer zu: Cognac, Grappa, Weinhefe, Doppelkorn, Rum, Wodka.

3 Zeichnen Sie den unterschiedlichen Herstellungsweg von Weinbrand und Korn farbig in ein Schema ein.

1 Eine Literflasche Weinbrand kostet ohne Mehrwertsteuer 13,50 €. Der Schankverlust beträgt 2,5%.

1.1 Wie viel 2-cl-Gläser werden ausgeschenkt?

1.2 Ermitteln Sie den Inklusivpreis für 1 Glas Weinbrand bei 190% Gemeinkostenzuschlag, 48% Gewinn, 15% Bedienungszuschlag und gesetzliche Mehrwertsteuer.

22 Mahlzeitengestaltung

création de repas
creation of meals

Energie- und Nährstoffbedarf

Durch eine gesunde und wohlschmeckende Tagesernährung können **Wohlbefinden** und **Leistungsfähigkeit** günstig beeinflusst werden. Da die Funktionen des menschlichen Organismus natürlicherweise tageszeitlichen Schwankungen und Rhythmen unterliegen, ist auch eine zeitlich geordnete Nahrungsaufnahme im Wechsel mit genügend langen Verdauungspausen von Bedeutung. Es kommt nicht allein auf richtige tägliche Nährstoff- und Energiezufuhr, sondern ebenso auch auf die zeitlichen Abstände der Nahrungsaufnahme und die jeweilige Nahrungsmenge an.

Mahlzeitenarten

sortes de repas *sorts of meals*

Allgemein lassen sich die Tagesmahlzeiten nach dem folgenden Schema einteilen, wobei nach der neuzeitlichen Ernährung mindestens fünf Mahlzeiten angebracht sind und die letzte Mahlzeit nicht zu spät erfolgen sollte. Nach gastronomischen Gesichtspunkten lassen sich die **6 Tagesmahlzeiten** unterscheiden.

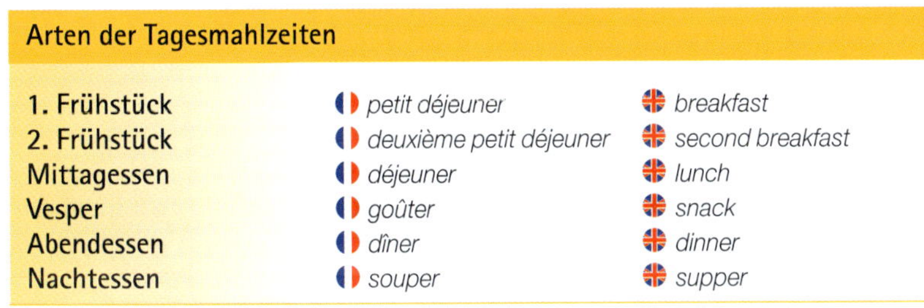

Arten der Tagesmahlzeiten		
1. Frühstück	*petit déjeuner*	*breakfast*
2. Frühstück	*deuxième petit déjeuner*	*second breakfast*
Mittagessen	*déjeuner*	*lunch*
Vesper	*goûter*	*snack*
Abendessen	*dîner*	*dinner*
Nachtessen	*souper*	*supper*

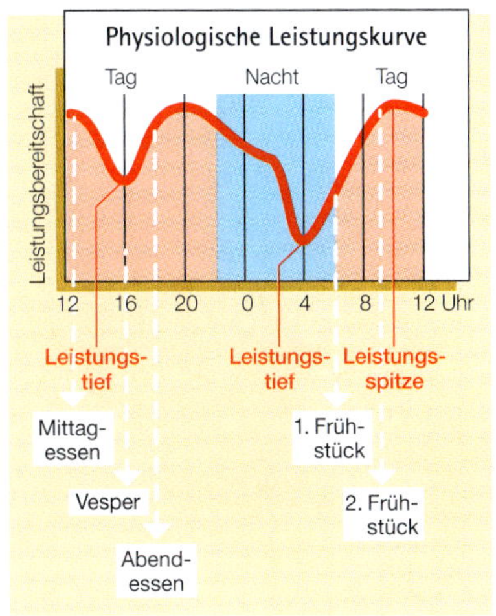

Nährstoff- und Energiebedarf

Die Deutsche Gesellschatft für Ernährung (DGE) empfiehlt die folgende Verteilung der täglich aufgenommenen Gesamtenergie über den Tag:

1. Frühstück	25–30% der Tagesenergiemenge
2. Frühstück	5–10% der Tagesenergiemenge
Mittagessen	30–35% der Tagesenergiemenge
Vesper	5–10% der Tagesenergiemenge
Abendessen	20–30% der Tagesenergiemenge

Bei **Festessen** werden diese Richtwerte verständlicherweise beträchtlich überschritten. Dies sollte jeder Einzelne in seinem Speiseplan der folgenden Tage berücksichtigen.

22.1 Frühstück, Frühstücksbüfett, zweites Frühstück

petit déjeuner, buffet de petit déjeuner, deuxième petit déjeuner
breakfast, breakfast buffet, second breakfast

Aus repräsentativen Untersuchungen geht hervor, dass das Frühstück für die Verbraucher immer wichtiger wird. Dabei greifen ein Drittel der Verbraucher ausschließlich nach Süßem wie Konfitüre und Honig, nur ein Drittel nach Milcherzeugnissen, Wurst und Obst, während der Rest das Frühstück gänzlich vernachlässigt.

Ein kräftiges, den Stoffwechsel nicht belastendes Frühstück bildet eine gute Vorbereitung für den Tagesbeginn. Deshalb sollte es ausgewogen, nicht nur energiereich und sättigend, sondern auch wirkstoffreich sein.

Nährstoff- und Energierichtwerte

Bei einem normalen Tagesrhythmus sollten auf das 1. Frühstück etwa 25–30% der Tagesenergiemenge entfallen. Die Erfahrung lehrt aber, dass für das zu Tagesbeginn eingenommene Frühstück meist zu wenig Zeit verbleibt. Dann werden die Energiemengen des 1. (25–30% der Tagesenergiemenge) und des 2. Frühstücks (5–10% der Tagesenergiemenge) einfach vertauscht. Noch schlechter ist es, wenn beide Mahlzeiten zu einer einzigen vereinigt werden. Damit ist eine Überlastung des Magen-Darm-Trakts verbunden, und eine große Blutmenge wird zur Aufnahme der resorbierten Nährstoffbausteine gebunden, die damit bei der Gehirndurchblutung fehlt. Die Folge sind Beeinträchtigungen des Wohlbefindens und der Leistungsfähigkeit, außerdem verkürzt sich die Zeit bis zum Mittagessen, so dass sich die Überlastung des Magen-Darm-Trakts und des Kreislaufs fortsetzt.

Frühstücksarten

sortes de petits déjeuners
sorts of breakfasts

Die Arten des Frühstücks unterscheiden sich nach der Menge der eingenommenen Speisen (einfach, erweitert), nach der Angebotsart (Bedienung, Büfett) und nach der Herkunft des Speisenangebots (national, international).

Einfaches Frühstück	Erweitertes Frühstück	Frühstücksbüfett	Internationales Frühstück
petit déjeuner simple	*petit déjeuner riche*	*buffet de petit déjeuner*	*petit déjeuner international*
simple breakfast	*rich breakfast*	*breakfast buffet*	*international breakfast*

Durch das Frühstück ist für den Gast eine angenehme Atmosphäre als Einstimmung für den Tag zu schaffen. Nicht nur die Zufriedenheit mit den Getränken und den Frühstücksspeisen, sondern auch mit dem Frühstücksraum und dem Servierpersonal tragen dazu bei.

Frühstücksergänzungen à la carte

compléments de petit déjeuner à la carte
breakfast complements à la carte

Die Frühstückskarte ermöglicht, das vorgesehene Frühstücksangebot individuell zu erweitern. Nachbestellte Speisen werden separat berechnet.

Einfaches Frühstück

petit déjeuner simple
simple breakfast

Das **einfache Frühstück** oder **kontinentales Frühstück** besteht aus einem Küchengetränk wie Kaffee, Tee, Kakao, auch Milch, verschiedenen Brot- oder Kleingebäcksorten, Butter, Konfitüre, Gelee oder Honig. Das Croissant-Frühstück (➔ französisches Frühstück) kann man auch zum einfachen Frühstück zählen. Ernährungsphysiologisch betrachtet ist das einfache Frühstück in der oft praktizierten Form ohne Obst und Milcherzeugnisse unausgewogen und deshalb ernährungsphysiologisch ungünstig.

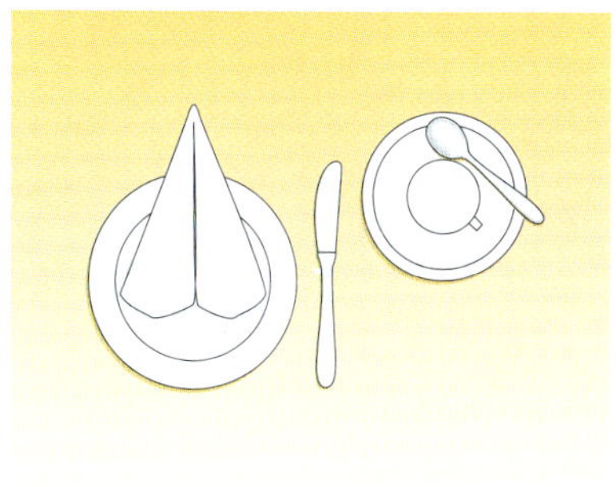

Einfaches Frühstücksgedeck

Erweitertes Frühstück

petit déjeuner garni
English breakfast

Das **erweiterte Frühstück**, auch als **englisches oder garniertes Frühstück** bezeichnet, stellt ein einfaches Frühstück dar, das um ein Sortiment aus Fleisch- und Wurstwaren, Käse sowie verschiedene Eierspeisen erweitert wird. Ernährungsphysiologisch bedeutsam sind Frischobst, Frischgemüse, Fruchtsäfte, Milcherzeugnisse (Joghurt, Quark, Käse), Müesli und Körner.
Das **traditionelle englische Frühstück** ist noch vielfältiger: **Early-morning tea** und Biskuits: Tee, der kurz nach dem Aufstehen getrunken wird; heute auch Obst- oder Gemüsesaft als erstes Getränk. Danach sehr reichhaltiges Angebot: Tee mit Milch, vorzugsweise Toast, Butter, Konfitüre, Marmelade (nach EU-Recht die eindeutige Bezeichnung für englische Orangenmarmelade), Eierspeisen, Grapefruit, Obst in Kompottform, Porridge (mit Wasser gekochter Haferflockenbrei, separat Milch, Zucker). Traditionell werden **Bacon** (Speck), Schinken, Würstchen, Haddocks (geräucherter Schellfisch), Kippers (gepökelter und geräucherter Hering), auch kleine Grillspeisen von Lamm und Kalb gereicht.

Erweitertes Frühstücksgedeck

Traditionell wird die vorgewärmte Tasse beim Service der Getränke eingesetzt

Vollkornfrühstück

petit déjeuner aux céréales
whole-meal breakfast

Für besonders Gesundheitsbewusste bietet sich das Vollkornfrühstück an.

Beispiel (1 Person):

3		Vollkorn-Brötchen zu je 45 g
0,03	kg	Pflanzenmargarine, ungehärtet
0,05	kg	Magerquark
0,02	kg	Honig, kalt geschleudert
0,02	kg	Konfitüre, extra
0,05	kg	Bananenscheiben
0,3	kg	Kefir mit frischen Früchten (Äpfel, Bananen)

- Brötchenhälften mit Pflanzenmargarine und Magerquark bestreichen.
- Mit Honig oder Konfitüre bestreichen und Bananenscheiben darauf legen.
- 200 g Kefir mit Früchten und etwas Honig mixen.

Etagenfrühstück *(petit déjeuner dans la chambre/breakfast in guest's room)*
Kann ein einfaches oder erweitertes Frühstück sein.

Hygiene beachten

Übrig gebliebene Speisen dürfen nicht nochmals angeboten werden.

Frühstücksbüfett

buffet de petit déjeuner

breakfast buffet

Das Frühstücksbüfett ist besonders für **eilige Gäste** günstig. Sie können sich in kürzester Zeit selbst bedienen. Viele Gäste schätzen das Frühstücksbüfett, weil es ihnen eine in Art und Menge **individuelle Auswahl** erlaubt. Besondere Ernährungsansprüche können damit am besten verwirklicht werden. Frühstücksbüfetts sollen von Tag zu Tag abwechslungsreich sein, sich durch eine interessante Farb- und Formgestaltung auszeichnen und sowohl für den Gast als auch für das Personal zweckmäßig aufgebaut sein.
Attraktiv können Eierspeisen, Kaffee, Tee im Samowar, frisch gepresste Säfte am Büfett **vor den Augen der Gäste** zubereitet werden.

Blick in den Frühstücksraum

Gebäcksortiment

Anrichten eines Obstsalates

Angebot von Müsli, Fruchtsaft, Käse

Warme Würstchen, Frühstücksspeck

Wurst- und Geflügelangebot

Obst- und Gemüseangebot

Gegenüberstellung von herkömmlichem Frühstück und Frühstücksbüfett

Herkömmliches Frühstück	**Frühstücksbüfett**
Aus der Sicht des Gastes Individuelles Speisen- und Getränkeangebot Gast wird bedient und sieht das Bestellte erst, wenn es serviert wird Gast wartet auf das Bestellte Umfang der Bestellung ist genau bemessen Einzelpreise Bequemlichkeit und Ruhe beim Frühstück sind gewährleistet	Aus der Sicht des Gastes Umfassendes Speisen- und Getränkeangebot Gast bedient sich selbst, kann sich Menge und Art nach Belieben nehmen Gast hat keine Wartezeiten Gast bestimmt die Menge, weitere Zwischenmahlzeiten am Vormittag erübrigen sich Pauschalpreis Im Frühstücksraum kann Unruhe entstehen, Andrang am Büfett Mehrmaliges Bedienen, insbesondere bei Ungeübten oder Vergesslichen
Aus der Sicht des Betriebes Personalaufwendig Einsatz von Fachkräften Größerer Küchenbetrieb während des Frühstücks Geschirr- und Gläserbedarf entsprechend der Bestellung	Aus der Sicht des Betriebes Personalsparend Einsatz von Hilfskräften Höherer Vorbereitungsaufwand vor dem Frühstück (wenig Extrabestellungen) Unabhängig vom Verkauf hoher Gläser- und Geschirrbedarf Rückgang des Etagenfrühstücks Speisen werden mitgenommen

Zweites Frühstück

deuxième petit déjeuner
second breakfast

Je nach Tagesablaufplan kann es um 8.30 und um 10.30 Uhr eingenommen werden.

Das zweite Frühstück hat den Charakter einer → Zwischenmahlzeit, also eines Imbisses (5–10% der Tagesenergiemenge). Ein typisches zweites Frühstück ist das sogenannte Schulfrühstück.

Beispiel
Brot, Butter (ungehärtete Pflanzenmargarine)
Geflügel, Wurst, Käse, Obst, Obstsaft, Gemüse
Milch, Joghurt, Milchmischgetränk, Sauermilch
Vollkornbrot, Knäckebrot, Müesliriegel

1 Charakterisieren Sie unterschiedliche Frühstücksarten.
2 Beurteilen Sie den ernährungsphysiologischen Wert des Früchtemüesli zum Frühstück.

1 Ermitteln Sie den Gehalt an Grundnährstoffen eines Glases Vollmilch (200 g).
2 Berechnen Sie den Energiegehalt eines Frühstückseis der Gewichtsklasse M.
3 Ermitteln Sie den Nährstoffgehalt eines einfachen Frühstücks:

0,3	*l*	*Kaffee (unberechnet)*
0,02	*l*	*Kondensmilch (7,5% Fett)*
0,1	*kg*	*Weizenbrötchen*
0,02	*kg*	*Butter*
0,03	*kg*	*Konfitüre*

Internationales Frühstück

petit déjeuner international
international breakfast

Allgemein wollen ausländische Gäste die deutschen Verzehrgewohnheiten kennen lernen. Ausländer, die längere Zeit in Deutschland verweilen, schätzen es jedoch auch, wenn sie ein Frühstück in heimatlicher Form erhalten.
Neben den beiden verbreiteten Frühstücksarten, die durch das Frühstücksbüfett vielfach abgelöst worden sind, haben in Häusern mit einem bestimmten Gästekreis auch Frühstücksformen des Auslandes an Bedeutung gewonnen. Zumindest muss man sie kennen, um ausländische Gäste durch eine geschickte Auswahl vorhandener Angebote entgegenkommen zu können. Zunächst darf man davon ausgehen, dass Frühstücke international zumindest aus einem Küchengetränk, Brot und Kleingebäck, Butter, Konfitüre (Marmelade) und Obst bestehen.

Frischer Kaffee auf Vorrat?
Fraglich ist, ob die in vielen Fällen übliche Thermoskanne mit Kaffee dem modernen Service und den Erwartungen der Gäste noch gerecht wird. Die Technik bietet viele Möglichkeiten, dem Gast frisch zubereiteten Kaffee mit ausströmendem Kaffeeduft und bestem Geschmack anzubieten.

Frühstücksart	Bestandteile oder besondere Merkmale
französisch *français* *French style*	Sehr einfach, speziell in Cafés angeboten Starker Kaffee mit Milch, Milchkaffee *(café au lait)*, Butter, und Croissants, Brioches, verschiedenes Stangenweißbrot Kann als Alternative zum Frühstücksbüfett angeboten werden
holländisch *hollandaise* *Dutch style*	Milch, Tee, Brot, Zwieback, Konfitüre, Sirup, Butter, Honigbrot, Rosinenbrot mit Butter, Haferbrei mit Zucker, Borkenschokolade, Käse, Eierpfannkuchen verschiedener Art, Rauchfleisch
schweizerisch *suisse* *Swiss style*	Wie einfaches Frühstück (➔ 379), jedoch Kaffee mit viel Milch, Birchermüesli oder andere Müesliarten, Käsespezialitäten
skandinavisch *scandinave* *Scandinavian style*	Starker Kaffee oder Tee mit Sahne, Porridge (Haferflockenbrei) Fleisch- und Fischspeisen
englisch *anglaise* *English style*	Erweitertes Frühstück (➔ 379)
russisch *russe* *Russian style*	Tee, Zucker, Brot, Butter, Konfitüre, eingelegte Früchte, Honig, Eierspeisen, Fisch, meist Konserven, Kaviar, Wodka
amerikanisch *américaine* *American style*	Wie englisches Frühstück, zusätzlich wahlweise Eierspeisen mit Schinken, Speck, Bratkartoffeln und Ketchup, Steaks, Rosinenbrot, Kuchen, Griddle-Cakes (Pfannkuchen mit Ahornsirup), Doughnuts (Spritzkuchenart), Zerealien (Maisbrei, Cornflakes), Muffins, Eiswasser in Karaffe
japanisch *japonaise* *Japanese style*	Grüner Tee, Fisch, Klebereis, Gemüse mariniert, Rührei, Spinatblätter, Suppe

22.2 Hauptmahlzeiten *repas principaux* *main meals*

Formen von Hauptmahlzeiten
Begriffsbestimmungen → 9

Als Hauptmahlzeit wird im allgemeinen das **Mittagessen** angesehen. Im Alltag wird es im Haushalt für die Familie, seltener für sich selbst zubereitet. Während der Arbeitswoche kommt das Betriebs- oder Kantinenessen dazu. Leider wird das Essen den Tagesaufgaben untergeordnet. Viele essen die Hauptmahlzeit erst abends im Familienkreis und begnügen sich tagsüber mit einem Imbiss.
Nährstoff- und Energierichtwerte: 30–35% der Tages-Gesamtenergiemenge. Bei Festessen werden diese Energierichtwerte ausnahmsweise nicht eingehalten. Unter Festessen sind ausgesprochene festliche Menüs zu verstehen, was sich auf den Umfang und die Auswahl der Rohstoffe und nicht zuletzt auf den Ort der Ausrichtung bezieht.

Gericht	*plat* *dish*
Gedeck	*couvert* *cover*
Menü	*menu* *menu*
Festessen	*dîner de gala* *gala dinner*

Beispiele
Vollwertmenü

Vollkorn-Grießsuppe
mit Lauch
∻
Linsen-Weizen-Gemüse-Curry
∻
Magerquarkschaum
mit Zwetschgen

Festmenü

Appetithappen
∻
Avocadococktail
∻
Doppelte Kraftbrühe mit Wachtel-Ei
∻
Gebratener Kalbsrücken mit feinem Gemüse
Williams-Kartoffeln
∻
Schokoladen-Halbgefrorenes
mit Mandelgebäck

Kalkulation eines Vollwert-Menüs

Vollwert-Menü
Kategorie: Spezialmenüs, 30 Portionen — Datum: 10.1. — Koch: Küchler

Menü	Warenkosten % A-la-carte-Menge	€	Faktor	NVP €
Vollkorn-Grießsuppe mit Lauch	50	6,34	3,5	22,19
Linsen-Weizen-Gemüse-Curry	100	26,77	3,5	93,70
Magerquarkschaum mit Zwetschgen	50	4,84	3,5	16,94
	Total / je Portion	37,95/1,27		132,83/ 4,43 €
	MwSt 16%			0,71 €
	Bruttoverkaufspreis			5,14 €

café, goûter, snack et autres encas
coffee, snacks between meals

22.3 Kaffee, Vesper, Imbiss und andere Zwischenmahlzeiten

Die Entwicklung der Essgewohnheiten führt immer mehr zu Zwischenmahlzeiten, die zwischen den Hauptmahlzeiten Frühstück, Mittagessen und Abendessen verzehrt werden.
Zwischenmahlzeiten sollen nährstoffreich, nicht belastend sein. Energie- und Nährstoffgehalt hängen natürlich vom Alter und den körperlichen oder geistigen Tagesbelastungen ab. Allgemein gilt jedoch, insbesondere solche Nährstoffe aufzunehmen, die bei den anderen Mahlzeiten fehlen. Das sind meist Wirkstoffe, Ballaststoffe und vollwertige Eiweißstoffe.

Arten von Zwischenmahlzeiten

2. Frühstück	Vesper	Nachmittagskaffee/-tee	Imbiss
deuxième petit déjeuner	*goûter*	*goûter, collation*	*snack*
second breakfast	*snack*	*afternoon coffee/tea*	*snack*

➔ 2. Frühstück 381

Mozzarella mit Tomaten

Die **Vesper**, regional auch als Brotzeit bezeichnet, stellt eine rustikale kalte Mahlzeit dar, die meist nachmittags in zwangloser Runde eingenommen wird. Sie kann ebenfalls eine Imbissverpflegung zwischen Frühstück und Mittagessen darstellen. Das Bedürfnis für eine Vesper entsteht beispielsweise nach ausgedehnten körperlichen Betätigungen (Ausflüge, Wanderungen). Es wird eine kräftige nahrhafte Kost in einfacher Form angeboten.

Das Sortiment besteht aus urwüchsiger Hausmannskost oder aus regionalen Spezialitäten der bürgerlichen Küche: Hausmacherwurst, Casseler, Schäufele, Braten, gekochte Eier, Kartoffel- und Teigwarensalate sowie verschiedene Brotsorten. Auch Hausmachersülze, Münchner Weißwurst mit süßem Senf, Käsesalat, Käsevariationen, Griebenschmalz, Schinkenspeck, Dauerwurst, Radieschen, Rettich, Salzgurken, rote Bete usw. können die Vesper ergänzen. Andere Gäste bevorzugen vegetarische Speisen mit hohem Wirkstoff- und Eiweißgehalt (z.B. Mozzarella mit Tomaten). Die Vespertafel lässt sich mit einfachen Mitteln gestalten (Zweige, Herbstlaub, Strohblumen). Es eignen sich rustikale Gebrauchsgegenstände.

Der **Nachmittagskaffee/-tee** wird in Deutschland traditionell zwischen 15 und 17 Uhr eingenommen. Dazu wird vorzugsweise Gebäck angeboten.

Der **Imbiss** stellt eine einfache Zwischenmahlzeit mit folgenden Merkmalen dar: wirkstoffreich, eiweißreich, appetitlich, gut verdaulich.
Bei Nachtschicht-Verpflegungen können Imbissspeisen zwischen 4 und 5 Uhr gereicht werden.

Im **Energiegehalt** sollen Zwischenmahlzeiten über den Vorspeisen, aber unter den Hauptmahlzeiten liegen. Dafür werden 800-1300kJ gerechnet. Das wird vor allem durch die Portionierung erreicht. Auch Suppen dienen als Zwischenmahlzeiten.

Zwischenmahlzeiten werden als **Convenience-Erzeugnisse** von der Systemgastronomie angeboten. Dabei können Imbisspeisen durchaus höheren Ansprüchen gerecht werden.

22.4 Abendessen

dîner *supper*

Ein bekömmliches und angemessenes Abendessen schafft die Bedingung für eine unbeschwerte Nachtruhe, die am nächsten Tag durch Frische und Wohlbefinden spürbar wird. Das Abendessen, egal ob kalt oder warm, sollte **gut verdaulich** und **nicht zu reichlich** sein. Es sollte die Nährstoffe enthalten, die tagsüber zu wenig aufgenommen worden sind: Vitamine, Mineralstoffe und Eiweiß. Die Mahlzeit sollte mindestens **2 Stunden vor dem Schlafengehen** eingenommen werden. Falls man später nochmals Hunger bekommt, können Frischobst, Knäckebrot oder Fruchtquark gegessen werden. Die „Fernsehkost"– energiereiche Getränke und Knabbereien – stellt umfangmäßig meist eine Zwischenmahlzeit dar, ist demzufolge eine Mahlzeit zu viel. Üppige Abendmahlzeiten sollten nur Festlichkeiten vorbehalten bleiben. Auch dann sind leicht verdauliche Speisen auszuwählen: Salate, klare Suppen, mageres Fleisch, Obst usw.

sortes de repas spéciaux
special sorts of meals

22.5 Besondere Mahlzeitenarten

Besondere Mahlzeiten kann es hinsichtlich der Rohstoff- und der Speisenauswahl sowie der Zubereitungsverfahren zu bestimmten Tageszeiten oder Anlässen geben.

Nach der Tageszeit			Nach der Zubereitung	
Gabelfrühstück	Brunch	Souper	Tischgaren	➔ Büfetts

Brunchraum

Anrichten einer warmen Speise

Sortimentsausschnitt

Gabelfrühstück

lunch *early lunch*

Das Gabelfrühstück, auch als Sektfrühstück oder Herrenfrühstück bezeichnet, ist eine leichte Mahlzeit, die zwischen 10 und 11 Uhr eingenommen wird. Es stellt demzufolge ein zweites Frühstück (➔ 381) dar, das meist für wenige Gäste hergestellt wird. Es soll nicht in erster Linie sättigend wirken, sondern stärker Imbisscharakter haben. Bezeichnend ist das Angebot auch alkoholischer Getränken, wie Schaumwein und Wein, vorwiegend leichter Art.

Gabelfrühstück wird zumeist zu festlichen Anlässen am Vormittag, beispielsweise Einweihungsfeiern, Autorenlesungen, Beförderungen usw. angeboten, wo davon ausgegangen wird, dass die Teilnehmer nach kürzerer Verweildauer ihren Tagesgeschäften nachgehen müssen.

Für das Gabelfrühstück eignen sich klein portionierte Speisen, wie warme und kalte Vorspeisen, Würzbissen, exotische Suppen, Sandwiches, Steaks, kalte Eierspeisen, Cocktails, Fingerobst, Nachspeisen wie Obstsalate, Cremes und Käse, außerdem Knabbergebäck oder Crackers. Als Getränke werden neben Sekt (trocken) und Wein auch Bier und alkoholfreie Getränke angeboten. In diesen Rahmen passt auch das Herrengedeck, bei dem Pilsnerbier mit Sekt gemischt wird.

Brunch

brunch *brunch*

Das Wort ist aus den Worten **breakfast** (engl. Frühstück) und **lunch** (engl. Mittagessen) entstanden. Ursprünglich stellte der Brunch eine Art amerikanisches Familienfrühstück, eine legere, gemütliche Form der Speiseneinnahme, dar.

Brunch ist eine Kombination von Frühstück und Mittagessen.

Brunch wird vor allem am Wochenende, an Urlaubs- oder sonstigen arbeitsfreien Tagen in der Zeit zwischen 10 und 14.30 Uhr angeboten, so dass das Mittagsgeschäft damit abgedeckt wird. Deshalb werden warme Speisen angeboten.

Das angebotene Speisensortiment kann einem **Thema** untergeordnet werden: amerikanischer Brunch, skandinavischer Brunch, Oster-Brunch, Fisch-Brunch usw.

Bei ganztägigen Unternehmungen, wie Ausflügen, Städtebummel usw., kann der Brunch die herkömmliche Mahlzeitenfolge sinnvoll zusammenfassen.

Restaurants nutzen die Form der besonderen Speiseneinnahme als **Pauschalangebot**, um den Betrieb besser auszulasten. Nach dem Pauschalpreis richten sich auch Umfang und Qualität der Leistungen.

Für den Brunch ist eine ungefähre Disposition erforderlich, da das Besondere in der Üppigkeit des Angebotenen liegt. Geeignete herzhafte Sortimente, die stets in einer Auswahl angeboten werden können, sind Eierspeisen, Fleisch- und Wurstwaren, Schinkenarten, kalte Braten, Wurstsorten, Grillsteaks, heiße Würstchen, Fischmarinaden, Räucherfisch, Frischobst und Frischgemüse. Dazu gehören auch Würzsaucen und andere Würzmittel. Des Weiteren gehören verschiedene Konfitüren, Honig, Butter, mehrere Brot- und Kleingebäcksorten, Toasts, Kuchen, auch kleinere Tortenstücke zum Angebotssortiment dazu.
Als Getränke werden Kaffee, coffeinfreier Kaffee, verschiedene Teesorten, Kakao, Milch, Frucht- und Gemüsesäfte angeboten. Mineralwasser sollte ebenfalls vorhanden sein, mitunter auch Flaschenbier oder Sekt.
Zur **Ausrüstung** gehört die übliche Büfettausrüstung, wie Rechauds für Eierspeisen, Kasserollen für Würstchen und Suppen, Pfannen und Toaster. Schaustücke gehören üblicherweise nicht dazu. Allerdings werden besondere Speisen am Stück angerichtet: Schinken, Käse, Wurstspezialitäten.
Der Hauptteil des Angebots wird auf einem **Büfett** aufgebaut, von dem sich der Gast selbst bedient. Das Brunch-Büfett setzt sich aus dem Frühstückssortiment und kleinen Zwischengerichten zusammen. Hinzu können weitere Angebote aus der **Karte** kommen, wie Würstchen, Suppen, Fisch, Braten und Süßspeisen, die nicht unbedingt auf dem Büfett stehen müssen.

Schinkenplatte

Fischangebot

Brunch-Angebot	
Müeslisortiment:	Müeslimischungen, Müesliflocken, Cornflakes, Nüsse, Trockenobst, Joghurt, Kompott
Obst und Gemüse:	Äpfel, Orangen, Bananen, Tomaten, Radieschen, Scheiben von Salatgurken
Getränke:	Kaffee, Tee, Kakao, Milch, Buttermilch, Kefir, Fruchtsäfte, Sekt
Brot:	Kleingebäck, Vollkornbrot, Mischbrot, Weizenbrot, Toast, Knäckebrot
Brotaufstriche:	Butter, Margarine (auch Halbfetterzeugnisse), Konfitüresorten, Gelee, Honig, Nougatcreme
Brotbeläge:	Käsesorten, insbesondere Frischkäse, Quarkvariationen mit Kräutern, Früchten und nature, Aufschnitt, Braten, Roh- und Kochpökelwaren
Eierspeisen:	gekochte Eier, Eierspeisen aus der Pfanne (Spiegelei, Rührei)
Fleischspeisen:	heiße Würstchen, kleine Steaks, Ragouts, Braten
Fischspeisen:	marinierte, geräucherte Fische

Süßspeisenangebot

Warme Speisenteile

Käseangebot

Tranchieren

Souper

 *souper*  *supper*

Die Bezeichnung geht auf traditionelle französische Essgewohnheiten zurück. Üblicherweise wurde abends eine Suppe (➔ französische Suppentöpfe) eingenommen. Beispielsweise ist es üblich, nach einem abendlichen Kulturereignis (Theater, Konzert) zwischen 23 und 1 Uhr früh zu einem Souper zu gehen. Heute ist darunter ein kleiner Imbiss als Nachtessen vor dem Tagesausklang zu verstehen. Gala-Abende als Souper zu bezeichnen, ist allerdings weniger zutreffend.

Tischgaren

 *cuire à la table*
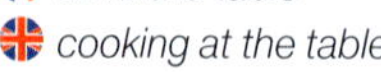 *cooking at the table*

§ Wichtig ist, dass der Wirt über die Sicherheit wacht. Die Geräte mit heißem Fett oder anderer siedender Flüssigkeit müssen standsicher sein.

Garen am Tisch gewinnt als geselliges Essvergnügen zunehmend an Bedeutung. Das Garen von Speisen wird zum Gegenstand der Unterhaltung. Bekannte und gern praktizierte Formen dieser Erlebnisgastronomie sind Fondue, Raclette, Tischgrillen usw.
Vom Gastronomen sind dazu entsprechende Vorbereitungen getroffen zu treffen. Die notwendige **Technik** muss einsatzbereit sein. Passende Tischwäsche, Besteck, Servietten, Schutzhandschuhe und anderes passendes Ambiente (Kochschürzen usw.) müssen bereitgelegt werden.
Die **Lebensmittel** (Fleisch, Salate, Saucen usw.) sind vorzubereiten.
Schließlich sollten die Gäste während des Tischgarens betreut werden. Dazu gehört die Beratung zu Gerätenutzung und Speisenherstellung. **Ideen** sollten so vermittelt werden, dass daraus für die Gäste ein kulinarisches Erlebnis wird.

Fondue

 *fondue*  *fondue*

Diese Form der Mahlzeitgestaltung stammt aus der Schweiz, wird sogar als **Schweizer Nationalgericht** angesehen und wurde dort ausschließlich aus Käse zubereitet. Inzwischen gibt es Fondues auch mit anderen Rohstoffen. Im Mittelpunkt steht ein erhitztes Gefäß mit einer geschmolzenen Käsezubereitung, mit heißem Öl, Brühe oder gar mit geschmolzener Schokolade. Darin garen die Gäste Portionsstücke von Brot, Fleisch, Wurst oder Fruchtstücken. Komplettiert werden die herzhaften Fondue-Stücke durch Dips, Sauergemüse und Salate.

Thu ein halb Gläſslein voll wein in ein blaten auf die Glutpfann und thu gſchabnen oder zeribnen teiſſen, alten käs darein; ist er aber lind, daſs er sich nit ſchaben oder zereiben laſſt, so ſchneid ihn so dünn du kannſt und laſs ihn im wein kochen, biſs er gantz zergangen und man den wein im kuſten nit mehr gſpürt. Dann dunke brot darein und iſs ihn alſo mit dem brot. Aber du muſſt allzeit ein wenig glüht darunter laſſen, ſonſt wird er bald wider hart.

Eine Schweizer Köchin beschreibt schon 1699 Käse-Fondue unter der Überschrift „Käss mit Wein zu kochen":

Käsefondue

fondue au fromage
cheese fondue

Käsefondue kann vorzüglich aus unterschiedlichen Schweizer Käsearten hergestellt werden. Verwendet wird zu diesem Essen im kleinen Kreis stets ein typisches Tongeschirr, **Caquelon** genannt.

Grundrezeptur für 4 Personen

0,6	kg	reifer geriebener Käse, der keine Fäden zieht
0,3	l	Weißwein, original aus der entsprechenden Käseregion
0,01	kg	Stärke
		Kirschwasser, je nach Geschmack
2		Knoblauchzehen
		Pfeffer aus der Mühle, eine Spur Muskat
0,8	kg	Brot (auch altbacken)

Je Person 0,15–0,2 kg Käse. Auf die Käsemenge halb so viel Wein.

- Caquelon mit zerdrücktem Knoblauch ausreiben, dann Weißwein hineingießen und bis zum Kochen erhitzen.
- Reibkäse auf einmal unter Rühren zugeben und schmelzen lassen.
- Stärke mit Kirschwasser verrührt und zugeben.
- Ständig stark rühren, mit Pfeffer und Muskat würzen.
- Caquelon auf Tischspiritusbrenner stellen und weiter leicht köcheln lassen
- Mit fest auf die Fondue-Gabel gesteckten Brotwürfeln wiederholt rühren, um das Fondue sämig zu halten.

Käsefondue

Chinesisches Fondue

fondue chinoise — *Chinese fondue*

Bei diesem Fleisch-Fondue wird Fleischbrühe als Garflüssigkeit verwendet. Als Gargut kommen ebenfalls in dünne Scheibchen geschnittene Edelfleischteile von Rind, Schwein, Kalb oder Geflügel in Betracht, die nur etwa 1 Minute garen müssen. Zum Fondue werden pikante Saucen, wie Currymayonnaise, Remouladensauce, Apfel-Meerrettich-Sahne usw. gereicht. Komplettiert wird mit Senffrüchten, Essiggemüse und Weißbrot als Sättigungsbeilage. Zum Schluss wird die gehaltvolle Fleischbrühe aus Tassen getrunken.

Schweizer Sitten

Brot stets fest auf die Fondue-Gabel stecken. Jeder Brotwürfel, der sich von der Fondue-Gabel löst und in die Fondue-Masse fällt, verpflichtet zum Spendieren einer Flasche Wein.

Schokoladen-Fondue

fondue au chocolat
chocolate fondue

Für dieses Fondue bildet Blockschokolade die Grundlage. Sie wird im Wasserbad aufgelöst, mit Milch verrührt und mit gehackten Mandeln und Honig verfeinert. Die heiße Mischung auf ein Rechaud stellen und heiß halten. Zum Eintauchen werden Bananenscheiben, Ananasstücke, Cocktailkirschen, Pfirsichwürfel, Mandarinenspalten usw. verwendet. Zum Vervollständigen dienen Löffelbiskuits, Waffeln oder Kekse.

Burgunder Fondue

fondue bourguignonne
Burgundian fondue

Darunter ist ein Fleisch-Fondue zu verstehen. In der Burgunder-Fondue-Pfanne wird Öl bis unter den Siedepunkt erhitzt. Als Frittiergut eignen sich kleine Würfel vom Rinderfilet, Roastbeef, Hüfte und anderes Edelfleisch sowie Geflügel. Auch Würstchen oder Hackfleischklößchen lassen sich verwenden. Würzsaucen (➔ 119), andere kalte Saucen (➔ 120), Sauergemüse aller Art und Weißbrot komplettieren das Fleisch-Fondue.

Burgunder Fondue

Hobelkäse

Raclette

Diese Art der geselligen Mahlzeitgestaltung stammt aus der Schweiz. Dabei Ursprünglich wurde ein quer aufgeschnittener Käselaib hochkant gestellt und die Oberfläche durch Strahlung erhitzt. Mit einem Spatel wurde der geschmolzene Käse abgeschabt. Als Beilagen werden Pellkartoffeln, Dips und Sauergemüse (Cornichons, Perlzwiebeln) verwendet. Neuerdings bietet der Handel Heizgeräte mit Pfännchen an, in denen der Käse, auch unter Beifügen anderer geschmacksgebender Zutaten und Gewürze (Pfeffer aus der Mühle), geschmolzen werden kann.

Gourmet ist eine Abwandlung des Raclettes. Auf der Oberfläche des Gerätes kann gebraten werden (Tischgrill), während sich die Pfännchen zum Überbacken eignen.

So entstand das Raclette

Im Schweizer Wallis wollte eine Winzerfamilie an einem unfreundlichen Herbsttag zur Mittagspause den traditionellen Winzer-Imbiss aus Brot, Bergkäse und Wein einnehmen. Da es recht kalt war, setzte man sich um das entfachte Feuer aus Lärchenholz. Dabei gelangte der Käse zufällig so nahe ans Feuer, dass er zu schmelzen begann. Der Wohlgeschmack begeisterte, und das Raclette war erfunden.

Heißer Stein

pierre chaude *hot stone*

Der heiße Stein stellt eine besondere Form des Tischgrillens dar. Anstatt eines Metallgrillrostes wird ein erhitzter Stein verwendet. In Spezialöfen, die als Tischgeräte variabel einsetzbar sind, werden 250–300 cm^2 große und etwa 3 cm dicke Speckstein- oder andere Natursteinplatten auf 300–350 °C erhitzt. Der erhitzte Stein wird in eine dazugehörige Schale gelegt, die aus Keramik oder Porzellan und noch in verschiedene Fächer unterteilt sein kann, um eine zusätzliche Stabilität zu gewährleisten. Zwischen Schale und Stein kann auch noch eine Metallplatte gelegt werden, die die Hitze des Steins zunächst aufnimmt.

1 Für einen Sonntags-Brunch wurden je Gast 7,50 € Warenkosten veranschlagt. Gemeinkosten werden mit 145%, Bedienungsgeld mit 13% und die gesetzliche Mehrwertsteuer veranschlagt.

1.1 *Zu welchen Inklusivpreis kann der Brunch angeboten werden, wenn kein Gewinn erzielt werden soll?*

1.2 *Wie viel Verlust in € und % wird in Kauf genommen, wenn der Brunch aus Wettbewerbsgründen für 19,95 € je Person angeboten wird?*

2 *Eine fahrbare Büfettbar wird zum Listenpreis von 3540,00 € mit einem Sonderrabatt von 20% angeschafft.*
Als Zahlungsbedingungen gelten: Zahlungsziel 4 Wochen, bis 2 Wochen 3% Skonto. Bei Überschreitung des Zahlungszieles 9% Verzugszinsen.

2.1 *Welche Beträge wären für die am 30. Oktober ausgestellte Rechnung am 7. November zu bezahlen?*

2.2 *Wie hoch wäre der Rechnungsbetrag am 31. Dezember?*

Wok

wok *wok*

Diese Art der Speiseneinnahme kam ursprünglich aus der chinesischen Küche und ist inzwischen in der gesamten asiatischen Küche verbreitet. Ein offener Topf (Wok heißt „große Hitze“ und wird sinngemäß für das Gargefäß verwendet) steht über der Energiequelle. Inzwischen wird auch Induktionsstrom verwendet, mit dem Sautieren, Braten, Kochen und Frittieren möglich sind.

Heißer Stein

Wok

Projektorientierte Aufgabe
Brunch

Eine Reisegesellschaft von 25 Personen möchte in Ihrem Ausbildungsbetrieb einen Brunch einnehmen. Sie sollen sich deshalb mit dieser Angebotsform beschäftigen.

Verzehrgewohnheiten

1 Wie kam der Brunch zu seinem Namen?
Welche Berechtigung hat diese Angebotsform?

2 Nennen Sie Möglichkeiten, diese Angebotsform abwechslungsreich zu gestalten.

Sortiment

3 Zählen Sie Informationen auf, die für das Brunch-Angebot wichtig sind.

4 Unterbreiten Sie ein Angebot für einen Brunch mit einem selbst gewählten Thema.

5 Erläutern Sie die Herstellung von fünf der vorgeschlagenen Speisen.

6 Fertigen Sie eine Skizze für den Aufbau des Brunch-Büfetts an. Tragen Sie alle Angebote ein.

Fachsprache

7 Übersetzen Sie den unten aufgeführten Hotel-Brunch-Vorschlag mit Hilfe eines Wörterbuches ins Deutsche und ins Englische.

Rechtsbestimmungen

8 Dürfen übrig gebliebene Speisen an andere Gäste weiterverkauft oder als Personalessen verwendet werden?

9 Ein Gast hat seine Tasche im Frühstücksraum zurückgelassen.

9.1 Handelt es sich dabei um eine Fundsache?

9.2 Welche Pflichten hat das Personal hinsichtlich der Tasche?

Preiskalkulation

10 Je Gast wurden Warenkosten von 7,75 € festgelegt. Zu berücksichtigen sind 155% Gemeinkosten, 13% Bedienungsgeld und die gesetzliche Mehrwertsteuer.

10.1 Wie viel müsste der Brunch insgesamt kosten, wenn mit 8% Gewinn kalkuliert wird?

10.2 Ermitteln Sie den Inklusivpreis, wenn aus Wettbewerbsgründen keine Gewinne kalkuliert werden.

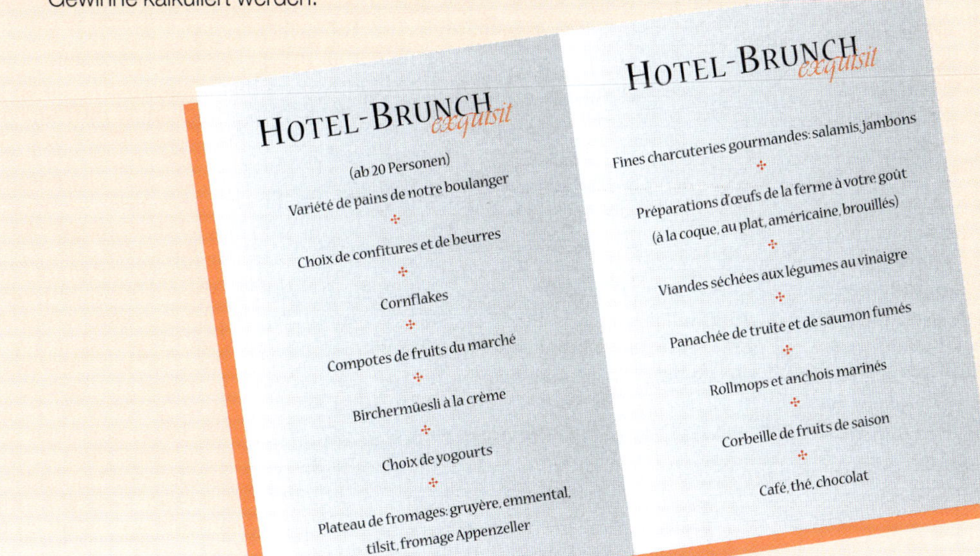

HOTEL-BRUNCH *exquisit*

(ab 20 Personen)

Variété de pains de notre boulanger

Choix de confitures et de beurres

Cornflakes

Compotes de fruits du marché

Birchermüesli à la crème

Choix de yogourts

Plateau de fromages: gruyère, emmental, tilsit, fromage Appenzeller

HOTEL-BRUNCH *exquisit*

Fines charcuteries gourmandes: salamis, jambons

Préparations d'œufs de la ferme à votre goût (à la coque, au plat, américaine, brouillés)

Viandes séchées aux légumes au vinaigre

Panachée de truite et de saumon fumés

Rollmops et anchois marinés

Corbeille de fruits de saison

Café, thé, chocolat

23 Speisenfolgen

menus  menus

Für den Speisen- und Getränkeabsatz ist nicht nur die **Qualität** von Bedeutung, sondern ebenso die **Angebotsform**. Zum Speisenangebot gehören die Art der Präsentation, in besonderem Maße aber auch die Zusammenstellung von Speisenfolgen. Des Weiteren gehören die unterschiedlichen Kostformen dazu. Das besondere Eingehen auf die Wünsche der Gäste ist auch ein wirtschaftliches Gebot, um Stammgäste zu erhalten und neue Gäste zu gewinnen.

Unter einer Speisenfolge ist die Zusammenstellung verschiedener **kulinarisch aufeinander abgestimmter Speisen** (Speisenteile) zu verstehen, die dem Gast nacheinander serviert werden, eine Einheit bilden und insgesamt eine sättigende Mahlzeit ergeben.

23.1 Klassische Speisenfolgen

menus classiques
classic menus

Die Mächtigen vergangener Zeiten wetteiferten um den Ruhm, die beste Küche zu führen. Dabei wurden Speisenfolgen mit ausgefallenen Delikatessen serviert, auf eine gesundheitsfördernde Ernährung wurde noch nicht Wert gelegt.

Lukullus (114–57 v. Chr.) war Feldherr und Feinschmecker, daher der Ausdruck vom „lukullischen Mahl". Er brachte die Süßkirsche aus Kleinasien mit und ließ sie kultivieren. Nach ihm sind mehrere Garnituren (➔ 433) benannt, beispielsweise Poularde Lukullus: Sie wird mit Hühnerfarce und Trüffelmousse gefüllt, poeliert, mit Trüffelsauce übergossen und mit kleinen, in Schaumwein gegarten Trüffeln und Hahnenkämmen garniert. Diese Schlemmereien arteten später weiter aus bis hin zur Widerlichkeit.
Berühmt und berüchtigt sind die Gastmahle des Römers **Trimalchio** zu Zeiten Neros (54–68 n. Chr.), die ein zeitgenössischer Dichter so einschätzt: „Sie erbrechen sich, um von neuem essen zu können; sie essen, um sich wieder zu erbrechen." Dabei ist allerdings bekannt, dass Erbrechen als Gesundheitsmaßnahme galt, wie beispielsweise der Aderlass.
Im 15. Jahrhundert hatte die Kochkunst einen Aufschwung genommen, der sich in den folgenden Jahrhunderten fortsetzte (➔ 2).

23.2 Moderne Speisenfolgen

menus modernes
modern menus

Exoten ins Menü?
Exotische Zutaten sind nur bedingt geeignet für Speisenfolgen. Einerseits werden früher beliebte Rohstoffe wegen des Artenschutzes nicht mehr geliefert (Krokodil, Schwalbennester, Schildkröte), andererseits reagieren Gäste mit besonderer ethischer Einstellung sehr sensibel, selbst bei Zutaten, die nicht dem Artenschutz unterliegen (Känguru, Gänsestopfleber, Weinbergschnecken, Froschschenkel usw.).

Moderne Speisenfolgen berücksichtigen die traditionellen gastronomischen Grundsätze und kulinarischen Regeln. Zunehmend werden jedoch Erkenntnisse der Ernährungswissenschaft über eine gesundheitsfördernde Ernährung zum bestimmenden Faktor.

Nach der Anzahl der Gänge wird unterschieden:

Grundmenü	Erweitertes Menü
(Gedeck)	(Festmenü)
3–4 Gänge	5–7 Gänge

Menüaufbau

Zeitgemäße Speisenfolgen basieren auf wertvollen Traditionen der klassischen, insbesondere der französischen Küche sowie zunehmend auf der modernen Ernährungswissenschaft. Während beim klassischen Menü 12 verschiedene Gänge keine Seltenheit waren, setzt sich das neuzeitliche Menü entsprechend den ernährungsphysiologischen Forderungen und küchentechnischen, insbesondere personellen Möglichkeiten meist aus nicht mehr als 7 Gängen zusammen. Dabei entspricht die Reihenfolge der Gänge dem klassischen Menü.

- *Gästekreis*
- *Ökonomische Erfordernisse*
- *Rohstoffeinkauf*
- *Kulinarische Erfordernisse*
- *Gesunde Ernährung*
- *Organisation*
- *Gästewünsche*

Klassischer Menüaufbau			Varianten zeitgemäßer Speisenfolgen											
	(französisch)	(englisch)	Grundmenü				Erweitertes Menü							
Kalte Vorspeise	*hors-d'œuvre froid*	*cold hors-d'oeuvre*	●		●				●	●	●	●	●	
Suppe	*potage*	*soup*		●		●	●	●		●		●	●	●
Warme Vorspeise	*hors-d'œuvre chaud*	*hot hors-d'oeuvre*						●			●			
Fisch	*poisson*	*fish*					●		●		●	●		●
Großer Fleischgang	*pièce relevée*	*meat course*								●			●	●
Warmes Zwischengericht	*entrée chaude*	*hot entrée*								●				●
Kaltes Zwischengericht	*entrée froide*	*cold entrée*												
Eisgetränk	*sorbet*	*sorbet*											●	
Braten, Salat	*rôtis, salade*	*roasts, salad*	●	●	●	●	●	●	●		●	●	●	
Gemüsegericht	*légumes*	*vegetables*												
Warme Süßspeise	*entremets chaud*	*hot sweets*							●			●		●
Kalte Süßspeise	*entremets froid*	*cold sweets*	●	●									●	
Käsespeise	*entremets de fromage*	*cheese*					●		●		●			●
Nachtisch	*dessert*	*dessert*			●	●		●		●	●	●		●
Mokka	*moka*	*mocha*	■	■	■	■	■	■	■	■	■	■	■	■

Menüregeln

Beim Aufstellen von Speisenfolgen sind wichtige gastronomische Gesichtspunkte zu beachten:

Gästekreis: Anlass und Art des Essen müssen bekannt sein, ebenso die **Anzahl** der Gäste. Des Weiteren sollten Informationen über die Zusammensetzung des Gästekreises, **Wünsche** über den zeitlichen Ablauf sowie über besondere Rohstoffe und andere Wünsche in Erfahrung gebracht werden.

Ökonomische Erfordernisse: Nach **Preisabsprachen** müssen Rezepturen und Kalkulationen erarbeitet werden. Wahlmenüs haben sich bewährt, um Sonder- oder Tauschwünsche der Gäste zu beschränken.

Auch sollte die rationelle Verwendung der Zutaten beachtet werden.

Rohstoffeinkauf: Es sollten nur **beste Zutaten** verwendet werden. Dabei ist das **regionale und jahreszeitliche Angebot** einzubeziehen. Direktbezüge von regionalen Erzeugern können die gewünschte Qualität gewährleisten. Die Verwendung von Convenience-Erzeugnissen ist zu prüfen.

Kulinarische Erfordernisse: Auf **Abwechslung und Vielseitigkeit** ist zu achten. Insbesondere dürfen **keine Wiederholungen** bei typischen Zutaten, bei Garverfahren und anderen Zubereitungsformen sowie bei Bindungsarten auftreten. **Ausnahmen** bilden Kartoffeln, die in unterschiedlichen Zubereitungsformen verwendet werden dürfen. Auch bei thematischen Speisenfolgen, wie Wild- oder Fischessen, dürfen sich Rohstoffe in unterschiedlichen Sorten und Formen wiederholen.

Bei besonderen Kostformen lassen sich die klassischen Menüregeln nicht immer einhalten.

Verkehrsüblichkeit als ungeschriebenes Gesetz

Garnituren *sind meist historisch entstanden und werden international einheitlich verwendet. Die Zubereitung ist bekannt. Im Zweifelfall kann ein Lexikon der Küche herangezogen werden. Somit gibt es für bekannte Garnituren eine verkehrsübliche Herstellungsweise, die regional abweichen kann. Bei Nichtbeachtung der Verkehrsüblichkeit werden Gästeerwartungen enttäuscht und Beanstandungen entstehen. Daneben existieren* ***Rechtsvorschriften****, wie die Hackfleisch-VO oder die Leitsätze im Deutschen Lebensmittelbuch, deren Bestimmungen verbindlich sind bzw. ebenfalls die Verkehrsüblichkeit beschreiben. Das betrifft z. B. den Fettgehalt von Hackfleisch, die Verwendung bestimmter Fleischteile oder Fleischarten zu Speisen (z. B. Cordon bleu vom Kalb) u. a.*

Die Geschmacksharmonie in der Speisenfolge erhöht den Genusswert und damit die Bekömmlichkeit.

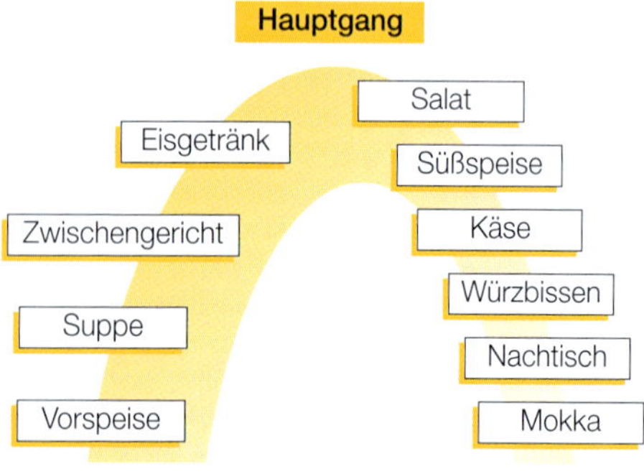

Unterschiedliche Bekömmlichkeit der Gänge in einer Speisenfolge

Farbliche Harmonie soll durch natürliche, appetitliche Farbtöne erzielt werden. Auf das Farbenspiel, den Wechsel von Hell und Dunkel ist zu achten.
Innerhalb des Menüs gilt das Prinzip des steigenden Genusswertes von Gang zu Gang.
Gesunde Ernährung: Die **Vollwertigkeit** ist zu sichern, wobei auch der **Energiewert** abzuschätzen oder zu errechnen ist. Als Prinzip gilt: je mehr Gänge, desto so geringer die Portionsgröße. Die **Verdaulichkeit** soll zum Hauptgang allgemein ab-, danach wieder zunehmen. Es sollte nicht mehr als eine schwer verdauliche Speise angeboten werden.
Getränke sollen die Bekömmlichkeit der Speisen unterstützen und nicht sättigend oder füllend sein.
Organisation: Dazu gehören rationelle Zeitplanung und Arbeitsvorbereitung sowie die Beurteilung der **küchentechnischen Möglichkeiten.**
Die benötigten **Küchen- und Servicearbeiter** müssen zur Verfügung stehen.

Funktion der einzelnen Gänge

Neben den gastronomischen gewinnen die ernährungsphysiologischen Aspekte der einzelnen Gänge zunehmend an Bedeutung.

23.3 Harmonie von Speise und Getränk

harmonie entre le mets et la boisson
harmony between meal and beverage

Für die Harmonie von Speise und Getränk – es wird auch von mit Speisen korrespondierenden Getränken gesprochen – sind einige grundlegende Regeln zu beachten, die auch von regionalen Auffassungen bestimmt werden:

- weißer Wein zu Fisch und hellem Fleisch
- roter Wein zu dunklem Fleisch

Die Regeln stimmen zwar grundsätzlich nach wie vor. Allerdings gewinnen bei der Getränkeauswahl die Rezepturen (Würzung, Garverfahren) zunehmend an Bedeutung. Grundsätzlich gilt außerdem, dass Weine angeboten werden sollen, die sich durch unaufdringliche Aromastoffe auszeichnen und damit die Würzstoffe der Speisen nicht zu stark beeinflussen.

Nicht immer Wein
Zu sehr stark gewürzten Speisen der indischen Küche passt besser Bier. Auch zum Salat als Extragang wäre Wein fehl am Platze. Dazu eignet sich, wenn überhaupt ein Getränk, ein neutrales Mineralwasser.

Empfohlene Getränke

Speise	Passende Getränke
Vor dem Menü	Als Aperitif Beerenauslesen, Dessertweine, Schaumwein
Suppe	Kein Getränk; exotische Suppen mit Dessertwein oder Cognac vollenden
Kalte Vorspeisen	Leichte bis trockene säurefrische, aber dezente Weißweine
Vorspeisen mit Räucherwaren	Kräftiger Weißwein oder Rosé-Wein, z. B. Weißherbst
Meeresfrüchte	Trockener Weißwein
Fisch	Fruchtiger, dezenter Weißwein
Frittierter oder gegrillter Fisch	Trockener Weißwein mit ausgeprägtem Bukett
Helles Fleisch	Kräftiger Weißwein
Geflügel	Rosé-Wein, leichter Rotwein
Dunkles Fleisch	Kräftige vollmundige Rotweine
Rindfleisch, Lamm, Haarwild	Schwere kräftige Rotweine
Wildgeflügel	Alle klassischen Rotweine
Käse	Vollmundige trockene Rotweine
Süßspeisen	Halbtrockene bis süße Schaumweine, Beeren-, Trockenbeerenauslesen
Nach dem Menü	Als Digestif Spirituosen (Brände, Liköre). Cocktails

Gastronomische und ernährungsphysiologische Funktionen der einzelnen Gänge

Gang	Gastronomische Funktion	Ernährungsphysiologische Funktion
Appetithäppchen 🇫🇷 *amuse-bouche (amuse-gueule)* 🇬🇧 *appetizers (amuse-bouche, amuse-gueule)*	„Appetithäppchen", „Gaumenkitzler" Pikante Mundbissen, kalt oder warm, z.B. dekorativ auf Löffeln angerichtet; meist als Aufmerksamkeit des Hauses angeboten	Appetitanregende Wirkung, werden während der Auswahl der Speisenfolge gereicht, also zu deren kulinarischer Einstimmung, passend zum Aperitif
Vorspeise, kalt/warm 🇫🇷 *hors-d'œuvre froid/chaud* 🇬🇧 *hors-d'oeuvre, cold/hot*	Nach Wortbedeutung „hors d'œuvre" (außerhalb des „Werkes") ist die Vorspeise nur eine kleine Einfügung innerhalb des Menüs, deshalb nur geringe Portionsgrößen; edle, würzige, farbenfreudige, leicht verdauliche Rohstoffe als Grundlage, eiweißreich, wirkstoffreich, dabei aber fettarm	Appetitanregende Wirkung, Förderung der Magensaftsekretion, Einstimmung des Verdauungstraktes auf weitere Speisen, geringe Sättigungswirkung
Suppe, kalt/warm 🇫🇷 *potage froid/chaud* 🇬🇧 *soup, cold/hot*	Bevorzugt werden heute ungebundene, leicht verdauliche und energiearme Suppen; sie sollen reich an Aroma- und Extraktivstoffen sein; geringe Mengen: 0,1–0,2 l	Förderung der Verdauung durch Anregung der Magensaftsekretion. Geringe Sättigungswirkung.
Zwischengericht 🇫🇷 *entrée* 🇬🇧 *entrée*	Vorbereitung auf den Hauptgang, im klassischen Menü ein Einschnitt, eine Pause vor dem Hauptgang; Eingang (entreé) für weitere Gänge; Fisch, Geflügel, Eier, Teigwaren und Gemüse als Rohstoffe, schonende Garverfahren	Merkmale wie bei Vorspeise, jedoch etwas gehaltvoller und schwerer; wirkstoffreiche Edelrohstoffe, geringe Sättigungsbeilagen
Eisgetränk 🇫🇷 *sorbet* 🇬🇧 *sorbet*	Das Eisgetränk (Sorbet, Granité) als Erfrischung vor dem Hauptgang; dafür geeignet ist leichtes dickflüssiges Fruchteis unter Verwendung von Weißwein oder Schaumwein	Wirkt erfrischend und verdauungsfördernd zur Vorbereitung auf den Hauptgang; dient gleichzeitig als Geschmacksneutralisator innerhalb der Speisenfolge
Hauptgang 🇫🇷 *plat principal* 🇬🇧 *main course*	Als Hauptgang gelten im modernen Menü kurzgebratenes Fleisch, Geflügel, auch Fisch; ist kulinarischer Höhepunkt der Speisenfolge; Gemüsebeilagen extra anzurichten; Hauptgang wird bei der Menüplanung zuerst festgelegt	Bestehend aus verschiedenen Speisenteilen (Sauce, Gemüse, Sättigungsbeilagen, wie Kartoffeln, Teigwaren, Reis usw.); Hauptgang ist energiereich und sättigend, gilt als schwerster Gang
Salate, Gemüse 🇫🇷 *salades, légumes* 🇬🇧 *salads, vegetables*	Innerhalb des Menüs von großer Bedeutung, jedoch weniger als Extragang, vielmehr als Beilage sowie als Vorspeise und als Zwischengericht	Wirkstoffreich und erfrischend, mitunter sättigend durch hohen Anteil an Ballaststoffen; gut verdauliche, nicht blähende Edelgemüse
Süßspeise, warm/kalt 🇫🇷 *entremets chaud/froid* 🇬🇧 *sweets, hot/cold*	Abrundung der Speisenfolge, deshalb die Bezeichnung „entremets" (entre les mets = zwischen den Speisen)	Erfrischend, appetitlich, meist kohlenhydratreich durch Verwendung von Zucker und Weizenmehl
Käse, Würzbissen, warm/kalt 🇫🇷 *fromage, savouries, chauds/froids* 🇬🇧 *cheese, savo(u)ries, hot/cold*	In der klassischen englischen Gastronomie selbstständiger Gang zwischen Süßspeise und Nachtisch, heute als Vorspeise, dann aber geschmacklich dezent angepasst; Trennung zwischen Süßspeise und Nachtisch nicht mehr exakt, so dass auch bei uns wie in Frankreich innerhalb großer Speisenfolgen Käse vor der Süßspeise; bei Grundmenüs wahlweise Käse oder eine Süßspeise	Im Volksmund heißt es, Käse schließe den Magen; geschmackliche Abrundung der Mahlzeit
Nachtisch (Dessert) 🇫🇷 *dessert* 🇬🇧 *dessert*	Dessert bildet den Ausklang eines Menüs (desservir = abtragen) Attraktive Obstschalen tragen zur ästhetischen Tafelgestaltung bei	Heute ist die Bezeichnung Dessert Sammelbegriff für alle Süßspeisen. Frischobst wirkt erfrischend, gleicht den arteigenen Geschmack der vorangegangenen Käsespeisen aus
Mokka 🇫🇷 *moka* 🇬🇧 *mocha*	Bildet stets den Abschluss eines Menüs, obwohl er streng genommen nicht in die Speisenfolge gehört; dazu kleines Obstgebäck, Pralinen, Petits Fours	Anregung der Durchblutung des Nerven- und des Verdauungssystems, Überwindung von Müdigkeit und Völlegefühl

24 Speisen im A-la-carte-Geschäft

mets à la carte *à la carte dishes*

A-la-carte
bedeutet nach der Karte speisen.

A la carte bedeutet nach der Karte speisen. Im A-la-carte-Geschäft (A-la-Karte-Service) wählt der Gast Speisen und Getränke nach der Angebotskarte aus und wird individuell bedient. Die Abrechnung erfolgt direkt mit dem Gast.

Die Gäste kommen während der Öffnungszeiten und wählen die gewünschten Speisen nach den aktuellen Angebotskarten aus. Sie haben dadurch die Möglichkeit, sich Speisenfolgen nach eigenen Vorstellungen zusammenzustellen und Getränke zu bestellen. Die Gästewünsche werden nach einer Beratung individuell erfüllt.
Das Servicepersonal muss sich mit dem Gast befassen, ihn richtig einschätzen, wozu Einfühlungsvermögen gehört. Das Servicepersonal muss über unterschiedliche Gästetypen und Gästegruppen sowie den Umgang mit ihnen Bescheid wissen (➔ Grundstufe).

24.1 Sortiment

 *assortiment*  *assortment*

Sortimente unterscheiden sich grundsätzlich nach dem Typ des Restaurants und sind den Speise- und Getränkekarten zu entnehmen.
In verschiedenen Restaurants ist es üblich, am Mittag und am Abend 2- bis 3-gängige Tagesmenüs zu servieren. Sonderangebote eignen sich ebenfalls für das Sortiment.
Die **Portionsmengen** sind größer als in der Speisenfolge. Die Küche muss bei der Mengenbemessung auf Erfahrungswerte zurückgreifen.

Beispiel	Kalbsrückenbraten	A-la-carte	Fleischeinsatz	150 g
		Gedeck		100 g
		4-Gang-Menü		80 g

Portionsgrößen, Wareneinsatzmengen usw. sind in den Kalkulationen verkehrsüblich festgeschrieben und im Bedarfsfalle nachprüfbar.
Bei der **Bereitstellung** können verschiedene Speisen hinsichtlich Geschmack, Farbe, Konsistenz an Wert verlieren. Die Speisen müssen so angeboten werden, dass sie stets hochwertig zum Gast gelangen.
Dank moderner Verfahren (➔ Grundstufe, entkoppeltes Kochen) sind auch die technologischen Voraussetzungen dazu vorhanden.

Tellerservice
Die Speisen werden in der Küche auf Tellern, in tiefen Tellern, Suppentassen, auf Mitteltellern und in anderen Serviergefäßen angerichtet.
Plattenservice *(französischer Service)*
Die Speisen werden in der Küche auf Platten, in Schüsseln und ähnlichen Serviergefäßen angerichtet. Daraus werden die Speisen am Tisch vom Servierpersonal (Vorlegen von der Platte) von links vorgelegt, oder der Gast legt sich selbst vor (Einsetzen der Platten, Anbieten von der Platte).
Guéridon-Service *(englischer Service)*
Auf dem Beistelltisch richtet das Servicepersonal, mit beiden Händen arbeitend, von Platten auf die Teller an, die anschließend von rechts eingesetzt werden.
*Für den Service im **A-la-carte-Geschäft** eignen sich Guéridon-Service, Plattenservice und Tellerservice.*

24.2 Zusammenstellung von Gerichten

composition de mets
composition of dishes

Das A-la-carte-Geschäft erfordert eine enge Zusammenarbeit zwischen **Küche und Servierpersonal.** Zusammensetzung, Zubereitung und Herstellungsdauer der einzelnen Speisen müssen dem Servicepersonal mitgeteilt werden.
Verschiedene Speisen erfordern eine längere **Zubereitungszeit,** worauf die Gäste taktvoll aufmerksam zu machen sind.

Insbesondere müssen die **Garnituren** (➔ 433f) bekannt sein, denn nur dann kann das Servicepersonal den Gast richtig beraten.
Besondere Aufmerksamkeit ist erforderlich, wenn sich Gäste aus der Speisekarte ein **Menü** selbst zusammenstellen. Dann gilt es nicht nur die Menüregeln zu beachten, sondern auch Hinweise über die Portionsgröße zu geben.
Zubereitungszeit, Garniturbestandteile und Portionsgröße (z. B. 200 g Fleisch) gehören zweckmäßigerweise auf die Speisekarte.

Anrichten der Speisen auf dem Teller

Der Küchenchef muss seinen Mitarbeitern die Anrichteweise der einzelnen Speisen erklären. Als vorteilhaft hat sich die bildhafte Darstellung der Anrichteweisen erwiesen: Der Koch kann sich durch einen Blick auf das ausgehängte Foto über die Anrichteweise informieren.

Anordnung

Der Teller darf nicht überladen wirken. Der Tellerrand bleibt stets frei.
Der **namensgebende Speisenteil,** also der Hauptbestandteil, wird zuerst angerichtet. Dann werden **gegen den Uhrzeigersinn** zunächst die Gemüsebeilagen, dann die Sättigungsbeilagen um den Hauptbestandteil angeordnet.

Filetspitzen, tourniertes Gemüse, zweierlei Nudeln

Gefüllte Wachtel mit roten Linsen und Zucchini-Kartoffelgratin

Hähnchenkeule Madras, Mangoscheiben, gemischter Reis

Farbenspiel

Beim Anordnen ist das Farbenspiel zu berücksichtigen. Kontrastreiches Gemüse nebeneinander legen. Farbenspiel und Aufwertung können auch durch frische Kräuter erreicht werden.

Saucen

Bei Pfannen- und Grillspeisen wird die Sauce oder bei Braten der Jus neben das Fleisch platziert. Bei Schmorspeisen wird der Hauptbestandteil mit Sauce nappiert.
Buttermischungen gehören auf den Hauptbestandteil, wobei eine Unterlage das vorzeitige Zerlaufen verhindern kann. Sauce und Buttermischungen werden auch separat in Saucieren gereicht.

Kontrolle

Vor Abgabe aus der Küche ist der Gesamteindruck der angerichteten Speisen zu kontrollieren. Unsauberkeiten auf dem Tellerrand sind zu beseitigen.

1 Beurteilen Sie den Wert der klassischen Garnituren für Speisekarten.

2 Nennen Sie Garnituren, die der modernen Ernährungsauffassung widersprechen.

3 Beurteilen Sie in einer Pro- und Kontra-Diskussion die Absicht eines Küchenchefs, alte traditionelle Garnituren den modernen technologischen und ernährungsphysiologischen Auffassungen anzupassen.

4 Beurteilen Sie:
Wiener Schnitzel aus Schweinefleisch
Schaschlik aus Lammfleisch
Schwarzwälder Kirschtorte ohne Kirschwasser

🇫🇷 *hors-d'œuvre, entriés*
🇬🇧 *hors-d'oeuvres, entriées*

25 Vorspeisen, Zwischengerichte

Kalte Vorspeisen

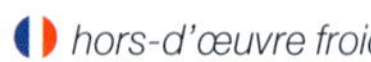

hors-d'œuvre froids
cold hors-d'oeuvres

Vorspeisen stellen besondere Angebotsformen innerhalb der Speisenfolgen dar. Sie unterscheiden sich von Hauptspeisen meist nur durch die Portionsgröße.

Beispiel Ob Canapés als Vorspeisen, Imbiss oder Abendmahlzeit dienen können, hängt hauptsächlich von der Portionsgröße ab.

Für Vorspeisen werden besonders wertvolle Rohstoffe oder aufwendige Herstellungsverfahren ausgewählt. Deshalb werden solche kalten Speisen fast ausschließlich als Vorspeisen in kleinen Mengen hergestellt.
Die nachfolgenden Zusammenstellungen verschiedenster Vorspeisenarten enthalten Verweise auf entsprechende Abschnitte, so dass Herstellung und Beispiele nachgeschlagen werden können. Die Vorspeisen werden aus rationellen Gründen in den jeweiligen Kapiteln beschrieben.

Anforderungen an Vorspeisen

- wertvolle Zutaten, geringe Portionsgrößen
- nicht sättigend, leicht verdaulich
- appetitlich angerichtet, harmonisches Farbspiel
- pikant gewürzt, mit folgenden Speisen abgestimmt

Vorspeisenteller: Kalte Vorspeisen lassen sich auf Tellern, Silber– oder Edelstahlplatten mit Papiermanschette, aber auch auf Glasplatten und Spezialplatten (Schiefer) arrangieren (kalte Platten).

Ententerrine auf Frisée-Salat-Blatt, aus Kohlrabi geschnitzte Chrysanthemen, Safranmayonnaise; Wachtelpastete mit grünen Spargelspitzen, Tomatenrose; Gemüseterrine mit Rote-Bete-Schaum und tournierten Radieschen; Brokkoliterrine mit Kapuzinerblüte; bunter Paprikasulz mit knackigem Salat

Was ist unter Amuse-bouche zu verstehen?

Amuse-bouche *(Appetitbissen zur Unterhaltung) sind kleine Happen oder Mundbissen, auch als* ***Amuse-gueule*** *bezeichnet, kalt oder warm, die aus unterschiedlichen edlen Rohstoffen bestehen, aber auch aus Butter, Schmalz, Kräuterquark zusammen mit Baguettes oder anderem Brot.*
Auch fantasiereiche Bezeichnungen, wie beispielsweise „kleine Gaumenfreude" sind für diese kulinarischen Überraschungen üblich, die der Einstimmung ins Menü dienen und als Geste des Hauses ungefragt gereicht werden, während der Gast Speisen auswählt und auf den ersten Gang wartet. Sie werden besonders bei Festlichkeiten nach Art des Hauses angeboten.

Bezeichnung	Herstellung	Beispiele
Aspikspeisen 🇫🇷 *aspics* 🇬🇧 *aspics / jellies*	Grundherstellung (➔ 289f.) Aus Krebsen, Fisch, Fleisch, Innereien, Wild, Geflügel, Gemüse in Aspik	Bunter Paprikasulz (➔ 291) Hummer in Gelee (➔ 290)
Canapés 🇫🇷 *canapés* 🇬🇧 *canapés*	Grundzubereitung (➔ 280) Aus Fleisch, Schinkenspezialitäten, Fisch, Krebsen, Käse, Eiern, Kaviar auf Tomatenbutter, Olivenscheibe, Dillzweig	Canapé mit Malossol-Kaviar (➔ 281): auf Toast mit Perlzwiebel Canapé mit Riesengarnele (➔ 281) Canapé mit Roquefort Creme auf Pumpernickel, mit Birne und blauer Weinbeere
Cocktails 🇫🇷 *cocktails* 🇬🇧 *cocktais*	Grundzubereitung (➔ 273) Pikante Cocktails aus verschiedenen Edelrohstoffen	Avocadococktail (➔ 274): Avocadowürfel mit Salz, Zitrone und Tabasco abschmecken, auf Chiffonade anrichten, mit Curry- und Tomatenmayonnaise überziehen Champignoncocktail ➔ 274): frische kleine weiße Champignons mit Zitrone und weißem Pfeffer würzen, auf Chiffonade anrichten, je zur Hälfte mit Dill- und Thousand-Island-Dressing überziehen Austerncocktail ➔ 274): frische Austern mit Zitrone, Tabasco, auf Chiffonade anrichten
Eierspeisen 🇫🇷 *hors-d'œuvre aux œufs* 🇬🇧 *egg hors-d' oeuvres*	Grundzubereitung (➔ 275) Auch Wachteleier; Kiebitz- und Möweneier werden aus Naturschutzgründen bzw. wegen der Salmonellengefahr nicht mehr angeboten	Gefülltes Ei mit Ei-Creme und Olive Gefülltes Ei mit Kräuter-Creme und Spargelspitze Gefülltes Ei mit Rote-Bete-Creme und Perlzwiebel
Fisch, Meerestiere, Kaviar 🇫🇷 *poissons, fruits de mer, caviar* 🇬🇧 *fish, seafood, caviar*		Lucca-Augen: rund ausgestochenen Toast mit Tatar bedecken, frische Auster auflegen, mit Kaviar garnieren (soll einem Auge ähneln)
Früchte 🇫🇷 *fruits* 🇬🇧 *fruits*	Erfrischend, energiearm, gut bekömmlich; stets gut kühlen!	Melonen als Kugeln, geeist, in Portwein, Spalten auf Eis mit Parma-Schinken, Bündner Fleisch oder Garnelen Avocados als Salat oder Cocktails
Galantine 🇫🇷 *galantine* 🇬🇧 *galantine*	Grundzubereitung(➔ 300)	Wildentengalantine mit Feldsalat und Cumberland-Sauce (➔ 301)
Geflügel 🇫🇷 *volaille* 🇬🇧 *chicken*	Leicht verdaulich, z. B. Geflügelbrust	Glacierte Hähnchenbrust: sautieren, mit Fleischglace überziehen, mit Früchten (frische Feigen, Kaktusfeigen, Granatapfel) garnieren
Gemüse, gefüllt 🇫🇷 *légumes farcis* 🇬🇧 *stuffed vegetables*	Grundzubereitung (➔ 297) Kleine Mengen besonders edler, leicht verdaulicher Gemüse wählen	Artischockenboden mit Waldorf-Salat Fenchellöffel mit Gemüsesalat (➔ 297) Gefüllte Tomate mit Krabben-, Eier- oder Fleischsalat
Happen 🇫🇷 *bouchées* 🇬🇧 *appetizers*	Grundzubereitung (➔ 281)	Lachstatar mit halbem Wachtel-Ei Gänselebercreme mit Trüffelscheibe Lachsschinken mit Spargelspitze

Bezeichnung	Herstellung	Beispiele
Medaillons 🇫🇷 *médaillons* 🇬🇧 *medallions*	Medaillons von Rind, Kalb, Wild und Geflügel	
Meeresfrüchte 🇫🇷 *fruits de mer* 🇬🇧 *seafood*	Zusammenstellung verschiedener Vorspeisen aus Krebsen, Austern, Muscheln, dazu Toast und Butter	Krebsmayonnaise, Muschelsalat, frische Austern Langustenmedaillons: Tranche von gekochtem Langustenschwanz mit Weißweinaspik überziehen, Spargelkopf und Tomatenkeil garnieren
Mignons 🇫🇷 *mignons* 🇬🇧 *mignons*	Aus Kalb, Lamm oder Wild kleine Kurzbratstücke schneiden, nach dem Erkalten mit Glace überziehen, mit Früchten garnieren	Mignon vom Kalbsfilet mit Kiwischeibe und halber Erdbeere garnieren Wachteln (→ 300)
Parfaits 🇫🇷 *parfaits* 🇬🇧 *parfaits*	Besonders feine Farcen mit Edelrohstoffen und geschlagener Sahne vermengen, mit Gelantine binden, würzen mit Salz, Tabasco, Cognac, in Formen attraktiv anrichten	Gänseleber-, Fasan-, Hummerparfait
Pasteten 🇫🇷 *pâtés* 🇬🇧 *pâtés*	Grundzubereitung (→ 298 ff)	Wachtelpastete mit grünem Spargel, Rehpastete
Salate 🇫🇷 *salade* 🇬🇧 *salads*	Im Rahmen der bewussten Ernährung bedeutungsvoll, geringer Sättigungswert, wirkstoffreich	Blattsalate, Spargelsalat, Artischockensalat
Fleischspeisen 🇫🇷 *viande* 🇬🇧 *meat*	Ungeeignet sind schwer verdauliche Speisen oder Speisen mit ausgeprägtem Eigengeschmack	Roastbeef-Röllchen mit Sahnemeerrettich Carpaccio mit Melone
Schiffchen 🇫🇷 *barquettes* 🇬🇧 *barguettes*	Etwa 7 cm lange schiffchenförmige Böden aus Blätter-, Pasteten- oder Mürbeteig, gefüllt mit feinen Salaten	Schiffchen mit gewürfelter Hähnchenbrust mit Estragonmayonnaise Schiffchen mit Spargelsalat und Dillzweig
Terrine 🇫🇷 *terrine* 🇬🇧 *terrine*	Zubereitung einer Terrine (→ 302)	Ententerrine Gemüseterrine Brokkoliterrine Fasanenterrine
Törtchen 🇫🇷 *tartelettes* 🇬🇧 *tartlets*	Herstellung von Törtchen (→ 306 Wie Schiffchen, jedoch runde Förmchen von ca. 4 cm Durchmesser	Törtchen mit Champignonsalat und Reh-Mignon, Fleisch-, Wildsalat mit Wachtel-Ei

Sushi – japanische Fisch-Snacks für europäische Feinschmecker
Die als **Sushi** bezeichneten Häppchen bestehen aus rohem Fisch, der allgemein mit gesäuertem Reis kombiniert wird. Diese Verzehrform mit vielfältigen Zubereitungsvarianten ist in Japan seit Jahrhunderten beliebt. Besonders geeignet zur Herstellung von Sushi sind Lachs, Thunfisch, Makrele, Hering, Aal, Tintenfisch, Kraken und Garnelen. Mitunter werden Zutaten auch vorher mariniert, gedämpft oder geräuchert (Lachs). Typisch ist außerdem die Umhüllung mit Nori, einem zu Blättern geformten Purpurseetang.

Nori-Blatt mit Reis und Lachs belegen.

Unter Druck mit Unterlage einrollen

Röllchen abschneiden

Warme Vorspeisen

🇫🇷 *hors-d'œuvre chauds* 🇬🇧 *hot hors-d'oeuvres*

Bezeichnung	Herstellung	Beispiele
Aufläufe 🇫🇷 *soufflés* 🇬🇧 *soufflés*	Geflügel-, Wild-, Fisch-, Krebsmus mit Eigelb, Sahne und Eiklarschnee vermengen in gebutterter Form im Wasserbad pochieren	Aufläufe Käseauflauf: Reibekäse mit Sahne und Eiklarschnee, geht beim Garen auf, sofort servieren
Eierspeisen 🇫🇷 *hors-d'œuvre aux œufs* 🇬🇧 *egg hors-d'oeuvres*	Eier im Näpfchen (cocottes), verlorene Eier, auch frittierte Eier, mit pikanten Beilagen vervollständigen; auf geringen Energiegehalt achten	Eier im Näpfchen (→ 79) Verlorene Eier (→ 78)
Gemüse, gefülltes 🇫🇷 *légumes farcis* 🇬🇧 *stuffed vegetables*	Edelgemüse aushöhlen, füllen, garen, nach Belieben gratinieren; auch Pflanzenblüten	Gefüllte Zucchiniblüte (→ 51)
Krapfen 🇫🇷 *beignets* 🇬🇧 *fritters*	Stücke von Edelgemüse, Geflügel, Fleisch oder Fisch, meist mehlieren, durch Backteig ziehen, frittieren	Spargelkrapfen: 3 cm lange Spargelstücke mehlieren, durch Bierteig ziehen, frittieren
Kroketten 🇫🇷 *croquettes* 🇬🇧 *croquettes*	Geflügel, Fleisch, Wild, Fisch, Krebse feinwürfelig schneiden, mit Sauce binden, ausgekühlt zu Kroketten formen, panieren, frittieren, mit Zitronenkeil anrichten	Kalbskroketten: kaltes Kalbsragout zu Kroketten formen, mit Wiener Panierung umhüllen, frittieren
Krusten 🇫🇷 *croustades* 🇬🇧 *croustades*	Blätterteig in unterschiedlichen Formen (Stäbe, Hörnchen, Rauten Quadrate u. a.), mit Fisch, Pilzen oder Käse füllen, backen	Lachskrusten Sardellenkrusten
Medaillons 🇫🇷 *médaillons* 🇬🇧 *medallions*	Schlachtfleisch, Wild, Geflügel: kleine Medaillons rund formen oder binden, mit ragoût fin, Bearner Sauce, gehackten Tomaten, Spargel usw. überziehen	Medaillon (→ 183) Reh-Medaillon mit sautierten Steinpilzen
Mignons 🇫🇷 *mignons* 🇬🇧 *mignons*	Rohstoffe wie für Medaillons, jedoch kleiner, deshalb 2–3 Stück als Vorspeise, anrichten auf Toast, z. B. mit Kräuterrührei; heiß servieren	Kaninchen-Mignons auf Pilzsalpikon

Bezeichnung	Herstellung	Beispiele
Pastetchen *bouchées* *patties*	Gefüllte Portionsstücke aus Blätter– oder anderem Teig füllen, dann backen	Mundbissen mit hellem Kalbsragout Blätterteigpastetchen mit feinem Geflügelragout Blätterteigkrapfen *(rissoles)*
Pfannkuchen, kleine *crêpes* *crepes*	Kleine, meist ungesalzene Pfannkuchen mit pikantem Mus füllen, übereinander klappen oder zusammenrollen	Crêpes mit Fleischhaschee: gebratenes oder gekochtes Fleisch fein wolfen, mit Glace verkochen, Crêpes damit füllen
Portionsstücke, frittierte *fritot* *deep-fried pieces*	Edelrohstoffe (Fleisch, Geflügel, Fisch) mit Wiener Panierung umhüllen, frittieren	Gebackene Kaninchenfilets: Stücke mit Salz und Pfeffer würzen, panieren, frittieren
Ragouts, feine *ragoûts fins* *ragout*	Gegarte Edelrohstoffe (Kalb, Wild, Fisch, Gemüse) schneiden, mit Sauce binden, in Näpfchen oder in Muschelschalen (coquilles) überbacken	Holländisches Lachsragout: in Weißwein gedünstete Lachswürfel mit holländischer Sauce überziehen, überbacken
Spießchen *brochettes* *skewers*	Auf kleine Spießchen schaschlikartig Zutaten gemischt oder nach Rohstoffen getrennt aufreihen, braten, panieren oder durch Bierteig ziehen, frittieren	Kalbsleberspießchen: gleich große Leberwürfel im Wechsel mit dünnem Bauchspeck aufreihen, braten, mit Fleischglace überziehen; Geflügelleberspießchen (➔ 231)
Teigwaren *pâtes* *pasta*	Geringe Anzahl kleiner gefüllter Teigstücke	Ravioli mit Butter beträufeln
Toaste *toasts* *toasts*	Runde Toastscheiben mit edlen Rohstoffen belegen (warme Fleisch- oder Fischstückchen, Meeresfrüchten usw.), nach Belieben überbacken	Weinbergschnecken (➔ 258), auf Baguette, gratinierten
Törtchen *tartelettes* *tartlets*	Teigformen mit pikantem Mus füllen, blind oder gefüllt backen	Törtchen mit feinem Ragout Törtchen mit Muschelragout
Schiffchen *barquettes* *barquettes*	Wie Törtchen, jedoch mit Schiffchenform	Schiffchen mit Spargelragout: mit holländischer Sauce überziehen Schiffchen mit Lachsragout
Würstchen *saucisses* *sausages*	Kleine Würstchen, möglichst hausgemacht, mit Edelgemüse vervollständigen	Chipolatas, Schweinewürstchen, Geflügelwürstchen

Zwischengerichte  *entrées*  *entrées*

In der **klassischen Speisenfolge** wurden Zwischengerichte kalt oder warm nach dem großen Fleischgang serviert. Moderne Speisenfolgen enthalten meist keine Zwischengerichte.
Im **Energiegehalt** sollen Zwischengerichte über den Vorspeisen, aber unter den Hauptmahlzeiten liegen. Das wird vorzugsweise durch die Portionierung erreicht. Als Zwischengerichte eignen sich insbesondere kalte und warme Vorspeisen, die gleiche Merkmale aufweisen, jedoch weniger üppig sind.

26 Nachspeisen

🇫🇷 *desserts* 🇬🇧 *desserts*

Unter Nachspeisen versteht man alle Speisen, die **nach dem Hauptgang** serviert und verzehrt werden. Sie bilden einen **kulinarischen Abschluss**, beenden die Speisenfolge und werden von den Gästen erwartungsvoll aufgenommen. Mitunter werden sie auch separat als Imbiss verzehrt.
Gebäck, Süßspeisen, Eisspeisen (➔ 304–336)

26.1 Arten

Als Nachspeisen eignen sich ➔ Süßspeisen, ➔ Käse und ➔ Obst.

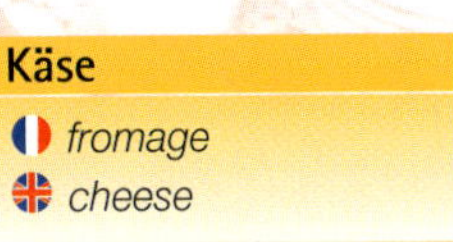

Tafelobst	Süßspeisen	Käse	Würzbissen
🇫🇷 *fruits*	🇫🇷 *entremets*	🇫🇷 *fromage*	🇫🇷 *savouries*
🇬🇧 *fruits*	🇬🇧 *sweet dishes / sweets*	🇬🇧 *cheese*	🇬🇧 *savo(u)ries*

26.2 Präsentation

Tafelobst

Tafelobst erhält im Sinne der gesundheitsfördernden Ernährung zunehmend Bedeutung. Es muss besondere qualitative Anforderungen erfüllen(➔ 322). Als Nachspeise wird Tafelobst in Schalen oder Etageren präsentiert.

Süßspeisen

Die **Präsentation** erfolgt auf attraktiven Sonderkarten (Süßspeisenkarten) und Tischaufstellern. Im Eingangsbereich kann bereits auf das **Dessert des Tages** aufmerksam gemacht werden.
Die Präsentation kann des Weiteren auf gekühlten Büfetts oder Dessertwagen erfolgen. Als besonders attraktiv erweist sich die Gestaltung von Eisbüfetts, die auch beleuchtet werden können, beispielsweise bei Sonderveranstaltungen.

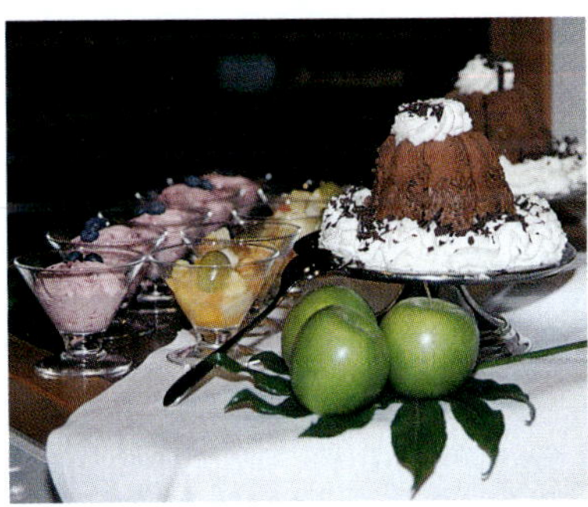

Süßspeisenangebot

Anrichteregeln, Servieren: Nachspeisen werden am Ende einer Speisenfolge gereicht. Sie werden als kulinarischer Höhepunkt besonders sorgfältig und optisch ansprechend in besonders farbigen und formschönen Tellern und Gläsern angerichtet. Attraktive Anstecker, Hippenröllchen usw. bilden Blickfänge. Gäste schätzen den besonderen Service, beispielsweise beim Flambieren von Crêpes und Früchten.
Anrichtegeschirr für Eis und Obstsalat muss gekühlt sein.

Sächsische Quarkkeulchen (➔ 317) sollen für eine Gruppe von 17 Kindern hergestellt werden. Erstellen Sie eine Warenanforderung.

Um eine gleich bleibende Anrichteweise zu sichern, sind an den Ausgaben Fotos von Desserts und Eisbechern anzubringen. Ständige Anleitung und Kontrolle (Job-Training) der Mitarbeiter ist erforderlich.

Fetten des Waffeleisens

Waffelmasse aufgießen

Französische Patisserie
Nusskugeln, Rumkugeln, Erdbeer-Minitörtchen, weiße Schokoladenkugeln, Grand-Marnier-Schnitten und Fruchttörtchen können sehr attraktiv und individuell aus Convenience-Erzeugnissen hergestellt werden.

Gebackene Waffel entnehmen

Eis auf die Waffel legen

Käse

Käse wird bei kleineren Speisefolgen wahlweise mit einer Süßspeise angeboten. Die Präsentation erfolgt durch Platten, Büfetts oder durch spezielle Angebotswagen.

Blick auf Käsebüfett

Käseplatten

Käsewürzbissen

Würzbissen werden in der englischen Gastronomie als selbstständiger Gang nach der Süßspeise serviert. Bei Baketts anlässlich von Tagungen oder Empfängen können Würzbissen als anspruchsvolle Imbisse fungieren. → Happen, Spießchen

27 Bankette

banquets *banquets*

Unter Banketten sind festliche Essen zu verstehen. Üblicherweise kann zwischen Menüs und Büfetts gewählt werden.

Festessen sind aus **persönlichem Anlass**, wie Verlobung, Eheschließung, Taufe, Geburtstag, Konfirmation bzw. Kommunion, Trauerfeier usw. üblich. Sie können für **gesellschaftliche Anlässe**, wie zu Bällen, Vereinsfeiern, Reiseveranstaltungen, Tagungen, Kongressen oder Seminaren bestellt werden.
Vielfach sind **geschäftliche Gründe**, wie Firmenjubiläen, Ehrungen usw., Anlass für Bankette.
Alle Einzelheiten der Sonderveranstaltungen werden dabei vorher zwischen Veranstalter und Gastgewerbebetrieb abgesprochen und festgelegt. Bankette finden vorzugsweise in Hotels, aber auch in Restaurants oder als Catering (➔ 422) in eigenen Räumen des Bestellers statt.

Bankettabteilung

Bei **Sonderveranstaltungen** wird der Service der Bankettabteilung genutzt, der sich in Hotels allgemein in drei Bereiche gliedert:

Bankettverkaufsbüro   Bankettküche   Bankettservice

Diese Bereiche befassen sich mit dem Verkauf, den Vorbereitungen, dem Aufbau, der Durchführung und dem Abbau bei festlichen Sonderveranstaltungen. Die Planung obliegt dem **Bankettverkaufsbüro**, die **Bankettküche** bereitet das Essen zu, und der **Bankettservice** ist mit der Durchführung betraut.
In kleinen Hotels ist die Bankettabteilung meist nicht so groß oder existiert gar nicht. In diesen Häusern werden das A-la carte- und das Bankettgeschäft von der Küchen- und der Servicebrigade mit durchgeführt.

Geschäftsbedingungen

*Zu beachten sind Optionen. Danach wird eine eindeutige Frist festgelegt, nach deren Überschreitung ein Angebot mit vorübergehender Zusicherung eines Termins von Seiten des **Betriebes** auch ohne nochmalige Rückäußerung verfällt.*
*Wird eine Abbestellung durch den **Besteller** verantwortet, so muss der Gastgewerbebetrieb eine Aufwandsentschädigung erhalten. Das betrifft in Abhängigkeit vom Zeitpunkt der Abbestellung insbesondere Miete und Umsatzverlust.*

27.1 Arten

Festbankett *banquets de gala* *gala banquets*

Festliche Bankettveranstaltungen sind private oder geschäftliche Feiern (z. B. Geburtstage, Firmenfeiern, Hochzeiten, Jubiläen), bei denen die Gäste in kultvoller Atmosphäre ein Menü einnehmen oder die Auswahl eines reichhaltigen kalten oder kalt-warmen Büfetts genießen.
Die Tischrunde bildet die Kommunikationsebene. Die Gäste sitzen während des Banketts und unterhalten sich. Eine Unterhaltung von außerhalb durch Tanz oder Unterhaltungsprogramme ist meist nicht erwünscht. Besonderes Augenmerk sollte auf die Tischdekoration gelegt werden (➔ Festbüfett).

Große Bälle *grands bals* *big balls*

Darunter sind Tanzveranstaltungen mit einem Rahmenprogramm zu verstehen, welches überwiegend aus Musik und Unterhaltungsprogramm bestehen. Es gilt bei solchen gesellschaftlichen Ereignissen das Motto „sehen und gesehen werden".
Beispiele: Operettenball, Feuerwehrball, Benefizball, Fastnachtsball

1 *Suchen Sie Fehler im folgenden Menüangebot.*

Matjes-Cocktail
⁘
Forellencremesuppe mit Kresse
⁘
Hühnerfrikassee mit Spargel und Kräuterreis
⁘
Geeister Obstcocktail

2 *Begründen Sie die genannten Fehler.*
3 *Berichtigen Sie das Menü.*

Der Sinn der Veranstaltungen ist, gut zu essen und sich unterhalten zu lassen. In Absprache mit den Veranstaltern kann ein **Büfett** oder ein **Menü** für alle Teilnehmer vereinbart werden. Außerdem besteht bei einem Ball die Möglichkeit, dass jeder Gast aus einer kleinen Angebotskarte Speisen und Getränke à la carte zusammenstellt und am Ende der Veranstaltung selbst bezahlt.

➔ Festbüfett (➔ 413)
➔ Speisen im A-la-carte-Geschäft (➔ 396 f)

HOTEL PALAIS KÖLN

Konferenzpauschale
8 Stunden Betreuungskomfort
€ 59,– je Person
(ab 10 Personen)

Wir bieten Ihnen folgende Leistungen:

Bereitstellung des Konferenzraumes
•
Basis-Technik (OHP, Leinwand, Flipchart)
•
1 Block und Stift je Teilnehmer
•
2 Konferenzgetränke je Teilnehmer
•
Kaffeepause am Vormittag
•
Mittagessen vom Büfett oder ein Menü
•
Kaffeepause am Nachmittag

Verkauf:
Telefon: 0… / 12 36 00
Telefax: 0… / 12 36 60

Cocktail-Empfänge

cocktails *cocktail receptions*

Cocktail-Empfänge spielen sich meist im Stehen ab. Kleine Snacks und eine Auswahl an verschiedenen Getränken werden auf dem Tablett oder auf einem Büfett angeboten. Beliebt ist **Fingerfood**, kleine kalte Happen, die mit einem Biss verzehrt werden können: Canapés, gefüllter Blätterteig, Fleischbällchen oder Käsehappen. Als warme Happen können beispielsweise Garnelen im Teigmantel angeboten werden. Eine gute Auswahl an Convenience-Erzeugnissen steht zur Verfügung, die allerdings oft recht preisintensiv sind.
Ein Cocktail-Empfang sollte 1–2 Stunden dauern. Es gibt keine vorgegebenen Tageszeiten, üblicherweise wird er jedoch zwischen 17 und 19 Uhr durchgeführt. Im Gegensatz zum Stehempfang entspricht es den Regeln, dass Gäste nach Belieben kommen und gehen. Feste Sitzplätze sind nicht vorgesehen (➔ Cocktailbüfett).
Bei **Präsentationen** oder **Buchlesungen** reicht man nach der Veranstaltung einen Cocktail, um die Veranstaltung aufgelockert ausklingen zu lassen und damit noch über die Informationen diskutiert werden kann.

Beispiel:

Tagungs-Set-up
1 Flasche Orangensaft
1 Flasche Mineralwasser
1 Kaffeetasse
1 Thermoskanne mit Kaffee
Notizblock, Schreibstift

Tagungen

congrès *congresses, meetings*

Tagungen sind Besprechungen jeder Art, die von Firmen, Gesellschaften usw. organisiert werden. Die Teilnehmer sollen während der Tagung nicht gestört werden. Aus diesem Grund werden die Getränke und eventuell Obst vorher auf die Tische eingedeckt.
Üblich ist Planung eines Tagungs-Set-up. Dieser Begriff umfasst alle vom Gast während der Tagung benötigten Dinge.
Oft wird bei Tagungen die **Technik** (Lichtschreiber, Projektionswände usw.) bereitgestellt.
Handelt es sich um längere Konferenzen, werden **Pausen** eingeplant, in denen sich die Teilnehmer entspannen können. Dann wird frisch gebrühter Kaffee angeboten bzw. auf den Tischen eingesetzt. Zusätzlich kann in den Pausen ein **Büfett** im Vorraum der Veranstaltung aufgebaut werden. Dabei können auch Müesliriegel, Obst oder Früchtejoghurts angeboten werden.
Von den Veranstaltern wird vielfach die Möglichkeit eines **gemeinsamen Mittagessens** in der Tagungspause genützt.
Stehbüfett (➔ 413)

Pressekonferenzen

conférences de presse *press conferences*

Pressekonferenzen sind besondere Tagungsformen, bei denen der Presse etwas vorgestellt oder mitgeteilt wird.
Für eine Pressekonferenz werden ein Podium, darauf ein Präsidiumstisch, eventuell ein Rednerpult und Mikrofonanlagen benötigt. Zusätzlich werden kleine Tische (rund, parlamentarisch oder nur Stuhlreihen) aufgebaut.
Speisen werden meist nicht angeboten. Wenn doch, dann in weiter Entfernung zum Podium, um Störungen auszuschließen. Die Getränke sind überwiegend alkoholfrei und werden wie bei Tagungen auf die Tische eingesetzt.

27.2 Verkaufsgespräche, Preisbildung

Kommunikationsmittel, die den Verkauf steigern können, sind ***Werbung, Öffentlichkeitsarbeit*** *und* ***Verkaufsförderung****.*

Bankette werden allgemein zusätzlich zum A-la-carte-Betrieb durchgeführt, weshalb die Organisation unbedingt zu optimieren ist.

Bankettmappe

dossier de banquett
banquet documents

Als Hilfestellung für die Bankettverkaufsabteilung verfügen Hotels über eine **Bankettmappe** zur Präsentation, die folgende Gliederung aufweisen kann:

- Größe der Räume und Bestuhlung
- Technik
- Konferenz-Angebote
- Kaffeepausen-Angebote
- Getränkekarten
- Cocktailempfänge (warme und kalte Snacks)
- Büfetts in verschiedenen Ausführungen
- Menüs mit 3–8 Gängen ➔ Galamenü
- Catering

Bankettmappe

Die Bankettmappe enthält unter anderem Vorschläge für Menüs mit 3–8 Gängen und Büfetts, die als Grundlage für ein Verkaufsgespräch dienen. Diese Angebote kann der Gast untereinander austauschen und für seinen Geschmack beliebig zusammenstellen. Zusätzlich stellt der Küchenchef eine Auswahl an saisonbedingten Menüs zusammen, die in den Verkaufsgesprächen verwendet werden können.
Bei wichtigen Verkaufsgesprächen sollte der Küchenchef in Zusammenarbeit mit der Verkaufsabteilung die Menüabsprachen durchführen.

Kalkulationen

calculs *calculations*

Eine genaue Kalkulation von im Rahmen eines Banketts bestellten Festessens ist wichtig, weil im Vergleich zum A-la-carte-Angebot dem Besteller eines Banketts **Speisen meist preiswerter** abgegeben werden.
Beachtet werden müssen dabei auch die geringeren Portionsgrößen in Abhängigkeit von der Anzahl der geplanten Gänge. Je umfangreicher die Speisenfolge ist, desto geringer ist der Materialverbrauch für die einzelnen Gänge. Damit wird erreicht, dass auch festliche Speisenfolgen nicht extrem über dem Nährstoff- und Energiegehalt eines vollwertigen Gerichts liegen (➔ 383).

Beispiel Kommt vor dem Fleischgang ein Fischgang, dann kann der Fleischeinsatz um 50 g je Portion gekürzt werden. Liegen drei Gänge vor dem Fleischgang (Vorspeise, Suppe, Fisch), kann der Fleischeinsatz je nach Art um weitere 30-50 g verringert werden.

Analoge Reduktionen werden bei Beilagen, Salaten und Saucen vorgenommen.
Wichtig ist außerdem die Berücksichtigung von **Nebenleistungen** (Raummiete, Tagungspauschale usw.). Werden diese extra berechnet oder liegen sie im Menüpreis?

Voll-Convenience-Erzeugnisse;
Fertige Cremes und Moussen
Saucenfonds (Portionsbeutel, Großgebinde)
Gegarte Terrinen
Halb-Convenience-Erzeugnisse;
Geschälte Kartoffeln
Ungegartes tourniertes Gemüse
Geputzte Pilze und Zuckerschoten
Geschnittene Salate
Portionierte Fleischstücke
Portionierte Fischfilets

organisation, réalisation
organization, realization

27.3 Organisation, Durchführung

Für die Durchführung von Banketten sind eine gute Organisation, eine lückenlose Kommunikation und eine hervorragende Mise en place (➔ Grundstufe) erforderlich. Damit jeder Mitarbeiter weiß, was zu tun ist, haben sich einheitliche Standards bewährt, das heißt Regeln zum **Eindecken von Tafeln**, ein beständiges und **gleiches Tagungs-Set-up** usw.

Organisation in der Küche

Anhand der vom Veranstalter zusammengestellten **Menüs** und der zu erwartenden **Personenzahl**, die meist 2 Tage vor der Veranstaltung festgelegt werden soll, wird die Menge der Zutaten kalkuliert, die für die Veranstaltung eingekauft werden.
Vom Preis der Menüs, von der Anzahl der Gäste und von der Anzahl der Mitarbeiter, die der Küchenchef bei der Vorbereitung zur Verfügung hat, hängt es ab, ob er **Convenience-Erzeugnisse** einsetzt oder alle Speisen frisch zubereitet werden.

Organisation durch den Service

Bei festlichen Bankettveranstaltungen werden entweder runde Tische (8–12 Personen) oder Blocktafeln verwendet (➔ Grundstufe: Bankettformen). Der Bankettservice erhält einige Tage vor der Veranstaltung ein von der Verkaufsabteilung mit dem Veranstalter abgesprochenes so genanntes **Function Sheet** (deutsch: Organisationspapier oder –blatt), das als Ablaufplan für das Bankett dient.

Serviceablauf

Ein **Bankettleiter** im Saal sorgt dafür, dass alle Servicearbeiten ruhig und gleichzeitig ablaufen und alle Gäste zufrieden sind. Er ist zudem für Fragen seiner Mitarbeiter offen.
Vorbereitungen: Kalte Getränke müssen bereits Stunden zuvor gekühlt werden.
Beim **Servieren** des Menüs werden 2 Arten unterschieden:
Bei **runden Tischen** werden die Teller tischweise serviert. Jeder Gast bekommt sein Essen zur gleichen Zeit.
Sitzen die Gäste an einer **Blocktafel**, können die Teller in rotierendem Service an den Tisch gebracht werden, das heißt, die Servicemitarbeiter gehen so lange mit je 3 Tellern zum Tisch, bis alle Gäste ihr Essen haben.
Tische oder Tafelabschnitte, an denen die **Ehrengäste** sitzen, werden immer zuerst bedient. Diese Gäste werden den erfahrensten Mitarbeitern zugeteilt. Hier ist besonders aufmerksamer Service notwendig!

- Während des Abend kümmert sich ein bestimmter Servicemitarbeiter um die Gäste. Er ist den ganzen Abend im Gastbereich. Die Gäste erhalten durch ihn die Getränke und bekommen jeden anderen Wunsch erfüllt. Dieser Servicemitarbeiter trägt keine Speisen zu den Gästen.
- Eine Servicekraft sollte beim Servieren von Speisen höchstens 6–8 Gäste und beim Servieren von Getränken nicht mehr als 12 Gäste betreuen.
- Um einen vollkommenen Service zu gewährleisten, sollten Tafelabschnitte (Stationen) mit Ehrengästen kleiner sein.

Checkliste zur Bankettplanung

 Bestellung bestätigen

 Art der Veranstaltung, Datum und Zeit festhalten

 Personenzahl ermitteln

 Räume, Tafelform, Bestuhlung und Dekoration planen

 Tischwäsche, Gedecke festlegen

 Menü einschließlich Getränke, eventuell Kalkulationen absprechen

 Aperitifs, Digestifs und Kaffee planen

 Serviceplan erarbeiten

 Eventuell Programm (Redezeit), GEMA und Sperrzeit beachten

 Menü- und Platzkarten erstellen

 Rechnungsstellung festlegen

 Sonderwünsche ermitteln

- Servicemitarbeiter dürfen nicht rückwärts gehen. Arbeiten, die von rechts ausgeführt werden, erfordern ein Gehen im Uhrzeigersinn (➔ Grundstufe: Gedecke). Arbeiten von der linken Seite erfolgen gegen den Uhrzeigersinn. Bei Ehrengästen muss mitunter von dieser Regel abgewichen werden, da diese zuerst zu bedienen sind.
- Der Servicebeginn aller Servicemitarbeiter erfolgt gleichzeitig auf ein Zeichen des Bankettleiters.

Schockkühlen

Teller-Bankettsystem

système de banquet par assietes
banquet system by plates

Bei Banketten entsteht in der Küche ein großer Arbeitsdruck. Wenn beispielsweise bei Veranstaltungen zeitliche Verschiebungen auftreten, kann das beim Angebot von kurzgebratenen Speisen problematisch sein.

In modernen Großküchen wird das Bankettsystem angewandt, bestehend aus **entkoppeltem Zubereiten** mit **Regenerieren** (➔ Grundstufe: **Cook and Chill**). Für dieses System werden Tellergestell, Konvektomat und Thermohaube benötigt.
Die Speisen, wie Kartoffeln und Gemüse bis hin zu Fleischmedaillons, werden auf den Punkt **gegart**, **schockgekühlt** und sorgfältig auf die Teller **angerichtet**. Die Teller kommen anschließend auf Tellerwagen ins **Kühllager**. Ruft der Service die warmen Gänge ab, werden diese Teller in den **Konvektomaten** geschoben. Regenerierzeiten, Luftfeuchte und Temperaturen sind in Abhängigkeit von den verwendeten Speisen unterschiedlich. Die Regenerierzeit ist außerdem abhängig von der Speisenmenge je Portion sowie vom Gerätetyp. Sie kann bei einer Lufttemperatur von 70–110 °C beispielsweise 5–7 Minuten betragen.
Schon bei der Planung muss darauf geachtet werden, dass nur Speisen auf einen Teller angerichtet werden, die beim Regenerieren die gleichen Anforderungen stellen.
Nach Ablauf der Regenerierzeit können die heißen Teller unter der **Thermohaube** etwa 15 Minuten die Temperatur halten. Während dieser Zeit kann ein zweiter Tellerwagen in den Konvektomaten geschoben werden, damit alle Teller zur gleichen Zeit serviert werden können.
Die **Vorteile** bestehen darin, dass morgens mehr Personal zur Zubereitung eingesetzt werden kann, während abends zur Veranstaltung nur noch wenig Personal benötigt wird. Dann müssen die Teller lediglich regeneriert und sauciert werden.
Ein **Nachteil** ist, dass feuchte Gerichte wie Lauch oder Pilzragout nicht regeneriert werden können. Durch zu viel Luftfeuchte würden die Speisenteile „nass" werden.
Für **Großveranstaltungen** mit 500–700 Gästen werden höchstens 2 Konvektomaten, dafür aber 10 Thermowagen mit Tellergestellen benötigt.

Portionieren

Regenerieren

Vergleich zwischen herkömmlicher und entkoppelter Zubereitung

Frische Zubereitung	Entkoppelte Zubereitung
Vorbereiten	Vorbereiten
Garen	Garen (z.B. im Heißluftdämpfer)
	Schockkühlen
Warm portionieren und anrichten	Kalt portionieren und anrichten
	Kühl lagern bis 72 h
	Regenerieren durch heiß legen
Garnieren	Sauce zugeben, garnieren
Servieren	Servieren

Bei beiden Verfahren ist der Aufwand für die **Mise en place** etwa gleich groß. Das **Regenerierverfahren** erfordert hohe Anschaffungs- und Wartungskosten. Jeder Teller sieht gleich aus und ist heiß.
Dabei findet beim Regenerieren nur eine Arbeitsverlagerung statt: Die Teller werden in der Leerlaufzeit angerichtet, und beim Ausgeben der Teller werden weniger Köche benötigt.
Beim **konventionellen A-la-minute-Verfahren** warten die Gäste länger auf ihr Essen, mitunter wird die Verzehrtemperatur der Speisen unterschritten, außerdem herrschen beim Anrichten mehr Hektik und Unruhe.

1 *Wie kann man für eigene Bankettveranstaltungen werben?*
2 *Nennen Sie Werbeziele bei der Werbung für Bankettveranstaltungen.*
3 *Planen Sie die Werbung für eine Bankettveranstaltung „Kulinarisches aus der Region".*
4 *Vergleichen Sie ein* ***Festmenü*** *mit einem* ***kalten Büfett****. Erläutern Sie Gemeinsamkeiten und Unterschiede.*
5 *Erläutern Sie Aufbau und Umgang mit der Bankettmappe.*
6 *Was verstehen Sie unter dem Begriff Halb-Convenience?*
7 *Beurteilen Sie die Praxis, bei der Bestellung eines Menüs lediglich den Fleischgang zu kalkulieren und Suppe sowie Nachtisch als Zugabe aus der Kalkulation wegzulassen.*

Anrichten à la minute

Der Küchenchef legt bei einem Menü im Vorfeld die Menge der Speisen und die Art des Anrichtens fest, damit jeder Mitarbeiter genau weiß, was und wie viel er vorbereiten muss.
Angerichtet wird im **Fließbandsystem:** 4 oder 5 Köche richten jeden Teller nacheinander heiß an. Die Köche stehen an einem langen Anrichtetisch, und jeder Mitarbeiter übernimmt eine Teilaufgabe.

Beispiel Der **erste Koch** legt das Fleisch auf den heißen Teller und schiebt ihn weiter … Zum Schluss werden die Kartoffeln auf den Teller angerichtet.

Die fertigen Teller werden sofort vom Servicepersonal aufgenommen und zu den Gästen getragen. Damit jeder Gast zur selben Zeit sein Gericht bekommt, müssen das Küchen- und das Servicepersonal sehr zügig arbeiten.

Ziele setzen, planen, entscheiden, ausführen, auswerten

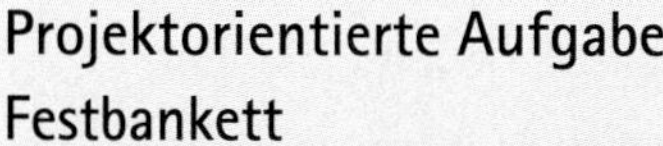

Projektorientierte Aufgabe
Festbankett

Im **Hotel Zu den Bremern Stadtmusikanten** soll am Pfingstmontag ein Festbankett stattfinden. Dazu sind vom Veranstalter 28 Erwachsene, darunter ein großer Teil Senioren und 6 Kinder im Alter von 4-12 Jahren, eingeladen.

Begrüßungsgetränk

1 Für alle Gäste ist ein Begrüßungsgetränk geplant.
1.1 Schlagen Sie ein Getränk für die Kinder vor, und begründen Sie Ihren Vorschlag. Bedenken Sie ernährungsphysiologische Gesichtspunkte.
1.2 Für die Erwachsenen soll 1 Glas Schaumwein gereicht werden. Erläutern Sie dem Gastgeber Qualitäts- und Preisunterschiede.
1.3 Nennen Sie geeignete Gläser und die angemessene Serviertemperatur.
1.4 Stellen Sie Überlegungen zu Zusatzangeboten für Antialkoholiker bzw. für Gäste an, die nur geringe Alkoholmengen akzeptieren.

Menügestaltung

2 Der Gastgeber hat ein viergängiges Menü bestellt, welches für die Kinder eventuell abgewandelt werden kann.
2.1 Machen Sie einen Menüvorschlag, der allen Gästen gerecht wird.
2.2 Beachten Sie, dass ein Ehepaar alle Speisen mit Schweinefleisch ablehnt.
3 Überlegen Sie sich einige besondere Überraschungen für die Kinder.

Service

4 Der Service arbeitet nach dem Plattenservice (französische Serviermethode).
4.1 Erläutern Sie dem Besteller diese Serviceform.
4.2 Welche Anforderungen werden dadurch an die Küche gestellt?

Harmonie von Speisen und Getränken

5 Der Gastgeber lässt sich von Ihnen über korrespondierende Getränke zum Menü beraten. Er bevorzugt Rheinweine und böhmisches Bier, ansonsten Getränke von regionalen Anbietern.
5.1 Unterbreiten Sie Vorschläge für korrespondierende Getränke.
5.2 Schlagen Sie auch übliche Mengen je Gast vor.
6 Nach dem Essen wünschen mehrere Gäste Kaffee, Mokka und einen Digestif. Begründen Sie die ernährungsphysiologische Funktion der genannten Getränke.

Kalkulation

7 Für das Menü wird ein Inklusivpreis von 24 €/Person festgelegt.
7.1 Ermitteln Sie den Warenpreis, der nicht überschritten werden darf, wenn mit 195% Gemeinkosten, 10% Gewinn und 13% Bedienungsgeld gerechnet wird.
7.2 Ermitteln Sie den entsprechenden Kalkulationsfaktor.
7.3 Mit welchem Wareneinsatz könnte der Küchenchef rechnen, wenn wegen der Konkurrenz nur mit 5% Gewinn gerechnet werden kann, die anderen Zuschläge aber bleiben?

Recht

8 Beim Servieren schüttet die Auszubildende heiße Kraftbrühe über die Kleidung einer Dame und verursacht dadurch eine leichte Verbrennung. Beurteilen Sie die Haftung.
9 Der Wirt bemerkt gegenüber dem Besteller, dass wegen der gewünschten Musik keine GEMA-Gebühren anfallen. Erläutern Sie diese Feststellung.

buffets froids et chauds
cold and hot buffets

28 Kalte und warme Büfetts

Unter einem **kalten oder warmen Büfett** versteht man ein meist aus festlichem Anlass zusammengestelltes Angebot von überwiegend vorportionierten **kalten oder warmen Speisen**, die als Sortiment dekorativ und kulinarisch abgestimmt auf einer Tafel im Gastbereich präsentiert werden.

Das Büfett bietet dem Gastronomen Möglichkeiten einer rationellen Angebotsgestaltung. Es hat den Vorteil, dass Umfang und Menge von Speisen zu vertraglich vereinbarten Preisen im Voraus gefertigt werden können. Insgesamt kann dadurch das Leistungsvermögen einer Küche erhöht werden.
Für den Gast ist es reizvoll, sich nach persönlichem Geschmack und Appetit in der gewünschten Menge und in selber bestimmter Abfolge bedienen zu können. Günstig ist des Weiteren für den Gastgeber, seine Gäste über einen längeren Zeitraum, in dem das Büfett zur Verfügung steht, empfangen, betreuen und gastronomisch versorgen zu können. Büfetts bieten stets ein ausreichendes Angebot, auch wenn die Personenzahl nicht genau mit der Planung übereinstimmt.
Die Selbstbedienung lockert den Rahmen einer Veranstaltung auf, und Kontakte zwischen den Gästen werden gefördert.

28.1 Arten

Büfetts lassen sich in Gruppen einteilen, wie die Übersicht zeigt, wobei internationale Büfetts auch den Restaurant- oder Bankettbüfetts zugeordnet werden können.

Büfettgruppen

Bankettbüfetts	**Restaurantbüfetts**	**Internationale Büfetts**
buffets de banquet	*buffets de restaurant*	*buffets internationaux*
banquet buffets	*restaurant buffets*	*international buffets*
Festbüfett	Frühstücksbüfett	Dänisches Büfett
Stehbüfett	Imbissbüfett	Englisches Büfett
Cocktail-Büfett	Brunch-Büfett (➔ 386)	Italienisches Büfett
Mitternachtsbüfett	Salatbüfett	Schweizer Büfett
	Lunch-Büfett	Schwedisches Büfett
	Abendbüfett (Dinner-Büfett)	Russisches Büfett
	Spezialitätenbüfett	Amerikanisches Büfett
	Suppenbüfett	
	Dessertbüfett	
	Käsebüfett	
	Kuchenbüfett	
	Eisbüfett	

Ausschnitte aus einem Silvesterbüfett

Die Anlässe für Büfetts sind vergleichbar mit denen für (➔ Bankette 405 ff.).

Bankettbüfett

buffet de banquet *banquet buffet*

Das Bankettbüfett zeichnet sich durch besondere Attraktivität und besondere kulinarische Leistungen aus; es wird deshalb auch für besonders hervorragende Ereignisse bestellt (→ Bankette 405 ff.).

Festbüfett

buffet de gala  *gala buffet*

Oft steht die Veranstaltung unter einem besonderen **Motto**, zum Beispiel Silvesterbüfett, Golfbüfett, Sportlerbüfett, italienisches Büfett, so dass das Büfett entsprechend dekoriert wird.

Bei Festbanketten werden die Gäste mit einem **Cocktail** oder einem **Aperitif** auf das nachfolgende Essen eingestimmt.

Das Sortiment dieser aufwendigen Büfettart, auch Galabüfett genannt, entspricht einer Menüfolge von kalten Speisen. Durch optisch besonders ansprechende, auf Schauplatten arrangierte Speisen werden Schaueffekte erzielt. Als Blickfang dienen an zentralen Stellen platzierte **Schauplatten**, beispielsweise im Mittelpunkt. Größere Schlachtfleischstücke, wie Kalbsrücken, Kalbsfrikandeau, Roastbeef, Rindslende oder Pökelzunge, aber auch Geflügel wie Pute und Poularde eignen sich für die Herstellung attraktiver Schaustücke. Vom Wild werden gern Reh- und Hirschrücken sowie Keulen von Reh und Wildschwein verwendet. Große Fische, wie Lachs, Zander oder Hecht, und Hummer können ebenfalls zu Schauplatten verarbeitet werden. Krustenpasteten, Galantinen und Parfaits sind ständiger Bestandteil von Festbüfetts. Um die Schauplatten herum werden andere kalte Speisen jeweils in attraktiver Form angeordnet. Dazu eignen sich Salate, Käse, Käsespeisen, Eierspeisen, verschiedene Fleisch-, Fisch- und Geflügelspeisen, Cocktailspießchen, Aspikspeisen, Pastetchen sowie Delikatess-Speisen. Mit einem reichhaltigen Brot- und Kleingebäcksortiment, portionierter Butter, kalten Saucen usw. werden Festbüfetts komplettiert. Desserts, Obst und auserlesene Getränke vollenden das Büfett schließlich auf harmonische Weise. Zum Festbüfett gehören das passende Anrichtegeschirr und Blumengestecke.

Festbüfetts können mit **Selbstwahl** und **mit begrenzter Bedienung** organisiert werden. Bei Selbstbedienung sollten möglichst alle Speisen portioniert angeboten werden, während bei Bedienung zumeist Köche den Service übernehmen.

Stehbüfett

Stehbüfetts oder **Gabelbüfetts (engl.** *stand-up buffet)* werden bei großen Festveranstaltungen angeboten. Sie haben den Vorteil, dass sich die Teilnehmer stehend gelockert unterhalten können. Durch die Stehform begrenzt sich die Dauer auf 1-2 Stunden. Alle Speisen müssen bequem stehend verzehrt werden können. Die überwiegende Zahl der Speisen sollte verzehrfertig mit Cocktailspieß versehen sein oder nur mit einem Besteckteil (Teelöffel, Mittellöffel, Mittelgabel) verzehrbar sein. Für das Stehbüfett werden Servicekräfte (Restaurantfachleute, Köche) eingesetzt. Sie haben die Aufgabe, zu bedienen und zu beraten. Die Platten müssen bis zum Schluss in ästhetischer Form zur Verfügung stehen. Deshalb hat das Servicepersonal die Aufgabe, Speisen nachträglich einzusetzen, leere Platten und gebrauchtes Geschirr abzuräumen oder auch Speisen neu zu arrangieren.

Für die Gäste sind ausreichend Stehtische vorzusehen, die mit Besteck, Servietten, Salzstreuern und Aschenbechern auszustatten sind.

Ausschnitte aus einem Silvesterbüfett

(FR) *buffet cocktail, buffet de snacks*
(EN) *cocktail buffet, snack buffet*

Cocktailbüfett
Das **Cocktailbüfett**, auch als Snackbüfett bezeichnet, wird bei kleineren Feierlichkeiten und Veranstaltungen gerichtet (➔ Imbissbüfett).

(FR) *buffet de restaurant*
(EN) *restaurant buffet*

Restaurantbüfett

Das Restaurantbüfett mit gekühlten, erwärmten und ungekühlten Flächen wird im Gastraum eingerichtet; es hält ein dem Charakter der Einrichtung entsprechendes Angebot bereit, das in Selbstbedienung in Anspruch genommen werden kann.

In der internationalen Gastronomie ist es üblich, mittags ein Lunch-Büfett für eilige Geschäftsleute anzubieten. Des Weiteren ist es abends, besonders in Ferienhotels üblich, thematische Büfetts (asiatisch, deutsch, regional) zu offerieren.
Bei regelmäßig aufgebauten Büfetts (Frühstücksbüfett) ist die **Hygiene** besonders strikt zu beachten. Das betrifft die Kühlung, die Warmhaltetemperaturen, „Spuckschutz" usw.

Frühstücksbüfett (➔ 380)

(FR) *buffet de collation, buffet de snacks*
(EN) *snack buffet*

Imbissbüfett
Das Imbissbüfett ist eine einfache Variante der kalt-warmen Büfetts. Es wird besonders für kleinere Gesellschaften, bei Tagungen oder Seminaren aufgestellt. Auf kleine Portionsgrößen und auf selbstbedienungsgerechte Anrichteweise ist zu achten. Das Angebot besteht vorrangig aus dem Sortiment der Zwischenverpflegung: Cocktails, kleinen Broten, Würzbissen, Hackfleischspeisen, Eierspeisen, Salaten, marinierten Fischspeisen, gebratenen Geflügelstücken, kaltem Braten, sowie kleinen warmen Speisen und Suppen.
Daneben können auch kleine warme Speisen, wie Ragouts, Pfannenspeisen, China-, Fisch-, Pilz-, und Geflügelspeisen angeboten werden. Als Beilagen eignen sich Reisvariationen oder frittierte Kartoffeln. Schließlich werden auch Obst, Obstsalate, Süßspeisen und kleine Gebäckstücke angeboten, als Getränke Kaffee, Tee, Säfte und Milchmischgetränke.

Salatbüfett (FR) *buffet de salades*  (EN) *salad buffet*

Bei dieser Angebotsform sind möglichst **gekühlte Büfettmöbel** zu verwenden. Das Salatbüfett wird gut sichtbar und von jedem Platz leicht erreichbar im Restaurant aufgebaut. Nur so wird die Form der Selbstbedienung von den Gästen angenommen. Auf dem Büfett sollte eine möglichst umfangreiche Angebotspalette an verschiedenen Salaten vorhanden sein.
Auf jeden Fall gehören dazu Blatt- und Rohkostsalate. Salatsaucen werden extra bereitgestellt. Andererseits werden bereits angemachte Gemüsesalate und gemischte Salate angeboten. Dazu zählen auch Salate aus Früchten, Fisch, Eiern oder Fleisch.
Dem Gast wird die Auswahl durch schriftliche Kennzeichnung der besonderen Dressings und Salate erleichtert. Die Art der Kennzeichnung kann sehr verschieden sein, oft sind die Gefäße beschriftet, ansonsten genügen Schildchen. Die Abrechnung kann durch unterschiedliche Tellergrößen, durch Wiegen (Systemgastronomie) oder durch Pauschalbeträge erfolgen. Der Preis kann auch schon im gewählten Gericht enthalten sein.

Abendbüfett *buffet du soir*. *evening buffet*

Bei dieser Form des Büfetts wird die Selbstbedienung durch das Servicepersonal sowie Köchen unterstützt. Bewährt hat sich diese Büfettform bei Sonderveranstaltungen. Es wird gern zwischen 19 und 22.30 Uhr angeboten. Die Speisen werden überwiegend verzehrfertig in Portionen angeboten. Das Anrichtegeschirr entspricht dem des Tagesgeschäftes. Als Sortimente kommen A-la-carte-Sortimente der kalten Küche in Betracht. Dazu gehören Speisen aus Fleisch, Wurst, Geflügel, Wild, Fisch, Käse und Eiern. Beliebt sind auch verschiedenste Salatvariationen. Brotsortimente, kalte Saucen, Gewürze und Butter gehören ebenfalls dazu.
Bei der Angebotsdauer sind hygienische Grundsätze einzuhalten. Die Speisen sollten etwa 2 Stunden im Gastbereich bereitgehalten werden.

Spezialitätenbüfett *buffet de spécialités* *speciality buffet*

Als Spezialitätenbüfetts werden Fisch-, Wild- und Grillbüfetts zu besonderen Gelegenheiten angeboten. Sie können auch für bestimmte Aktionen hergestellt werden.

Beispiel Kalt-warmes-Büfett

Kulinarisches aus der Hauptstadt Berlin

Gepökelte Ochsenbrust mit Sahnemeerrettich
Hackepeter auf Schusterjungen
Eisbeinsülze mit Remouladensauce
Bockwurst mit Kartoffelsalat
Berliner Wurstspezialitäten und Casseler vom Brett
Bratheringe mit Zwiebeln
Berliner Rollmöpse
Heringsfilets Hausfrauenart
Käse aus dem Brandenburger Land
Märkischer Krautsalat
Feine Salate mit pikanten Salatsaucen
Landbutter, Griebenschmalz
Schrippen, Butterbrezeln

Berliner Löffelerbsen mit Würstchen
Brandenburger Kartoffelsuppe
Havel-Zander mit Kräutersahne
Glasierte Schweinshachse auf Kümmelkraut
Berliner Buletten mit Röstzwiebeln
Auswahl an Saisongemüse
Stampfkartoffeln mit Speck und Zwiebeln

Rote Grütze mit Vanillesauce
Süßsaurer Kürbis
Berliner Luft
Berliner Napfkuchen
Berliner Pfannkuchen
Apfelkuchen mit Schlagsahne
Bienenstich
Apfelstrudel

Bestandteile eines Fischbüfetts

Austernwagen

Boot mit Meeresfrüchten

🇫🇷 *buffets internationaux*
🇬🇧 *international buffets*

Internationale Büfetts

Büfett	Merkmale
Dänisches Büfett *buffet danois* *Danish buffet*	Bratenplatten, kalte Speisen aus Meereserzeugnissen; Lachs (Gravad Lax), Heringsvariationen, Krebstoast, Brotvariationen, Weizenkleingebäck; Bier, Buttermilch; rote Grütze, Marzipangebäck
Englisches Büfett *buffet anglais* *English buffet*	Schlachtfleisch und Geflügel (Pute, Ente), am Stück angerichtet, Wild, Eierspeisen, Käsespeisen, Pies, Würzsaucen, Mixed Pickles, Salznüsse; warme Suppen, kleine warme Speisen zur Ergänzung, warme Süßspeisen
Italienisches Büfett *buffet italien* *Italian buffet*	Verschiedenen Variationen von kalten Speisen, auch Pizzen, Kalbsfrikandeau, Schinkenspezialitäten (Parma-Schinken), Salami, Mortadella am Stück und als Aufschnitt, Käsespezialitäten, Salate, Aspikspeisen, frisches Obst, Weißbrot; dazu Minestrone (➔ 154), Nudelspeisen und Mittelmeerfische
Schwedisches Büfett (Smörgåsbord) *buffet suédois* *Swedish buffet*	Marinierte und geräucherte Fische in reicher Auswahl (Heringsmarinaden, Lachsvariationen),Meeresfrüchte, Elchfleisch, Rentierschinken, Klippfisch, Suppen, Salate, Fleischklößchen, Käse, Schmalzgebäck
Russisches Büfett *buffet russe* *Russian buffet*	Vorspeisen, Suppen (Borschtsch), Salate, Spanferkel, Kartoffelspeisen, Plinsen, geräucherter Stör, Hausen, kalte Eier, Kaviar, Wild- und Fleischspeisen, Bitoks, Pelmeni (➔ 66), Piroggen, Grütze
Amerikanisches Büfett *buffet américain* *American buffet*	Stehbüfett mit reichlich Blumenschmuck und farbenfroher Gestaltung, Angebot mundgerechter Bissen, die überwiegend ohne Besteck verzehrt werden können; vorzugsweise Snacks und Cocktails, Crackers, Cocktailhappen, Spießchen, Maiskolben, Käsebissen; zur Ergänzung warme Speisen: Hochrippe, Truthahn, Hummer, Bohnengerichte, kleine Steaks, Medaillons, Grillwürstchen, Pastetchen, Toasts, gebackene Kartoffeln, exotische Suppen; eiskalt servierte Getränke
Asiatisches Büfett *buffet asiatique* *Asian buffet*	Flugententerrine mit Preiselbeeren, Karpfen in Aspik mit Sahnemeerrettich, roher marinierter Fisch, Räucherfisch, süß-sauer eingelegtes Gemüse, chinesische Eier (➔ 76), gekochtes Geflügel, Blätterteigkrapfen, chinesiches Trockenfleisch, Früchte, Gebäck

Was ist ein Sakuski-Tisch?
Darunter ist ein Vorspeisenbüfett mit russischen Speisen zu verstehen. Bestandteile sind Spanferkel, Schinken, Kaviar, Lachs, Krustentiere, Pilze, Gurken, verschiedenes Gemüse. Dazu passen Krimsekt, Wodka und Mineralwasser.

Beispiel

Internationales Länderbüfett

Parmaschinken mit Melone
Norwegischer Rauchlachs mit Sahnemeerrettich
Roastbeef mit Cumberland-Sauce
Auswahl an frischen und marinierten Salaten
Roquefort mit Trauben
Butter und Brotauswahl
❖
Soljanka
Waterzoi
❖
Zürcher Geschnetzeltes
Chinapfanne Shanghai aus dem Wok
Piccata vom Truthahn mit Tomaten
Tortellini in Gorgonzolasauce
Kartoffelplätzchen
❖
Wiener Apfelstrudel
Palatschinken

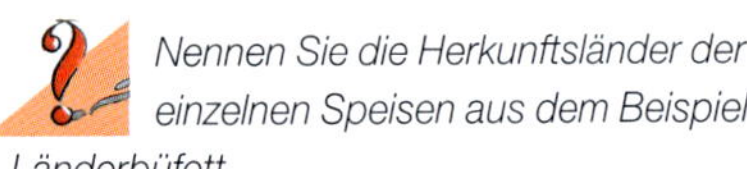

Nennen Sie die Herkunftsländer der einzelnen Speisen aus dem Beispiel Länderbüfett.

28.2 Herstellung, Aufbau

préparation et composition du buffet
preparation and composition of the buffet

Das Büfett bietet die Speisen in direkter Präsentation an und stellt für den Gastbetrieb eine rationelle Angebotsform dar.
Allerdings gehören dazu umfangreiche Vorbereitungen in Küche und Service, einschließlich der Abstimmung zwischen beiden Bereichen, sowie genaue Konzepte der Vorbereitung, der Zubereitung und der Arbeitsorganisation.

Wichtige Organisationsaufgaben

Ermittlung der Vorstellungen des Auftraggebers: Anlass, Datum, Zeit, Raum, Gästeanzahl, Gästekreis, Büfett-Art nach Katalog, Zeitablauf, Blumenschmuck, Musik, Preisangaben, Absprachen zur Getränkeversorgung (Büfett, Akonto, Selbstbezahler).
Betriebliche Möglichkeiten: Raumplanung, Arbeitskräftebedarf nach Anzahl und Qualifikation, Rohstoffbestellungen (Spezialitäten), Tafelform, Geschirr, gekühlte Angebotsflächen, Angebot warmer Speisen, Dekorationsideen und -möglichkeiten.
Nachdem mit dem Gast eine vertragliche Übereinkunft erzielt worden ist, leitet der Betrieb die entsprechende Vorplanung ein. Nach Übergabe der Verträge an Küche, Getränkebüfett und Service planen die Abteilungen den Bedarf an Arbeitskräften und Räumen, die Waren- und die Blumenbestellung eigenverantwortlich. Bei Bedarf muss die Besetzung der Garderobe veranlasst werden.

Vorbereitungs- und Zubereitungsarbeiten

Für verschiedene Zutaten sind zeitlich vorgezogene **Vorbereitungsaufgaben** erforderlich. Das betrifft das Auslösen von Fleisch und Geflügel und das Garen von Braten, aber auch das fachgerechte Schneiden von Wurst, Fleischwaren und Käse.
Zubereitet werden im Voraus Garnituren und Garnierungen, Vorspeisen, Nachspeisen, Schaustücke und Salate. Am Tage des Büfetts werden die vorgearbeiteten Erzeugnisse fertig gestellt und angerichtet.

Aufbau des Büfetts

> Form und Größe eines Büfetts werden nach Erfordernis vom Gardemanger, eventuell in Zusammenarbeit mit der Bankettabteilung, festgelegt (→ Grundstufe: Bankettformen).

Zunächst muss der richtige Platz für die **Büfetttafel** festgelegt werden. Sie soll im Blickfeld der Gäste liegen, gut zugänglich sein und nach Möglichkeit in einem relativ kühlen Bereich stehen. Die Gäste sollen sich schnell und bequem bedienen können. Deshalb müssen alle Angebote leicht erreichbar sein.
Der Büfettaufbau soll klar sein und durch das Sortiment ohne überflüssige Dekorationselemente wirken.
Prinzipiell sollen die Büfetts nach der **Menüfolge** aufgebaut werden, wobei die Platten harmonisch zusammenpassen müssen, nicht etwa Fisch neben der Süßspeise!
Etwa eine halbe Stunde vor Eintreffen der Gäste werden die Speisen auf das Büfett gestellt, wo sie höchstens 2 Stunden stehen sollten. Die Aufstellung der Platten erfolgt durch die Küche, am besten nach Plan.

Woran Sie denken sollen!

Idee Thema	
Datum	
Zeit	von: bis:
Ort	
Gästeliste Einladungen	
Gästezahl	prov. def.
Budget	
Ablauf Programm	
Kontakt mit Spezialisten	
Aperitif	
Speisenfolge	
Wein	
Dessert	
Kaffee Digestif	
Tabakwaren	
Blumen, Kerzen Dekoration	
Menükartendruck Tischkärtchen	
Musik, Unterhaltung, Tanz, Microphon, Projektor usw.	
Ansprachen	
Bewilligung für Verlängerung	
Parkplätze Transportmittel	

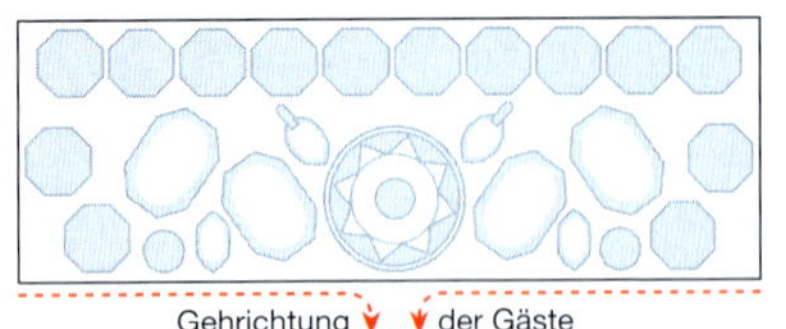

Beachtet werden muss, dass Speisen, die auf dem Büfett stehen bleiben, unansehnlich werden. Nicht verzehrte Speisen gelten als verdorben und dürfen selbst vom Personal nicht verzehrt werden. Deshalb sollten die Portionen auf einem Büfett dem Bedarf angepasst werden. Besser ist es, frische Ware in kleineren Mengen anzubieten und nachzulegen.

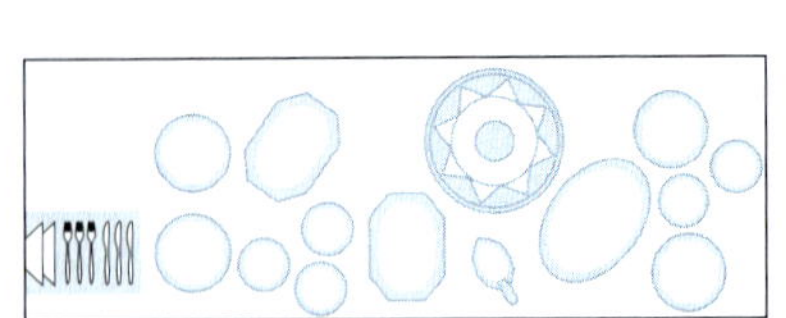

Bei **großen Büfetts** kann von der Mitte symmetrisch nach den beiden Seiten aufgebaut werden.
Blickfang können eine Schauplatte, eine Eis- oder Fettskulptur oder ein Blumengebinde sein.
In der Nähe davon stehen Fisch- und Fleischplatten, dazu passende Saucen, dann Vorspeisen und Salate. An den Seiten oder auf Extratischen stehen Käse, Obst und Süßspeisen.
Bei **kleineren Büfetts** ist der asymmetrische Aufbau angebracht.

Arbeiten am Büfett

Es liegt durchaus im Trend, dass Köchinnen und Köche Arbeiten am Büfett übernehmen und dabei **Gäste beraten**.
Köchin und Koch tranchieren, legen vor oder arrangieren Platten neu. Sie reichen Reservespeisen nach und helfen beim Abtragen von gebrauchtem Geschirr und Besteck sowie beim Ersatz durch sauberes.
Bei diesen Arbeiten ist besonders auf das **persönliche Erscheinungsbild** zu achten, eine grundlegende Voraussetzung zur Wahrnehmung der Gastgeberrolle.

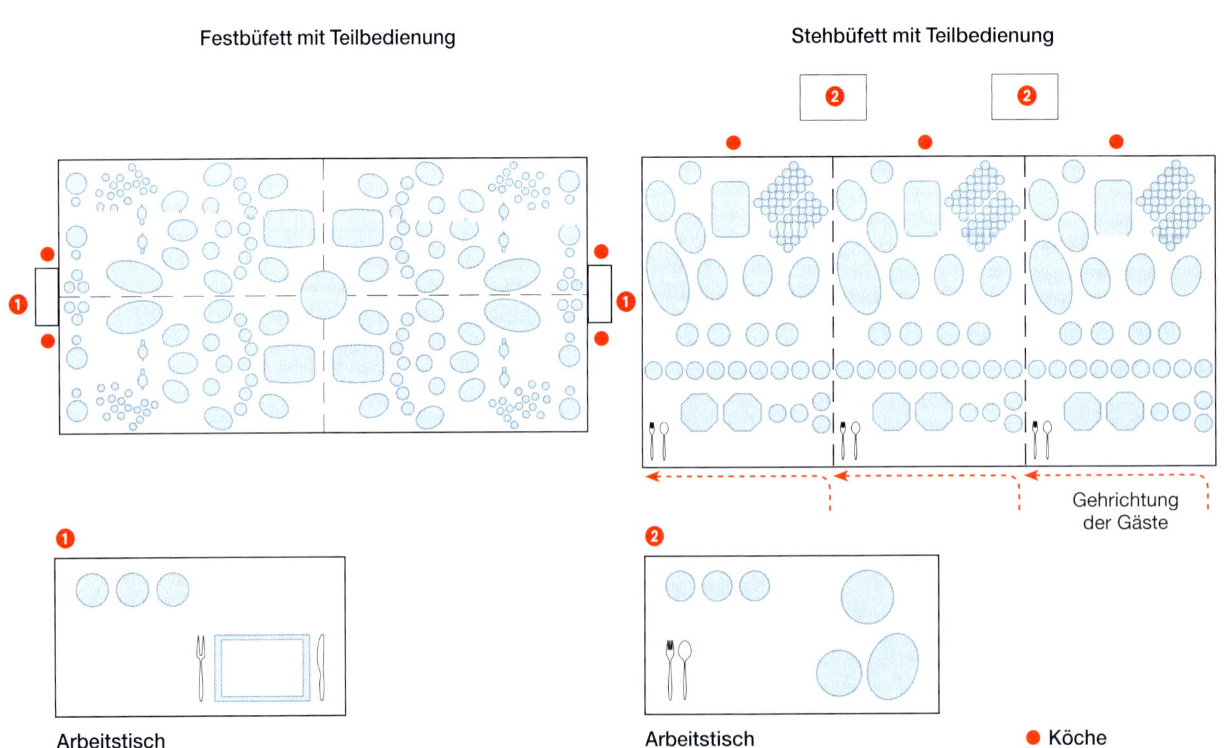

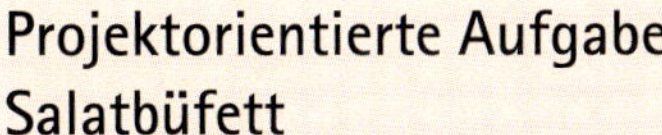

Projektorientierte Aufgabe
Salatbüfett

Das Speiserestaurant Grenzpavillon will im Mittags- und Abendgeschäft künftig ein Salatbüfett anbieten.

Hygiene

1 Nennen Sie hygienische und materielle Anforderungen an ein Salatbüfett.

Sortiment

2 Geben Sie einen Überblick über Salatarten und nennen Sie Beispiele.
3 Stellen Sie ein Sortiment von 10 Salaten zusammen, die am Salatbüfett angeboten werden sollen.
Fertigen Sie dazu eine Skizze an.
Beachten Sie das Farbenspiel.

Zubereitung

4 Beschreiben Sie die Vor- und die Zubereitung von fünf ausgewählten Salaten.
5 Nennen Sie Salatsaucen, die auf das Salatbüfett gestellt werden sollen.
6 Beschreiben Sie die Herstellung von drei verschiedenen Salatsaucen.

Service

7 Welches Geschirr und welches Besteck muss am Salatbüfett bereitgehalten werden?

Gastgeberfunktion

8 Ein Gast wählt aus der Speisekarte Wiener Schnitzel, Pommes frites und Salat. Mit den Worten „Sie dürfen sich den Salat am Büfett selbst nehmen" weist die Chefin wohlwollend auf die Selbstbedienung hin.
Dem Gast schmeckt der Salat so gut, dass er sich noch etwas nachholen will. Als er gerade am Büfett steht, wird er unhöflich angefahren: „Zum Essen gehört nur **ein** Salat, oder Sie bezahlen extra."
8.1 Beurteilen Sie den Sachverhalt. Gehen Sie auf die rechtliche Seite der ungenauen Angebotsgestaltung der Karte ein.
8.2 Unterbreiten Sie Vorschläge für eine angebotswirksamere, eindeutige Speisekartengestaltung.
8.3 Wie hätten Sie sich in diesem Falle verhalten?

Berechnungen

9 Berechnen Sie mit Hilfe der Nährstofftabelle (➔ 435 ff.) den Energiegehalt einer Portion Eiersalat, wenn nach folgender Rezeptur (10 Portionen) gearbeitet wird:

Mayonnaise	0,6	kg
Eier	10	Stück
Cornichons	0,1	kg
Magerquark	0,1	kg
Schnittlauch	0,02	kg

Die Bezeichnung Motto kommt aus dem Lateinischen und heißt Kennwort oder Leitspruch.

29 Aktionen

actions campaigns

Aktionen sind Bestandteil der **Erlebnisgastronomie**, bei denen attraktive gastronomische Leistungen themenhaft angeboten werden. Dafür müssen die besonderen Wünsche und Bedürfnisse der Gäste vorher genau analysiert werden. Die Gäste entscheiden durch ihre Beteiligung letztlich über den Erfolg einer Aktion. Unter einer Aktion ist eine besondere Werbemaßnahme zu verstehen, die allgemein unter ein **bestimmtes Motto** gestellt wird.

Ziele von Aktionen
- Gewinnen neuer Gäste
- Stammgäste enger an das Haus binden
- Gästen Abwechslung bieten und zu erhöhtem Konsum anregen
- Test der Gästeerwartungen
- Demonstration der Leistungsbefähigung des Gastgewerbebetriebes, wodurch der Bekanntheitsgrad verstärkt werden kann
- Bessere Kapazitätsauslastung des Betriebes.

Gastronomieunternehmen sollten **Komplettprogramme** vorbereiten und anbieten.

Beispiel Klassentreffen-Komplettangebot:
Unterhaltungsprogramm, Klassenfoto, spezielle Menükarte usw.

Bei der Vorbereitung und der Durchführung der Aktion müssen alle Mitarbeiter über Ziele, Planung und Durchführungsschritte informiert sein. Nach innen dienen Aktionen der Steigerung der Leistungsbefähigung des Personals und der Förderung der Gemeinschaftsarbeit.

kocht auch bei Ihnen zu Hause:
Planen Sie für Ihren Geburtstag doch mal etwas Besonderes! Mit uns können Sie dabei rechnen. Fragen Sie nach unserem
Außer-Haus-Service!

***

Lindenstraßen-Fans aufgepaßt:
Ute Mora ist zu Gast im STOCK'S - am Sonntag, den 06.06.99 um 12:30 Uhr talkt sie über sich und ihre Rolle als Berta Griese während Heiko Stock ein Lindenstraßen-Menü kocht: Der Preis inclusive Aperitif beträgt DM 79,--

***

Öffnungszeiten wie gewohnt:
12:00-15:00 u. 18:00-23:00 Uhr
samstags ab 18:00 Uhr
montags geschlossen
(außer im Dezember)

29.1 Möglichkeiten, Organisation

possibilités organisation
possibilities, organization

Aktionen können für unterschiedliche Zeiträume geplant werden, für einzelne Tage, für Wochen, aber auch längere Zeiträume sind möglich.

Themen für Aktionen

Besondere Anlässe
- Eröffnung, Umbau, Renovierung
- Firmenjubiläum, neue Öffnungszeiten
- Erweiterung des Angebots (Brunch, Kindermenü, Stehimbiss, Salatbar)

Familienfeiern
- Hochzeiten, Taufen, Konfirmation, Kommunion, Jugendweihe, Geburtstage
- Muttertag

Festtage
- Ostern, Pfingsten, Weihnachten, Silvester
- Örtliche Volksfeste, Ferienbeginn

Firmen- und Vereinsveranstaltungen
- Betriebsfeiern, Jubiläen, Betriebsausflüge, Vereinsabende, Klassentreffen

Wiederkehrende Aktionen
- Kulturereignisse

Speise- und Verzehrgewohnheiten
- Herzhaftes aus Großmutters Kochbuch

Länder- und Regionalwochen (→ 423ff)
- Elsässer Lebensart bei Tisch und auf der Reise
- Essen wie Gott in Frankreich
- Wiener Schlemmerwochen

Kulinarische Wochen/Ambiente

Angebote nach Saison
- Zutaten oder Gerichte herausstellen

Neuheiten und Trendgerichte

Besondere Rohstoffe
- Der neue Matjes ist da – Spezialitäten konservativ bis exotisch
- Schlemmen mit Lamm – Variationen mit Frühlingsgemüse und Kräutern
- Spezialitäten mit deutschem Gänsefleisch
- Potz Pilz – Köstlichkeiten aus frischen Pilzen
- Nudeln Sie mal mit – internationale Nudelspezialitäten
- Aus dem Jagdrevier – Kreationen aus Wild und Pilzen
- Rund um die Maischolle – neue Kreationen mit knackigen Salaten

Wünsche und **Bedürfnisse der** Gäste können aus Beobachtungen oder Erfahrungen beurteilt werden. Gezielte Befragungen können zu aussagekräftigen Ergebnissen führen.

Checkliste für Aktionsplanung

Zeitraum festlegen. Erfahrungsgemäß sind 6 Wochen Vorbereitungszeit angemessen.

Partner suchen und gewinnen, z.B. Fremdenverkehrsämter, Produzenten, Reiseunternehmen.

Werbematerial herstellen

Dekorationsmaterial bestellen, z.B. Beleuchtung, Blumen, Pflanzen, Kerzenständer, Tischaufsteller, Menükarten, Plakate, Tischdecken, Servietten.

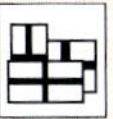
Waren für den Zusatzverkauf bestellen.

Dekorateure und Gastpersonal verpflichten.

Musik, Künstler, Sportler engagieren

Zusätzliches Personal anstellen

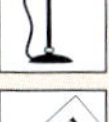
Aktionseröffnung planen: Pressetexte, Ehrengäste, Stammgäste einladen

Angebotskarten zusammenstellen

Bestellungen mit Lieferanten abstimmen

Handzettel gestalten, eine Woche vorher verteilen lassen.

Anzeigen für Tageszeitungen vorbereiten, soll etwa eine Woche vorher erscheinen.

Aktionstafel und Tischaufsteller beschriften

Zuständigkeit festlegen, Personal einteilen

29.2 Auswertung, Kontrolle

exploitation et contrôle
evaluation and control

Nach jeder Aktion sollte eine Auswertung als Erfolgskontrolle erfolgen. Dabei muss die Frage beantwortet werden, ob die Konzeption noch den sich stets änderenden Bedingungen entspricht. Dabei entstehen Fragen, die im Betrieb beantwortet werden müssen:

- Ist der geplante Umsatz erreicht worden?
- Sind die geplanten Kosten hinsichtlich Waren und Werbung eingehalten worden?
- War die Zeitplanung richtig? Waren Zeit und Dauer richtig geplant?
- Waren die Gäste zufrieden, und wurden neue Gäste gewonnen?
- Welchen Beliebtheitsgrad gab es bei Speisen und Getränken?
- Welches Leistungsvermögen zeigte das Personal?
- Fallen Vergleiche hinsichtlich Kosten und Umsatz zu ähnlichen Aktionen positiv aus?
- Welche Werbemittel waren besonders wirksam?
- Ist eine Wiederholung in gleicher Form sinnvoll?
- Welche zusätzlichen Maßnahmen müssen bei einer neuen Aktion getroffen werden?

1 Nennen Sie weitere Anlässe für Aktionswochen.

2 In Ihrem Ausbildungsbetrieb soll der Tag des Auszubildenden durchgeführt werden. Überlegen Sie, welche Inhalte dafür möglich wären.

3 Erstellen Sie eine Checkliste für eine kulinarische Woche der Ökoerzeugnisse.

4 Beschreiben Sie den Sinn und den Ablauf einer Auswertung von Aktionen.

5 Erstellen Sie einen Werbeplan für Ihren Ausbildungsbetrieb.

*6 Das **Restaurant Feinschmecker** will im kommenden Jahr eine Wildwoche durchführen.*

6.1 Schlagen Sie einen geeigneten Termin vor.

6.2 Nennen Sie jeweils zwei Gerichte von Schalenwild, Wildgeflügel und Ballenwild.

6.3 Schreiben Sie eine Materialanforderung für 10 l Wildsauce.

30 Catering

catering *catering*

Catering kommt aus dem Englischen (**caterer** = Lebensmittellieferant) und kann mit Auftragsgastronomie übersetzt werden. Darunter ist die Lieferung fertiger Speisen oder Speisenfolgen einschließlich der zugehörigen Dienstleistungen für einen Auftraggeber zu verstehen.

Auftragsgastronomie

Verpflegungsangebot | Dienstleistungsangebot

Catering überall

Im Autohaus bei der Vorstellung neuer Typen, auf der Rennbahn, bei Einweihungsfeiern oder bei Hochzeiten.
Außergewöhnlich und von großem Erlebniswert ist ein Weinfest im Weinberg, wobei der Caterer ein komplett eingerichtetes Festzelt zur Verfügung stellt.

Von **Vorteil** ist, dass sich der Veranstalter um nichts selbst kümmern muss. Gläser, Besteck, Tischwäsche, Servietten, Getränke und Speisen werden angeliefert, aufgebaut, abgebaut und abgeholt.
Erforderlich sind **spezielle Geräte und Ausrüstungen** (z. B. transportable Kühl- und Wärmeanlagen), aber auch Einrichtungen, um Speisen auch an Ort und Stelle hygienisch herstellen zu können.
Die Auftragsgastronomie ist **personalintensiv** und stellt hohe Anforderungen an das Material (z. B. Bruchgefahr bei Gläsern und Geschirr).

Geräte für den Speisentransport

30.1 Bankettservice

service de banquet
banquet service

Bankettveranstaltungen, die **außerhalb des Gastgewerbebetriebes** von der Bankettabteilung (➔ 405) durchgeführt werden, sind eine Form von Catering. Dabei werden alle Speisen und Getränke, welche von der Bankettabteilung zusammen mit dem Veranstalter vorher festgelegt werden, bis hin zu Tischen, Stühlen und sonstigen Ausrüstungsgegenständen vom Hotel mitgebracht. Anlieferung und Bereitstellung der Ausrüstung, Auf- und Abbau sowie die Servicezeit werden in der Gesamtrechnung mit kalkuliert. Daraus erklären sich die scheinbar hohen Preise.

30.2 Partyservice

Der Partyservice stellt einen besonderen Kundendienst bei der Ausgestaltung von **Feierlichkeiten im eigenen Heim** dar. Neben dem Angebot an Speisen und Getränken geht es dabei vor allem um Serviceleistungen. Kunden und Gäste können aus Bestellkatalogen wählen. Angeboten werden komplette kalte und warme Mahlzeiten.

Umfang
- Lieferung von Speisen und Spezialitäten
- Ausgestaltung ganzer Feste
- Angebot von regionaltypischen Geschenken

Vorteile für den Kunden
- Ersparnis von Zeit und Arbeit
- Fachlich hochwertige Erzeugnisse sind gewährleistet
- Beratung für die Durchführung des Festes aus gastronomischer Sicht
- Ausstattungsgegenstände werden ausgeliehen (Geschirr, Tischwäsche)
- Fachpersonal (Bedienung, Koch usw.) wird auf Wunsch bereitgestellt

Für den Betrieb bilden Catering-Leistungen eine wirksame Werbung.

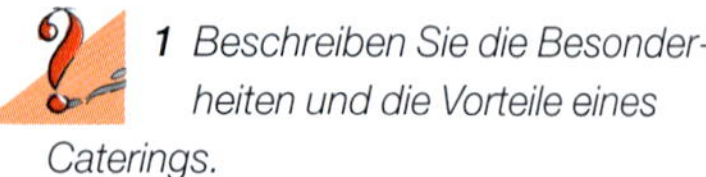

1 *Beschreiben Sie die Besonderheiten und die Vorteile eines Caterings.*
2 *Stellen Sie Vor- und Nachteile des Caterings in einer Pro-und-Kontra-Diskussion einander gegenüber.*
3 *Beurteilen Sie den Partyservice in Bezug auf Aufwand und Nutzen.*

31 Regionale inländische und ausländische Küche

cuisines régionales de l'Allemagne et cuisines de l'étranger
regional cuisines of Germany and cuisines of other countries

Regionale Essgewohnheiten und entsprechend bevorzugte Speisen oder Mahlzeiten sind typisch für eine Region. Herausgebildet haben sie sich unter den besonderen Bedingungen der Landwirtschaft, des Wild- und Fischaufkommens, des Klimas, der Traditionen und der kulturellen Entwicklung.
Nationale Essgewohnheiten sind typisch für einzelne Länder oder Ländergruppen. Grundlage bilden die Regionalspeisen eines Landes.

Einflüsse auf die Entstehung von Essgewohnheiten
- Geografische Bedingungen
- Klima
- Wirtschaftliche Struktur, Sitten, Gebräuche, Religion

31.1 Regionstypische Lebensmittel

denrées alimentaires régionales typiques
typical regional food

Im Zusammenhang mit den geografischen Bedingungen und dem Klima können den einzelnen Regionen in Deutschland typische Lebensmittel zugeordnet werden, die dann auch typisch für die regionalen Speisen und Getränke sind.

Regionen	Regionstypische Rohstoffe	Regionale Lebensmittel/Speisen
Baden-Württemberg	Weizen	Spätzle, Teigwaren, Maultaschen, Laugenbrezeln, Grünkern
	Wild	Reh
	Süßwasserfisch	Forellen, Bodenseefelchen
	Milch, Milcherzeugnisse	Käse
	Obst und Gemüse	frische Salate, Spargel, Weintrauben, Salate, Knoblauch
	Viehzucht	Schweinefleisch, Schäufele, Schinken
	Weinbau, Mineralwasser	beste Weine (Baden); Weinbergschnecken
Bayern	Viehzucht	Schweinefleisch, Hachse, Kalbfleisch, Weißwürste, Leberkäse, Zipfel (Bratwürste)
	Milch, Milcherzeugnisse	Olazter, Käse
	Weizen	Klöße, Kuchen
	Süßwasserfisch	
	Braugerste, Hopfen	Bier
	Weinbau	Frankenweine
Hessen	Gemüse	Kräuter, Zwiebeln, Kartoffeln
	Milch, Milcherzeugnisse	Sahne
	Hering	
	Linsen	
	Viehzucht	Rindfleisch, Speck, Wurst
	Obst	Apfelwein
Sachsen	Kartoffeln	
	Roggen	Sauerteigbrot, Christstollen, Blechkuchen
	Viehzucht	Schweinefleisch, Rind, Geflügel
	Milch, Milcherzeugnisse	Quark
	Gemüse und Obst	derbes Gemüse
	Süßwasserfisch	Karpfen
	Seefisch	Hering
	Räucherware	Kasselerhuhn, Bückling
	Bierspezialitäten, Kaffee	Gose, Radeberger
Sachsen-Anhalt	Schweinefleisch	Leber mit Birnen, Halberstädter Würstchen
	Obst, Gemüse aus der Börde	Birnen
	Käse	Harzer
	Kuchen	Baumkuchen

Regionen	Regionstypische Rohstoffe	Regionale Lebensmittel/Speisen
Thüringen	Viehzucht	Schwein, Rind, Wurst, Innereien
	Weizen	Thüringer Klöße
	Bier	Köstritzer
Berlin	Schweinefleisch	Eisbein, Hackfleisch, Casseler, Buletten, Bockwurst, Sülzkoteletts
	Innereien	Leber, Lunge
	Geflügel	Gänse, Hähnchen
	Fisch aus Brandenburg	Aal, Karpfen, Zander
	Seefisch	Hering, Rollmops
	Eier	
	derbes Gemüse und Hülsenfrüchte	Sauerkraut, Rüben, Erbsen, Kartoffeln, Hülsenfrüchte
	Gebäck	Schrippen, Brezeln
	Bier, Kaffee	Berliner Weiße
Brandenburg	Fisch	Hecht, Karpfen, Zander
	Gemüse, Kartoffeln	Wurzelgemüse, Meerrettich, Rüben, Gurken, Kürbis
Niedersachsen	Rindfleisch	Ochsenschwanz
	Schwein	Speck
	Schaf	Heidschnucken-Braten
	Innereien, Wurst	Brägenwurst (Hirn)
	Gemüse, Kartoffeln	Grünkohl, grüne Bohnen
	Fisch, Meeresfrüchte	Scholle, Krabben
	Hefeteiggebäck	
	Spirituosen	
Rheinland-Pfalz	Schweinefleisch	
	Wurst	
	Obst und Gemüse, Kartoffeln	Wein, Pflaumen, Zwiebeln
	Flussfische	
Saarland	Kartoffeln	
	Schwein	
	Wurst	Lyoner
	Gebäck	Laugenbrezel
	Apfelwein, Bier, Wein	
Nordrhein-Westfalen	Rindfleisch	Bigosch
	Schwein	Schinkenspezialitäten
	Wurst	Mettwurst
	Gemüse und Obst	Sauerkraut, Grünkohl, Äpfel
	Käse	Limburger
Schleswig-Holstein	Meeresfisch und Meeresfrüchte	Hummer, Krabben, Scholle, Kieler Sprotten, Dorsch
	Lamm, Schwein, Rind	Speck, Geräuchertes
	Gemüse, Beeren	Birnen, Holunder, Bohnen
	Marzipan	
	Tee, Spirituosen, Bordeaux-Weine (Lübeck)	
Bremen	Geflügel	Hühner
	Wurst	Grützwurst
	Gemüse	Braunkohl (Grünkohl), Zwiebeln
	Meeresfisch	Hering
	Schwarzbrot	
	Wein, Bier	Rotwein
Hamburg	Meeresfisch	Aal, Hering, Scholle
	Rindfleisch	Beefsteak
	Schwein	Speck
	Geflügel	Stubenküken
	Gemüse	Steckrüben
	Spirituosen	Korn
Mecklenburg-Vorpommern	Meeresfisch	Räucheraal, Hering
	Geflügel	Enten, Gänse
	Rind	
	Schweinefleisch	Sauerfleisch, Speck
	Milch	
	Obst und Gemüse	Birnen
	Kartoffeln	Pellkartoffeln
	Schwarzbrot	
	Spirituosen, Bier	Köm (Kümmelschnaps)

31.2 Angebot regionaler deutscher Spezialitäten

spécialités régionales allemands
German regional specialities

Die regionalen Essgewohnheiten in Deutschland stimmen nicht immer mit den deutschen Ländern überein. Innerhalb der Länder gibt es verschiedentlich regionale Unterschiede, andererseits gibt es auch Essgewohnheiten, die länderübergreifend sind.

Beispiele
Region Sachsen mit Unterschieden im Voigtland, im Erzgebirge und in Niederschlesien

Regionen	Kostmerkmale	Ausgewählte Spezialitäten
Baden-Württemberg	Ähnlichkeiten gibt es in Baden mit der Küche des Elsass, während die schwäbische Küche solide und bodenständig ist; vor allem Teigwaren, frische Salate, Spargel, Knoblauch; warmes Abendessen, beste Weine, Schorle, Mineralwasser	**Baden:** ➔ Schäufele, ➔ badisches Schneckensüppchen, ➔ badische Grünkernsuppe, Rehrücken Baden-Baden, Bodenseefelchen, Laugenbrezeln **Schwaben:** ➔ Käsespätzle, ➔ Maultaschen, ➔ schwäbische Riebelesuppe, Gaisburger Marsch
Bayern	Typisch sind Biergärten und Brotzeit, deftige Speisen aus Schweine- und Kalbfleisch mit Sauce, Klöße, Käse, Milchspeisen, in Franken Fisch, ➔ bayerisches Bier, Frankenweine	Brezen, Obazter, Schweinebraten, Hachse, ➔ Fleckerlsuppe, Schweinebraten mit Kruste, Kalbshachse, Würstchen, Weißwurst Leberkäs, Zipfel (Bratwürste), Pichelsteiner, Nürnberger Lebkuchen, bayerische Creme
Hessen	Kräftige Speisen mit Kartoffeln, Sahne, Speck und Zwiebeln, Würste, Schlachtplatten, in Südhessen üppig, Apfelwein, Riesling	➔ Frankfurter Linsensuppe, Ochsenbrust mit ➔ grüner Sauce, Schmandhering (Sahnehering), Frankfurter Würstchen, Frankfurter Kranz
Sachsen	Kartoffelspeisen, Schmorbraten mit reichlich Sauce, Kaffee und Blechkuchen wie Eierschecke, Christstollen, Fischspeisen (Hering Karpfen), abends kalte Speisen, Bierspezialitäten	Eierschecke, ➔ Quarkkeulchen, ➔ Sauerbraten, ➔ Leipziger Allerlei, Gänsefettbemmchen, ➔ Warmbier, ➔ schlesische Kartoffelsuppe, Räucherware (Kasslerhuhn, Bückling), Gose, Radeberger Bier
Sachsen-Anhalt	Deftige Speisen aus Schweinefleisch, Gemüse aus der Börde, Speisen mit Birnen, Harzer Käsespeisen	➔ altmärkische Hochzeitssuppe, gebratene Leber mit Birnen, Birnenklöße, Halberstädter Würstchen, Salzwedler Baumkuchen
Thüringen	Würzige Kost, Schmorbraten mit Sauce und Klößen, Wurstspezialiäten, Innereien vom Schwein	➔ Schnippelsuppe, ➔ Thüringer Klöße, ➔ Rostbrätel, Rostbratwurst, Topfbraten mi Thüringer Klößen, Linsen mit Rotwurst, Köstritzer Schwarzbier
Berlin	Bodenständige Kost aus Schweinefleisch, Fisch aus Brandenburgs Gewässern, Hering, Kartoffeln, Hülsenfrüchte, zahlreiche kalte Imbissspeisen, Bier	➔ Löffelerbsen mit Schweinebauch, Eisbein mit Sauerkraut und Erbsmus, Buletten, Curry-Bockwurst mit Schrippe, Hackepeter, Casseler, Soleier, grüner Aal, Rollmops, Sülzkoteletts, ➔ Leber Berliner Art, Berliner Pfannkuchen, ➔ Weiße mit Schuss
Brandenburg	Kost aus heimischen Rohstoffen, wie Fisch, Gemüse, Meerrettich, ähnelt Berliner Kost	Hecht Spreewälder Art, Karpfen mit Meerrettichsauce, Specksalat, gebratener Havel-Zander, Teltower Rübchen, Schmorgurken, Kürbis süß-sauer, Hefeplinsen
Niedersachsen	Große Unterschiede gibt es zwischen Nordsee, Harz und Lüneburger Heide, jedoch stets deftige Kost, Wurst, Gemüse, Mehlsaucen, Verdauungsschnaps	Oldenburger Mockturtle, Grünkohl mit Brägenwurst (Hirn), Heidschnucken-Braten, grüne Bohnen und Salzkartoffeln, Kutterscholle mit Speck und Krabben, Prilleken (frittiertes Hefeteiggebäck), Sienbohnsopp (Rosinen, Brandy, Kandis)
Rheinland-Pfalz	Typisch sind Wurst, Kartoffeln und Wein, auch Flussfische	Grumbeersupp mit Quetschekuche ➔ Pfälzer Zwiebelsuppe, ➔ Rheinische Weinsuppe, Pfälzer Saumagen, Grumbeerworscht (Kartoffelwurst), Weincreme
Saarland	Verwandt mit französischen Verzehrgewohnheiten, dennoch einfache Kost mit Kartoffeln; man isst Kuchen zur Suppe; Apfelwein (Viez), Bier, Wein	➔ Bibbelschesbohnesupp und Quetschekuche, Schwenkbraten mit warmem Grumbeersalat, Kerschdscher unn Lyoner (gebratene rohe Kartoffelwürfel- Bergmannskost), Daarler Brezel (Laugenbrezel)

Regionen	Kostmerkmale	Ausgewählte Spezialitäten
Nordrhein-Westfalen	Bäuerlich-kräftige Kost; im Ruhrgebiet Einflüsse oberschlesischer Verzehrgewohnheiten durch zugewanderte Bergleute; im Rheinland einfache Hausmannskost; in Westfalen Wurst- und Schinkenspezialitäten	➔ Bigosch (Sauerkrauteintopf aus Oberschlesien), westfälisches Stielmus, ➔ Rheinischer Sauerbraten, Grünkohl mit Mettenden (Mettwurststreifen), Pfefferpotthast, Himmel und Erde (Äpfel und Kartoffeln), halver Hahn (Roggenbrötchen mit Limburger), Aachener Printen, Apfeltarte
Schleswig-Holstein	Große Portionen, bevorzugt Meeresfisch, Meeresfrüchte, auch Lamm, Schwein, Rind; typisch ist „broken Söt“, die Geschmackskombinationen von Süß mit Sauer, Salzigem oder Geräuchertem, beliebt Tee, Spirituosen, Bordeaux-Weine (Lübeck)	Fliederbeersuppe, Helgoländer Hummersuppe, ➔ Krabbenbrot mit Rührei, Scholle, Kieler Sprotten, Dorsch mit Senfsauce, Schwarzsauer, Lübecker National, Birnen, Bohnen und Speck, rote Grütze, Pharisäer, Lübecker Marzipan
Bremen	Einfluss niedersächsischer Verzehrgewohnheiten mit hanseatischem Einschlag, bevorzugt wird Schwerverdauliches: „Een beeten good, een beeten veel“; exotische Gewürze, Grünkohl, Bier, Wein	Bremer Hühnersuppe, Braunkohl mit Pinkel (Grünkohl mit Grützwurst), ➔ Curryhuhn, Heringssalat, Matjes mit Zwiebel und Schwarzbrot, Heißwecken, Bremer Mehlpudding, ➔ Rotweinpunsch
Hamburg	Gemeinsamkeiten mit der schleswig-holsteinischen Kost, viel Fisch, süß-saure Speisen, Einfluss britischer Verzehrgewohnheiten	➔ Hamburger Aalsuppe, Hamburger National, Labskaus, Beefsteak Hamburger Art, Finkenwerder Ewerscholle, Scholle mit Speck, Hamburger Stubenküken, Steckrüben, Franzbrötchen, braune Kuchen, Hanseaten Korn
Mecklenburg-Vorpommern	Einfache schmackhafte Kost, Fisch-, Geflügelspeisen, Speisen aus Rind- und Schweinefleisch, Verwendung von Kartoffeln und Milch, Köm (Kümmelschnaps), Bier	➔ Kliebensuppe, Milchsuppe mit Birnen, ➔ Enten- und Gänsebraten, Räucheraal mit Schwarzbrot, Sauerfleisch, Matjes mit Pellkartoffeln, Speckstippe, Beerengrütze, Grießpudding

Dresdner Markthalle

Hafen-Kneipe

Berliner Kneipe

Münchener Wirtshaus

Regionaltypische Gaststätten

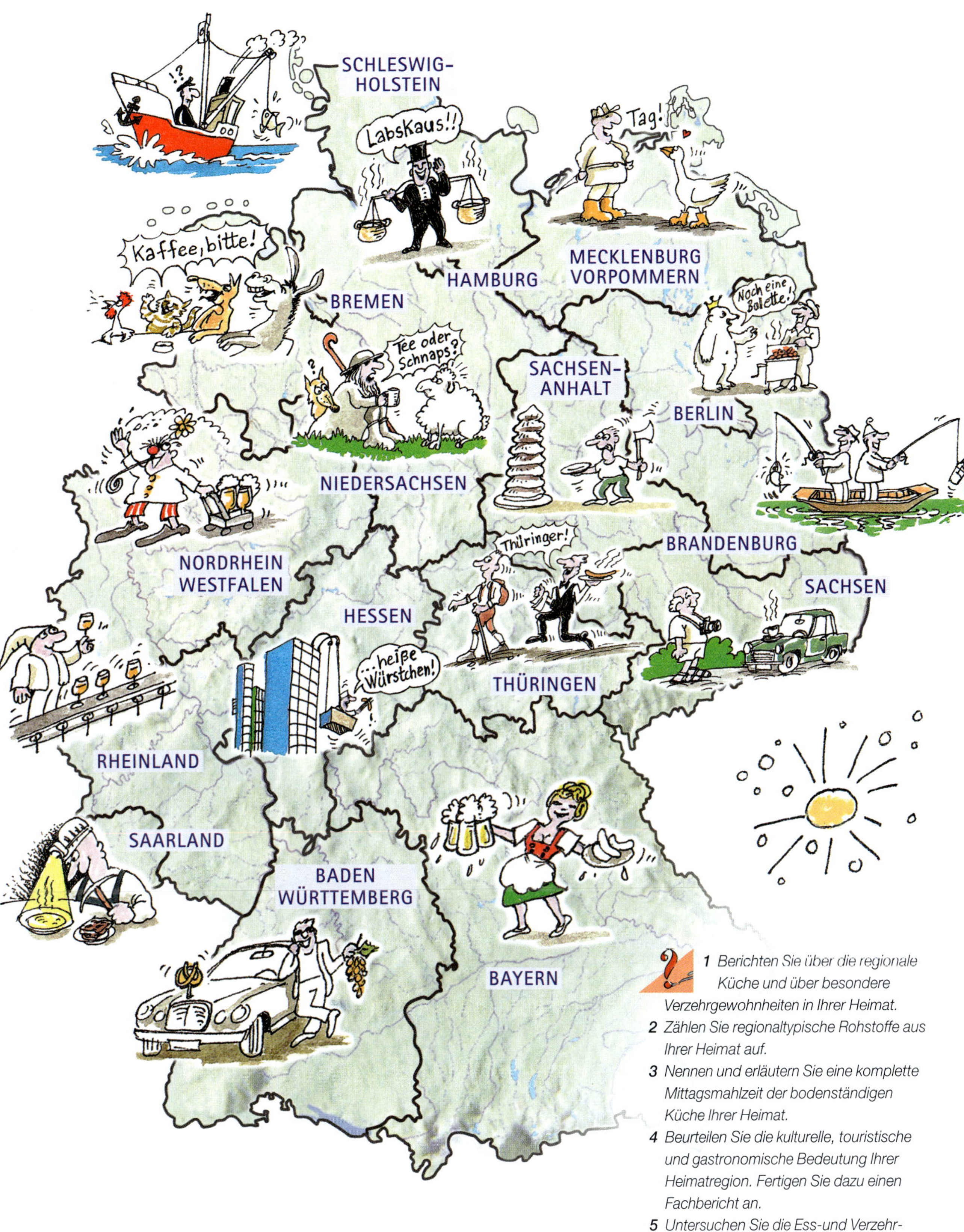

1 Berichten Sie über die regionale Küche und über besondere Verzehrgewohnheiten in Ihrer Heimat.
2 Zählen Sie regionaltypische Rohstoffe aus Ihrer Heimat auf.
3 Nennen und erläutern Sie eine komplette Mittagsmahlzeit der bodenständigen Küche Ihrer Heimat.
4 Beurteilen Sie die kulturelle, touristische und gastronomische Bedeutung Ihrer Heimatregion. Fertigen Sie dazu einen Fachbericht an.
5 Untersuchen Sie die Ess-und Verzehrgewohnheiten in einem deutschen Land.

spécialités d'autres pays
specialities of other countries

31.3 Angebot ausländischer Spezialitäten

Internationale Ess- und Verzehrgewohnheiten interessieren den Koch zur abwechslungsreichen Gestaltung der Speisekarten und zum Angebot für ausländische Gäste.

1 Beurteilen Sie das Angebot regionaler und nationaler Spezialitäten unter dem Gesichtspunkt der Versorgungswirksamkeit und des Umsatzes an Beispielen.

2 Nennen Sie verschiedene Nationalsuppen, und ordnen Sie die entsprechenden Länder zu.

Zum alljährlichen Urlaubserlebnis gehören Auslandreisen, auf denen man die **ausländische Küche** und die **fremden Essgewohnheiten** kennen lernt. Das führt dazu, dass man in Deutschland immer aufgeschlossener wird für fremde Esskulturen und durch ausländische Speisen auch Ferienerinnerungen auffrischen möchte.

Die **internationale Gastronomie** hat in Deutschland ihren festen Platz gefunden. Italienische, chinesische, griechische, türkische, indische, japanische und thailändische Restaurants sowie amerikanische Steakhäuser finden regen Zuspruch bei deutschen und ausländischen Gästen.

In Deutschland lebende Ausländer pflegen durch die Zubereitung heimatlicher Kost die eigene Esskultur. Deshalb bietet der Lebensmittelhandel schon lange im gewünschten Maße entsprechende Rohstoffe an, die die originale Zubereitung der fremden Kost erlauben. Viele deutsche Restaurants wollen durch die Einbeziehung der internationalen Küche den Gästekreis erweitern und **Abwechslung in die Speisepläne** bringen.

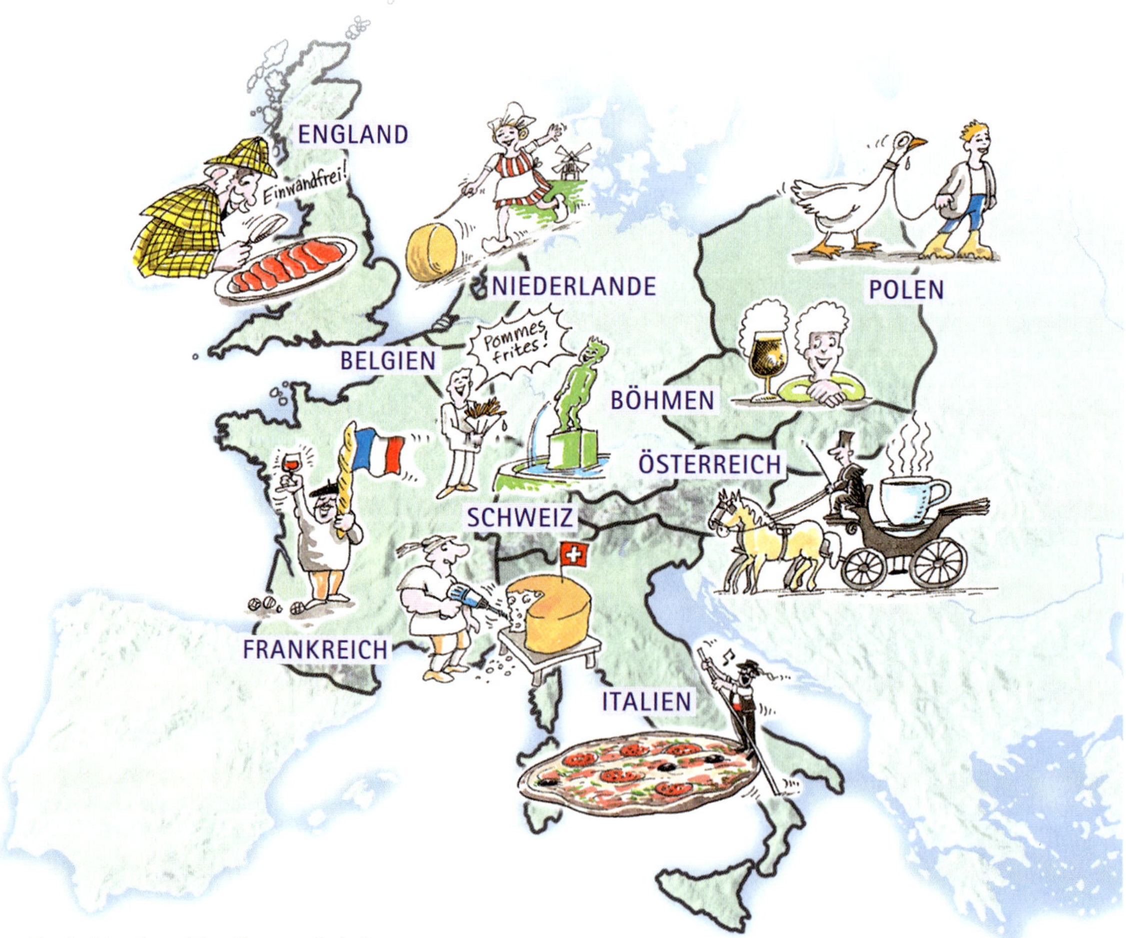

Nachbarn Deutschlands und ihre Essgewohnheiten

Polen

Ähnlichkeiten bestehen zu deutschen Verzehrgewohnheiten in Schlesien, des Weiteren gibt es österreichische, jüdische und russische Einflüsse.
Frühstück: Ungefilterter Kaffee, Tee, Milch, Brötchen, Konfitüre, auch warme Beilagen.
Mittagessen: Suppen, vielfältige Speisen aus Geflügel, oft mit Graupen gefüllt, Hackfleischgerichte, Schweinefleischspeisen, Wildspezialitäten, dünn geklopfte, gebratene, meist in Sauce nachgegarte Steaks, zum Beispiel polnischer Rostbraten, Fischspezialitäten, Stampf-, auch Dillkartoffeln, Kraut, Kräuter, rote Bete, Gurken, Aspikspeisen aus unterschiedlichen Rohstoffen, dank großen Pilzvorkommen Pilze in verschiedenen Zubereitungsformen, als Beilagen kleine marinierte eingelegte Zwiebeln, rote Bete, Gewürzgurken.
Abendessen: Vorzugsweise warme Speisen wie mittags.
Weitere Getränke: Mineralwasser, Limonaden, Wodka.

Speisenbeispiele
Suppen: → Borschtsch (Rote-Bete-Suppe), Bigos
Hauptmahlzeiten: Zrasy, Karpfen polnische Art
Nachspeisen: Warschauer Pfannkuchen, Mürbegebäck mit Mohn

Böhmen

Die Verzehr- und Ernährungsgewohnheiten in Tschechien sind traditionell denen in Österreich sehr ähnlich. Darüber hinaus gibt insbesondere in Böhmen Ähnlichkeiten zu Bayern und Sachsen.
Frühstück: Sparsam; Kaffee mit Milch, Hörnchen, Butter, Konfitüre, Honig, Würstchen; des Weiteren Eierspeisen mit Schinken oder Käse.
Mittagessen: Vorwiegend Schweinefleischgerichte; klare Suppen, aber kaum Gemüsebeilagen, Mehlspeisen wie Knödel, Nudeln, Liwanzen (mit Pflaumenmus bestrichene Mundbrötchen aus Hefeteig), weniger kalte Speisen.
Abendessen: Hauptsächlich warm; als Hauptgetränk Bier, auch Obstbrände.

Speisenbeispiele
Suppen: Hrachova (Erbsensuppe mit Schweinsohren und Röstbrotwürfeln), Kuttelsuppe (Kuttelflecke), Fleischbrühen
Hauptgerichte: Schweinebraten mit Sauerkraut und Knödeln, Gulasch mit Knödeln, Lungenbraten (Rinderfilet) mit Knödeln, Znaimer Braten
Kalte Speisen: Prager Schinken, zum Bier Topinki (im Öl gebratene Schwarzbrotscheibe mit Knoblauch, dann mit Tatar belegt)
Nachspeisen: Kaffee mit Kuchen (Strudel), Torten, → Palatschinken, Mokka

Österreich

Unter österreichischer Küche wird mitunter die **Wiener Küche** verstanden. In der Esskultur spiegeln sich ungarische und böhmische aber auch französische und italienische Verzehrgewohnheiten wider.
Frühstück: Bescheiden; Milchkaffee, Kipferl, Butter, Konfitüre.
Ein zweites Frühstück ist nach 10 Uhr üblich: Würstel, Gulasch, Leber oder Niere sowie kaltes Fleisch mit Meerrettich, außerdem Kaffee, Bier oder Mineralwasser.
Mittagessen: Im Allgemeinen drei Gänge: Suppe, Hauptspeise und Nachspeise, dazu Weißweine, auch gespritzt, sowie Bier.
Auf die Jause wird als unterhaltendende Vesper Wert gelegt: Kaffee, Mineralwasser, Schlagsahne, Gebäck, aber auch belegte Brote.
Abendessen: Kleinere kalte Speisen mit Aufschnitt, Käse, Eiern, Salaten und in Form von Gemüseaufläufen.
Weitere Getränke: → Kaffeespezialitäten, Spezialität: der → Heurige.

Speisenbeispiele
Suppen: Tiroler Knödelsuppe
Hauptmahlzeiten: → Esterházy-Rostbraten, → Tafelspitz mit Kren, → Wiener Schnitzel, Paprikakarpfen, → Backhendl, **Vesper:** Kaffeespezialitäten, Linzer Torte (Bild), Sachertorte, Gugelhupf, Buchteln
Nachspeisen: Kaffeespezialitäten, → Kaiserschmarren, → Palatschinken

Schweiz

Zwischen Norden und Süden bestehen regionale Unterschiede. Gemeinsam sind die Verarbeitung von Milch, Sahne, Butter und Käse. Auch frische Salate sind beliebt. Insgesamt wird eine kulinarisch anspruchsvolle Kost geboten, die sich an die internationale, besonders aber an die französische Kochkunst anlehnt.

Frühstück: Kaffee mit viel Milch, Birchermüesli andere Müesli, Eier, verschiedene Käse, Aufschnitt.

Ein zweites Frühstück nach 9 Uhr, deshalb „Znüni“ genannt.

Mittagessen: Im Norden Kartoffelbeilagen, insbesondere Rösti, im Süden dagegen Teigwaren und ➔ Polenta wie in der italienischen Küche; auch Süßwasserfische aus den Flüssen und den Alpenseen, Fleischspeisen aus Schweine- und Schaffleisch, Kurzbratfleisch, meist dünn in Plätzli geschnitten.

Abendessen: Entspricht dem Mittagessen; bei Gesellschaften in kleinerem Kreise Fondue und Raclette beliebt.

Weitere Getränke: Im Norden Bier, nach Westen und Süden zunehmend ➔ Weine.

Speisenbeispiele

Suppen: ➔ Basler Mehlsuppe, Bündner Gerstensuppe

Hauptmahlzeiten: Berner Platte, Zürcher Geschnetzeltes, ➔ Rösti

Abendessen: ➔ Käsefondue, ➔ Raclette, Schweizer Brotspezialitäten (Hefegebäck), Platte mit Bündner Fleisch

Nachspeisen: Rüeblitorte, Zuger Kirschtorte, Fasnachtschüechli, Basler Leckerli, Konfekt usw.

Frankreich

Paris und seine Umgebung gelten als Entstehungsgebiet der klassischen französischen Küche *(grande cuisine)*, in die im Verlaufe der Entwicklung auch die regionalen Spezialitäten Frankreichs Eingang gefunden haben.

Frühstück: bescheiden; Milchkaffee (café au lait), Butter, Croissants.

Mittagessen: Allgemein üppig, mehrere Gängen: kleine Vorspeisen in Form von Salaten, Würstchen usw., dazu stets Stangenweißbrot; mannigfaltige Zubereitungen aus Gemüse, Fleisch, Fisch oder Geflügel, verschiedene Kartoffelbeilagen, Gemüse, Salate an, zum Abschluss Käse, Obst und Mokka.

Abendessen: Überwiegend warme Speisen wie mittags, beginnend mit Suppen, zum Abschluss kleine Desserts.

Getränke: ➔ Weinspezialitäten, Mineralwasser oder Wasser, weniger Bier.

Speisenbeispiele

Suppen: Fischsuppe (bouillabaisse, Provence), Zwiebelsuppe *(soupe à l'oignon gratinée)*

Hauptmahlzeiten: ➔ Suppentopf, Hahn im Wein (➔ Bild), Ratatouille (Provence), Lothringer Zwiebel-Speck-Kuchen *(quiche lorraine)*

Nachspeisen: ➔ Crêpes (Bretagne), ➔ Überraschungsomelett *(omelette surprise)*

Getränke: ➔ Französischer Rotwein

Belgien

Die belgische Kost ist kräftig und reichhaltig. Der Norden ist von der niederländische, der Süden von der französische Kochkunst beeinflusst. Rinder- und Schweinefleischspeisen sind ebenso beliebt wie Fische aus eigenem Fang. Außerdem werden die Erzeugnisse des Obst- und Gemüseanbaus vielfach verwendet, wobei der Chicorée traditionell eine herausragende Rolle spielt. Kartoffeln werden sehr gern verzehrt, teils dem Brot vorgezogen. Besonders im Norden werden niederländische Meerestiere wie Austern und Muscheln verarbeitet. Im Süden gelten Forellen und Krebse unter Verwendung von Weißwein zubereitet, des Weiteren Wildspeisen als typische Spezialitäten.

Frühstück: Im Norden vergleichbar mit demjenigen in den Niederlanden, im Süden ähnlich wie dasm französische Frühstück

Mittag- und Abendessen: warme Speisen

Getränke: Bier, Kräuterliköre, Wacholderbrand, ➔ Genever und schwarzer Kaffee

Speisenbeispiele

Suppen: Waterzoi (Fisch- oder Hühnersuppe), Lauchsuppe

Hauptmahlzeiten: Kalbsnieren Lütticher Art, Genter Eintopf Hutspot

Stellen Sie ein vierteiliges französisches Menü auf. Geben Sie dazu passende Getränkeempfehlungen.

Niederlande

Grundlagen bilden Gemüse-, Obstanbau, Viehzucht und Fischfang. Hering und Aal werden besonders geschätzt. Lammfleisch, auch Käse wie Gouda und Edamer werden vielfältig verwendet. Die Niederländer haben eine Vorliebe für die indonesische Küche, die von Einwanderern aus den früheren Kolonien verbreitet worden ist.

Frühstück: Auf dem Lande Haferbrei mit Zucker, dicke Brotscheiben mit Käse und gebratenem Speck, Sirupbrot, in der Stadt Tee, Milch, Eier, Käse Schinken, Konfitüre, Rosinenbrot mit Butter.

Mittagessen: Koffitafel, die aus belegten Broten, Würstchen, Schinken, Kaffee mit Milch und Brotsorten besteht; ergänzt mit Salaten und Suppen.

Getränke: Kaffee, Tee mit Milch, Kakao, Milchgetränke, wenig Bier, Genever, Likör.

Speisenbeispiele

Suppen: Aalsuppe, Hutspot, Gemüsesuppe

Hauptmahlzeiten: Gebratene grüne Heringe mit Kartoffeln und Salat, Kalbsschnitten mit Tomatensauce, Lammzunge mit Rosinensauce

Nachspeisen: Birnen in Rotwein, Amsterdamer Schokoladennester

Großbritannien

Diese Küche, die die Besonderheiten Englands, Schottlands, Irlands und Wales einschließt, ist einfach und wenig fantasievoll. Lamm-, Rindfleisch und Fische sowie Krustentiere bilden typische Rohstoffe. Die bekannten exotischen Suppen aus ehemals kolonialen Rohstoffen gehören zur britischen Küche. Beim Fleisch ist das Roastbeef am wichtigsten. Fleischpasteten (pies) in verschiedener Qualität werden gern verzehrt. Schweinefleisch wird weniger geschätzt. Gemüse wird traditionell gekocht und in Butter angeschwenkt. Interessant sind die ➔ Würzsaucen, auch englische Saucen genannt. In Bierrestaurants (Pubs) kann ein einfacher Mittagstisch in Form von Sandwiches, Bratwurst sowie Fish and Chips eingenommen werden. In Speiserestaurants hat sich die französische Küche durchgesetzt.

Mittagessen (Lunch): Vorwiegend einfach; verschiedene Rindfleischsteaks, gekochtes Gemüse und Kartoffeln *(greens and potatoes)*, Süßspeisen, als Weihnachtsspezialität ➔ Plumpudding

Nachmittagstee: Großer Tee *(high tea)* mit Tee, Kuchen; Fleischtee *(meat tea)* mit kleinen herzhaften warmen Zwischenmahlzeiten

Abendessen (*dinner*): Fällt dann reichlich aus, wenn der Nachmittagstee bescheiden war. Menüs bestehend aus Suppen, Braten, Beilagen und Süßspeisen; üblich auch ➔ Cocktailhappen

Nachtessen *(supper)*: Sandwiches und Tee

Speisenbeispiele

Frühstück: ➔ Englisches Frühstück

Hauptmahlzeiten: ➔ Irish Stew, Scotch broth (Eintopf mit Gerste), Welsh rarebit (Käsewürzbissen), Aberdeen Angus beef (Angus-Roastbeef), Roast leg of lamb with mint sauce (Lammkeule mit ➔ Minzesauce), ➔ Rinderfilet Wellington

Getränke: Tee, dazu Muffins, ➔ englisches Bier, auch Pilsner und Budweiser Bier, ➔ Dessertweine, ➔ Whisky, Wodka

Italien

Die italienische Küche ist interessant, vielfältig, gut bekömmlich, dabei aber einfach und relativ schnell zuzubereiten. Wertvolle Rohstoffe wie Piemont-Trüffel, Parma-Schinken, Olivenöl, Balsamessig (Aceto balsamico) werden verwendet. Typische Bestandteile der italienischen Küche sind des Weiteren Tomaten, Wein und Knoblauch. Die Fleischportionen, insbesondere von Schwein und Kalb, sind meist klein und werden oft mit dicken Saucen gereicht. Besonders geschätzt werden Teigwaren *(pasta),* aber auch Reisspeisen. Gerne verwendet wird Fisch. Als Desserts dominieren Eisspezialitäten.

Frühstück: Eher bescheiden; starker Kaffee bester Qualität mit reichlich Milch, Weißbrot, Toast, Butter, Konfitüre oder Honig, frisches Obst.

Mittagessen: Teigwarenvorspeisen, gehaltvolle Suppen (z. B. Tomatensuppen), Nudelgerichten, frische Salate, Hauptspeisen und Desserts.

Abendessen: Wie Mittagessen, kann ausschließlich aus Teigwaren bestehen.

Getränke: Wasser, Mineralwasser, ➔ italienische Weine, ➔ Kaffeespezialitäten, Liköre, ➔ Grappa

Speisenbeispiele

Vorspeisen (Antipasti): Obst, Salate, Parma-Schinken mit Melone (Emilia)

Suppen: ➔ Minestrone, Zuppa di pesce (Fischsuppe, Venetien)

Hauptmahlzeiten: Pizza napolitana (Neapel), Saltimbocca (Kalbsschnitzel mit Salbei, Romana), Spanferkel, ➔ Pesto (Genua), Spaghetti bolognese (Bologna), Ossobuco (Mailand)

1 Vergleichen Sie die Essgewohnheiten von Deutschland und Großbritannien.

2 Beschreiben Sie Unterschiede zwischen Belgien und den Niederlanden.

3 Stellen Sie durch Literaturstudium besondere dänische und luxemburgische Essgewohnheiten zusammen.

Ziele setzen, planen, entscheiden, ausführen, auswerten

Projektorientierte Aufgabe
Spezialitäten aus Deutschland

Ein Forschungsinstitut möchte mit 60 Personen eine Betriebsfeier abhalten. Dazu wird ein kalt-warmes Büfett mit Spezialitäten aus Deutschland bestellt. Der Inklusivpreis pro Person ist mit 40 € vereinbart. Die Getränke sollen die Gäste selbst bezahlen.

Sitzplan

1 Skizzieren Sie einen möglichen Sitzplan, und zeichnen Sie den Büfettaufbau ein.

Büfettaufbau

2 Schlagen Sie einen Büffetaufbau nach den Menüregeln vor.
3 Erarbeiten Sie für diesen Büfettaufbau das Speisenangebot mit Spezialitäten der deutschen Küche.
3.1 Bei den warmen Speisen sollen zwei Fleischarten, davon 1 Braten, angeboten werden.
3.2 Beschreiben Sie die Herstellung der beiden Fleischspeisen.
3.3 Erläutern Sie die Herstellung eines Schaustückes.
4 Das Angebot soll auch ovo-lakto-vegetabile Speisen enthalten.
4.1 Unterbreiten Sie zwei entsprechende Vorschläge.
4.2 Beschreiben Sie die Herstellung einer ovo-lakto-vegetabilen Speise.
5 Stellen Sie schriftliche Überlegungen zum Getränkeangebot an.
6 Als Nachtimbiss soll ein Käsebüfett mit mindestens 8 Sorten angeboten werden.
6.1 Wählen Sie geeignete deutsche Sorten aus und begründen Sie die Auswahl.
6.2 Stellen Sie für das Käseangebot ein Zusatzsortiment zusammen.

Lebensmittelhygiene

7 Das Büfett soll den hygienischen Anforderungen gerecht werden.
7.1 Welche Anforderungen werden an die Ausgabetemperatur der warmen Speisen gestellt?
7.2 Welche Grundsätze sind beim Angebot von Eierspeisen zu beachten?

Berechnungen

8 Ermitteln Sie die Menge Bratenfleisch in kg, die benötigt wird, wenn je Person 80 g verzehrfertiges Fleisch veranschlagt werden. Der Garverlust beträgt 21%, der Parierverlust 6%. Runden Sie auf 100 g auf.

Gaststättenrecht

9 Von den 60 vereinbarten Gästen kommen nur 51. Welches Recht hat der Wirt bezüglich der Rechnungserstellung?
10 Erstellen Sie eine Rechnung an das Forschungsinstitut Solartechnik.

Internationale Garnituren

garnitures internationales
international garnishings

Garnituren gehören zum beruflichen Grundwissen in der Köcheausbildung. Allerdings dürfen auf Speisekarten nicht nur die traditionellen Bezeichnungen stehen, sondern zusätzlich allgemein verständliche Speisennamen oder Umschreibungen durch Aufzählen der Hauptzutaten und der Garniturbestandteile. Werden traditionelle Garniturbezeichnungen verwendet, dann ist die korrekte Schreibweise besonders wichtig (➔ Grundstufe, Speisekarten).

Richtig: Florentiner Art
Falsch: „Florentiner Art“, Florentinerart

Garnitur		Anwendung	Garniturbestandteile
Amerikanische Art	*américaine* *American style*	Fisch, Geflügel, (Fleisch) Mais (➔ 45,219)	Hummer-, Trüffelscheiben, amerikanische Sauce Maiskörner-, Kroketten, gebratene Speck- und Batatenscheiben, Grilltomaten
Bäckerinart	*boulangère* *baker's style*	Lamm, Hammel, Schwein, Geflügel	Kartoffel- und Zwiebelscheiben, mit Jus geschmort, gebratene Olivenkartoffeln, glasierte Zwiebelchen
Baden-Baden Kurstadt im Schwarzwald	*Baden-Baden* *Baden-Baden*	Wildbret (Rehrücken) (➔ 208,247)	Wildrahmsauce, halbierte, mit Preiselbeeren (Johannisbeergelee) gefüllte Birnen
Berliner Art	*berlinoise* *Berlin style*	Kalbsleber paniertes Schweinekotelett (➔ 193, 209, 219,, 254)	Apfelringe, in Butter gebratene Zwiebeln oder Röstzwiebeln, Rotkohl, Kartoffelpüree
Bordeleser Art Französische Stadt an der Garonne	*bordelaise* *Bordelese style*	Rindfleisch (Kurzbratstücke)	Bordeleser Sauce, blanchierte Rindermarkscheiben
Chipolata Kleine Bratwürstchen	*chipolata* *chipolata*	Geflügel Schmorfleisch	Chipolatas, glasierte Zwiebeln, Maronen, Karotten, Rauchspeckwürfel
Colbert Französischer Staatsmann (1619–1683)	*Colbert* *Colbert*	Fleisch Fisch (➔ 101, 102, 202)	Colbert-Butter und ➔ Colbert-Sauce
Doria Adelsgeschlecht in Genua	*Doria* *Doria*	Gebratener Fisch Geflügelbrüstchen	Oval geformte, in Butter gedünstete Gurke, Zitrone, Petersilie
Dubarry Geliebte Ludwigs XV. (1743–1793)	*Dubarry* *Dubarry*	Kurzgebratenes Fleisch (➔ 202)	Blumenkohl, ➔ Mornay-Sauce
Dugléré Haushofmeister des Cafe anglais	*Dugléré* *Dugléré*	Pochierter Fisch	Weißweinsauce, Tomatenfleischwürfel, gehackte Petersilie
Flämische Art Volksteil Belgiens	*flamande* *Flemish style*	Gekochtes Rindfleisch (➔ 193)	Kohlköpfchen, Speck, Karotten, weiße Rübchen, Sellerie,Lauch, Brühwurst

Garnitur		Anwendung	Garniturbestandteile
Florentiner Art Italienische Stadt	*florentine* *Florentine style*	Fisch, Geflügel, Eier (→ 202, 256) Schlachtfleisch	Blattspinat, Spinat-Timbale, Mornay-Sauce
Gärtnerinart	*jardinière* *gardener's style*	Fleisch, Fisch, Geflügel	Umlage von Gemüsebuketts (frisches Gartengemüse)
Haushofmeisterart Erster Diener, verantwortlich für die gesamte Dienerschaft	*maître d'hôtel* *maître d'hôtel*	Gegrilltes kurzgebratenes Fleisch, auch Fisch	Mit → Haushofmeisterbutter
Holstein Preußischer Beamter (1838–1909)	*Holstein* *Holstein*	Kalbsschnitzel	Spiegelei, Canapés mit Fisch, Kapern, Pfeffergurken, rote Bete, Bratkartoffeln
Jägerart	*chasseur* *hunter's style*	Wild, Schlachtfleisch, Geflügel (→ 202, 246, 247)	Waldpilze, Croûtons, Jägersauce
Mailänder Art Oberitalienische Stadt	*milanaise* *Milanese style*	Kalbfleisch	Streifen von Pökelzunge, Schinken, Champignons, Trüffel, Käse, Tomatensauce
Mirabeau Französischer Staatsmann (1749–1791)	*Mirabeau* *Mirabeau*	Rumpsteak, Gebratene oder gegrillte Hammelkeule	Sardellen, Oliven, Estragonblättchen
Müllerinart	*meunière* *meuniere*	Gebratener Fisch (→ 100)	Zitronenscheiben, Petersilie, braune Butter
Orly Weltflughafen bei Paris	*Orly* *Orly*	Fisch, Fleisch, Geflügel, frittiertes Gemüse (→ 101, 218)	Backteig, Tomatensauce separat
Provenzalische Art Südfranzösische Provinz	*provençale* *Provençale, Provence style*	Kurzgebratenes Schlachtfleisch, insbesondere Lamm (→ 232)	Tomatenfleischwürfel, provenzalische Sauce, Champignons, Kräuter, Knoblauch
Robert	*Robert* *Robert*	Kurzgebratenes Schweinefleisch (→ 203)	Mit → Robert-Sauce
Rossini Italienischer Opernkomponist (1792–1868)	*Rossini* *Rossini*	Tournedos (→ 203)	Croûtons, Gänseleberscheiben, Trüffelscheiben, Madeira-Sauce
Strindberg Schwedischer Dichter (1849–1912)	*Strindberg* *Strindberg*	Rumpsteak (→ 203)	Zwiebelwürfelchen, Senf, (Eihülle,) Zitrone, Kraftsauce
Tiroler Art Land in Österreich Südtirol fiel 1919 an Italien	*tyrolienne* *Tyrolean style*	Kurzbratfleisch (→ 100, 203)	Im Backteig, frittierte Zwiebelringe, in Butter sautierte Tomatenwürfelchen, Tiroler Sauce
Wellington Englischer Feldherr (1769–1852)	*Wellington* *Wellington*	Rinderfilet Kalb	Gebacken in Blätterteighülle, Duxelles, Farce, Trüffelsauce
Zigeunerart	*zingara* *zingara*	Schwein, Rind, Geflügel (→ 203, 209)	Schinken, Streifen von Pökelzunge, Champignons, Paprikasauce ursprünglich auch Trüffel

tableau des valeurs nutritives
table of nutritional values

Lebensmittel je 100 g verzehrbarer Anteil	**Eiweiß** g	**Fett** g	**Kohlenhydrate** g	**Ballaststoffe** g	**Cholesterin** mg	**Natrium** mg	**Kalium** mg	**Calcium** mg	**Eisen** mg	**Vitamin A** µg	**Vitamin B₁** µg	**Vitamin C** mg
Brote												
Roggenbrot, -brötchen	6,04	0,95	43,82	5,48	0	441	218	19	2,06	0	158	0
Roggenmischbrot	5,86	0,83	44,61	4,64	0	445	168	24	1,70	0	141	0
Weißbrot, Brötchen, Toast	7,43	1,34	48,50	2,84	0	517	124	18	1,57	4	99	0
Weizenmischbrot	7,11	0,88	44,86	3,94	0	508	157	22	1,70	0	158	0
Knäckebrot	11,11	2,01	72,59	4,25	0	774	186	27	2,35	6	148	0
Pumpernickel	6,47	0,97	37,45	8,53	0	562	289	22	2,65	1	102	0
Eier												
Hühnerei, ganz (Größe M)	12,90	11,20	0,70	0	396	144	147	56	2,10	278	100	0
Hühnerei Eigelb	16,10	31,90	0,30	0	1260	51	138	140	7,20	886	290	0
Hühnerei Eiklar	11,10	0,20	0,70	0	0	170	154	11	0,20	0	22	0,30
Fette und Öle, pflanzliche												
Margarine	0,20	80,00	0,40	0	7	101	7	10	0,06	608	7	0,10
Olivenöl	0,00	99,60	0,20	0	1	1	0	1	0,10	157	0	0
Distelöl (Safloröl)	0,00	99,50	0	0	0	0	1	0	0	0	0	0
Pfl. Öle Linolsäure 30-60 %	0,00	99,80	0	0	1	1	1	1	0,03	4	0	0
Mayonnaise 80 % Fett	1,49	82,50	2,00	0	237	481	25	18	0,60	84	40	0
Fette und Öle, tierische												
Butter	0,67	83,20	0,60	0	240	5	16	13	0,09	653	5	0,20
Butterschmalz	0,25	99,50	0	0	340	2	3	6	0,20	883	0	0
Schweineschmalz	0,10	99,70	0	0	86	1	1	1	0,06	9	0	0
Fritierfett (überwiegend pfl.)	0,00	99,98	0	0	30	0	0	0	0,01	0	0	0
Fische (Seefische)												
Flunder	16,50	3,20	0	0	50	92	332	27	0,54	10	220	0,80
Heilbutt	20,10	1,70	0	0	32	84	260	14	0,55	32	78	0
Hering	18,20	15,00	0	0	91	117	360	57	1,10	28	40	0,70
Kabeljau (Dorsch)	17,40	0,67	0	0	50	77	320	16	0,44	12	55	2,00
Rotbarsch	18,62	3,61	0	0	42	80	308	22	0,69	14	110	0,80
Köhler (Seelachs)	18,30	0,90	0	0	71	86	356	14	0,50	11	47	1,00
Fische (Süßwasserfische)												
Aal	15,00	24,50	0	0	142	65	217	17	0,60	980	180	1,80
Forelle (Bachforelle)	20,55	3,36	0	0	56	63	413	12	0,69	19	84	3,60
Karpfen	18,00	4,80	0	0	67	30	387	63	0,70	44	68	1,00
Lachs (Salm)	18,40	6,34	0	0	35	51	371	13	1,00	41	170	0
Geflügel												
Ente	18,10	17,20	0	0	76	38	210	14	2,40	51	300	0
Gans	15,70	31,00	0	0	86	86	420	12	1,90	65	120	0
Brathähnchen	19,90	9,60	0	0	81	70	260	12	0,70	39	108	0
Pute	20,60	15,00	0	0	74	63	300	25	1,40	13	100	0
Gemüse u. Gemüseerzeugnisse												
Artischocken	2,40	0,12	2,63	10,79	0	47	350	53	1,50	17	140	8,00
Blumenkohl	2,46	0,28	2,34	2,90	0	16	328	20	0,63	2	110	73,00
Chicoree	1,30	0,18	2,34	1,30	0	4	194	26	0,74	572	58	8,69
Erbsen, grün	6,55	0,48	12,30	5,00	0	2	304	24	1,84	72	300	25,00
Gurken	0,60	0,20	1,81	0,54	0	8	141	15	0,50	66	20	8,00
Gewürzgurken	0,35	0,07	1,02	0,19	0	263	82	14	0,36	20	4	1,43
Kartoffeln, gegart	2,01	0,10	14,59	2,33	0	2	341	6	0,40	1	86	12,34
Salzkartoffeln	1,99	0,10	14,46	2,31	0	323	338	8	0,40	1	85	12,23
Pellkartoffeln	2,04	0,11	14,10	2,25	0	42	411	6	0,40	1	110	16,98
Pommes Frites	1,91	5,82	13,88	2,11	0	205	385	7	0,38	1	103	15,94
Sellerie	1,20	0,20	2,18	2,55	0	132	344	80	0,50	483	48	7,00

Lebensmittel je 100 g verzehrbarer Anteil	**Eiweiß** g	**Fett** g	**Kohlen-hydrate** g	**Ballast-stoffe** g	**Cholesterin** mg	**Natrium** mg	**Kalium** mg	**Calcium** mg	**Eisen** mg	**Vitamin A** µg	**Vitamin B_1** µg	**Vitamin C** mg
Knollensellerie	1,70	0,30	2,25	4,20	0	77	321	68	0,53	3	36	8,25
Möhren (Karotten)	0,98	0,20	4,80	3,63	0	60	290	41	2,10	1574	69	7,00
Paprikafrüchte	1,17	0,30	2,91	3,59	0	3	177	11	0,75	180	52	139,00
Petersilienblatt	4,43	0,40	7,38	4,25	0	33	1000	245	5,50	902	140	166,00
Rote Rübe (Bete)	1,53	0,10	8,38	2,50	0	58	336	29	0,93	2	22	10,00
Rotkohl	1,50	0,18	3,54	2,50	0	4	266	35	0,50	3	68	50,00
Sauerkraut, abgetropft	1,50	0,30	0,77	3,50	0	355	288	48	0,60	3	27	20,00
Spargel	1,90	0,14	2,04	1,40	0	4	203	26	0,65	87	110	19,90
Tomate	0,95	0,21	2,60	0,95	0	6	242	14	0,50	84	57	24,54
Tomatenmark	4,50	0,20	12,90	2,80	0	240	1150	48	1,60	217	220	38,00
Weißkohl	1,37	0,20	4,16	2,96	0	12	208	46	0,50	12	48	45,80
Zwiebeln	1,25	0,25	4,91	1,81	0	9	135	31	0,50	1	33	8,13
Getränke, alkoholische												
Bier Pils Hell	0,50	0	3,12	0	0	4	55	4	0,01	0	3	0
Weißwein (10-12 %vol)	0,20	0	0,10	0	0	2	95	10	0,60	0	1	0
Rotwein (10-12 %vol)	0,22	0	2,40	0	0	3	105	9	0,60	0	1	1,80
Sekt (11-12 %vol)	0,16	0	3,50	0	0	3	50	10	0,50	0	1	0
Reis, Mehl, Stärke, Flocken												
Reis	6,83	0,62	77,73	1,39	0	6	103	6	0,60	0	60	0
Reis, ungeschält	7,22	2,20	74,06	2,22	0	10	150	23	2,60	0	410	0
Weizengrieß	9,56	0,79	68,91	7,12	0	1	112	17	1,00	0	120	0
Maisgrieß	8,80	1,10	73,76	5,00	0	1	80	4	1,00	44	130	0
Weizenmehl Type 405	9,80	1,00	70,90	4,00	0	2	108	15	1,54	0	60	0
Weizenstärke	0,40	0,14	85,76	1,20	0	2	16	0	0	0	0	0
Cornflakes	7,15	0,60	79,07	4,00	0	938	120	13	2,00	28	60	0
Müsli	10,39	7,22	60,07	8,11	0	100	421	51	3,31	10	419	1,73
Hülsenfrüchte												
Bohnen, weiß	21,30	1,60	39,82	17,00	0	4	1336	113	6,17	67	503	2,50
Erbsen	23,75	1,74	42,37	18,13	0	7	936	79	5,67	130	817	36,26
Linsen	23,50	1,40	49,30	10,60	0	36	840	71	7,50	17	446	1,00
Sojasprossen, frisch	5,30	1,20	4,68	2,30	0	30	235	32	0,90	4	157	19,63
Käse												
Camembert 30 % F. i. Tr.	23,00	1,30	0	0	35	700	150	600	0,30	153	50	0
Emmentaler 45 % F. i.Tr.	28,70	3,00	0	0	90	300	100	1100	0,30	343	50	0
Gouda 45 % F. i. Tr.	25,50	2,92	0	0	114	600	100	800	0,30	305	40	0
Parmesan 40 % F. i. Tr.	34,30	30,20	0	0	71	1200	100	1200	0,60	360	30	0
Quark, Magerstufe	13,50	0,20	4,00	0	1	40	140	120	0,40	1	40	0,70
Milch												
Trinkmilch 3,5 % Fett	3,30	3,50	4,76	0	13	50	150	120	0,05	33	40	1,70
Trinkmilch 1,5 % Fett	3,40	1,60	4,90	0	6	50	150	120	0,05	14	40	1,00
Trinkmilch, entrahmt	3,50	0,10	5,00	0	2	50	150	120	0,06	2	40	1,00
Milcherzeugnisse												
Joghurt 3,5 % Fett	3,30	3,80	4,00	0	14	50	160	130	0,05	33	40	1,00
Joghurt, entrahmt	4,30	0,10	4,20	0	1	50	170	140	0,06	1	30	1,00
Kondensmilch 7,5 % Fett	6,50	7,50	9,70	0	28	100	320	240	0,10	82	0	1,00
Kondensmilch 10 % Fett	8,80	10,00	12,50	0	38	140	410	330	0,14	120	80	1,40
Sahne 10 % Fett	3,10	10,00	4,00	0	39	40	140	110	0,11	120	40	1,00
Schlagsahne 30 % Fett	2,50	30,00	3,20	0	90	30	100	80	0,11	360	30	1,00
Saure Sahne 10 % Fett	3,10	10,00	3,30	0	37	40	140	110	0,10	120	40	1,00
Saure Sahne 20 % Fett	2,80	20,00	3,40	0	65	40	130	100	0,10	240	40	1,00

Lebensmittel je 100 g verzehrbarer Anteil	**Eiweiß** g	**Fett** g	**Kohlen-hydrate** g	**Ballast-stoffe** g	**Cholesterin** mg	**Natrium** mg	**Kalium** mg	**Calcium** mg	**Eisen** mg	**Vitamin A** µg	**Vitamin B_1** µg	**Vitamin C** mg
Saure Sahne 30 % Fett	2,50	30,00	2,40	0	90	30	100	80	0,11	360	30	1,00
Obst und Obsterzeugnisse												
Ananas	0,46	0,15	13,12	1,40	0	2	173	16	0,40	10	80	19,00
Apfel, geschält	0,30	0,40	12,40	1,80	0	3	144	3	0,40	3	30	4,00
Apfel	0,34	0,40	11,43	2,00	0	3	144	7	0,48	8	30	12,00
Banane	1,15	0,18	21,39	2,00	0	1	393	9	0,55	38	44	12,00
Birne	0,50	0,30	12,40	2,80	0	2	125	9	0,26	3	30	5,00
Erdbeere	0,80	0,40	5,50	2,00	0	3	145	25	0,96	8	30	65,00
Himbeere	1,30	0,30	4,80	6,70	0	1	170	40	1,00	3	25	25,00
Johannisbeere, rot	1,10	0,20	7,30	7,40	0	2	240	30	0,90	7	40	36,00
Kiwi	1,00	0,63	10,77	3,90	0	4	295	38	0,80	62	17	71,00
Orange	1,00	0,20	9,19	2,20	0	1	177	42	0,40	15	79	50,00
Orange Fruchtsaft	0,93	0,17	8,79	0,23	0	1	155	43	0,40	15	65	30,86
Papaya	0,52	0,09	2,40	1,90	0	3	211	21	0,42	93	30	82,00
Pfirsich	0,80	0,10	8,90	2,30	0	1	176	7	0,48	73	27	10,00
Weintrauben	0,70	0,30	15,60	0,80	0	2	190	18	0,50	4	45	4,00
Rosinen	2,46	0,55	66,20	5,40	0	21	782	31	0,30	5	120	1,00
Zitrone Fruchtsaft	0,56	0,43	19,85	0,12	0	2	111	10	0,43	2	36	28,14
Pilze und Pilzerzeugnisse												
Champignon	2,74	0,24	0,56	2,03	0	8	422	11	1,19	2	100	4,90
Pfifferlinge, frisch	1,57	0,50	0,20	5,60	0	3	507	8	6,50	217	20	6,00
Nüsse												
Erdnuss, geröstet	25,63	49,40	9,45	11,35	0	11	777	65	2,32	0	250	0
Haselnuss	11,96	61,60	10,54	8,22	0	2	635	225	3,80	5	390	3,00
Walnuss	14,40	62,50	10,60	6,14	0	2	544	87	2,50	8	340	2,60
Schlachtfleisch, Wild												
Schafskotelett	18,60	14,20	0	0	65	66	280	10	1,77	0	130	0
Kalbsfleisch	19,79	3,00	0	0	70	92	311	22	1,40	1	90	0
Kalbsschnitzel	21,28	1,76	0	0	70	64	372	5	2,30	1	80	0
Rindfleisch, mager	20,60	4,25	0	0	70	66	360	6	2,16	20	230	0
Schweinefleisch, mager	21,20	5,60	0	0	70	75	300	2	1,09	6	900	0
Speck durchw./Frühstücksp.	4,70	7,67	0	0	57	18	39	4	0,29	0	130	0
Schweineschnitzel	21,20	5,60	0	0	70	75	300	2	1,09	6	900	0
Rehfleisch	21,40	1,25	0	0	60	60	309	5	3,00	0	100	0
Schlachtfleischerzeugnisse												
Leberwurst Ia, fein	15,90	32,34	1,52	0,14	185	814	215	14	7,36	5305	420	23,40
Leberwurst, grob	17,45	27,74	1,33	0,14	159	825	216	13	6,09	4151	548	23,17
Salami	17,16	27,78	0,19	0,06	65	1273	314	13	0,92	3	644	0
Schinken	22,10	4,87	0	0	61	39	174	1	1,20	6	417	0
Schinkenspeck	4,70	76,70	0	0	57	18	39	4	0,29	0	130	0
Rauchfleisch	16,84	6,39	0,89	0	59	3165	276	28	1,87	12	187	0
Wiener Würstchen	15,14	26,28	0,28	0,10	53	978	248	12	0,78	16	501	22,80
Süßwaren												
Honig	0,38	0	75,07	0	0	7	47	5	1,30	0	3	2,40
Konfitüre extra	0,15	0,18	65,19	0,90	0	1	66	4	0,39	3	12	4,87
Zucker	0	0	99,80	0	0	0	2	1	0,29	0	0	0
Teigwaren												
Teigwaren, Spätzle	12,34	2,78	68,29	5,00	94	17	164	27	1,60	63	170	0
Teigwaren, eifrei	10,12	0,85	69,38	7,67	0	15	239	43	1,83	158	128	9,41
Vollkorn-Teigwaren	13,40	2,50	60,60	11,50	0	5	390	34	3,90	0	670	0

Blaasch	**Fachbuch der Gastronomie** Köln 1995
Blau, Nickenig	**Das Weinrecht** 1999, AID, 12. Auflage 1999
Braas	**Innos-CuisineControl** Meerbusch 2000
Duboux	**Rechtschreibehilfe Gastronomie, Hotellerie, Touristik** 3., überarb. und erweiterte Auflage, Thun (Schweiz) 1998
Escoffier	**Le guide culinaire** Ausgabe Frankfurt 1904
Fuchs, Müller, Rachfahl u.a.	**Meister im Gastgewerbe** Hamburg 2000
Gringoire, Saulinier:	**Le répertoire de la cuisine** 1986
Herrmann	**Grundstufe Gastronomie** Hamburg und Leipzig 2002
Herrmann (Hrsg.)	**Herings Lexikon der Küche** 24. Aufl., Gießen und Leipzig 2002
Herrmann	**Arbeitsheft für die Grundstufe** Hamburg 1996
Herrmann	**Arbeitsheft Köche** Hamburg 2003
Herrmann	**Fachrechnen im Gastgewerbe** 18. Aufl., Gießen und Leipzig 2004
Herrmann, Nothnagel u.a.	**Kalte Küche** Hrsg.: F. Jürgen Herrmann, Leipzig
Hosslin	**Kochen mit Blumen** Zürich 1987
Ketz	**Ernährungslexikon** Leipzig 1996
Klinger	**Hotel- und Restaurationsküche** Gießen 1990
Maincent	**Technologie culinaire** Paris 1996
Maincent	**Cuisine de référence** Paris 1996
Müller, Rachfahl (Hrsg.)	**Das große Lexikon der Gastronomie** Hamburg 2002
Nothnagel	**Kulinarisches aus Geflügel, Kaninchen und Wild** Leipzig 1990
Täufel, u.a.	**Lebensmittellexikon** Hamburg 1998
	Der umweltbewusste Hotel- und Gaststättenbetrieb – Ein Leitfaden für das Gastgewerbe 2., überarbeitete und erweiterte Auflage
Herrmann, ecox	**Küchenprofi-CD-ROM, Rezepturverwaltung zum Lehrbuch für Köche** Hamburg 2000
Zobel u.a.	**Lexikon Gemeinschaftsverpflegung** Hamburg 2000
	Larousse-gastronomique 1998

Achenbach, Rudolf, GmbH & Co. KG, Sulzbach, S. 281, 303, 385
Altis Verlag, Berlin / Sächsische Landesbibliothek Staats- und Universitätsbibliothek, Dresden, S. 3
Apollinaris & Schweppes GmbH & Co., Hamburg, S. 340
BANKETT profi, Schwegenheim, S. 8
BIOPARK e.V., Karow, S. 222
Blanco GmbH & Co. KG, Oberderdingen, S. 422
CMA Centrale Marketing Gesellschaft der deutschen Agrarwirtschaft mbH, Bonn, S. 197, 199, 207/2, 213, 214, 222, 292
CONVOTHERM, Eglfing, S. 7
Deutsche Landwirtschaftsgesellschaft, Frankfurt am Main, S. 357
Deutsche Weinsiegel-Gesellschaft, Frankfurt Main, S. 371
Deutsches Weininstitut GmbH, Mainz, S. 350, 352
Döhler Natural Food Ingredients GmbH, Darmstadt, 333/3
Gay, Claude-Bernard, Hamburg, S. 2, 4, 9/1, 19, 22/2, 25, 28/1, 29/2, 40/2, 47, 74/1, 161, 163, 198, 208/2, 241/1, 334/2, 348, 357, 368, 376, 391, 392, 411, 419, 427, 428, 432
Gewürzmüller GmbH, Stuttgart, S. 178, 181, 185, 186/2-4, 188/2-4, 193/1-2, 194, 207/1, 208/1, 210/1, 217, 218, 219, 220/1, 404, 405, 412, 413, 414
Götz, Philipp, Berlin, S. 40, 41/2, 44, 51/2-3, 54, 58/2-3, 63, 65/2, 68, 70, 72, 83/1, 96, 97, 98/1, 100/2, 119, 127, 140, 151, 179/3, 183, 188/1, 191, 193/3, 201/1, 204, 227, 231, 236, 247/2, 258, 266, 272, 274, 276, 277/2, 287, 288/4, 290, 291, 294, 300, 301, 302, 308, 310, 312, 315/1, 320, 329, 330, 403/2
Hamburger Feinfrost GmbH, Hamburg, S. 256/3, 261
Himmelhuber, Peter, Bildarchiv, Regensburg, S. 72, 73
Internationale Fruchtimport Gesellschaft Irischer Clare Island Bio-Lachs, Pullheim S. 288
Weichert & Co., Hamburg, S. 26/2/5, 27/3/6/8
Jahreszeiten Verlag, GmbH, Hamburg, S. 55 Fotograf: J. P. Westermann, 143 J.P. Westermann, 154 Fotograf Olaf Tamm, 167
Fotograf: Sabine E. Rieck, 172
Fotograf: Gero Kahlbrandt, 194
Fotograf: D. Seiffe, 202, 234, 242
Fotograf: Food Prints Team, 269
Fotograf: Collenberg, 327
Fotograf: Kramp + Gölling
Kleiber, Susanne, Hamburg, S. 10, 29/1, 31/2, 33, 34, 56, 57, 74/2-4, 80, 82, 83/2, 86, 87, 88, 89, 91/1-2, 101, 130, 179/1-2, 182, 186/1, 189, 190, 199/3, 216, 220/2, 222, 225, 226/1-4, 241, 244, 265, 275, 284, 285, 287/1-3, 293, 299, 305, 311, 313, 315/2, 325, 332/1, 334/2, 338/2, 364/1-2, 379/1-2
König & König, Zürich, S. 31/1, 39, 59/1-4, 61, 65/1-3, 66, 69, 76, 78, 85, 90, 91/3/4, 92, 93, 94, 98, 99, 102, 115, 116, 121, 122/1, 136, 145, 146, 150, 156, 166, 168, 169, 200/2/3, 201/2-5, 205, 226/5-11, 232, 244/1-5, 250, 252, 253, 257, 264, 265, 299/1-3, 333, 338/1, 372, 382, 388, 390/3, 415
Klinkradt, Uwe, GmbH & Co. KG, Lüneburg, S. 237
Kühne, Carl, KG (GmbH & Co.), Hamburg, S. 124
Langnese-Iglo GmbH, Hamburg, 165, 333/2
Meschke, Andreas, Studio für Fotodesign, Dresden, S. 9, 63/2, 80, 158, 271, 341
Loderbauer, Josef, Deggendorf, S. 309, 332, 335
Nestlé Foodservice GmbH, Frankfurt, 122, 269, 270
Neubacher's Graphic Design, Hamburg, aus „Gastronomie" Nr.5/99, S. 401
NORDMILCH eG Milchwerk, Zeven, S. 295/1
Schladerer, Alfred, Alte Schwarzwälder Hausbrennerei GmbH, S. 373, 374
Schöller Marken GmbH & Co. KG, Nürnberg, „Industrieprodukte": S. 41/1, 42/1, 43, 45, 46, 64, 71, 133, 137, 246, 247/1, 249/1-2, 240, 259, 335, 336
Schrödter GmbH, Carl, Hamburg, S. 335
Schweizerische Käseunion, S. 388, 390/1
Stephan + Prausse Designleistungsgesellschaft mbH, Dresden, 331, 373, 375, 379/3, 396, 426/1
Transglobe Agency, Hamburg, S. 364 Fotograf P. Spierenburg, 426/3 Fotograf Christian Kaiser, 426/4 Fotograf Torsten Krüger
Van den Bergh Food Service aus Lukull-Kurier S. 103, 109, 110, 124/2/3, 129
Westmark Schulte GmbH & Co. KG, Herscheid, S. 286/1
WMF Württembergische Metallwarenfabrik AG, Geislingen, S. 256, 286/2-3
Zwingmann, Konrad, S. 12, 22, 28/10, 40/1, 41/1, 43/2, 47/2, 48, 49, 55, 59/5, 62, 73/9, 75, 79, 81, 84, 95, 96, 97, 100/1, 104, 105, 107, 109, 117, 132, 134, 135, 139, 141, 147, 149, 152, 156/1, 159, 171, 172, 195, 200/1, 233, 260, 271, 273, 280, 282, 286, 297, 304, 309, 314, 318, 322, 324, 334/1, 358/2, 380, 383, 384, 386, 387, 389, 390/2, 397, 398, 426/2

Sämtliche nicht im Bildquellenverzeichnis aufgeführten Illustrationen:
alias of artificial and advertising gmbh, Berlin

Übersetzungen:
Marianne Duboux, Thun (Schweiz)
Sylvie Sire, Bergen auf Rügen